DAS RÖMERREICH DER DEUTSCHEN

RUDOLF PÖRTNER

DAS RÖMERREICH DER DEUTSCHEN

STÄDTE UND STÄTTEN DES DEUTSCHEN MITTELALTERS

ECON VERLAG
DÜSSELDORF · WIEN

1.–20. Tausend Oktober 1967
21.–40. Tausend August 1968
41.–60. Tausend März 1977

Copyright © 1967 by Econ Verlag GmbH, Düsseldorf und Wien
Alle Rechte der Verbreitung,
auch durch Film, Funk, Fernsehen, fotomechanische Wiedergabe und auszugsweisen
Nachdruck, sind vorbehalten.
Gesetzt aus der 9/11 Punkt Garamond
Gesamtherstellung: Druck- und Buchbinderei-Werkstätten May & Co Nachf., Darmstadt
ISBN 3 430 17535 6

INHALTSÜBERSICHT

VORWORT

I.
DER HUSTERKNUPP UND ANDERE MOTTEN

II.
DIE WERLA – KÖNIG HEINRICHS MUSTERPFALZ

III.
DIE SCHICKSALSSCHLACHT AUF DEM LECHFELD

IV.
BAMBERG GALT ALS DER NABEL DES REICHES

V.
DAS MÜNSTER DES ESSENER DAMENSTAATES

VI.
REICHENAU – INSEL DER MÖNCHE, INSEL DER MUSEN

VII.
DIE KAISERGRUFT VON SPEYER

VIII.
GOSLAR – «HERRLICHSTE HAUSUNG DES REICHES»

IX.
WORMS ODER RUHM UND REICHTUM DES BÜRGERS

*

TOURISTISCHE HINWEISE

ZEITTAFEL

LITERATURVERZEICHNIS

REGISTER

BILDQUELLENVERZEICHNIS

INHALTSVERZEICHNIS

Erst das mittelalterliche Reich der Deutschen hat sich in den Glauben an eine gotterfüllte, gottgewirkte, gotthingegebene Geschichte kühn und gläubig hineingestellt, hat seine Existenz und sein Selbstbewußtsein mit ihm identifiziert. Karls des Großen Kaisertum wirkt dagegen beinahe wie eine kräftig gebaute und tüchtig geführte Ordnung von nüchternfrommer Art, wie eine Hauswirtschaft europäischen Formats. Erst das Reich der Deutschen Nation ... sprüht die Funken einer metaphysischen Realpolitik ..., legt seine Ehre in ferne Ziele und setzt dabei den Leib, auch den Leib des Reiches, aufs Spiel. Das ist seine Herrlichkeit, auch sein Verhängnis, und das des deutschen Volkes zugleich.

Welche Reihe von Kaisern: keineswegs alle groß als Herrscher oder auch nur als Menschen, aber insgesamt eine auseinandergelegte Reihe der Möglichkeiten königlicher Existenz (die nur ihren Shakespeare nie gefunden hat), durchgespielt durch alle Temperamente und Begabungen, durch alle Kraftleistungen und Schwächen der menschlichen Seele, wenn sie verantwortlich vor Gottes Auftrag steht. Welche Kette von Schicksalen: früher Tod der Unvollendeten, Verrat der Söhne, Brüder und Nächsten am Thron, Glücksfälle, die in die Irre führen, weitfliegende Entwürfe, die durch lauter Niederlagen hindurch durch die Macht der Dinge vollendet wurden!

Dem Deutschen gehen die Augen über, wenn er an irgendeiner Stelle aus diesem Jahrhundert schöpft und trinkt. Doch das mittelalterliche Reich ist mehr als die Hochepoche einer nationalen Geschichte. Es ist die politische Wirklichkeit, die die Idee des abendländischen Gottesreichs – sagen wir ruhig: stellvertretend – auf sich genommen und sich für sie geopfert hat. Seine Substanz ist der Glaube, es gebe eine irdische Ordnung, die das himmlische Heil wo nicht verbürge, so doch vorbereite. Seine Ehre ist: es gebe ein weltliches Schwert, das den christlichen Glauben auf Erden nicht nur zu schützen, sondern durch Herrschaft zu verwirklichen habe und das darum selbst von Gottes Gnaden sei wie die eine Kirche, mit der zusammen es dienend den Leib Christi ausmacht*.

Hans Freyer

---

* Aus: «Weltgeschichte Europas», (Deutsche Verlagsanstalt, Stuttgart)

VORWORT

Dieses Buch – das vierte und abschließende der Reihe «Städte und Stätten deutscher Geschichte» – beschäftigt sich mit der mittelalterlichen Hinterlassenschaft in unserem Lande, mit den Resten, Ruinen und Bauwerken einer Epoche, die die zwei Jahrhunderte der sächsischen und salischen Kaiser umgreift: die Jahrhunderte zwischen 900 und 1100.

Der historische Ausgangspunkt ist eine chaotische, zerfahrene und schlimme Zeit. Das Karolingische Reich war zusammengebrochen, die Kaiserkrone ein Dekorationsstück unbedeutender italienischer Regionalkönige geworden, die Macht des Thrones Petri reichte kaum noch über die Mauern der Ewigen Stadt hinaus. Keine Autorität, keine Ordnung, keine festen Grenzen. Ein Geschiebe kleiner Länder, eine verweltlichte und demoralisierte Kirche, ein Kampf aller gegen alle. Nirgendwo ein großer Gedanke, nirgendwo eine beherrschende Gestalt, nirgendwo eine Macht oder Machtkonstellation, deren materieller und sittlicher Elan genügt hätte, die Welt wieder mit einem Sinn zu erfüllen.

Die dann folgende Erneuerung Zentraleuropas, die am 10. November 911 mit der Ausgliederung der deutschen Stammesgebiete aus dem einstigen Karolingischen Reich einsetzte, stellt wie die Entstehung des Pharaonenstaates oder des Römischen Imperiums ein weltgeschichtliches Phänomen von höchster Potenz dar: einen Vorgang von unfaßbarer Kraft und Dynamik. Schon fünfzig Jahre nach dem Tag von Forchheim, an dem sich die deutschen Herzöge zum erstenmal ihrer Zusammengehörigkeit bewußt wurden, war das Deutsche Reich, politisch und territorial, zur größten Macht des Kontinentes herangewachsen: geführt von den Herrschern eines Stammes, der erst anderthalb Jahrhunderte vorher mit extremer Gewaltanwendung christianisiert und in das Reich Karls des Großen hineingezwungen worden war.

Aber diese deutschen Könige – Emporkömmlinge aus sächsischem Bauernadel – wollten mehr als Könige der Deutschen sein. Sie begnügten sich nicht damit, ihr Reich zu sichern, zu erweitern und zu konsolidieren. Sie fühlten sich als die legitimen Nachfahren des großen Karolingers und setzten, ohne zu zaudern, seine Politik von ihrer ungleich schmaleren Basis fort. Sie übernahmen die Schutzherrschaft über die römische Kirche. Sie deklassierten den Papst zum deutschen Reichsbischof. Sie beanspruchten die Kaiserkrone und damit den Primat über alle christlichen Könige Europas. Sie traten als Restauratoren des Imperiums auf, als Erben der Cäsaren. Und sie ließen keinen Zweifel daran, daß sie erwählt und ausgesandt seien, das Reich Gottes auf Erden vorzubereiten.

Aus dem Abstand eines Jahrtausends betrachtet: ein wahnwitziges, hybrides Unterfangen –, daß ausgerechnet die Könige eines kaum erschlossenen Bauernlandes ohne Hauptstadt und Beamtenschaft, das zu Beginn seiner Geschichte mit einem einzigen Schreiber auskam, die *renovatio* des hochzivilisierten, hochorganisierten Imperiums erstrebten und Augustins Gedanken über die *civitas dei* zu verwirklichen trachteten.

Ein wahnwitziges, hybrides Unterfangen – und dennoch die ertragreichste, vitalste und schöpferischste Epoche der deutschen Geschichte. Eine Epoche imponierender Herrschergestalten, die es an Energie, Selbstsicherheit und politischem Genie sehr wohl mit den römischen Imperatoren aufnehmen konnten – obwohl einige von ihnen sich nicht einmal auf die Kunst des Lesens und Schreibens verstanden. Eine Epoche riesiger, mächtiger ausgreifender Veränderungen – obwohl sich das von der Kirche umfangene Leben des kleinen Mannes jahrhundertelang kaum wandelte. Eine Epoche aufwühlender geistiger Kämpfe – obwohl Bildung das Vorrecht einer kleinen privilegierten Schicht war. Eine Epoche voll idealistischem Schwung und metaphysischer Erregtheit – obwohl Kriege zum Alltag gehörten, die archaische Lust an Raub und Totschlag weder rechtliche noch humanitäre Schranken kannte und profaner Besitz so etwas wie ein Evangelium war. Und eine Epoche höchster kultureller Entfaltung – obwohl die Kunst nur eine Aufgabe hatte: die Botschaft Christi, die Majestät des Königs und Zorn und Gnade der Kirche zu verkünden.

Das «Zusammentreffen der Gegensätze» verleiht dem deutschen Mittelalter eine ungeheure Spannung. Es ist aber sicher auch einer der Gründe dafür, daß dieses Mittelalter zwar viel zitiert und beschworen wird, aber bis heute keinen festen Platz im öffentlichen Bewußtsein gefunden hat; und daß sein Charakterbild, «von der Parteien Haß und Gunst verwirrt», eigentümlichen Schwankungen unterliegt. Das Geschichtsbild jener Tage ist interpretierbar wie kaum ein anderes, je nach Standpunkt, Interessenlage oder Konfession.

So lebt es in mehrfacher und höchst verschiedenartiger Gestalt weiter: als romantisch gefärbtes Barbarossa-Mittelalter, wie es die Historienmaler des vorigen Jahrhunderts erfanden und sichtbar machten; als Inkubationszeit der deutschen Zwietracht und Zersplitterung, in der die sächsischen und salischen Cäsaren über der Phantasmagorie eines Römerreiches der Deutschen die Niederringung der territorialen Gewalten und damit die Bildung eines straff geführten Einheitsstaates versäumten; als vaterländische Tragödie und bestürzendes Schauspiel einer Politik, die sich, von den gleißenden Küsten des Mittelmeeres angezogen, in der Sonne des Südens die Flügel versengte, statt nach Hausväterart den brachliegenden Acker vor dem Hause zu bestellen. Ebenso hat die mittelalterliche Ostpolitik nicht nur ihre Bekenner, sondern auch ihre Verdammer gefunden. Die neuesten Geschichtsbetrachter schließlich neigen dazu, die Expansion der deutschen Macht zwischen 900 und 1200 als enthemmten Teutonismus abzutun und jeglicher Beschäftigung mit der «alten deutschen Kaiserherrlichkeit» die Absicht zu unterschieben, neue Großmachtträume zu nähren.

Das vorliegende Buch hält sich diesem Streit der Meinungen und Mißdeutungen fern, es sieht in ihm allenfalls einen Beweis für die innere Dramatik seines Themas; es bemüht sich, die Ereignisse und Gestalten jener Zeit aus dem Geist dieser Zeit zu begreifen und begreifbar zu machen: jenem Zeitalter des Glaubens, für das Augustins *Gottesstaat* kein theologischer Entwurf, sondern eine lebendige Verpflichtung war.

Die Auseinandersetzung mit dem antiken Erbe, der säkulare Versuch, über den altgermanischen Bauernkittel die Toga der römischen Senatoren zu werfen, und die programmatisch immer wieder bekundete Absicht, das «Heilige Römische Reich» als Nachfahren des Imperiums zu legitimieren, geraten dabei ganz von selbst in den Mittelpunkt der Darstellung, nicht zuletzt deshalb, weil diese Probleme die Mediävistik in den letzten Jahrzehnten am stärksten beschäftigt haben.

Wie in allen Büchern dieser Reihe ist der Autor auch diesmal von den historischen Zentren der behandelten Epoche ausgegangen, in diesem Fall also von den Kristallisationspunkten des mittelalterlichen Daseins in Deutschland: den «Motten» und Burgen des Adels, den königlichen Pfalzen wie Werla und Tilleda, den heimlichen Residenzen wie Bamberg, Speyer und Goslar, den großen Klöstern wie dem Damenstift Essen oder der Inselabtei auf der Reichenau, den alten Römerstädten wie Worms, Mainz oder Köln – und hier wie dort und überall: von den noch vorhandenen oder ergrabenen Bauten jener Zeit, die für das Weiterleben antiker Formelemente und ihre Weiterentwicklung durch germanische Vorstellungen und Traditionen geradezu Demonstrativobjekte geworden sind.

Den gesamten Kosmos des Mittelalters zu beschreiben bedürfte es heute etlicher lexikonstarker Bände. Um einen Begriff von der Fülle, Magie und mythischen Tiefe dieses Zeitalters zu vermitteln, genügt es, einen Blick in seine Herzkammern zu tun. Das ist in diesem Buch versucht worden.

Bad Godesberg, im Juli 1967

Rudolf Pörtner

Erstes Kapitel

DER HUSTERKNUPP UND ANDERE MOTTEN

Landadelssitze im Mittelalter

Alte Schlösser – alte Mühlen · Die Mottenforschung kriecht aus dem Kokon · Eine dramatische Notgrabung · Von der Flachsiedlung zur Hochmotte · Gefällt im Jahre 892! · Festungen gegen die Normannennot · Stabbauten – Repräsentation in Holz · Die zufriedenen Knechte · Hörige als Eigenpriester · Herren über Land und Leute · Die Motten und der Karneval · «Lokalismus, Regionalismus, Partikularismus»

Dreißig Kilometer westlich von Düsseldorf setzt sich das rheinisch-westfälische Industriegebiet noch einmal unübersehbar in Szene. Etwa auf der Hälfte der Strecke zwischen Rhein und holländischer Grenze liegen die drei Städte Mönchengladbach, Rheydt und Viersen. Genaugenommen: ein einziger Siedlungs- und Wirtschaftskomplex; denn diese drei Städte, die zusammen weit über dreihunderttausend Einwohner zählen, sind in den letzten Jahrzehnten derart gewachsen, daß sie, zumindest im Kartenbild, fast schon eine Einheit bilden.

Auch in ihrer gewerblichen Struktur ähneln sie sich wie ein Ballen Baumwolle dem andern. Wenn sie ein gemeinsames Wappen hätten, dürften die Spindeln und Spulen der hier ansässigen Webereien nicht fehlen: allein Mönchengladbach, das «rheinische Manchester», liefert ein Drittel der deutschen Tuchproduktion. Daneben tragen Maschinen, Armaturen, Elektrogeräte, Leder und Holz wesentlich zur Wohlfahrt, zum Wachstum und zur lärmenden Kraft dieses Städtedrillings bei.

Um so stärker empfindet man die Stille und Abseitigkeit der Landschaft, die sich auftut, wenn man über das Weichbild der drei Fabrikstädte hinaus auf die niederländische Grenze zufährt. Unversehens befindet man sich in einer Welt von seltsamer Unberührtheit – einer unbekannten und namenlosen Grenzzone, die selbst von voluminösen Reiseführern keines Wortes gewürdigt wird, obwohl sie bei näherer Betrachtung manche Reize enthüllt.

Allerdings ist es nicht ganz leicht, sie zu entdecken. Zwar findet man in den kleinen Allerweltsflecken am Rande der Straßen gelegentlich eine schöne, alte Kirche oder ein unverdorbenes, vorgestriges Dorf-

Alte Schlösser – alte Mühlen

panorama, zwar prägt sich hier und da die Silhouette einer Wasserburg oder eines herrschaftlichen Schlosses ein – seine eigentliche Schönheit aber offenbart das Land abseits vom Verkehr, am meisten da, wo Wasser fließt. Und es fließt viel Wasser durch dieses grüne Vorfeld der großen niederrheinischen Industriestädte.

Auf der Karte zeichnen sich deutlich zwei kleine Flüsse ab: die Schwalm und die Nette. Die Schwalm strömt westwärts der Maas zu, die Nette ostwärts in die Niers, die sich dann ebenfalls der Maas zuwendet. Beide, Schwalm und Nette, passieren auf ihrem geruhsamen Weg eine Reihe von Seen, ja, ein ganzes «Arrangement von Seen, Weihern und Teichen», das mit seinen zahlreichen Gräben, Tümpeln und Bächen in ein altes Stromland eingebettet ist.

Rund um die frühere, noch immer nicht ganz verlandete Flußrinne breiten sich Heide, Bruch und Moor aus. Eine seltsam wilde und urwüchsige Landschaft: faul dahinfließendes, vielfarbig schillerndes Wasser; beschilfte Ufer; Buschwerk, das sich dschungelartig verdichtet; Schwemmsand und wacholderbewachsene Dünen; Flechten und Moose unter Zitterpappeln und Birken. Und erst in geraumer Entfernung vom Fluß umzäunte Viehweiden, auf denen philosophisch gestimmte Kühe unter Apfelbäumen grasen.

An den träge dahinrinnenden Wassern liegen bis heute zahlreiche Mühlen: hinfällige, amtsmüde Veteranen ihres Gewerbes. Hier und da dreht sich das Mühlrad zwar noch, langsam, sehr langsam, moosbewachsenes, fauliges Holz – aber nur mehr als Attraktion für die Wochenendgäste aus den großen Städten.

Die Mahlbetriebe selbst haben sich meist in Gasthäuser verwandelt. Manche dieser freundlichen, bäuerlichen Einkehrstätten haben ein «Einzugsgebiet», das bis Duisburg und Düsseldorf reicht. Die Lüttelforster Mühle zum Beispiel. Oder die unter hohen Kiefern gelegene Pannenmühle, in deren Nähe noch das «Spansch Hüske» steht, ein altersgraues Haus aus dem 17. Jahrhundert, da die Schwalm die Grenze zwischen dem Reich und den spanischen Niederlanden zog, «der Müller somit in Spanien wohnte». Und schließlich die Tüschenbroicher Mühle, die meistbesuchte von allen: sozusagen das touristische Zentrum im Süden des Landes, in der Nähe des Grenzlandringes, der einmal als Rennstrecke eine gewisse Berühmtheit genoß.

Ein rechtes Sonntagsparadies mit Freibad und Badewiese, altem Schloß und alter Mühle. Schöne, schattige Spazierwege. Ein repräsentables, neues Lokal, komfortabel hergerichtet, mit Terrasse und blankgeputzten Aussichtsfenstern. Auf dem See Schwäne und Enten, die sich durch die mangelhaften Ruderkünste der Autotouristen längst nicht mehr beirren lassen. Ringsherum Wald, laubreiche, glattstämmige Buchen vor allem. Ein idyllischer Platz, der Natur und Betrieb souverän vereint.

Am auffallendsten ist jedoch die Insel, die etwa fünfzig Meter vom Ufer steil und unvermittelt aus dem Wasser steigt – etwa acht Meter hoch, bei einem Basisdurchmesser von achtzig Metern. Ebenfalls mit hohen, schlanken Buchen bewachsen.

Noch seltsamer ist der Name der Insel, die sich wie ein Schildbuckel aus dem Wald und Himmel widerspiegelnden Wasser erhebt. Man nennt sie eine Motte.

Die Motten der Archäologen haben nichts mit jenen gefräßigen Kleinschmetterlingen zu tun, die die um ihre Pelze und Kleider besorgte Hausfrau so sehr fürchtet. Die meist in Niederungen oder Mooren gelegenen Motten sind aufgeschüttete, grabenumzogene Hügel, auf denen früher einmal Wohntürme standen. Viele dieser Turmhügelburgen haben sich später zu Wasserburgen weiterentwickelt.

Die Mottenforschung kriecht aus dem Kokon

Die Mottenforschung – eine Teilsparte der Burgenkunde, die mit einem modernen Wortungeheuer *Kastellologie* genannt wird – ist eines der jüngsten Kinder der Archäologie. Ihre Anfänge reichen allerdings bis tief in das 19. Jahrhundert zurück. Als erster befaßte sich der Franzose Caumont mit dieser besonderen Spezies einfacher Wehrbauten, für die ihm die Flußgebiete von Seine und Loire ausreichendes Anschauungsmaterial lieferten. In Deutschland hob Konstantin Koenen, der Entdecker des römischen Neuß, die Mottenforschung aus der Taufe, doch wußten die Archäologen um die Jahrhundertwende mit seinen wiederholten Hinweisen auf die rheinischen Turmhügelburgen noch wenig anzufangen. Zu den Paten der Mottenkunde gehört ferner der Heinsberger Tholen, dessen Aufsätze im Heimatteil seiner Lokalzeitung durchweg in den Jahren vor dem Ersten Weltkrieg erschienen, aber ebenfalls kein größeres Publikum erreichten. Eintagsfliegen blieben auch die Arbeiten Friedrich Oelmanns, Edmund Renards und Theodor Wildemanns, die von der Haus- und Burgenkunde her zum Thema Motten gelangten. Richtig kroch die Mottenforschung erst in den dreißiger Jahren aus dem Kokon, nicht zuletzt dank der Tätigkeit des Krefelder Museumsdirektors Albert Steeger.

Der «Schloßherr auf Burg Linn» hat sich auf seinen zahlreichen Wanderungen und Fahrten über Land schon frühzeitig mit jenen sonderbaren Hügeln beschäftigt, die sich vor allem in den feuchten Niederungsgebieten und in der Nähe von Flüssen und Seen aus der Landschaft erheben. Aber erst 1934 reichte es zu einer ersten größeren Grabung, am *Brühl* bei St. Hubert-Vösch, nördlich von Kempen.

Nichts deutete bis dahin beim Sandhof am *Brühl*, am Rande eines verlandeten Rheinarms, auf einen versunkenen Wehrbau hin. Erst als bei Meliorationsarbeiten der Bauer Landwehr Tuffsteine aus seinen nassen Wiesen geholt hatte, schöpfte Steeger Verdacht. Er riskierte eine kleine Probegrabung und entdeckte, wie er 1938 in der Festschrift zur Ausstellung «Burg und Stadt am Niederrhein» berichtete, «im Moor aufgeschüttet einen meterhohen Hügel von etwa fünfzehn Meter Durchmesser und dicht dabei am Talrande einen grabenumzogenen erhöhten Raum. Das Ganze machte den Eindruck einer kleinen Burganlage...» Die Grabung, an der sich die Volksschüler von St. Hubert-Vösch mit großer Begeisterung beteiligten, ließ keinen Zweifel daran, daß der Hügel aufgeschüttet worden war, «und zwar genau auf der Spitze einer in das Moor vorspringenden Erhöhung. Auch die Fläche der Vorburg bestand aus aufgetragenem Boden.»

Den Clou der Grabung aber lieferte der eigentliche Burghügel. Erstmalig stieß man hier nämlich auf die Reste eines turmartigen Hauses. Das Moor hatte sich auch in diesem Fall als erstklassiger Konservator bewährt und das Fundament – ein aus fünf Reihen zu je drei Stämmen bestehendes Pfostenrechteck – ausgezeichnet erhalten. Dieses Pfahlwerk trug, nach Steegers Diagnose, ein mehrstöckiges, ziemlich hohes Gebäude. «Daß es mehrere Stockwerke hatte, geht daraus hervor, daß die umgestürzten Fachwerkwände... mit den Rahmenhölzern, dem Rutengeflecht und Resten von Fensteröffnungen... fünf bis sieben Meter von dem Pfahlrest entfernt lagen.» Den unteren Teil des Fachwerkes hatten die Bauleute offenbar mit Tuff- und Ziegelsteinen ausgefüllt, die – wie häufig – einer älteren römischen Anlage entnommen waren.

In der Landschaft des niederrheinischen Bauernhauses hat es Türme dieser Art noch im 19. Jahrhundert gegeben: die sogenannten *Bergfriedhäuser*, volkstümlich kurz *Berfes* genannt. Steeger verwies in diesem Zusammenhang auch auf den grabenumzogenen Wehrturm, der auf dem berühmten, im 11. Jahrhundert entstandenen Bildteppich von Bayeux dargestellt ist. Auf diesem Bildmaterial fußend, konnte er erstmalig die Rekonstruktionszeichnung eines Mottenturmes entwerfen.

Etwa zur selben Zeit wie am *Brühl* setzte er auch an der *Burg Born* bei Brüggen den Spaten an. Seine Untersuchungen wurden hier nicht zuletzt durch die örtliche Überlieferung ausgelöst, die besagte, daß am Zusammenfluß von Schwalm und Kranenbach vor Zeiten eine längst untergegangene Burg gestanden habe. Das Pfarrarchiv Brüggen enthält bis heute sogar die Abschrift eines Dokumentes «ohne Datum und ohne Unterschrift», auf dem ein unbekannter Chronist die folgende «Nachricht des geehrten Altertums» verzeichnet hat:

«Umb das Jahr 897 haben die... auß Italien herkommende Graffen Malfridus und Gerhardus, gewesene treue Diener des Königs Zwindiboldi, aufgerichtet eine Festung zur Brüggen genannt, auf welcher sich befestiget selbige Großen, wider der Saracenen und Nortmannen sambt anderen Feinden...» Der Sohn des Malfrido, Ferdinandus genannt und «ebenfalls ein fürtrefflicher Kriegsheld», baute «anno 903 ein Casteel in dem Othloch bei der Festung... Dieses Casteel ist von wegen dem daselbst springenden Brunnen Born genannt, wovon noch zur Zeit daß Dorf genennt wird Born.»

Andere Schriftstücke berichteten von allerlei merkwürdigen Funden auf dem alten Burggelände. «Die Einwohner der Pfarre Born haben auf der Stelle, wo das Schloß gestanden, noch viele Sachen in der Erde gefunden», notierte 1825 der Pfarrer Oligschläger im Taufbuch von Born. «Unterzeichneter sah selbst eine kupfern Hechel und Krüge zu Stein gebacken mit blauen Blumen darauf. Noch viele andere Küchengeschirre sind da gefunden worden.» Im Lagerbuch der Pfarre Amern fand Josef Jansen den Vermerk, «daß im Jahre 1856 aus den Fundamenten» der Burg Born «wohl hundert Stück schwere eichene Pfähle mit vieler Mühe ausgegraben wurden».

Die Eintragungen deuteten darauf hin, daß das Burgareal nach der Zerstörung des Schlosses noch manche Veränderung durchgemacht hatte. Auch Steegers erste, etwas betrübliche Erkenntnis war, daß die Bauern der Umgebung die *Burg Born* zur Gewinnung von Wiesenland bereits weitgehend abgetragen hatten. Trotzdem bezeichnete er das Ergebnis seiner Grabung, die er in der Hauptsache mit Hilfe des damaligen Reichsarbeitsdienstes durchführte, als «recht zufriedenstellend».

Steeger stellte fest, daß die Burg Born mitten in das große Niederungsmoor des Schwalmtales hineingebaut worden war, und zwar an einer Stelle, wo «sich der sandige Untergrund etwas uhrglasig aufwölbte». Die Lage im Moor setzte, genau wie am *Brühl*, einen kräftigen Holzunterbau voraus. Steeger legte den Pfahlrost schon beim ersten Suchschnitt frei und fand ihn ebenfalls so hervorragend konserviert, daß er daraus auf den Grundriß der Burganlage schließen konnte. Die «schweren, vierkantigen, unten zugespitzten Eichenpfähle», die vor dem Aufschütten der Wehrhügel bis zu zwei Meter tief in den sandigen Untergrund getrieben waren, markierten eindeutig eine rechteckige Hauptburg und eine runde Vorburg.

Die wenigen Reste der Burgbauten genügten für den Nachweis, daß es sich auch hier um bescheidene Fachwerkhäuser gehandelt hatte, die allenfalls im Untergeschoß aus Tuff und Ziegeln bestanden hatten. Mancherlei Abfälle und Werkzeuge verrieten die Lage der Mühle, der Bäckerei und der Schusterwerkstatt. Die Keramik gehörte durchweg dem hohen Mittelalter an. Als die Hauptburg, vermutlich im 15. Jahrhundert, niedergelegt worden war, hatte man den anfallenden Erd-

und Trümmerschutt benutzt, die allem Anschein nach intakt gebliebene Vorburg durch einen zweiten Wall zu sichern.

Einer gänzlich anderen Situation sah sich Steeger auf Schloß Linn gegenüber, seiner Krefelder Museumsburg, die er in der zweiten Hälfte der dreißiger Jahre sorgfältig restaurieren ließ.

Burg Linn war zwar bereits seit mehr als zwei Jahrhunderten Ruine, als sie 1926 in den Besitz der Stadt Krefeld überging, doch hatte sie ihre bauliche Grundsubstanz erstaunlich gut bewahrt; es bedurfte im wesentlichen nur einiger neuer Dächer sowie der Beseitigung des Efeus auf dem alten Mauerwerk, um die Burg wieder wohnlich zu machen.

Steeger nutzte die Gelegenheit auch zu einer umfangreichen Grabung. Dabei gelang ihm der Nachweis, «daß in der stolzen zweigeschossigen Wohnburg ein älterer nüchterner Wehrbau steckt»; und daß das Schloß – die Hauptburg also – auf einer künstlichen Erdaufschüttung, einer Motte, liegt. Aus dieser Motte, deren «ältester nachweisbarer Bau ... ein mit römischem Baumaterial in romanischem Gußmauerwerk ausgeführter rechteckiger Wohnturm» war, entwickelte sich dann eine sechsflügelige zweigeschossige Wohnburg, die erst um 1600 ihre bauliche Endgestalt fand.

Weitere Pläne, die zahlreichen niederrheinischen Motten wissenschaftlich gewissermaßen zu entmotten, mußten bei Ausbruch des Zweiten Weltkrieges zu den Akten gelegt werden. Immerhin war das Fundament geschaffen. Die Mottenforschung hatte Boden unter den Füßen gewonnen.

Man wußte, daß die Turmhügelburgen vor allem in Niederungsgebieten zu Hause waren; daß sie Befestigungsanlagen des mittelalterlichen Landadels und damit «die ersten Wehrbauten eines einzelnen» waren; daß sie normalerweise aus Haupt- und Vorburg bestanden und sich mit Wällen, Palisaden und Wassergräben schützten; daß die Hauptburg meist «als ein allseits runder aufgeschütteter Hügel», die Vorburg dagegen «als rechteckige bis hufeisenförmige, ebenfalls künstlich erhöhte Plattform» erscheint; daß auf dem künstlich aufgeschütteten Haupthügel der Wohnturm des Besitzers stand und das Vorwerk die Wirtschaftsgebäude aufnahm, und schließlich: daß zumindest bei den älteren Anlagen Holz und Erde die bevorzugten Baustoffe waren.

Wie alt aber waren diese Anlagen? Woher kam ihre bauliche Form? Welche Wandlungen machten sie im Lauf der Zeit durch? Gab es Verbindungen zwischen Haupt- und Vorburg? Und wie lebte man auf einer Motte?

Alle diese Fragen blieben einstweilen unbeantwortet. Erst die Nachkriegszeit vermochte diese Probleme weitgehend zu klären. Die wichtigsten neuen Erkenntnisse vermittelte die *Husterknupp*-Grabung, die von 1949 bis 1951 im Gelände der Grube Frimmersdorf, unweit des Dorfes Morken, durchgeführt wurde.

Im April 1949 teilte der Hauptlehrer Lützenkirchen aus Frimmersdorf dem Rheinischen Landesmuseum in Bonn mit, daß die Motte *Husterknupp* in der Erftniederung bei Morken in Kürze dem Braunkohlenabbau zum Opfer fallen werde; und weiter: daß bei Erdarbeiten am Nordostrand der Vorburg Eichenpfähle und Tuffsteinfundamente zutage gekommen seien. Die Meldung löste den routinemäßigen Beschluß aus, die unmittelbar gefährdeten Teile der Motte zu untersuchen und den weiteren Abbau im Auge zu behalten. «Eine umfassende, planmäßige Grabung war nicht beabsichtigt.»

Eine dramatische Notgrabung

Der *Husterknupp* stellte sich damals als «ein nicht allzu steilgeböschter runder Hügel» dar, «dessen flache Kuppe ein Kranz alter Ulmen säumte». Der Durchmesser der Hauptburg betrug etwa fünfzig, ihre Höhe fünf Meter. Dagegen hob sich der Buckel der rund doppelt so großen Vorburg nur etwa einen Meter aus der grünen Niederung. Die zehn bis dreißig Meter breiten Gräben, die Haupt- und Vorburg umzogen, hatten noch um die Jahrhundertwende Verbindung mit der Erft. Erst als der fortschreitende Braunkohlenabbau den Grundwasserspiegel mehr und mehr gesenkt hatte, waren sie verlandet.

Um den längst aufgelassenen Wehrhügel rankten sich gleich Klettergewächsen allerlei Sagen und geheimnisvolle Überlieferungen. Die Leute der Umgebung erzählten beispielsweise, daß der *Husterknupp* ein versunkenes Schloß behüte. Auch eine Variation der Geschichte der Weiber von Weinsberg ging in der Gegend um – Belagerer des *Husterknupps*, so hieß es, hätten einmal der Frau des bedrängten Burgherrn freien Abzug gewährt und ihr erlaubt, mitzunehmen, was sie nur tragen könne, und diese habe flugs ihren Gemahl geschultert und vor den Augen der verdutzten Feinde davongetragen. Von den Burgherren selbst wurde erzählt, daß sie – wie der Sachsenherzog Widukind – ihre Pferde «verkehrtherum» beschlagen ließen, um sich den Nachstellungen ihrer Gegner zu entziehen. Und was dergleichen volkstümliche Mären mehr waren.

Als einstige Besitzer der Burg waren die Grafen von Hochstaden bekannt, auf die ja auch der Name *Husterknupp* – das heißt: Hochstadenhügel – hinwies. Die *Hoistadins, Hostadas* oder *Hostadens* werden in mittelalterlichen Chroniken häufig genannt, am meisten als zähe Widersacher der Kölner Erzbischöfe. Eine Urkunde aus dem Jahre 1244 – als die Erbfeindschaft zwischen den beiden streitenden Parteien dadurch beigelegt worden war, daß ein Hochstaden, Konrad mit Namen, das hohe Amt des Kölner Kirchenfürsten übernommen hatte – berichtet dann von einer neuen Burg in der Nähe des alten, zerstörten Grafensitzes. Aber auch diese neue Hochstadenburg dürfte schon frühzeitig geschleift oder aufgelassen sein. Als ihre Reste in den dreißiger Jahren dieses Jahrhunderts ausgegraben wurden, deutete alles darauf hin, daß sie bereits vor 1400 wieder verfallen war.

Während dieser Kampagne zogen die Ausgräber auch durch den *Husterknupp* einen Suchschnitt und legten dabei eine Reihe gut erhaltener Balken und Pfähle frei. Als sie der bedrohten Motte 1949 erneut auf den Leib rückten, konnten sie also von vornherein mit weiteren Funden rechnen. Trotzdem gedachten sie sich mit einigen weiteren Probeschnitten zu begnügen.

Bis Mitte 1951 waren die Arbeiten – die zunächst von Rafael von Uslar, aber schon von Mai 1949 an von Adolf Herrnbrodt geleitet wurden – so weit gediehen, daß nur noch die Überwachung der nun unmittelbar bevorstehenden Abbaggerung des Hügels auf dem Programm stand. Kurz vor Toresschluß aber stellten sich Funde ein, die die Ausgräber vor eine gänzlich neue Situation stellten.

Die Greifer eines großen Räumbaggers deckten fünf Meter unter der Hügelkuppe – dort, wo der gewachsene Boden begann – eine Siedlungsschicht auf, die einer handdicken Reisiglage aufgesetzt war. Genau denselben Befund aber hatte man, vierzig Meter weiter, bereits einige Zeit vorher registriert. Das bedeutete nicht mehr und nicht weniger, als daß unter der künstlichen Erdaufschüttung noch eine Niederlassung von mindestens vierzig bis fünfzig Meter Ausdehnung verborgen war; archäologisch ausgedrückt: daß unter den bereits festgestellten beiden Siedlungsschichten noch ein dritter Siedlungshorizont zu vermuten war.

Dieser überraschenden Entdeckung noch «auf den Grund zu gehen», war es eigentlich schon zu spät, denn im großen Abbauplan war dem *Husterknupp* nur mehr eine Frist von wenigen Tagen vergönnt. Die Herren der Braunkohle hatten jedoch ein Einsehen. Sie sparten den kleinen Erdhügel bei den weiteren Räumarbeiten zunächst aus, so daß sich die alte Befestigung schließlich wie eine Erdsäule aus dem wandernden Tagebau erhob. Einmal wurde der Abraumbetrieb sogar für mehrere Tage stillgelegt – eine Maßnahme, die wahrscheinlich ein Mehrfaches der gesamten Grabungskosten erforderte.

Die so undramatisch begonnene Aktion artete zu guter Letzt also in eine dramatische Notgrabung aus. Die Ausgräber arbeiteten von Sonnenaufgang bis Sonnenuntergang, dennoch fraßen ihnen die Bagger «oft buchstäblich den Hügel unter den Händen weg», so daß manche wertvolle «Einzelheit mit den unkontrollierten Erdmassen» unwiederbringlich verlorenging. Was trotz der Ungunst der äußeren Bedingungen an Pfählen, Pfosten, ganzen Hauswänden, Tonscherben und sonstigem Kulturgut eingebracht wurde, zeitigte dennoch ein Ergebnis, das alle Erwartungen übertraf.

Die zu guter Letzt entdeckte, unter der künstlichen Erdaufschüttung liegende Niederlassung erwies sich als eine befestigte Flachsiedlung, deren Nordwestseite an einen alten Erftlauf angelehnt worden war. Das Gelände, auf dem sie stand, trug einen üppigen grünen Bewuchs, in dem Süßgräser, Seggen und Laubmoose vorherrschten: eine typische «Sumpf- oder Grabenvegetation» also. Neben Erlen genossen auch Buchen in der feuchten Erftniederung Heimatrecht. Hasel- und Walnüsse, Kirschen, Äpfel und Pfirsiche gediehen nur auf den trockenen Hängen der Talterrassen.

Von der Flachsiedlung zur Hochmotte

Der Boden der leicht versumpften Halbinsel wurde vor Baubeginn mit einer fünf Zentimeter hohen Reisigmatte abgedeckt, darüber kam eine fünfundsiebzig Zentimeter starke Packlage aus einer dunkelgrauen, tonig-sandigen Erde sowie eine weitere Reisigschicht. Das so gewonnene, ziemlich ebene und trockene Wohnniveau wurde an einigen Stellen noch mit faustgroßen Kieseln, Grauwacke und römischem Trümmerschutt gepflastert.

Auf dieser «bewohnbaren Baufläche von 1600 Quadratmeter Größe» entdeckte Herrnbrodt die Reste von fünf Häusern. Es handelte sich um reine Holzbauten, dessen größter – vermutlich das Herrenhaus – 11,30 mal 5,30 Meter maß und hinter einer offenen Vorhalle zwei etwa gleichgroße Räume enthielt. Die Häuser waren so angeordnet, daß ihre Längsseiten parallel zu der Palisade standen, die die Siedlung umgab. Eines benutzte den kräftigen Holzzaun sogar als Hauswand.

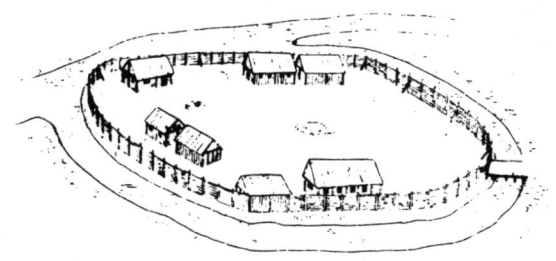

Abb. 1: Husterknupp, Rekonstruktion Periode I. (Flachsiedlung)

Zwischen den fünf Gebäuden befand sich der freie Hofraum mit dem Brunnen. Hier lag auch die mit armdicken Pfählen abgestützte

Abfallgrube, die den Ausgräbern außer Tierknochen sowie Holz- und Lederabfällen die für die Chronologie so wichtigen Keramikreste lieferte. Die palisadengeschützte Siedlung umgab ein drei Meter breiter Graben, der an die Erft angeschlossen war und von dieser gespeist wurde. Ins Vorgelände führte eine kleine Holzbrücke, deren Stützpfosten und Querbalken sich zum guten Teil erhalten hatten.

Eine Gehöftanlage also, ein befestigter Hof mit Wohnhäusern, Speichern und Scheunen, der sich aus dem freien Gelände in den Schutz einer Erftschleife zurückgezogen hatte.

Diese Flachsiedlung war sozusagen die Mutter des späteren *Husterknupps*. Denn erst im zweiten Bauabschnitt entstand die von Herrnbrodt als «Kernmotte» bezeichnete Niederlassung, die ihren Wohnhügel aus der Erftniederung heraushob, zunächst allerdings nur etwa einen Meter. Erst diesen zweiten Bauabschnitt charakterisiert auch das Nebeneinander von Hauptburg und Vorburg. Während die Hauptburg auf dem (mäßig verkleinerten) Gelände der Flachsiedlung errichtet wurde, fand die Vorburg auf dem bis dahin unbenutzten Raum der von der Erft umschlossenen Halbinsel Platz.

Beim Bau der neuen Befestigung nahm die an Stelle der Flachsiedlung errichtete Hauptburg eine «regelmäßigere, abgerundet-rechteckige Gestalt» an. Die neuen Aufschüttungen verkleinerten die ursprünglich vorhandene Baufläche freilich um fast die Hälfte. Dank Einbeziehung des brachliegenden Vorgeländes in die Burg vergrößerte sich die Gesamtbaufläche aber auf 2100 Quadratmeter.

Die Gebäude der Flachsiedlung verschwanden bis auf das große Wohnhaus am Südostrand der Niederlassung, das nur seine Vorhalle hergeben mußte. Der Burgherr zog aber wahrscheinlich in ein neues Haus auf der Südwestkuppe der Aufschüttung, das mit seinen 43 Quadratmetern zwar kleiner, mit seinem auffallend großen Herdraum aber repräsentativer war. Irgendwann ging es in Flammen auf.

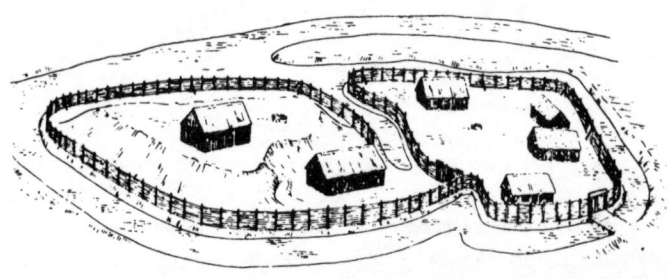

Abb. 2: Husterknupp, Rekonstruktion Periode II. (Kernmotte)

Die meiste Arbeit beim Bau der Kernmotte dürfte das neue Grabensystem verursacht haben. Der alte Graben wurde aufgegeben, ein neuer «sowohl um wie auch zwischen Kernmotte und Vorburg angelegt». Eine sieben Meter breite Erdbrücke, die durch ein an die obligaten Palisaden angeschlossenes Gatter gesperrt werden konnte, stellte die Verbindung zwischen den beiden Komplexen her.

In der Vorburg wurden keine Hausreste festgestellt. «Die Tatsache des Vorhandenseins zweier Wohnhäuser auf der Kernmotte» führte aber – nach Adelhart Zippelius, der den Holzbauten auf dem *Husterknupp* eine besondere Untersuchung widmete – «zu dem Schluß, daß die Masse der Wirtschafts- und Nebengebäude innerhalb der Vorburg Platz gefunden hatte, das heißt: daß sich in der zweiten Siedlungsphase eine Zweiteilung der *curtis* in einen Wohn- und Wirtschaftshof vollzog...»

Diese Entwicklung fand in der dritten Bauperiode – die in sich wiederum mehrere Bauabschnitte erkennen läßt – ihren krönenden Abschluß. Nun wurde der sieben Meter hohe Hügel aufgefahren, der dem *Husterknupp* die endgültige Gestalt gab. Die Baufläche auf der Hügelkuppe verkleinerte sich dabei auf zweihundert Quadratmeter. In einem Kreis von fünfzehn Meter Durchmesser, der noch dazu im Osten eine breite Ausbuchtung aufwies, stand schließlich nur mehr ein einzelnes Haus – ein palisadenumwehrter, quadratischer Wohnturm (von dem außer dem Fußbodenestrich noch ein 2,65 Meter tief fundamentierter Pfosten erhalten war).

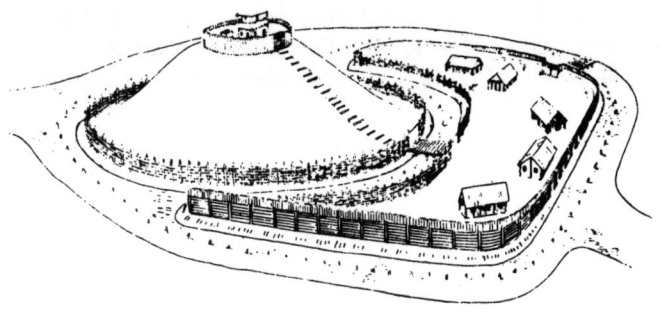

Abb. 3: Husterknupp, Rekonstruktion Periode III. (Hochmotte)

Alle anderen Bauten wurden in die Vorburg verwiesen, die noch einmal beträchtlich vergrößert wurde. Zu diesem Zweck rückte man den Palisadenzaun der Vorburg bis an die alte Erftschleife heran und «bezog diese damit in das Verteidigungssystem der Hochmotte... ein». Überhaupt wurden die Befestigungen noch einmal verstärkt. So rammte man in den Graben zwischen Hauptburg und Vorburg, dessen

Erdbrücke überdies durch eine Holzbrücke ersetzt wurde, Reihen von spitzen Pfählen ein und schuf auf diese Weise ein weiteres «gefährliches Annäherungshindernis». Noch eine wesentliche Neuerung bezeichnet den Ausbau der *Hochmottenburg* – die bereits mit einem Wehrgang versehenen Palisaden wurden, wahrscheinlich nach einem größeren Brand auf der Vorburg, durch eine mit Holz versteifte Erdmauer ersetzt, die schließlich noch durch Mauerwerk verkleidet wurde.

Es scheint, daß schließlich auch die Burg selbst in Stein ausgebaut wurde. Oder besser: daß man damit begann, den *Husterknupp* in Stein auszubauen. Bevor man das Projekt jedoch zu Ende geführt hatte, wurde die Burg zerstört – zwischen 1192 und 1244, wie aus den zitierten Urkunden ersichtlich ist.

Zurück blieben der alte Mottenhügel und die Vorburg, die dann als *suburbanum* des neuen Hochstadensitzes weiterbestand, bis auch sie um 1400, mit der Auflassung oder Zerstörung der Hochstadenburg, sich in eine Wüstung verwandelte.

Gefällt im Jahre 892! Wie es nicht ganz leicht gewesen war, aus der Vielzahl der von der Erde freigegebenen Balken und Pfosten auf die verschiedenen Bauperioden zu schließen, so schwer war es auch, das chronologische Gerüst für die Geschichte des *Husterknupps* zu entwerfen. Es waren, auf den ersten Blick, recht unscheinbare Funde, die Herrnbrodt als Chronometer zur Verfügung standen: die üblichen Scherben, einige Eisenteile und ein paar Lederreste. Und doch genügten sie, die komplizierte Baugeschichte auch zeitlich mit einiger Genauigkeit zu fixieren.

Die wichtigsten Erkenntnisse vermittelte – zunächst wenigstens – die Keramik. Als besonders aufschlußreich verzeichnet der Grabungsbericht die Tatsache, daß die unterste Schicht der Flachsiedlung außer Pingsdorfer Ware und den in der frühmittelalterlichen Archäologie wohlbekannten «blaugrauen Kugeltöpfen» auch Reste von Reliefbandamphoren des reifen Badorf-Stils enthielt. Denn diese Amphoren sind als Produkt der spätkarolingischen Zeit bekannt.

Dieser Zeitansatz erfuhr durch zwei eiserne Sporen eine Bekräftigung, deren Form ebenfalls von der zweiten Hälfte des 9. Jahrhunderts an belegt ist. Schließlich wiesen auch einige Lederreste in diese Zeit. Es handelte sich um Teile von Frauenschuhen mit einer eigenartigen Schlitzbindung, die bereits durch eine Basler Grabung als ein Produkt der spätfränkischen Epoche entlarvt worden waren. Mit einem Höchstmaß an Wahrscheinlichkeit konnte Herrnbrodt also die Entstehung der Motte – oder besser: des der Motte vorausgehenden befestigten Weilers – in die «letzten Jahrzehnte des 9. Jahrhunderts» verlegen.

Diese chronologische Fixierung fand nicht überall Gegenliebe. Es gab Archäologen, die der Meinung waren, daß die wenigen Fundobjekte für eine so «gezielte» Datierung nicht ausreichten, die überhaupt dazu neigten, die Entstehung der Flachsiedlung zumindest ein halbes Jahrhundert später anzusetzen. Diese Bedenken wurden erst anderthalb Jahrzehnte später ausgeräumt, und zwar mit Hilfe einer neuartigen Zeituhr, die erlaubt, das Alter von Hölzern auf das Jahr genau festzustellen: der Jahrringchronologie, im wissenschaftlichen Sprachgebrauch *Dendrochronologie* benannt.

Das Verfahren, das noch manche Überraschung erwarten läßt, geht auf den amerikanischen Astronomen Douglass zurück, der bereits um die Jahrhundertwende der Frage nachging, «ob sich die Sonnenfleckenperioden im Wachstum der Bäume, insbesondere der Jahrtausende alten Sequoien Kaliforniens, erkennen und zurückverfolgen ließen». Ein Nebenprodukt seiner Studien war «der Nachweis der historischen Einmaligkeit der Jahrringbreitenschwankungen und somit einer neuen Methode zur Synchronisierung historischer Holzproben», die dann von dem Münchener Botaniker Huber auf das mitteleuropäische Klimagebiet übertragen wurde.

«Die Methode beruht» – nach der Definition des Trierer Oberstudienrates Ernst Hollstein, der das Verfahren für Westdeutschland funktionsfähig gemacht und gegen mancherlei Zweifel durchgesetzt hat – «auf der Erkenntnis, daß Bäume der gleichen Holzart, die gleichzeitig in einem einheitlichen Klimagebiet heranwachsen, einen ähnlichen, mithin vergleichbaren Verlauf ihres Dickenwachstums zeitigen. So waren zum Beispiel die Wachstumsbedingungen des Jahres 1909 für die Holzart Eiche in Mitteleuropa so ungünstig, daß alle Eichen, sei es im Spessart, sei es im Rheinland, sei es in den Argonnen, nur einen sehr schmalen Jahrring bilden konnten. In dem darauffolgenden Jahr stieg jedoch die Jahrringbreite erheblich an, bei manchen Bäumen um das Doppelte.»

«Verfolgt man so die wechselnde Jahrringbreite zweier Eichen (oder der aus ihnen gesägten Balken, Bretter) von Jahr zu Jahr, so kann man aus der Parallelität ihrer Jahrringbreitenschwankungen die Gleichzeitigkeit der korrespondierenden Wuchsringe erschließen ... Durch Überbrückung von jüngeren Holzproben mit bekanntem Fällungsjahr zu immer älteren Proben kann eine weit zurückreichende Jahrringchronologie entstehen ... Bei lückenlosem Vergleichsmaterial bietet die Jahrringanalyse also die einzigartige Möglichkeit, Hölzer unbekannten Alters auf das Jahr genau zu datieren. Diese verblüffende Genauigkeit liegt im Wesen der Sache begründet. Eine Jahrringdatierung gelingt entweder auf das Jahr genau oder überhaupt nicht, und es gibt hier kein Ungefähr wie bei stilkritischen Vergleichen.»

Auch Herrnbrodt erhielt – als er Hollstein 1966 einige Holzproben aus der untersten Schicht des *Husterknupps* zugeschickt hatte – eine sehr präzise Antwort. Die Stämme, denen er die Probe entnommen hatte, waren im Jahre 892 gefällt worden! Die Flachsiedlung war also tatsächlich Ende des 9. Jahrhunderts entstanden.

In die Zeit des Endstadiums der Motte *Husterknupp* führte ein Kapitell, das er in einem Mauerstumpf der Vorburg entdeckte. Seine charakteristische Form gehörte der Mitte des 12. Jahrhunderts an. Da es der Vorburg-Umwallung «in zweiter Verwendung» eingefügt worden war, bestätigte es mittelbar die schriftlichen Quellen, aus denen hervorgeht, daß die *Hochmotte* um oder kurz nach 1200 zerstört wurde.

Bei der Markierung der zwischen Anfang und Ende liegenden Abschnitte erwies wiederum die Keramik die wertvollsten Dienste. Eine genaue Analyse von *Pingsdorf* und *Blaugrau* erlaubte Herrnbrodt, den Bau der Kernmotte für die zweite Hälfte des 10. Jahrhunderts anzusetzen. Für die um 1000 beginnende Hochmottenzeit und deren weitere Unterteilung gab ihm das Auftreten der sogenannten *gerieften Ware* schließlich die wesentlichsten Hinweise.

Mit diesen Kenntnissen ausgerüstet, konnte er die Baugeschichte des *Husterknupps* auch in ihren historischen Zusammenhängen darstellen.

Festungen gegen die Normannennot

Seine erste Feststellung: «Die Ausgrabungen haben eindeutig ergeben, daß die Flachsiedlung eine Neugründung an einer Stelle war, die für eine Siedlung keineswegs ideale Voraussetzungen bot. Also müssen schon ganz bestimmte Gründe vorgelegen haben, daß gerade dieser Platz ausgesucht wurde ... Offensichtlich suchte man Schutz. Die sumpfige Niederung bot ihn. Das Wasser erschwerte eine feindliche Annäherung um so mehr, wenn man die neue Siedlung in eine Flußschleife hineinbaute, mit Graben und Palisade umgab und sie zusätzlich noch an einen toten Wasserarm anlehnte.»

Vor wem aber suchte man Schutz? Was trieb die Grundbesitzer auf dem Lande, sich in unwohnliche Niederungen zurückzuziehen und dort hinter Graben und Holzwällen einzubauen?

Ein Blick auf die historische Situation gibt Antwort: «Wir wissen, daß das 9. Jahrhundert nach dem Verfall des Karolingischen Reiches eine unruhige Zeit war. Wir wissen vor allem, daß der Westen des Reiches durch die Einfälle der Normannen schwer erschüttert wurde.» Und weiter: daß «die westfränkische Königsmacht, geschwächt durch innere Zwistigkeiten», nicht in der Lage war, «die Normannennot zu bannen. Stadt und Land waren schutzlos ihrem Zugriff preisgegeben ... Da die Obrigkeit vollkommen versagte, blieb nichts anderes übrig, als zur Selbsthilfe überzugehen, ohne auf das Befestigungsrecht als königliche Kompetenz Rücksicht zu nehmen. Der Verfall der zentralen Gewalt nach Karl dem Großen und die Not, die die Normannen in der zweiten Hälfte des 9. Jahrhunderts heraufbeschworen, gaben also den politischen Hintergrund für diese Neugründung ab.»

An der Struktur des grundherrlichen Daseins dürfte die Befestigung des Gehöftes jedoch wenig geändert haben. Der Eigentümer blieb Bauer, sein Leben ein Produkt ländlicher Umweltbedingungen. Den Fleischbedarf deckten – nach Ausweis der Knochenfunde – Rind, Schwein, Ziege und Schaf zu 97 Prozent. Jagdtiere fehlten fast völlig. Nur Wildschweinreste waren in geringer Menge vertreten. Die agrarische Grundlage wurde auch durch den Bau der Kernmotte und später der Hochmotte nicht in Frage gestellt. Der Charakter der Funde in diesen Schichten wandelte sich nicht. Die Eisenreste stellten sich durchweg als Teile von landwirtschaftlichen Geräten dar. «Den Fleischbedarf deckten wiederum ausschließlich Haustiere», nur daß jetzt Schweine und kleine Wiederkäuer vorherrschten, «während vorher wohl das Rind dominierte. So war» – nach Herrnbrodt – «die Motte, wie die Flachsiedlung, auch nichts anderes als ein zur Burg ausgebauter Herrensitz auf bäuerlicher Grundlage.»

Bäuerliche Verhältnisse, bäuerliche Arbeit, bäuerliches Denken beherrschten noch jahrhundertelang das Leben der Deutschen. Nicht nur die große Masse der unbekannten freien oder unfreien Bauern lebte vom Ertrag der Äcker, Wiesen und Wälder, sondern auch der Adel, bis hinauf zu den fürstlichen Geschlechtern, die die Herzogsmacht ausübten oder «bei Hofe», in der Umgebung des Königs, Dienst taten. Ja, auch der König war eigentlich nicht mehr als ein umherziehender Bauer, obwohl er nicht selbst hinter dem Pfluge schritt. Ob aus sächsischem, salischem oder staufischem Geschlecht, alle die großen Herrschergestalten der deutschen Kaiserzeit blieben der agrarischen Grundstruktur ihres Reiches tief verhaftet. Ihr Reichtum war ihr Landbesitz, ihr Landbesitz ihr gängiges Zahlungsmittel. Wenn sie die Dienste ihrer Ritter und Ministerialen entgalten, so gaben sie ihnen «Lehen an Land und Leuten», das heißt: sie zahlten mit Äckern und «mit Leuten, die die Äcker zu bebauen» hatten.

Freilich setzte sich der Grundherr schon in der ottonischen Zeit sichtbar von seinen Untergebenen ab, indem er auf der Plattform des aufgeschütteten Hügels einen Wohnturm bezog. Mit einigem Recht hat man die Motten daher «die eigentliche Burgform des mittelalterlichen Feudalismus» genannt, zu dem die Trennung von Herrschaft und Gefolge gehört. Das Gesinde – gleich welchen Abhängigkeitsgrades – wohnte in der Vorburg und fand wahrscheinlich nur in Zeiten höchster Gefahr in der Hauptburg eine Zuflucht. In der Vorburg standen auch die Wirtschaftsgebäude: die Ställe und Scheunen, die Geräteschuppen, die Werkstätten, die Webkammern. Bei dieser Zweiteilung blieb es. Noch heute findet man zahlreiche Wasserburgen, die genau wie die mittelalterlichen Motten in Haupt- und Vorburg gegliedert sind und ihre Funktionen in genau der gleichen Weise abgegrenzt haben.

In dieser zweigeteilten Burg nahm damals ein Baugedanke Gestalt an, der in der Burgen- und Festungsgeschichte keinen Vorgänger hatte. Woher er kam und wieweit bei seiner Formulierung außer fortifikatorischen und machtpolitischen Motiven auch natürliche Gründe, wie etwa das Ansteigen des Grundwasserspiegels, eine Rolle spielten, bedarf noch der Klärung. Mit größtmöglicher Sicherheit steht aber fest, daß der Schritt von der wassergeschützten Flachsiedlung zur eigentlichen Motte in der Mitte des 10. Jahrhunderts getan wurde und daß dann das 11. Jahrhundert den Typus der Hochmotte ausbildete, der fortan sozusagen verbindlich war: am Niederrhein und in der Normandie, in Irland und auf den Britischen Inseln, an der deutschen Nordseeküste und in Dänemark, in Österreich und Polen.

Stabbauten – Repräsentation in Holz

Die *Husterknupp*-Grabung brachte aber nicht nur Aufschluß über die Entstehung und Entwicklung der Motten, sie lieferte den Ausgräbern auch eine Reihe wertvoller Erkenntnisse über die innere Struktur eines mittelalterlichen Gutshofes, vor allem über die damalige Hausbautechnik.

Die Welt, in der ein Landadliger des Mittelalters lebte, war – noch immer und noch auf lange Zeit hinaus – eine Welt des Holzes. In Stein zu bauen setzte Mittel und offenbar auch Privilegien voraus, über die nur der König, die Kirche und der Hochadel verfügten. Noch um 1215 mobilisierte der Abt von Saint-Vaast in Arras den Zorn der Bevölkerung gegen einen Bürger der Stadt, der sich erkühnt hatte, ein steinernes Wohnhaus zu bauen.

Das Holz blieb also der wichtigste Baustoff, der wichtigste und billigste zugleich, denn die Wälder bestimmten noch immer den Charakter der Landschaft, und zwar mit einer solchen Dichte und Ausschließlichkeit, daß Jacques Le Goff geradezu von einer «Allgegenwart des Waldes» spricht, von einem weiten grünen Dickicht, das die wenigen besiedelten Lichtungen wie ein wallender Mantel umhüllte, Gefahr und Reichtum zugleich.

Auch die *Husterknupp*-Bauten waren allesamt Holzbauten.

Den wichtigsten Fund lieferte einmal mehr die Flachsiedlung – und hier das in den Grabungsakten als *Haus 3* verzeichnete Gebäude, dessen tragende Seitenwandpfosten bis zu einer Höhe von mehr als zwei

Meter erhalten waren. Adelhart Zippelius konnte daraus nicht nur Grundriß und Raumgliederung, sondern auch «den konstruktiven Aufbau in allen entscheidenden Punkten und zimmerungstechnischen Einzelheiten» ermitteln.

Das schon durch seine Größe als Hauptgebäude erkennbare *Haus 3* bedeckte eine Fläche von 11,30 mal 5,30 Meter, also etwa sechzig Quadratmeter, von denen allerdings 11,50 Quadratmeter auf die offene Vorhalle entfielen. Von dort führte eine 1,80 Meter hohe Tür in einen geräumigen Herdraum, «der sicherlich als Hauptaufenthaltsraum diente». Ein zweiter, etwa gleich großer Raum ohne Feuerstelle schloß sich an – wahrscheinlich der Schlafraum.

Die Innenausstattung dürfte dem üblichen Bild entsprochen haben. Die bis zu zehn Zentimeter dicken Fußböden aus Lehmestrich waren «mit lockeren Holzrinde- und Holzschnitzellagen belegt». Die mehrfach gewechselten Herdstellen erwiesen sich als einfache, wannenförmig eingetiefte Löcher im Boden, deren Sohle aus einer feinen Sandlage bestand, «in die faustgroße Kiesel eingebettet» waren. Die Ausgräber fanden auch einige armdicke, verkohlte Pfosten, die wahrscheinlich zum Aufhängen der Kochgefäße gedient hatten.

Das alles beweist, daß ein Landadliger um 900 an den Wohnkomfort kaum höhere Ansprüche stellte als seine Vorfahren drei oder vier Jahrhunderte vorher. Immerhin hatte das Haus Fensteröffnungen mit bleigefaßten Glasscheiben, wie Glasreste und Bleistege bezeugten: ein außerordentlich seltener Fund übrigens, für den bisher nur ein einziger Parallelfall aus der bei Schleswig gelegenen Wikingersiedlung Haithabu bekannt ist. Er paßt jedoch in das Panorama dieser Zeit. Aus schriftlichen Quellen ist nämlich bekannt, daß sich die Kunst der Fensterverglasung «ohne Unterbrechung von der Antike durch die ‹dunklen› Jahrhunderte der Merowingerzeit hindurch bis ins Frühmittelalter» weiterentwickelt hat – wenngleich die Chroniken nur von verglasten Kirchenfenstern sprechen.

Auch die konstruktiven Erkenntnisse, die Zippelius aus der detaillierten Untersuchung der Hausreste gewann, ergänzen das Bild dieser Zeit durch kräftige Striche. Er konnte nachweisen, daß das Hausskelett aus Eichenstämmen bestand, «die man kurz oberhalb der Wurzelstöcke geschlagen» und – je sechs auf jeder Seitenwand – zwischen 65 und 95 Zentimeter tief in die Erde eingesetzt hatte. Diese zwölf Pfosten bildeten nicht nur ein unverrückbares, festes Gerüst, sie gliederten auch das Innere des Hauses, da sie «mit straffem, kräftigem Profil» aus den Wandflächen heraustraten.

Am Boden und am Dach festigten Schwellriegel aus Rotbuchenstämmen das Gerüst, während für die untergeordneten Bauelemente vor allem Erlenholz verwendet wurde. Die «Gefache» zwischen den Stämmen und Schwellriegeln bildeten senkrecht stehende Bretter, die sich «schindelartig überlappten» und «sowohl unter sich wie mit den Pfosten, Schwellriegeln und oberen Wandrahmen verspundet» waren. Die wahrscheinlich riedgedeckten Dächer leiteten ihre Last auf die tragenden Seitenwände ab.

Die Gesamtkonstruktion bewies noch dem Ausgräber die unverkennbare «Vertrautheit der Zimmerleute mit ihrem Werkstoff» und das «sichere Gefühl, mit dem sie die Hölzer auswählten und bearbeiteten». Sie ließ aber auch keinen Zweifel daran, daß schon die *Husterknupp*-Bauten des 9. Jahrhunderts in jener Stabbauweise errichtet worden waren, deren rustikale Eigenart die durchweg drei- bis vierhundert Jahre jüngeren «Stabbaukirchen» der nordischen Länder am anschaulichsten überliefert haben. Auch diese Entdeckung stellte eine Überraschung dar. Denn die deutschen Hausforscher hielten die Stabbautechnik bis dahin ziemlich einhellig für «eine spezifische Bauweise nordgermanischer Stämme», obwohl in Haithabu und auf der Stellerburg (bei Weddingstedt in Schleswig-Holstein) Stabbauten aus dem 9. und 10. Jahrhundert bereits zutage getreten waren.

Um die Überraschung vollständig zu machen, tauchten etwa zur gleichen Zeit auch in Emden und Antwerpen Bauten aus dem 9./10. Jahrhundert auf, die ebenfalls bereits alle Kennzeichen eines ausgereiften Stabbaustils aufwiesen. Zippelius vermutet, daß die im Raum Husterknupp–Antwerpen–Haithabu beobachtete Stabbautechnik damals in ganz Mitteleuropa, den Alpenländern, Nordfrankreich und Teilen der Britischen Inseln Wurzeln geschlagen hatte. Oder anders ausgedrückt: daß man «mit den in Skandinavien noch vorhandenen Stabbauten nur die nördlichen Reste eines einst größeren Verbreitungsgebietes» erfaßt, dessen Zentrum vielleicht der nordöstliche Teil des Kontinents war.

Wie aber kam es, daß die Stabbauweise vom 9. Jahrhundert an in Mitteleuropa sozusagen ihre Gründerzeit erlebte? Zippelius weist in diesem Zusammenhang auf die kraftvollen Impulse hin, die im Karolingischen Reich von Staat und Kirche ausgingen – dem Staat, der eine Macht darstellte, die der der römischen Cäsaren nicht nachstand, und der Kirche, die in diesem Staat die einzige geistige Kraft war. Hier wie dort war ein gesteigertes Repräsentationsbedürfnis die Folge, das in den Zentren der königlichen und kirchlichen Macht, in Aachen und in Ingelheim, in Fulda und in Paderborn, in Lorsch und in Regensburg, die Wiedergeburt der antiken Baukunst bewirkte. Aber auch die heimische Holzbaukunst fühlte sich damals aufgerufen, den neuen Anforderungen zu genügen.

Diesem Bedürfnis aber kam der Stabbau wie keine andere Holzbauweise entgegen. «Die Betonung der vertikalen Linienführung in der Richtung der Fasern, die Möglichkeit einer freien Höhenentwicklung bis zu einer schier unendlichen Steigerung ... mußte gerade dem geistigen Inhalt, den innersten Triebfedern dieser neuen Impulse, in idealer Weise entgegenkommen.» Offenbar war das Aufblühen der Stabbauweise in erster Linie den kirchlichen Raumanforderungen zu verdanken. «Gleichzeitig oder im Gefolge des kirchlichen Bauwesens gewann ... der Stabbau» aber auch «bei den weltlichen Herren und ... in den ersten stadtähnlichen Niederlassungen bei Profanbauten zunehmend an Bedeutung. Die Stichworte Repräsentation und Monumentalität galten auch hier ... In dieser Sicht verlieren die Stabbauten auf dem *Husterknupp* das bei ihrem Auftauchen anfänglich so überraschende Moment.»

Mit anderen Worten: die Holzbauten auf dem *Husterknupp* sind ein Symptom für das Erstarken der territorialen Gewalten, die seit dem Niedergang des Karolingischen Reiches wieder Morgenluft witterten.

Die Germanenstaaten der Völkerwanderungszeit waren «Aristokratien mit einer monarchischen Spitze». Auch im Frankenreich behaupteten, wie wir wissen, die Nobiles gegenüber dem Herrscherhaus ein hohes Maß an Souveränität; am Ende wurden die Merowinger ja durch eine der großen Adelsfamilien des Landes abgelöst. Erst unter Karl dem Großen hatte sich die Zentralgewalt so weit gefestigt, daß es scheinen mochte, als seien die regionalen Gewalten zu Ausführungsorganen der königlichen Macht abgesunken.

Die zufriedenen Knechte

Doch schien es nur so – in Wahrheit gab der Adel auch unter dem straffen Regime des Großen Karl keines seiner angestammten Rechte preis. Ja, schon unter ihm begann jene Entwicklung, die den Adel – ganz im Sinne germanischer Traditionen – zur stärksten Kraft des mittelalterlichen Staates machte: zum eigentlichen Inhaber der wirtschaftlichen und politischen Macht.

Aus Karls Kapitularien geht hervor, in welch großer Zahl freie Bauern sich damals unter die Fittiche des Adels begaben. Gründe für einen solchen Schritt gab es mehr als genug. Eine einzige Mißernte, ein Unwetter, eine Feuersbrunst genügten, um eine Bauernfamilie – die gewohnt war, von der Hand in den Mund zu leben – nackter Not auszuliefern. Dazu kam die Verpflichtung zum Kriegsdienst, die sich gerade unter der Faust des Großen Karl zu einer jährlichen wiederkehrenden Plage auswuchs – einer Plage, der man entgehen konnte, wenn man sich in die Abhängigkeit eines adligen Herrn begab, der dann eine Art Uk-Stellung aussprechen konnte.

Es versteht sich von selbst, daß die von rechtlichen Bedenken wenig beanspruchten adligen Herren der Kapitulationsbereitschaft der Bauern häufig ein wenig nachhalfen, sei es durch gutes Zureden, sei es durch sanfte Gewalt – gelegentlich auch wohl durch härtere Mittel.

Viele Bauern fuhren recht gut bei diesem Geschäft, zumal sie auf den Titel des freien Mannes nicht zu verzichten brauchten. Sie erhielten nämlich den Besitz, den sie einem Herrn «auftrugen», als *Precarium* – frei übersetzt: als «erbetenes» Eigentum – auf Lebenszeit zurück, ja, manchmal noch ein paar Äcker dazu. Außerdem erwarben sie, ganz im Sinne altgermanischer «Treue um Treue»-Vorstellungen, vielfältigen Anspruch auf Hilfe. Ein gerechter Herr ließ seine Leute nicht verhungern und schützte sie auch, was offenbar häufig notwendig war, vor den «Freunden des Satans», das heißt: den hohen Reichsbeamten, wenn diese, wie es bei Fichtenau heißt, «die dem König geschuldeten Fronden und Abgaben» für ihren eigenen Nutzen einforderten... oder einfach «requirierten», was sie benötigten, «um sich bei Hofe oder den Mächtigen beliebt zu machen».

Andererseits mußte der «Mann» für den Schutz, den er fortan genoß, natürlich zahlen. Er hatte Naturalabgaben und Frondienste zu leisten und konnte sich die Arbeit, zu der man ihn heranzog, nicht aussuchen – und es gab vielerlei Dienstleistungen, die ihm und seiner Familie aufgebürdet wurden: Arbeit in den Ställen, auf den Feldern und Wiesen, in den Wäldern, in den Webstuben, in den Vorratskammern, in den Kellern. Ob der Herr ein Haus baute, seine Tochter verheiratete oder zu Grabe fuhr, die Bauern mußten zur Stelle sein und unaufgefordert ihre Arbeitskraft zur Verfügung stellen.

Freilich waren es längst nicht alle Bauern, die ihre Unabhängigkeit einem erhöhten Maß an Sicherheit opferten. Wer auf dem schwankenden Grunde eines Moores, auf dem steinigen Hang eines Gebirges oder auf einer abgelegenen Waldlichtung sein mageres Brot verdiente, konnte sich auch weiterhin unangefochten seiner Freiheit erfreuen. In den fruchtbaren Ebenen aber – und sicher auch in den Niederungen des Rheines und seiner Nebenflüsse – streckten bereits unter Karl, noch mehr aber unter seinen Nachfolgern, viele freie Bauern ihre Waffen und ließen sich, willig oder nicht, an die Kandare legen. Zumindest für die von der Natur bevorzugten Gebiete gilt also Pirennes etwas summarische Feststellung, daß «die allmähliche Ausbreitung der Hörigkeit auf die gesamte Landbevölkerung... das bemerkenswerteste Phänomen im sozialen Leben des 9. Jahrhunderts und der darauffolgenden zweihundert Jahre» war.

Die alte, klare Dreiteilung in Adel, Freie und Unfreie war auf die damit entstehende Bevölkerungsstruktur nur noch bedingt anwendbar;

die Übergänge zwischen Freien und Unfreien wurden immer fließender. Es gab Freie, die von den adligen Herren wie Knechte gehalten, und Unfreie, die auf den Besitzungen der (meist abwesenden) Grundeigentümer wie Herren willkürlich schalten und walten konnten. Überhaupt hat man nicht den Eindruck, daß die verschiedenen Arten der Abhängigkeit und Unfreiheit als drückend empfunden wurden. Auflehnung gegen die als natürlich und gottgewollt motivierten Schichtungen ist nirgendwo festzustellen.

Schon damals galt der einsichtige Satz der Freifrau Marie von Ebner-Eschenbach, «daß die zufriedenen Knechte die größten Feinde der Freiheit» sind.

Auch der Kirche gegenüber festigte der Adel im Laufe des 9./10. Jahrhunderts zusehends seine Stellung – soweit das überhaupt nötig war. Die hohen Kleriker am Hofe oder an den Bischofssitzen entstammten ja ohnehin in der Mehrzahl der Aristokratie. Sie waren ihren weltlichen Brüdern und Vettern durch handfeste gemeinsame Interessen verbunden und führten wie diese ein seigneurales Leben, in dem die Freuden des Bechers, der Jagd und gelegentlich auch des Krieges einen festen Platz hatten. Viele Adelsfamilien verfügten zudem über Hausklöster, deren Einkünfte und Privilegien ebenso wie die Abtstellen gleichsam Sippeneigentum waren.

Hörige als Eigenpriester

Es ist verständlich, daß die engen Bindungen von geistlichem und weltlichem Adel auch das Leben der niederen Kleriker beeinflußten. Den freien-unfreien Bauern gleich unterstanden sie dem Gebot des Grundherrn. Dieser pflegte seinen Hausgeistlichen und später die Pfarrer der ihm unterstehenden Dörfer selbst zu bestimmen, wobei der Frage nach der Eignung und Vorbildung oder der inneren Bereitschaft der Betroffenen in der Regel nur mindere Bedeutung beigemessen wurde. Nach Fichtenau war der Normalfall, «daß ein Herr einen Hörigen auf eine Pfarre seiner Besitzungen setzte, so wie er den Bauern ihre Hofstätten anwies. Dann blieb ihm einerseits volle Verfügungsgewalt gewahrt, andererseits brauchte er nicht zu fürchten, daß ihm sein Priester mit geistlichen Ermahnungen allzu lästig fiel.»

Wie die Eigenkirche häufig nur «Zubehör eines Gutshofes oder des Herrenhauses» war, «eine Nebenanlage, wie Mühle und Stall», galt auch der Eigenpriester sozusagen als ein Stück Inventar. Seine Tätigkeit erstreckte sich demnach nicht nur auf die geistliche Betreuung des Patrons, er mußte ihm auch die Speisen auftragen, auf der Jagd die Hunde führen und die Ablieferung des Zehnten überwachen, der in der Regel nur zu einem geringen Teil zu Nutz und Frommen der Kirche verwendet wurde. Aus den zeitgenössischen Berichten geht auch hervor, daß Ungehorsam oder mangelndes Pflichtbewußtsein mit Prügeln oder Schlimmerem geahndet wurde.

Viele Priester entliefen deshalb und vergrößerten das Heer der «wandernden Mönche», das sich bettelnd und predigend auf den Landstraßen und überall da herumtrieb, wo Aussicht bestand, ein paar Brosamen vom Tisch der Reichen zu erwerben. Andere hielten sich dadurch schadlos, daß sie ihre Position benutzten, um die ihnen anvertrauten Gläubigen nach Kräften zu schröpfen. So waren viele Geistliche bemüht, «weltliches Gut zu erwerben, Habe, Sklaven, Wein und Getreide», und es gab außer jenen elenden Seelenschäfern, die in der «Armut Christi» zu leben gezwungen waren, auch solche, die mit dem Pfunde zu wuchern verstanden, das ihnen mit der Ernennung zum Geistlichen in den Schoß gefallen war.

Gelang ihnen das, so wurde das Dasein des Grundherrn auch das Leitbild ihres Lebens. Sie führten Waffen, hielten Konkubinen und umgaben sich mit einem rauflustigen Gefolge, mit dem sie ausgedehnte Gelage und Gastereien veranstalteten. Die zeitgenössischen Quellen stecken voller offener und versteckter Hinweise auf die Trunksucht der niederen Geistlichkeit. Danach kam es wohl häufiger vor, daß die Priester voll des süßen Weins im Bette lagen, wenn sie die Messe zu lesen hatten.

In den Klöstern herrschte strengere Zucht, doch waren auch sie manchen Eingriffen von seiten des Adels ausgesetzt. Der Grundherr konnte seine Hörigen nicht nur zu Geistlichen ernennen, sondern auch ins Kloster schicken – eine Möglichkeit, die nicht zuletzt als Disziplinarmittel angewandt wurde. Beim Namen genannt: wer nicht gut tat, mußte damit rechnen, zum Mönch geschoren zu werden. Es hat den Anschein, daß es durchaus üblich war, Gewohnheitstrinker, Tagediebe und Totschläger hinter Klostermauern verschwinden zu lassen – mit dem fragwürdigen Erfolg, daß auch in vielen Mönchsgemeinschaften die Disziplin unterminiert wurde. Fichtenau spricht geradezu von «Verbrecherkolonien, die dank dieser besonderen Art der Sicherungsverwahrung entstanden und sich zu Raubgemeinschaften zusammentaten».

Freilich unterschieden sie sich in dieser Hinsicht nicht von ihren streit- und beutefreudigen Herren: ein Symptom dafür, daß der Moralkodex und die Lebensform des Adels für alle Schichten der Bevölkerung sozusagen verbindlich waren.

Herren über Land und Leute

Ein Bild dieser Aristokratie zu zeichnen ist nicht ganz leicht. Das Alltagsdasein des Adels hat die geistlichen Chronisten nicht interessiert. So ist die Forschung bei der Analyse der schriftlichen Quellen auf indirekte Zeugnisse und zwischen den Zeilen stehende Äußerungen angewiesen. Das heißt: sie sieht sich auch in diesem Fall vor die mühselige Aufgabe gestellt, das gesuchte Bild wie in einem Puzzlespiel aus zahlreichen Fragmenten zusammenzusetzen.

Das eine allerdings steht fest – das Leben eines adligen Herrn erfüllte sich noch immer in der Doppelfunktion von Landbesitzer und Krieger. Als Landbesitzer leitete und überwachte er die Arbeit seiner Untergebenen, war er wie diese an festes Zufassen, an den natürlichen Rhythmus des Jahres und damit an ein «stationäres» Dasein gewöhnt; als waffenfähiger Krieger aber mußte er jederzeit darauf vorbereitet sein, zum Heeresdienst aufgeboten zu werden. «Eine gewisse Diskrepanz kennzeichnet» also das «Leben des Adels: die Arbeit, von der er lebte, verlangte eigentlich sein stetiges Verbleiben im Dorf, seine Eigenschaft als Ritter und Kämpfer aber sein Hinausziehen in die Welt. Nur im Kampf draußen konnte er sich bewähren, dort nur seinem Herzog oder König seine Treue erweisen und ... so eine Vermehrung seiner Lehen erreichen. Beides mußte er in seinem Leben miteinander in Einklang bringen.» (Fichtenau)

Eigentlich sollte man annehmen, daß die Kriege, die gewohnheitsmäßig Sommer um Sommer geführt wurden, genügt hätten, die Lust der adligen Herren an Kämpfen und Beutezügen zu befriedigen. Doch fochten sie daneben, wie schon aus Karls Kapitularien hervorgeht, noch ihre Privatkriege aus. Die Königsboten hatten ja nicht zuletzt die Aufgabe, die ständigen Mißhelligkeiten zwischen den adligen Streithähnen zu schlichten und die allzu weitherzige Auslegung ihres Herrenrechtes zu verhindern. Als mit dem Niedergang der Zentralmacht auch die Autorität der *missi dominici* immer mehr absank, wurden selbst Zwistigkeiten minderen Grades wieder mit der Waffe ausgetragen. Daß dabei das Gesetz der Blutrache bedenkenlos vollzogen wurde, läßt sich aus den zeitgenössischen Quellen verläßlich folgern.

Um die christliche Fundierung der adligen Moral war es demnach noch immer schlecht bestellt. So werden sich auch die Herren vom *Husterknupp* vor allem den Interessen ihrer Familie und der traditionellen Sippenmoral verpflichtet gefühlt haben. Das Gebot der Nächstenliebe hatte in ihrem Denken und Fühlen noch keinen Platz gefunden. Ihre Einstellung zur Welt war noch immer eine Funktion der Gleichung, daß Macht gleich Reichtum, Reichtum gleich Grundbesitz sei.

Die Gier nach Land beherrschte alle diese adligen Herren wie eine elementare Leidenschaft, und so waren sie ständig darauf bedacht, ihren Grundbesitz zu vergrößern. Die ungeheure Ausdehnung des Reiches unter Karl und das herkömmliche System der Lehensvergabe brachte es mit sich, daß sich dieser vielfach über ganz Mittel- und Westeuropa verteilte. Das Geschlecht der *Otakare* zum Beispiel war, nach Fichtenau, in der Pariser Gegend und in Mitteldeutschland, im Chiemgau und in Niederösterreich begütert. Aus der an der Mosel beheimateten *Widonen*-Sippe gingen Herzöge in Spoleto und Grafen in der Bretagne hervor. Nachkommen der alemannischen Herzöge sind in Bayern und im Anglachgau, in Metz und Orléans, in Blois und in Angoulême belegt. Diese Entwicklung wurde jedoch durch den Niedergang und die Spaltung des Reiches brüsk unterbrochen, ja beendet. Der Blick in die Weite verengte sich wieder. Die regionalen Gewalten – von Karl gerade erst an das imperiale Denken gewöhnt – machten wieder Regionalpolitik, und da sie keine Güter in Frankreich oder Italien mehr erwerben konnten, suchten sie ihren Familienbesitz wenigstens «zu Hause» abzurunden, wobei sie in ihren Methoden nicht eben wählerisch waren. Da der König fern und machtlos war, beherrschten sie ihre Besitzungen wie Erbfürstentümer. Nicht der Monarch oder seine Stellvertreter, sondern die Grundherren selbst übten die vollziehende Gewalt aus, riefen zum Kriegsdienst auf und saßen über echte und vermeintliche Übeltäter zu Gericht.

Daß sie selbst und ihre Familien eine, vom heutigen Standpunkt betrachtet, höchst zweifelhafte Immunität genossen, entsprach ihrer simplen Sippenmoral. Die großen Familien hielten fest zusammen, vor allem gegenüber den «kleinen Leuten» und der breiten Phalanx ihrer Abhängigen. Klagen gegen sie vorzubringen war nahezu sinnlos. «Vornehme Abstammung, ausgebreiteter Besitz, gemeinsames Interesse und vielfache Versippung banden die Schicht adeliger Grundherrn zusammen, machten sie zu Herren über Leute und Land... und prägten sie zu den entscheidenden Faktoren des öffentlichen Lebens.» (Bosl)

Die lokalen Gewalten haben sich in der Zeit der Normannen- und Ungarnstürme tapfer geschlagen, der Staat aber entartete in dieser Zeit, um ein Wort von Pirenne zu zitieren, zu «einer leeren Form». Um die Wende vom 9. zum 10. Jahrhundert gab es keine Verwaltung, keine *res publica*, kein öffentliches Finanz- und Steuerwesen mehr. An ihre Stelle war eine «Vielheit lokaler Gewalten» getreten, für die die Obrigkeit lediglich eine Institution zur Sicherung der Adelsprivilegien war.

Henri Pirenne, der sich in seinem Buch «Geschichte Europas» ausführlich mit der Zersetzung des Staates in der karolingischen Spätzeit beschäftigt hat, räumt allerdings ein, daß diese Entwicklung «den sozialen Gegebenheiten und daher auch einem Bedürfnis der damaligen Gesellschaft» entsprach. Da die Macht des Königs nicht mehr ausreichte, die Bewohner seines Landes vor feindlichen Invasionen zu schützen, war es nur natürlich, daß sich diese um die «realen Träger» der Macht zusammenschlossen. Das aber waren die kleinen und großen Landadligen, die sich, bei aller Rauhbeinigkeit, Falschheit und Willkür, im Sinne altgermanischer Treuevorstellungen doch für ihre Bauern und Leibeigenen verantwortlich fühlten.

In ihren kleinen Territorien wuchs damals von unten her so etwas wie eine neue Verwaltung heran, eine Verwaltung in überschaubaren Räumen, die am Anfang nur auf die nächstliegenden Dinge gerichtet war, aber gerade deshalb im Alltagsleben spürbar und wirksam wurde. Während die alte, aus spätrömischen Traditionen stammende Grafschaftsverfassung still verschied, entstand «ohne irgendein theoretisches Prinzip und ohne bewußte Planung» eine neue Ordnung aus dem Geist germanischer Überlieferungen.

Die Entstehung der Motten in der Zeit der Normannenzüge paßt haargenau in das Bild der werdenden mittelalterlichen Territorialverfassung. Sie waren nicht nur Wehr- und Verteidigungsanlagen, sondern auch die Zentren der wirtschaftlichen und gerichtlichen Organisation. Soweit es zu Beginn des 10. Jahrhunderts außerhalb der Städte Kommandostellen gab, müssen wir sie in diesen befestigten Höfen erblicken, mit deren Bau sich die Grundherrn souverän über das bis dahin respektierte Fortifikationsrecht des Königs hinwegsetzten.

Die Motten und der Karneval

Nicht alle Motten gingen aus einer befestigten Flachsiedlung hervor. Nicht alle Motten entstanden schon in der spätkarolingischen Zeit. Die Geschichte der Motten weist vielmehr, wie die Grabungen nach der *Husterknupp*-Kampagne ergaben, zahlreiche Unterschiede auf.

Die Burg Kippekausen im Ortsteil Refrath von Bensberg – heute das Zentrum der Parksiedlung Kippekausen – wurde frühestens im späten 10. Jahrhundert und dann sogleich als Hochmotte gebaut. Burg Hoverberg im Birgeler Wald, nahe der holländischen Grenze, dürfte noch etwa hundert Jahre jünger sein. Auch in Garsdorf, einer Motte bei Bedburg im Braunkohlengebiet, begannen die Keramikfunde erst mit Pingsdorfer Ware, so daß sie frühestens in die erste Hälfte des 10. Jahrhunderts datiert werden konnte.

Eine gewisse Vielfalt kennzeichnet auch die Lage der niederrheinischen Motten. Herrnbrodt unterscheidet drei Typen:
1. die «in einer Niederung oder in einem Tal gelegene und an ein Wasser angelehnte Motte» – außer dem *Husterknupp* etwa Hoverberg und Holtrop;
2. die «aus einer Geländestufe herausmodellierte Höhenburg» – in reifster Gestalt durch die Burg Nörvenich repräsentiert;
3. den «in einer flachen Ebene angelegten, aus ihr herausgeschnittenen und nur leicht erhöhten Typ», der etwa in der Motte Garsdorf begegnet.

Ebenso sind in der Anlage mancherlei Verschiedenheiten festzustellen. Im Rheinland ist (nach Hinz) «die exzentrisch gelegene Hauptburg und die abgerundete oder viereckig sich seitlich daran anschmiegende Vorburg» vorherrschend. Doch gibt es auch «einteilige Lösungen», bei denen der Wohnhügel «wie eine Zitadelle in einer größeren Festung» etwa in der Mitte liegt. Dieser Typ ist vor allem in Frankreich zu Hause, taucht aber auch in Deutschland auf, niederrheinisch in der Gegend von Dietern, rechtsrheinisch bei Herne.

Erhebliche Unterschiede sind schließlich in der Größe festzustellen. In der von Hinz aufgestellten Typologie erscheinen kleine, mittelgroße und große Motten. Die Kleinmotten weist er, sofern sie nicht einfach als Unterbauten für Warten und Wachtürme dienten, dem niederen «landsässigen Adel» zu – als Modellfall nennt er den (von Steeger untersuchten) *Brühl* bei Kempen. Den *Husterknupp* sowie die Motten Moers und Hoverberg rechnet er zu den (am häufigsten vorkommenden) mittelgroßen Motten, die einem Wohnturm – einem *Sess* – und notfalls auch einigen Nebengebäuden Platz boten. Als Großmotte, in denen er die «Dynastensitze, die Burgen der Edelherren und der Territorialherren» zu erkennen glaubt, nennt er den Typ Nörvenich, Heinsberg oder Linn.

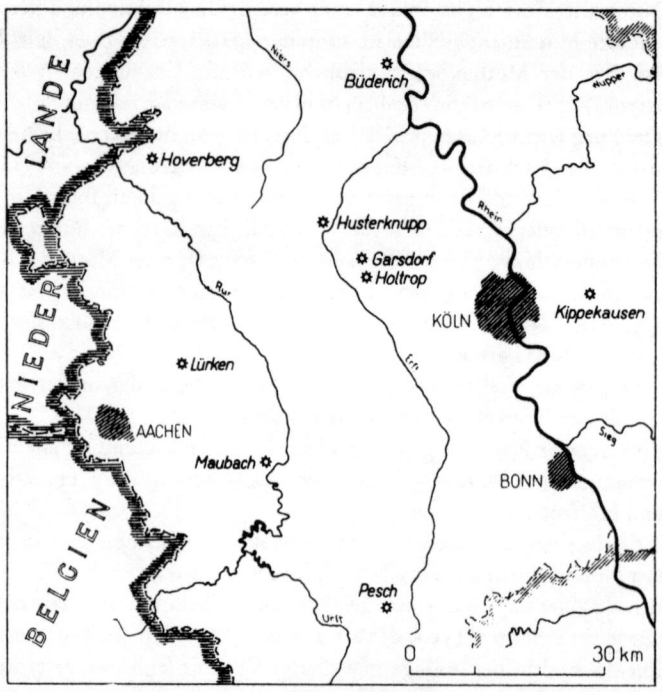

Abb. 4: Rheinische Motten, die nach dem Kriege untersucht wurden

Trotz aller Unterschiede zeichnet sich in dem Nacheinander von Flachsiedlung, Kernmotte und Hauptmotte doch so etwas wie eine Regel ab. Eindeutig ließ sich zum Beispiel nachweisen, daß die 1958 von Wilhelm Piepers ausgegrabene Motte Holtrop im Rheinischen Braunkohlengebiet bereits in der Mitte des 9. Jahrhunderts als Flachsiedlung entstand, im Gegensatz zum *Husterknupp* gleich als zweiteilige Anlage. Auch in Linn und in Moers deuten die Befunde auf die Möglichkeit hin, daß die *Turmhügelburgen* aus befestigten, mit Wassergräben umzogenen Flachsiedlungen hervorgingen; ebenso in Lürken bei Aachen, wo ein frühmittelalterlicher befestigter Gutshof auf einem fränkischen Friedhof errichtet wurde, der auf einem römischen Villengelände angelegt war – ein seltener Fall eindeutig nachweisbarer Siedlungskontinuität.

Schließlich wurde auch in Büderich, wo 1962 auf *Burg Meer* die größte und ertragreichste Mottengrabung nach der *Husterknupp*-Kampagne begann, eine befestigte Flachsiedlung als Vorgängerin einer Motte festgestellt.

Die Motte *Burg Meer* in Büderich bei Düsseldorf liegt in unmittelbarer Nachbarschaft des früheren Schlosses Meer, das 1802 aus einem früheren Prämonstratenserinnenkloster hervorging und 1958 nach seiner Zerstörung im Zweiten Weltkrieg abgetragen wurde. Sie hob sich vor Beginn der Grabung «als flache, eiförmige Erhebung» aus einem alten Rheinbett, dessen mooriger, feuchter, nachgiebiger Untergrund ein Stück mageren Pappelbruchwald trug. Sie war etwa 40 mal 50 Meter groß und an einen schmalen Bachlauf angelehnt. Eine Erdbrücke verband die ein Geviert von 15 mal 15 Meter bedeckende Hauptburg mit der Vorburg. Beide Teile umzog ein gemeinsamer Graben. Die übliche, unauffällig in einer Niederung versteckte Anlage also.

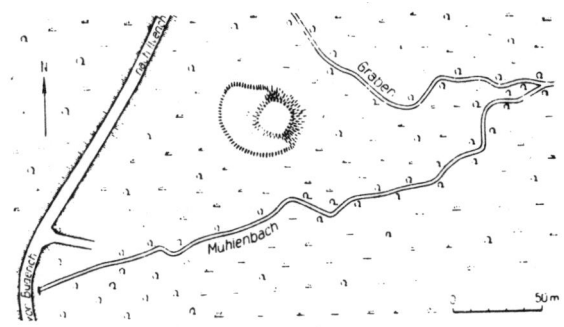

Abb. 5: Plan Haus Meer

Im Sommer 1962 zog Herrnbrodt einen ersten Suchschnitt durch die völlig unberührte Motte. Und schon dieser erste Schnitt ließ keinen Zweifel daran, daß unter der unansehnlichen, kaum meterhohen Kuppe reiche Funde zu erwarten waren. Und wirklich trafen die Ausgräber im Zentrum der Anlage auf die noch aufrecht stehenden Wände eines Hauses, die sich im Grundwasser hervorragend erhalten hatten.

Andererseits machte gerade dieses Grundwasser den Forschern schwer zu schaffen – ehe es nicht mindestens um zwei Meter abgesenkt war, war an eine Fortführung der Arbeit nicht zu denken. Es war nicht leicht, dieses Problem zu lösen, und sicherlich hätte es allein alle verfügbaren Mittel verschlungen, wenn nicht die Direktoren der Rheinischen Braunkohlen-AG erneut ihr Herz für die Archäologie entdeckt und den Ausgräbern eine komplette Pumpenanlage installiert hätten. Ein kostspieliges und äußerst schwieriges Unternehmen, weil eigens für das Bohr- und Brunnengerät «ein fester Zuweg und eine entsprechende Arbeitsplattform geschaffen» werden mußte.

Die Arbeit zahlte sich jedoch aus. Denn schon der erste neue Schnitt legte eine Holzpacklage von anderthalb Meter Stärke frei: Hunderte und aber Hunderte von wohlkonservierten Stämmen, die die verschiedenen Techniken der Bearbeitung bis ins Detail sichtbar werden ließen. Ein Jahr später, nach der erzwungenen Winterruhe, das gleiche Bild: zahllose übereinanderliegende, miteinander verbundene und ineinander verschachtelte Pfosten und Stämme – ein Chaos von Holzbauelementen, das zu ordnen und zu deuten noch einmal Monate methodischer und geduldiger Arbeit erforderte. Nach zwei Kampagnen stand immerhin fest, daß «im Verbreitungsgebiet der Motten... Vergleichbares bisher nicht gefunden» wurde. Die befestigte Flachsiedlung war «mit ihren Häusern und konstruktiven Details, wie Fenster, Türen, Türschwellen, Trägern, Ständern, Stabbrettern, Verplattungen, Vernutungen, Verzapfungen, in wesentlichen Teilen sogar im Aufgehenden noch erhalten».

Die ebenfalls in Stabbautechnik errichteten Häuser waren rechtwinklig aufeinander ausgerichtet und «so angeordnet, daß die aufgehenden Wände ihrer Vorderfront gleichzeitig Verteidigungsfront der Gesamtanlage» waren. Wie die Flachsiedlung des *Husterknupps* war auch der Büdericher Hof durch Graben und Palisade gesichert. Dazu kam eine Reihe von tief in die Erde eingerammten Rundhölzern, in denen Herrnbrodt «Annäherungshindernisse bei Hochwasser» sieht.

Nachdem die Flachsiedlung eines Tages in Flammen aufgegangen war, wurde sie durch eine Neuanlage ersetzt, deren Zentrum ein über einem Holzpaket errichteter Erdhügel war. Um diesen Hügel ließ der unbekannte Bauherr einen mehr als zwei Meter breiten Erdwall ziehen und durch Längs- und Querhölzer sowie Kieseinlagen verstärken. Graben und Palisade bildeten weiterhin einen äußeren Befestigungsring – insgesamt also eine respektable Fortifikation, die zumindest Schutz vor plötzlichen Überfällen bot.

Gleichzeitig mit dem Bau des Erdhügels wurde, wie am *Husterknupp*, dem Herrensitz eine Vorburg angegliedert und damit der entscheidende Schritt zur Motte getan. Herrnbrodt datiert diesen Vorgang auch hier ins 10. Jahrhundert. Wichtiger ist einstweilen die Feststellung, daß Funde aus dem 12. Jahrhundert dort fehlen. Dieses Manko bestätigt, was schon das Äußere der «Burg» verriet: daß die Motte *Schloß Meer* nicht mehr zur Hochmotte ausgebaut wurde. Offenbar sind ihre Besitzer bereits um 1100 in eine festere und weniger feuchte Behausung umgezogen.

Außer Scherben des 10./11. Jahrhunderts hat der Büdericher Hügel auch eine Reihe interessanter Einzelfunde geliefert. Aufsehen erregten zwei Pfosten eines Bettes (oder Sessels): zwei meterhohe, schön gedrechselte Pfosten, die am Knauf und in den Rillenzonen noch Spuren der weißen Farbe enthielten, mit der sie einst gestrichen waren. Die anderthalb Meter starke Holzpacklage enthielt ferner eine vollständig erhaltene Tür mit eisernen Angeln. Aus der Brandschicht der ersten Siedlung holte Herrnbrodt eine quadratische Holzsäule «mit zwei gegenständigen Würfelkapitellen», aus der oberen Verlandungsschicht einen eisernen Knebelspieß.

Auch diese Alltagsfunde haben der Büdericher Grabung überlokalen Ruhm eingetragen und den vor wenigen Jahren nur einigen Experten geläufigen Begriff der Motte zumindest im Rheinland weithin bekanntgemacht. So fuhr der Büdericher Narrenklub im Düsseldorfer Karnevalszug 1964 mit einem Wagen auf, auf dem zusammen mit den spatenbewehrten Ausgräbern eine riesige Motte abgebildet war – eine zoologische Motte allerdings... Auch der *Husterknupp* ist inzwischen karnevalsreif geworden. Seit 1965 feiert der Bonner Vaterstädtische Verein sein jährliches Maskenfest unter der Devise *Husterknupp* – ein weiterer Beweis dafür, daß zumindest die rheinischen Motten alle Aussichten haben, auch außerhalb der Wissenschaft eine Rolle zu spielen.

Freilich sind nur wenige so leicht zu finden wie die in einer Bensberger Parksiedlung gelegene Motte Kippekausen oder die Inselmotte an der Tüschenbroicher Mühle. Die meisten von ihnen liegen abseits der großen Städte und Verkehrswege, irgendwo am Rande eines Baches, in einer Flußniederung oder einem Waldstück. Wo im Volksmund ein unvermittelt aufsteigender Erdhügel *Alte Burg* oder *Burg* genannt wird, handelt es sich jedoch fast immer um eine Motte. Die Motte Al-

«Lokalismus, Regionalismus, Partikularismus»

tenburg an der Straße Düren–Jülich hat sogar einem ganzen Stadtteil den Namen gegeben.

Ein weißgekalkter Bauernhof. An seiner Rückfront ein kleiner Teich, Obstkulturen, Wiesen. Auf einer dieser Wiesen zwei grasbewachsene Erdbuckel, von denen der größere etwa zehn Meter hoch und dreißig Meter breit ist. Die beiden Hügel – hier die Hauptburg, dort die Vorburg – geben geradezu das Musterbeispiel einer mittleren Motte ab. Bei näherer Betrachtung zeichnen sich auch die einstigen Wälle und Gräben deutlich im Gelände ab.

Die Motte ist längst aufgelassen, ihre Bauten sind verschwunden. Der Wirtschaftsbetrieb der Vorburg lebt in dem nahe gelegenen Gutshof weiter.

Ähnlich in Adendorf und Hoverberg, nur mit dem Unterschied, daß die dortigen Wirtschaftsbetriebe noch heute auf der früheren Vorburg zu Hause sind. Anders dagegen die Motte in einem Wald bei Dahlheim-Rödgen im Landkreis Erkelenz, die keinen Nachfolger gefunden hat.

Dabei ist die Alteburg von Dahlheim-Rödgen die größte aller Motten: das imposanteste frühmittelalterliche Bodendenkmal in Deutschland überhaupt. Ein mächtiger Erdbuckel, einer riesigen Schildkröte gleich, ein Erdhügel in einem alten Buchenwald, der über einem Kreis von rund hundert Metern mindestens dreißig Meter aufsteigt. Daneben die Vorburg mit ihren ungefügen, längst zusammengesunkenen Wällen; als Ganzes ein Verteidigungswerk, dessen Bau wahrscheinlich Jahrzehnte beansprucht hat. Trotzdem ist die respektable Anlage heute selbst in der näheren Umgebung fast vergessen. Am ehesten ist der «Berg», den nun statt des Wohnturms eine Kapelle krönt, den Schülern der entlegenen Gemeinde bekannt. Sie haben die Alteburg sozusagen längst in Besitz genommen und in eine höchst romantische Spiel- und Sportanlage verwandelt.

Die meisten Motten begegnen uns heute in Gestalt von Wasserburgen. So zählte der Landkreis Bergheim bei der archäologischen Landesaufnahme sieben Mottenhügel, aber mehr als dreißig Wasserburgen, die zum überwiegenden Teil aus Motten hervorgegangen sein dürften. Als Musterbeispiel einer solchen über einem mittelalterlichen Turmhügel entstandenen Wasserburg gilt Burg Linn, die die besonderen Kennzeichen einer Motte – die Zweiteilung der künstlich aufgehöhten Anlage – bis heute sichtbar beibehalten hat. Die dem Braunkohlenabbau geopferte Lürkener Wasserburg wurde unmittelbar neben der alten Turmhügelburg errichtet. Auch Schloß Tüschenbroich ist gewissermaßen ein Mottenkind. Nachdem die alte Burg auf der Inselmotte 1624 abgebrannt war, zog der damalige Besitzer, Franz Freiherr von

Spiering, auf die Vorburg um und baute sich dort in einer neuen Wasserburg ein.

Die Entwicklungslinien zeigen, welche Wirkungen von den Turmhügelburgen ausgingen, die von etwa 1100 an weite Teile der europäischen Niederungslandschaften beherrschten. Um so brennender sind die bislang ungeklärten Fragen. Wie soll man erklären, daß die während der Normannenstürme errichteten befestigten Adelssitze im Laufe des 10. Jahrhunderts zweigeteilt und gleichzeitig höher gelegt wurden, wenn auch zunächst nur um einen oder zwei Meter? Woher kam die eigentümliche Form der Motten? Waren sie ein Zufallsprodukt oder der schöpferische Gedanke eines einzelnen? Gibt es irgendwelche Vorbilder, etwa im Mittelmeerraum oder in der keltischen Welt?

Auch die Frage nach der Umwelt der ländlichen Adelssitze ist bisher nur unvollständig beantwortet. Die Häuser, in denen um 900 ein fränkischer Gutsbesitzer mehr hauste als lebte, sind durch die Mottengrabungen wenigstens in ihren Umrissen erschlossen worden. Wie aber stand es mit dem Mobilar? Was wissen wir – da die Toten ja nun nicht mehr mit Beigaben bestattet wurden – von den Geräten, den Waffen, den Eßgewohnheiten der Menschen? Wie lebten, wie wohnten die Leibeigenen, die Knechte, die abhängigen Bauern? Erreichte der Handel die Dörfer? Gab es so etwas wie eine Geldwirtschaft auf dem Lande? Oder war die gesamte Ökonomie auf die Stufe einer primitiven Tausch- oder Naturalwirtschaft zurückgefallen?

Eins steht allerdings fest: daß das Leben in diesen ländlichen Siedlungen ganz und gar anderen Gesetzen unterlag als das Dasein in den Städten. Waren die Residenzen, die Pfalzorte und die Bischofssitze noch immer lateinischen Traditionen verpflichtet, so verharrte die ländliche Welt im Banne germanischer Bräuche und Lebensgewohnheiten. Selbst die von Bonifatius und Benedikt von Aniane zweimal reformierte Kirche mußte dieser Tatsache Rechnung tragen – sie zahlte den «Zehnten», den sie von ihren Schutzbefohlenen unbarmherzig kassierte, mit der Unterordnung unter die weltlichen Gewalten mehr als zurück.

Zu Beginn der Sachsenkaiserzeit ist also nicht nur ein Weiterleben spätantiken christlichen Geistes, sondern auch das «Weiterwirken germanischer Substanz» festzustellen. Die historische Forschung hat sich mit dieser «Kulturkonstanz» – um ein Wort des Münchener Ordinarius Karl Bosl zu gebrauchen – gerade in den letzten Jahrzehnten intensiv beschäftigt und die Fortdauer germanischer Vorstellungen in den verschiedensten Lebensbereichen festgestellt: im Recht, im Staatsdenken, im Gesellschaftsaufbau, am allerstärksten aber in der tiefen Verwurzelung der Adelsherrschaft.

In den ländlichen Adelssitzen dieser Zeit, sowenig wir bisher von ihrer inneren Organisation wissen, wird etwas von diesen Traditionen sichtbar – gleichgültig, woher ihre bauliche Form kam. Auf ihnen saßen die eigentlichen Repräsentanten der mittelalterlichen Welt, und zwar nicht als Vollzugsbeamte der staatlichen Macht, sondern als Exekutoren ihres eigenen Willens, ihrer eigenen Verantwortlichkeit, ihrer spezifisch germanischen Weltanschauung. So begegnet man schon an der Schwelle des Mittelalters, hundert Jahre nach Karl dem Großen, jenem «Lokalismus, Regionalismus und Partikularismus», der als die eigentümlich germanische Konstante ein Wesenszug deutscher Geschichte und Gesellschaftsstruktur blieb.

Auch auf der Tüschenbroicher Motte lebte ein solches Adelsgeschlecht. Wenn wir auch seine Anfänge nicht kennen, so wissen wir doch, daß die Tüschenbroicher Herren im hohen Mittelalter außer ihrem Besitz im Schwalmtal noch zwei Vogteien des Kölner Domkapitels und des Aachener Marienstiftes verwalteten. Zu einer selbständigen Herrschaft hat es allerdings nie gereicht.

Den Platz ihres Wohnturmes auf der Inselmotte nehmen heute hohe Buchen ein. Der wehrhafte Rittersitz hat sich in ein wohlgepflegtes Idyll verwandelt. Motto und Himmel spiegeln sich in dem kleinen See, dessen blanke Fläche nur durch emsig tauchende Entenfamilien gestört wird, sofern nicht gerade ein paar Sonntagsruderer ihr Glück mit einer bauchigen Jolle versuchen.

Doch bald hat sich das Wasser wieder beruhigt. Klar und deutlich wie zuvor spiegelt sich die Motte in dem kleinen See, der den einstigen Burghügel freundlich umarmt.

Zweites Kapitel

DIE WERLA – KÖNIG HEINRICHS MUSTERPFALZ

Die Residenzen des Reiches ohne Hauptstadt

Eine Festung in der Okerschlinge · König ohne Glück und Glanz · Der Staat, der nur einen Schreiber brauchte · Sieg über die reitenden Teufel · Das Mahl der Äbtissinnen · Zum erstenmal Luftbildarchäologie · Die königliche Modellburg · Die älteste Pfalzkapelle des Reiches · Zwingburg unter Karl dem Großen · Der wandernde Hofstaat · Unter der Krone und hinter dem Schwert · Häuser ohne Herd · Paläste ohne Wohnkomfort · Ein Gedenkstein und drei Linden

Der Harz ist, nach einem Wort Heinrich Laubes, die letzte sichtbare Anstrengung der Erdgeschichte, «Deutschland vor dem Meer zu retten». Das Harzvorland wäre demnach das Meer, das die Ufer des riesigen Waldgebirges bespült. In der Tat hat das Land zwischen Harz und Heide etwas vom Wellengang einer mäßig erregten See. Langsam wogt es auf und ab, ruhig und bedächtig atmend. Es gibt nur wenige Erhebungen, nur wenige Wälder, nur kleine Flüsse. Das Bild bestimmen weitgeschwungene, fließende Ackerflächen, die bis auf den letzten Quadratmeter bebaut werden – das Muster einer intensiv bewirtschafteten Nutzlandschaft!

Eine Festung in der Okerschlinge

Denn die Menschen dieser Landschaft, so hört man immer wieder, sind ausgesprochene Nützlichkeitsfanatiker: ein praktischer, nüchterner Bauernschlag, der fest auf dem Boden der Tatsachen steht, einen hellwachen Sinn für seinen Vorteil entwickelt, aber die Sterne am Himmel läßt. Zu diesem kühlen Realismus paßt ihr hintergründiger Humor und ihre spitze Ironie. Ja, manchmal hat man den Eindruck, als seien die Leute hierzulande alle ein wenig mit den lachenden Weisen dieses Erdstrichs verwandt: dem Schalk Till Eulenspiegel, der in Kneitlingen, unweit Schöppenstedt, das Licht dieser närrischen Welt erblickte, mit Wilhelm Raabe, dem tiefsinnigen Erzähler, dem Braunschweig zur Heimat wurde, und Wilhelm Busch, dem Zeichner und Dichter des «Juchhe-Pessimismus», der in Mechtshausen bei Seesen seinen Lebensabend verbrachte.

Die Dörfer und Flecken des Harzvorlandes passen – wie könnte es anders sein – zu diesem nüchtern-verschmitzten Menschenschlag. Sie sind von gesunder Diesseitigkeit, ein wenig winklig und verschroben und auf den ersten Blick nicht sonderlich eindrucksvoll, obwohl schöne, alte Fachwerkhäuser und kraftvolle Kirchenbauten den Aufenthalt gelegentlich auf unverhoffte Art belohnen. Auch die Gemeinde Schladen (im nördlichen Teil des Landkreises Goslar, dreißig Kilometer östlich der Autobahn Hannover–Kassel) entspricht diesem Allerweltsbild einer braunschweigischen Landkommune. Locker um eine einzige große Straße gruppiert, hat das Dorf trotz Zuckerfabrik und beginnender Industrialisierung seinen ländlichen Charakter bewahrt. Und da Unauffälligkeit in diesem Land offenbar Gesetz ist, verrät auch die Pfalz Werla, zwei Kilometer nördlich von Schladen, nichts von der Rolle, die sie einmal in der deutschen Geschichte gespielt hat.

Wer sie überhaupt entdecken will, tut gut daran, sich am Ausgang des Dorfes von der «B 26» abzusetzen und einem Land- und Wiesenweg zu folgen, der enge Fühlung mit der Oker hält: einem Flüßchen, das im Oberharz entspringt und hundert Kilometer weiter nordwärts bei Müden in die Aller mündet. Schon bald schiebt sich von Westen her ein von drei dicht beieinanderstehenden Linden gekrönter halbkreisförmiger Hügel, knapp zwanzig Meter hoch, in die Okerniederung hinein, und zwar in eine Okerschlinge, die den Geländesporn nach drei Seiten umschließt. Eine kleine, sehr gut zu verteidigende Naturfestung also.

Der Blick von der Plattform der Bastion in die Niederung hinab bestätigt den Festungscharakter. Die Wände fallen steil ab, und zwei wachsame Augen vermögen die Landschaft unbehindert unter Kontrolle zu halten. Die Okerniederung ist heute, nicht zuletzt durch die neue Talsperre im Harz, sozusagen trockengelegt. Aber noch zu Beginn des vorigen Jahrhunderts war die bis zu zweieinhalb Kilometer breite Talaue teils so steinig, teils so feucht, daß sie nur schwer passierbar war, am wenigsten während der Schneeschmelze im Frühjahr. Ein von Osten her vorrückender Angreifer war jedoch gezwungen, sich durch das Tal der Oker und ihrer noch kleineren Nebenflüsse westwärts zu bewegen, eingekeilt zwischen die Harzhöhen im Süden und die Moräste des großen Bruchs im Norden.

Es überrascht also nicht, wenn man erfährt, daß diese von der Eiszeit geschaffene Fortifikation schon vor Tausenden von Jahren bewohnt und besiedelt war. Ins Blickfeld des Historikers rückt sie allerdings erst mit dem Beginn des 10. Jahrhunderts, als sie von Heinrich, dem ersten König aus sächsischem Geschlecht, zu einem der festesten Plätze seines Reiches ausgebaut wurde.

Das Reich Karls des Großen war zerfallen. Die aus der riesigen **König ohne** Konkursmasse hervorgegangenen Teilkönigreiche bekämpften sich, wie **Glück und Glanz** alle Diadochenstaaten, mit Erbitterung und nutzten jede Gelegenheit, einander zu schaden. Der innere Zusammenhang war schon während der Auseinandersetzungen des frommen Kaisers Ludwig mit seinen unfrommen Söhnen verlorengegangen. Der Adel fühlte sich nicht mehr als Träger des «Reichsgedankens», sondern verfocht regionale Interessen. Einzig die Kirche versuchte über die Grenzen der Teilreiche hinweg die imperialen Traditionen zu wahren und ihrem universalen Auftrag auch unter den veränderten Bedingungen gerecht zu werden.

Als 911 König Ludwig das Kind, der letzte der schwachen, kranken und ungenialen Herrscher der ostfränkischen Karolingersippe, unter der Obhut seiner geistlichen Berater achtzehnjährig still verschieden war, hätte das Ostreich sich nach altem Erbrecht wieder mit dem Westreich vereinigen müssen, da dort noch ein Karolinger regierte. Ihre Unabhängigkeit aufzugeben und einen Karl den Einfältigen als König anzuerkennen widersprach aber dem Selbstbewußtsein und dem Eigenleben der deutschen Stämme und ihrer Herzöge, denen die Erhaltung ihrer Familienmacht mehr bedeutete als die Restauration der Reichsmacht. Einzig Lothringen hielt an der Tradition fest und votierte für das Westreich.

Im Ostreich beriefen Franken und Sachsen eine Wahlversammlung nach Forchheim an der Regnitz und erhoben den Frankenherzog Konrad – der mit dem Karolingerhaus wenigstens verschwägert war – zum neuen König. Schwaben und Bayern waren an diesem Wahlgang «auf fränkischer Erde» offenbar nicht beteiligt. Vom entschlossenen Vorgehen der beiden anderen Stämme beeindruckt, die, historisch gesehen, mit der Novemberwahl des Jahres 911 das «Reich der Deutschen» begründeten, holten sie die Anerkennung aber bald nach – nicht zuletzt auf Betreiben der «zentralistischen» hohen Geistlichkeit.

Konrad I. wurde an einem Sonntag zum König gewählt, doch war er alles andere als ein Sonntagskönig. Das «dornenvolle Amt», das er in Forchheim angetreten hatte, konfrontierte ihn mit drei aktuellen Aufgaben: das abtrünnige Lothringen dem Ostreich zurückzugewinnen, den räuberischen Reiterheeren der Ungarn entgegenzutreten und das Ansehen der Krone gegenüber den Stammesgewalten zu festigen. Der erste deutsche König, den selbst der Sachse Widukind von Corvey später einen «tapferen und tüchtigen Mann» nannte, hat sich diesen Problemen mutig gestellt. Aber seine Feinde waren stärker als er und die kleine rheinfränkische Hausmacht, mit der er heute gegen diesen, morgen gegen jenen Gegner auszog.

Gleich im ersten Jahr seiner Regierung, im Spätherbst und Winter

912/913, unternahm er drei Feldzüge, um Lothringen in den Verband des Reiches zurückzuführen, jedoch ohne nachhaltigen Erfolg. Auch die ungarische Gefahr vermochte er nicht zu bannen. Zwar gelang es 913 einem schwäbisch-bayerischen Aufgebot, einen marodierenden Heerhaufen der Madjaren am Inn zu zersprengen, zu einer großen, gemeinsamen Aktion der deutschen Stämme gegen die schnellen Reiter aus Pannoniens Steppen ist es unter Konrad I. jedoch nicht gekommen. So fuhren die ungarischen Banden fort, Deutschland nach Herzenslust zu durchstreifen und mit den Hufen ihrer Pferde zu zertrampeln, ohne daß ihnen normalerweise mehr als örtliche Kräfte entgegentraten.

Am schwersten war für Konrad dennoch die Auseinandersetzung mit den regionalen Gewalten. Jahr um Jahr rückte der König aus, um die Bayern, die Schwaben oder Sachsen zur Raison zu bringen oder wenigstens an die Respektierung der Krone zu gewöhnen. Er vertrieb den Bayernherzog Arnulf aus Regensburg, er ließ die Schwabenkönige Erchanger und Berchtold enthaupten, er belagerte den Sachsenherzog Heinrich in der (bei Göttingen gelegenen) Pfalz Grone – das Schicksal aber entschied gegen ihn. Als er am 23. Dezember 918 starb, niedergeworfen von einer schweren Verwundung, die er von einer bayerischen Strafexpedition heimgebracht hatte, waren die Stammesfürsten weniger denn je gesonnen, die Autorität des Königs anzuerkennen.

Die Überlieferung besagt, daß dieser König ohne Glück und Glanz «mit einer wahrhaft königlichen Handlung aus dieser Welt schied», indem er seinem stärksten und fähigsten Gegner, dem Sachsenherzog Heinrich aus dem Geschlecht der Liudolfinger, die Krone vermachte. Es spricht manches dafür, daß dieses von den Historikern vielfältig illuminierte Rührstück eine Erfindung der späteren sächsischen Hofannalisten ist. Doch ob Hoflegende oder nicht – fünf Monate nach Konrads Tod, im Mai 919, wählten die fränkischen und sächsischen Großen in Fritzlar den Herzog Heinrich zum neuen König der Deutschen.

Der Staat,
der nur einen
Schreiber brauchte

König Heinrich I., in den Lesebüchern noch immer der «Vogler» und der «Städtebauer» genannt, hat lange Zeit die besondere Gunst der deutschtümelnden Verklärer unserer Geschichte genossen. Schon die Romantiker des vorigen Jahrhunderts hoben ihn auf den Schild ihrer hochgestimmten Verehrung. Am ärgsten aber trieben es die Historiker des «Tausendjährigen Reiches» – mit dem Erfolg, daß sich der erste Herrscher aus Sachsen noch heute einer etwas anrüchigen Publizität erfreut.

Wie die Rauschebärte des 19. Jahrhunderts feierten ihn auch die Rassenfanatiker des 20. Jahrhunderts als den «wahren Gründer des wahren Deutschen Reiches». Sie lobten seine nicht näher definierte «Deutschheit», seine Geradheit und Rechtschaffenheit, seine Abneigung gegen die Geistlichkeit und deren «römisch inspirierte» Universalpolitik, rühmten seinen Patriotismus und seine militärischen Taten und verstiegen sich schließlich zu der Behauptung, daß es «in dem ganzen Jahrtausend des deutschen Reiches... nicht zum zweitenmal einen Zeitabschnitt von nur siebzehn Jahren» gab, in dem «ein so gewaltiger Wandel geschaffen» wurde wie unter König Heinrich.

Die heutige Geschichtsschreibung distanziert sich von diesem Übermaß an Bewunderung. Dem ersten Heinrich fällt dabei keine Perle aus der Krone. Seine Leistung hält auch einer kritischen Betrachtung stand. Heinrich I. hat – um ein Wort von Karl Hampe zu zitieren – «dem Werk Ottos des Großen etwa in der gleichen Weise vorgearbeitet wie einst Karl Martell dem seines Sohnes und Enkels». Er verschaffte seiner Dynastie den notwendigen Respekt. Er wahrte die Hoheitsrechte des Königs selbst gegenüber den störrischen Bayern. Er gewann Lothringen und damit ein großes Reservoir an Macht, Kultur und Wirtschaftskraft dem Reich zurück. Er bannte die Ungarngefahr, bekriegte erfolgreich Slawen und Wikinger und schuf mit der Anlage zahlreicher fester Plätze im Land die Voraussetzungen für die Entfaltung der mittelalterlichen Stadtkultur.

Ein imponierender und zufassender Herrscher also, wenn auch kein Genie, kein Weltbeweger, kein schöpferischer Staatsmann. Die Fähigkeit, Kraft aus politischen Träumen zu gewinnen, war ihm nicht gegeben. Sein Verhältnis zur Welt – und zur Macht – war sozusagen naiv und unreflektiert; moralische Skrupel haben ihn nicht geplagt. Er tat, was ihm die Stunde gebot: nicht mehr, aber auch nicht weniger. Alle seine Aktionen und Reaktionen kennzeichnet daher die weise und nüchterne «Beschränkung auf das jeweils Nötige und Mögliche». Die Kunst, zu warten und die Dinge reifen zu lassen, dann aber im rechten Moment das Rechte zu tun und ganze Arbeit zu leisten, beherrschte er allerdings mit intuitiver Sicherheit.

Die Seinen wußte er, nach dem vielsagenden Satz des Bischofs Thietmar von Merseburg, «klug zu behandeln, Feinde aber schlau und mannhaft zu überwinden». Mit anderen Worten: er war ebenso gutartig wie hart und energisch, ebenso redlich wie hinterhältig und verschlagen. Kurzum: ein Mensch von dieser Welt – und dieser Welt daher von Herzen zugetan, so daß seine Priester wohl manches Gebet für ihn verrichten mußten. Selbst aus Thietmars ehrfürchtiger Chronik geht hervor, daß er sich nicht gerade selten «gegen seinen Gott und seinen Herrn» auflehnte und daß ihm außer großer Standhaftigkeit auch die «Neigung zum Ausgleiten» eigen war.

Schon als junger Herzogssohn, «wie eine Blüte im Frühling sprossend», ehelichte er eine begüterte Witwe, obwohl sie sich bereits entschlossen hatte, als Klosterfrau den Sünden der Welt zu entsagen. Freilich reizte ihn nicht nur ihre Schönheit, sondern auch «die Brauchbarkeit ihres reichen Erbes». Später verließ er sie, ohne ihre Besitzungen wieder herauszugeben, und heiratete eine adlige Dame namens Mathilde, die sein Hab und Gut ebenfalls bedeutend vergrößerte, ganz abgesehen davon, daß sie als Urenkelin Widukinds auch den Sippenruhm des unvergessenen Gegenspielers Karls des Großen mit in die Ehe brachte.

Mehr als die großzügige Handhabung seiner Ehe- und Besitzangelegenheiten hat die Kirche aber bekümmert, daß Heinrich nach der Königswahl auf Salbung und Krönung aus geistlicher Hand verzichtete. Noch hundert Jahre später behauptete Thietmar von Merseburg in seiner Chronik, die heilige Afra (die im römischen Augsburg den Märtyrertod starb) habe dem Bischof Ulrich ihren Gram über diesen Entschluß offenbart und den nicht geweihten Herrscher mit einem Schwert ohne Griff verglichen. Auch in der harten Praxis des Regierungsalltags versuchte der König zunächst ohne die hohe Geistlichkeit auszukommen. So hielt er während der ersten fünf Jahre nur einen einzigen Schreiber zur Abfassung der unerläßlich notwendigen königlichen Urkunden. Dann allerdings hatte auch Heinrich begriffen, daß er sein Reich nicht mit einer Kanzlei von der Größe einer «Kompanie-Schreibstube» verwalten konnte. Er ernannte den Mainzer Erzbischof Heriger zum Leiter der «königlichen Kapelle» und tat damit einen guten Griff; denn Heriger baute ihm in kurzer Zeit eine hervorragend funktionierende Kanzlei auf.

Schneller als mit den hohen Klerikern wurde er mit den Herzögen handelseinig, allerdings unter größeren Opfern. Auch Heinrich war ja nur mit den Stimmen der Franken und Sachsen zum König gewählt worden, auch er sah sich der Fronde der schwäbischen und bayerischen Landesfürsten gegenüber, die nicht gewillt waren, ihre Sonderrechte auf dem Altar des Königtums oder gar der sächsischen Familienpolitik niederzulegen. Wie explosiv die Situation war, beweist die Tatsache, daß Arnulf von Bayern sich 919 ebenfalls zum König ausrufen ließ. Am Anfang der deutschen Geschichte steht also nicht nur der großmütige Entschluß eines sterbenden Regenten, sondern – um ein Wort von Holtzmann zu zitieren – «auch gleich das erste Gegenkönigtum, dieses äußerste Zeichen einer Zwietracht, die es in unserem Volke wieder und wieder zu überwinden galt».

Heinrich versicherte sich zunächst der Schwaben, die gerade mit den Burgundern um ihre Besitzungen im heutigen Aar- und Thurgau stritten und daher für eine friedliche Lösung des Problems zu haben waren.

Beeindruckt von der stattlichen Heeresmacht, mit der er seinen Wünschen Nachdruck verschaffte, erkannten sie ihn an zu ihrem eigenen Vorteil wie zum Nutzen des Reiches; denn die Schwaben konnten nun unbekümmert marschieren und die Burgunder bei Winterthur so gründlich aus dem Felde schlagen, daß sie für eine Weile Ruhe gaben.

Schwieriger hatte es der König mit den renitenten Bayern. Heinrich – wie immer darauf bedacht, die sächsische Heeresmacht nicht unnötig zu mobilisieren – bemühte sich zunächst um eine Verständigung. Als ihm Herzog Arnulf die kalte Schulter zeigte, schloß er ihn jedoch in Regensburg ein und verschaffte seinem Verhandlungsangebot damit ein Gewicht, dem sich auch sein bayerischer Gegenkönig nicht entziehen konnte. Billig verkaufte sich Arnulf freilich nicht. Heinrich mußte ihm unter anderem das bis dahin dem König vorbehaltene Recht abtreten, die Bischöfe und Äbte des Herzogtums zu ernennen: eine überaus folgenschwere Entscheidung. Arnulf verhielt sich fortan jedoch loyal, wenn er auch keine Gelegenheit versäumte, die Freiwilligkeit seiner Entscheidungen zu betonen und seinem Land damit jene besondere Rolle zu sichern, die es über mehr als tausend Jahre hinweg bis heute behauptet hat.

Nach der Einigung mit den Herzögen ging Heinrich mit der ihm eigenen kühlen Methodik das Problem Lothringen an. Hier regierte damals ein junger Herr namens Giselbert, ein mutiger, aber unsteter Heißsporn, dessen erklärtes Ziel es war, das Königreich Lotharingien wiederherzustellen. Um Beistand gegen den einfältigen Karl zu finden, der ihn 920 aus Lothringen vertrieben hatte, wandte er sich zunächst an Heinrich, und wirklich gelang es dem jungen König durch einige militärische Manöver, die Wiedereinsetzung des geflohenen Giselbert zu erzwingen. Wichtiger war ihm jedoch, sich bei dieser Gelegenheit selbst als rechtmäßigen Herrscher legitimieren zu lassen. Zu diesem Zweck traf er sich, einen Kronreif auf dem Haupte, mit dem Karolinger auf einem Schiff, das bei Bonn im Rhein – nach damaliger Auffassung zwischen den Grenzen – verankert war, nahm ihn brüderlich in die Arme und schloß mit ihm einen förmlichen Vertrag. Karl verzichtete darin auf seine dynastischen Ansprüche im Ostreich, während Heinrich Lothringen als westfränkisches Herzogtum anerkannte.

Schon 925 – vier Jahre später, als Karl von seinen inneren Gegnern gefangengesetzt war – erklärte er, daß er sich an die Bonner Eide nicht mehr gebunden fühle, marschierte in Lothringen ein und ernannte den unruhigen Giselbert zum fünften deutschen Herzog. Um ihn unter Kontrolle zu halten, vermählte er ihn gleichzeitig mit seiner Tochter Gerberga, die ihre Aufsichtspflicht gegenüber dem Gemahl allem Anschein nach gewissenhaft erfüllt hat.

Auch im Osten und Norden seines Reiches brachte Heinrich bedeutende Landgewinne ein, die er allerdings ausschließlich für sein angestammtes Herzogtum kassierte. Die Systematik, mit der er dabei vor allem gegen die slawischen Stämme vorging, hat etwas von der lautlosen Präzision sauberer Generalstabsarbeit. Er begnügte sich nicht damit, ihre Siedlungsgebiete, wie es damals Brauch war, zu verwüsten und dann wieder zu verlassen, er blieb im Lande und legte dort Zwingburgen an, mit deren Hilfe er die aufsässigen Völkerschaften auch während des Winters in Schach hielt. Ähnlich verfuhr er im Norden, wo er nach der Eroberung von Haithabu südlich der neuen Eider-Schlei-Grenze eine tiefgestaffelte Verteidigungszone anlegen ließ.

Seinen größten Ruhm erwarb er jedoch im Kampf gegen die Ungarn.

Sieg über die reitenden Teufel Von den Ungarn haben die Chronisten des eben entstandenen und legitimierten Reiches der Deutschen nur mit flammender Empörung und einem respektablen Bilderreichtum gesprochen. Sie galten ihnen als Nachfahren der Hunnen, als berittene Teufel, als eine Ausgeburt der Hölle. Ihre Reiterhaufen donnerten wie Gewitter durchs Land, ihre Pfeile verdunkelten den Himmel, und ihre Blutgier dünkte den geistlichen Berichtern schlimmer als die Raublust reißender Wölfe.

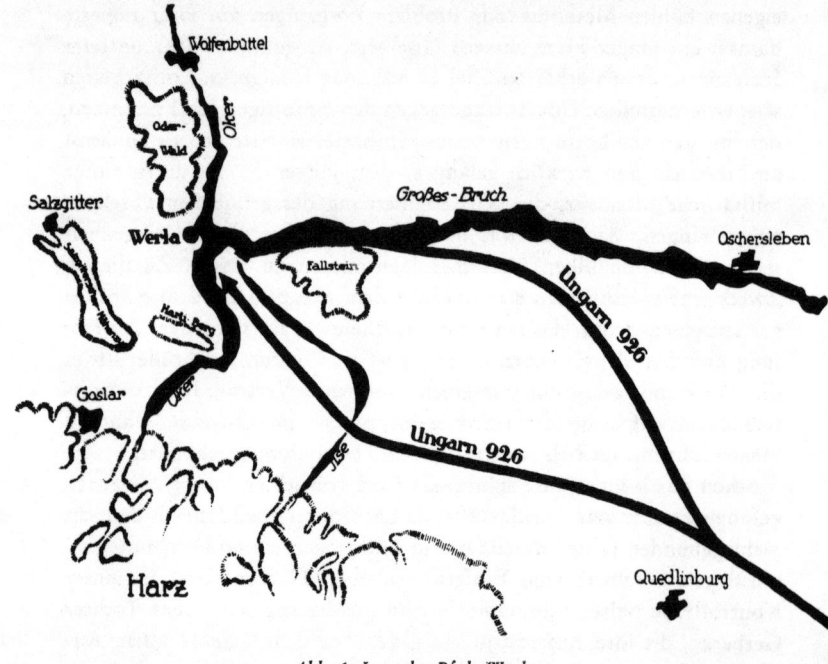

Abb. 6: Lage der Pfalz Werla

Nachdem die Ungarn Sachsen bereits 919 wie ein Gewitterhagel verwüstet hatten, brachen sie 924 erneut in das wehrlose Land ein. Sie brannten alle menschlichen Siedlungen nieder und richteten «ein solches Blutbad an, daß eine gänzliche Verödung durch sie drohte». Heinrich war sich darüber klar, daß er mit seinem schwerfälligen Bauernheer nicht gegen die apokalyptischen Banden antreten konnte, und zog sich in die Pfalz Werla zurück, um das Ende des Wirbelsturms abzuwarten.

Vor den Mauern der Pfalz – die damit erstmalig im Licht der Geschichte erscheint – trat jene unverhoffte Wendung ein, die schon die Phantasie der Zeitgenossen stark beschäftigt hat. Widukind von Corvey, der Chronist dieser Zeit, hat das Wunder von Werla sehr eindrücklich beschrieben. Es geschah nämlich, «daß einer von den Fürsten der Ungarn gefangen und gebunden vor den König geführt wurde. Diesen liebten die Ungarn so sehr, daß sie als Lösegeld für ihn eine ungeheure Summe Gold und Silber anboten. Doch der König, das Gold verschmähend, forderte statt dessen Frieden und erhielt ihn auch endlich, so daß gegen Rückgabe des Gefangenen und andere Geschenke ein Frieden auf neun Jahre geschlossen wurde.»

Damit hatte Heinrich die notwendige Atempause gewonnen. Er nutzte sie mit all der Tatkraft, Nüchternheit und Umsicht, die ihm eigen waren, und begann Land und Leute methodisch auf- und umzurüsten. Die Maßnahmen, die er zu diesem Zweck traf, wurden zunächst nur für das Herzogtum Sachsen befohlen, fanden aber bald auch den Beifall der übrigen Stämme und wurden, nachdem sie auf dem Ingelheimer Reichstag 926 ihren offiziellen Segen empfangen hatten, schließlich im ganzen Reich durchgeführt.

Sie verstärkten sowohl die Verteidigungskraft wie die Angriffsbereitschaft: Heinrich baute zahlreiche Fluchtburgen, die groß genug waren, die umwohnende Bevölkerung mitsamt ihrem Vieh aufzunehmen, und er schuf so etwas wie ein stehendes Heer und eine tüchtige Reitertruppe.

Heinrich ging auch diesmal mit gewohnter Energie ans Werk und hielt die Bevölkerung an, wenn nötig Tag und Nacht zu arbeiten. Gleichsam im Nonstopverfahren ließ er die verfallenen Fluchtburgen wiederherrichten, die alten Stadtmauern erneuern und eine Reihe bisher nicht befestigter Siedlungen sowie Klöster und Stifte mit Wall und Graben umziehen. Holtzmann nennt unter anderen folgende Plätze, die damals befestigt wurden: das Stift Essen und das Kloster Corvey, die Pfalzen Grone und Werla, die Orte Gandersheim, Goslar und Quedlinburg am Nordharz, Duderstadt und Nordhausen am Südharz, Merseburg an der Saale und Meißen an der Elbe, in Bayern Regensburg, in Schwaben Augsburg, in Hessen Hersfeld und in Lothringen Kamerich.

In die Burgen und festen Plätze legte er ständige Besatzungen. Widukind von Corvey hat auch darüber genau Protokoll geführt. «Zuerst wählte er unter den ländlichen Kriegern jeden neunten Mann aus und ließ ihn in seiner Burg wohnen, damit er hier für seine acht Genossen Wohnungen errichte und von aller Frucht den dritten Teil empfange und bewahre; die übrigen acht aber sollten säen und ernten und die Frucht sammeln für den neunten und dieselbe an ihrem Platz aufbewahren. Auch gebot er, daß die Gerichtstage und alle übrigen Versammlungen und Festgelage in den Burgen abgehalten würden.»

Bei der Auswahl der Burgbesatzung war er übrigens alles andere als wählerisch. So siedelte er in Merseburg eine regelrechte Verbrecherbrigade an, zusammengesetzt aus Männern, die sich als Raufbolde, Tagediebe und Straßenräuber straffällig gemacht hatten – später eine verwegene kriegerische Schar, die sich mehrfach hervortat.

Außer diesen festen Plätzen mit ihren ständigen Besatzungen schuf der König eine mobile Reiterei, vor allem aus Landadligen und Ministerialen, und machte diese «Kavallerie auf Ackergäulen» mit den elementaren Grundlagen der Kriegführung vertraut: er faßte seine Reiter in Schwadronen zusammen, exerzierte mit ihnen unerbittlich und lehrte sie, den Feind im Verband zu bekämpfen.

Nachdem er sein Heer gegen die Wenden und Heveller, die Daleminzier und Wilzen und schließlich gegen die Tschechen (deren König Wenzel sich widerstandslos unterwarf und zu jährlichen Zinszahlungen verurteilen ließ) erfolgreich erprobt hatte, fühlte er sich bereits 932 stark genug, den Waffenstillstand mit den Madjaren zu kündigen. Zuvor ließ er – unter geistlichem Beistand übrigens, den er den Bischöfen mit einer neuen Kopfsteuer abgalt – einen Reichstag nach Erfurt einberufen. In der Rede, die er dort hielt, muß der nüchterne, aber wegen seiner männlichen Schönheit vielgerühmte König einen ungewohnten rednerischen Glanz entwickelt haben. Sieben Jahre, sagte er, habe er Staat und Kirche schröpfen müssen, um den verhaßten Landesfeinden den vereinbarten Tribut zu entrichten. Nun sei seine Geduld zu Ende. «Was wollt ihr?» rief er aus, «ihr habt zu entscheiden. Wollt ihr weiter zahlen und zahlen und um alle Frucht eurer Arbeit kommen, oder wollt ihr euch meiner Führung anvertrauen und die Horden aus dem Lande jagen?»

Der Erfolg entsprach dem rhetorischen Aufwand. Sachsen, Franken und Schwaben beschlossen in Erfurt, dem bösen Feind gemeinsam gegenüberzutreten. Kurze Zeit später, in Dingolfing, verpflichteten sich auch die Bayern, nach Kräften zum Sieg über die reitenden Teufel beizutragen. So konnte Heinrich die ungarischen Gesandten, die kurze Zeit später zur Abholung des jährlichen Tributs erschienen, mit leeren Händen heimschicken. Daß er ihnen einen räudigen Hund vorwerfen ließ, ist genau wie die Vogelherdgeschichte eine jener Anekdoten, mit denen die zeitgenössischen Chronisten ihre Darstellung würzten. Die von den Sachsen abhängigen Daleminzier, die von den Madjaren ebenfalls alljährlich zur Ader gelassen wurden, schickten allerdings statt der vereinbarten Zinsen einen feisten Hund – offenbar hielten auch sie ihre Bezwinger nun für stärker als die Banden aus der ungarischen Steppe.

Die Ungarn fielen nach der Rückkehr ihrer Tributdelegation prompt in Thüringen ein. Heinrich hatte sie jedoch erwartet und ließ sie in ein menschenleeres Land stürmen, dessen Siedlungen tot wie Friedhöfe waren. Außerdem zog er ihnen mit zwei Heeren entgegen. Das größere, das außer seinen Sachsen auch starke bayerische und schwäbische Kontingente umfaßte, marschierte an der Unstrut auf, das kleinere an der Werra. Dieses hatte zuerst Feindberührung und ging dabei derart kraftvoll gegen die ungarischen Reiterrudel vor, daß sie sich fluchtartig absetzten. Das Unstrut-Heer traf die Ungarn bei dem Dorf Riade – vermutlich dem heutigen Kalbsrieht an der Helme – und griff den Feind unter dem Banner des Erzengels Michael unverzüglich frontal an. Heinrichs wohlgeordnete, wuchtig heranstampfende Eisenreiter machten einen derart überwältigenden Eindruck auf die Steppenkrieger, daß sie auf der Stelle kehrtmachten. Obwohl es dem König nicht gelang, sie zu vernichten, «nahmen sie doch einen solchen Schrecken mit nach Hause, daß sie bei Lebzeiten Heinrichs Deutschland nicht mehr heimgesucht haben».

Die Bevölkerung atmete auf. Zum erstenmal seit Bestehen des Reiches waren alle deutschen Stämme gemeinsam gegen einen Feind angetreten. Das Königtum hatte seine Bewährung bestanden, der Sieg von Riade – errungen am 15. März 933 – so etwas wie ein deutsches Nationalgefühl erzeugt. «An ein Auseinanderfallen des Reiches... war... nicht mehr zu denken.» (Holtzmann)

König Heinrich hat nach dem Sieg über die Ungarn nur noch knapp zweieinhalb Jahre gelebt, mehr als sechs Monate davon als todkranker Mann. Trotzdem war er bis zuletzt unentwegt tätig.

Der Kampf mit den Wikingern und die Eroberung von Haithabu folgten der Schlacht von Riade sozusagen auf dem Fuße. Ende 934 riefen ihn innerfranzösische Streitigkeiten, in die er schon 931 eingegriffen hatte, wieder auf den Plan. Im Juni 935 traf er sich mit den Herrschern von Frankreich und Burgund in Ivois an der Chiers (dem heutigen Carignon südöstlich von Sedan) zu einem Dreikönigstag, wo er – auch äußerlich ein Mann von königlicher Haltung und Majestät – die Szene souverän bestimmte. Als Lohn für seine Maklertätigkeit brachte er außer den beiden dort abgeschlossenen Freundschaftsverträgen die berühmte «Heilige Lanze» mit nach Hause, die später zu den Reichsinsignien gehörte, aber bereits damals als «ein Sinnbild und Beleg für den Anspruch auf Italien und das Kaisertum» galt. Waren Heinrichs Gedanken während seiner letzten Lebensjahre auf die Kaiserkrone gerichtet? Außer dem Erwerb der sagenhaften Konstantinslanze spricht auch der Satz Widukinds für diese These, daß Heinrich – «als alle Völker ringsum bezwungen waren» – eine Fahrt nach Rom plante. Aber ob er die Hand nach der Kaiserkrone ausstreckte oder nicht – König Heinrich war nach dem Ungarnsieg der mächtigste Herrscher Westeuropas, sein Reich ein Kraftfeld der Ordnung und des Friedens (obwohl das Verhältnis zwischen dem König und den Herzögen ungeordnet und widersprüchlich war), seine jeweilige Pfalz ein Zentrum der kontinentalen Politik.

In der literarischen und mündlichen Überlieferung, die sich der Gestalt des «königlichen Königs», des Vogelfängers und Städtegründers bald bemächtigte, lebte er dennoch vor allem als Ungarnbezwinger und strahlender Kriegsheld fort.

Schon aus diesem Grund hat sich das Interesse der Forscher immer wieder der Pfalz Werla zugewandt, wo sich 924, im Morgengrauen der deutschen Geschichte, der Ansturm der Madjaren brach.

Das Mahl der Äbtissinnen   Die Werla blieb auch unter Heinrichs Nachfolgern eine der bedeutendsten Pfalzen des Reiches. Ihrem Ruhm und ihrer Würde entsprechend wird sie in den Chroniken häufig genannt – mehr allerdings auch nicht. Selbst das umsichtigste und scharfsinnigste Quellenstudium vermag aus diesen Hinweisen keine komplette Geschichte der Pfalz zu erschließen.

Die zeitgenössischen Chroniken beweisen immerhin, daß auch die Nachfolger Heinrichs I. ihre Staatsgeschäfte zu einem guten Teil auf der Pfalz im Herzen ihres Stammesgebietes tätigten.

936 bestätigte Otto I. «apud Uerla» dem Kloster Corvey Wahlrecht, Immunität und Zehntbezug von den eigenen Gütern.

937 bewilligte Otto I. dem Bistum Hamburg und den zu seinem Sprengel gehörenden Klöstern «in Uerlaha» die Immunität.

939 verlieh Otto I. dem Kloster Kempten das Wahlrecht – «actum in civitate quae vocatur Uerlaha».

940, 947 und 956 ließ Otto I. «in Uerlaha» Protokolle über die Rechte und Beziehungen der Klöster Corvey und Gandersheim ausfertigen.

968 sandte Kaiser Otto I. den sächsischen Herzögen und Grafen aus Unteritalien einen Brief, den er (nach Widukind) «in loco, qui dicitur Werla» verlesen ließ.

973, 974 und 975 stellte Otto II. in der Werla-Pfalz Urkunden für das Bistum Halberstadt, den Patriarchen Vitalis von Grodo und die erzbischöfliche Kirche zu Magdeburg aus.

984 trafen sich die königstreuen Adligen Sachsens «ad Werlu» und setzten die Wahl Ottos III. gegen seinen bayerischen Vetter Heinrich den Zänker durch.

1002, nach dem Tod des jungen schwärmerischen Kaisers, traten die sächsischen Nobiles erneut auf der Werla zusammen und erklärten den Großneffen Ottos des Großen, Herzog Heinrich von Bayern, zum erbberechtigten Nachfolger.

Von diesem Treffen – genauer gesagt: den Tagen danach – weiß Thietmar von Merseburg eine bemerkenswerte Begebenheit zu berichten. Markgraf Ekkehard von Meißen hatte die Gegner dieser Wahl nach Frohse bei Aschersleben eingeladen. Da er sich dort im Stich gelassen sah, ritt er mit einigen Getreuen nach Werla, in der Hoffnung, die Wahl des landfremden Bayern verhindern zu können. Er kam jedoch zu spät und hielt sich deshalb wutentbrannt auf andere Weise schadlos. Als er in der «großen Halle» der Pfalz die Tafel für die Schwestern des verstorbenen Kaisers, die Äbtissinnen Sophia von Gandersheim und Adelheid von Quedlinburg, «reich mit Speisen gerüstet» fand, setzte er sich mit seiner Begleitung, ohne zu zögern, in die «mit Teppichen geschmückten Sessel» und usurpierte das königliche Mahl – ein Vorfall, der allem Anschein nach als eine überaus ruchlose Tat betrachtet wurde. Jedenfalls wurde Ekkehard kurze Zeit später erschlagen. Nach Thietmars Zeugnis gab es Leute im Lande, die den Verdacht äußerten, daß damit die «den Schwestern zu Werla angetane Schmach» gerächt worden sei.

Glanzvolle Tage erlebte die Werla-Pfalz im Jahre 1013, als Heinrich II. hinter ihren Mauern einen lange schwelenden Streit zwischen dem Erzbischof von Mainz und dem Bischof von Hildesheim schlichtete – in Gegenwart von zwei Erzbischöfen, neun Bischöfen, zwei Herzögen und achtzehn Pfalzgrafen, wie der aufmerksame Hofberichter gewissenhaft registrierte.

Aber gerade unter Heinrich II., dessen Wahl auf der Werla durchgesetzt worden war, trat eine wichtige Veränderung ein. Die Pfalz wurde nach Goslar verlegt – «zu Goslere geleget», wie es zweihundert Jahre später im «Sachsenspiegel» hieß. Es waren vor allem wirtschaftliche Gründe, die die Übertragung der Pfalzrechte auf die Silberstadt Goslar bedingten. Die bereits unter Otto I. erschlossenen Gruben im Rammelsberg warfen inzwischen eine bedeutende Rendite ab und schenkten den Herrschern ein hohes Maß materieller Freiheit. Häufige Einkehr in Goslar war für sie also eine staatspolitische Notwendigkeit. Vielleicht spielten aber auch politische Gründe bei der Pfalzverlegung mit. Gewissen Andeutungen ist jedenfalls zu entnehmen, daß die Werla-Pfalz damals das Herz der sächsischen Opposition gegen den «heiligen Heinrich» war.

Nach der Rangerhöhung Goslars sank die Werla langsam aber sicher in die Anonymität zurück. Nur noch einmal wurde ihr eine große Repräsentationsaufgabe zuteil. Im Jahre 1180 rief Friedrich Barbarossa die Edlen Sachsens auf der altsächsischen Thingstätte zusammen und setzte ihnen in höflichen, aber unmißverständlichen Worten einen Termin, bis zu dem sie ihrem Herzog Heinrich dem «Löwen» ihre Gefolgschaft aufzukündigen hätten.

Über das weitere Schicksal der Pfalz schweigen sich die Quellen aus. Während die *curtis* in den Besitz des Bistums Hildesheim überging und in dessen Auftrag von den Grafen von Schladen bewirtschaftet wurde, scheint sich das Pfalzgelände schon im hohen Mittelalter in eine Wüstung verwandelt zu haben. Die noch bestehenden Gebäude wurden von den Bauern der Umgebung mit Eifer ausgeschlachtet, und so zog bald der Pflug über den Pfalzhügel, der sich wie eine natürliche Bastion in das Okertal hineinschiebt.

Für die Archäologen, die in der Mitte der dreißiger Jahre begannen, die Reste der Werla auszugraben, war dieser frühe Niedergang ein Geschenk des Himmels; denn schon einen halben Meter unter der Ackeroberfläche stießen sie auf fast unversehrtes mittelalterliches Mauerwerk.

Zum erstenmal   Die Grabungen auf der Werla begannen vor nahezu hundert Jahren:
Luftbild-   1875 setzten lokale Interessenten zum erstenmal den Spaten an – ohne
archäologie   erkennbaren Erfolg allerdings. Fünfzig Jahre später veranstaltete Professor Uvo Hölscher, der Erforscher der Goslarer Kaiserpfalz, eine kurze Probegrabung, die immerhin eindeutig bewies, daß das alte Pfalzgelände mancherlei Überraschung barg. In der Folgezeit waren es vor allem der Lehrer Franz Kaufmann aus Schladen, der Museumsdirektor Dr. Carl Borchers aus Goslar und der Prähistoriker Professor Jacob-Friesen aus Hannover, die immer wieder auf die ungehobenen Schätze im Boden der Werla-Pfalz aufmerksam machten.

Doch dauerte es noch bis 1934, ehe die notwendigen Mittel für eine derart aufwendige Grabung «zusammengefochten» war. Nach den beiden ersten Kampagnen, für die Regierungsrat Dr. Becker (Goslar) und Diplomingenieur Dr. Steckeweh verantwortlich zeichneten, übernahm 1937 der Archäologe Dr. Hermann Schroller die Leitung der Spatenarbeit. Schroller fand in der Werla-Grabung seine Lebensaufgabe, die ihm am Ende auch zum Schicksal wurde: 1959 verunglückte er auf der Fahrt zum Pfalzgelände tödlich – ein Verlust, der die Archäologie in Deutschland um so schwerer traf, als die von ihm geplante zusammenfassende Publikation über diese bisher größte und ertragreichste Pfalzgrabung noch nicht über die Vorarbeiten hinausgewachsen war.

Schroller begann seine Tätigkeit auf der Werla mit einem damals viel beachteten Experiment. Zum erstenmal in Deutschland wandte er die von englischen Forschern entwickelten Methoden der archäologischen Luftaufklärung auf ein heimisches Forschungsobjekt an, indem er die Werla zunächst aus der Vogelperspektive erkunden ließ. Die dafür notwendigen Flugzeuge und Piloten stellte ihm der Kommandeur der Fliegerbildschule Hildesheim, Oberstleutnant Reinshagen, zur Verfügung. Schon die ersten Luftaufnahmen, am 18. März 1937 von Hauptmann Stein «geschossen», gaben den Blick auf zahlreiche in der Erde verborgene Mauerzüge frei.

«Durch die Wahl des Termines, nämlich direkt nach der Schneeschmelze», so hat Schroller diese Aktion beschrieben, «war die Aufnahme besonders deutlich ausgefallen, denn durch die intensive Bodendurchfeuchtung kamen in dem heute ganz als Ackerland benutzten Gelände die früheren Eingriffe in den Untergrund als verschiedenartige Verfärbungen sehr klar zutage.»

«Von besonderer Wichtigkeit war die Anwendung einer neuen Methode... nämlich die Herstellung von stereoskopischen Lichtbildern. Bei dem großen Aufnahmeabstand der Stereobilder treten alle Unebenheiten des Geländes übertrieben stark in Erscheinung. Kleine Bodenwellen von etwa zwanzig Zentimeter Höhe heben sich als deutliche Rücken ab und lassen erkennen, daß in ihnen noch die Fundamente der alten Befestigungsmauern verborgen sind. Ebenso zeichnen sich flache vorgelagerte Mulden als die in der Zwischenzeit vollkommen wieder ausgefüllten Gräben vor den Befestigungen ab. Wieder andere Verfärbungen blieben auch bei stereoskopischer Betrachtung ebenerdig und lassen dadurch auf ehemalige Wege schließen.»

Die Auswertung der Steinschen Aufnahmen ergab, «daß das von der Pfalz eingenommene Gelände sehr viel größer war, als früher angenommen. Insgesamt bedeckte es eine Fläche von hundert Morgen, das heißt: die Werla war die größte in ganz Nordwestdeutschland vorhandene Befestigungsanlage. In sehr geschickter Weise hatten die Baumeister» den «zungenartig in die Okerniederung vorragenden Geländevorsprung... nach dem Hinterlande zu durch ein mehrfaches System von Mauern, Wällen und Gräben gesichert».

Die Lichtbilder der Hildesheimer Flieger bestimmten den Fortgang der Grabungen. Zunächst wurde das gesamte Gelände vermessen, kartographiert und in 127 Quadrate von fünfzig Meter Seitenlänge zerlegt, die in den Grabungszentren jeweils in 25 Zehn-Meter-Quadrate unterteilt wurden. «Diese Zehn-Meter-Quadrate bildeten die Grundlage für den Katalog, in dem jeder einzelne Kleinfund, das heißt also jede Tonscherbe und jeder Knochensplitter» nach «Länge, Breite, Tiefe und Schicht eingetragen wurde. In einzelnen Zehn-Meter-Quadraten, von denen es über 3000 gibt, kamen 2000 und mehr Fundnummern zum Vorschein... der sorgfältig geführte und durch zahlreiche Fotografien und Zeichnungen ergänzte Katalog bildet sozusagen das neue Urkundenbuch der Werla.»

Der Erfolg dieser kartographischen Vorbereitungsarbeit: es wurde während der nachfolgenden Grabungen «buchstäblich kein Spatenstich vergeblich» getan. Die Ausgräber konnten auf die sonst notwendigen Suchschichten verzichten und «die Probleme sofort an ihren Brennpunkten angreifen». So gelangten sie in wenigen Monaten zu Ergebnissen, für die sie normalerweise Jahre benötigt hätten.

Schon im Spätherbst 1937 zeichnete sich die Pfalz Werla wenigstens in ihren Elementarteilen deutlich in den Grabungsakten ab, und zwar als «eine gewaltige, weiträumige Wehranlage», die zumindest in der Heinrichszeit kein Gegenstück gekannt haben dürfte.

Die königliche Modellburg   Der Hauptzugang lag im Nordwesten der Pfalz. Die Straße, die gewissermaßen von der Landseite her auf die riesige Anlage zustrebte, stieß zunächst auf einen achtzehn Meter breiten, drei Meter tiefen Sohlgraben, dessen Aushub einen dreizehn Meter breiten Erdwall bildete. Eine Erdbrücke und ein Holztor (dessen Spuren 1957 entdeckt wurden) führten in die äußere Vorburg, die hinter dem fünfhundert Meter langen, leicht nach außen gekrümmten Erdwall eine Tiefe von 140 Metern erreichte. Die Hänge der Talseiten waren wahrscheinlich durch schwächere Stützmauern gesichert.

Als nächstes Hindernis querte die Straße, nachdem sie den Innenraum der äußeren Vorburg auf dem kürzestmöglichen Weg durchmessen hatte, einen mehr als vier Meter tiefen Spitzgraben und eine steinerne Ringmauer, deren Fundament etwa zwei Meter stark war – sie muß also eine respektable Höhe gehabt haben. Es ist möglich, daß eine Quermauer diese innere Vorburg in zwei ungleiche Teile zerlegte, doch ist darüber das letzte Wort noch nicht gesprochen. Auf der 1963 veröffentlichten Skizze des Kieler Oberbaurates Seebach, der seit Jahren zu den Unentwegten der Werla-Grabung gehört, ist sie jedenfalls nur angedeutet.

Die Straße, die in die zweite Vorburg durch ein steinernes Schleusentor geleitet wurde, scheint sich kurz vor der eigentlichen Pfalzmauer gegabelt zu haben. Während der eine Strang ein drittes Tor passierte und damit in das Festungszentrum führte, mündete der andere wahrscheinlich in einen steilen Hohlweg am Ostrand der Geländebastion, den heutigen Eselssteig, der steil zum Okertal abfällt. Prähistorische Funde weisen darauf hin, daß dieser Weg schon in urgeschichtlichen Zeiten eine vielbenutzte Passage war.

Die Mauer, die den Pfalzbezirk auf der südöstlichen Plattform des Werla-Hügels umfuhr, war nahezu kreisrund und hatte einen Durchmesser von 150 Metern. Das 80 bis 135 Zentimeter starke Fundament dürfte eine Mauer von gleicher Stärke getragen haben, die auf der Rückseite die beim Ausheben der Gräben gewonnenen Erdmassen verstärkten und gegen Belagerungsmaschinen fast unempfindlich machten. Außerdem hatte man das Gelände der Vorburg um etwa einen Meter gesenkt und den Boden, der dabei anfiel, in der Hauptburg aufgetragen, so daß sich insgesamt ein Niveauunterschied von zwei Metern ergab.

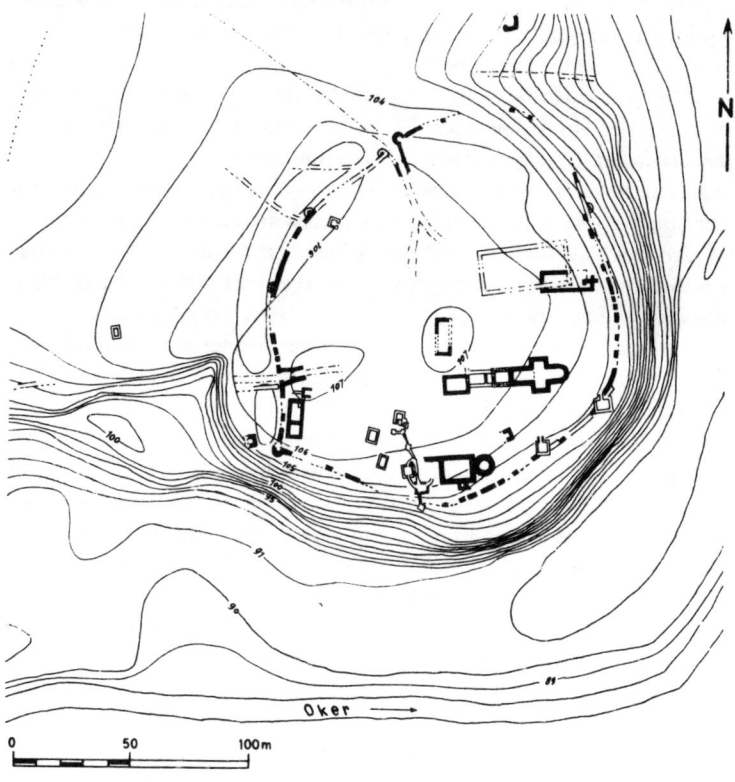

Abb 7: Das Kernwerk der Werla-Pfalz

Den imposanten Eindruck, der von dem Kernwerk der Pfalz zweifellos ausging, verstärkten die beiden Tore, von denen das eine – das Haupttor – im Zug der Straße, das andere im Südwesten der mächtigen Ringmauer lag. Die (längst wieder zugeworfenen) Fundamente der beiden Tore ließen keinen Zweifel daran, daß sie zur gleichen Zeit entstanden. Sein Meisterwerk schuf der unbekannte Baumeister aber mit dem majestätischen Haupttor, das die Funktion einer «Burg in der Burg» mit der Aufgabe einer *porta triumphalis* verband.

«Das Haupttor der Hauptburg ist eine der großartigsten Toranlagen der Frühzeit. Es gehört dem System nach zu den Fangtoren, bei denen zwei versperrbare Tore hintereinandergelegt sind, die einen kleinen, stark umwehrten Hof, den sogenannten Torzwinger, einschließen. Das erste Tor liegt in der Flucht der Ringmauer und wird von zwei Steintürmen, die halbkreisförmig aus dieser herausspringen, eingefaßt. Die lichte Weite zwischen diesen Türmen beträgt 5,20 Meter; ein Fundamentstein in der Mitte der Durchfahrt deutet darauf hin, daß das Tor unterteilt war, und zwar in ein größeres für Reiter und Fuhrwerke und in ein kleineres für Fußgänger.»

«Die beiden Flankierungstürme sind nicht von gleicher Bauart. Der westliche ist ein halbrunder Turm, der unmittelbar aus der Mauer herauswächst... Der östliche Flankierungsturm steht mit der Ringmauer in keinem Verband; er ist als Dreiviertelkreis erhalten. An sein aus starken Quadern gesetztes Mauerwerk ist an der Außenseite ein Mauerstück angefügt, das sich mit seinem ganz andersgearteten, kleinen Bruchsteinmaterial deutlich von jenem abhebt und als spätere Verstärkung zu bezeichnen ist.»

«Der nach dem Burginnern zu sich trichterförmig verengende Zwingerraum wird von dem Torhaus abgeschlossen, einem regelmäßig quadratischen Bau, durch den die Torstraße hindurchführte. Die Straßendecke war als zwanzig Zentimeter starke Schotterschicht aus kleinem Steinschlag noch gut zu erkennen. Bei der Aufdeckung der Torgasse wurde zur größten Überraschung unmittelbar unter dieser Schotterschicht eine Fundamentmauer gefunden, die zum Torhaus gehörte und deren Seitenmauern unter der Straße verband... Sie hat offenbar dazu gedient, einen Torbogen mit der Anlage eines zweiten Tores zu tragen... Das Torhaus ist also nach dem Torzwinger zu durch Torflügel absperrbar gewesen, während es nach dem Burginnern zu wahrscheinlich eine offene Durchfahrt aufwies.» (Rudolph)

Die meisten «Heinrichsburgen» hatten nur ein Tor. Die Werla machte darin (wie auch die Stellerburg in Dithmarschen) eine Ausnahme. Offenbar war den Erbauern daran gelegen, eine Direktverbindung zwischen dem Pfalzbezirk und dem im Tal gelegenen Wirtschaftshof herzustellen, und so fügten sie in den Südwestteil des Ringes ein zweites Tor ein, das übrigens nach den gleichen Konstruktionsprinzipien entstand. Auch hier verengte sich der Torzwinger nach hinten, und den Abschluß bildete ein Torhaus, das sogar dieselben Abmessungen wie das Haupttor zeigte. Zum Unterschied von diesem hatte es jedoch keine Flankierungstürme. Das Außentor paßte sich wahrscheinlich übergangslos in die Flucht der Ringmauer ein. Zusätzlichen Schutz verlieh ein außerhalb der Mauer liegender quadratischer Turm. Dazu kam ein Halbrundturm, der an der Südwestecke der Pfalzmauer aus der steinernen Umwallung heraustrat.

Auch die beiden Tore der inneren Vorburg waren Variationen des Fangtortyps – jede Anlage also «eine kleine Burg für sich», mit jenem ingeniösen, tückischen Engpaß, in dem sich der Angreifer wie in einem Käfig gefangen sah, wenn es ihm gelang, das Außentor (oder an seiner Stelle: ein Fallgatter) zu durchbrechen.

Ein Blick auf die Werla-Karte beweist, daß mit den bisher vorliegenden Ergebnissen zumindest die Grundlinien der großen Pfalzanlage festgestellt worden sind. Ein Erdwall, eine Sperrmauer und ein steinerner Ringwall schufen eine Verteidigungsanlage, der man auch heute noch mit Respekt begegnen würde. Da die Technik des Mauerbaues und der Steinbearbeitung zahlreiche übereinstimmende Merkmale aufwies, konnten die Ausgräber guten Gewissens den Schluß ziehen, daß die Grundkonzeption der Werla-Anlage in einem Arbeitsgang verwirklicht wurde.

Die baulichen Details ließen überdies keinen Zweifel daran, daß als Bauzeit im wesentlichen nur die erste Hälfte des 10. Jahrhunderts in Frage kam. Die Grundgestalt der Werla ließ sich also mit einem hohen Grad an Wahrscheinlichkeit in die Zeit Heinrichs I. datieren, der mit dieser Pfalz wahrscheinlich so etwas wie eine königliche Modellburg überhaupt bauen ließ; eine mächtige Fortifikation, die Raum genug bot, ein ganzes Heer und bei den jährlichen Reichstagen die Großen des Reiches mit ihrem Gefolge aufzunehmen.

Daß sie außerdem so etwas wie eine Residenz war, ging aus den weiteren Grabungen klar hervor.

Schon in den Vorkriegskampagnen wurden die Reste des Gebäudes freigelegt, das den inneren und äußeren Mittelpunkt des Pfalzgeländes bildete. Es handelte sich um eine einschiffige Kirche von kreuzförmigem Grundriß, die «genau ostwestlich orientiert» war und mit einer halbrunden Apsis schloß. Ein einfacher Bau, 24 mal 13 Meter groß und seiner ganzen Erscheinungsform nach ein Werk des frühen 10. Jahrhunderts.

Die älteste Pfalzkapelle des Reiches

Der Grundriß der Werla-Kapelle zeigt übrigens «eine merkwürdige Übereinstimmung mit der Gruftkirche Heinrichs I. in Quedlinburg», die als Krypta des um 1100 entstandenen Doms die Zeit größtenteils überdauert hat. Offenbar wurde also, meint Rudolph, «an den beiden Plätzen... nach dem gleichen Plan gebaut». Da die Quedlinburger Grabkirche beim Tod Heinrichs im Jahre 936 noch nicht vollendet war, dürfte die Werla-Kirche die ältere gewesen sein. Mit einigem Recht hat man sie deshalb als «älteste Pfalzkapelle des Reiches» bezeichnet.

Achtzehn Meter weiter westlich stand ein rechteckiges Gebäude, das in den älteren Veröffentlichungen als Kemenate bezeichnet wird – ein heizbarer Wohnraum also. Der Raum zwischen diesem Wohngebäude und der Kapelle wurde später, wahrscheinlich im hohen Mittelalter, durch einen Zwischentrakt ausgefüllt, so daß sich ein Baukomplex von insgesamt 52 Meter Länge ergab. Man hat daraus zunächst geschlossen, daß in dem Rechteckgebäude die Gemächer des Königs und seiner Familie lagen, vielleicht auch (im ersten Stock?) der «große Saal», von dem Bischof Thietmar in seinem Bericht über das illegitime Mahl des Markgrafen Ekkehard spricht. Inzwischen ist man etwas zurückhaltender geworden und begnügt sich damit, diesen Rechteckbau ebenso wie ein zweites größeres Gebäude, dessen Reste nördlich davon entdeckt wurden, einfach als Wohnhaus zu bezeichnen.

Den Palast der königlichen Familie glaubt man südlich der Pfalzkapelle gefunden zu haben. Nur wenige Meter von den Fundamenten des Mauerringes entfernt legten die Ausgräber 1939 einen Baukomplex frei, dessen Kompliziertheit ihnen anfänglich manch nachdenkliche Stunde bereitete. Die genaue Auswertung der Befunde ergab schließlich, daß man es mit einem Saalbau von 9 mal 12 Metern zu tun hatte, dessen 80 Zentimeter starke Mauern auf eine mehrstöckige Anlage hindeuteten. An dieses Gebäude schloß sich ein Rundbau von zehn Metern Durchmesser an, dessen Mauern nahezu anderthalb Meter stark waren. Vielleicht ein Bergfried, vielleicht Heinrichs steinerner Tresor – jedenfalls ein mächtiger Turm, der möglicherweise von dem Wohngebäude zu erreichen war.

Kleinfunde sprachen für eine mindestens vierhundertjährige Benutzung dieses Gebäudes und verstärkten damit die Vermutung, endlich die lange gesuchte Palastanlage gefunden zu haben. Zur Gewißheit wurde dieser Verdacht aber erst durch eine weitere Entdeckung. Es wurden nämlich – so Seebach – «tiefer verwinkelte Steinlagen sichtbar, deren Anordnung sich zunächst der Deutung entzog, bis beim Fortschreiten der Arbeiten sich eine regelrechte Heißluftheizung von größter Zweckmäßigkeit herausschälte».

Es versteht sich von selbst, daß diese Heißluftheizung auf römische Erfahrungen zurückging, ebenso die Technik der Steinbearbeitung und des Mauerbaues. Von der grandiosen Ordnung, die etwa den Bebauungsplan einer römischen Legionsfestung, ja noch den Grundriß einer karolingischen Pfalz auszeichnete, ist auf der Werla jedoch nichts mehr zu spüren. Selbst wenn man berücksichtigt, daß der Innenraum der Hauptburg noch längst nicht restlos erforscht ist, läßt die Bebauung doch eine gewisse Willkür erkennen. Es ist deshalb auch recht schwierig, die einzelnen Häuser auf ihren Zweck hin zu bestimmen. So figuriert ein nördlich der Kapelle liegender Bau in den Grabungsakten einstweilen als Wirtschaftsgebäude, obwohl über seine eigentliche Funktion bisher nichts bekanntgeworden ist.

Mit Sicherheit läßt sich allenfalls sagen, daß ein südlich des Westtores entdecktes Haus ein Wachstubengebäude war. Ein sorgfältig aufgeführter Bau: 13,80 Meter lang, die Mauern in Lehmpackung, die Innenwände mit Gipsmörtel verputzt, der eingetiefte Fußboden mit einem 15 Zentimeter hohen Lehmestrich versehen. Das Ganze in zwei Räume unterteilt, von denen der größere (und sehr lange benutzte) mit einem steinernen Herd ausgestattet war.

Die Werla-Grabung brachte aber nicht nur zahlreiche, vielfach schwer entwirrbare Mauerzüge ans Tageslicht, sondern auch große Mengen an Kleinfunden. Schon 1937 waren in den Grabungsakten 25 000 Fundobjekte registriert: archäologisches Material verschiedenster Herkunft, verschiedenster Zweckbestimmung, verschiedenster Kulturen. Optisch meist unansehnlich, für die Chronologie und Geschichte des Hügels in der Okerschleife aber überaus bedeutsam.

Zwingburg unter Karl dem Großen

Das Fundmaterial bewies, daß die Werla bereits in prähistorischer Zeit bewohnt war, ja, «daß hier schon lange vor der Anlage der Pfalz ein alter Handelsweg bestand, den die Burganlage dann einfing und nach dem sie sich ausrichtete». Die ältere Steinzeit brachte sich durch einige Scherben und eine Hirschhornhacke in Erinnerung. Stumme Zeugen der jüngeren Steinzeit waren einige Hockerskelette: «die ersten Steinzeithocker» überhaupt, «die in Niedersachsen geborgen wurden». In die beginnende Eisenzeit gehörte ein Haus, dessen Spuren die Erde am Eselssteig freigab. Pfostenlöcher von «Bohlenständerhäusern» und keramische Ware beglaubigten eine frühkaiserzeitliche Siedlung, die den germanischen Cheruskern zugeordnet wurde.

Die folgenden Jahrhunderte sind bisher nur schwach vertreten, so daß darüber keine verbindlichen Aussagen zu machen sind. Sicher aber wurde die Werla schon in frühsächsischer Zeit wieder «als Siedlungs-, Wehr- und Kultstätte» benutzt. Freilich nur bis zur Frankisierung des

Landes – Karl der Große ließ die Geländebastion offenbar noch während der Sachsenkriege zu einer fränkischen Zwingburg ausbauen.

«Auf seinem Eroberungszug im Jahre 775 wird Karl vermutlich vom Nordrande des Harzes bei Werla an die Oker gekommen sein. Er erkannte, daß der ... Werla-Hügel eine natürliche Festung bildete, die durch Menschenwerk noch bedeutend verstärkt werden konnte. So ließ er auf dem Hügel, der eine so gute Kontrolle wichtiger Wege ermöglichte, ein Kastell anlegen. Dann zog er mit seinem Heere flußabwärts auf dem linken Ufer bis ... Ohrum, wo sich eine Furt durch die Oker befand.»

«Fünf Jahre später nahm der Kaiser denselben Weg. Damals haben sich der Überlieferung nach mehrere tausend Sachsen bei Ohrum taufen lassen. In den Fluten der Oker fand die Taufe statt, und die Täuflinge erhielten zum Zeichen ihres neuen Glaubens kleine schmucklose Bleikreuze um den Hals gehängt. Sobald aber das Strafgericht des Frankenkönigs nicht mehr zu fürchten war, warfen die Sachsen die ihnen aufgezwungenen Bleikreuze in die Oker.»

«Im Geröll des Okerflußbettes hat man hin und wieder diese kleinen Bleikreuze wiedergefunden – Zeichen, daß sich die Sachsen dem fremden Joch nicht beugen wollten.» (Borchers)

Nach dem Zusammenbruch des Karolingerreiches übernahm das altsächsische Herzogshaus der Liudolfinger den fränkischen Königshof Werla und richtete ihn, wie auch die Pfalz Grone bei Göttingen, für die Zwecke der Hofhaltung her. Zentrum der sächsisch-liudolfingischen Macht aber wurde die Werla erst unter Heinrich I., der den Okerhügel zu einer königlichen Modellpfalz ausbaute. Dazu gehörten, den damaligen Gepflogenheiten entsprechend, drei selbständige Teile: die Burg mit dem *palas*, die *curtis*, das heißt: der Wirtschaftshof, und die *villa*, das Dorf der Bauern.

Denn die Pfalz hatte nicht nur repräsentative, verwaltungstechnische und fortifikatorische Aufgaben, sie erfüllte auch wichtige wirtschaftliche Funktionen. Sie mußte, für die Dauer des jeweiligen Aufenthaltes, die königliche Familie und den gesamten Hofstaat ernähren.

Der wandernde Hofstaat   Werla war neben Quedlinburg Heinrichs I. Lieblingspfalz und sicherlich das bedeutendste liudolfingische Tafelgut im nördlichen Harzvorland, auf dem sich alljährlich im Frühjahr die Großen Sachsens zu gemeinsamer Beratung und ausgiebigen Gastereien versammelten. Eine feste Residenz aber war die Werla nicht. Auch Heinrich und seine Nachfolger übten, wie vor ihnen die Merowinger und Karolinger, ihr «hohes Gewerbe im Umherziehen» aus.

Mit anderen Worten: die Übernahme der deutschen Königswürde

durch die sächsischen Liudolfinger hat die Form der Herrschaftsübung nicht verändert. Der Monarch blieb ambulant, seinem Amt haftete bis ins hohe Mittelalter etwas Nomadisches, fast möchte man sagen: Zigeunerisches an. Wenn ein deutscher König sich zwei oder gar drei Monate am selben Platz aufhielt, erregte das großes Staunen, und die Chronisten verzeichneten die ungewöhnliche Dauer des Besuches mit dem gleichen Interesse, das sie auf die Registrierung von Kriegen und Aufständen, Mißernten und Unwettern verwendeten.

So zogen die Herrscher also weiterhin durchs Land, um Recht zu sprechen, Gesetze zu erlassen, Feldzüge vorzubereiten und der allgemeinen Vorstellung von der Macht und Herrlichkeit der Krone durch Milde, Großmut und fleißige Schenkungen zu entsprechen. Die Stationen ihrer königlichen Wanderschaft waren die königlichen Hausgüter, deren Erträge ausreichten, einen hungrigen Hofstaat mit seinem riesigen Troß an Kämmerern, Klerikern und Bedienten unterzubringen und zu ernähren. Erst von Heinrich II. an pflegten die deutschen Könige auch die Bischofssitze und großen Reichsabteien häufiger mit ihrer Anwesenheit zu beehren – sehr zum Leidwesen der Betroffenen, die das *servitium regis* manchmal für Jahre ruinierte.

Viele Pfalzen wuchsen später zu großen Städten heran, wie Aachen, Frankfurt, Dortmund, Regensburg oder Magdeburg. Andere, wie Ingelheim, Tribur oder Pöhlde, wurden zu mehr oder minder unbedeutenden Flecken auf der Landkarte, wieder andere, wie Werla, Grone oder Tilleda, sind nur noch als Grabungsstätten bekannt. Pfalzen wie Reot, Trele oder Stegan schließlich sind nicht nur von der Karte, sondern auch aus unserem Bewußtsein getilgt – wir wissen nicht einmal mehr, wo sie gelegen haben.

Trotzdem ist es durch sorgfältiges Urkundenstudium gelungen, die Reiserouten der deutschen Könige, die – nach einem Wort von Heimpel – «ihre Krone im Koffer mit sich herumführten», gewissermaßen zu restaurieren.

Dabei ergab sich, daß es diesen Fahrten keineswegs (wie noch in der berühmten «Deutschen Verfassungsgeschichte» von Gustav Waitz zu lesen ist) «an festen Ordnungen gebrach». Die Herrscher folgten immer wieder bestimmten Straßen und kehrten an bestimmten Tagen in bestimmten Pfalzen ein. So zeichnen sich in ihren «Itinerarien» doch gewisse Schwerpunkte ab – die sogenannten «Königslandschaften», in denen die Könige am stärksten begütert waren.

Für die Liudolfinger war das Sachsen, und innerhalb Sachsens – des «paradiesischen Blumengartens», der «in Sicherheit und Reichtum» lebte – das Harzvorland, wo sich das reiche Eigengut der Familie konzentrierte. Als Otto der Große 939 die Herzöge von Franken abgesetzt und ihre Güter konfisziert hatte, standen den sächsischen Herrschern auch die konradinischen und exkarolingischen Pfalzen an Rhein und Main zur Verfügung. Ebenso dienten nach der Rückkehr Lothringens ins Reich die früheren karolingischen Tafelgüter Lothringens als Karawansereien des wandernden Hofstaates.

In Schwaben und Bayern waren die Liudolfinger nicht begütert. So zeigt schon ein erster Blick auf die Reisekarte der sächsischen Herrscher, daß sie den deutschen Süden und Südwesten (ebenso wie Friesland, Flandern und Oberlothringen) fast gänzlich aussparten. Genauso deutlich zeichnen sich in der graphischen Wiedergabe drei Schwerpunkte ab: das Gebiet um den Harz, der Nordteil der Oberrheinischen Tiefebene mit den Hauptpfalzen Frankfurt und Ingelheim und die zum Herzogtum Lothringen gehörende Niederrheinebene mit der Pfalz des Großen Karl in Aachen.

Die jährliche Reise begann normalerweise in Magdeburg, dem östlichsten Königsort überhaupt, um dessen Entwicklung sich vor allem Otto der Große verdient machte. Der Brauch wollte es offenbar, daß die Liudolfinger, nachdem sie die Fastenzeit auf der Werla verbracht hatten, in Magdeburg den Palmsonntag feierten. Das Osterfest pflegten sie in Quedlinburg zu verbringen, einem Platz, der nach dem Urteil eines zeitgenössischen Geschichtsschreibers «als königlicher Sitz im Reich der Sachsen ... hohen Ruhm genoß». Von Quedlinburg zogen sie meist über Goslar, Gandersheim, Imbshausen und Hohnstedt nach Grone bei Göttingen, wo sie die westwärts führende Straße Corvey–Paderborn erreichten. Oder sie bewegten sich am Ost- und Südrand über Allstedt und Wallhausen (oder Tilleda) auf Pöhlde zu, um bei Imbshausen den Anschluß an die Westroute zu finden.

Dieser Weg in den Westen folgte, nachdem er Corvey passiert hatte, der als Hellweg bekannten Weser-Rhein-Trasse, die schon die Händler der Vorzeit benutzten. Die wichtigste Zwischenstation war (neben Paderborn) Dortmund: ein gut ausgestatteter Königshof, der reich genug war, kurzfristig einzuspringen, als Aachen 973 wegen Mangel an Mitteln den Osterbesuch Ottos I. absagen mußte. Von Dortmund gelangte der mobile Hofstaat in wenigen Tagereisen nach Duisburg, von wo er seine Fahrt meist zu Schiff fortsetzte: stromab über Nimwegen nach Utrecht, stromauf über Neuß nach Köln und Mainz.

Von Nimwegen führte eine Königstraße über Elsloo und Maastricht nach Lüttich und von dort nach Aachen. Karls des Großen Lieblingspfalz, seit Otto I. Krönungsstadt der deutschen Könige, konnte aber auch von Köln (oder Andernach) in zwei bis drei Tagemärschen erreicht werden. Köln selbst zog vor allem unter Erzbischof Brun das wandernde Königshaus immer wieder in seine gastlichen Mauern. Wenn nicht

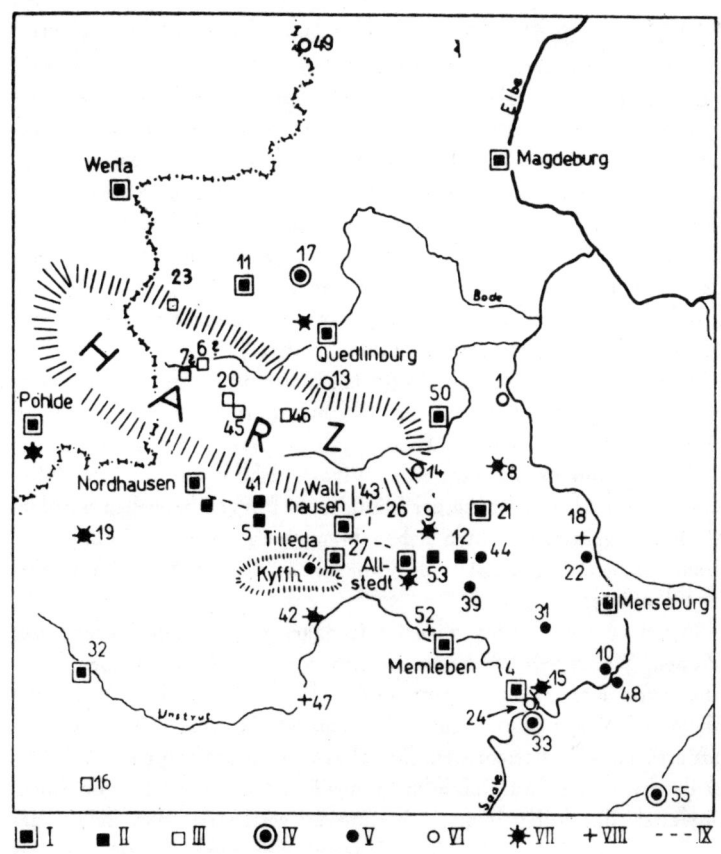

Abb. 8: *Die Königslandschaft am Harz*
I Pfalz; *II* Reichshof; *III* Jagdhof; *IV* Bischofssitz; *V* Reichsburg; *VI* Grafensitz;
VII ältere Volksburg; *VIII* sonstiger Ort; *IX* Wege
1 Alsleben; 4 Balgstädt; 5 Berga; 6—7 Bodfeld; 8 Bösenburg; 9 Bornstedt; 10 Burgwerben; 11 Derenburg; 12 Farnstädt; 13 Gernrode; 14 Gorenzen; 15 Großjena; 16 Haina; 17 Halberstadt; 18 Halle; 19 Hasenburg; 20 Hasselfelde; 21 Helfta; 22 Holleben; 23 Ilsenburg; 24 Kleinjena; 25 Kyffhausen; 26 und 27 Weg «Landwehr»; 31 Mühlhausen; 33 Naumburg; 39 Querfurt; 41 Rottleberode; 42 Sachsenburg; 43 Sachsgraben; 44 Schraplau; 45 Selkenfelde; 46 Siptenfelde; 47 Sömmerda; 48 Treben; 49 Walbeck (Kr. Haldensleben); 50 Walbeck (Kr. Hettstedt); 52 Wendelstein; 53 Wolferstedt; 55 Zeitz

nach Aachen, so ging die Reise von hier aus weiter zu den rhein-mainischen Pfalzen: Ingelheim und Mainz, Frankfurt und Worms.

«So das Gerippe der Verbindungslinien, wie es sich aus den ottonischen Itinerarien erschließen läßt. Hinzu kamen im Rheinland und in Westfalen Plätze, die mehr gelegentlich besucht wurden oder als königliche Tafelgüter zum Unterhalt des Herrschers beitrugen: links des

Rheines etwa die Höfe Remagen und Sinzig: zwischen Rhein, Yssel und Weser Deventer, Lingen, Wiedenbrück und Wildeshausen. In ihrer Gesamtheit ergeben die uns bekannten Aufenthalte der Ottonen und die dabei berührten Orte ein starkes Vorwiegen des Sachsenlandes, auf das die gute Hälfte aller bekannten Aufenthalte entfällt (286 von 560). An zweiter Stelle folgt Franken mit 128 feststellbaren Aufenthalten, an dritter Lothringen mit 96. Hinter ihnen stehen Schwaben mit 38 und vollends Bayern mit nur 16 völlig zurück. Die ‹maxima vis regni› (der Schwerpunkt der Königsmacht) lag also in ottonischer Zeit am Mittel- und Niederrhein einerseits, dem Harz andererseits und hatte im Hellweg ihre wichtigste Verbindung.» (Petri)

Über dieses «Gerippe» hinaus ist den Urkunden noch mancher wertvolle Hinweis zu entnehmen. So geht aus ihnen etwa hervor, daß es auch Pfalzen ohne Wirtschaftshöfe gab, wie etwa Kaiserswerth bei Düsseldorf, umgekehrt zahlreiche Wirtschaftshöfe, die nur als Zulieferer für die Alimentierung der königlichen Pfalzen betrieben wurden. Als Festtagspfalzen dienten neben Magdeburg und Quedlinburg vor allem Aachen, Ingelheim und Frankfurt – die Großkarawansereien der Karolinger.

So gut wie gar nichts wissen wir dagegen über den Zustand der Straßen. Wahrscheinlich haben sie sich, von den Römerstraßen abgesehen, von Karrenwegen nicht unterschieden. Die großen Flüsse wie Rhein und Weser wurden mit Hilfe von Schiffen und roh zusammengefügten Fähren überschritten. Das alles verursachte natürlich mancherlei Beschwernisse und Gefahren, und wenn der Königszug von einem Unwetter überfallen wurde, konnte es geschehen, daß selbst der König in einem schnell aufgeschlagenen Zelt unter freiem Himmel kampieren mußte. Thietmar von Merseburg berichtet zum Beispiel, daß Kaiser Heinrich II. im Sommer 1017 in der Nähe der Elbe in ein schweres Gewitter geriet, «das weit und breit Menschen, Vieh, Häuser und Feldfrüchte vernichtete, die Wälder verwüstete und alle Wege unpassierbar machte». Woraus zu folgern ist, daß der Beruf des Herrschens außer vielen anderen Eigenschaften damals auch eine eiserne Gesundheit erforderte.

Das gilt nicht minder für die Königin, die ihren Gemahl auf seiner gouvernementalen Wanderschaft zu begleiten pflegte. Weilte er im Krieg (was häufig genug vorkam), vertrat sie ihn auch wohl und zog an seiner Statt durch die Lande. Auch wenn sie gelegentlich politische Sonderaufgaben übernahm, blieb ihr die Landstraße nicht erspart. Ja noch als Königswitwe war sie häufig unterwegs, um auf ihre Weise Glanz und Reichtum der Krone und den christlichen Lebenswandel der königlichen Familie öffentlich darzustellen.

Die mittelalterlichen Chroniken und Urkunden lassen keinen Zweifel daran, daß ein solcher Besuch mancherlei Mühen und Aufregung verursachte und normalerweise bis zur bedingungslosen Kapitulation von Küche und Keller dauerte. Andererseits wurden die Tage des königlichen Aufenthaltes im Kalender gewissermaßen rot angestrichen. Denn selbst kleine, weit abgelegene ländliche Pfalzen ersetzten ja in dieser Zeit die fehlende Hauptstadt.

Unter der Krone und hinter dem Schwert

Die Pfalzen waren also nicht nur Einkehrhäuser und «Stätten der Erholung», sie hatten auch wichtige öffentliche Aufgaben zu erfüllen. In die Pfalzen berief der König die Hof- und Reichstage: die Versammlungen der Großen des Landes. Hierher beorderte er die Herzöge und hohen Kirchenfürsten, wenn er ihren Rat oder ihre Zustimmung benötigte. Hier wurden Schenkungen beurkundet und Beschlüsse über Krieg und Frieden gefaßt. In den Pfalzen empfing der König fremde Fürsten und auswärtige Gesandtschaften. Selbst die Päpste mußten es gelegentlich auf sich nehmen, auf grundlosen Wald- und Landwegen durch Deutschland zu reisen, um den Herrscher in einer seiner Pfalzen zu treffen.

Natürlich zog die Anwesenheit des Hofes auch die Bevölkerung von weit her an. Besonders an den hohen kirchlichen Feiertagen, an denen der König hinter dem vorangetragenen Schwert «unter der Krone ging», strömten die Menschen in Scharen in die Pfalzen, um einen Blick in die Welt der Mächtigen zu tun und von den Brosamen zu kosten, die an solchen Tagen von der reich gedeckten Tafel des Monarchen abfielen.

Aber diese deutschen Königspfalzen waren nicht das Produkt eines Einheitsstaates. So weisen sie neben «vielem Gemeinsamen» mancherlei Unterschiede auf. Jede von ihnen vereinte «Allgemeines und Besonderes», keine gibt ein Beispiel für andere oder gar für alle ab. «Gültige Aussagen über die Struktur der Pfalzen» und ihre politischen, rechtlichen und wirtschaftlichen Funktionen «im Gesamtgefüge des Reiches» sind also bis heute nicht möglich und werden wahrscheinlich noch lange unmöglich sein. Denn bisher wurden nicht einmal die notwendigen Vorarbeiten für eine solche Strukturanalyse geleistet. Die wenigen Pfalzgeschichten, die einstweilen vorliegen, reichen als Arbeitsmaterial bei weitem nicht aus.

Ausreichendes Arbeitsmaterial wird erst dann vorliegen, wenn sämtliche Quellen erschlossen sind, wenn außer der schriftlichen also auch «die gegenständliche Überlieferung» für die Pfalzenkunde nutzbar gemacht ist. Allein die archäologische Erforschung wird aber noch Jahrzehnte in Anspruch nehmen. Daher haben die interessierten Wissenschaftler (die heute in dem Göttinger «Max-Planck-Institut für

Geschichte» so etwas wie ihre wissenschaftliche Dachorganisation gefunden haben) der Werla-Grabung von Anfang an eine ungewöhnliche Bedeutung beigemessen.

Die Ergebnisse dieser Grabung – der ersten größeren Grabung, die sich mit einer nachkarolingischen Pfalz beschäftigte – bilden noch immer die Grundlage der Pfalzenforschung in Deutschland. Sie stehen aber längst nicht mehr allein. Außer der langjährigen Werla-Kampagne haben auch andere Untersuchungen wesentlich zur Ausleuchtung des Panoramas beigetragen. Die wichtigsten waren (und sind) die der

Pfalz Grone bei Göttingen, deren Reste nach einer Probeschürfung im Jahre 1935 seit 1957 methodisch mit dem Spaten erschlossen werden; der

Pfalz Pöhlde im Kreis Osterode, wo insbesondere die «König Heinrichs Vogelherd» genannte Wallanlage unter die archäologische Lupe genommen wurde, und der

Pfalz Tilleda am Kyffhäuser, um die sich die mitteldeutschen Ausgräber seit drei Jahrzehnten mit großem Erfolg bemühen.

Und das Ergebnis? Auch diese Pfalzen unterschieden sich grundsätzlich von ihren karolingischen Vorgängern. Die Bautechnik zeigt fränkische Einflüsse, die Baugesinnung aber war sächsisch; es gab bestimmte Gewohnheiten, aber keine verbindlichen Vorschriften.

Häuser ohne Herd – Paläste ohne Wohnkomfort

Am ehesten läßt sich ein gewisser Kanon noch in der Lage und Befestigungsart der ottonischen Pfalzen feststellen. Man bevorzugte, wie auf der Werla, jene natürlichen Bastionen im Gelände, die schon in urgeschichtlichen Zeiten häufig als Festung dienten.

Der Gronehügel bei Göttingen hob sich zwar nur etwa 25 Meter aus dem Leinetal, doch fiel er, wie noch heute trotz mannigfacher Änderungen zu erkennen ist, zum Gronebach derart unvermittelt ab, daß zwei halbkreisförmige Mauern als Schutz vollauf genügten. Ähnlich war die Situation in Tilleda, dessen Hauptburg ebenfalls die äußerste Plattform eines Geländevorsprungs einnahm, ähnlich in Allstedt, Walbeck und Zeitz, mitteldeutschen Pfalzen mit «eindeutiger Spornlage», ähnlich in Haina, Nordhausen und Halberstadt, in Merseburg und Quedlinburg, wo die Pfalzen entweder am Rande einer Hochfläche oder auf isoliertem Bergrücken lagen.

Anders dagegen in Pöhlde. «König Heinrichs Vogelherd» stellte sich den Ausgräbern als Kombinat von zwei ringwallgeschützten Fluchtburgen dar, das unabhängig von der Pfalz auf einem nahen

Höhenzug einen leicht zu verteidigenden Platz gefunden hatte. Die Pfalz selbst lag wahrscheinlich im Kern der heutigen Ortschaft Pöhlde, in der Nähe der Kirche – eine Annahme, die freilich noch durch eine Grabung überprüft werden muß. Auch solche Niederungsburgen waren keineswegs selten. Grimm nennt u. a. Balgstädt, Derenburg, Mühlhausen und Wallhausen.

Grone und Tilleda bestanden wie die Werla aus Hauptburg und Vorburg, und genau wie dort hatte man der natürlichen Gunst der Lage dadurch ein wenig nachgeholfen, daß man das Kernwerk gegenüber dem Vorwerk um einige Meter erhöhte. Ebenso hatte sich die Phantasie des Baumeisters auch hier am stärksten an den Toren erprobt in Grone wie in Pöhlde und Tilleda waren in die Umwallung Zangentore eingelassen, deren Seitenwände nach außen hin «füllhornartig ausschwangen». In Tilleda zum Beispiel rückten die beiden dreißig Meter langen «Torwangen» von 2,40 Meter auf 4,75 Meter auseinander. Torhäuser als krönender Abschluß eines solchen Durchlasses wurden allerdings nur in Werla festgestellt.

Wie in der Heinrichs-Pfalz an der Oker stießen die Ausgräber auch in Grone, Pöhlde und Tilleda auf das Nebeneinander von Holz-Erde-Bauten und Steinmauern. Das etwa 100 mal 100 Meter große Kernwerk von Grone sicherte eine halbkreisförmige Mauer, das Vorwerk ein Holz-Erde-Wall, der aber später durch eine Mauer ersetzt wurde. Den älteren Ringwall der Unterburg von «Heinrichs Vogelherd» in Pöhlde löste während der Befestigungsarbeiten an der Oberburg ebenfalls eine Gipsmörtelmauer ab. Die Hauptburg von Tilleda wurde an den steil abfallenden Seiten von Steinmauern, an der Zugangsseite von drei hintereinanderliegenden Erdwällen begrenzt. Die Vorburg schloß wiederum eine Steinmörtelmauer ab.

Die Befunde bezeugen, daß die Kunst des Steinmörtelbaues zwischen Weser und Elbe erst im 9./10. Jahrhundert heimisch wurde. Doch wurden Steinmauern noch lange als ein ungewöhnlicher und fremdartiger Anblick empfunden. So hebt der arabische Reisende Ibrahim Ibn Jacub, der 965 von Magdeburg elbaufwärts fuhr, ausdrücklich hervor, daß die Burg Nienburg (nördlich Bernburg), «aus Steinen und Mörtel» gebaut worden sei. Auch Thietmars Merseburger Chronik bestätigt, daß Steinbauten damals noch als Sensation betrachtet wurden. Noch 1014 zeichnete der Bischof die Burg Allerstedt im Unstruttal gewissermaßen mit drei Sternen aus, weil sie «ein festes Steinhaus» enthielt – ein sicheres Quartier für hohe Gefangene.

Die Steinmauern waren in Grone bis zu 1,70 Meter, in Tilleda bis zu 2,50 Meter dick. Die Mauertechnik war allerdings noch recht primitiv. Behauener Stein wurde nur an den Außenseiten verwendet. Der

Mauerkern bestand vielfach nur aus einem Steingemenge, das mit Hilfe von Lehm oder Ton gebunden wurde. Bei der Mörtelherstellung wurde (wie bei den Pyramidenbauten des Alten Reiches von Ägypten) Gips bevorzugt, der in Werla wie in Tilleda in flachen Gruben dicht hinter der Mauer zubereitet wurde.

Holz-Erde-Wälle behaupteten sich neben den Steinmauern aber noch lange Zeit, zum Teil bis ins 14./15. Jahrhundert – nicht zuletzt dank ihrer Unempfindlichkeit gegenüber Belagerungsmaschinen, die durch eine raffinierte Konstruktion erreicht wurde. Die gebräuchlichen Holz-Erde-Wälle waren normalerweise «durch Holzpfosten tief im ansteigenden Boden verankert. Außerdem waren waagerecht durchgeschossene Balken mit der hölzernen Vorder- und Hinterfront so verbunden, daß eine feste, nahezu starre Verankerung entstand. Diese bildete einen sicheren Widerstand gegen die gerade in dieser Zeit verbesserten Rammböcke... Bei kräftigen Rammstößen zitterte die Holzkonstruktion zwar etwas, hielt aber stand, während eine Steinmauer bei gleichen Angriffen allmählich abbröckelte.» (Grimm)

Auch die Innenbebauung kennzeichnet das Nebeneinander von Stein und herkömmlicher Holzbauweise. Als Faustregel gilt, daß man schon unter Heinrich I. damit begann, wenigstens Kirche und Palast in Stein aufzuführen. Fundamente derartiger Bauten hat man außer in Werla auch in Tilleda freigelegt. Überhaupt hatte die Pfalz am Kyffhäuser manche Ähnlichkeit mit der an der Oker. Hier wie dort enthielt die Hauptburg (nach Grimm):

> einen ursprünglich einräumigen Wohnteil des Königs, der später durch Anbauten und ein vorgesetztes Treppenhaus vergrößert wurde;

> eine auffallend geräumige Kirche; eine einräumige Halle mit Gipsestrich, in Werla 7,6 mal 17,1 Meter, in Tilleda 8,9 mal annähernd 20 Meter groß;

> und ein Haus mit Heißluftheizung, das in Werla ein Rechteck von 9 mal 12 Metern, in Tilleda ein Rechteck von 7,6 mal 11,3 Metern bedeckte.

In beiden Fällen blieb in der Mitte ein großer Platz frei, wie auf einem Gutshof.

Der Boden des Tilleda-Kernwerks zeigte auch zahlreiche Spuren von Holzbauten, über deren Größe und Zweckbestimmung aber noch keine Klarheit besteht. Reste einer verhältnismäßig dichten Besiedlung förderten die Tilleda-Grabungen in der Vorburg zutage. Paul Grimm entdeckte bis 1964 die Spuren von etwa dreißig (eingetieften) Holzbau-

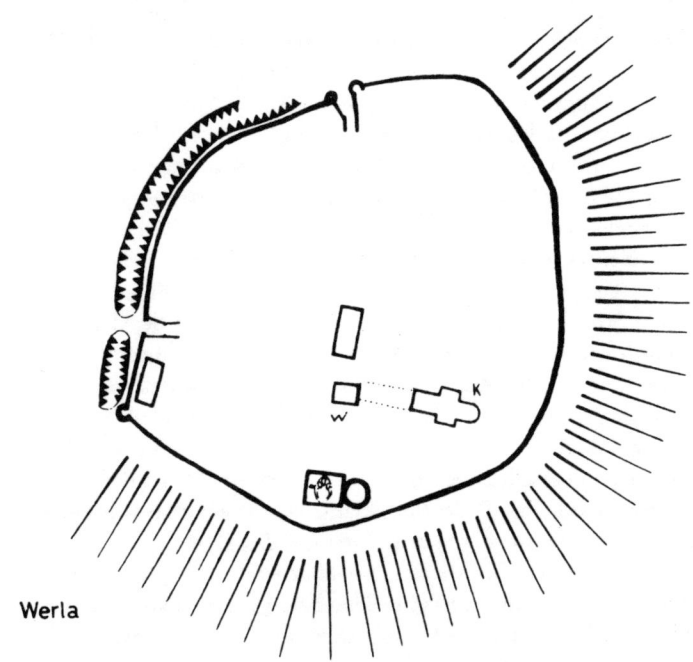

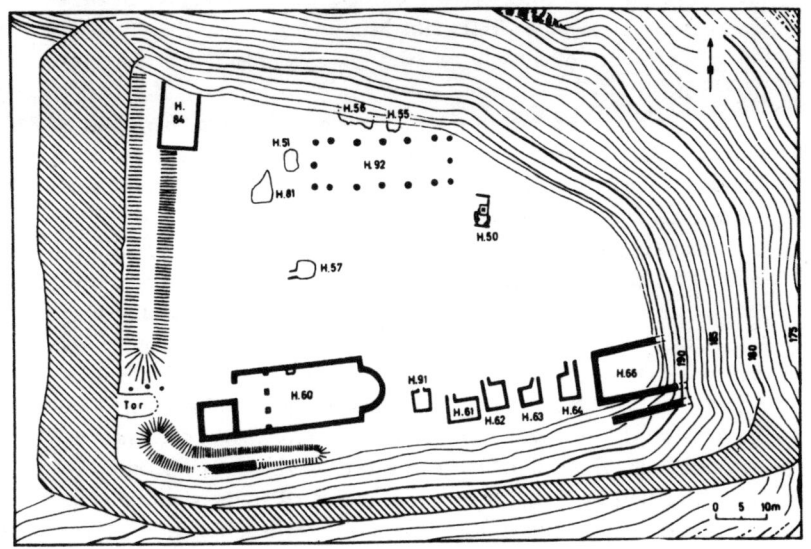

Abb. 9: Die Innenbebauung der Pfalzen Werla und Tilleda

ten, die sämtlich dicht hinter der Vorburgmauer standen. Einige dieser Bauten identifizierte er als Wachhäuser, andere als Wohnhütten. In einer der Wohnhütten fand er ein backofenähnliches Steingebilde: den ältesten deutschen Kachelofen, wenn man so will, in den übrigen primitive Feuerstellen in Gestalt muldenförmiger Lehmwannen oder eingetiefter rechteckiger Gruben, simple Herde, die sich von urgeschichtlichen Feuerstellen kaum unterscheiden.

Sechs kleinere Häuser ohne Feuerstellen, unmittelbar neben den Wohnhütten gelegen, deutet Grimm als eingetiefte Speicherbauten. Außerdem gelang ihm der Nachweis, daß in der Vorburg der Tilleda-Pfalz, ähnlich wie auf der Werla, auch Eisen verhüttet wurde. Einiges Rätselraten verursachten zwei 16 Meter breite Häuser, von denen eines 15,60, das andere sogar fast 29 Meter lang war. Erst als auf dem Grunde dieser Bauten «jeweils mehrere längliche, abgerundete rechteckige Gruben mit zahlreichen rundlichen Webgewichten zum Vorschein kamen, wurde ihre Bedeutung klar». Das heißt: man war einer jener Tuchmachereien auf die Spur gekommen, die schon in den Gesetzessammlungen des Karolingerreiches erwähnt werden. Aus den literarischen Quellen läßt sich auch schließen, daß sie fest zum Inventar eines Königshofes gehörten. Archäologisch wurden sie jedoch erst durch die Tilleda-Grabung nachgewiesen.

Alle diese Vorburgbauten waren in den Boden, zum Teil sogar in den felsigen Untergrund eingetieft worden. Über ihre Bauart ist einstweilen wenig zu sagen. Höchstwahrscheinlich bestanden sie größtenteils aus Lehm, wobei offenbleibt, wieweit ihre Wände durch Holz versteift wurden.

Trotz solchen und manchen anderen wertvollen Detailergebnissen steckt die Pfalzenforschung aber noch immer in den Anfängen. Noch immer wartet die Forschung auf den kompletten Bebauungsplan einer ottonischen Pfalz. Noch immer wissen wir von der dazugehörigen dörflichen Siedlung so gut wie gar nichts. Fanden regelmäßige Märkte in den Pfalzen statt? Welche Funktionen übten die Siedlungen im engeren Bereich eines Königshofes aus? Wie kam es überhaupt zur Anlage einer Pfalz? Wer verwaltete sie? Wer bestellte die ausgedehnten Felder? Wie steht es mit den mehrfach genannten Tiergärten der Pfalzen? Alle diese Fragen bedürfen noch der detaillierten Beantwortung – und die Archäologie wird genau wie die Urkundenforschung, die Siedlungsgeographie und die Architekturgeschichte dazu beitragen müssen.

Ein Ergebnis liegt aber bereits fest: daß das Panorama einer königlichen Pfalz der liudolfingischen Zeit nicht gerade königlich war. Verglichen mit den Kaiser- und Statthalterpalästen der römischen Zeit oder den Pfalzbauten der Karolinger mutet es wie eine Improvisation mit unzulänglichen Mitteln an. Die Fortifikationstechnik wird man gebührend respektieren. Der Wohnkomfort in einer ottonischen Pfalz aber war geringer als in der Villa eines lateinischen Bauern des 2. oder 3. Jahrhunderts. Zwar kannte man, wie schriftlich und bildlich überliefert, Bilder oder Teppiche an den Wänden sowie Federkissen auf hartem, eichenem Gestühl, die Fensteröffnungen aber waren nicht verglast. Normalerweise mußten sich sogar die Repräsentationsräume mit der mehr als kärglichen Beleuchtung durch blakende Fackeln oder offenes Feuer begnügen.

Auch die Kunst des Steinmörtelbaues wies noch mancherlei Mängel auf. Selbst der königliche Palast wurde wahrscheinlich nur im Untergeschoß in Stein aufgeführt. Beim Bau des Obergeschosses bediente man sich dagegen der herkömmlichen Holzfachwerktechnik. Daß Obergeschoß und Dachstuhl gelegentlich zusammenbrachen, geht aus den Chroniken dieser Zeit zur Genüge hervor.

Die unzulänglich gehandhabte Bautechnik mag dazu beigetragen haben, daß kein Profanbau der ottonischen Epoche sich bis heute erhalten hat –, wenn auch ihre endgültige Zerstörung durchweg kriegerischen Aktionen vorbehalten blieb. Die meisten ottonischen Pfalzen haben das 13. oder 14. Jahrhundert nicht überstanden. Die Grone, die schon während der Kämpfe zwischen Heinrich dem Löwen und Barbarossa schwer beschädigt wurde, zerstörten 1294 die Bürger von Göttingen. Pöhlde ging während des Bauernkrieges in Flammen auf. Vom Ende Tilledas ist nichts bekannt. Die Christophoruskapelle, wahrscheinlich die Pfalzkapelle, war jedoch um 1506 bereits so verfallen, daß sie als «desolat» bezeichnet wird.

Und die Werla? Die Pfalz Heinrichs I. sank nach dem letzten glanzvollen Ereignis ihrer Geschichte, dem Besuch Barbarossas im Jahre 1180, auf einen provinziellen Status herab. Schon hundert Jahre vorher war ihr Wirtschaftshof in den Besitz des Bischofs von Hildesheim übergegangen, der sie durch die Grafen von Birgdorf verwalten ließ. Allem Anschein nach haben diese – wann, wissen wir nicht – dann auf der königlichen Pfalz Quartier gemacht.

Ein Gedenkstein und drei Linden

Die Ausgräber konnten jedenfalls nachweisen, daß noch im 13./14. Jahrhundert auf der alten Pfalz umfangreiche bauliche Veränderungen vorgenommen wurden. Die Befunde deuteten darauf hin, daß in dieser Zeit zumindest die Hauptburg noch einmal hergerichtet und überholt wurde. Die Mauern, die bereits im 12. Jahrhundert verbreitert worden waren, wurden verstärkt und an der Okertalseite mit zwei rechteckigen Türmen bewehrt. Im Nordteil entstand ein neuer *Pallas,* der die Grundmauern des ottonischen Wirtschaftsgebäudes zum Teil überdeckte. Im Südteil wurden zwei kleine Wohngebäude, ein Keller mit einer Steintreppe und eine Zisterne zum Auffangen des Regenwassers errichtet, diese im unmittelbaren Zusammenhang mit der teilweise profanierten Pfalzkapelle.

Höchste Sorgfalt verwandten die damaligen Bauherren auf die Anlage eines unterirdischen Fluchtkomplexes. Die Ausgräber legten ein «weitverzweigtes System von... Gängen» frei, die in Stein gewölbt oder stollenartig in die Erde getrieben waren, regelrechte Maulwurfsgänge, 70 Zentimeter hoch und 40 Zentimeter breit. Die Durchschlüpfe begannen an zwei verschiedenen Stellen: einem in den Boden eingetieften Haus und einem Keller. Wo sie endeten, ist noch nicht geklärt – vermutlich aber an der Ausfallpforte eines Turmes, so daß die Verteidiger, in Bedrängnis geraten, kriechend durch die Gänge das Freie erreichen konnten.

Mit einiger Sicherheit ließ sich auch nachweisen, daß die Werla noch im 15. Jahrhundert bewohnt war, obwohl das Geschlecht der Grafen von Birgdorf damals bereits erloschen war. Erst im 16. Jahrhundert wurde sie aufgegeben. Die noch stehenden Gebäude und Mauern dienten bald als Steinbruch, und der Pflug eroberte das verlorene Pfalzgelände zurück. Nichts blieb – nicht einmal die Erinnerung. Als die geschichtsinteressierten Aufklärer des 18. Jahrhunderts beim Studium mittelalterlicher Chroniken auf den Namen Werla stießen, war der Standort der Pfalz längst vergessen. Erst 1752 wies der hannoversche Historiker Gropen auf die Naturfestung an der Oker hin.

Gut hundert Jahre später begannen die Altertumswissenschaftler sich für den Platz zu interessieren: mit recht unzulänglichen Mitteln, wie wir wissen. Derselbe Bauunternehmer, der die aus der Pfalzmauer herausgebrochenen Steine zwecks bequemerer Besichtigung an die Straße von Schladen nach Burgdorf transportieren ließ, setzte die drei Linden, die heute die kahle Pfalzhöhe krönen – aus der Ferne wie ein einzelner mächtiger Baum anzusehen.

Unter ihren vielfältigen ineinander verzweigten und verästelten Kronen steht ein Gedenkstein mit der lapidaren Inschrift: «Kaiserpfalz Werla». Außerhalb der Grabungskampagne führt der grasbewachsene, schmucklose Hügel ein wenig beachtetes, fast anonymes Dasein. Nur selten verschlägt es einen Besucher auf den abseits der Straße liegenden Geländevorsprung. Geschieht es dennoch, so entdeckt er wenig Sehenswertes. Hier eine halbverfallene Baubude, dort einige ausgegrabene und nicht wieder zugeworfene Mauerfundamente. Ringsum Kartoffel- und Rübenäcker. Im Tal die längst in ein reguliertes Bett gezwängte Oker und die Bahnlinie von Goslar nach Braunschweig. Dahinter ein paar kleine Fabrikbauten und landwirtschaftliche Betriebe, zur Rechten das Dorf Schladen. Ein prosaischeres Bild ist schwerlich denkbar.

Und doch gehört die Werla, wie wir sahen, zu den Stätten der deutschen Vergangenheit, wo sich Geschichte gewissermaßen summiert. Nicht von ungefähr zählte sie der «Sachsenspiegel», das bedeutendste Rechtsbuch des deutschen Mittelalters, zu den «fünf steden, die palenze heizen». «Die erste is Gruna; die andere Werlä, de is zu Goslere geleget; Walehusen is die dritte; Olzstede is de virde;. Merseburch die fünfte.» Sie alle lagen im Harzvorland, das unter den Ottonen das kräftig pulsierende Herz des Reiches war, Schwerpunkt der kaiserlichen Macht, bis weit in die salische Zeit hinein.

«Heute ist das geschichtliche Bild hier stumm.» Weder die Felder der Werla noch das Dorfzentrum von Pöhlde, noch die kleinen Siedlungshäuser, die sich auf der Pfalz Grone angesiedelt haben, verraten irgend etwas vom Glanz vergangener Tage. Was davon geblieben ist, liegt unsichtbar unter der Erde. Aber noch immer ist die Landschaft, um ein Wort von Konrad Weiß zu zitieren, «voll von der sinnhaft bestimmten Schwere des Alters». Für die Menschen jedenfalls, die sich ihr Herz und Ohr für die leise Sprache der Geschichte bewahrt haben.

Drittes Kapitel

DIE SCHICKSALSSCHLACHT AUF DEM LECHFELD

Die drei Ottonen und der Mythos vom Heiligen Römischen Reich

«*Erste gesamtdeutsche Leistung*» · *Ein Genie der Beharrlichkeit* · *Auf dem Thron des Großen Karl* · *Das Reich gehörte dem liudolfingischen Familienclan* · *Magdeburg 937: Pfalz, Kloster und Händlerbabylon* · *Erster Italienzug und neue Empörung* · *Der Sieg vor dem Sieg* · *Der Kaiserpakt – in Purpur und in Blut geschrieben* · *In der Gletscherwelt des Erfolges* · *Für und wider die ottonische Italienpolitik* · *Zwischen weltlichen und geistlichen Gewalten* · *Daniels Traum von den vier Kaiserreichen* · *Ein neuer Alexander fand seinen Aristoteles* · «*Unser, unser ist das Römische Reich*» · *Otto III.* – *Not und Größe eines Zeitalters* · *Der Gunzenlee: Aufmarschplatz der deutschen Italienheere*

«Erste gesamtdeutsche Leistung»   Es stimmt etwas traurig, wenn man Augsburg in südlicher Richtung verläßt und plötzlich entdeckt, daß man sich auf dem Lechfeld befindet. So schön dieses Augsburg, das schon in römischer Zeit «die glänzendste» Stadt Süddeutschlands war, noch immer ist, so unendlich reich es blieb, trotz der verheerenden Schäden, die ihm der Bombenkrieg bereitete, so armselig, so nichtssagend ist das Lechfeld, die Schotterebene im «bayerischen» Vorfeld der Stadt, das Plateau zwischen Lech und Wertach.

Hier die einstige Weltstadt des Mittelalters, würdevoll, urban und traditionsbewußt bis heute, ein Handels- und Wirtschaftsemporium, dessen Verbindungen schon vor fünfhundert Jahren rund um den Erdball reichten, dort eine karge, gesichtslose Ackerlandschaft. Hier die unvergleichliche, die königliche Maximilianstraße, groß und breit und lebendig wie ein Markt und noch immer ein Prunkstück mittelalterlicher Stadtbaukunst, dort eine monotone, schnurgerade flache Landstraße. Hier der romanische Dom und die hochgotische Ulrichs- und Afrakirche, das Rathaus des Elias Holl und die vielgerühmten augsburgischen Brunnenbauten, dort ein paar Straßendörfer, vorstädtische Häuserblocks, einige Gehöfte, ein paar Fabriken, mal ein Kalkofen, mal eine Tankstelle – und am Horizont ein dürftiger Wald.

Ein Land, das nicht zum Verweilen einlädt, das auch der geruhsame

Autofahrer schnell durchmißt, das zumindest von der Hauptstraße her kaum ein anderes Gefühl als das der Gleichgültigkeit weckt. Und doch eine Landschaft mit klangvollem Namen – die Ebene der Lechfeldschlacht, der Schauplatz jenes grandiosen Sieges über die Ungarn, den Theodor Heuss in seiner Rede zur tausendsten Wiederkehr des Laurentiustages des Jahres 955 als «erste gesamtdeutsche Leistung» gewürdigt hat.

Eine «weitverbreitete, vulgärmythische und vulgärhistorische Auffassung» rückt die Ungarnschlacht vor den Toren des ottonischen Augsburg in die unmittelbare Nähe des

Kampfes auf den Katalaunischen Gefilden im Sommer 451,
der Araberschlacht bei Tours und Poitiers im Jahre 732,
der Mongolenschlacht bei Liegnitz im April 1241 und
der Belagerung Wiens durch die Türken im Jahre 1683,

– in die Reihe jener großen, weltgeschichtlichen Entscheidungen also, in denen der Überlieferung nach das Schicksal Europas auf des Messers Schneide stand. Die moderne Geschichtswissenschaft hat diese Überlieferung mannigfach korrigiert. Auch das Abziehbild des Lechfeldsieges hat sich einige Richtigstellungen gefallen lassen müssen. Am historischen Rang der Ungarnschlacht bei Augsburg haben diese Erkenntnisse jedoch nichts geändert.

Auch der skeptischste Historiker bekennt, daß die Schlacht auf dem Lechfeld das bedeutsamste militärische Ereignis des 10. Jahrhunderts war und daß von dieser Begegnung Fernwirkungen ausgingen, die uns heute noch beschäftigen. Am Morgen des 10. August 955 gelobte König Otto I. die Stiftung des Bistums Merseburg: ein Akt, der in der Rückschau als der Beginn der deutschen Ostpolitik erscheint. Am Abend dieses Tages war er der mächtigste Mann Europas und damit unbestritten erster Anwärter auf die römische Kaiserkrone – der Lechfeldsieg über die Ungarn war also auch die Geburtsstunde der deutschen Italienpolitik.

Vom Tag der Lechfeldschlacht an haben die Deutschen König Otto I., den Sohn Heinrichs I. aus dem Geschlecht der Liudolfinger, «den Großen» genannt. Hier vor den Toren Augsburgs, in einem Kampf, den nicht nur soldatische Tüchtigkeit, sondern auch Glück entschied, wurde er zu jener Denkmalgestalt, als die er in die deutschen Geschichtsbücher eingegangen ist.

Otto I., Sohn Heinrichs I., hatte nur wenig Ähnlichkeit mit seinem Vater. Das Mehr an Genie, das die Natur ihm verliehen hatte, verbarg sich hinter einem plumpen Äußeren. Neben dem ersten Herrscher aus sächsischem Hause, dessen «männliche Schönheit» und «königliche

Ein Genie der Beharrlichkeit

Haltung» die Historiker immer wieder hervorheben, wirkte Otto vierschrötig und bäuerlich, schroff und manchmal etwas verschroben. Der Statur nach scheint er eher untersetzt als groß gewesen zu sein, auch wenn Widukind von Corvey seinen «Leib gerade recht» nennt. Der stampfende, hastige, berserkerhafte Gang dieses Weltveränderers hatte nichts von der feierlichen Gemessenheit, die das Volk von einem König erwartet. Sein stiernackiger Hals trug einen kraftvoll modellierten Schädel. Sein Gesicht war stets etwas rötlich, sein Bart, entgegen der Landessitte, «ziemlich lang». Die breite Brust bedeckte «eine Art Löwenmähne» – wahrscheinlich hat man ihn schon aus diesem Grund gern mit einem Löwen verglichen.

Ottos Charakterbild hat etwas von der barocken Bäuerlichkeit und Schwere seiner Erscheinung. Die vierzig Jahre seiner Herrschaft schliffen die Ecken und Kanten seines Wesens zwar ab und dämpften seine Eruptionsbereitschaft, doch war er noch im Alter vulkanischer Zornesausbrüche fähig, die seine Umgebung zittern und beben ließen. In seinem Blut war nichts von der «kühlen Kindlichkeit, dem gutmütigen Humor und der Spielfreude», die Ricarda Huch seinem Vater Heinrich testiert. Ottos Scherze waren grimmig, aggressiv und zynisch. Einzig auf der Jagd, der er sich bis in seine letzten Jahre mit Leidenschaft hingab, entwickelte er eine gewisse patriarchalische Bonhomie. War er gut gelaunt, pflegte er vor sich hin zu singen und dabei Töne hervorzubringen, die zumindest empfindliche Ohren nicht an Engelsmusik erinnerten.

In seiner robusten und rustikalen Gesundheit erschien er vielen als ein Inbild menschlicher Kraft und Vitalität. Er war ebenso zupackend wie ausdauernd und teilte mit Karl dem Großen, seinem bewunderten Vorbild, die Fähigkeit, unermüdlich tätig zu sein. Er brauchte wenig Schlaf – da er überdies im Schlafe sprach, verbreiteten die Chronisten schon zu seinen Lebzeiten, daß er immer wache, «den Freunden nichts verweigernd und treu über Menschenkraft».

Seiner ungeheuren Energie war ein unerschütterlicher Glaube an seine Aufgabe verschwistert, ein Sendungsbewußtsein, das ihm bei aller Bäuerlichkeit doch etwas Majestätisches gab. Dünkte er sich in seiner königlichen Würde nicht gebührend geehrt, konnte er brutal, rücksichtslos und unerbittlich sein, selbst gegen seine nächste Verwandtschaft. Überhaupt war er ein unbequemer Herr, der mit alttestamentarischer Strenge gern Strafen und Bußen verhängte, auch dann, wenn ihm die Vernunft gebot, großmütig zu sein. Noch im Alter verurteilte er den Erzbischof Adalbert von Magdeburg, der den Sachsenherzog Hermann Billung mit übermäßigen Ehren empfangen hatte, «ihm so viele Pferde zu senden, wie er dem Herzog habe Glocken läuten und Kronleuchter anzünden lassen« – und der Erzbischof bemühte sich tatsächlich, den «Zorn des Caesar» (wie es bei Thietmar heißt) zu besänftigen.

Bei aller Härte und Rauheit konnte Otto jedoch großmütig sein, zumindest der eigenen Familie gegenüber. Überhaupt bewies er zeit seines Lebens einen ungebrochenen Sippensinn. Die Männer seiner Verwandtschaft versorgte er mit einflußreichen Positionen, die Frauen mit Ehemännern und Kommandostellen in Klöstern und Stiften. Seinen Sohn Wilhelm, der aus einer frühen Verbindung mit einer schönen Beuteslawin hervorging, stattete er mit dem Erzbistum Mainz aus. Seinen jüngeren Bruder Heinrich, «Mutter Mathildens hübschen Lieblingssohn», der sich zweimal gegen ihn empörte, setzte er als Herzog von Bayern ein. Seinen Bruder Brun machte er nicht nur zum Erzbischof von Köln, sondern auch zum Herzog von Lothringen – eine Auszeichnung, die übrigens reiche Früchte trug. Denn Otto war ein guter Menschenkenner, der seine staatsmännische Begabung auch bei der Auswahl seiner Mitarbeiter bewies.

Ohne gelehrte Bildung aufgewachsen, ließ sich Otto erst mit fünfunddreißig Jahren in der schwierigen Kunst des Lesens unterweisen. Fremde Idiome gingen ihm schwer von der Zunge. Zwar konnte er sich Slawen und Romanen verständlich machen, doch sprach er fast ausschließlich deutsch oder besser: jenen niedersächsischen Dialekt, der schon in Süddeutschland nur zur Hälfte verstanden wurde. Seine Bildungsmängel wurden aber durch eine zufassende Intelligenz kompensiert, die auch seine besser geschulten Brüder und Söhne respektierten.

Neben seiner Klugheit loben die Chronisten vor allem seine Frömmigkeit, für die sie mancherlei Zeugnis anführen. Otto hörte täglich die Messe, glaubte an die Wunderkraft von Reliquien und die Fürsprache von Heiligen, hielt Traumgesichte für himmlische Weisungen, fastete vor Prozessionen und ließ sich vor der Schlacht – auch auf dem Lechfeld – auf die Knie nieder, um den Segen des Allmächtigen zu erflehen. Fraglos überwog die Staatsräson aber seine Religiosität. Die exzessive Gläubigkeit und karitative Leidenschaft, die seine Mutter Mathilde im Alter bewies, war ganz und gar nicht seine Sache, und den heiligen Laurentius, dem er vor der Ungarnschlacht die Errichtung des Bistums Merseburg versprach, ließ er «ohne Bedenken dreizehn Jahre warten», weil ihm seine Magdeburger Kirchenpläne vordringlicher und nützlicher erschienen.

Die »Gerechtsame seines Königtums» lagen ihm jedenfalls mehr am Herzen als die Gebote der Kirche: eine durchaus realistische Einstellung, denn Königtum und Priestertum waren ihm ohnehin identisch. Genau wie Karl der Große fühlte er sich als «Werkzeug Gottes» und beauftragt, die *civitas dei* auf Erden zu verwirklichen. Er hatte deshalb auch keine Bedenken, die ihm anvertraute Kirche mehr und mehr in eine königliche Amtsbehörde und damit in ein Exekutivorgan der weltlichen Macht zu verwandeln.

Wie gesagt: schon die Zeitgenossen haben Otto I. vom Tag der Lechfeldschlacht an den Großen genannt. Die Nachwelt hat ihm diesen Rang gelegentlich bestritten. Fraglos aber hat dieser Herrscher, der als Sohn eines unbekannten sächsischen Herzogs zur Welt kam und bei seinem Tod der Kaiser eines Reiches war, das von der Oder bis zur Rhône, von Jütland bis Süditalien reichte, eine immense Leistung vollbrachte, die sich sehr wohl mit der des Großen Karl vergleichen kann.

Das Geheimnis seiner Erfolge? Welche Eigenschaften befähigten ihn, die europäische Landkarte in weniger als vierzig Jahren derart gründlich zu verändern? Aus welchem Kraftreservoir speiste sich das ottonische Jahrhundert?

Johannes Haller lobt den «hohen Flug» der Gedanken, Ottos «zähe Willenskraft», die Gabe «zu gewinnen und auch die Gegner zu versöhnen», vor allem aber die «Fähigkeit, die Gelegenheit klug und mit raschem Entschluß zu benutzen». Gerd Tellenbach hebt Ottos Entschlossenheit, seine «stolze Sicherheit» und die Beharrlichkeit hervor, mit der er «trotz aller Rückschläge unverrückbar an den großen Zielen seiner Politik» festhielt – «nie erwies er sich königlicher als im Unglück». Auch Robert Holtzmann verweist auf «die Festigkeit, mit der er seine Pläne verfolgte», würdigte aber auch «die Sicherheit seines Urteils», «das frische, unbekümmerte Temperament, mit dem er seine Aufgaben angriff», und «die Unermüdlichkeit, mit der er die eigene Person eingesetzt hat».

Ricarda Huch nennt ihn einen Herrscher, «der zur rechten Zeit zu gebieten, zu strafen, zu verzeihen wußte». Rudolph Wahl spricht von Ottos «durchdringender Intelligenz» und der «Gabe der Intuition», die «als eine Erklärung für sein wunderbares Glück herhalten mag». Veit Valentin schließlich bewundert «das Blitzende, Rastlose und Jugendliche» in Ottos Wesensart, «die löwenhafte Gewalt des Zorns, die Würde und hartnäckige Haltung im Verhandeln» sowie den «unermüdlichen Schwung hohen leidenschaftlichen Wollens... Es gab unter den deutschen Herrschern größere Soldaten, klügere Rechner, vorsichtigere Verwaltungsleute, aber es gab kaum einen zweiten, der so unmittelbar von sich und seiner Sache zu überzeugen verstand.»

Auf dem Thron des Großen Karl

Der Regierungswechsel vollzog sich ohne Schwierigkeiten. Die Herzöge respektierten Heinrichs I. Entscheidung, der seinen Sohn Otto bereits Jahre vor seinem Tod zum Nachfolger bestimmt hatte. Sie hatten auch nichts dagegen einzuwenden, daß der junge König sie zu einem allgemeinen Wahltag nach Aachen rief, um sich dort vor aller Welt krönen und salben zu lassen.

Widukind von Corvey hat den Festakt von Aachen und dessen bewundernswerte Regie genau beschrieben. Im Atrium des Münsters bekräftigten die Landesfürsten öffentlich ihre Wahl, indem sie Otto auf einen Thronsessel geleiteten und ihm durch Handschlag Treue und Hilfe gegen alle Feinde gelobten. Es war, wie wir seit Percy Ernst Schramms «Herrschaftszeichen» wissen, der gleiche Vorgang, mit dem sich Lehnsleute in die «Munt» – das heißt: in den Schutz – ihres Herrn begaben.

Nach dieser weltlichen Inthronisierung empfing Otto in der Pfalzkapelle Karls des Großen die geistliche Weihe. Am Portal erwartete ihn Erzbischof Hildebert von Mainz, der Senior der drei deutschen Metropoliten, und geleitete ihn in die Mitte der karolingischen Rotunde. Dort sprach er den feierlichen Satz: «Seht, ich bringe euch den von Gott erwählten und von dem Gebieter Heinrich einst designierten, nun aber von allen Fürsten zum König gemachten Otto; wenn euch diese Wahl gefällt, so zeigt das an, indem ihr die Rechte zum Himmel erhebt.»

Nachdem die Großen des Reiches, wie gewünscht, ihre Zustimmung bekundet hatten, schritt der Erzbischof mit dem König zum Altar und übergab ihm die Reichsinsignien: Schwert, Armspangen, Mantel, Szepter, Stab und Krone. Hildebert sprach dazu fast die gleichen bedeutungsschweren Formeln, die bei der Weihe von Bischöfen und Äbten Tradition waren. Es folgte die kirchliche Salbung, durch die Otto als einziger Laie in die Gemeinschaft der *Christi Domini* aufgenommen wurde.

Gesalbt und gekrönt, bestieg er schließlich, von den drei Erzbischöfen geleitet, den Thron Karls des Großen auf der Empore des Aachener Münsters, «damit er von hier alle sehen und von allen gesehen werden konnte» – eine ebenso spektakuläre wie bedeutungsschwere Zeremonie, die keinen Zweifel daran ließ, daß der aus sächsischem Hause stammende König der Deutschen damit das Erbe des Karolingers übernahm.

Den Abschluß des Aachener Krönungsfestes bildete, nicht minder programmatisch, das Königsmahl im Festsaal der Pfalz, bei dem die vier Herzöge «die Ehrendienste versahen, die man später als Erzämter bezeichnet hat: Giselbert von Lothringen diente als Kämmerer, Eberhard von Franken als Truchseß, Hermann von Schwaben als Mundschenk, Arnulf von Bayern als Marschall». Eine festliche Handlung, doch alles andere als ein Staatsbankett. Schramm erinnert in diesem Zusammenhang an das rituelle «Erbbier» bei der Übergabe eines Bauernhofes: erst wenn der Hoferbe vom verwaisten Platz seines

Vaters aus Verwandten und Freunden zugetrunken hatte, galt er nach germanischen Vorstellungen als neues Familienoberhaupt.

Widukinds Bericht bestätigt den tiefen und nachhaltigen Eindruck, den das Aachener Schauspiel vom 7. August 936 hinterließ. Zum erstenmal hatte sich das Reich der Deutschen gewissermaßen selbst dargestellt und neben seiner stammesmäßigen Vielfalt den Willen zu innerer Einheit bekundet. Aber weder Eide noch beschwörende Formeln oder liturgische Handlungen schaffen divergierende Interessen aus der Welt. Auch in diesem Fall stellte sich sehr bald heraus, daß das prunkvollpompöse Krönungsfest als politische Wirklichkeit zelebriert hatte, was allenfalls Wunsch und Anspruch war. Fast zwei Jahrzehnte hatte König Otto zu tun, um das Konzept zu verwirklichen, das er in der Symbolsprache seiner Zeit so deutlich und unüberhörbar formuliert hatte.

Das Reich gehörte dem liudolfingischen Familienclan

Schon ein Jahr nach dem Aachener Weiheakt hatte sich eine Fronde gebildet, die bis in des Königs engste Umgebung reichte; denn sowohl Ottos Halbbruder Thankmar – des Vaters Frühehe mit der Merseburger «Nonne» Hatheburg entsprossen – als auch sein jüngerer Bruder Heinrich schlossen sich einem von Herzog Eberhard von Franken geführten Aufstand an. Die Rebellion bedrohte das eben erst installierte Regime um so mehr, als sie in Erzbischof Friedrich von Mainz einen wohlwollenden geistlichen Förderer fand. Zur gleichen Zeit machten auch die Söhne des eben gestorbenen Arnulf von Bayern gegen die zentralistischen Ambitionen des jungen Königs Front. Hier wie dort war Otto nicht ohne Schuld: er hatte den alten, ehrenwerten Frankenherzog wegen einer Fehde mit einem sächsischen Grafen zu einer schimpflichen Buße verurteilt und die Anerkennung von Arnulfs Sohn Eberhard von einem Verzicht auf die bayerische Kirchenhoheit abhängig gemacht – provokante und bedenkliche Manöver, deren Rechtlichkeit zumindest zweifelhaft war.

Das Glück – das vielzitierte Glück Ottos des Großen – war jedoch auf des Königs Seite. Seine Anhänger überwältigten Thankmar in der altsächsischen Eresburg und töteten ihn in der Lagerkirche, in die er schutzsuchend geflüchtet war. Bald darauf kapitulierte auch der Frankenherzog Eberhard – vorläufig wenigstens. Otto benutzte die Pause, die Söhne Arnulfs zu vertreiben und dessen Bruder Berchtold als Herzog von Bayern einzusetzen, nicht ohne sich zuvor das Recht der Bischofsernennung zu sichern und die alten karolingischen Hausgüter anzueignen. So konnte er Ende 938 den Glauben hegen, der Krone die gewünschte Anerkennung verschafft zu haben.

Sein ehrgeiziger Bruder Heinrich der «Purpurgeborene», der zur Welt kam, als sein Vater bereits König war – gab den Kampf jedoch nicht auf. Nachdem er vergebens versucht hatte, Sachsen aufzuwiegeln, stiftete er Giselbert von Lothringen an, gegen den «Reichsverderber» zu marschieren. Schneller, als die beiden Verschwörer erwartet hatten, stand Otto aber mit einer starken Heeresmacht am Rhein und schlug die Insurgenten bei Birten, im Gelände der einstigen römischen Legionsfestung Vetera bei Xanten.

Allerdings konnte er nicht verhindern, daß Giselbert und Heinrich entkamen und eine neue Koalition zustande brachten, in die sich auch Eberhard von Franken und Erzbischof Friedrich von Mainz erneut einreihten. Aber wieder entschied sich das Schicksal für Otto. Zwei seiner Unterführer, Udo von Schwaben und dessen Vetter Konrad Kurzbold (dessen verwegene Taten später in die deutsche Volkssage eingingen) stellten die Heeresmacht der Widersacher, die bei Andernach einen Brückenkopf gebildet hatte, griffen sie kurz entschlossen und gegen alle Kriegsregeln an und warfen sie über den Strom zurück.

Der alte Eberhard von Franken fand in diesem Gefecht den Tod, Giselbert von Lothringen ertrank auf der Flucht im Rhein – nach Widukind von Corvey auf «Gottes alles bedenkende Anordnung».

Als Gottesurteil haben auch Ottos Gegner den Sieg von Andernach gewertet. Sie gaben auf und empfahlen sich der königlichen Gnade. Tatsächlich bewies Otto die erwartete Langmut. Er verzieh seinem reuigen Bruder Heinrich und sperrte den intrigierenden Erzbischof von Mainz lediglich ein Jahr ein. Lothringen unterstellte er zunächst einem oberlothringischen Grafen und dann seinem Bruder Heinrich – freilich nur für kurze Zeit; denn als sich die eingesessene Bevölkerung gegen den landfremden Herzog empörte, ließ er ihn schnell wieder fallen.

Heinrich beantwortete seine Abberufung mit einer neuerlichen Verschwörung, in die er diesmal vor allem den ostsächsischen Adel verstrickte. Der Plan, den König während des Osterfestes in Merseburg zu erschlagen, wurde jedoch verraten. Otto reagierte ebenso hart wie widersprüchlich. Während er die Mitverschwörer bedenkenlos dem Henker übergab, begnügte er sich damit, den Urheber der Konspiration in Ingelheim zu internieren. Mit unerwartetem Erfolg: Heinrich entkam mit Hilfe eines Mainzer Geistlichen und warf sich dem König am Weihnachtsmorgen 941 in der Frankfurter Bartholomäuskirche im Büßerhemd zu Füßen, noch einmal um brüderliche Milde bittend – eine berühmt gewordene Szene, die, bereits von der Nonne Roswitha von Gandersheim nach Herzenslust ausgeschmückt, zahlreiche Dichterfedern mobilisiert hat. Denn Ottos Familiensinn, nach Meinung eines zeitgenössischen spanischen Kalifen eine überaus törichte Eigenschaft, bewährte sich auch diesmal. Gerührt schloß der König – so die Überlieferung – den reuigen Sünder in die Arme und verzieh ihm zum drittenmal.

Mehr noch: als einige Jahre später Herzog Berchthold von Bayern das Zeitliche segnete, gab er dessen schöne und kluge Witwe Judith seinem ihm nunmehr treu ergebenen Bruder zur Frau und setzte diesen 947 als Herzog von Bayern ein. Im selben Jahr verheiratete er seine Tochter Luidgard mit dem mittelrheinischen Grafen Konrad dem Roten, den er 944 zum Herzog von Lothringen ernannt hatte. Im Jahre 948 schließlich verehelichte er seinen sechzehnjährigen Sohn Liudolf mit der einzigen Tochter Hermanns von Schwaben, so daß auch dessen Land 950 – als Herzog Hermann starb – automatisch ottonischer Besitz wurde.

Damit hatte das sächsische Königshaus alle deutschen Herzogtümer in der Hand. Das Reich gehörte dem liudolfingischen Familienclan. Glück, Zähigkeit und eine konsequente Sippenstrategie hatten König Otto zum unumschränkten Gebieter Mitteleuropas gemacht – fürs erste wenigstens.

Magdeburg 937: Inzwischen war auch das neue Zentrum des ottonischen Staates ent-
Pfalz, Kloster und standen, das, ähnlich wie anderthalb Jahrhunderte vorher Aachen,
Händlerbabylon fast die Funktionen einer Hauptstadt erfüllte: Magdeburg.

Otto hat Magdeburg nicht gegründet. Die Niederlassung, deren frühdeutscher Name «Magadaburg» (nach Konrad Weiß) «wie ein Kosewort» in den Ohren klingt, bestand schon um 800, und zwar als der östlichste Außenposten rheinischer Kaufleute, deren Siedlung an einem vielbenutzten Elbübergang einem fränkischen Grafen unterstand. Magdeburgs Entwicklung setzte aber erst mit dem Tage ein, da Heinrich I. seinem siebzehnjährigen Sohn Otto die Grafenburg als Morgengabe für die englische Prinzessin Editha, Ottos erste Gemahlin, überschrieb – im Sommer 929.

Otto dürfte die sieben Jahre, die ihm bis zum Regierungsantritt noch verblieben, zum größten Teil in dem Grenzkastell an der Elbe verbracht haben. Später residierte er mindestens einmal im Jahr in Magdeburg, meist für längere Zeit, und fraglos hat die Häufigkeit seiner Besuche wesentlich zur wirtschaftlichen Wohlfahrt der Niederlassung beigetragen. Überhaupt galt sein erster wichtiger Verwaltungsakt dem Händlerbabylon an der Elbe, das vor allem als Sklavenumschlagplatz Bedeutung für ganz Mittel- und Westeuropa hatte: er verpflanzte die ständig von Überschwemmungen bedrohte und Überfällen schutzlos preisgegebene Kaufmannssiedlung auf eine Höhe nördlich der Pfalz – den heutigen Alten Markt.

Wichtiger aber war ihm – und seiner Gemahlin Editha, der das Wohl und Wehe der Grenzsiedlung offenbar sehr am Herzen lag – der Ausbau der Pfalz. Über die Profanbauten schweigen sich die Chroniken der geistlichen Autoren hartnäckig aus. Um so mehr berichten sie über das Kloster, das Otto auf dem königlichen Pfalzgrund ansiedelte: das Moritzstift und seine «kostbare Kirche». Die Weihe am 27. September 937 wurde mit großem Gepränge gefeiert und gibt geradezu ein Schulbeispiel dafür ab, wie sich eine Klostergründung damals vollzog: als Kirchenfest und Staatsakt zugleich.

Die Erzbischöfe Friedrich von Mainz und Adaldag von Hamburg-Bremen sowie acht Bischöfe waren aufgeboten, dem Ereignis Würde, Glanz und Publizität zu verleihen. Der erste Abt, Anno mit Namen, «ein Mann von vornehmer Geburt und guter Bildung», kam aus dem angeblich ältesten deutschen Kloster, St. Maximin in Trier, und war wahrscheinlich von Ottos Schwester Gerberga von Lothringen «vermittelt» worden. König Rudolf von Burgund (von dem Heinrich I. die «Heilige Lanze» des Konstantin empfangen hatte) steuerte die sterblichen Reste des heiligen Innocentius bei, eines Märtyrers der legendären Thebäerlegion – eine Ausstattung, die durch die Reliquien des heiligen Mauritius, des namengebenden Kommandeurs der Legion, später noch entscheidend verbessert wurde.

Materiell war das Kloster von Anfang an reich versorgt. Otto gab mit vollen Händen (was sein staatspolitisches Gewissen nicht weiter beschwerte, denn «das Gut der Reichskirchen» verblieb «im Obereigentum des Reiches», die Bischöfe und Äbte waren praktisch nur die Verwalter königlichen Gutes). Allein aus Ottos Regierungszeit sind 57 Urkunden über Schenkungen zugunsten des Magdeburger Moritzstiftes bekannt. Die Dotationen umfaßten außer den lukrativen Zoll- und Münzeinnahmen und zwei Höfen in unmittelbarer Nähe der Pfalz 38 Güter links der Elbe. Dazu kamen drei feste Plätze sowie weitere Besitzungen und Nutzungsrechte rechts der Elbe – ein Beweis dafür, daß Otto dem Moritzkloster schon bei der Gründung eine zentrale Funktion bei der Kolonisation und Missionierung der slawischen Grenzdistrikte zugedacht hatte.

Frei von materiellen Sorgen konnte sich das Kloster unter der energischen Führung von Abt Anno (der aus Trier eine Mannschaft erfahrener Mönche, sozusagen das Stammpersonal des neuen Stiftes, mitgebracht hatte), schnell entfalten. Die notwendigen Bauten, einschließlich einer Fremdenherberge und eines Hospitals in dem heutigen Vorort Rottersdorf, wuchsen heran, der Pfalzhügel verwandelte sich in eine Festung Gottes, die den Nachwuchs für die Missionsfilialen jenseits des Stroms lieferte, und bald war die neue Benediktinerabtei auch das geistige Zentrum im Mittelelberaum. Von 942 an lassen sich Magdeburger Schreiber und «Diktatoren» (die Verfasser von Urkundentexten) in der königlichen Kanzlei nachweisen.

Als Ottos Gattin Editha am 26. Januar 946 überraschend starb, war auch die Klosterkirche bereits so gut wie vollendet. Jedenfalls wurde die fromme Königin, der Thietmar von Merseburg «die Gabe unaufhörlichen Strebens nach dem Rechten» bescheinigt, in der «neuen Basilika» zu Magdeburg beigesetzt, «und zwar im nördlichen Betraum der Krypta, wo sie heute noch liegt (obgleich der Dom nach dem großen Brand von 1206 neu aufgebaut und dabei sogar in der Achse verschoben worden ist)».

So hatte das Kloster schon um 950 eine weit über den lokalen Bereich hinauswirkende Bedeutung. Schon damals scheint Otto gelegentlich erwogen zu haben, Magdeburg zur Metropole eines Erzbistums zu erheben. Bis zur Verwirklichung dieses Plans floß aber noch viel Wasser die Elbe hinab – erst nach der Lechfeldschlacht bei Augsburg und seiner Kaiserkrönung in Rom fand Otto wieder Zeit und Muße, sich mit seiner Lieblingsgründung Magdeburg zu beschäftigen.

Erster Italienzug und neue Empörung Schon 941 war an Ottos Hof ein Flüchtling von jenseits der Alpen aufgetaucht, der Markgraf Berengar von Ivrea, und hatte ihn mit guten Gründen um Hilfe gegen König Hugo von Italien gebeten. Dieser Hugo ließ damals die unverhohlene Absicht erkennen, sein aus der Lombardei, Piemont und der Toscana bestehendes Reich mit dem Kirchenstaat und den lombardischen Fürstentümern im Süden der Halbinsel, Benevent und Capua, unter seiner Führung zu vereinigen. Otto war sich über die Gefahr, die ein geeintes Italien für ihn bedeutete, im klaren und schickte Berengar 945 mit dem Auftrag zurück, König Hugos Tatendrang zu dämmen.

Der Heimkehrer Berengar erfüllte seine Mission mit Bravour: er stürzte Hugo und ersetzte ihn durch dessen Sohn Lothar, den er selbst fest an die Kandare nahm. Als der junge Lothar 950 starb, sperrte er die hinterbliebene Witwe, die aus burgundischem Hause stammende Adelheid, in einer Burg am Gardasee ein und ernannte sich selbst zum König. Otto erkannte, daß er nur die Figuren getauscht hatte, ja, daß Berengar gefährlicher war als Hugo, und überquerte 951 mit einer starken Heeresmacht erstmals die Alpen.

Das Erscheinen seiner kriegserfahrenen Truppen genügte, jeglichen Widerstand im Keim zu ersticken. Schon auf dem Marsch traf er die ebenso schöne wie kluge und couragierte Adelheid, die aus ihrem festen Gewahrsam durch einen unterirdischen Gang entwichen war. Gemeinsam zog er im September mit der neunzehnjährigen Witwe in Pavia ein und heiratete sie noch vor Ablauf des Jahres – womit er seinen Anspruch auf die Krone Italiens auch rechtlich legitimierte.

Berengar (über den Liutprand von Cremona, der Chronist der italienischen Wirren, nur mit Ausdrücken äußersten Abscheus berichtet) unterwarf sich der Ungunst der Situation und kapitulierte. Mit einigem Erfolg sogar: nachdem er nämlich «durch demütige Bitten den Zorn der Königin beschwichtigt» und Vasallentreue geschworen hatte, setzte Otto ihn 952 wieder ein. Das strategisch wichtige Etschland mit Verona und Friaul brach er freilich aus dem italienischen Königreich heraus und schloß es an Bayern an. Wieder hatte sich alles zu seinem Glück gefügt: «Das langobardische Reich war ein Nebenland der deutschen Krone geworden, das von einem Unterkönig unter deutscher Oberhoheit verwaltet wurde, und die Verbindung Deutschlands mit Venedig über die Tiroler und Kärntner Pässe war in deutschem Besitz, der Weg nach dem Meer, der Anschluß an die Weltstraße war frei.» (Haller)

Ottos erster Italienzug, der wie ein gutgeplantes Manöver abgelaufen war, hatte jedoch ein böses Nachspiel. Erneut bildete sich im innersten Kreis der ottonischen Sippe eine Fronde gegen den König, diesmal unter Führung von Sohn Liudolf und Schwiegersohn Konrad dem Roten. Liudolf, nach Thietmar «ganz des Vaters Ebenbild», sah durch Ottos zweite Ehe sein Erbrecht bedroht, während Konrad sich durch den Berengar-Vertrag desavouiert fühlte. Als Herzöge von Schwaben und Lothringen waren sie überdies gemeinsam dagegen, daß der Landzuwachs im Süden einseitig Herzog Heinrich von Bayern zugute gekommen war. Die verhältnismäßig nichtigen Anlässe genügten, erneut einen jahrelangen Bürgerkrieg auszulösen, der den König wiederholt in höchste Gefahr brachte und der noch in die Lechfeldschlacht hineinspielte.

Der Kampf begann mit einem Überraschungscoup der Verschwörer: im Frühjahr 953 zwangen sie den in Mainz weilenden König, seinen Sohn Liudolf offiziell als Mitregenten anzuerkennen. Otto gab zum Schein nach, widerrief aber bereits während des Osterfestes in Dortmund alle seine Zugeständnisse und nahm den Fehdehandschuh auf, den ihm Sohn und Schwiegersohn (verstärkt durch seinen alten Widersacher Erzbischof Friedrich von Mainz) zugeworfen hatten. Die damit beginnende Auseinandersetzung entwickelte sich zu einer tragischen Farce, die Belagerungen, Schlachten, Verhandlungen, Intrigen, Wortbrüche und Mißverständnisse wunderlich genug aneinanderreihte.

Otto bewies auch in diesem Konflikt, in dem die Aufrührer mehr als einmal die Initiative an sich rissen, das größere Stehvermögen. Die auffallend milden Friedensbedingungen, die er den Aufständischen im Dezember 954 zu Arnstadt in Thüringen gewährte, verraten jedoch, wie froh er war, den mißlichen Hauskrach einigermaßen glimpflich überstanden zu haben. Er enthob Liudolf und Konrad zwar ihrer

Ämter, beließ ihnen aber ihren privaten Besitz. Lothringen unterstellte er seinem Bruder Brun, der fortan als Erzbischof von Köln, Herzog von Lothringen und Kanzler des Reiches einen dreifachen Aufgabenkreis zu bewältigen hatte. Schwaben teilte er wieder dem Sproß einer eingesessenen Familie zu, und das Erzbistum Mainz vermachte er seinem «slawischen» Sohn Wilhelm.

Seine Großmut zahlte sich aus; denn ohne die Mitwirkung der deutschen Stämme hätte er die nun folgende schwerste Prüfung seiner Regierungszeit wahrscheinlich nicht bestanden – die Schlacht auf dem Lechfeld.

Der Sieg vor dem Sieg   Zwei Zeitgenossen Ottos haben diese Schlacht beschrieben, jeder auf seine Weise: der Mönch Widukind von Corvey in seiner um 968 entstandenen *Sachsengeschichte* und der Augsburger Dompropst Gerhard in der 983 abgeschlossenen Biographie des heiligen Bischofs Ulrich. Eine kurze, aber inhaltreiche Notiz über den Lechfeldsieg findet sich zudem in den Annalen von St. Gallen. Trotz mancher Lücken und Widersprüche zeichnen diese Quellen ein zeitgeschichtliches Tableau, das den dramatischen Ablauf des Kampfes eindringlich wiedergibt.

Anfang Juli 955 brachen die Ungarn in nie dagewesener Zahl in Bayern ein: wilde und schnelle Reiterschwärme, die plündernd und brandschatzend bald das ganze Land in Atem hielten. König Otto, der von seinem krank darniederliegenden Bruder Heinrich über den Einfall informiert wurde, beschloß sofort, dem Feind entgegenzutreten, obwohl aufständische Slawen die Masse des sächsischen Aufgebotes an der Ostgrenze festhielten. Das Gros des Heeres sollte sich im Raum von Ulm versammeln, eine zweite Kampfgruppe sich irgendwo im Osten von Augsburg im Rücken der ungarischen Reiterrudel bereitstellen.

Anfang August war die so kurzfristig einberufene Armee im Ulmer Raum aufmarschiert – eine respektable organisatorische Leistung, wenn man die Schwerfälligkeit des damaligen Nachrichtenapparates berücksichtigt.

Inzwischen hatten sich die ungarischen Reiterschwärme vor Augsburg konzentriert. Ihr Lager schlugen sie auf der Ostseite des Lechs am *Gunzenlee* auf, einer Grabhügelgruppe, die, wie wir heute wissen, der Hallstattzeit entstammte. Die Bewohner der alten römischen Provinzmetropole konnten von ihren Befestigungsanlagen aus beobachten, wie die St.-Afra-Kirche im südlichen Vorgelände in Flammen aufging und der Gegner einen festen Belagerungsring um die Stadt zog.

Die Situation war alles andere als ermutigend. Die Lage auf der Terrassenspitze am Zusammenfluß von Lech und Wertach gewährte zwar einigen natürlichen Schutz, doch waren die Befestigungsanlagen verfallen oder nur notdürftig hergerichtet. Entschlossen, die von der Domburg überragte Niederlassung bis zur Ankunft des königlichen Heeres zu halten, schlugen die Verteidiger der Stadt einen ersten Angriff des Gegners am 8. August jedoch kraftvoll zurück.

Von Propst Gerhard wissen wir, daß es vor allem der (später heiliggesprochene) Bischof Ulrich war, der in diesen kritischen Tagen allein durch sein Beispiel die Eingeschlossenen immer wieder ermutigte. Im geistlichen Gewand, aber ohne Schwert, Schild und Helm, leitete er «hoch zu Roß» den Abwehrkampf. Nach dem ersten Angriff inspizierte er die gesamten Befestigungsanlagen und sorgte dafür, daß die durch den Sturm angerichteten Schäden unverzüglich beseitigt wurden. Durch die Straßen der belagerten Stadt ließ er Nonnen ziehen, die «in Demut die Barmherzigkeit des Herrn anriefen» und von der Gottesmutter die Befreiung von der Ungarnnot erflehten. Er selbst verbrachte die Nacht im Gebet. In der Frühe, nach dem Meßopfer, spendete er allen Kriegern «die heilige Wegzehrung und ermahnte sie, in festem Glauben zu verharren und ihre Hoffnung auf Gott zu setzen».

Bei Sonnenaufgang waren die Mauern und Tore wieder dicht mit Verteidigern besetzt, die mit ungebrochenem Mut den Feind herausforderten. Die ungarischen Verbände traten nur zögernd zum befohlenen Angriff an; jedenfalls konnte man – nach Gerhards Bericht – von den Mauern aus beobachten, daß die madjarischen Unterführer mit Peitschen auf die allzu lustlos vorgehenden Trupps einhieben. Plötzlich geschah etwas Unverhofftes, Unerwartetes. Der Angriff wurde abgeblasen. Hornsignale riefen die ungarischen Kommandanten ins Zelt ihres Königs, des Horka Bulcsu (den Otto nach dem Sieg aufknüpfen ließ).

Kurze Zeit später – die Verteidiger glaubten ihren Augen nicht zu trauen – löste sich der Belagerungsring auf. Die Ungarn zogen ab, zogen sich auf die Ostseite des Lechs in ihr befestigtes Lager am *Gunzenlee* zurück.

Wir wissen heute, was die Belagerten damals nicht wissen konnten: daß der Horka Bulcsu in eben dieser Stunde über das Anrücken des königlichen Heeres unterrichtet worden war, und zwar durch den Grafen Berchtold, den Sohn des bayerischen Pfalzgrafen Arnulf, der seinerseits ein Parteigänger Liudolfs und von diesem mit dem Besitz des königstreuen Bischofs von Augsburg belehnt worden war.

Der Wiener Historiker Friedrich Heer hat sich in seiner Gedächtnisrede zur Jahrtausendfeier der Lechfeldschlacht gerade mit diesen Querverbindungen beschäftigt – einem Abgrund an Verrat und Illoyalität, wenn man so will – und in diesem Zusammenhang auf einige interessante Details hingewiesen, die in den gängigen Geschichtsbüchern meist nicht erwähnt werden.

Zunächst: der Horka Bulcsu trug den Titel eines byzantinischen Patricius und hatte in Konstantinopel die Taufe empfangen; überhaupt hatte das Christentum in Ungarn bereits Eingang gefunden. Weiter: bayerische und ungarische Fürsten trugen zwar zahlreiche Feindseligkeiten aus, unterhielten aber auch freundschaftliche und verwandtschaftliche Beziehungen. Und schließlich: die Ungarn waren während der innerdeutschen Auseinandersetzungen, die König Otto zu bestehen hatte, ein «eminent innenpolitischer Faktor», sie hatten sich 954, durch Vermittlung Arnulfs, mit den Herzögen von Schwaben, Bayern und Lothringen verbündet und erfreuten sich auch im Jahr der Lechfeldschlacht der Unterstützung durch landeskundige Führer.

Heer zieht daraus folgende Schlüsse: 1. die Lechfeldschlacht wuchs «mitten heraus aus dem innerdeutschen Bürgerkrieg», sie bildete «dessen Höhepunkt und Überwindung»; 2. König Otto errang seinen größten Sieg bereits vor der Schlacht: «da es ihm nämlich gelang, unter dem Eindruck des Schockes, den der Zug der Ungarn 954 durch weite Teile Deutschlands geschaffen hatte, den inneren Bürgerkrieg mit seinen heillosen Miseren zu beenden und Franken, Schwaben, Bayern und Böhmen in seinem Heerbann zu vereinen»; 3. die «Ungarn hatten sich bis zum Vorabend der Schlacht als Mitspieler und Nutznießer des deutschen Bürgerkrieges begriffen und waren nicht wenig betroffen, einer so weitreichenden Koalition gegenüberzustehen».

Es war in der Tat ein «gesamtdeutscher» Heerbann, dessen Anmarsch der Graf Berchtold dem Horka Bulcsu gemeldet hatte. «Den ersten, zweiten und dritten Haufen» bildeten – nach Widukinds Schlachtprotokoll – die Bayern, den vierten die Franken, geführt vom roten Konrad. Es folgte die königliche Kerntruppe, eine Art Garde, bestehend aus Sachsen und einer «mutigen Jungschar», deren besondere Aufgabe es war, den König und das Michaelsbanner, «das Unterpfand des Sieges», zu schützen. Die sechste und siebente Tausendschaft bestand aus Schwaben, die achte und letzte, Nachhut und Troßtruppe zugleich, aus Böhmen.

Am Abend des 9. August hatte der fünf bis sechs Kilometer lange Heerwurm den Westrand des westlich von Augsburg gelegenen *Rauhen Forstes* erreicht. Durch Aufklärer über die Bewegungen des Feindes unterrichtet, gab König Otto Befehl, sich für den nächsten Tag auf die Schlacht vorzubereiten. Zu dieser Vorbereitung gehörte ein umfangreiches religiöses Zeremoniell, das in «archaisch-naiver» Weise darauf gerichtet war, die Gunst und Mithilfe des Himmels zu sichern. Am Abend fasteten die Krieger, in der Morgendämmerung gelobten sie einander Frieden und gegenseitigen Beistand. Der König selbst ließ sich «vor der Blutarbeit» betend vor dem Heer nieder und versprach dem

Tagesheiligen Laurentius für den Sieg die Gründung eines Bistums in Merseburg, ehe er sich, mit Schild und Heiliger Lanze, unter der Fahne des Erzengels seinen Soldaten noch einmal höchst königlich präsentierte.

Die Schlacht begann, wie man weiß, trotzdem denkbar unglücklich. Die Ungarn, die in der Nacht nach ausgiebiger Beratung im Lager *Gunzenlee* den Lech wieder überschritten hatten, griffen die böhmische Nachhut überraschend an, sprengten sie auseinander und brachten danach auch die beiden schwäbischen Haufen in harte Bedrängnis. Daß ausgerechnet der rote Konrad, Ottos hartnäckigster Widersacher, mit einer «jungen, kaum des Streitens kundigen Mannschaft» die Wende im Kampf erzwang, indem er die bereits schwer dezimierten böhmischen und schwäbischen Verbände heraushaute, wirkt noch im Abstand von mehr als tausend Jahren wie ein Sinnbild dieser merkwürdigen Schlacht. Und ebenso: daß er noch am selben Tag fiel, von einem ungarischen Pfeil am Hals getroffen.

Nach dem Eingreifen des roten Konrad konnte sich Otto über die mangelnde Gunst des Heiligen dann nicht mehr beklagen. Seine Krieger erwiesen sich als erheblich standfester und durchschlagskräftiger als die Ungarn, die einen längeren Kampf ohnehin wenig schätzten. Die Schlacht löste sich offenbar in eine Reihe von Einzelgefechten auf, die die bereits angeschlagenen Steppenreiter durchweg verloren. So fluteten sie am Nachmittag wieder an den Mauern von Augsburg vorbei, dessen Bewohner sich das Schauspiel dieser Flucht nicht entgehen ließen. Die Ungarn versuchten zwar, sich am *Gunzenlee* noch einmal einzuigeln, wurden aber auch dort gepackt und verjagt, so daß sie am Abend in aufgelösten Rudeln kopflos auf dem bayerischen Teil des Lechfeldes herumirrten: ein geschlagenes, desorganisiertes, wenn auch keineswegs vernichtetes Heer.

Barthel Eberl spricht in seiner Studie über die Lechfeldschlacht – der letzten, die zu diesem Thema erschien – die Vermutung aus, daß Ottos ursprünglicher Schlachtplan erst am nächsten Tag, am 11. August 955, verwirklicht wurde. Denn nun gelang es dem König (der die Nacht als Gast von Bischof Ulrich im befreiten Augsburg verbrachte), die Masse der ungarischen Verbände einzukesseln und aufzureiben. Nach den Annalen von St. Gallen fiel dabei der östlich von Augsburg versammelten böhmischen Kampfgruppe eine höchst bedeutsame Aufgabe zu: sie sperrte nämlich, gestützt auf die auch von Widukind erwähnten Schutzburgen des bayerischen Lechfeldes, die Flußübergänge im Rücken des Gegners.

Die Folge: «Die Masse der Ungarn» wurde «zersprengt und zerrieben zwischen dem nachdrängenden Königsheer und den am Lechfeld bereitstehenden Böhmen», die anscheinend noch eine bayerische Abteilung verstärkte.

Ob es so war oder nicht, ob man die Lechfeldschlacht also (wie Eberl) «als eine vollgelungene Einkreisung des Ungarnheeres» versteht oder nur als einen Triumph der stärkeren militärischen Kraft – der Erfolg war vollständig, und wenn auch der stammesstolze Sachse Widukind das Augsburger Ereignis vielleicht allzusehr glorifiziert hat, sein Satz, daß sich «eines solchen Sieges kein König seit zweihundert Jahren erfreuen konnte», hat auch die Anerkennung späterer Geschichtsschreiber gefunden.

Ungeheuer waren die Wirkungen, die von der Lechfeldschlacht ausgingen. Die Ungarn fielen nie wieder in Deutschland ein, sie wurden seßhaft und ließen sich willig christianisieren: bereits fünfzig Jahre später nahm König Stephan der Heilige den Titel eines apostolischen Herrschers an. Otto aber war nach diesem Erfolg nicht nur der unbestrittene Herr des Reiches, in dem an diesen heißen Spätsommertagen des Jahres 955 zum erstenmal nach Riade wieder so etwas wie ein deutsches Nationalgefühl aufgebrochen war, er gebot nun auch über die stärkste bewaffnete Macht Europas – sein Kriegsruhm überstrahlte den Kontinent von Córdoba bis Byzanz.

Nachdem er nur zwei Monate später den Slawenaufstand im östlichen Mecklenburg blutig zusammengeschlagen hatte, konnte er sich den beiden großen außerdeutschen Aufgaben seiner Regierung zuwenden: der Ostkolonisation und der Regelung der italienischen Angelegenheiten. Italien hatte dabei den Vorrang.

Der Kaiserpakt – in Purpur und in Blut geschrieben

Berengar hatte den liudolfingischen Aufstand benutzt, sich Verona und Friaul zurückzuholen und alle seine frommen Schwüre wieder zu vergessen. Otto überließ es zunächst dem Urheber dieses Aufstandes, das Königreich Italien in die rauhe Wirklichkeit zurückzuführen. Liudolf lohnte das Vertrauen, das der Vater in ihn setzte, und drängte Berengar in seine Schlupfwinkel zurück. Doch als er 957 plötzlich starb, brach die deutsche Herrschaft sofort wieder zusammen. Zurückblieb, wie zuvor, ein Hexenkessel von kleinen Staaten und Herrschaftsansprüchen, in dem Griechen und Römer, Langobarden und Burgunder, Venezianer und Sarazenen mit Leidenschaft gegeneinander kämpften und konspirierten.

Nach Liudolfs Tod spitzte sich der Kampf aller gegen alle auf eine Auseinandersetzung Berengars mit Papst Johannes XII. zu, der 955 von der den Kirchenstaat beherrschenden stadtrömischen Adelsclique auf den Stuhl Petri gewählt worden war: ein unheiliger Jüngling und Lebemann, mit allen trüben Wassern des Tibers gewaschen, der den

Lateran in eine Lasterhöhle verwandelte und das ihm auferlegte Gesetz der Ehelosigkeit als Freibrief für eine ungehemmte Mätressenwirtschaft betrachtete. Da er auch den politischen Forderungen seines Amtes nicht gewachsen war, nutzte Berengar seine Chance und marschierte in den Kirchenstaat ein. In ihrer Bedrängnis sandte die Kurie den traditionellen Hilferuf über die Alpen und bat um Unterstützung gegen den skrupellosen Rechtsverletzer. Als Gegenleistung offerierte sie die Kaiserkrone, die seit 916 nicht mehr vergeben worden war.

Otto zögerte nicht, sich erneut in die italienischen Händel einzumischen, obwohl er damit in ein Wespennest stach. Er bereitete das Unternehmen gründlich und mit größter Umsicht vor. In Worms ließ er den Italienzug offiziell beschließen, in Aachen seinen sechsjährigen Sohn Otto vorsorglich zum König krönen. Die Führung der Staatsgeschäfte in Deutschland vertraute er seinem klugen und gebildeten Bruder Brun an, der damals längst als des Königs guter Geist geehrt und geschätzt wurde. Im August 961 überschritt er dann, mit dem größten Heer, das er je kommandiert hat, den Brenner.

Da Berengar es auch diesmal vorzog, sich und seinen Anhang in den Burgen am Gardasee und im Apennin zu verschanzen, konnte Otto unbehelligt bis Pavia marschieren. Von dort schickte er den Abt Hatto von Fulda nach Rom, um die Bedingungen des Krönungsvertrages auszuhandeln. Das als *Ottonianum* bekanntgewordene Vertragswerk, das in einer Prunkausfertigung noch heute in der Bibliothek des Vatikans aufbewahrt wird, bestätigte dem Heiligen Stuhl die Schenkungen Pippins und Karls des Großen, enthielt aber auch die Klausel, daß eine Papstwahl nur mit Zustimmung des deutschen Königs Gültigkeit erlange. Andererseits wurde ausdrücklich festgelegt, daß der Bischof von Rom dem deutschen König das Anrecht auf die Kaiserkrone nicht mehr streitig machen könne – sie wurde Erbbesitz des Deutschen Reiches. Der Papst hatte, wie es bei Holtzmann heißt, «nur noch den formellen Akt der Krönung» zu vollziehen.

Am 31. Januar zog Otto in Rom ein, zwei Tage später empfing er in der Peterskirche die «Kaiserweihe», von einem Papst, der – wie die nachfolgenden Ereignisse beweisen – in der prächtigen Zeremonie nur widerstrebend mitspielte, sich aber «nicht getraute, es nicht zu tun».

Der feierlichen Handlung mit ihren Schwüren, Versprechungen und erhabenen Erklärungen folgte nämlich ein überaus profaner Epilog. Bevor Otto die Ewige Stadt verlassen hatte, um mit der Ausräucherung der Berengar-Burgen zu beginnen, war der Kaiserpakt die Purpurtinte nicht mehr wert, mit der er geschrieben worden war. Überhaupt: was der «neue Caesar» in den Jahren nach seiner Krönung in Italien erlebte, übertraf alle Heimtücke und Verräterei, die ihm schon die beiden ersten Jahrzehnte seiner Regierung in Deutschland verdüstert hatten. Aufstände, Meineide, Verschwörungen, Schauprozesse, Vertragsbrüche lösten einander ab. Bedenkenlos wurde das gesamte Instrumentarium einer von allen moralischen Bindungen gelösten Politik gegen ihn angewandt.

Es spricht für Ottos Nervenstärke und ungeheure Robustheit, daß er durch diesen Dschungel von Hinterlist und Falschheit hindurchschritt, ohne je die Übersicht zu verlieren. Immerhin brauchte er fast drei Jahre, um nach dem Tod von Johannes XII. einen Mann seines Vertrauens, Leo VIII., als Papst durchzusetzen; dessen Konkurrenten, Benedikt V., auszumanövrieren und nach Hamburg in ein gut bewachtes Exil zu verfrachten; und schließlich: den standhaften Berengar zur Kapitulation zu zwingen und ebenfalls zu einem Zwangsaufenthalt in Deutschland zu verurteilen: 966 ist der Exkönig von Italien in Bamberg gestorben.

Der Kaiser selbst kehrte 965 nach Deutschland zurück, mußte aber bereits ein Jahr später seinen dritten Zug über die Alpen antreten; denn automatisch hatten sich in der Zeit seiner Abwesenheit wieder alle Schleusen der Empörung geöffnet.

Sieben Jahre blieb er diesmal in Italien, sieben Jahre, in denen er das Land bis in seine letzten Winkel unterwarf und obendrein mit dem Oströmischen Reich Krieg führte: allerdings nur mit leichter Hand, mehr kalt als heiß. Es ging dabei in der Hauptsache um die langobardischen Fürstentümer im Süden des Landes, die Kaiser Otto gegen die geharnischten Proteste von Byzanz 967 seinem Reich einverleibte.

Otto war nicht geneigt, die wertvollen Neuerwerbungen wieder herzugeben, noch weniger aber lag ihm daran, sie mit einem offenen Kampf gegen Ostrom zu bezahlen. Er entschloß sich daher, das Problem diplomatisch-familiär aus der Welt zu schaffen, und ließ im Namen seines zwölfjährigen Sohnes Otto um die Hand der byzantinischen Kaisertochter Anna bitten. Um seiner Werbung Nachdruck zu verschaffen, belagerte er den byzantinischen Seestützpunkt Bari in Unteritalien; außerdem ließ er den präsumtiven Bräutigam zum Mitkaiser krönen. Trotzdem kehrte sein erster Sondergesandter – der Bischof Liutprand von Cremona, der schon erwähnte Chronist der ottonischen Italienpolitik – 969 mit leeren Händen zurück.

Als kurz darauf aber Kaiser Nikephoros Phokas im Auftrag seiner Gemahlin, der Tochter eines Schankwirts, ermordet wurde und sein Vetter Johann Tzimiskes (der Mörder) den Thron bestieg, kam das Geschäft zustande. Eine Kaisertochter bewilligten die hochmütigen Griechen dem Sohn des sächsischen «Emporkömmlings» allerdings nicht. Er mußte sich – welch delikater Unterschied – mit einer Nichte des Kaisers begnügen, der Prinzessin Theophanu. Otto war auch damit zufrieden. Entgegen den Empfehlungen seiner Ratgeber, die die junge Dame mit dem nächsten Schiff zurückschicken wollten, schloß er sie väterlich in die Arme, als sie 972, von Erzbischof Gero von Köln geleitet, den Fuß auf italienischen Boden setzte.

Und er tat gut daran; denn die Byzantinerin Theophanu – deren gleichnamige Nichte später Äbtissin des Essener Damenstiftes wurde – wurde eine der anziehendsten Erscheinungen der deutschen Kaisergeschichte, klug, schön und willensstark; zu ihrer Zeit unbestritten die erste Dame des Reiches.

Die Hochzeit fand am 14. April 972 im Petersdom in Rom statt. Ein glanzvolles Ereignis, vielleicht das glanzvollste im Leben Ottos des Großen, dessen Kaiserwürde damit auch das Plazet des oströmischen Caesars erhalten hatte.

Im August 972 kehrte er «mit seinem Sohn und den beiden Kaiserinnen nach Deutschland zurück».

Schon 965 hatte Otto ein Land vorgefunden, das frei von inneren Schwierigkeiten im tiefsten Frieden lebte. Die Verwaltung hatte auch während seiner Abwesenheit hervorragend funktioniert, die Grenzen waren unangetastet geblieben. Ja, Ottos Macht wirkte mit derartiger Strahlkraft über die Grenzen hinweg, daß er unbeschwert in die Rechte fremder Staaten eingreifen konnte. So gewährte er 965 den dänischen Bistümern Abgabenfreiheit, ohne König Harald Blauzahn zu Rate zu ziehen. Im selben Jahr heiratete der polnische Herzog Mieszko (vielleicht ein Wikingersproß) die Prinzessin Dubrawa von Böhmen und gab damit das Zeichen zur Christianisierung seines Landes. Die von dem rauhen und frommen Markgrafen Gero in einem unerbittlichen Kleinkrieg unterworfenen Elbslawen waren damit von einem regelrechten *cordon sanitaire* christlicher Länder umgeben.

In der Gletscherwelt des Erfolges

Magdeburg wuchs in diesen Jahren immer stärker in die Rolle der Bekehrungszentrale für den slawischen Osten hinein. Schon in den fünfziger Jahren, spätestens nach der Lechfeldschlacht, dürfte sich Otto entschlossen haben, die Niederlassung an der Elbe zum Sitz eines Erzbistums zu erheben. Sein ursprünglicher Plan, der neuen Kirchenprovinz das Bistum Halberstadt sozusagen als Taufgeschenk zu vermachen, stieß aber auf heftigen Widerstand, nicht zuletzt bei seinem Sohn Wilhelm, «einem leidenschaftlichen, auf seine Stellung und Rechte erpichten Herrn», der als Mainzer Metropolit eifersüchtig über den Bestand seiner Diözese wachte.

Der König verschob deshalb die Verwirklichung des Projektes, verfolgte es insgeheim aber energisch weiter. So ließ er die Moritzkirche vergrößern und den Strom der Dotationen ständig weiterfließen. Am Ende seiner Regierungszeit verfügte das Magdeburger Stift über Besitzungen und Besitzrechte in mehr als 150 Orten.

Wenige Tage nach seiner Kaiserkrönung erwirkte er den Apostolischen Segen für seinen Plan. Papst Johannes XII. stellte ihm nicht nur das gewünschte Dokument über die Gründung eines Erzbistums Magdeburg aus, er gab ihm auch freie Hand bei der Bildung und Abgrenzung neuer Bistümer. Für den Bau und die Ausstattung der Moritzkirche sandte Otto während der italienischen Jahre wiederholt kostbaren Marmor sowie Gold und Edelsteine nach Magdeburg. Auch erwarb er den Leib des heiligen Gerontius und zahlreiche andere Reliquien, so daß er «in alle Säulenkapitäle der neuen Kirche» Relikte von Heiligen einschließen konnte. Während seines Aufenthaltes in Deutschland 965 unterstellte er die gesamte Niederlassung der Herr-

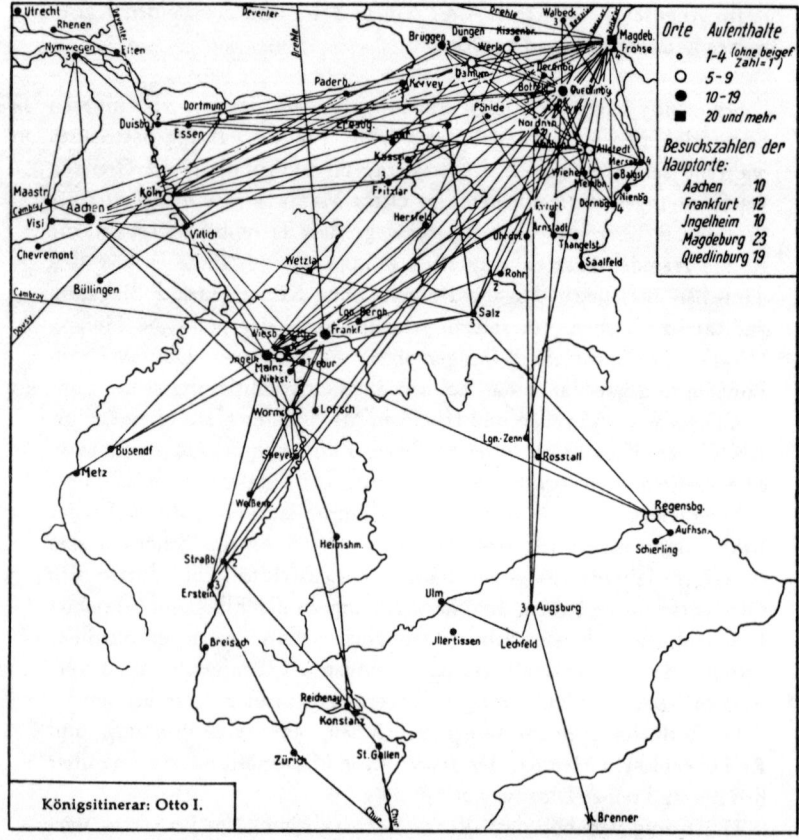

Abb. 10: Reisen und Aufenthalte Otto des Großen (Nach Th. Mayer)

schaft des Moritzstiftes und verlieh diesem Marktrechte und weitere Zollprivilegien.

Endgültig wurde das Erzbistum Magdeburg 967 auf der Synode von Ravenna konstituiert, allerdings in anderer Gestalt, als ursprünglich vorgesehen. Die Mainzer Diözese blieb im wesentlichen unbehelligt. Die Synode wies der neuen Kirchenprovinz lediglich die «slawischen» Bistümer Havelberg und Brandenburg zu. Jedoch stellte sie gleichzeitig eine verklausulierte Genehmigung für den Anschluß des polnischen Bistums Posen aus – das sich in der Tat wenig später dem Verband Magdeburg freiwillig anschloß.

Erneut bestätigte Otto bei der Gründung des Erzbistums seine Menschenkenntnis. Zum ersten Metropoliten von Magdeburg ernannte er den Mönch Adalbert von St. Maximin in Trier, einen welterfahrenen und gebildeten Kleriker, der slawisch sprach und in königlichen Diensten bereits verschiedene diffizile Aufträge geschickt und gewissenhaft ausgeführt hatte.

Otto konnte mit seiner ureigenen Schöpfung also zufrieden sein, als er im März 973 – nach seiner dritten Heimkehr aus Italien – noch einmal in Magdeburg weilte. Er konnte überhaupt mit sich und der Welt zufrieden sein: alle seine Pläne und Hoffnungen hatten sich erfüllt. Das Reich war befriedet, die Sippe der Liudolfinger saß fest im Sattel. Wikinger und Slawen, Langobarden und Griechen, Römer und Sarazenen hatten begriffen, daß es nützlicher war, unter dem Schild des deutschen Kaisers zu leben, als gegen ihn Sturm zu laufen. Burgund galt als Nebenkönigtum, in Frankreich regierten des Königs Schwestern Gerberga und Hedwig, und hatten sie Streit mit den Großen ihres Landes, riefen sie Otto als Schiedsrichter an.

Die letzten Hof- und Reichstage zeigten den Kaiser, irdischen Maßstäben fast schon entrückt, in der Gletscherwelt des Erfolges und eines ganz Europa überstrahlenden Ansehens. Zehn Tage nach seinem letzten Magdeburger Besuch am 23. März 973 feierte er das Osterfest in Quedlinburg. Er empfing dort Gesandtschaften aus allen Richtungen der Windrose: Dänen, Böhmen, Polen, Russen, Bulgaren, Ungarn, Griechen, Römer und Beneventaner, die ihn, wie es Brauch war, mit Teppichen und kostbaren Stoffen, goldenen Kelchen, Gefäßen aus Glas und Elfenbein, mit Balsam und Spezereien und anderen Kostbarkeiten beschenkten.

Doch waren diese glücklichsten Tage im Leben Ottos des Großen, das «gleich einer großen Dichtung» endete, bereits von der Wehmut des Abschieds überschattet. Offenbar hat der Kaiser, obwohl erst sechzig Jahre alt, zeitig gespürt, daß seine Kräfte zu Ende gingen. Die Chronisten berichten, daß er im Sommer 972 in Mainz die Gräber seiner Söhne Wilhelm und Liudolf, in Köln die letzte Ruhestätte seines Bruders Brun besuchte. In Magdeburg betete er am Sarkophag seiner ersten Gemahlin Editha, in Quedlinburg in der Krypta, die die irdischen Reste seiner Eltern barg.

Dann starb er. Und die Chroniken lassen ahnen, wie sehr schon die Zeitgenossen das Ende dieses Herrschers bewegt hat.

Nur wenige Tage nach dem Empfang einer sarazenischen Gesandtschaft in Merseburg, am Dienstag vor Pfingsten, zog er nach Memleben «und saß am folgenden Tag noch heiter bei Tisch. Nach der Tafel aber, während des Vespergesanges, wurde er plötzlich schwach und ohnmächtig. Die Umstehenden fingen ihn auf und legten ihn nieder. Er empfing sofort die Stärkung der heiligen Wegzehrung, und während alle für sein Ende beteten, entrichtete er am Mittwoch, dem 7. Mai des achtunddreißigsten Jahres seiner Erhebung, der Natur seinen Zoll. In der darauffolgenden Nacht wurden seine Eingeweide in der St.-Marien-Kirche beigesetzt. Seine mit Spezereien bereitete Leiche aber überführte man nach Magdeburg, wo sie unter großen Ehren in tiefer Trauer empfangen und in einen marmornen Sarkophag gelegt wurde.» So Thietmar.

Und so Widukind: «Das Volk aber sprach viel zu seinem Lobe und zum Dank seiner Taten, es dachte daran, daß er mit väterlicher Milde die Untertanen regiert, sie von den Feinden befreit, die... Ungarn, Sarazenen, Dänen und Slawen mit Waffengewalt besiegt, Italien unterworfen, die Götzentempel bei den benachbarten Heiden zerstört, Gotteshäuser und geistliche Stände eingerichtet hatte; und noch vieles andere brachten sie angesichts der königlichen Leiche untereinander vor.»

Den marmornen Deckel des Sarkophags ließ sein Sohn, der selbst die sterblichen Reste seines Vaters nach Magdeburg geleitet hatte, mit einem Distichon auf Goldblech schmücken:

> Tres luctus causae sunt hoc sub marmore clausae,
> Rex, decus ecclesiae, summus honor patriae.

«Drei Gründe der Trauer sind unter diesem Marmor eingeschlossen: der König, der Stolz der Kirche, die höchste Ehre des Vaterlandes.»

Für und wider die ottonische Italienpolitik

Otto ist der einzige Herrscher des deutschen Mittelalters, dem die Historiker den Beinamen «der Große» verliehen haben, und zweifellos rechtfertigt die Einmaligkeit seiner Leistung diesen Titel, auch wenn man sich zu dem einschränkenden Satz bekennt, daß geschichtliche Größe nicht eigentlich meßbar ist und daher immer in Frage gestellt werden kann. Doch hat sich gerade die «deutschbewußte» Sektion der deutschen Geschichtsschreibung bei allem Respekt vor Ottos bezwingender Persönlichkeit sehr kritisch mit seinem Werk auseinandergesetzt. Das begann vor mehr als hundert Jahren mit der vielzitierten «Sybel-Fickerschen Kontroverse», überschattete aber noch die tausendste Wiederkehr des Tages der Kaiserkrönung in der Peterskirche. Die Jahrtausendfeier wurde zwar in Wien und Rom (hier nach einer wissenschaftlichen Tagung in Ravenna) festlich begangen – nicht aber in Deutschland. Hier bestand die einzige offizielle Reaktion «aus einigen Sätzen, mit denen der Bundespräsident des ersten deutschen Kaisers gedachte: merkwürdigerweise bei der Eröffnung der Grünen Woche 1962 in Berlin».

Die «großdeutsche» Kritik richtet sich vor allem gegen Ottos Italienpolitik. Mit seinen Romzügen und seinem Kaiserehrgeiz habe er, so wird ihm angelastet, «den Reichswagen auf ein falsches Geleise geschoben». Die Folge seien unaufhörliche Auseinandersetzungen mit dem Papst und den ewig zu Verrat und Niedertracht aufgelegten Mächten Italiens gewesen – Auseinandersetzungen, die vom eigentlichen nationalen Interesse, der Schaffung eines starken Staates und der Kolonisierung des nur dünn besiedelten slawischen Ostens abgelenkt hätten. Zuletzt hat sich noch 1943 Martin Lintzel in seinem Buch «Die Kaiserpolitik Ottos des Großen» zu dieser auf Sybel zurückgehenden Auffassung bekannt.

Die Kernsätze seines Urteils (das einer Aburteilung gleichkommt) lauten: «Die Kaiserpolitik Ottos war für die innere und äußere Sicherung des deutschen Staates nicht notwendig. Sie hat einzelne Bezirke der innerpolitischen Stellung des Königs vielleicht, die deutsche Politik im Osten und Norden höchstwahrscheinlich beeinträchtigt.» Und weiter: «Der Weg, den Otto einschlug, lockte und führte schließlich in einen Abgrund... Gewiß, es mag sein, daß dieser Weg dem deutschen Reich zunächst ein glanzvolleres Dasein sicherte; aber wenn man auf sein Ende sieht, so muß sich der Eindruck des Glanzes verdunkeln.»

Die dürren geschichtlichen Fakten bestätigen Lintzels herben, wenn auch verbindlich geäußerten Tadel. Fraglos hat die von Otto initiierte Italienpolitik, die dreihundert Jahre später mit der Hinrichtung des Staufers Konradin in Neapel ein tragisches Finale fand, die Kräfte der Deutschen im Übermaß strapaziert. Sie aus tausendjährigem Abstand zu verdammen ist trotzdem ein müßiges Beginnen.

Karl Hampe hat bereits 1933 die Schwäche der «großdeutschen» Thesen bloßgelegt und den Gegenstandpunkt formuliert. «Solche Versuche mögen zur Klärung beitragen, wenn man vom nationalstaatlichen Standpunkt der Gegenwart aus Rechenschaft fordert über den Gesamtverlauf der deutschen Geschichte, obwohl wirklich ein Stück Herrgott dazugehört, um eine derartige Rechnung richtig abzuschließen, und kein Sterblicher zu sagen vermag, ob der Entwicklungsgang ohne jene Kaiserpolitik, die doch immerhin die deutschen Stämme in einem großen Ziel geeint hat, sich nun wirklich viel günstiger gestaltet haben würde. Für die historische Würdigung der Personen und ihrer Politik, die doch an den Idealen ihrer eigenen Zeit gemessen sein wollen, kommen sie kaum in Betracht.» Und an anderer Stelle: «Die Frage, über die sich streiten läßt, ist nur die, ob und wieweit solche Erwägungen unser historisches Urteil zu bestimmen haben, ob wir die Helden einer Epoche nach den Maßstäben einer späteren messen dürfen und nicht vielmehr nach den Idealen und Bedürfnissen ihrer eigenen Zeit bewerten müssen.»

Mit anderen und etwas prononcierteren Worten: wer die Italienpolitik Ottos des Großen vom Standpunkt späterer Erkenntnisse und Erfahrungen aus verderblich schilt, weitet das Panorama geschichtlicher Forschung gefährlich aus. Der auf wissenschaftliche Objektivität bedachte Historiker verzichtet darauf, klüger zu sein als die Akteure, mit denen er sich beschäftigt. Er verhält innerhalb der Grenzen, die ihm die Aufgabe stellt, zeitgeschichtliche Vorgänge aus den wirksamen Kräften dieser Zeit zu begreifen und zu erklären. Ob eine Politik richtig oder falsch war, wird ihn dabei – notwendigerweise – weniger beschäftigen als die Frage, welche Politik unter den gegebenen Bedingungen möglich, welche nicht möglich war.

Auf Otto den Großen bezogen, kann die Antwort dann nur zustimmend lauten. Er hat genau das getan, was ihm die Machtgruppierungen und ideologischen Leitlinien seiner Epoche vorschrieben. Seine Politik war zwar «kühn und groß gedacht», aber zugleich nüchtern, pragmatisch und überaus konsequent. Kein Traumgebilde, sondern eine «Kunst des Möglichen», und als solche auf die entschlossene Wahrung der deutschen Lebensinteressen gerichtet. Sie ist deshalb auch «nie und nirgends» auf innere Widerstände gestoßen.

Zwischen weltlichen und geistlichen Gewalten

Schon mit seinem ersten Italienzug, der sich auf die Eroberung des Königreiches Langobardien beschränkte, schlug Otto drei Fliegen mit einer Klappe.

Er verhinderte die Entstehung einer Großmacht Italien, deren natürliches Ziel gewesen wäre, das karolingische Mittelreich wiederherzustellen, das heißt: Lothringen aus dem Reich der Deutschen wieder herauszubrechen. Er brachte die Verkehrswege über die Alpen – «die Nabelschnur, die Deutschland mit der Welt verband» – unter seine Kontrolle; in der Tat trat der deutsche Handel mit der Eroberung der Lombardei wieder in den Mittelmeerverkehr ein, von dem er jahrhundertelang ausgeschlossen war. Schließlich band Otto die schwäbisch-bayerischen Interessen in Oberitalien wieder an die der Krone und beugte damit einer selbständigen Außenpolitik der beiden Herzogtümer vor, deren Adel südlich der Alpen tausendfach versippt und verschwägert war und immer mit einem Fuß in den italienischen Händeln stand.

Aber die Machtposition in Oberitalien genügte nicht. Otto brauchte nicht nur Pavia, sondern auch Rom. Er brauchte den Papst, weil er in Deutschland die hohe Geistlichkeit brauchte.

Otto stand der Kirche, wie man weiß, kühl gegenüber, auch wenn er sich ihren Forderungen und Zeremonien nicht verschloß. Doch war er sich darüber klar, daß er ohne sie nicht regieren konnte. Die Kirche war nicht nur das zentralisierende Element in einem Staat mit starken zentrifugalen Kräften, sondern auch der einzige funktionierende Verwaltungskörper, ohne den das Reich wahrscheinlich in kurzer Zeit einer tödlichen Lähmung verfallen wäre. Otto baute darum die Stellung der Kleriker systematisch aus, am Hofe und im Lande. Wichtigstes Instrument seiner Kirchenpolitik waren die sogenannten Immunitätsprivilegien, durch die er den Bischöfen (außer Zoll- und Markteinnahmen) auch die Gerichtsbarkeit anvertraute, und zwar nicht nur innerhalb ihres Streubezirkes, sondern auch in einem «geschlossenen Bezirk» um ihren jeweiligen Sitz. So wurden die traditionellen Herzogtümer immer mehr mit geistlich-weltlichen Herrschaften durchsetzt, in denen nicht die Grafen, sondern die Bischöfe und Reichsäbte den Königsbann ausübten.

Diese Konstellation barg die Gefahr, daß die beiden konkurrierenden Gewalten eines Tages ihre gemeinsame Interessenlage gegenüber der Krone entdeckten. Otto hat diese Gefahr beizeiten erkannt und deshalb versucht, eine dritte Kraft in dieses Spiel der Kräfte einzuführen. So schuf er nach bewährtem «divide et impera»-Rezept weitere geistliche Machtkonzentrationen in Gestalt der «Reichsklöster», die sich vor allem in Sachsen (so in Merseburg, Gandersheim oder Quedlinburg) schnell zu Konkurrenten der bischöflichen Territorien auswuchsen. Denn er verlieh seinen Reichsklöstern «den Königsschutz» und unterstellte sie – nach dem Muster des bereits 751 «exemtierten» Klosters Fulda – unter Umgehung der Diözesanherren unmittelbar der Judikatur des Heiligen Stuhls.

Für die Exemtion – die Lösung der Klöster aus der Macht der Bistümer – benötigte er jedoch die Einwilligung des Apostelfürsten. Überhaupt setzte die Balance zwischen weltlichen und geistlichen Gewalten einen gefügigen Papst voraus; denn die kirchlichen Gewalten wahrten bei aller Aktivität, deren sie sich in Ottos Diensten befleißigten, doch das Gefühl für die Überstaatlichkeit ihrer Aufgabe und unterhielten, über ihre Grenzen und Zuständigkeiten hinweg, einen regen Verkehr mit dem Lateran, dessen kanonisch begründete Souveränität für sie unantastbar war. Dauerhafter Gehorsam war von den Bischöfen also nur zu erwarten, «wenn der Kaiser Einfluß auf den Papst hatte». Einfluß auf den Heiligen Stuhl aber bedingte die Präsenz der deutschen Waffen in Rom. Otto konnte also nicht in Pavia stehenbleiben. Es erging ihm wie allen Eroberern: er schob den Widerstand vor sich her, in immer neue Räume. Jeder Erfolg weckte neue Feindschaft. Jedes erreichte Ziel zwang ihn, ein neues anzuvisieren. Um Süddeutschland zu behaupten, brauchte er die Lombardei. Um die Lombardei zu behaupten, brauchte er Rom. Um Rom zu behaupten, brauchte er Süditalien.

Dort standen seine Heere, sozusagen Auge in Auge, den Kriegsvölkern von Byzanz gegenüber. Eine weltgeschichtliche Konstellation: hier das mächtigste Reich des Abendlandes – jung, zukunftsfroh und selbstsicher; dort das immer noch mächtige Oströmische Reich – alt, reich und erfahren. Caesar gegen Caesar: hier der deutsche Kaiser, der Rom besaß und beherrschte; dort der griechische Kaiser, dessen Vielvölkerstaat die Herrschaftsidee und das zivilisatorische Erbe Roms über den Zusammenbruch des Imperiums hinaus bewahrt hatte.

Einer militärischen Auseinandersetzung ging Otto, wie wir sahen, aus dem Wege. Dem ideologischen Krieg konnte er sich nicht entziehen.

Daniels Traum von den vier Kaiserreichen

Otto fühlte sich als Nachfolger Karls des Großen. Auch seine Nachfolger hat der Schatten des Großen Karl nie verlassen. Die fränkischen Traditionen aber hatten Gewicht – mehr Gewicht, als ihnen die Kritiker der ottonischen Politik meist zugestehen.

Schon Ottos Regierungsantritt bildete so etwas wie eine feierliche Paraphrase über das Thema des karolingischen Gottesstaates, dessen Herrscher alle weltliche und geistliche Macht in seiner Person vereinigt. Otto hat die karolingische Überlieferung auch während seiner Regierungszeit äußerst pfleglich behandelt. Auf ihn ist es zurückzuführen, wenn Aachen nun wieder als «der vornehmste Königssitz diesseits der Alpen» galt. Ebenso ist der Beginn des Karlskultes eindeutig in seine Tage zu datieren.

Freilich läßt sich nicht genau sagen, wieweit solche Tatsachen auf Regieanweisungen Ottos oder seines Bruders Brun zurückgehen, den man mit einigem Recht als den «Chefideologen» dieser Zeit bezeichnen kann. Sicher ist jedenfalls, daß schon die Wiedervereinigung Lothringens mit dem Reich unter Heinrich I. den Mythos des Karolingerreiches wiederbelebte – und daß gewisse Reflexe dieser Erneuerung bereits in den Plänen des ersten Sachsenkönigs zu beobachten sind. Unter Otto hat vor allem das «Lothringer Reformmönchtum der Gorzer Observanz» zur Auffrischung der karolingischen Ideen und des Kaisergedankens beigetragen. Auch Ottos Kirchenpolitik fand in Lothringen die lebhafteste Unterstützung. Lothringische Geschichtsschreiber nannten ihn als erste Caesar, Augustus und Imperator. Schließlich waren es ja auch lothringische Mönche (aus dem Reformkloster St. Maximin in Trier), die an der Wiege der ottonischen Ostpolitik Pate standen – einer Politik, die ihrem Wesen nach karolingisch, das heißt: christlich-universell war.

Die fränkisch-karolingischen Traditionen gediehen aber auch in den rechtsrheinischen Landesteilen kräftig weiter. Das Kloster Fulda war wie eh und je eine Pflanzstätte des karolingischen Reichsgedankens. Auch in den von der mainfränkischen Missionsbasis her erschlossenen sächsischen Gebieten lebte die imperiale Idee ungebrochen fort, allerdings in einer dem sächsischen Selbstbewußtsein angemessenen Variation, die besagte, daß der sächsische Stamm durch seine Bekehrung den Franken gleich und das eigentliche Reichsvolk geworden sei.

«Widukind (von Corvey) entwickelt hier eine förmliche Translationstheorie; die Transferierung der Gebeine des heiligen Veit von St. Denis nach Corvey hat nach seiner Auffassung eine Translatio der europäischen Hegemonie von den Franken auf die Sachsen zur Folge. Otto der Große ist für Widukind *totius orbis caput*, seine Macht erstreckt sich nicht allein über die *Germania*, die *Italia* und die *Gallia*, sondern fast über ganz Europa. Das ist karolingischer Universalismus, wie die karolingische Provenienz eines jeden der hier verwendeten Begriffe, von *caput orbis* über die lateinischen Ländernamen bis hin zum Europabegriff, erkennen läßt.» (Beumann)

Auf Widukind geht auch die Neuformulierung des karolingischen «nichtrömischen Kaisergedankens» zurück, der auf der Vorstellung basiert, daß die wichtigste Voraussetzung für den Kaisertitel die Macht über mehrere Völker und Länder sei. Der stammesstolze Mönch von Corvey erwähnt deshalb Ottos Krönung durch den Papst mit keinem Wort, beschreibt aber um so ausführlicher, wie Otto nach der Schlacht auf dem Lechfeld von dem siegreichen Heer «zum Vater des Vaterlandes und Kaiser» ausgerufen wurde – ein Vorgang, der ihm wesentlich mehr bedeutet als der Festakt in der Peterskirche.

Wahrscheinlich gibt diese These, die die sächsischen Herrscher als «Großkönige über viele Könige» bestätigte, auch Ottos Grundauffassung wieder. Sie entsprach nicht nur seiner pragmatischen Eroberernatur, sondern auch der Struktur des Reiches, das ja schon unter seinem Vater Heinrich «rittlings auf der (lothringischen) Sprachgrenze saß» und damit weit in romanische Siedlungsgebiete hineingriff. Für das «supragentile Gebilde» des riesigen Ottonischen Reiches reichte diese etwas naive Formel aber nicht mehr aus, und so sah sich der Kaiser gezwungen, sie gleichsam mit römischen Traditionen aufzufüllen.

Die Deutschen des ottonischen Jahrhunderts hatten keine gute Meinung von ihren römischen Zeitgenossen. Sie verachteten sie von Herzen und dünkten sich ihnen militärisch und moralisch weit überlegen. Die Stadt des Heiligen Vaters war für sie ein schillernder Sumpf, eine Kapitale der Unmoral und der verderbten Sitten, ja das Babylon der Sünde schlechthin.

Percy Ernst Schramm, der Göttinger Historiker, zitiert in seinem verdienstvollen Buch «Kaiser, Rom und Renovatio» die geharnischte Rede Liutprands an den Basileus von Byzanz, der ihm vorgeworfen hatte, kein Römer zu sein. Rom sei aus Brudermord und Unzucht hervorgegangen und als Asyl für Verbrecher und Verkommene herangewachsen, begann Ottos Sondergesandter seine bitterböse Replik. «Wir aber, wir Langobarden, Sachsen, Franken Lothringer, Bayern, Schwaben und Burgunder verachten sie so, daß wir für unsere Feinde... kein anderes Schimpfwort haben als ‹Römer›, denn mit diesem einen Namen... fassen wir alles zusammen, was es an Gemeinheit, Feigheit, Geiz, Prunksucht und Verlogenheit gibt.»

Harte, polemisch zugespitzte Worte, die aber Gewicht haben; sie stehen nämlich in Liutprands offiziellem Gesandtschaftsbericht, dürften also, da sie für das Ohr des Herrschers bestimmt waren, auch dessen Meinung entsprochen haben.

Aber die kalte Verachtung für die lebenden Römer schloß die Bewunderung für die toten Römer nicht aus. Das Imperium der großen Caesaren, dieser unvergessene Hort der Ordnung, Kraft und Disziplin, stand auch am ottonischen Hof in hohem Ansehen. Für die Kirche zumal war und blieb es das mythische Land ihrer Geburt und ihres frühen Triumphes, das zu erneuern der Endzweck der Weltgeschichte war.

Holtzmann verweist in diesem Zusammenhang auf die große Bedeutung, die das christliche Mittelalter dem siebenten Kapitel des Buches Daniel beimaß, das des Propheten Traum von den vier Weltreichen beschreibt. «Daniels Traum... wurde seit Hippolithus und Hieronymus so verstanden, daß damit die vier großen Weltmonarchien gemeint seien, deren Aufeinanderfolge den Gang der Weltgeschichte ausmache: das assyrisch-babylonische, das medisch-persische, das griechisch-makedonische und das römische Reich, das mithin bis zum Ende dieser Welt dauern sollte. Das römische Reich, ein christliches Reich seit Konstantin dem Großen, durch Karl den Großen an die Franken gelangt, muß und wird erhalten bleiben. Es ist eine Pflicht vor Gott und dem christlichen Volk, sich seiner anzunehmen ... Das war die Überzeugung der Zeit.»

Wie lebendig – und damit eine aktuelle politische Macht – solche Vorstellungen waren, bezeugt auch ein Brief des (zum Gorzer Kreis gehörenden) lothringischen Abtes Adso an Ottos Schwester Gerberga, der den Fortbestand des römischen Imperiums fordert, um das Kommen des Antichrist aufzuhalten – das römische Kaisertum aber werde derzeit durch das fränkisch-sächsische Königtum vertreten.

Auch indirekt ist die Wirksamkeit dieser Ideen schon für Ottos Regierungszeit vielfach zu belegen. Man begann damals, die fränkisch-sächsische Herrscherwürde sozusagen römisch auszustaffieren und die vom Altertum ausgebildeten Formen für das öffentliche Leben zu übernehmen. So eröffnete (um Schramm zu zitieren) «die Erneuerung des Kaisertums von 962 eine neue Epoche der Rezeptionen ... in der antike Hoheitsabzeichen und Bilder, Ehrennamen und Titel, Symbole und Theorien auf den abendländischen Kaiser übertragen wurden». Schließlich geht ja auch Widukinds «sächsische» Kaisertheorie auf eine der Antike entlehnte Vorstellung zurück: daß ein Kaiser nämlich von seinen Soldaten ausgerufen und als Herrscher eingesetzt werden kann.

Am anschaulichsten zeigen die in den Quellen gebrauchten Titel das allmähliche Wachsen des römischen Überbaues an. Papst Johannes XII. pries Otto als *den dritten Augustus nach Konstantin* (und Karl dem Großen), die kaiserliche Kanzlei führte die Beinamen *magnus* und *maximus* ein, und als Otto 965 für ein Jahr nach Deutschland zurückkehrte, nannte er sich *Imperator Augustus*. Einen weiteren sehr wichtigen Schritt tat sein Sohn Otto II. (der nur zehn Jahre und nicht sehr glücklich regierte): «Seit März 982 gewöhnte sich die italienische Kanzlei des Kaisers daran, seinem Titel die Bezeichnung ‹Romanorum› beizusetzen ...»

Fortan «gab es also in Byzanz und im Abendland zugleich einen ‹Kaiser der Römer›». Das heißt: es war damit «die immer noch denkbare Möglichkeit aufgehoben, daß das abendländische Kaisertum sich als ‹Imperium christianum› im Geiste Karls des Großen ... entwickelt hätte».

Aber nicht Otto II., sondern sein Sohn Otto III. ist als der Planer der *Renovatio Imperii Romanorum* in die Geschichtsbücher eingegangen. Erst im Jahrfünft zwischen 996 und 1001 gewannen die auf die Erneuerung des römischen Reiches gerichteten Gedanken «Dimension und Gewicht» und damit «reale Bedeutung für das ganze Reich».

Ein neuer Alexander fand seinen Aristoteles

Wer war dieser dritte Otto, der mit drei Jahren König, mit sechzehn

Jahren Kaiser wurde und mit einundzwanzig Jahren starb – ein Phantast, ein Weltbeweger, ein Genie, ein Träumer, ein Scharlatan?

Sein Vater Otto II., nach Haller ein «hochbegabter und trefflich unterrichteter» Herrscher, hat nur zehn Jahre regiert. Vier Jahre davon benötigte er, der Krone in Deutschland Respekt zu verschaffen, ein weiteres Jahr, um einen Anschlag Frankreichs auf Lothringen abzuwehren: Ende 978 belagerte er Paris, das Ottos Heerhaufen und Klerikerscharen auf dem Montmartre rauhe «Hallelujas» grölen hörte.

Erst 980 kam er dazu, in Italien nach dem Rechten zu sehen – ein Unternehmen, das denkbar unglücklich verlief. Wohl gelang es ihm, die aufsässigen Römer wieder an die Macht des Reiches zu gewöhnen, doch als er 982 nach Apulien einrückte, um die Sarazenen zu vertreiben, verlor er die fast schon gewonnene Schlacht bei Cotrone, in der er sich selbst mit knapper Not schwimmend auf einen byzantinischen Frachter rettete.

Ein Jahr später, am 7. Dezember 983, ist er, nur achtundzwanzig Jahre alt, am Malariafieber gestorben. In einem Porphyrsarg, der «am östlichen Eingang zum Paradies des Hauses von St. Peter» der Erde übergeben wurde, fand er als einziger deutscher Kaiser seine letzte Ruhe in Rom.

Die Nachricht vom plötzlichen Tod des Herrschers, an dem der behandelnde römische Arzt wohl nicht ganz schuldlos war, traf drei Wochen später in Aachen ein, gerade als man dort zum Krönungsmahl für den dreijährigen König Otto III. rüstete. Und natürlich begannen noch am selben Tag allerlei Machenschaften, um das königliche Kind und mit ihm die liudolfingische Familie zu entmachten. Wieder war es ein deutscher Herzog, Heinrich der Zänker von Bayern, der sich bei diesen Manövern besonders hervortat, wieder ein deutscher Kirchenfürst, Erzbischof Willigis von Mainz, der energisch um die Macht der Krone kämpfte und schließlich durchsetzte, daß die Byzantinerin Theophanu für ihren unmündigen Sohn die Regentschaft übernahm: eine Aufgabe, die sie bis zu ihrem Tod im Jahr 991 mit männlicher Entschlossenheit versah.

Ihr Verdienst war es auch, daß der junge König eine hervorragende Ausbildung erhielt, an der vor allem der nachmalige Bischof Bernward von Hildesheim Anteil hatte. Als Otto III. 995, nunmehr fünfzehnjährig, die «Schwertleite» empfing und damit – «ein frühreifer Jüngling von ungewöhnlichen Gaben» – mündig wurde, war er also so gut wie damals nur möglich auf sein schweres Amt vorbereitet. Trotzdem überrascht, mit welcher Kühnheit und welchem Ideenreichtum er sich den Aufgaben stellte, die bereits auf ihn warteten.

Noch im selben Jahr zog er nach Italien, alarmiert durch den stereotypen Hilferuf eines vertriebenen Papstes, der, als Otto in Pavia eintraf, allerdings schon gestorben war. Noch im kaiserlichen Lager in der alten langobardischen Hauptstadt ließ der kaum den Knabenstiefeln entwachsene König den Nachfolger wählen, und zwar einen Deutschen, seinen Vetter Brun von Kärnten, einen Enkel des roten Konrad. Eine Herausforderung ohnegleichen, aber das Unerwartete geschah: angesichts der deutschen Waffen akzeptierten die Römer den Deutschen auf dem Stuhl Petri und ließen es widerspruchslos geschehen, daß er seinen jungen Verwandten zum Kaiser krönte.

Den fälligen Aufstand lieferten sie gewissermaßen nach: kaum hatte der sechzehnjährige Caesar sich wieder nordwärts gewandt, erhoben sie sich und proklamierten in der etwas obskuren Figur des ehrgeizigen Griechen Johannes Philagatos einen Gegenpapst, wahrscheinlich im Einverständnis mit dem byzantinischen Gesandten Leo, einem Meister der diplomatischen Kulisse, dessen Intrigen darauf schließen lassen, daß man «auch im Byzantinischen Reich» noch immer an «eine Renovatio des römischen Reiches» dachte.

Otto befand sich indessen auf einem Feldzug gegen die Elbslawen, einer der alljährlich wiederkehrenden Straf- und Missionsaktionen, die keiner besonderen Erwähnung bedürfte, wenn ihn nicht ein Mann begleitet hätte, der ihn tief und nachhaltig beeindruckte: der aus seiner Diözese vertriebene Erzbischof Gerbert von Reims.

Gerbert war der größte Gelehrte seiner Zeit, die seine profunden Kenntnisse in der Mathematik, Astronomie und Philosophie nur als Teufelswerk erklären konnte, und ein seltsamer Fremdling auf der Bühne des ausgehenden 10. Jahrhunderts: ein geistreicher, zuchtvoller und rationaler Kopf, dem Plato und Cicero mehr bedeuteten als die Verheißungen der Bibel oder die eruptiven Schriften der Kirchenväter. Otto selbst hatte ihn gerufen, mit dem vielsagenden Satz, er brauche «einen Anbläser, der den Funken in ihm entfache». Nun wurde schon während der Dispute im Feldlager der Bund zwischen König und Kirchenfürst geschlossen, «ein Bund zwischen Kaiser und Philosophen...», der die im Mittelalter gern zitierte Forderung Platos zu verwirklichen schien, daß die Könige Philosophen und die Philosophen Könige werden müßten, um eine ideale Herrschaft herbeizuführen. Otto, jung, nach großen Gedanken begierig, nach Taten dürstend – ein neuer Alexander hatte seinen Aristoteles gefunden.» (Schramm)

Was dieser Bund für den Kaiser und die Romanisierung der Kaiseridee bedeutete, zeigte sich schon bei den Verhandlungen, die noch im selben Jahr mit Leo, dem mit allen Wassern byzantinischer Advokaten-

«Unser, unser ist das Römische Reich»

kunst gewaschenen Sondergesandten des Basileus, in Aachen geführt wurden. Offiziell ging es, wie schon einmal, um eine griechische Braut für den deutschen Kaiser. Inoffiziell aber weitete sich, wie schon einmal, das Gespräch zu einer Auseinandersetzung über die Position der beiden Caesaren aus. Während Liutprand dem oströmischen Herrscher in geharnischter Rede erklärt hatte, wie sehr die Deutschen alles Römische verachteten, stellte Gerbert seinen König als den eigentlichen Imperator der Römer dar – ein Stellungswechsel, der das deutsche Kaisertum von Grund auf «umprogrammierte».

Das Pro und Kontra der sicherlich recht hitzigen Diskussionen ist nicht überliefert. Die Historiker kennen jedoch eine sozusagen für den Dienstgebrauch entworfene und Otto dedizierte Schrift, die Gerberts Gedanken unmißverständlich wiedergibt. Gerberts Dokumentation ist – nach Schramm, der dem Jahrfünft Ottos III. ein Drittel seines drei Jahrhunderte umfassenden Buches gewidmet hat – «ein unverkennbarer Widerhall dessen, was der Byzantiner zum Ruhme des Basileus vorgebracht hatte: er muß behauptet haben, daß sein Herrscher der wahre Nachfolger der Caesaren sei».

«Das widerlegte Gerbert durch den Hinweis, daß alle Länder, die die alten Römer beherrscht hatten, nun dem abendländischen Kaiser gehorchten:

‹Kräfte spendet das früchtereiche Italien, das männerreiche Gallien und Germanien, und nicht fehlen uns die tapferen Reiche der Skythen (das heißt der Slawen).› Daraus ergab sich ihm die Folgerung: ‹Unser Kaiser der Römer und Augustus bist Du, o Caesar, der Du aus dem edelsten Blut der Griechen stammst, der Du an Macht über die Griechen obsiegst, den Römern kraft Erbrecht befiehlst und beide durch Geist und Beredsamkeit überragst.›»

«Alles kam zusammen, um Ottos bessere Rechte darzutun: die Geschichte, die Macht, das Blut, das Erbrecht und der Anspruch, den die vollkommenere Persönlichkeit auf die Herrschaft hat. Nicht den Byzantinern gehörte der Titel *Kaiser der Römer*, sondern: ‹Unser, unser ist das Römische Reich!›»

Die weiteren Ereignisse lassen erkennen, auf welch fruchtbaren, aufnahmebereiten Boden diese Worte des Franzosen Gerbert gefallen sind. Nach Rom zurückgekehrt (wo der griechische Gegenpapst geblendet und schrecklich entstellt zu einem schimpflichen Eselsritt gezwungen wurde), schuf Otto seinen Ansprüchen die sichtbare Form. Die Ewige Stadt wurde so etwas wie seine Dauerresidenz.

Er wohnte in einem Palast auf dem Aventin, «inmitten ehrwürdiger Kirchen und Klöster», führte ein an antiken Vorbildern orientiertes Hofzeremoniell ein, speiste – zumindest bei festlichen Gelegenheiten –

wie ein Halbgott an einer erhöhten Tafel, «die wie ein Halbkreis gemacht war», unterzeichnete nach altrömischem Muster als *Imperator Romanus, Saxonicus* oder *Italicus*, dekorierte auch seine Umgebung mit römischen Titeln, indem er beispielsweise einen *magister militum*, einen *praefectus navalis*, einen *imperialis palatii magister* ernannte. Sein Palast wurde als *sacrum palatium* gleichsam heiliggesprochen, Rom ohne Umschweife wieder *caput mundi*, also Hauptstadt der Welt, genannt.

Am eindrücklichsten erweisen die (von Schramm untersuchten) Bullen, Bilder, Briefe, Urkunden und Staatspoeme dieser Jahre Ottos leidenschaftliche Bemühungen um die Romanisierung der Staatsfassade. Eine nach byzantinischem Muster neu eingeführte Metallbulle ließ er mit einem Bild Karls des Großen und der programmatischen Inschrift *Renovatio Imperii Romanorum* versehen. Eine andere Bulle schmückte

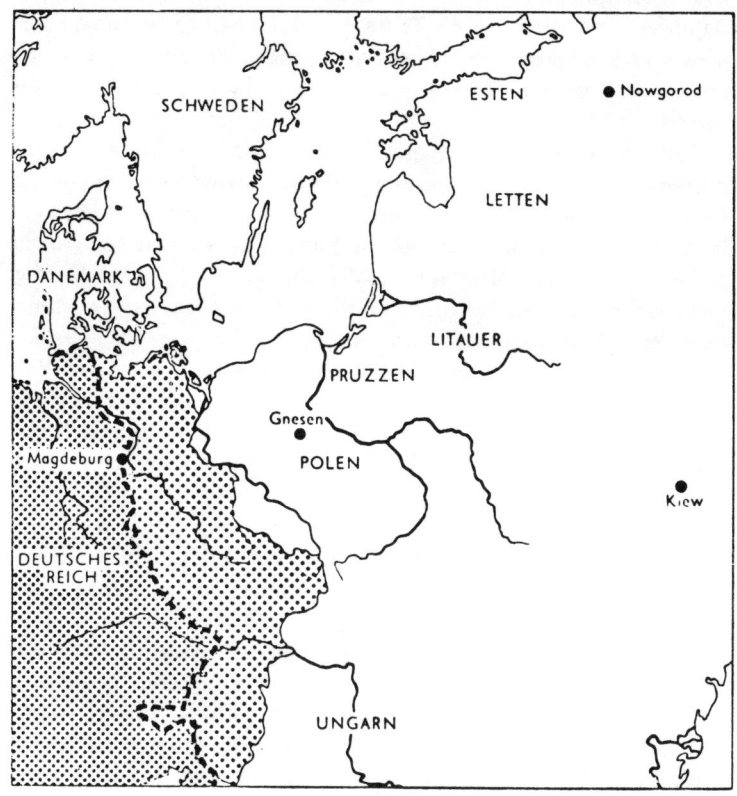

Abb. 11: Die Ostgrenze des Reiches und seine Grenzmarken um 1000. Das Erzbistum Magdeburg wurde 968 zur Bekehrung der Slawen eingerichtet.

sein eigenes Porträt und die Umschrift *Aurea Roma*. Eine päpstliche Urkunde aus dem Jahre 998 hat der junge Herrscher mit dem voluminösen Satz «ego Otto dei gratia Romanorum imperator augustus subscripsi» bestätigt – «ich Otto von Gottes Gnaden der Römer Kaiser Augustus habe unterschrieben».

Der Plan der *Renovatio*, für den Otto in dem Bischof Leo von Vercelli einen weiteren »federgewandten Verfechter» fand, schloß die Erneuerung der Kirche ein. Wahrscheinlich suchte der junge Kaiser auch in dieser Hinsicht vor allem die Gedanken seines väterlichen Mentors Gerbert zu verwirklichen, den er nach dem Tod des päpstlichen Vetters kurzerhand zum Apostelfürsten beförderte. Gerbert nahm den Namen Silvester II. an und stellte damit eine weitere Beziehung zwischen Otto und dem einstigen Imperium her; denn der erste Silvester war jener (vierunddreißigste) Bischof von Rom, der nach der kirchlichen Legende dem ersten christlichen Kaiser des Reiches, Konstantin dem Großen, im Baptisterium am Lateran die Taufe spendete – eine Erinnerung, die in diesem in Symbolen und Zeichen schwelgenden Zeitalter einen weiteren unüberhörbaren Beitrag zur Neuformulierung der Kaiseridee leistete.

Auch Ottos vielzitierter Zug nach Gnesen (wo er im Jahre 1000 das gleichnamige polnische Erzbistum gründete, nachdem er zuvor am Grabe des heiligen Adalbert von Prag inbrünstig gebetet hatte) gilt heute als «eine Tat für die römische Sache», als ein weiterer «Schritt zur *Renovatio*». Die Missionierung der Ostvölker sollte einen Kordon von Ländern schaffen, denen die «Rolle von Freunden und Verbündeten» des Reiches zugedacht war. Herzog Boleslaw von Polen erhielt demnach den Titel «Freund und Bundesgenosse des römischen Volkes» und wurde überdies zum *cooperator imperii* ernannt: zum Stellvertreter des Kaisers in Polen. Als Zeichen der neuen imperialen Würde schenkte Otto ihm überdies einen goldenen Stirnreif und eine Nachbildung der Heiligen Lanze Konstantins.

Otto selbst nannte sich nach der Gnesenfahrt *servus christi* und «nach dem Willen Jesu Christi römischer Kaiser, der heiligen Kirche frömmster und getreuester Ausbreiter». Später fügte er seinem reichen Titelsortiment noch die Bezeichnung *servus apostolorum* hinzu, mit der er sich dem Apostel Petrus und seinem Mitapostel Paulus direkt unterstellte: eine hintergründige Formulierung, die bei näherer Betrachtung erkennen läßt, daß mit solchen Titeln harte Politik gemacht wurde. Als «Diener der Apostel, insonderheit ihres Hauptes, des Apostels Petrus, der als der eigentliche Herr im *patrimonium Petri* ... galt», war der junge Otto auch im Kirchenstaat die letzte und höchste Instanz. Der Papst besaß «weltliche Herrschaftsrechte nur, soweit sie ihm vom

Kaiser überlassen» wurden, «und unter kaiserlichem Obereigentum, gerade so wie bei den deutschen Reichskirchen». (Holtzmann)
Bei aller Frömmigkeit und missionarischen Hingabe an die Kirche hat der junge Schwarmgeist die Souveränität des Kaisers gegenüber dem Papst also nicht in Frage gestellt, ja er hat sie sogar bekräftigt und in diesem Punkt mit ebensoviel Raffinement wie Energie die Politik Karls des Großen fortgesetzt. So mag sich auch sein für das mittelalterliche Denken geradezu ungeheuerlicher Entschluß erklären, nach der Gnesener Reise das Grab Karls in der Aachener Pfalzkapelle öffnen zu lassen: ein Ereignis, das die Zeitgenossen tief bewegt und heftig empört hat.

Des Kaisers erster Schwertträger, auf gut byzantinisch *Protospathar* genannt, hat zwei Jahrzehnte später den erregenden Vorgang in der Chronik des oberitalienischen Klosters Novalesa beschrieben. «Wir traten bei Karl ein. Er saß auf einem Hochsitz, als lebe er. Er war mit goldener Krone gekrönt, hielt das Szepter in den Händen mit angezogenen Handschuhen, durch die bereits die Fingernägel durchbohrend herausgekommen waren. Über ihm war eine Decke, aus Kalk und Marmorstein gut verfertigt... Als wir dann zu ihm hineinkamen, empfanden wir einen sehr starken Geruch und richteten sofort ein Gebet an ihn mit gebeugten Kniekehlen. Dann bekleidete ihn Kaiser Otto mit weißen Gewändern, schnitt ihm die Nägel und stellte alles Fehlende um ihn wieder her... Aus seinem Munde zog er einen Zahn, dann ließ er die Decke wiederherstellen und ging.»

Die Öffnung des Karlsgrabes war die spektakulärste Tat des jungen Herrschers: wenn nicht der äußere, so der innere Höhepunkt seines kurzen, meteorischen Daseins. Kein anderes Ereignis bezeugt derart eindrücklich seine Begabung, Symbole zu schaffen und Zeichen zu setzen, und gewährt zugleich einen so tiefen Blick in seine mystische Vorstellungswelt. Kein anderes Ereignis zeigt aber auch so deutlich, wieweit er sich bereits in unrealisierbare politische Träume verirrt hatte.

Im Oktober des Jahres 1000 traf er wieder in Rom ein. Drei Monate später, in den ersten Tagen des Jahres 1001, erlebte er dort die herbste Enttäuschung seines Lebens. Das mit soviel Fleiß, Energie und Begeisterung aufgebaute Luftschloß einer *Renovatio* des Imperiums brach zusammen. Die Römer empörten sich erneut und schlossen Otto in seinem Palast ein. Es gelang ihm jedoch, zur Engelsburg durchzubrechen (wobei Bischof Bernward von Hildesheim die Heilige Lanze trug) und sich hinter den zyklopischen Mauern des Hadriangrabmals zu verschanzen. Von dort hielt er eine (durch Bernwards Biographen Thankmar überlieferte) Rede an die aufständischen Römer, die zu den histo-

Otto III. – Not und Größe eines Zeitalters

risch bedeutsamsten Dokumenten dieser Zeit gehört – eine Rede, in der die ganze Tragik der deutschen Kaiserpolitik im Mittelalter beklemmend lebendig wird.

«Seid ihr nicht meine Römer? Euretwegen habe ich mein Vaterland und meine Nächsten verlassen. Aus Liebe zu euch habe ich meine Sachsen und alle Deutschen, mein Blut, hintangesetzt, ich habe euch in die entlegenen Teile unseres Kaiserreiches geführt, wohin eure Väter... niemals den Fuß gesetzt haben... Euch habe ich als Söhne angenommen, euch allen vorgezogen... Und nun, zum Dank für alles dies, habt ihr euren Vater verworfen, meine Freunde mit grausamem Tod aus dem Wege geräumt und mich ausgeschlossen, obwohl ihr mich gar nicht ausschließen könnt, weil ich euch, die ich mit väterlicher Liebe umfasse, niemals von meiner Zuneigung entfernen lasse.»

Das traurige Finale, das diesem Sturz folgte, setzte nur den Schlußpunkt unter eine Entwicklung, die dem kaiserlichen Jüngling, diesem «Mystiker auf dem Caesarenthron», bereits entglitten war. Von Herzog Heinrich von Bayern und dem Markgrafen von Toscana aus seiner bedrängten Lage befreit, zog er sich aus Rom zurück und suchte Stärkung beim heiligen Romuald, einem glaubensstarken Asketen, der wie ein Sumpfschrat in der Poniederung hauste. Es heißt, daß Otto damals den Plan gefaßt habe, auf alle Würden dieser Welt zu verzichten und in Jerusalem ein Leben als unbekannter Mönch zu führen.

Doch dann erkrankte er, auf einer Burg vierzig Kilometer nördlich von Rom, vielleicht an den Blattern, vielleicht an der Pest. Noch nicht zweiundzwanzig Jahre alt, tat er am 24. Januar 1002 den letzten Atemzug, «heiteren Angesichts und fest im Glauben», wie der Chronist berichtet. Mit dem toten Kaiser wurden alle seine hochfliegenden Pläne fürs erste eingesargt. Der von Erzbischof Heribert von Köln geführte Leichenzug mußte sich den Weg zu den Alpen durch aufrührerisches Land bahnen. Mehr als zwei Monate brauchte das Geleit, bis es in Köln eintraf, wo Heribert den Leichnam «des Römers» aufbahren ließ. Im Chor der Aachener Pfalzkapelle, nahe dem Grab Karls des Großen, fand der Sohn eines Sachsen und einer Griechin am Ostersonntag des Jahres 1002 seine letzte Ruhe: ein Himmelsstürmer, ein genialer Träumer, ein Gescheiterter – ein Kaiser der Deutschen.

Otto III. hat schon zu Lebzeiten harte Kritik erfahren. Wahrscheinlich ist er mit seinem frühen Tod einem Aufstand in Deutschland zuvorgekommen, dessen schwertgewohnter Reichsadel die neue Art der Rompolitik weder billigte noch begriff. Bis heute neigen die deutschen Geschichtsbücher dazu, diesen Kaiser als einen unreifen, von kirchlichen Beratern gegängelten Phantasten abzutun. Die Forschungen der letzten Jahrzehnte haben dem Steckbrief des kühnen Schwärmers jedoch eine Reihe neuer Züge hinzugefügt. Man ist sich zwar darüber einig, daß er einer Utopie nachjagte und daß der festgefügte Staat Ottos des Großen bereits gefährliche Risse aufwies, als der Enkel einem heftigen Fieber und einer noch heftigeren Enttäuschung erlag. Doch wird auch seine schöpferische Intelligenz anerkannt, seine Begabung, Probleme konsequent zu Ende zu denken, und die Fähigkeit, das materielle Gewicht scheinbarer juristischer Spitzfindigkeiten zu begreifen.

«Nimmt man die Deutung, die Otto III. seinem Amte auf der Höhe seiner Macht gegeben hat, so erweist sie sich als eine der gedankenreichsten und tiefsten Konzeptionen, zu denen das kaiserliche Lager im Mittelalter gelangt ist. Es bleibt bewundernswert, wie Römisches, Karolingisches, Ottonisches und Christliches zu einer in sich geschlossenen Einheit zusammengefügt und Entgegengesetztes wie das ganze System der kaiserlichen Schenkungen mit scharfsinniger Argumentation aus dem Wege geräumt worden ist. Erst dadurch ist die geistige Kraft, die seit alters an dem Kaisertitel haftete, die aber bei der Erneuerung des Jahres 962 nur zu einem Teil wieder wirksam wurde, lebendig gemacht worden.» (Schramm)

Mit anderen Worten: Wenn das abendländische Kaisertum fortan eine «Ideologie» hatte, wenn das Römerreich der Deutschen als eine in den Plan Gottes gehörende Aufgabe angesehen wurde, wenn das Mittelalter in der zeitlichen Geschichte einen überzeitlichen Sinn entdeckte und hinter der Idee eines christlichen Einheitsreiches die Umrisse eines künftigen augustinischen Gottesstaates zu erkennen glaubte, wenn es überzeugt war, daß es eine irdische Ordnung gebe, «die das himmlische Heil wo nicht verbürge so doch vorbereite», so war das nicht zuletzt ein Werk des dritten Kaisers Otto.

Freilich hat er das Programm der *Renovatio* nicht «erfunden». Die Gedanken, die er zu verwirklichen oder wenigstens zu repräsentieren suchte, waren latent längst vorhanden. Ottos Strahlungskraft ist also nicht zuletzt darauf zurückzuführen, daß er wie ein Brennspiegel wirkte: er bündelte die Gedanken und Erleuchtungen seines Zeitalters und warf sie verstärkt zurück.

Das heißt: er verkörperte «das spezifisch Mittelalterliche... die Probleme seines Lebens» waren (um noch einmal Percy Ernst Schramm zu zitieren) «letzthin die Probleme seines Zeitalters – so der Wille, die Welt nach einem Plan zu gestalten, statt aus ihr selbst die Erfahrung zu sammeln, durch die sie sich bezwingen läßt; so das Vertrauen, daß ein im Sinne Gottes unternommenes Werk nicht fehlgehen könne; so endlich die Verzweiflung, als aus der Entwicklung der Dinge die Mißbilligung Gottes herauszutreten schien: diese Verzweiflung, die Otto III. von der Weltheiligung zur Weltflucht geführt hat».

«Mag das Urteil über Otto als Staatsmann offenbleiben müssen, als Mensch hebt er sich trotz seiner Jugend aus der Reihe der Kaiser heraus, weil er – geführt durch die Konsequenz des Denkens und getrieben durch die religiösen Kräfte seiner Generation – deutlicher als jene zum Ausdruck gebracht hat, was seine Zeit bewegte. Gerade durch seine unverwirklichten Pläne und die innere Krise, der er nicht mehr Herr geworden ist, wuchs Otto III. über sich selbst hinaus, denn in seinem Leben deckte er Größe und Not seines Zeitalters auf.»

Der Gunzenlee: Aufmarschplatz der deutschen Italienheere

Die Eingeweide Ottos III. wurden in der Ulrichskapelle in Augsburg beigesetzt, neben den sterblichen Resten des Bischofs, der – «Kriegsherr und Priester zugleich» – seine Stadt in den gefährlichen Augusttagen des Jahres 955 so mannhaft und zuversichtlich verteidigte. Dort, im Komplex der aus dieser Zelle hervorgegangenen St.-Ulrichs- und Afra-Kirche, liegt auch die einzige Erinnerungsstätte im heutigen Augsburg, die (von einigen Domteilen abgesehen) schon der ottonischen Welt angehörte: die um 800 entstandene Godehardkapelle.

Auf dem Lechfeld sieht sich der Besucher vergebens nach Zeugen aus dieser Zeit um. Selbst der *Gunzenlee* – das Gelände an der großen Grabhügelgruppe, in dem die Ungarn ihr Lager aufgeschlagen hatten – lebt nur in der Überlieferung weiter: das allerdings sehr intensiv und sehr lebendig. Denn die Chronik des *Gunzenlee* enthält eine Reihe von Daten, die ihm weit über die schwäbisch-bayerische Region hinaus einen Platz in der Geschichte des mittelalterlichen Reiches gesichert haben.

Schon um 900, unter Arnulf von Kärnten, war die weite, flache Schotterebene im Umkreis des Hallstatthügels der traditionelle Versammlungsort der deutschen Heere, die von hier aus auf den alten Römerstraßen über den Brenner nach Italien zogen. Die sächsischen, salischen und staufischen Herrscher, sie alle haben ihre Heerzüge über die Alpen in der Regel auf dem Lechfeld begonnen und hier auch die großen Reichstage abgehalten, die diesen Waffenfahrten vorangingen.

Die Geschichte des *Gunzenlee* nennt auch eine Reihe großer Feste, die auf den tellerflachen Fluren zwischen den Gräbern der Altvorderen mit kirchlichem und weltlichem Gepränge gefeiert wurden. Herzog Heinrich der Stolze – Vater Heinrichs des Löwen – heiratete hier 1127 die Tochter Kaiser Lothars III., Herzog Philipp von Schwaben 1197 die griechische Kaisertochter Irene, König Konrad IV. 1246 die Wittelsbacherin Elisabeth. Herzog Welf VI. beging 1173 und 1175 auf dem Platz am *Gunzenlee*, der damals längst auch als Gerichtsstätte und «Königsstuhl» diente, zwei seiner berühmten Pfingstwochen. Kurzum: außer den Mainzer Rheinwiesen gab es im mittelalterlichen

Deutschland keine zweite Feststätte, die von den Chronisten und Urkundenschreibern so oft genannt wird wie der *Gunzenlee*. Barthel Eberl hat in seinem Lechfeldbuch die Termine von mehr als 120 Haupt- und Staatsaktionen zusammengestellt, die allesamt vor den Toren von Augsburg zu lokalisieren sind.

Noch 1401, ziemlich genau fünfhundert Jahre nach dem Italienzug Arnulfs von Kärnten, bestimmten die «Ladschreiben» Rupprechts von der Pfalz den *Gunzenlee* zum Sammelplatz des letzten Italienheeres, das ein deutscher König über die Alpen führte. Als wollte er das Ende der deutschen Italienpolitik auch äußerlich dokumentieren, riß der Lech zwei oder drei Jahrzehnte später den Thinghügel weg und schuf, da er gleichzeitig sein steiniges Bett nach Westen verlegte, eine völlig neue Landschaft. Immerhin waren von den Hallstattgräbern am *Gunzenlee* 1827 noch fünfzehn sichtbar. Heute sind auch sie verschwunden.

Das von den Lechüberschwemmungen immer wieder heimgesuchte Gelände hat bisher auch nur wenige, sehr wenige Bodenfunde freigegeben. Keine Gräber, die man mit den ungarischen Raubfahrten in Verbindung bringen könnte – bis auf eine einzige Bestattung bei Inningen, die sieben «wirr ineinander gepackte» Skelette enthielt: Ungarn, die auf der Flucht erschlagen wurden? Keine Einzelfunde, bis auf eine große Zahl kleiner Hufeisen – vielleicht (aber keineswegs sicher) die Eisen der ungarischen Pferde, deren Hufe «die Erde erdröhnen» ließen?

Die Bodenforscher kennen lediglich die Reste einiger jener Fluchtburgen, die dem ottonischen Heer am zweiten Tag der Lechfeldschlacht als Stützpunkte dienten: den »Burgstall» zwischen Prittriching und Unterbergen, die beiden «Schloßberge» im Meringer Hart, den «Fuchsberg» und den «Eierberg» bei Kissing, das «Schänzle» am Paardurchbruch, und wie die Wallanlagen von einst heute alle heißen.

Der «ungeführte» Besucher findet nur drei Merkpunkte: die Afrakirche südlich Friedberg, etwa fünfhundert Meter östlich der Bundesstraße 2 – eine Kirche, die vielleicht noch zum *Gunzenlee*gelände gehörte; den *Gunzenpühel*, eine Erhebung zwischen Bundesstraße und Lech, die nach der Demontage des *Gunzenlee* die Rolle des Grenzhügels übernahm; und ein Gasthaus namens *Gunzenlee*: eine freundliche, recht komfortable und vor allem von Autofahrern frequentierte Herberge, die ihr Foyer und die Rückseiten ihrer Getränkekarte mit einem kurzen Text über die historische Bedeutung dieses Hügels und der Lechfeldschlacht geschmückt hat.

Eine recht umfangreiche, internationale Getränkekarte, die außer polnischen und russischen, jugoslawischen und türkischen Schnäpsen sogar Spirituosen aus Mexiko und Südafrika verzeichnet. Ungarn, die

Heimat des auf dem Lechfeld geschlagenen und aufgehängten Horka Bulcsu, ist darauf mit einem *Barack* vertreten, einem Aprikosenbranntwein, von dem es heißt, daß er schnell in die Beine geht und, im Übermaß genossen, einen Schädelschmerz erzeugt, der an das Gestampfe und Getrappel eines ungarischen Reiterrudels erinnert.

Viertes Kapitel

BAMBERG GALT ALS DER NABEL DES REICHES

Das Panorama der ottonischen Stadt

Das Lächeln der heiligen Kunigunde · Ein Stützpunkt an der Slawengrenze · Herzog Heinrich – «Heil des Bayernvolkes» · Der Kaiser mit dem Heiligenschein · 1017: erste deutsch-russische Allianz gegen Polen · Unter kirchlichem Dach · Eines Königs Kniefälle · Rom an der Regnitz · «St. Kunigundens Seidenfaden» · Kombinat von Herrenburg und Kaufmannssiedlung · Die ottonischen Kirchenkränze · Kleriker und Kaufleute · Von der Romanik zum Barock · Kaiser Heinrich II. – Bambergs Ehrenbürger Nummer 1

Das erste menschliche Wesen, das nach dem Passieren der Bamberger Stadtgrenze den Weg kreuzte, war eine Bürgerin der Vereinigten Staaten: eine dunkelhäutige junge Dame aus «Onkel Toms Hütte», deren braune, buntbesockte Beine kraftvoll das Pedal eines hochgradig verchromten Fahrrades traten. Ihr folgte wenig später ein gummikauender Koloß mit Stichelhaar, der einen zum Baseballspiel hergerichteten Jungamerikaner an der Hand führte. Schließlich kreuzte ein ganzer Lastwagen voller GIs den Weg, eine wahre Enaksfuhre: Wandschränke in olivgrünen Uniformen, Tarzanpranken und unentwegt mahlende Kinnbacken.

Das Lächeln der heiligen Kunigunde

Es darf bekannt werden, daß diese Begegnungen am südlichen Stadtrand von Bamberg eine etwas bängliche Frage auslösten: War daraus zu folgern, daß die transatlantischen Heerscharen nun auch in Bamberg den Ton angeben, wie in Kitzingen und Kaiserslautern, in Gelnhausen und Heidelberg?

Schon der erste flüchtige Stadtbummel zerstreute diese Bedenken. Das Militär mit seinen Kasernen, Siedlungen und Übungsplätzen lebt außerhalb des magischen Bezirks, den das alte Bamberg noch immer bildet. Die Stadt ist sich gleichgeblieben. Zwar ist sie lauter und lärmender geworden, der Tourismus schlägt auch hier größere Wellen als früher, und die Autos wissen nicht wohin, wie überall in unserem klein und schmal gewordenen Land. Das Antlitz der Stadt aber ist unverändert, es hat den Zweiten Weltkrieg unverletzt überstanden, wie die heilige Kunigunde auf der Rathausinsel, die noch genauso lebensprall auf ihrem Postament steht wie ehedem; urwüchsig, kraftvoll und heiter wie die Stadt, die sie behütet.

Es ist nicht nur die heilige Kunigunde, die mild, verzeihend und ein wenig schelmisch auf den Strom der Passanten herablächelt, der unaufhörlich an ihr vorbeidefiliert. Viele barocke Heilige betrachten das Treiben der Welt zu ihren Füßen wohlgesonnen und gutgelaunt, so daß man manchmal den Eindruck hat, als hielten sie es mehr mit den Sündern als mit den Frommen. Viele kleine Hausmadonnen spenden den Vorübergehenden einen freundlichen, verständnisinnigen Blick, und wer die Augen nicht verschließt, entdeckt auch sonst noch manche Kostbarkeiten: schöne Giebel, reich ornamentierte Fassaden, prunkvoll verzierte Türen, festliche Fensterbekrönungen, auf- und abschwingende Gesimse, Blumenerker, merkwürdige Hauszeichen und Familienwap-

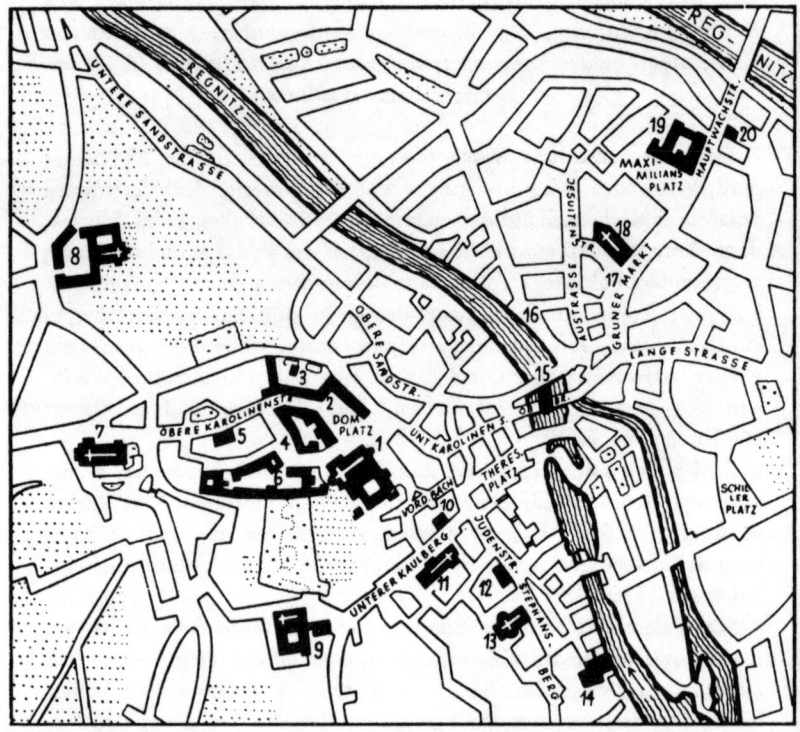

Abb. 12: *Der Bamberger Stadtgrundriß in seiner heutigen Erscheinung*
1 Dom; 2 Residenz; 3 Rosengarten; 4 Alte Hofhaltung; 5 Erzbischöfliches Palais; 6 Domherrenkurien; 7 St. Jakob; 8 Kloster und Kirche St. Michael; 9 Karmeliter-Kirche und Kloster; 10 Ebracher Hof; 11 Obere Pfarrkirche; 12 Böttinger Haus; 13 St. Stephan; 14 Concordia; 15 Rathaus auf der Oberen Brücke; 16 Am Krahnen; 17 Grüner Markt; 18 Jesuitenkirche St. Martin; 19 Priesterseminar; 20 Hauptwache

pen, gotische Muttergottesfiguren, Tore mit Renaissancebeschlägen, Akanthusvoluten, die sich in Eselsköpfe verwandeln, schattige Lauben, herrliche alte Höfe, und was sonst zum Bild einer jahrhundertealten Stadtlandschaft gehört, wo in einer einzigen kleinen und schiefen Gasse mehr Phantasie am Werke ist als in den quadratkilometergroßen akkuraten Neubauvierteln unserer Städte von heute.

Bamberg hat seine Besucher aber auch schon früher beeindruckt, als die Städte noch nicht auf dem Reißbrett entstanden. Von Albrecht von Eyb, dem ersten deutschen Humanisten, stammt das vielzitierte Wort: «Wenn Nürnberg mein wäre, wollt ich's in Bamberg verzehren.» Goethe empfahl seiner treusorgenden Hausfrau Christiane, Würzburg und Bamberg zu besuchen, damit sie «ein wenig Welt» sähe. Karoline Schelling schrieb ihrer Schwester Luise Wiedemann, daß Bamberg ihr «der liebste Ort» auf Erden sei. Karl Julius Weber, der Verfasser des *Demokritos* und der *Briefe eines reisenden Deutschen*, schrieb 1827 den vielsagenden Satz: «Bamberg liegt in einer der schönsten Gegenden Deutschlands, weit schöner als Würzburg, mitten in Gemüsegärten, Süßholz-, Fenchel- und Anisländern, beherrscht vom Kloster Michelsberg, und entzückt, zumal wenn man aus Sachsen kommt.» Karl Immermann behauptete, die Stadt stecke voller Raritäten «wie die Commode einer alten Großmama»; von Ferdinand Avenarius stammt die bewundernde Feststellung, daß «Bamberg an eigentlicher Stadtbaukunst eine der allerschönsten Städte Deutschlands» sei.

Auch Alfred Lichtwark war «wie berauscht von der Stadt», und als er abends beim Mondschein die «erste orientierende Wanderung» antrat, war ihm, als ob er «durch eine Lohengrindecoration» schritt. Seine empfindsame Wanderung endete da, wo alle Bamberger Wanderungen enden, am Domplatz, zwischen Dom und Neuer Residenz. «Und nun stand ich auf dem stark aufsteigenden Platz, zur Linken den romanischen Dom mit seinen vier phantastischen Türmen, gerade vor mir die Alte Hofhaltung, einen Bau der deutschen Frührenaissance, einstöckig, aber mit einem kräftig emporstrebenden, fast turmartigen Mittelbau, rechts die neue Residenz, einen kolossalen Barockbau, und als ich mich umsah, blickte ich über eine statuengeschmückte Mauer auf die Stadt hinab, die mit Türmen und Giebeln im dunstigen Mondlicht dalag, tief unten, weit bis zum Horizont sich hinschiebend... Der Domplatz im Mondschein, das war wirklich wie Lohengrin, nur viel schöner, weil der eine Theatermaler nicht so viel Phantasie haben kann wie ein erfülltes Jahrtausend.»

Auf dem Domberg zumindest hat sich seit Lichtwarks Mondscheinbummel im Jahre 1923 nichts geändert. Noch immer öffnet sich der dreiseitig begrenzte Domplatz zu einem der schönsten Plätze, den Natur und baumeisterliches Können auf dieser Welt geschaffen haben. Und noch immer bietet er an seiner offenen Seite – «wo die Aussicht zu schön war, um sie zu unterdrücken» – einen Blick, der wie nirgendwo sonst die ganze Vielfalt und den überquellenden Reichtum dieses Panoramas umfaßt. Bemooste, vielfältig ineinander verschachtelte Dächer, dazwischen die bizarren Schluchten der tiefliegenden, schiefwinkligen Gassen. Über den Dächern die spitzen Türme und barocken Helme der Kirchen. Dann das Alte Rathaus, mitten im Fluß auf einer kleinen Insel, an der Grenze zwischen der geistlichen und bürgerlichen Stadt. Dahinter die Regnitzinsel, auf der sich heute die Bamberger «City» ausbreitet. Und hinter der Regnitzinsel, jenseits des Flusses, die Haßberge und der Fränkische Jura. Zur Linken der vom Kloster Michelsberg majestätisch gekrönte Mönchsberg.

Kurzum: das vollkommenste Stadtgebilde, das es heute in Deutschland noch gibt. Und eine Landschaft, die der liebe Gott in einer glücklichen Stunde schuf und die er sozusagen selbst für eine Stadtanlage vorbereitete.

Ein Stützpunkt an der Slawengrenze

Es war sicher nicht die Gunst der Lage allein, die Kaiser Heinrich II. bestimmte, an dieser so sichtbar ausgezeichneten Stelle 1007 einen Bischofssitz zu begründen, doch haben Herz und Sinn für landschaftliche Schönheit seine Entscheidung fraglos mitbestimmt. Thietmar berichtet, daß der König schon als junger Mann das «*castrum* Babenberg besonders geliebt und vor den übrigen gehegt und gepflegt» habe.

Wie haben wir uns dieses *castrum* vorzustellen, und wie kam es zu der Gründung des Bistums Bamberg?

Der Name Babenberg ist Anlaß zu mancher munteren Fabelei gewesen. Da man sich Bamberg nicht anders als von Geistlichen beherrscht vorstellen konnte, hat man das Wort schon früh als *Papae mons*, das heißt Pfaffenberg gedeutet. Ein anderer tüchtiger Wortklauber setzte den Namen aus *mons Pavonis* zusammen, erfand also einen nicht näher begründeten Pfauenberg, um die Bezeichnung Babenberg und damit Bamberg zu erklären. Nach einer anderen Deutung war eine slawische Göttin namens Baba Taufpatin der frühen Siedlung. Auch ein 819 genannter Graf Poppo ist als Namensspender zitiert worden. Die Wissenschaft hält jedoch von all diesen Ableitungen nichts und begnügt sich damit, irgendeinen unbekannten Pabo (oder ähnlich) als Ahnherrn anzusehen.

Das *castrum* der Babenberger dürfte um 900 entstanden sein, in der Zeit der Ungarnstürme also, die auch für Eichstätt und Regensburg Nachrichten über Befestigungsarbeiten überliefert hat. Den heutigen Domberg abzusichern war verhältnismäßig einfach; denn seine Sandsteinfelsen fielen nach drei Seiten steil ins Tal ab, so daß nur im Westen ein tiefer Graben ausgeworfen werden mußte, um die Höhe verteidigungsbereit zu machen. Ob das *castrum* bereits Größe und Umfang der späteren Bischofsburg – etwa 460 mal 240 Meter – erreichte, ist nicht bekannt. Doch ist der Graben bei Erdarbeiten einmal angeschnitten worden, 1919 bei der Auswechslung von Gasrohren.

Mit Sicherheit bestand um 900 aber schon eine Niederlassung auf der Regnitzinsel: wahrscheinlich eine kleine Händler und Handwerkersiedlung, deren Lebensadern zwei wichtige Straßen waren, die sich jenseits der Regnitz trafen – der von Würzburg her kommende *Steigerwaldpfad* und der alte, prähistorische *Rennweg*, der Franken und Thüringen verband.

Das *castrum* war kaum fertiggestellt, als es bereits Zentrum dramatischer Ereignisse wurde, die beweisen, daß trotz der Ungarngefahr Sippenstreitigkeiten und blutige Fehden zum Alltag der Landesherren gehörten. Im Jahre 902 (oder 903) unternahm der Graf Adalbert von Babenberg zusammen mit seinen Brüdern Adelhard und Heinrich einen Feldzug gegen die rheinfränkisch-hessischen Grafen Everhard, Godehard und Rudolf, die sogenannten Konradiner – eine Fehde aus nichtigem Anlaß, die in Wahrheit um die Vorherrschaft in Franken ging. Die Babenberger verloren das Spiel: Heinrich wurde im Kampf getötet, Adelhard gefangen und enthauptet, Adalbert als Anstifter des Anschlags durch die Reichsversammlung von Forchheim enteignet. Adalbert gewann Bamberg jedoch zurück, bereitete einen neuen Überfall vor und drang zu Beginn des Jahres 906 wieder in konradinisches Interessengebiet ein, diesmal mit Erfolg. Bei Fritzlar blieb sein Hauptwidersacher, der Vater des nachmaligen Königs Konrad, erschlagen auf dem Feld, und Adalbert kehrte, schwer mit Beute beladen, nach Bamberg zurück. Doch wurde er, als Landfriedensbrecher in Acht und Bann getan, noch im selben Jahr in seiner Burg Theres (wahrscheinlich Oberheres bei Haßfurt) zur Kapitulation gezwungen und ebenfalls dem Henker überantwortet.

Bamberg ging damit in den Besitz des Königs über; und blieb es bis zum Jahre 973: ein Stützpunkt an der Slawengrenze, dessen Name in dieser Zeit nur noch zweimal in den zeitgenössischen Weltbetrachtungen auftaucht – im Jahre 964 ließ Otto der Große, wie erinnerlich, den König Berengar von Langobardien und dessen Gemahlin Willa in Bamberg als Staatsgefangene inhaftieren und zwei Jahre später mit königlichen Ehren bestatten.

Sein Sohn Otto II. schenkte wenige Jahre später, am 27. August 973, den vormals babenbergischen Besitz seinem Vetter Heinrich, dem als Zänker bereits unrühmlich verzeichneten Herzog von Bayern. Somit wurde Bamberg bayerischer Staatsbesitz, und zwar, wie es in der zeitgenössisch-krausen Urkunde heißt: mit all seinen «Gebäuden, Kirchen, bebauten und unbebauten Ländereien, Wiesen, Weiden, Wäldern, Forsten, Förstern, Heidlern, Zinsen, Wassern und Wasserläufen, Mühlen, beweglichen und unbeweglichen Sachen, Wegen und weglosem Land, Abgaben und Einkünften...»

Allerdings wurde der Bamberger Besitz dem aufsässigen Herzog schon drei Jahre später wieder entzogen. Als dieser jedoch nach mehrjähriger Verbannung 985 wieder in seine alten Rechte eingesetzt wurde, kehrte auch das *castrum* Babenberg in seinen Besitz zurück. So konnte gut zehn Jahre später, wahrscheinlich 997, der Sohn des Zänkers, Herzog Heinrich von Bayern, «seine geliebte Burg Bamberg» seiner ebenso geliebten Gemahlin Kunigunde von Luxemburg zur Hochzeit schenken: eine wahrhaft fürstliche Morgengabe.

Weitere fünf Jahre später, nach dem Tod seines Vetters Otto, wählten die deutschen Fürsten den bayerischen Herzog zum deutschen König; oder besser: setzte der Bayernherzog Heinrich seine Ansprüche auf die Krone im Laufe eines Jahres mit Glück und Beharrlichkeit durch.

Herzog Heinrich — «Heil des Bayernvolkes»

Der 973 in oder bei Regensburg geborene Heinrich war zwei Jahre alt, als sein zänkischer Vater nach mißlungener Rebellion sein Herzogtum verlor und nach Utrecht verbannt wurde. Seine Mutter Gisela, eine Tochter des Königs Konrad von Burgund, ging zunächst nach Freising, wo sie von Bischof Abraham gastlich aufgenommen wurde. Der Wille Ottos II. dirigierte sie aber bald in den sächsischen Machtbereich, nach Merseburg und Hildesheim. Offenbar war es beschlossene Sache, den Sohn des gefährlichen Rebellen zum Geistlichen zu machen und auf diese Weise zu neutralisieren. So schickte man ihn auf Bischof Bernwards Domschule in Hildesheim, wo Heinrich in dem berühmten Thankmar einen wohlmeinenden Präzeptor fand, der ihm nicht nur die für die Lektüre der Bibel notwendigen Lateinkenntnisse vermittelte, sondern auch die Lust am Bauen und an der Bildnerei.

Als der Zänker 985 – gewandelt, geläutert, begnadigt – sein Herzogtum zurückerhielt, kehrte auch der junge Heinrich nach Regensburg zurück, wo sich Bischof Wolfgang seiner annahm: ein vielseitiger und fortschrittlicher Mann, der die Reichenau und die Stiftsschule von Würzburg besucht hatte, Berater Ottos des Großen und Missionar in Ungarn gewesen war und sich als Leiter seiner Diözese um Klosterreformen und die Besiedlung der bayerischen Ostmark bemühte. Heinrich hat nach den Aussagen der kirchlichen Chronisten, die sich später der Aufgabe unterzogen, ihn zu einem Heiligen aufzuwerten, seine Ausbildung sehr ernst genommen. In St. Emmeram in Regensburg zeigt man heute noch eine steinerne Kathedra, auf der der junge Heinrich allmorgendlich die Öffnung des Klosters abgewartet haben soll; denn so sehr drängte es ihn, vom nahen Abbach her, täglich zu den Quellen der Weisheit, daß er schon vor Schulbeginn zur Stelle war – obwohl auch die geistlichen Lehrer Frühaufsteher waren.

Fraglos aber trug diese Erziehung Früchte. Als er 994 (mit 21 Jahren) Mitregent und ein Jahr später, nachdem sein unruhiger und Unruhe stiftender Vater in Gandersheim friedlich entschlafen war, Herzog von Bayern wurde, widmete er sich seinem hohen Amt mit so viel Eifer und Umsicht, daß man ihn schon bald emphatisch «Heil des Bayernvolkes» nannte. Auch der sieben Jahre jüngere Kaiser Otto hatte keinen Grund, sich über seinen Vetter zu beklagen. Heinrich verhielt sich jederzeit korrekt und loyal und nahm auch an des Kaisers unglücklichen Italienzügen teil. Es war, wie man sich erinnert, der Bayernherzog, der den in die Engelsburg geflüchteten «träumenden Caesar» entsetzte und damit aus einer gefährlichen Situation befreite.

Trotzdem überrascht, mit welcher Sicherheit und taktischen Meisterschaft sich der Bayernherzog nach dem Tod seines Vetters in den Königssattel schwang und damit den schwer zu regierenden Deutschen bewies, daß er von den Klosterschulen doch mehr als Demut, Frömmigkeit und Bibelkenntnisse mitgebracht hatte.

Am Anfang des Jahres 1002 – das ihm genügte, alle seine Ansprüche durchzusetzen – steht ein seltsamer, für heutige Menschen fast unverständlicher, schockierender Vorgang: Heinrich bemächtigte sich der Leiche seines Vorgängers.

Bei Polling an der Ammer übernahm er den Schutz des Trauerkonvois, geleitete ihn bis Augsburg, wo er, wie erwähnt, die Eingeweide des früh verstorbenen Kaisers bestatten ließ, und setzte sich, «schwerlich ohne Gewalt», in den Besitz der Reichsinsignien. Als er feststellte, daß Heribert von Köln die Heilige Lanze bereits vorausgesandt hatte, kannte er keine Bedenken, den Erzbischof zu arretieren, das Trauergefolge nach Hause zu schicken und die sterblichen Reste seines Vetters, sozusagen als Pfand, nach Neuburg an der Donau zu entführen. Erst als ihm die Heilige Lanze zurückerstattet worden war, gab er Heribert und den teuren Toten frei und ließ sie die bayerischen Grenzen passieren.

Heinrich hatte allen Grund, dem Kölner Metropoliten zu mißtrauen. Heriberts Kandidat war nicht der Herzog von Bayern, der als einziger Liudolfinger der männlichen Linie nach Geblütsrecht erster Anwärter auf die Krone war, sondern der Herzog Hermann von Schwaben, ein «mächtiger, kluger und frommer Mann» aus der Konradinerfamilie, der überdies mit dem König von Burgund verschwägert war.

Es gab noch einen zweiten, kaum weniger gefährlichen Thronanwärter: den Markgrafen Ekkehard von Meißen, den «Schrecken der Slawen», dessen Anhängerschaft vornehmlich aus Sachsen und Thüringern bestand, die eine Verlagerung des Interessenschwergewichtes nach Bayern befürchteten. Ekkehards Ehrgeiz und Schroffheit fanden allerdings nicht überall Gegenliebe, und so kam es zu der bereits berichteten Werlakundgebung, wo sich vor allem die Schwestern des verstorbenen Kaisers, Adelheid und Sophia, gegen den Markgrafen und für den Bayernherzog aussprachen.

Vier Wochen später war Ekkehard, wie man weiß, ein toter Mann. Am 30. April erschlugen ihn vier junge Verschwörer auf der Pfalz Pöhlde im Schlaf: ein nie ganz aufgeklärter, nie bestrafter Mord, der aber Herzog Heinrich sehr gelegen kam.

Denn nun reichte sein Einfluß, nicht zuletzt unter der hohen Geistlichkeit, wenigstens für eine Teilwahl aus. Auf Bayern, Mainfranken und Kärnten gestützt, ließ er sich am 7. Juni 1002 im Mainzer Dom salben und krönen, «ohne Wissen der Sachsen», wie es in den Quedlinburger Annalen heißt, «ohne Beteiligung der Thüringer und Niederlothringer und in offener Feindschaft mit den Schwaben».

Mit überraschender Schnelligkeit wurde Heinrich jedoch mit der schwierigen Situation fertig. In Weimar erkaufte er die Stimmen der Thüringer, indem er ihnen den Schweinezins erließ, den sie seit fast fünfhundert Jahren an die Franken zahlten, in Merseburg den Beistand der Sachsen, indem er ihren geistlichen und weltlichen Herren eine mit viel Versprechungen gespickte Goodwillrede hielt. Anschließend begab er sich über Paderborn (wo er seine Gemahlin Kunigunde zur Königin krönen ließ) nach Aachen, kargte wiederum nicht mit Gnadenerweisen und Geschenken und sicherte sich auf diese Weise auch den Beifall der Niederlothringer.

Damit hatte er Hermann von Schwaben ausmanövriert, so daß dem alten, ehrenwerten Herzog, der dieser Agilität seines jungen Gegners nur seine Redlichkeit entgegensetzen konnte, nichts anderes übrigblieb, als zu kapitulieren und dem neuen König ebenfalls zu huldigen: in Bruchsal, am 1. Oktober 1002.

Der Kaiser mit dem Heiligenschein König Heinrich II., bei seiner Thronbesteigung knapp dreißig Jahre alt, war das genaue Gegenbild seines schwärmerischen Vorgängers: ein kaltblütiger und sachlicher Praktiker des Regierungsalltags – der richtige Mann also in der chaotischen Situation, die der junge Otto seinem Vetter hinterlassen hatte.

Heinrich sprach von dem genialen Träumer zwar nie anders als von dem «so großen Kaiser»; ohne zu zaudern, verwarf er jedoch die

Karolingische Torhalle in Lorsch bei Worms. Sie ist der Rest einer alten Basilika. Als frühmittelalterliches Kulturzentrum steht Lorsch in einer Reihe mit Fulda, Corvey, der Reichenau und St. Gallen. (ZEFA, Düsseldorf)

Luftbild vom Lechfeld. Hier auf dem Plateau zwischen Lech und Wertach, einer Schotterebene südlich von Augsburg, spielte sich das bedeutsamste militärische Ereignis des 10. Jahrhunderts ab: die Schlacht auf dem Lechfeld (955). Otto I. besiegte und vernichtete das Ungarnheer. Dieser Sieg über die Ungarn machte ihn zum mächtigsten Herrscher Europas und umstrittenen Anwärter auf die Kaiserkrone. (Bavaria-Verlag, Gauting)

Blick auf Bamberg vom Turm der Altenburg, in Richtung Osten. Das Stadtbild wird beherrscht vom Dom; hier am Domplatz, zwischen Dom und Neuer Residenz, enden die Spaziergänge aller Besucher der Stadt und der Einheimischen. Der Dom ist im romanischen und frühgotischen Stil erbaut. Die Neue Residenz gilt als Meisterwerk des deutschen Barock. (Bavaria-Verlag, Gauting)

Innenansicht des Münsters in Essen. Typisch ist die zweigeschossige Anlage, die auf rundbogigen Arkaden ruht. Deutlich ist das architektonische Vorbild der Aachener Pfalzkapelle erkennbar, was der unbekannt gebliebene Baumeister mit den antikisierenden Säulenreihen auch nicht vertuschen wollte. (Archiv für Kunst und Geschichte, Berlin)

Idee, vom *Forum Romanum* aus römische Weltpolitik zu machen, und begnügte sich damit, Ordnung im eigenen Hause zu schaffen. Schon im ersten Jahr seiner Regierung änderte er die Umschrift der königlichen Bulle sozusagen programmatisch ab: statt *Renovatio imperii Romanorum* hieß es nun *Renovatio imperii Francorum*. Heinrich gab seiner Epoche damit das Schlüsselwort. «Erneuerung des fränkischen Reiches» – das war die grundsätzliche Abkehr von den utopischen Ideen seines Vorgängers, die Hinwendung zu irdischen Zielen: ein Bekenntnis zur Kunst des Möglichen. Zwar konnte auch Heinrich nicht umhin, an der Spitze starker Heere nach Italien zu ziehen, die Stadt Rom aber hat er nach Möglichkeit gemieden. Er beschenkte ihre Honoratioren und stimmte sie dadurch günstig, doch vermied er peinlichst, sich in ihre innerrömischen Querelen und Intrigen einzumischen, und gelangte so – wie Otto der Große, dessen soliden Grundsätzen er hier folgte – zu einer für beide Seiten erträglichen Koexistenz.

Heinrich II. war, wie der erste Heinrich, kein genialer Mann. Jene Art schöpferischer Phantasie, die die Taten seines Vorgängers im Übermaß beflügelt hatte, ging ihm ab. Als ein stocknüchterner, zäher Politiker, der ein Ziel auch dann nicht aus den Augen ließ, wenn er der Macht seiner Gegner auswich, repräsentierte er den Typ des konservativen Pragmatikers in der Politik. Sein Wirklichkeitssinn schloß diplomatische Gewandtheit und Verständnis für die Schwächen der Verwaltung ein.

Extreme hatten in seinem Leben keinen Platz, weder im Guten noch im Bösen. Er besaß, dank seiner geistlichen Erziehung, eine fundierte Bildung, aber kein tieferes Interesse für Wissenschaft und Philosophie. Er hatte Verständnis für die Sorgen der Territorialfürsten, ebenso aber lag ihm die Stärkung der Zentralgewalt am Herzen. Er war unaufhörlich und mit großem Geschick bemüht, Streitigkeiten zu schlichten, aber doch so, daß eine einträgliche Maklergebühr dabei heraussprang. Er war kein Kriegsheld, aber ein schlauer und bedächtiger Heerführer und unterwarf sich seinen militärischen Aufgaben mit einer Beharrlichkeit und Härte, die um so mehr Bewunderung verdient, als er von schwacher Gesundheit war. Offenbar litt er unter Gallensteinen und häufigen schmerzhaften Koliken.

In seinem Naturell ist trotzdem nur wenig «Galliges» zu entdecken. Er konnte schroff und kurz angebunden sein, meist aber war er leutselig und heiter und zu kleinen Foppereien aufgelegt. Fahrende Sänger, Spaßmacher und Gaukler fanden ihn stets bereit, ihre Auftritte mit klingender Münze zu honorieren. Ebenso liebte er die Jagd und ritterliche Spiele. Gern ließ er sich feiern, und die großen Festtage des Jahres beging er mit so viel Pracht und Pomp, daß ihn auch das

Volk schnell lieben und bewundern lernte, wie immer, wenn es von Herrschern geführt wird, die ihr Herz den kleinen und großen Freuden des Alltags nicht verschließen. Und Heinrich war kein Mucker. Allerdings wußte er, wie Thietmar bemerkt, «rechte Buße zu tun, wo durch Fleisches Schwachheit er fehlte». Politik betrieb Heinrich sozusagen in eigener Regie. Doch war er klug genug, kluge Ratgeber nicht zu verschmähen. «In den ersten Jahren galt der alte Willigis von Mainz als derjenige, der am meisten beim König vermochte. So gewiß jedoch die beiden durch den Gegensatz gegen die Politik Ottos III. verbunden waren, so gewiß war Heinrich in diesem Verhältnis der führende Teil... Neben Willigis stand der Bayer Tagino, den Heinrich im Jahre 1004 den Magdeburgern als Erzbischof aufdrängte, in einem nahen Verhältnis zum König; aber er war durchaus Heinrichs Geschöpf, nicht sein Leiter. Auch Eberhard von Bamberg, Unwan von Hamburg, Poppo von Trier, Pilgrim von Köln, Odilo von Cluny und andere hohe Herren, die später in Heinrichs Rat etwas galten, haben nie einen überwiegenden Einfluß auf ihn erlangt. Heinrich besaß einen guten, von treffender Menschenkenntnis zeugenden Blick bei der Auswahl seiner Helfer; über den Kopf ist ihm keiner gewachsen.» (Holtzmann)

Auch der Kirche gegenüber trat er als Gebieter auf, wiewohl er sich nie den Anschein gab, als sei er ihre letzte Instanz. Er verstand sich auf die Auswahl tüchtiger Helfer und kannte keine Bedenken, Bildung und Verläßlichkeit höher zu bewerten als Reichtum und Geburtsadel. Heinrich II. war nach Ludwig dem Frommen der erste Herrscher, unter dem Unfreie bis in die Hierarchie der hohen Geistlichkeit aufsteigen konnten. Meist griff er dabei auf Kleriker zurück, die sich zuvor in seiner gut funktionierenden Hofkapelle als treue Diener ihres Herrn bewährt hatten. Jedenfalls hat das Deutsche Reich, wie Johannes Haller dem König bestätigt hat, «nie früher oder später... eine solche Schar auserlesener Bischöfe besessen» wie in der Zeit des zweiten Heinrich. Burchard von Worms, Godehard von Hildesheim, Meinwerk von Paderborn, Megingaud von Eichstätt, Thietmar von Merseburg – es waren kraftvolle, kluge und starke Persönlichkeiten, die damals die deutschen Bistümer verwalteten: Diener des Reiches und der Kirche zugleich.

Die Kirche hat es später für gut befunden, Heinrich II. – als einzigen von allen deutschen Kaisern – in ihren Heiligenhimmel aufzunehmen. Und fraglos war dieser König ein frommer und ehrenwerter Mann. Das Heilige in ihm beschränkte sich jedoch auf die Fähigkeit und den guten Willen, die Positionen des Krummstabs auszubauen, um desto besser mit ihm regieren zu können. So mehrte er den Besitz der Kirche mit vollen Händen, aber wenn er von den geistlichen Würdenträgern Zucht und Sparsamkeit forderte, geschah das nicht allein der mönchischen Ideale, sondern auch der Überschüsse wegen, die die kirchlichen Besitzungen abwarfen. Er scheute sich beispielsweise nicht (um einen Satz von Karl Hampe zu zitieren), «im öffentlichen Interesse rücksichtslose Eingriffe in den Besitzstand der Klöster zu tun, die einer Säkularisation nahekamen». Einmal, in einer Fuldaer Urkunde, hat er sich darüber unverblümt ausgelassen: «Es ist nötig, daß die Kirchen viele Güter besitzen, denn wem viel gegeben ist, dem kann auch viel genommen werden.»

So gehörte er auch in dieser Hinsicht zu jenen unbefangenen, sozusagen naiven Weltkindern, die mit ihren Pfunden zu wuchern verstehen. Für Deutschland war dieser Herrscher ein Glücksfall: nach dem genialen Himmelsstürmer ein bodenverwurzelter Realist, der nüchtern, kühl und schlau die von seinem Vorgänger angerichtete Unordnung beseitigte und dem Land die dringend benötigte Zeit zum Atemholen verschaffte. Noch immer gilt Hallers Wort über diesen Herrscher: «Die Geschichte kennt Heinrich II. zwar nicht als den glänzendsten und erfolgreichsten, aber als einen der klügsten Vertreter des altdeutschen Kaisertums. Was er gesät hatte, das durften seine Nachfolger ernten. Es ist kein Zufall, daß unter ihnen das Kaisertum den Gipfel der Macht ersteigen konnte.»

Außenpolitisch beschäftigten Heinrich II. vor allem drei Probleme: die Großmachtansprüche des Herzogs Boleslaw von Polen, die italienischen Angelegenheiten und die Nachfolge im Königreich Burgund.

1017: erste deutsch-russische Allianz gegen Polen

Schon im November 1002 erreichten ihn in Regensburg zwei Hilferufe. Als Vertreter der deutschfreundlichen Partei in Norditalien erschien Bischof Leo von Vercelli und bat um Unterstützung gegen den Markgrafen Arduin von Ivrea, der sich unmittelbar nach Ottos III. Tod selbstherrlich zum König von Langobardien ernannt hatte. Aus Prag traf der Böhmenherzog Wlodowej ein, huldigte dem König und warnte ihn vor den dunklen Machenschaften des Fürsten Boleslaw, eines von polnischen Patrioten bis heute verklärten Kriegshelden, dessen starker Expansionsdrang sich in wenigen Jahren zu einer Bedrohung des Reiches ausgewachsen hatte. Heinrich entschloß sich, zunächst den gefährlicheren der beiden Gegner anzunehmen, das heißt: gegen Polen aktiv zu werden.

Boleslaw Chrobry, Sohn Mieszkos I., hatte seine Herrschaft bereits über Schlesien, Pommern und Preußen ausgedehnt, war in die Lausitz und die Mark Meißen eingedrungen und bereitete nun die Eroberung Böhmens vor. Heinrich begegnete diesem ersten Versuch, so etwas wie ein großpolnisches Reich zu schaffen, mit einem klassischen Mittel der Diplomatie: indem er die Slawen selbst gegen diesen frühen Panslawismus mobilisierte. Damals schloß er die von den deutschen Historikern gern verschwiegene Allianz mit den zwischen Havelberg und Stettin hausenden Liutizen, die aber – nach Holtzmann – tatsächlich verhinderte, «daß Polen sich noch weiter auf Kosten des Reiches ausdehnte...»

Der christliche Boleslaw – der Leuten, die die Fasten brachen, die Zähne ausschlagen ließ – zahlte mit gleicher Münze zurück und suchte Bundesgenossen unter den deutschen Fürsten zu werben, ebenfalls mit Erfolg. Als Wlodowej in Regensburg erschien, hatte er den Markgrafen Heinrich von Schweinfurt, den Babenberger Ernst und des Königs Bruder Brun für eine Rebellion gegen den König gewonnen. Heinrich begann den ersten seiner Polenfeldzüge also mit einer Strafaktion gegen die heimlichen Empörer im eigenen Lager, indem er zunächst das Territorium des Schweinfurter Grafen besetzte und diesen, nebst Mitverschwörern, zwang, außer Landes zu gehen. Ein Jahr später, im Herbst 1004, schlug er Boleslaw aus Böhmen heraus, setzte ihm nach und zwang ihn 1005 in Posen zu einem Friedensschluß, in dem der Polenherzog auf die Lausitz, das Wilzener Land und Böhmen verzichtete und die deutsche Hoheit bis zur Warthe wieder anerkannte.

Der Posener Friede währte aber nur zwei Jahre. Dann hatte der unentwegt wühlende Boleslaw alles Land zwischen Oder und Elbe erneut so weit aufgeputscht, daß Heinrich sich wieder zum Kriege entschließen mußte. Die nun folgenden Feldzüge standen unter keinem günstigen Stern. Die Polen exerzierten eine Partisanentaktik, mit der Heinrich trotz allen Anstrengungen nicht fertig wurde. Sie zogen sich vor seinen Heeren in ihre durch Wälder und Sümpfe geschützten Burgen zurück und führten einen erbitterten Kleinkrieg gegen die deutschen Versorgungseinheiten. Diese primitive, aber sehr wirksame Methode zwang Heinrichs Verbände immer wieder zum Rückzug – worauf die Polen in die zuvor geräumten Gebiete wieder einsickerten.

So dauerte es sechs Jahre, bis Boleslaw 1013 in Merseburg seinen Vasalleneid erneuerte, dem König beim Kirchgang als Schwertträger diente und die Lausitz und das Milzener Land als Lehen anerkannte: ein leeres Versprechen, denn als er 1014 «wegen Verweigerung der Heeresfolge» vor einem deutschen Fürstengericht erscheinen sollte, beantwortete er, seiner Macht bewußt, die Vorladung mit Hohn und begann seinen Untergrundkrieg von neuem. Diesmal versuchte Heinrich seinem zähen und verschlagenen Gegner durch einen «Zangengriff» beizukommen: er verbündete sich mit dem Großfürsten Jaroslaw von Kiew und verabredete mit diesem für das Jahr 1017 einen kombinierten Angriff gegen Polen.

Der vortrefflich geplante Zweifrontenkrieg fand aber nicht statt, da der Großfürst unterwegs irgendwo liegenblieb. Heinrich mußte seinem intimsten Feind also erneut, diesmal in Bautzen, einen etwas faulen Frieden bewilligen, der praktisch alles beim alten ließ. Dennoch hatte er mit dem Kiewer Bündnis das richtige Mittel gegen die polnische Gefahr gefunden. Denn Boleslaw wandte sich nun gegen den russischen Großfürsten und war für den Rest seines Lebens damit beschäftigt, seine neuen Ostgrenzen zu sichern.

Wenige Monate vor seinem Tod, im Juni 1025, nahm er noch den Königstitel an, «vermutlich mit päpstlicher Zustimmung». Sein Reich fiel nach seinem Ableben jedoch wieder auseinander. Insofern war Heinrichs hinhaltende Taktik, die nur wenig kriegerischen Glanz verbreitete, doch wirksam gewesen.

Erfolgreicher nimmt sich seine italienische Bilanz aus, obwohl auch ihm die transalpinen Ränke und Intrigen – sozusagen programmgemäß – mancherlei Schwierigkeiten bereiteten. Heinrich fand erst 1004 Zeit und Gelegenheit, den Hilferufen der «deutschen Partei» Folge zu leisten und selbst die Eiserne Krone der Langobarden zu erwerben. Doch wahrte er gegenüber den italienischen Ereignissen eine auffallende Distanz. Kurz nach der Krönung in Pavia, die bereits während des Festmahles von den Brandfackeln Aufständischer illuminiert wurde, zog er sich nach Deutschland zurück und überließ das Land einem zehn Jahre dauernden Bürgerkrieg zwischen seinen und Arduins Anhängern.

In Rom regierten indes die Crescentier wieder, bis sie 1012 durch die deutschfreundlichen Tusculaner abgelöst wurden. Als es im selben Jahr wieder zwei Päpste gab, die sich beide hilfesuchend an den deutschen König wandten, konnte sich auch Heinrich der Notwendigkeit eines zweiten Italienzuges nicht verschließen. Im Spätherbst 1013, kurz nach dem Merseburger Frieden, brach er auf, empfing am 14. Februar 1014 durch Benedikt, den Papst seiner Wahl, «Salbung und Krone des Kaisers», befestigte die Macht der Tusculaner und kehrte, «nachdem er alle Geschäfte geordnet und gewaltige Gelder gesammelt hatte», in die Heimat zurück.

Nichts gibt den Wandel der Dinge besser wieder als dieser Entschluß – der Kaiser lebte in Deutschland, ließ Rom durch «seinen» Papst, Langobardien durch «seine» Bischöfe und Fürsten regieren und begnügte sich damit, seine Gegner durch die Fernwirkung seiner Macht in Schach zu halten.

Allerdings zwangen ihn die Ereignisse noch zu einem dritten Italienzug: 1020 bat ihn Papst Benedikt erneut um Unterstützung, diesmal gegen Byzanz, das fast ganz Unteritalien okkupiert hatte. Zwei Jahre später marschierte Heinrich mit zwei Heeren – eines von ihm selbst, das andere von dem streitbaren Erzbischof Pilgrim von Köln geführt – in die umstrittenen Regionen ein und stellte die deutsche Herrschaft wieder her. Das genügte ihm. Schon im Spätherbst war er wieder in Deutschland.

Heinrichs vorsichtiger, mehr auf Erhalt als auf Eroberung bedachter auswärtiger Politik war aber schließlich doch noch ein großer Erfolg beschieden: er bereitete die Angliederung des Königsreiches Burgund vor, das damals von Heinrichs Onkel Rudolf III. regiert wurde, einem schwachen, machtlosen und kränklichen Mann, der sich nur mit Hilfe seines Neffen behaupten konnte. Heinrich versagte ihm den gewünschten Schutz nicht, gewährte ihn aber nicht ohne Gegenleistung. So erzwang er 1006 zunächst die Abtretung Basels an das Reich. Zehn Jahre später schlossen Onkel und Neffe in Straßburg einen Vertrag, der eine förmliche Mitherrschaft Heinrichs in Burgund besiegelte.

In der Praxis ist es so weit nicht gekommen, da die Großen des Landes die Abmachungen nicht akzeptierten. Zwei kurze und energische Feldzüge Heinrichs belehrten die Herren aber, daß er das ihm zugesicherte Nachfolgerecht respektiert sehen wollte. Daran änderte schließlich auch die Tatsache nichts, daß der schwache, «weiche und weibische» Onkel seinen Neffen überlebte.

Heinrichs Nachfolger Konrad II. kannte 1032 keine Bedenken, das schöne, reiche, rebengesegnete Land zu annektieren.

Unter kirchlichem Dach Im Innern hatte Heinrich mit den traditionellen Widerständen zu tun: dem Stolz und dem Starrsinn der Herzöge, den Sonderinteressen der Stämme und der Macht der Kirche, der die pragmatische und sehr selbstbewußte Politik des Königs mancherlei Unbehagen bereitete. So benötigte auch Heinrich anderthalb Jahrzehnte, um seine Herrschaft fest zu etablieren. Erschwerend fiel dabei ins Gewicht, daß er als der Letzte seines Geschlechtes nicht die Möglichkeit hatte, eine weitverzweigte Sippe für die Zwecke des Königshauses zu mobilisieren. Erst in den letzten fünf Jahren seiner Regierung hatte sich Heinrich so weit durchgesetzt, daß man seine Souveränität als gegeben hinnahm.

In allen inneren Kämpfen hat Heinrich mit großer Konsequenz die Macht und die Zuständigkeiten der Krone verteidigt. Als erster deutscher König war dieser Bayer sächsischen Geblüts frei von partikularistischem Ehrgeiz. Der sauer verdiente Respekt, den er schließlich genoß, war nicht zuletzt ein Erfolg seiner ständigen Bemühungen, ausgleichend und vermittelnd zwischen den deutschen Stämmen zu wirken. Die Königsitinerare geben diesen Wandel der Dinge deutlich wieder.

Nach den von Rieckenberg ermittelten Zahlen sieht Heinrichs Reisetabular so aus:

Länder	Orte	Aufenthalte
Sachsen	39	161
Franken	18	75
Lothringen	19	55
Schwaben	10	22
Bayern	6	17

Sachsen war also, dank seinem reichen Königsgut, noch immer das meistbesuchte Stammesland. Bei einem Vergleich mit den entsprechenden Zahlen aus der Zeit der drei Ottonen ist jedoch festzustellen, daß Heinrich II. Schwaben und Bayern wesentlich häufiger beehrte als seine Vorgänger. Das hatte sicherlich auch wirtschaftliche Gründe: als Herzog von Bayern führte er dem Königsgut ja den früheren karolingischen Kronbesitz wieder zu; doch war er auch, zumindest im letzten Drittel seiner Regierungszeit, systematisch bemüht, einen «Ausgleich zwischen dem Norden und dem Süden» herbeizuführen und damit «die Basis des Königtums» zu verbreitern.

Heinrich bediente sich dabei eines einfachen, aber sehr ergiebigen Verfahrens: er nahm mehr als seine Vorgänger die Gastfreundschaft der Bischöfe und Reichsäbte in Anspruch, ein für die Betroffenen recht kostspieliges Vergnügen, das die Ehre, vom König mit einem Bistum oder einer Reichsabtei belohnt zu werden, keineswegs immer aufwog.

Die Statistik spiegelt die Neigung des Königs, auf seinen Reisen gewissermaßen unter kirchlichem Dach zu nächtigen, deutlich wieder. Während unter den Ottonen von 560 Königsbesuchen nur 150 auf gastronomisch leistungsfähige geistliche Niederlassungen entfielen, verbrachte der zweite Heinrich von seinen 330 bekannten Aufenthalten 170, also mehr als die Hälfte, in Bischofssitzen und Reichsabteien. Seine Itinerare enthalten daher zahlreiche neue Namen.

So beging er das Osterfest und die österliche Festkrönung von 1015 an nicht mehr in Quedlinburg, sondern in Merseburg. Auf dem Weg in den Westen pflegte er bei den Bischöfen von Hildesheim und Minden abzusteigen, bevor er bei seinem alten Freund Meinwerk in Paderborn stationierte. In Niederlothringen erscheinen unter Heinrich neben den Traditionspfalzen Aachen und Nimwegen die Bistumsmetropolen Lüttich und Utrecht in der Reihe der Aufenthaltsorte. Köln, Mainz und Worms behaupteten ihren Rang. Straßburg wurde um so wichtiger, je mehr sich die Augen Heinrichs auf Burgund richteten, ebenso Basel.

In Bayern blieb während der ersten Regierungsjahre Regensburg Zentralstation der königlichen Umritte. Zeitweilig war Heinrich sogar bestrebt, die karolingischen Traditionen der Stadt wiederherzustellen und sie über ihre regionale Bedeutung hinaus zur Quasi-Hauptstadt zu erheben. Doch erkannte er wohl bald, daß eine solche Rangerhöhung nur den Widerstand der nichtbayerischen Stämme provozieren würde, und so entschied er sich, die Aufgaben, die er eigentlich Regensburg zugedacht hatte, auf Bamberg zu übertragen.

Eines Königs Kniefälle Den unmittelbaren Anlaß zur Gründung des Bistums bildeten allerdings Probleme des politischen Alltags. Überhaupt vermittelt die Geburt dieser Diözese einen nachhaltigen Eindruck von den Aufgaben und Schwierigkeiten, mit denen ein deutscher König damals ständig zu tun hatte. Selbst Thietmar von Merseburg beginnt seine Darstellung der Bamberger Vorgänge mit der artigen Floskel: «Du mußt zunächst die Vorgeschichte kennen, lieber Leser.»

Heinrichs erster Feldzug richtete sich, wie man weiß, gegen den Markgrafen Heinrich von Schweinfurt, der sich mit Herzog Boleslaw von Polen verbündet hatte, als ihm der König die angeblich versprochene Würde eines Herzogs von Bayern vorenthielt. Heinrich leistete ganze Arbeit. Er zwang den Schweinfurter, außer Landes zu gehen, zerstückelte dessen Besitz bis zur Unkenntlichkeit und beugte damit einer ihm unbequemen Territoriumsbildung vor. Nun siedelten am Obermain aber noch immer heidnische Slawenstämme, die genau wie ihre Vettern im Fichtelgebirge und in den angrenzenden Teilen Böhmens stets zu Beutezügen in die deutschen Grenzbezirke und zu Überfällen auf die Würzburger Missionsfilialen aufgelegt waren. Wer sollte die gefährlichen Völkerschaften, die der Schweinfurter Markgraf bis dahin aufmerksam beschattet hatte, in Zukunft unter Kontrolle halten?

Diese Frage hat Heinrich bereits bewegt, als er nach der Flucht des Schweinfurter Grafen in Bamberg «festlich die Geburt der Gottesgebärerin» beging. Wahrscheinlich hat er sich damals bereits entschlossen, das weltliche Territorium durch ein geistliches Fürstentum zu ersetzen, und da er zeit seines Lebens nach dem horazischen Satz handelte, daß der Anfang schon die halbe Tat ist, «begann und vollendete er», wie es bei Thietmar heißt, in Bamberg «eine neue Kirche mit zwei Krypten».

Bis aus der geheimen Planung Wirklichkeit wurde, floß allerdings noch viel Wasser die Regnitz hinab. Zunächst schenkte er am 6. Mai 1007 (an seinem 35. Geburtstag) «zu seinem, seines Vaters und seiner Voreltern Seelenheil» der Bamberger Kirche «den ganzen ihm rechtmäßig zustehenden Besitz» im Volkfeld und im Rednitzgau. Spätestens in diesem Jahre begann er mit dem Bischof Heinrich von Würzburg über die Abtretung der Gebiete zu verhandeln, die er für das projektierte Bistum gleichsam als Erstausstattung benötigte.

Der Würzburger Oberhirte war auch bereit, die fast nur aus Wald bestehenden und von Slawen bewohnten Gebiete am Obermain herzugeben, unter der Bedingung freilich, daß ihm das neue Bistum unterstellt und er selbst zum Erzbischof befördert werde. König Heinrich, der mit Versprechungen nie geizte, hat offenbar viel Verständnis für die Wünsche seines Würzburger Namensvetters gezeigt, schriftliche Abmachungen aber peinlich vermieden. Sein alter Freund Willigis, der Metropolit von Mainz, hätte auch schwerlich in einen Handel gewilligt, der letztlich nur auf Kosten der Mainzer Diözese verwirklicht werden konnte.

Ende Juni 1007 bestätigte Papst Johannes XVIII. das Bistum Bamberg in einer wortreichen Erklärung, in der er der neuen Diözese Immunität verlieh und Schutz vor «Tyrannen und anderen schlechten Menschen» zusicherte. Den Bischof von Würzburg erwähnte er mit keinem Wort. Es ist verständlich, daß sich dieser daraufhin energisch weigerte, auch nur einen Quadratmeter seines Sprengels abzutreten.

Der König berief nun eine Synode nach Frankfurt, die über die Konstituierung des neuen Bistums endgültig Beschluß fassen sollte, und lieferte dort ein kleines Meisterstück elastischer Diplomatie und wohlberechneter Seelenmassage.

Zunächst warf er sich vor der glanzvollen Versammlung, an der außer vier deutschen Erzbischöfen (es fehlte nur der Hamburger) auch die Metropoliten von Lyon, Tarentaise und Gran teilnahmen, auf die Knie und verharrte im Gebet, bis ihm der alte Willigis von Mainz die Hand zum Aufstehen reichte. Sodann eröffnete er seinen Kirchenfürsten, daß er sich angesichts seiner Kinderlosigkeit entschlossen habe, Christus zu seinem Erben einzusetzen. «Um der künftigen Wiedervergeltung willen» wolle er daher aus seinen Erbgütern ein Bistum zu Ehren des heiligen Apostelfürsten Petrus errichten.

Ein zu Herzen gehender Appell an den bis auf den Bischof von Würzburg fast vollzählig erschienenen Episkopat beendete seine wohlgesetzte Rede: «Deshalb erbitte ich jetzt von eurer aufrichtigen Ergebenheit Zustimmung dafür, daß die Abwesenheit eines Mannes, der von mir etwas verlangt, was ich ihm nicht zugestehen darf, meinen Plan nicht behindern soll; ist er doch nicht um Gottes willen ausgeblieben, sondern aus Ärger über die Verweigerung einer Würde, die er niemals erlangen kann.»

Das waren kluge, mit Bedacht gewählte Worte. Aber noch hatte er seinen Gegner nicht mattgesetzt. Denn nun erhob sich Bischof Heinrichs Rechtsvertreter, der Kaplan Berengar, und hielt eine ebenso salbungsvolle, mit advokatischer Schläue gewürzte Rede, in der er die frommen Herren beschwor, «aus Liebe zu Christus... einen solchen Beschluß zu unterlassen», denn was heute dem Bischof von Würzburg drohe, könne ein Präzedenzfall werden und morgen jedem der anwesenden Glaubensbrüder widerfahren – eine überaus geschickte Argumentation, die bei den besitzhungrigen Bischöfen ihren Eindruck nicht verfehlte.

Herr Heinrich war aber auf der Hut. Jedesmal, wenn er die hohe Geistlichkeit schwanken sah, ging er zu Boden und «demütigte sich». Am Ende übten die königlichen Kniefälle eine stärkere Wirkung aus als die Warnungen des Würzburger Justitiars. «Als nämlich Erzbischof Willigis einen rechtlich gültigen Beschluß darüber beantragte, was in dieser Sache geschehen solle, erwiderte Tagino (von Magdeburg) als erster, die Angelegenheit lasse sich nach den Gesetzen den Darlegungen des Königs entsprechend durchführen. Daraufhin bestätigten und unterschrieben alle Anwesenden seine Erklärung.»

So hatte der König sein langgehegtes Projekt unter Dach und Fach gebracht: noch am selben Tag ließ er seinen erfahrenen und zuverlässigen Kanzler Eberhard – später Erzkanzler von Italien – durch den Mainzer Metropoliten zum Bischof von Bamberg weihen. Doch kostete er seinen auf so absonderliche Art errungenen Triumph nicht weiter aus. Als einsichtiger Politiker begann er unmittelbar nach dem Sieg mit dem Versöhnungswerk. Innerhalb eines Jahres verstand er den Würzburger Oberhirten durch Geschenke und gütliches Zureden so weit zu besänftigen, daß dieser weiteren Widerstand aufgab.

Über Bamberg ergoß sich indes eine wahre Springflut von Schenkungen. Noch am Tage der Stiftung vermachte der König dem neuen Bistum sechs große Klöster in Bayern, Franken, Schwaben und Lothringen, die königlichen Gerechtsamen an den Reichenhaller Salinen und zahlreiche, über ganz Süddeutschland verstreute Güter. Auch in der Folgezeit gab der König, wie zahlreiche Urkunden beweisen, mit vollen Händen. Und als 1016 der Bischof Megingaud von Eichstätt – «ein grober und eigenwilliger Geselle», der viel aß und noch mehr fluchte – das Zeitliche segnete, vermachte er den verwaisten Bischofsstuhl einem Kleriker der königlichen Kapelle und schnitt auch aus der Eichstätter Diözese ein beträchtliches Stück zugunsten Bambergs heraus.

Denn der Bamberger Bischof sollte nicht ärmer sein als die reichen Kirchenfürsten in den traditionsreichen Römerstädten an Rhein und Donau.

Rom an der Regnitz Was geschah inzwischen in Bamberg selbst? Was wurde aus dem *castrum* der Babenberger? Welche Veränderungen bewirkte der Aufstieg zur Bischofsstadt?

Vermutlich als Ersatz für eine ältere Wohnung entstand ein prächtiger Bischofshof, der bei Heinrichs Aufenthalten in Bamberg zugleich als königliche Pfalz diente. Das *palatium* lag an der Stelle der *Alten Hofhaltung,* die ja bis heute etwas vom Charakter einer altdeutschen Residenz bewahrt hat. Zehn Meter hinter der heutigen Front sind die Grundmauern und Teile des (als Keller dienenden) Erdgeschosses des Heinrichspalastes noch erhalten. Aus Aquarellen vom Ende des 15. Jahrhunderts kennen wir ferner den Nachfolgebau von 1185. Diese baugeschichtlichen und archäologischen Kenntnisse reichen für die Rekonstruktion eines langgestreckten Saalbaues mit einer frühromanischen Fassade aus, dessen Breite etwa der der noch stehenden «Hofhaltung» entsprach.

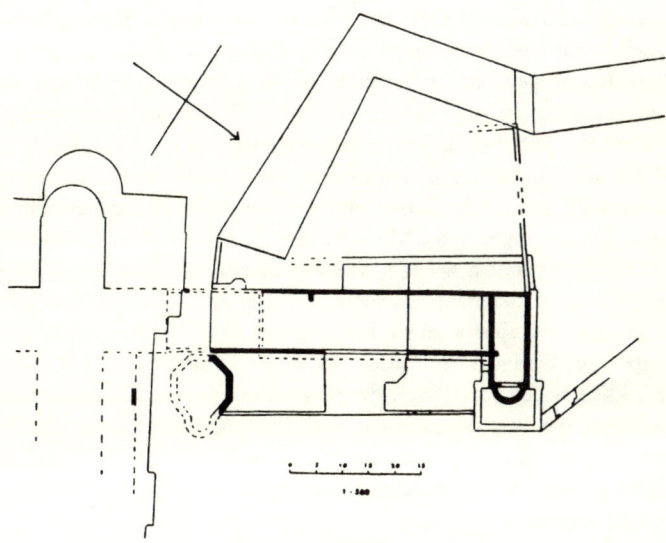

Abb. 13· Grundriß des 1. und 2. Domes und der unter Heinrich II. entstandenen Alten Hofhaltung in Bamberg

Der Front dieses Pfalzgebäudes waren zu beiden Seiten zwei Kapellen vorgesetzt: rechts die bischöfliche Hauskapelle St. Thomas, «ein schlichter, hoher Rechteckbau», der außer seinen zwei Meter starken Gußmauerfundamenten «noch die Ruinen seiner Osthälfte» und den unteren Teil der zum Burgplatz gewendeten Apsis über alle späteren Veränderungen hinweggerettet hat. Zur Linken stand die Andreaskapelle, ein mit einer Kuppel gekröntes Oktogon, das – wie in Aachen – von zweigeschossigen Umgängen umkreist wurde. Teile des nördlichen Umgangs sind in den späteren Bau der *Hofhaltung* eingegangen. Seine

Innenseiten sind der heutigen Domgasse zugewandt, während die Außenseiten, wunderlich genug, die Innenwände eines Raumes der *Alten Hofhaltung* bilden, deren Erdgeschoß dem Fränkischen Heimatmuseum Quartier gibt. An das *palatium* schlossen sich die Domherrenkurien an, deren Höfe und Hinterhäuser sich durchweg an die unter Heinrich erneuerten Außenmauern anlehnten. Die Gebäude des Stiftskapitels folgten dem Beispiel der Klöster und gruppierten sich um den langrechteckigen Kreuzgang im Süden des Doms, der schon unter Heinrich das weithin sichtbare Wahrzeichen der Bamberger Bischofsburg war. Mit ihm schuf sich der König ein Denkmal, das in dem heute noch stehenden Dom der späten Stauferzeit vielfältig fortlebt.

Nach Thietmars Zeugnis begann Heinrich bereits 1003/04 mit dem Bau einer doppelchörigen Kirche. Als es ihm 1007 endlich gelungen war, seinen störrischen Bischöfen ein gequältes Ja zur Bildung der neuen Diözese abzuringen, war dieses Bauwerk so weit herangewachsen, daß der im Westen gelegene Peterschor und die dazugehörige Krypta geweiht werden konnten. Doch dauerte es noch weitere fünf Jahre, bis der Heinrichsdom vollendet und durch den Patriarchen von Aquileja in Gegenwart von 45 Bischöfen seiner Bestimmung übergeben wurde.

Der Patriarch segnete eine dreischiffige, flachgedeckte Säulenbasilika ein, die architektonisch zu den Abkömmlingen der Ratgarbasilika in Fulda und damit der Peterskirche in Rom gehörte. Heinrich war zwar kein «Römling», aber auch er ließ sich, wie ein Vertrauter des Königs, der Abt Gerhard von Seeon, in einem Lobgedicht auf Bamberg ausdrücklich bestätigt hat, von der Vorstellung leiten, auf den «sieben Hügeln» an der Regnitz so etwas wie ein deutsches Rom zu schaffen. Er stattete den Platz daher mit allem aus, was nach den Auffassungen der Zeit geeignet war, ihn auszuzeichnen und in seiner residenzlichen Würde zu bestätigen.

Schon die beiden wichtigsten Reliquien, die Heinrich dem neuen Bistumssitz verschaffte, ein Nagel und ein Splitter vom Kreuze Christi, verraten die programmatische Bedeutung dieser Gründung. Beide, heiliger Nagel und Kreuzpartikel, galten als hauptstädtische Symbole. Die Kaiserin Helena hatte nach der kirchlichen Überlieferung Kreuz und Nägel in Jerusalem gefunden, Kaiser Konstantin «einen der Nägel seinem Diadem einfügen lassen als besonderes Kennzeichen seines Amtes als christlicher Kaiser», wie Ambrosius von Mailand erklärt. Später soll dieser Nagel in die Krone der Langobarden eingearbeitet worden sein. Rom und Konstantinopel wußten sich im Besitz von heiligen Nägeln, ebenso Trier, die alte römische Hauptstadt des Westens. Karl der Große erwarb eine Partikel eines Nagels für Aachen, und in Saint-

Denis galt ein Nagel als besonderer Schatz der französischen Könige. Der deutsche König Heinrich I. hatte die Heilige Lanze mit einem Nagel Christi als Herrschersymbol von Rudolf II. von Burgund erworben. Daß Heinrich II. auch für Bamberg einen Nagel und einen Splitter vom Kreuze Christi erwarb, fügt sich ganz in die Tradition, deren historische Echtheit hier nicht zur Debatte steht.» (Zimmermann)

Auch die Auswahl der Heiligen läßt auf Heinrichs Absicht schließen, der christlich-römischen Reichsidee mit «seinem» Dom in Bamberg ein Sinnbild zu setzen. Silvester, Gregor und Ambrosius, die Patrone des einen westlichen Seitenaltars, waren die Heiligen Roms und Italiens. Der andere westliche Seitenaltar gehörte den deutschen Königsheiligen Dionysius, dem Protektor des karolingischen Hauses, Vitus, dem Schutzherrn des sächsischen Hauptklosters Corvey, und Laurentius, der seit der Lechfeldschlacht der Sonderpatron des ottonischen Königshauses war.

Den ersten Seitenaltar im Osten beherrschten die bayerisch-böhmischen Landesheiligen Adalbert, Emmeram, Erhard und Wenzel, den zweiten die heiligen Blasius, Lambert und Stephan, deren «Hauptorte» im Westen lagen, in Metz und Lüttich. Der Altar vor der Ostkrypta war den heiligen Hilarius, Remigius und Vedartes geweiht, den Schutzgewaltigen des Westfränkischen Reiches, «das damit in die Reichsidee einbezogen» wurde. Nikolaus und Blasius, die Patrone der östlichen Seitenaltäre, galten als die geistlichen Repräsentanten von Byzanz.

Und dann die Hauptaltäre... Der Zentralaltar vor der Westkrypta, unter der Vierung, «trug den Titel des allerheiligsten Kreuzes Christi». Den Altar im Ostchor schirmten die Gottesmutter sowie die heiligen Georg und Michael: Georg, der private Schutzherr des Königs, und Michael, der «Schlachtenhelfer der Deutschen». Der westliche Choraltar – der Hauptaltar überhaupt – gehörte dem Würzburger Bistumsheiligen Kilian und den Hauptheiligen Peter und Paul, deren Patronat wieder ausdrücklich nach Rom verwies.

Heilige aus allen Sakrallandschaften des Reiches also, mit Bedacht geordnet und gruppiert, bis zu den beiden Hauptpatronen Georg und Petrus, deren Altäre einander gegenüberstanden und die beiden höchsten Gewalten des Christentums, Kaisertum und Papsttum, symbolisierten.

Der Domkomplex begann wahrscheinlich mit einem Atrium an der Ostseite. Von dort führten links und rechts des Chores, wie heute noch die Adamspforte und die Gnadenpforte, zwei Portale in das Innere der Basilika. Die Mauerstärke betrug 1,07 Meter, wie 1943 bei Anlage einer Bischofsgruft festgestellt wurde, als man «drei Meter innerhalb der heutigen Innenwand» auf die Reste der alten Nordfundamente stieß. Die Mauern des Querschiffes, das «weniger weit im Westen als heute» lag, waren nur etwa sechzig Zentimeter stark, woraus zu folgern ist, «daß seine Höhe unter derjenigen des Langhauses und Chores zurückblieb».

An das Querschiff schloß sich ein quadratischer Westchor mit einer großen Apsis an. Darunter lag die Westkrypta, etwa dreieinhalb Meter unter dem heutigen Kirchenniveau. Ihre Seitenwände und ein Teil des spätottonischen Chores wurden bereits 1912, ebenfalls beim Bau einer Bischofsgruft, angeschnitten und untersucht. Bei einer planmäßigen Grabung im Winter 1935/36 gelang es, noch weiter in diese Krypta einzudringen und ihren aus drei tonnengewölbten Schiffen bestehenden Hauptraum freizulegen, der «dem Felsen abgewonnen» war. Mayer vermutet, daß die Krypta, «die naturgemäß zuerst fertig war, während des Dombaues als interimistische Palastkapelle» diente.

Der Heinrichsdom war nicht genau geostet, da für den Kirchenbau und die anschließenden Stiftsgebäude nur die Südostecke des babenbergischen *castrum* zur Verfügung stand. Der unbekannte Baumeister machte aus der Not jedoch eine Tugend und richtete den Dom senkrecht auf das Regnitztal aus: eine hervorragende städtebauliche Lösung, die dann auch für die übrigen Sakralbauten aus Heinrichs Zeit verbindlich wurde. Etwa gleichzeitig mit dem Domstift entstand nämlich (auf dem heutigen Stephansberg) das Kanonikerstift St. Stephan, dessen erste Kirche, «ein Zentralbau über griechischem Kreuz», noch die Grundform der 1717 geweihten barocken Stephanskirche bestimmt. Nördlich des Dombergs wurde, ebenfalls noch unter Heinrich, die Benediktinerabtei St. Michael errichtet, deren Bauten die des alten *castrum* schon damals überragten.

Rechnet man die schon im 10. Jahrhundert vollendete Marienkirche am Kaulberg dazu, so war bereits um 1020 «eine städtebaulich höchst eindrucksvolle Reihe von vier zum Teil bedeutenden Kirchenbauten festgelegt. Jede Kirche krönte eine Bodenerhebung und wandte sich mit der Ostfront zur Regnitz...» Damit war «eine straffe architektonische Gliederung des Hügelgeländes erreicht. Da die Kirchenbauten in Ansichtsrichtung nur mit der Schmalseite erscheinen, geben sie» – bis heute – «die entscheidenden Akzente in der Senkrechten ab. Ihre Wirkung wird von den Turmgruppen unterstrichen. Auf einer Breite von 850 Metern entfaltet sich die Ansichtsseite des Ortes.» (Herzog)

«St. Kunigundens Seidenfaden» Der Ausbau des Domberges und seiner geistlichen Trabantensiedlungen bewirkte auch ein schnelles Wachstum der «bürgerlichen» Niederlassung. Es wird in Bamberg wie in allen Bistumssitzen dieser Zeit gewesen sein: die «Klerikerburg» entwickelte sich in kurzer Zeit zu einem Verbraucherzentrum ersten Ranges. Ein solches Verbraucher-

zentrum zog Händler und Kaufleute an, die einen Markt benötigten, um ihre Waren anbieten zu können. Dieser Umschlagplatz übte wiederum einen starken Sog auf die umwohnenden Handwerker aus, und bald begriffen auch die Bauern der Umgebung die Gunst der Situation und zogen mit ihren Erzeugnissen «zu Markt», um an dem wachsenden Wohlstand teilzuhaben – wenn sie nicht gar vorzogen, sich in unmittelbarer Nähe des Marktbetriebes anzusiedeln und als halbbäuerliche, halbgewerbliche Existenzen weiterzuleben.

Von den Bauten, die im Zuge dieser Entwicklung entstanden, ist nichts bekannt. Wir wissen lediglich, daß bereits um die Jahrtausendwende ein regelmäßiger Markt in Bamberg stattfand, für den schon Bischof Eberhard, der erste Hirte der neuen Diözese, Münzen prägen ließ, und daß die Buden und Magazine der Händler und Handwerker wahrscheinlich am Fuße des Domberges standen, an der Straße vom Steigerwald ins Regnitztal. Schon am Ende des 11. Jahrhunderts wurde dann ein zweiter Markt eingerichtet, und zwar auf der Regnitzinsel, die bis heute das Bamberger Geschäftsviertel geblieben ist.

Auch die Landschaft scheint sich schon bald nach der Gründung des Bistums verändert zu haben. Damals entstand der künstliche Regnitzarm am Fuße des Domberges, ein Unternehmen, das Herzog eine «Flußregulierung großen Stils» nennt und das jedenfalls beweist, mit welchem Aufwand an materiellen Mitteln Bamberg in eine Bistumsstadt verwandelt wurde. «Seine Anlage wird zudem eine starke Entwässerung des Inselbodens zwischen den beiden Flußarmen bewirkt haben, die erst eine umfangreichere Ansiedlung ermöglichte.»

Eine der Brücken, die auf die Regnitzinsel führte, wird in einem Bericht über den Besuch von Papst Benedikt VIII. in Bamberg erwähnt, der, wie man weiß, 1020 hilfesuchend nach Deutschland kam, um Kaiser Heinrich zu einem Zug gegen die Sarazenen zu ermuntern. Heinrich empfing ihn in seiner heimlichen Hauptstadt Bamberg und nutzte die Gelegenheit, seine Inszenierungskünste als Regisseur eines spektakulären Empfanges zu beweisen.

Der gesamte Bamberger Klerus bildete Spalier, um dem einziehenden Apostelfürsten die gebührenden Ehrenbezeigungen zu erweisen. Vier Chöre begrüßten ihn mit cherubinischen Gesängen, der erste jenseits des Flusses, der zweite diesseits der Regnitz an der Brücke, der dritte vor dem Tor der Bischofsburg, der vierte schließlich in der Vorhalle des Doms, wo Heinrich seinen hohen Gast willkommen hieß. Vom Kaiser geleitet, ließ sich der Papst nach einem Gebet vor drei Altären auf dem Sitz des Bamberger Bischofs nieder. Während die hohe Geistlichkeit das *Tedeum* anstimmte, empfing der König den Segen und den Freundschaftskuß des Heiligen Vaters. Schließlich erteilte Benedikt, assistiert von zwölf Bischöfen, der Festversammlung die Absolution.

Zwei Tage später, am Karfreitag, hielt er selbst den Gottesdienst. Bei der Ostermesse verlas der Patriarch von Aquileja die erste Lektion, der Erzbischof von Ravenna die zweite, der Papst die dritte: lauter protokollarische Details, die die Wichtigkeit des Besuches unterstrichen und von den Chronisten genauso sorgfältig verzeichnet wurden wie die Tatsache, daß sich des Kaisers Fürsorge auch auf das leibliche Wohl aller Anwesenden, nicht zuletzt der Bamberger Einwohnerschaft, erstreckte.

Das politische Ergebnis der Reise Benedikts ist bekannt: der Heilige Vater erhielt die Hilfe, die er wünschte und dringend benötigte, und erneuerte den Pakt, den Papst Johannes XII. sechzig Jahre vorher mit Kaiser Otto dem Großen geschlossen hatte. Dieser neue Vertrag, das sogenannte *Heinricianum*, bestätigte auch den juristischen Sonderrang Bambergs. Im Schlußkommuniqué wurde das neue Bistum dem Römischen Stuhl unmittelbar unterstellt.

«Diese vielerörterte und vielumstrittene Exemtion von der Mainzer Metropolitengewalt», für die als Jahreshonorar «ein weißes Pferd mit einem dem römischen Bischof geziemenden Sattel» zu liefern war, «schuf für das Bistum eine bis dahin unerhörte Vorzugsstellung. Sie hob den (Bamberger) Bischof aus dem allgemeinen Rahmen des einfachen deutschen Episkopates weit heraus und wies ihm in der Folgezeit... Rang und Sitz unmittelbar hinter den Erzbischöfen an... Die Verleihung des Palliums (2. Januar 1053) und des Vortragkreuzes (15. April 1111) an den Bischof von Bamberg war schließlich nur eine natürliche Folge seiner exemten Stellung.» (Grünbeck)

Grünbeck hebt aus der Reihe der bambergischen Privilegien noch eine weitere «einzigartige Auszeichnung» hervor, die zwar erst später wirksam wurde, aber ebenfalls auf Heinrich II. zurückgeführt wird. Die vier weltlichen Kurfürsten bekleideten im Stift Bamberg nämlich die gleichen hohen Ämter wie im Reich: das Truchsessenamt, das Schenkenamt, das Marschallamt und das Kammeramt. Das symbolfreudige Mittelalter sah in diesen Funktionen ein Schutzversprechen besonderer Art und nannte «das interessante Lehensverhältnis», das angeblich auf Wunsch und Bitte der Kaiserin zustande kam, den «Rotseidenen Faden der heiligen Kunigunde» oder einfach «St. Kunigundens Seidenfaden». Daher auch das vielgebrauchte Wort: Bamberg brauche keine Mauer, weil Kunigunde es mit einem Seidenfaden umzogen habe.

Die Vielzahl solcher und anderer Privilegien und das nie ermüdende königliche Interesse machen es verständlich, daß Bamberg bereits 1024 – als Heinrich auf der Pfalz Grone bei Göttingen starb und seinem

Letzten Willen gemäß im Bamberger Dom bestattet wurde – ein Ansehen genoß, das dem der Bistumsmetropolen im «römischen» Westen durchaus gleichkam. Auch in seiner materiellen Substanz hatte es in weniger als zwei Jahrzehnten eine erstaunliche Entwicklung durchgemacht. Schon mit den Bauten der Gründungsjahre und «der folgenden frühen Stiftungen» erreichte es eine Ausdehnung, «die erst in der Gegenwart wesentlich überschritten wurde».
Diese Feststellung Heinrich Mayers gilt freilich nicht nur für das junge Bamberg, sondern für die Mehrzahl der damaligen Stadtorganismen überhaupt.

Die Erforschung der mittelalterlichen Stadt ist in den letzten Jahrzehnten zu einem Lieblingskind der historischen Wissenschaft geworden. So sind auch die besonderen Kennzeichen eines ottonischen Gemeinwesens heute so weit erkundet, daß es möglich ist, ein einigermaßen verläßliches Porträt zu zeichnen. Ausgehend von einer kaum noch zu übersehenden Fülle topographischer, quellenkritischer und archäologischer Einzelstudien, hat vor allem Erich Herzog in seinem Buch «Die ottonische Stadt» ein reiches Material über die Siedlungszentren im Deutschland der Jahrtausendwende zusammengetragen und ein Bild ihrer «schaubaren Form» entworfen.

Kombinat von Herrenburg und Kaufmannssiedlung

Die ottonische Stadt war, nach seiner Definition, eine «zweipolige Siedlung», das heißt: ein Kombinat von Herrenburg und Kaufmannssiedlung. Die Mauern der Herrenburg umschlossen vielfach eine königliche Pfalz, gelegentlich einen Dynastensitz, in der Mehrzahl aber eine Bischofsresidenz. In den Bischofsmetropolen aber sieht Herzog «das ideale Stadtbild der Epoche ... am reinsten und großartigsten« verwirklicht. Da hier dank dem Fleiß der geistlichen Chronisten und ihrem emsigen Bemühen, die Viten der großen Kirchenfürsten zu beschreiben, auch die Nachrichtenlage am günstigsten ist, rücken die Bischofsstädte gewissermaßen selbsttätig in den Mittelpunkt der Darstellung.

Das Zentrum dieser Städte – die Burg – umschloß in der Regel ein Befestigungsring, der nicht nur als Schutzwall diente, sondern auch die Grenzen zwischen Drinnen und Draußen, Hoch und Niedrig, Herrschaft und Knechtschaft markierte. Obwohl die Kunst des Mauerbaues im 10. Jahrhundert langsam Gemeingut geworden war, wurden steinerne Umwallungen, wie aus den Beschreibungen der zeitgenössischen Chronisten hervorgeht, immer noch als Wunderwerke bestaunt. Thietmar hebt ausdrücklich die «altrömische» Fortifikation von Merseburg hervor, das heißt: eine nach römischer Art gebaute Steinmauer. Bischof Bernwards Hildesheimer Immunitätsbefestigung zeichnete sich durch «äußerst feste und schöne Türme» aus. In Trier sicherte Erzbischof

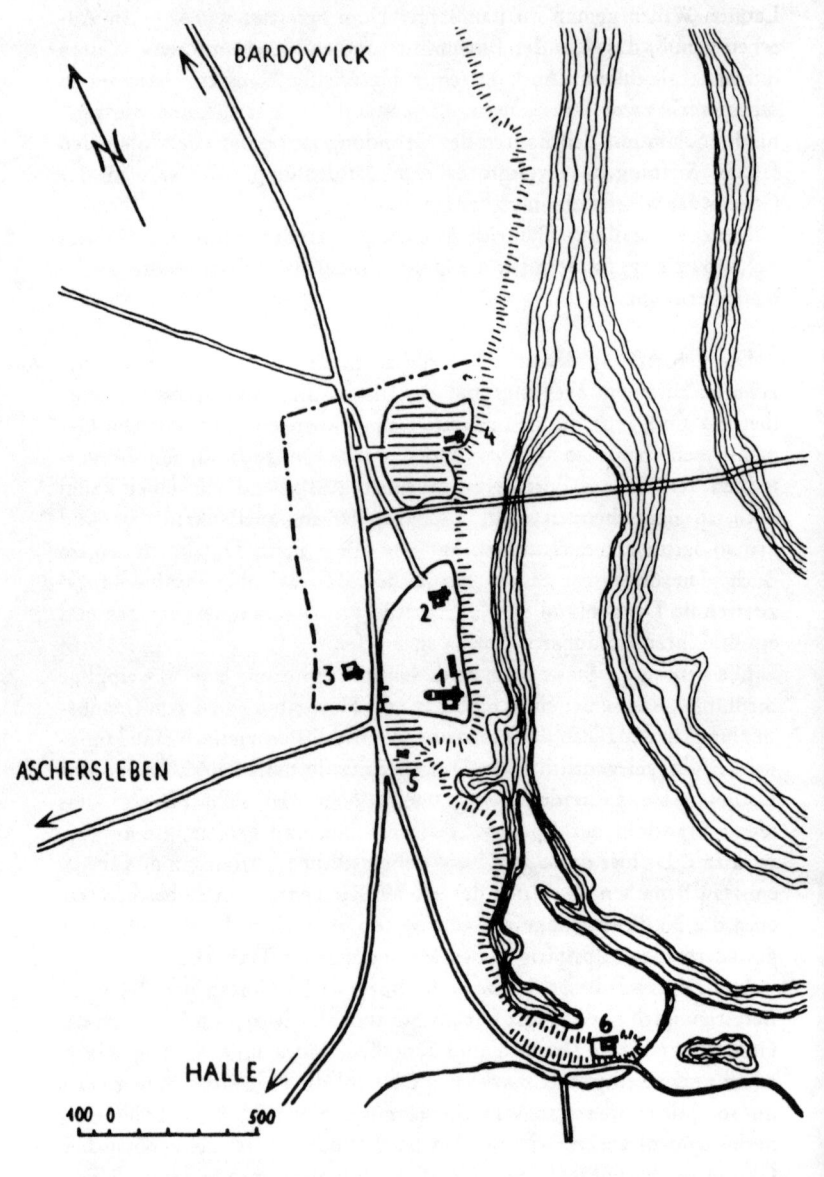

Abb. 14: Magdeburg im 11. Jahrhundert
1 Dom; 2 Liebfrauenstift; 3 St. Johannis und Sebastian; 4 St. Johannis am alten Markt; 5 St. Ambrosius in der Sudenburg; 6 Kloster Berge

Ludolf seine Burg um 1000 durch eine Mauer ab, deren Material er, wie Grabungen ergaben, römischen Ruinen entnehmen ließ. In der alten Bremer Immunität stieß der Spaten auf «kleinteiliges Bruchsteinmauerwerk», das aus Kieseln und Findlingen bestand. Auch in Magdeburg sind in der Nachkriegszeit die Mauern der ottonischen Immunitätsbefestigung freigelegt worden.

In der Form der ottonischen Befestigungen ist ein wesentlicher Wandel gegenüber der karolingischen Zeit festzustellen. Den Grundriß bestimmte nicht mehr die rechteckige oder quadratische Mauer römischer Tradition, sondern eine Vielzahl «verschiedenster Umrißlösungen». Es gab rundliche Fortifikationen in Eichstätt, Hersfeld und Hildesheim, spitzovale oder mandelförmige in Bamberg, Augsburg und Quedlinburg, verschliffen-viereckige in Trier, Magdeburg und Münster. Nierenförmig präsentierte sich die Halberstädter Domburg, ein unregelmäßiges Polygon bauten die Bremer Kirchenfürsten. Kurzum: man kannte keine Regel, keine verbindliche Vorschrift; nicht Traditionen, sondern Geländebedingungen diktierten die Formen der Fortifikationen. Antike Elemente lebten allenfalls im Turmbau weiter.

Der repräsentativste Platz innerhalb der Immunitäsbefestigung gehörte dem Dom und seinen Annexbauten: dem Kreuzgang und der bischöflichen Residenz. Neben dieser zentralen Baugruppe, der auch die Stiftsbauten der Kanoniker zuzurechnen sind, sparten die ottonischen Baumeister den Platz für den Klerikerfriedhof aus, der meist erst im hohen Mittelalter aufgelassen und «nach draußen» verlegt wurde. Unbebaut blieb zunächst auch das Gelände zwischen Dom und Mauer, das in Zeiten der Bedrängnis die umwohnende Bevölkerung mit ihrer fahrenden Habe aufnahm. Als diese Notwendigkeit im Laufe des 11. Jahrhunderts mehr und mehr entfiel, errichteten die Domherren dort ihre Kurien, im sicheren Rheinland übrigens eher als in der gefährdeten Grenzstadt Bamberg, in Paderborn früher als in Halberstadt oder Magdeburg.

Wie in Bamberg lehnten sich die Domherrenhäuser meist schutzsuchend an die Innenwand der Umwallung. Um kleinere oder größere Höfe gruppiert, wuchsen sie zu »festgefügten architektonischen Gebilden» zusammen. Reste aus ottonischer Zeit haben sich in Trier erhalten; in Naumburg und Eichstätt stehen noch zwei Kanonikerwohntürme. Die Zahl der Kurienhäuser war verschieden, ebenso ihre Größe. Den 34 Mitgliedern des Bamberger Kapitels standen 15, den 50 Domherren von Eichstätt 12 Gebäude zur Verfügung. Eine kleinere Bischofsstadt wie Minden zählte sechs oder sieben Kurien.

Auch die bischöflichen Wirtschaftsgebäude, Ställe und Magazine lagen innerhalb der Burgumwallung, im römischen Westen auch die Spitäler. Häufig ließen die Kirchenfürsten für ihre «draußen» wohnenden Hörigen eine eigene Pfarrkirche innerhalb der Immunität errichten, andernfalls erfüllte meist der Westchor der Kathedrale diese Aufgabe. Der Platz zu Füßen von Dom und Bischofshof diente zwar häufig profanen Zwecken (wenn er etwa an hohen Festtagen den Troß der fürstlichen Herren oder die Zelte sonstiger Besucher aufnahm), doch wurde er niemals angetastet. So hat er sich als ein Stück verpflichtender Architektur in vielen Bistumsmetropolen bis heute erhalten: am schönsten in Bamberg.

In jedem Fall lag die Bischofsburg –«gebaut für Gott, seine Priester und die Toten» – außerhalb des Durchgangsverkehrs: vom Alltag abgesetzt, fern dem Geschrei und dem Lärm der Märkte, thronend über Tal und Ebene. Diese «aristokratische Abgeschlossenheit» war sicher nicht frei von unchristlichem Hochmut, sie verschaffte den Immunitäten jedoch ein hohes Maß an Stille, Abgeklärtheit und schöpferischer Ruhe. Das mag erklären, warum sie immer mehr die natürlichen Bildungszentren des Reiches und die Schulen jener politischen, wirtschaftlichen und verwaltungstechnischen Elite wurden, die den mittelalterlichen Staat prägte.

Die ottonischen Kirchenkränze   An diesen Bildungsaufgaben wirkten auch die Töchtergründungen der Bischofsburgen mit. Der «Kranz von Klöstern und Stiften», der bereits zu Kaiser Heinrichs Zeit um den Bamberger Dom entstand, war nämlich ein Charakteristikum der ottonischen Stadt überhaupt. «Die begleitenden Kirchenbauten», so heißt es bei Herzog, «erweiterten den Ort zu einer sakralen Landschaft, die jedem Ankömmling die Bedeutung des religiösen Mittelpunktes sinnfällig vor Augen stellte. Wenn es das Gelände ermöglichte, verlegte man die neuen Gründungen auf Hügel und Terrassen, um ihre Fernwirkung zu steigern. Ein ganzes Landschaftsgebiet von ein bis zu zweieinhalb Kilometern im Durchmesser wurde so durch die krönenden Gotteshäuser geformt, deren Umriß oft meilenweit in das Land hinein sichtbar blieb.»

Diese Feststellung läßt sich durch eine Reihe von Beispielen belegen:
in Magdeburg waren die Kirchen und Klöster auf der Elbterrasse aufgereiht – südlich der Domburg stand das Benediktinerkloster Berge, das 968 die Mönche des Moritzklosters übernahmen, nördlich das Liebfrauenstift, westlich das Sebastiansstift;
in Halberstadt umringten die Bischofsburg das Paulsstift im Osten, das Bonifatiusstift und das Burchardikloster im Norden, das Liebfrauenstift im Süden; in Naumburg entstanden gleichzeitig mit dem Dom die beiden Klöster St. Georg im Norden und St. Moritz im Süden;
in Hildesheim baute Bischof Bernward nördlich der Immunität die

Michaelskirche, Bischof Godehard im NO die Bartholomäuskirche mit Spital und Pilgerhaus (1024) und im Westen die Mauritiuskirche (1028), Bischof Hezilo die Stiftskirche zum Heiligen Kreuz (1079); 1133 kam noch das St.-Godehard-Kloster dazu;
in Paderborn entwarf Bischof Meinwerk eine Kirchenfigur in Kreuzform, die mit dem 1031 geweihten Abdinghofkloster und der 1036 fertiggestellten Busdorfkirche allerdings nur zur Hälfte ausgeführt wurde;
in Bremen umstellte Erzbischof Adalbert um 1050 die Domimmunität mit drei Propsteien.

Auch in Minden, Münster und Osnabrück standen die «Bischofsburgen wie die Sonne eines Planetensystems im Kreise ihrer Trabanten». Wie hier, so bestimmen die in ottonischer Zeit errichteten Sakralbauten in Würzburg und Eichstätt, in Konstanz, Passau und Augsburg bis heute die Silhouette der Stadtlandschaft. Auch Lüttich und Utrecht (wo Meinwerks Paderborner Kreuzplan Pate stand) verdanken ihren Kirchenkranz der ottonischen Zeit. Selbst die gänzlich anders strukturierten Römerstädte am Rhein begannen im 10./11. Jahrhundert, die Bischofsburgen mit geistlichen Außenwerken zu umgürten. Sowohl in Köln als auch in Trier und Straßburg wurde das bereits bestehende Kirchenfeld damals «erweitert und systematisiert».

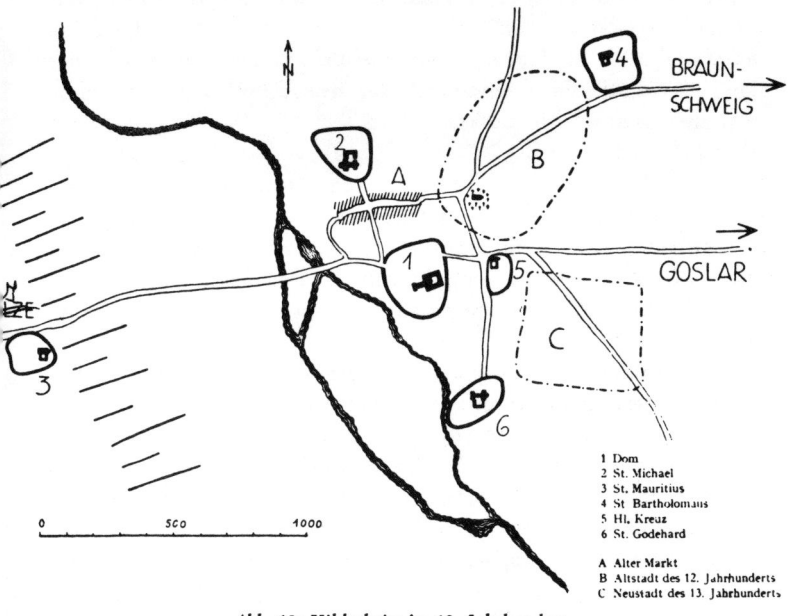

1 Dom
2 St. Michael
3 St. Mauritius
4 St Bartholomäus
5 Hl. Kreuz
6 St. Godehard

A Alter Markt
B Altstadt des 12. Jahrhunderts
C Neustadt des 13. Jahrhunderts

Abb. 15: Hildesheim im 12. Jahrhundert

Daß solche Kirchenkränze oder Kreuzfiguren - die es auch im Vorfeld der Pfalzen Aachen, Quedlinburg und Goslar sowie im Umkreis von Dynastenburgen und Klöstern gab - geplant und gewollt waren, geht aus den Chroniken zur Genüge hervor. Nicht nur für Paderborn, sondern auch für Fulda und Bamberg sind diese Absichten literarisch bezeugt. Für die Gründung Heinrichs II. zum Beispiel hebt die im 12. Jahrhundert verfaßte Vita Heinrici «die Anordnung der Kirchen in Kreuzform» ausdrücklich hervor.

Mit den ottonischen Kirchenkränzen trat etwas grundlegend Neues in die Welt der Architektur ein. Während die spätrömische Stadt in Deutschland (wie auch die geschlossene Stadt des hohen Mittelalters) sich auf möglichst engem Raum auf möglichst flachem Gelände zusammendrängte, suchte die ottonische Stadt die Weite und Höhe. In Bamberg waren die beiden Pole der Niederlassung 1400 Meter voneinander entfernt, in Bremen 2100, in Magdeburg und Hildesheim sogar 2500 Meter. Allerdings war die Siedlungsdichte, sieht man von der Handelskolonie ab, denkbar gering. Das Land zwischen den geistlichen Außenposten blieb Ackerland.

Die hochgelegenen Bastionen des Kirchenkranzes führten auch ein außerordentlich zukunftsträchtiges Formelement wieder in die Baukunst ein: den Kampf der Vertikalen und Horizontalen und damit die geheime kontrapunktische Musik, der Bistumssitze wie Halberstadt, Hildesheim oder Würzburg bis heute die dramatische Bewegtheit ihrer Stadtlandschaft verdanken - am meisten Bamberg, dem in einem imaginären Schönheitswettbewerb der deutschen Städte fraglos der Sieg zuerkannt werden müßte.

Kleriker und Kaufleute   Sehr viel schwerer ist das Bild der zugehörigen Kaufmannssiedlungen zu zeichnen. Die Quellen äußern sich zu diesem Thema nicht, und die archäologische Stadtkernforschung ist, trotz wertvollen Einzelergebnissen, über die Anfangsgründe noch nicht hinausgelangt. So reichen die bisherigen Erfahrungen nur für einige allgemeine Feststellungen aus.

Die «einfachste und wohl gebräuchlichste Form der Kaufmannssiedlung» war, nach Herzog, «eine zweiseitig bebaute, nicht sonderlich breite Straße» mit engbrüstigen, tiefgeschnittenen Grundstücken. Ebenso reichen die langen, schmalen Märkte, die sich in alten Städten bis heute erhalten haben, vielfach in die ottonische Zeit zurück. Auch sie besaßen also «eine mehr straßenähnliche Gestalt», so in Paderborn, Minden und Hildesheim, ähnlich in Quedlinburg und Magdeburg. Der größte ottonische Markt entstand zwischen 953 und 989 in Köln, fast fünfhundert Meter lang, zwischen Römermauer und Rhein, an der

Stelle des heutigen Heumarktes. Ähnlich in Straßburg, wo sich der Markt vor der Ostmauer der Immunität – das heißt: des alten römischen Lagers – etablierte, zum Strom hin verbreiterte und eine Länge von mehr als vierhundert Metern erreichte. Märkte, die sich an einer Straßengabel anbauten, nahmen meist die Form eines Dreiecks an, wie heute noch in Trier und Augsburg zu bemerken ist.

Doch ob Straße oder Platz – in jedem Fall waren Marktsiedlungen und Immunitäten (oder Burgen und Pfalzbezirke) in ottonischer Zeit noch «getrennte, selbständige, in sich geschlossene Einheiten», sogar dort, wo sie, wie in Köln oder Regensburg, hinter einer gemeinsamen Mauer lebten. Es kam zwar gelegentlich vor, daß Märkte auch innerhalb der Immunität lizenziert wurden, doch haben sie in der städtischen Weiterentwicklung keine bedeutenden Funktionen ausgeübt. Wahrscheinlich waren die Immunitätskaufleute auch meist Hörige der Kirche.

Dagegen gingen von den «unabhängigen» Marktsiedlungen nicht nur wirtschaftliche, sondern auch politische und starke gesellschaftliche Wirkungen aus; ja, sie wurden immer mehr die eigentlichen Kraftzellen des Fortschritts. Schon im 11. Jahrhundert wuchsen die Handelsniederlassungen aus den Kinderschuhen heraus, zunächst in Oberitalien und Flandern, sehr bald aber auch im Raum des heutigen Deutschland. Gestützt auf eine zahlungskräftige Verbraucherschaft, die vom bischöflichen Hof bis zu den obligaten Pilgerscharen reichte, nahm die Bevölkerung in den Kaufmannssiedlungen schnell zu, so daß schon am Ende des Jahrhunderts der alte Kern der Bischofsresidenzen «von so vielen neuen Häusern umringt» war, «daß er in ihrer Masse förmlich unterging».

Die neuen, vom Handel gespeisten Schichten konnten sich, «unbehindert von staatlichen Eingriffen», ziemlich ungestört entwickeln und neue Formen der sozialen Ordnung schaffen, die anderen Gesetzen gehorchten als die der bestehenden agrarischen und geistlichen Gesellschaft. Zahlreiche Territorialfürsten waren schon zu Beginn des 11. Jahrhunderts klug genug, den Kaufleuten Privilegien zu gewähren und sich auf diese wohlfeile Art an ihren Einkünften zu beteiligen. Die Kirche aber blieb mißtrauisch. Es war nicht zuletzt die orthodoxe Geistlichkeit in den Bistumssitzen, die der neuen, dynamischen, stets aufsässigen Bürgerschicht mit unverhohlener Feindseligkeit begegnete. Der Handel erschien den Klerikern als eine Ausgeburt der Hölle, und so waren sie nach Kräften bemüht, die Welt des Kaufmanns zu verdächtigen und zu diffamieren. Der schlechte Ruf, den diese noch jahrhundertelang genoß, geht zu einem erheblichen Teil auf das diskriminierende Verhalten der Geistlichkeit jener Zeit zurück, der die

Aktivität, die offen zugegebene Profitsucht und der schnell erworbene Reichtum der in den Marktsiedlungen massierten Bevölkerungselemente schon bald unheimlich war.

Bamberg war in dieser Hinsicht ein extremer Fall. Im Bannkreis des Domberges über der Regnitzinsel war die Macht des Bischofs so fest fundiert, daß noch um 1500 sozusagen ottonische Verhältnisse herrschten. Unter diesen Voraussetzungen erreichte die Stadt nur geringe wirtschaftliche Bedeutung. Ihre kirchliche, politische und kulturelle Strahlungskraft aber überdauerte noch jahrhundertelang alle Krisen und Veränderungen des Reiches.

Von der Romanik zum Barock   Schon der zweite Bischof von Bamberg – Suitger, Graf von Morsleben und Hornburg – zog als Clemens II. in den Lateran ein, als erster jener vier deutschen Päpste, die von 1046 an, sozusagen als Beauftragte des Kaisers, den Stuhl Petri verwalteten. Suitger, dessen letzte Ruhestätte im Dom das einzige Papstgrab in Deutschland ist, hat auch die Bamberger Domschule zu einem der wichtigsten Bildungsinstitute im mittelalterlichen Deutschland entwickelt. Hier dichtete zum Beispiel (um 1060) der Scholasticus Ezzo nach einer Kreuzfahrt ins Heilige Land seinen (als *Ezzolied* bekanntgewordenen) *Gesang von den Wundern Christi.*

Mehr als der Literatur waren die Bamberger Domgeistlichen aber der Politik verschworen, die, wie man weiß, von der Mitte des 11. Jahrhunderts an von der Auseinandersetzung zwischen Krone und Kirche beherrscht wurde. Es beweist die Fortdauer der kaiserlichen Traditionen, daß sich die Bamberger Kleriker, die dem Reich zahlreiche Kanzler und Notare und der Kirche viele Bischöfe stellten, in diesem Kampf durchweg kaisertreu verhielten. Während der Canossawirren entstand auf dem Domberg eine Verteidigungsschrift für Heinrich IV. Um die Wende vom 11. zum 12. Jahrhundert erfuhr die Zeit des unglücklichen Kaisers in der (später mehrfach fortgesetzten) *Weltchronik* des Abtes Frutolf vom Michelsberg eine gewissenhafte und unparteiische Darstellung, frei von kirchlichen Ressentiments. Und als unter aktiver Mithilfe des heiligen Bischofs Otto, des größten Kirchenfürsten des Bamberger Sprengels, 1122 das Wormser Konkordat geschlossen worden war, bediente sich die Reichskanzlei bei allen strittigen Fragen des in Bamberg zusammengestellten *Codex Udalrici*, in dem die Konkordatsbestimmungen wohl «nicht ohne tendenziöse Absicht» zugunsten des Kaisers verstümmelt waren.

Eine Reihe bedeutsamer Ereignisse beweist die für Bamberg typische Verbindung von geistlicher und weltlicher Repräsentation:

1035, am heiligen Pfingstfest, hielt Konrad II. Hoftag in Bamberg und feierte die Verlobung seines Sohnes Heinrich mit Gunhild von Dänemark;

1045 nahm Heinrich III. an den Palmsonntagszeremonien teil, wobei er selbst die Palmzweige trug;

1052 empfing Heinrich III. Papst Leo IX. in Bamberg;

1147, am heiligen Osterfest, traf Konrad III. an der Regnitz die Vorbereitungen zu seinem Kreuzzug;

1153, wieder am Osterfest, sah Bamberg die Festkrönung Friedrich Barbarossas;

1201, während des Hoftages von König Philipp von Schwaben, wurden die Gebeine der Kaiserin Kunigunde erhoben.

Um so mehr überrascht es, daß es ausgerechnet an der Regnitz – entweder in der Alten Hofhaltung oder in der Curia St. Pauli, der Hauskurie der Hohenstaufen – 1208 zu einem Königsmord kam. Die Bluttat, die der Pfalzgraf Otto von Wittelsbach an dem Stauferkönig Philipp von Schwaben beging, scheint jedoch mehr den Charakter einer Privatrache als den eines politischen Anschlags gehabt zu haben. Da der Täter unbehelligt entkam, hat man den damaligen Bischof Ekbert von Andechs-Meran zunächst der Mitwisserschaft bezichtigt und gezwungen, sein Bistum für vier Jahre zu verlassen. Der Verdacht hat die Historiker bis in unsere Zeit beschäftigt. Neuere Forschungen haben jedoch die Haltlosigkeit dieser Anklage bewiesen, eine Tatsache, die um so mehr wiegt, als gerade dieser Bischof ein Werk hinterlassen hat, das seinen Ruhm für alle Zeiten sichert.

Unter der Regie dieses tüchtigen und immens reichen Bischofs Ekbert von Andechs-Meran entstand im ersten Drittel des 13. Jahrhunderts in mehr als dreißigjähriger Bauzeit «der Bamberger Dom», eines der großen Meisterwerke der hochmittelalterlichen Sakralarchitektur, das bis heute die triumphale Krönung der Bamberger Stadtlandschaft und das Ziel zahlloser Kunst- und Pilgerfahrten geblieben ist.

Der alte Heinrichsdom vermachte seinem Nachfolger eine beträchtliche Erbschaft; seine Grundrißdisposition ging nahezu unverändert in den Neubau ein: eine dreischiffige Kathedrale mit Ost- und Westchor und westlichem Querhaus. Allerdings überschritt der staufische Dom die Maße seines ottonischen Vorgängers: Westchor und Westhaus wurden um einige Meter verlegt. Wahrscheinlich rückte auch der Ostchor etliche Meter ostwärts.

Die Bauarbeiten entwickelten sich von Ost nach West und gerieten schon bald in den Sog frühgotischer Formen. Während der spätromanische Ostteil deutlich die Handschrift eines oberrheinischen Meisters verrät, lassen Ostchor und Hauptschiff eine frühgotisch-burgundische Schule erkennen. Das Querschiff und den Westchor sowie die unteren

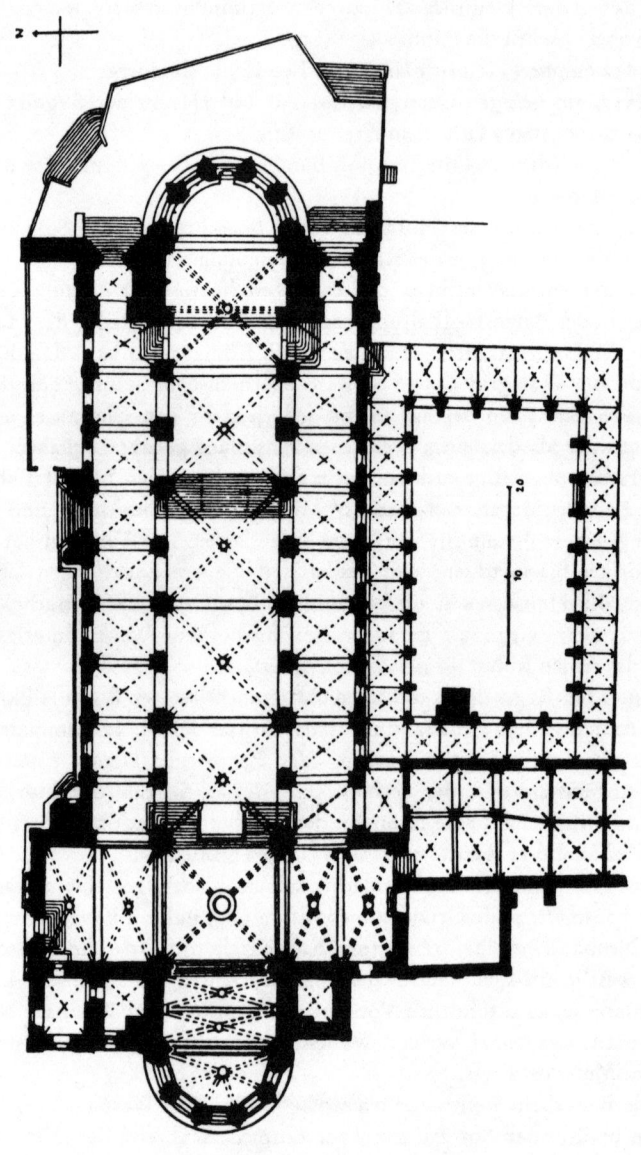

Abb. 16: Der Bamberger Dom mit Kreuzgang und Nagelkapelle

Geschosse der Westtürme errichtete ein Zisterziensermönch aus dem Steigerwaldkloster Ebrach. Den Westchor und die Obergeschosse der Westtürme baute ein «Gotiker», dessen Formenwelt nach Reims und Laôn verweist. Vier Bauhütten also, vier Architekten, und dennoch ein Werk aus einem Guß, in dem baumeisterliches Können über alle stilistischen Unterschiede triumphiert.

Die verschiedenen künstlerischen Strömungen, die in der Gestalt der Bamberger Kathedrale sichtbar werden, kennzeichnen auch ihre bildhauerische Ausstattung. Ihre vielgerühmten Skulpturen waren nicht, wie in Naumburg, das Produkt einer einzigen Werkstatt. Der Meister des Ostchores dürfte nach neueren stilistischen Untersuchungen zugleich auch der Leiter des Ateliers gewesen sein, das die bedeutenden Chorschrankenreliefs schuf. Das *Kaiserpaar* und der ruhmreiche *Reiter* dagegen – der allein Tausende von erlebnisträchtigen Federn bewegt hat – waren die Werke eines Bildhauers, der im Gefolge des letzten, des «französischen» Meisters, nach Bamberg kam: ein Beweis für die ungeheure Anziehungskraft, die die Gründung Heinrichs II. auch in der spätstaufischen Zeit noch immer ausübte.

Der Dombau hat das Leben Bambergs zu Beginn des 13. Jahrhunderts beherrscht, seine Kraft jedoch nicht erschöpft. Raum, Zeit und Geld reichten für weitere Projekte aus. Die Chronisten vermerken zum Beispiel, daß in dieser Zeit die ersten Bettelorden ihre Niederlassungen an der Regnitz gründeten und bald darauf das Stadtbild mit ihren charakteristischen «Predigtscheunen» veränderten. Zisterzienserinnen ließen Anfang des 13. Jahrhunderts eine (später in den Besitz der Karmeliter übergegangene) Basilika errichten, die ihre Westfassade und Teile der Umfassungsmauer bis heute bewahrt hat. Die Jacobskirche erhielt damals zwei neue Türme, von denen einer (der das Wappen des Bischofs Poppo von Andechs-Meran trägt) überlebt hat. Ebenfalls aus der Zeit des Dombaues stammt der romanische Turm der im 17. Jahrhundert barockisierten Stephanskirche.

Die Gotik bereicherte die Bamberger Stadtlandschaft vor allem um die Pfarrkirche am Kaulberg, eine dreischiffige, von einem hohen Chor überragte Basilika, deren Langhaus an die schlichten Bauten der Bettelmönche erinnert. Die Bamberger Dominikanerinnen, berühmt als Schöpferinnen farbenreicher Bildteppiche, bauten um 1350 die Heiliggrabkirche auf dem rechten Ufer der Regnitz, die Nonnen vom Elisabethhospital die ebenfalls erhaltene Heiliggeistkapelle. Die Dominikaner vollendeten um 1400 den zweiundzwanzig Meter langen Chor ihrer Kirche links der Regnitz. Auch die Domherrenkurien und der gotische Kreuzgang auf dem Domberg sind ein Werk dieser Zeit.

Hier auf dem Domberg entstand um 1480 auch die Alte Hofhaltung.

Unter Beibehaltung des in der Dombauzeit errichteten staufischen Palas schufen die Bischöfe Philipp von Henneberg und Heinrich Groß von Trockau jene einzigartige, geschlossene, vierflügelige Hofanlage, die nahezu unverändert das 20. Jahrhundert erreicht hat: ein Lehrstück in Fachwerkarchitektur und fraglos die schönste «altfränkische» Baugruppe, die es heute in Deutschland noch gibt.

Als einen spätgotischen Fachwerkbau muß man sich auch das nach einem Brand erneuerte und 1467 fertiggestellte Rathaus vorstellen, das – einmalig in der deutschen Architekturgeschichte – auf einer kleinen Insel mitten im Fluß entstand: im Niemandsland zwischen geistlicher und bürgerlicher Stadt. Geblieben ist davon das hübsche «Rottmeister-Häuslein», das auf einem Pfahlrost fast wie ein Vogelbauer über der rauschenden Regnitz schwebt. Die beiden anderen Teile des vielgepriesenen Ensembles, der Turm und das eigentliche Rathaus, erfuhren später eine barocke Verwandlung, wobei die Turmformen reichen plastischen Schmuck erhielten und die Längsseiten des Hauptgebäudes mit allegorischen Phantasien über bürgerliche Tugenden, wie Mäßigkeit, Klugheit und Rechtssinn, dekoriert wurden.

Überhaupt hat das Barock, nach der Heinrichszeit und dem Spätmittelalter, entscheidend zur Bamberger Baugeschichte beigetragen. Wie in Würzburg, Paderborn und Speyer verbindet sich die Epoche der gegenreformatorischen Triumphalarchitektur auch in Bamberg mit dem Namen der Schönborns, jenes rheinischen Adelsgeschlechtes, das in einem einzigen Jahrhundert außer drei Kurfürstenthronen neun Bischofsstühle besetzte und zeitweise ein geistliches Territorium beherrschte, das von der Mosel bis zur Regnitz, vom Main bis zum Bodensee reichte.

Hier in Bamberg waren es vor allem drei Angehörige der Dientzenhofersippe, die dem Stadtbild seine barocke Festlichkeit schenkten: Georg, Johann Leonhard und Johann Dientzenhofer. Sie bauten, veränderten und entwarfen (um nur einige der von ihnen betreuten Projekte zu nennen):

    das Kloster auf dem Michaelsberg und die dazugehörige Kirche St. Getreu,

    die St. Martins- und die neue Karmeliterkirche,

    die Böttingersche Gartenvilla am Ufer der Regnitz,

vor allem aber die Neue Residenz, die, einfach und nüchtern im Detail, durch ihr Bauvolumen und die souveräne Beherrschung der Raummassen imponiert – eine der wunderbarsten städtebaulichen Leistungen des Barock.

Auch der geniale Balthasar Neumann – Geschützgießer, Feuerwerker, Feldobrist, Oberingenieur, Festungsarchitekt und Oberbaudirektor des Fürstbischofs von Würzburg – hat für Bamberg bedeutende Gebäude entworfen, zum Beispiel das Alte Priesterseminar (seit 1928 Neues Rathaus) und das Katharinenspital. Der Schöpfer der Würzburger *Residenz*, dem Scheffler ein «wahrhaft rubens-artiges Talent» testiert, baute auch den Stadionschen Domherrenhof um und lieferte damit «das optische Bindeglied zwischen Schloßpavillon und östlichem Domturmpaar».

Weitere Namen aus der erlauchten Reihe der bambergischen Hofbaumeister: der Italiener Petrini, der, noch im frühen 17. Jahrhundert wurzelnd, gewissermaßen die Ouvertüre des Bamberger Barock dirigierte; der noble Maximilian von Welsch, später General in Mainz, der die fürstbischöflichen Bauten mit einer Prise gallischen Esprits würzte; und der tüchtige Johann Jakob Michael Küchel, ein Architekt von respektablem künstlerischem Eigenwuchs, obwohl er eigentlich nur Balthasar Neumanns «örtlicher Bauführer» war.

So wurde die Stadt Heinrichs des Heiligen und des spätstaufischen Doms im 17./18. Jahrhundert eine Barockstadt: eine Stadt der volltönenden, weltmännischen, elegant-verspielten Formen der antireformatorischen Baukunst, vielgeliebt und vielgepriesen, vielbesucht und vielbesungen. Am meisten von jenem genialen Ernst Theodor Amadeus Hoffmann, dem weinseligen und skurrilen Phantasten, der von 1808 bis 1813 als Kapellmeister, Bühnenmaler und Maschinenmeister am Bamberger Theater engagiert war. Der seltsame, vielseitig begabte Mann, der als «Gespenster-Hoffmann» in die Literatur des Unheimlichen einging, hat das mittelalterliche Bamberg berühmt gemacht – seine Kirchen und Klöster; seinen Domberg und seine Kurien; seine schmalen Gassen und versteckten Höfe; Traumwelt und Wirklichkeit zugleich.

Aber aller literarischen und sonstigen Prominenz zum Trotz – noch immer ist Kaiser Heinrich II., der Stifter des Bistums, die eigentliche Symbolfigur der Stadt, sozusagen Ehrenbürger Nummer 1 von Bamberg, wobei allerdings «der Heilige» (der er niemals war) vor dem Herrscher und Staatsmann rangiert. In vielfacher Gestalt tritt er dem Besucher gegenüber, meist in inniger Gemeinschaft mit der Gattin Kunigunde, der «geliebten Hausfrau und Kaiserin», mit der er, wie es in der Stiftungsurkunde des Klosters Kaufungen heißt, «ein Leib und eine Seele» war.

Im Kreuzgang des Domes sind heute die beiden Portalstatuen postiert, die bis zum Zweiten Weltkrieg an der Adamspforte aufgestellt waren: der bärtige Kaiser mit Krone und Reichsapfel, die Kaiserin im wallenden, faltenreichen Gewand. Im Mittelschiff der Kathedrale

Kaiser Heinrich II — Bambergs Ehrenbürger Nummer 1

selbst steht das Hochgrab des «heiligen Kaiserpaares», dessen Grabplatte, ebenso wie die fünf Reliefs an den Seitenwänden, kein Geringerer als Tilman Riemenschneider gefertigt hat. Als barockes Duo hat der Bildhauer Peter Benkert um 1720 die beiden Stadtheiligen für die Klosterkirche St. Michael verewigt. Ein Werk Benkerts ist auch die herrliche Kunigundenfigur auf der Unteren Rathausbrücke, die holde Überlebende einer 1784 durch Eisgang vernichteten größeren Gruppe, in der – selbstverständlich – auch Kaiser Heinrich vertreten war.

Der Domschatz bewahrt – außer zahlreichen anderen Kostbarkeiten, wie Schale, Lampe und Gürtel der Kunigunde – drei Mäntel des Herrscherpaares, darunter den «wundervollen, auch inhaltlich sehr inter-

Abb. 17: Heinrich und Kunigunde

essanten Sternenmantel», den Heinrich vielleicht bei seiner Krönung trug: eine Arbeit der unter byzantinischem Einfluß stehenden Werkstatt des Klosters St. Emmeram in Regensburg. Die Bamberger Staatsbibliothek führt als kostbarsten Besitz zwei Handschriften aus der Heinrichszeit: das *Perikopenbuch* und die *Bamberger Apokalypse*, die im Skriptorium des Klosters Reichenau entstanden. Sie besitzt auch ein Original der um 1491 erschienenen Schrift über das *Gericht der Dechaney des Thumstiftes zu Bamberg*, deren Titelholzschnitt Heinrich und Kunigunde in zeitgenössischer Kleidung zeigt, zwischen sich den Dom, den sie auf Händen tragen – ein Wappenbild, das zum meistnachgedruckten Bildsymbol der Stadt Bamberg geworden ist.

Selbst im profanen Alltag stößt man immer wieder auf den Namen des Kaisers und der Kaiserin. Jenseits der Regnitz gibt es einen Heinrichs- und einen Kunigundendamm, das Bamberger Priesterseminar trägt den Namen *Henricianum*, und die *Curia caroli* am Stephansplatz 1 gilt bis heute als die «Wohnung der heiligen Kunigunde». Und wenn sich an einem Sonntag in der Julimitte die St.-Heinrichs-Prozession durch die Straßen von Bamberg bewegt, werden die in vergoldetes Silber gefaßten Häupter des Kaiserpaares im feierlichen Zuge mitgeführt.

Mehr als sonst noch zeigt sich an diesem Tage, daß Bamberg «etwas von der sakralen Würde der deutschen Kaiserzeit» bewahrt hat. Wie nirgendwo sonst glaubt man dann den Herzschlag jenes Römerreiches der Deutschen zu spüren, das sich als Macht und Wille des Abendlandes empfand und die Schutzherrschaft über alle Länder der Christenheit beanspruchte: maßlos in seinem Wollen, maßlos in seiner Macht, maßlos in seiner Tragik.

Vor der Alten Hofhaltung stand bis 1779 eine Säule, die Christus als Sieger über den «Tattermann» zeigte, ein Sinnbild der Unterwelt und des Bösen. Diese Stelle galt im Mittelalter als der Nabel des Reiches.

Fünftes Kapitel

DAS MÜNSTER DES ESSENER DAMENSTAATES

Wege und Zentren der ottonischen Baukunst

Die Stahlstadt und die Kathedrale · Eine Gründung des Bischofs Altfrid · 3000 Bauernstellen, 100 Herrenhöfe und 27 Damen · Eine Vision nahm Gestalt an · Kirchen unter dem Kirchenboden · Von Magdeburg bis Aachen · Abbild des himmlischen Jerusalem · Das Stift der Königstöchter · Theophanu und die Wunder der «Theophanie» · Die Grabkirche Liudgers in Werden · St. Lucius – säkularisiert, versteigert, restauriert · Von der Basilika zur Hallenkirche · Selbständig bis zur Säkularisation · Das Münster in der City

Die Stahlstadt und die Kathedrale

Die Wohltat der Stille spürt der Mensch am stärksten, wenn sie ihn urplötzlich wie ein schützender Mantel umfängt. Eben noch Straßenlärm oder das donnerartige Getöse einer Fabrikhalle, nun ein Raum, in den das Kreischen der Bremsen, das Heulen der Motoren oder das Stakkato der Maschinen nicht eindringen – ein kühles Bad nach einem Marsch unter sengender Sonne kann nicht lindernder und barmherziger sein. Nirgendwo in Deutschland erlebt man dieses Eintauchen in eine Welt beruhigender Lautlosigkeit so unvermittelt wie beim Eintritt in den Essener Münsterbezirk.

Essen ist eine laute Stadt, wie alle Industriestädte der Welt. Zwar werden in ihren Fabriken schon lange keine Kanonen mehr gebaut, eine mächtige Industrie aber ist ihr Lebenselement geblieben: eine Zusammenballung ständig wachsender Produktionskapazitäten, wie man sie in gleicher Massierung nur in Detroit oder Manchester findet.

Der Herd dieser Kraft liegt tief unter der Stadt, in Gestalt jener riesigen Kohlenflöze, die noch immer – obwohl das Revier längst über Emscher und Lippe hinaus ins Münsterland vorgedrungen ist – zu den reichsten Lagern «der Ruhr» gehören. Noch immer sind fast zwanzig Prozent der Bevölkerung im Bergbau tätig, noch immer stehen einige der größten und einträglichsten Zechen der Bundesrepublik auf Essener Stadtgebiet. Die Gänge und Stollen, die kreuz und quer und neben- und übereinander tief unter der Stadt ihr schwarzes Labyrinth bilden, sind über siebenhundert Kilometer lang, eine Strecke von Essen bis Passau oder Garmisch.

Noch mehr als die Kohle gilt in Essen der Stahl. Seit Alfred Krupp, der längst in mythische Ferne entrückte Schöpfer der Ruhrmetropole, 1851 auf der Londoner Weltausstellung den größten Gußstahlblock seiner Zeit zeigte, hat das Wort Stahl in Essen einen ebenso magischen wie vertrauten Klang. Was Hochöfen und Walzstraßen, Bessemer-Konverter und Chargiermaschinen sind, weiß hier jedes schulpflichtige Kind, genau wie es zur Allgemeinbildung gehört, über den Aufbau und die Absatzmärkte der großen Essener Industriegesellschaften im Bilde zu sein. Denn es gibt ja nicht nur Krupp, sondern auch den Rheinstahl-Konzern und die Gelsenkirchener Bergwerks AG, dazu die beiden größten europäischen Energieproduzenten: RWE und Ruhrgas. Und außer diesen Mammutgesellschaften mit ihren Milliardenumsätzen: große Baufirmen, elektronische Fabriken, chemische Werke, Glashütten und Textilbetriebe und was sonst zum Bild des Industriegiganten Essen gehört, der viertgrößten Stadt der Bundesrepublik.

Trotzdem: das Herz Essens schlägt im lärmenden Zentrum, in der erregenden, prickelnden Wirklichkeit der neuen Altstadt. In Essen ist nach dem Kriege gelungen, was in den meisten vergleichbaren Kommunen gescheitert ist: die alte Innenstadt zu durchlichten und in eine moderne City zu verwandeln, ein imposantes Verwaltungs-, Einkaufs- und Erholungskombinat mit Bankpalästen, Behördensilos, Bürohäusern, Kinos, Cafés – vor allem aber Geschäften, vom Warenhaus für den Massenkonsum bis zum eleganten, kostspieligen Salon. Ein Paradies der Damen, ein Dorado der Wünsche und Kaufanreize, das alle Mittel der Werbung und Verführung aufbietet: Plätze mit Treppen und Wasserspielen, Flanierstraßen mit Blumen und abstrakten Plastiken, herrlich dekorierte Fenster und Vitrinen, Lichtreklamen und Leuchtschriften – überhaupt Licht; Licht in verschwenderischer Fülle, funkelnd, gleißend, verwirrend.

Und dann der Stiftsbezirk. Mitten in dieser brodelnden, vitalen, hektischen City die Kathedrale des Ruhrbischofs. Einige hundert Meter vom Hauptbahnhof, nur einen Kilometer vom alten Kruppgelände entfernt, in dem umsatzfreudigsten Einkaufszentrum von Deutschland liegt das Essener Münster mit seinem Kranz von Anbauten.

Zunächst freilich steht man vor der Johanniskirche, ein wenig suchend und irritiert. Denn die brüchigen, mit Ziegeln geflickten Sandsteinmauern des spätgotischen Bauwerks (das im Chor noch die Reste einer romanischen Taufkapelle umschließt) tragen einen quadratischen Turm, dessen spitzer Helm die Münsterfront überragt und fast völlig verdeckt, ebenso das Atrium, das den Raum zwischen den beiden Gotteshäusern ausfüllt und nur durch einen seitlichen Zugang zu erreichen ist.

Aber bereits hier, noch unter freiem Himmel, im Vorhof der tausendjährigen Bischofskirche, verringert sich der Lärm der nahen City zu einem fernen Brandungsgeräusch. Der Alltag versinkt. Die Welt bleibt zurück, eindringlicher als sie beginnen die Steine zu sprechen.
Schon dieser Vorhof ist große Architektur. Die Bögen der beiden seitlichen Arkadengänge ruhen auf schweren Würfelkapitellen gleichmäßig gereihter Säulen. An der Westwand, dem Chorabschluß der Johanniskirche, ein gotisches Kruzifix. Ihm gegenüber das berühmte Westwerk des Münsters: ein ernster, feierlicher Bau, der Monumentalität auf knapp bemessenem Raum verwirklicht. Schweres, rauhes, fast archaisches Mauerwerk, das sich in der Mitte zu einem gedrungenen, achteckigen Turm formiert. Das Ganze nur durch einige schmale Fensteröffnungen und zwei Rundbogenfriese aufgelockert. Trotz geringer Höhe eine unerhört kraftvolle, majestätische Front, ein Werk «von europäischem Rang».

Das gilt noch mehr für das Innere des Westbaues; denn hier gelang' dem unbekannten Schöpfer des Münsters mit spielerischer Leichtigkeit, das Unmögliche möglich zu machen, das Unvereinbare zu vereinen.

Die Dreiturmanlage umschließt ein halbiertes Oktogon, das die Funktion eines Westchores versieht: eines der kompliziertesten und wunderbarsten Raumgebilde der abendländischen Baukunst, von männlichem Ernst und damenhafter Eleganz, ebenso erhaben wie verspielt. Hätten wir den Essener Westbau nicht, heißt es bei Hans Jantzen, wir vermöchten uns kaum vorzustellen, «was... in der frühdeutschen Architektur an reicher, mehrgeschossiger Innenraumgliederung möglich» war.

Die zweigeschossige Anlage, die sich, auf rundbogigen Arkaden ruhend, zum Kirchenschiff öffnet, trägt eine Empore, auf der wahrscheinlich der Kaiser bei seinen Besuchen in Essen Platz nahm, den Blick auf den Altar gerichtet, genau wie in der Aachener Pfalzkapelle, die für die liturgische Staatsloge sichtbar das Vorbild abgegeben hat. Der anonyme Baumeister hat auch gar nicht erst versucht, diese Entlehnung zu verbergen. Ja, er betonte sie durch antikisierende Säulenreihen, die vom Akanthuskapitell bis zu jonischen und korinthischen Kapitellen Bauformen der karolingischen Renaissance und damit der Alten übernahmen.

Das Kirchenschiff ist späterer Herkunft. Die dreischiffige, ziemlich schmale gotische Halle, mit deren Bau um 1275 begonnen wurde, läßt aber noch in ihrer heutigen Gestalt erkennen, daß sie die Nachfolge einer älteren Basilika antrat. Reste der ottonischen Kirche haben sich in den Außenwänden der Seitenschiffe, im Querschiff und im südlichen Nebenchor erhalten. Unter dem Hauptchor schließlich hat die Krypta die Zeit überdauert, eine Unterkirche, die mit ihren «wohlgegliederten Pfeilern und den genauen Strukturen von Wand und Gewölbe» ebenfalls den Rang der ottonischen Baukunst bezeugt.

Fülle und «fesselnder Wechsel bedeutender architektonischer Eindrücke» lassen das Essener Münster bisweilen als eine Art steinerner Stilfibel erscheinen. Trotzdem stellt es eine der geschlossensten Kirchenanlagen dar, die es in Deutschland überhaupt noch gibt: nach Jantzen «eine Bau- und Raumfolge, die für viele Kirchen der Frühzeit verbindlich war», aber nur hier in der Essener City «den alten Bestand und Charakter ... bewahrt hat». Von der früheren Taufkapelle – der Johanniskirche, die heute als Sakramentskapelle dient – führt der Weg über das *Paradies*, die Stätte der inneren Einstimmung, in den eigentlichen Kirchenraum, der wiederum eine klare Dreiteilung zeigt: das Westwerk mit der Kaiserempore, das Langhaus für die Masse der Gläubigen sowie Chor und Querschiff für die Geistlichkeit.

Unter dem Chor schließlich, in der Krypta, das mythische Zentrum der Münsteranlage – in einer Tumba aus dem 14. Jahrhundert die Gebeine des Bischofs Altfrid von Hildesheim, der 852 auf seinem Gut Asnidi ein Kanonissenstift für «Jungfrauen aus edelfreien Geschlechtern» gründete.

Dieses freiadlige Damenstift war die Keimzelle der Stadt Essen. Die Stahlmetropole an der Ruhr, diese ungeheure Zusammenballung industrieller Macht und Produktionskraft, ging aus einer Niederlassung frommer Frauen hervor.

Altfrid erblickte um 800 das Licht der Welt – wo, ist nicht bekannt. Allerdings spricht manches dafür, daß er in der Gegend von Essen zu Hause war, nicht zuletzt die Tatsache, daß er, der vierte Bischof von Hildesheim, nach seinem Heimgang am 15. August 874 auf eigenen Wunsch in Asnidi bestattet wurde. Aus der Urkunde über die Gründung des Kanonissenstiftes, die er 870 der Kölner Bischofssynode vorlegte, geht auch hervor, daß er in der Umgebung von Essen begütert war.

Eine Gründung des Bischofs Altfrid

Mit Sicherheit aber war er Sachse. Wahrscheinlich gehörte er vom Vater her der Liudolfinger-Sippe an, aus der auch die Ottonen hervorgingen. Von der Mutter her scheint er mit der Familie der Grafen Rikdag verwandt gewesen zu sein, die am Hellweg sowie rund um Geseke und Meschede über reichen Grundbesitz verfügten. Jedenfalls entstammte er dem sächsischen Hochadel, der sich – wie man weiß – nach der durch Karl den Großen erzwungenen Christianisierung mit großer Leidenschaft um die kulturelle Integration seines Landes in das Frankenreich bemühte. Die wichtigsten Zentren der geistigen Erschließung waren die Klöster Fulda und Corvey, und beiden wird eine gewisse Anwartschaft darauf zuerkannt, Altfrid die Grundelemente der damaligen Bildung vermittelt zu haben. Möglicherweise ist er auch durch die Zucht und Schule eines westfränkischen Klosters gegangen. Altfrid war einer der gescheitesten Männer seiner Zeit. Erzbischof Hinkmar von Reims lobte seine natürliche und unverbildete Klugheit und gab nach einer hitzigen Disputation unumwunden zu, daß ihn Altfrid an Witz und Wortgewandtheit übertroffen habe. Am häufigsten erwähnen ihn die geistlichen Annalisten seiner Zeit. Er war mit Ebo von Reims befreundet und unterhielt Verbindungen mit Papst Sergius II. Als Sonderbotschafter und diplomatischer Berater Ludwigs des Deutschen war er einer der großen politischen Akteure des 9. Jahrhunderts, dem die Historiker einen entscheidenden Anteil an der Konstituierung des Ostfränkischen Reiches zubilligen. Als zäher und gewandter Unterhändler hat der Sachse Altfrid König Ludwig genauso wertvolle Dienste geleistet wie die bayerische Truppenmacht, die die Hauptlast seines lebenslänglichen Kampfes gegen Karl den Kahlen trug. Auch der Vertrag von Meersen, der schließlich die förmliche Teilung des Karolingischen Reiches verfügte, war nicht zuletzt Altfrids Werk.

Als Bischof der ostfälischen Diözese legte er den Grundstein des ersten Hildesheimer Domes, einer «dreischiffigen kreuzförmigen flachgedeckten Basilika mit Vierung und Querhaus», errichtete er eine Domschule, die einen bedeutenden Ruf erwarb, begründete er mehrere Stifte mit der zwar nirgends ausgesprochenen, aber deutlich erkennbaren Aufgabe, die Führungsrolle des sächsischen Adels auch religiös und kulturell zu fundamentieren.

Eines dieser Stifte – neben Seligenstadt (wahrscheinlich Osterwick im Harz), Lampspringe und Gandersheim – war das der adligen Damenkongregation Essen, dessen Kirche er der Heiligen Dreifaltigkeit weihte und mit den Reliquien der Heiligen Cosmas und Damian ausstattete.

Was mag den tüchtigen Kirchenfürsten bewogen haben, sich für den Standort Essen zu entscheiden? Sicher nicht nur sein «kleines Gütchen», wie es in der Stiftungsurkunde betont bescheiden heißt, sondern auch die gute Verkehrslage am vielbegangenen, vielbefahrenen Hellweg, überhaupt die Tatsache, daß die Essener Landschaft schon weitgehend erschlossen war, daß die Äcker reiche Frucht trugen, daß es Holz und Wasser in Hülle und Fülle gab und nur eine Tagereise weiter der Rhein die Verbindung mit fernen Küsten herstellte.

Außerdem bestand in Essen bereits eine geistliche Niederlassung: das Werdener Benediktinerkloster, das der erste Bischof von Münster, der

Friese Liudger, um 800 begründet hatte. Die Abtei war inzwischen zu einer kraftvollen Glaubens- und Bildungsburg herangewachsen.

Ihre Besitzungen reichten über Westfalen und den Niederrhein hinaus bis nach Holland und Friesland. Der Werdener Abt war in Personalunion auch Vorsteher des Klosters Helmstedt, das Werdener Mönche ursprünglich als Missionsstation errichtet hatten. Die Werdener Klosterbibliothek hütete als kostbarsten Schatz den prächtigen *Codex Argenteus:* die aus dem 5. Jahrhundert stammende Evangelienübersetzung des Gotenbischofs Wulfila. Die Schreibschule galt als eine der tüchtigsten des Reiches und entwickelte einen immensen Fleiß. Noch heute hüten die Bibliotheken Mitteleuropas achtzig Werdener Handschriften aus dem 9. bis 12. Jahrhundert. Frucht der eigenen literarischen Bemühungen war wahrscheinlich das knorrige Heliand-Epos, das das Leben Christi in altsächsischer Sprache und Stabreimen erzählt.

Kurzum: Werden konnte bereits nach fünfzigjährigem Bestehen in einem Atemzug mit Fulda und Corvey, Lorsch und Echternach, der Reichenau und St. Gallen genannt werden. Und schon war das Grab Liudgers, der selbst einen Platz hinter der Apsis der Werdener Salvatorkirche als Grablege bestimmt hatte, ein vielbesuchter Wallfahrtsort geworden, eine Gnadenstätte, die bei jeglichen Anfechtungen des Leibes und der Seele aufgesucht wurde.

Fraglos hat auch das Dasein dieses Werdener Klosters zu Altfrids Entschluß beigetragen, gewissermaßen als Pendant ein adliges Damenstift in Essen zu schaffen. Einen geeigneten Platz, der sich mit geringen Mitteln befestigen ließ, fand er an einem Steilhang der (heute unter der Erde verschwundenen) Berne. Die in älteren Veröffentlichungen häufig ausgesprochene Vermutung, daß es hier, im Zentrum der heutigen City, bereits vor Altfrid eine Burganlage gab, haben die bisherigen Grabungen nicht bestätigt.

Altfrid verschaffte dem Essener Stift nicht nur die notwendigen wunderwirkenden Märtyrerreliquien, sondern auch eine ansehnliche Erstausstattung mit landwirtschaftlichen Erzeugerbetrieben. Er vermachte ihm seinen eigenen Besitz und war mit großem Erfolg um weitere Schenkungen bemüht, für die neben Ludwig dem Deutschen auch dessen Sohn Ludwig III. sowie König Lothar II. von Lothringen verantwortlich zeichneten. Schon am Ende des 9. Jahrhunderts verfügten die Essener Kanonissen über zahlreiche Höfe zwischen Duisburg und Oelde, Bocholt und Niederbreisig, an der Lahn und am Niederrhein, an der Erft und an der Lippe.

3000 Bauernstellen, 100 Herrenhöfe und 27 Damen

Dieser Güterbesitz – um 1100 gehörten den Essener Damen immerhin über hundert Herrenhöfe und mehr als dreitausend Bauernstellen

– war die Grundlage eines hervorragend funktionierenden Systems der Selbstversorgung. Eine größere Zahl von Einzelhöfen bildete jeweils einen Oberhof, der einem Schultheiß unterstand. Dieser setzte nicht nur die Anbaupläne fest, er war auch der Gerichtsherr der meist hörigen Bauern, die ihren Hof gegen genau festgelegte Abgaben in Erbpacht bearbeiteten. Den Äbtissinnen war er dafür verantwortlich, daß rechtzeitig und regelmäßig «geliefert» wurde.

Die Produktion der Güter wechselte je nach Landschaft und Tradition. Aus den Stiftsakten ist bekannt, daß die holländischen Güter die Tafel der Essener Damen vor allem mit Eiern, Fisch und Käse versorgten, der westfälische Besitz im engeren Umkreis des Stiftes Roggen und Braugerste, Schweine und Hämmel zu liefern hatte. Getreide kam außerdem auch aus dem Münsterland, ebenso Honig. Weizen erhielt das Stift von den reichen Besitzungen an der Erft, den Wein von Rhein, Ahr und Mosel, besonders aus Godesberg und Königswinter.

«Ebenso fest geregelt wie die Zufuhr war die Zubereitung und Verteilung der Lebensmittel. Das Stift hatte ein Backhaus, ein Brauhaus und ein Schlachthaus, in denen die einkommenden Abgaben verwertet wurden... Das Schlachthaus stand unter der Leitung eines Küchenmeisters und wurde darum auch Küchenmeisterei genannt. Dreimal in der Woche wurde geschlachtet, entweder vier Schweine oder acht Hämmel, die für zwei Tage ausreichten. Der Freitag fiel als Fasttag aus. die ersten Hämmel wurden um Christi Himmelfahrt geschlachtet, wenn die Schafweiden ergiebiger geworden waren. Die ersten Schweine schlachtete man am Abend vor St. Ursula (21. Oktober), etwa vier Wochen, nachdem die Eichelmast begonnen hatte.»

«Die Fleischverteilung war ein für allemal fest geregelt. Die fünfzehn besten Bratenstücke wechselten nach bestimmter Reihenfolge unter den Inhaberinnen der zwölf Priorissenpräbenden und den drei ältesten Stiftsdamen. Die acht ältesten Priesterkanoniker erhielten von jedem Schwein einen halben, von den Hämmeln einen ganzen Kopf. Alle einzelnen Teile von Schwein und Hammel hatten ihre besonderen Bezeichnungen. Sie wurden an die großen und kleinen Ämter vergeben. Mindestens seit dem 12. Jahrhundert ist diese etwas eintönige Speisekarte aber durch Kauf auf dem städtischen Markt abwechslungsreicher gestaltet worden... Bier war das tägliche Getränk; Wein gab es nur zu besonderen Festtagen und an der Tafel der Äbtissin.»

«Im Backhaus, das in ein Weizen- und ein Roggenamt geteilt war, wurden in einer Woche elf Malter Roggen verbacken. Als Getreidemaß diente die Hofmudde, der siebente Teil eines Malters. Täglich lieferte der Konventspeicher von seinem ‹Spikerroggen› elf Hofmudden zum Mahlen an die Stiftsmühle. Daraus waren 114 große und 30 kleine

Brote zu backen. Das Gewicht des Korns, des Mehles und der Brote war zur Überwachung des Bäckers und des Müllers genau festgesetzt.» (Weigel)

Die hohen Stiftsdamen lebten nach der um 760 entstandenen Verfassung des Bischofs Chrodegang von Metz als Kanonissen, in einer damals weitverbreiteten «abgeschwächten Form» des Klosterlebens. Zwar fühlten sie sich den Vorschriften der Kirchenväter verpflichtet, doch gehörten sie keinem Orden an. Ihre geistliche Tracht – einen weißen Chorrock und eine schwarze Seidenmantille – trugen sie nur während des Gottesdienstes und in Prozessionen. Auch durften sie ihr Vermögen behalten, ja, sie konnten sogar, wiewohl es verpönt war und nicht häufig vorkam, aus der Gemeinschaft wieder ausscheiden und heiraten. Die Regel wollte aber, daß sie sich großer Frömmigkeit befleißigten und Milde und praktische Nächstenliebe übten.

Die geringere Arbeit versahen die Angehörigen des dem Stift angeschlossenen nichtadligen Kapitels. Für den Gottesdienst hielten sich die Edeldamen, deren Zahl auf fünfzig beschränkt war, siebenundzwanzig aber nie überschritt, zwanzig Kleriker: zwölf Priester, vier Diakone und vier Subdiakone. Die umfangreichen weltlichen Geschäfte unterstanden einem Vogt, der auch oberster Gerichtsherr war. Die Gesamtleitung des Instituts lag in den strengen Händen einer Äbtissin, einer «ordentlichen» Ordensschwester also, die ebenso wie die Werdener Mönche auf die benediktinischen Regeln verpflichtet war. Als erste Vorsteherin setzte Altfrid seine Schwester Gerswid ein – ein Beweis dafür, wie sehr ihm gerade das Essener Stift am Herzen lag.

Die juristische Form des Stiftes zeichnet sich in den mittelalterlichen Urkunden nur undeutlich ab. Zu Altfrids Zeiten ist meist von einer *ecclesia* die Rede, einer Kirche, die ihr Gründer offenbar als «Eigenkirche», als Privateigentum also, betrachtet hat. Nach seinem Tod ging Essen deshalb in den Besitz der Bischöfe von Hildesheim über, die sich aber, allem Anschein nach, nicht sonderlich um ihre Niederlassung im Westen gekümmert haben. Jedenfalls sind aus dem ersten Jahrhundert Essener Stiftsgeschichte keine besonderen Ereignisse überliefert.

Eine bedeutsame, grundlegende Änderung markiert erst die Regierungszeit Ottos des Großen. Der Sohn Heinrichs I., der nach dem Zeugnis Widukinds bereits 938 als junger König in Essen herbergte, überführte 951 das adlige Damenstift mit all seinen Gütern in königlichen Besitz. Etwa gleichzeitig mit Quedlinburg, Gandersheim und Elten – und etwa fünfundsiebzig Jahre nach Werden – rückte Asnidi in die erlauchte Gruppe der Reichsstifte auf: eine Rangerhöhung, die die gesamte Weiterentwicklung entscheidend bestimmte.

Denn das Damenstift Essen wurde die bedeutendste geistliche Filiale der Königsfamilie im deutschen Westen und damit einer der Mittelpunkte der ottonischen Kultur.

Eine Vision nahm Gestalt an   Wir wissen, daß sich der Traum von der Wiederherstellung des Imperiums «im vollen antiken Sinne» nicht erfüllte, ja, daß er unerfüllbar war, wie alle Träume. Doch ist das mittelalterliche Deutschland ohne diesen Traum nicht denkbar. Seine kulturelle Blüte vor allem, die angesichts der ständigen Kriege ohnehin eines der Wunder dieses Zeitalters ist, war der Idee der *Renovatio* tief verhaftet.

Kein Bereich zeigt ihre befruchtende Kraft so deutlich an wie die Baukunst: die Kunst, an die wir zunächst denken, wenn wir das majestätische Bild der abendländisch-mittelalterlichen Kultur beschwören. Was im staatlichen Leben nicht gelang, verwirklichte sich in der Architektur. Eine Vision nahm Gestalt an.

Die Vorstellung vom Römerreich der Deutschen und dessen Fernziel: dem christlichen Universalstaat schuf sich in der Baukunst ein imposantes Abbild, das Symbol der Einheit von Glauben und politischer Macht, die der Idee des abendländischen Gottesreiches zugrunde lag. Die Architektur wurde geradezu ein Stück Philosophie: hinter der mächtigen Physis der ottonischen Dome wird, wie nirgendwo sonst, die metaphysische Spannung dieses Zeitalters sichtbar.

Die ottonische Baukunst war eine «im hohen Maße aristokratische Kunst». Die Bauherren gehörten ausschließlich dem Adel an. Soweit die kaiserliche Familie nicht selbst als Auftraggeber auftrat, waren es in der Hauptsache die großen Kirchenfürsten, die, miteinander konkurrierend, die Architekten des ottonischen Jahrhunderts mit Aufgaben versahen. Willigis von Mainz, Burchard von Worms, Ulrich von Augsburg, Bernward von Hildesheim, Meinwerk von Paderborn, Egbert und Poppo von Trier, Notker von Lüttich, Werner von Straßburg, sie alle haben mit Leidenschaft gebaut und in ihre nie zu stillende Bauleidenschaft riesige materielle Mittel und ungeheuren Ehrgeiz investiert. Mehr als fünfundzwanzig Kathedralen sind allein im letzten Drittel des 10. Jahrhunderts unter der Regie des deutschen Episkopats entstanden.

Die genialen Schöpfer dieser Sakralarchitektur – eine andere gab es ja nicht – sind bis heute unbekannt. Das darf nicht dazu verleiten, die Entstehung der ottonischen Dome gleichsam auf einen Akt religiöser Inbrunst zurückzuführen, der sich, ohne Plan und Leitung, aus dem Rausch und der Fülle des Glaubens vollzog.

Ein derart kompliziertes Gebilde wie ein mittelalterlicher Kirchenbau, dessen geheime geometrische Beziehungen sich selbst der heutigen Forschung nur widerwillig erschließen, entstand nicht in der Andachtszelle unbekannter Klosterbrüder, deren schöpferische Vision eine Gemeinschaft gleichgerichteter Seelen in die Tat umsetzte. Bauen setzt immer auch die Bewältigung organisatorischer Aufgaben und einen breiten Fächer handwerklicher Kenntnisse voraus. Da die Kirche damals aber die einzige Institution war, die Bildung und Wissen vermittelte, werden nicht nur die Bauherren, sondern auch die Baumeister in der Regel Geistliche gewesen sein.

Allein daraus folgt, daß die antike Baukunst weiterhin verpflichtend war. Auch die karolingische Architektur blieb Vorbild. Doch wurden sowohl die antiken wie die karolingischen Formen – «das Längstvergangene neben dem Nächstvergangenen» – mit einer Kraft und Intensität abgewandelt und ergänzt, daß man nun erstmalig von einer deutschen Baukunst sprechen kann.

Hans Jantzen, der verdienstvolle Cicerone der ottonischen Kunst, sieht die drei Strömungen, die hier zusammenfließen, in den Namen Magdeburg, Aachen und Rom verbildlicht; denn diese Namen, «zugleich die Namen der drei Kaisergrabstätten», umfassen, «wenn man sie richtig als Zeichen für das germanische, karolingische und spätantike Erbe versteht, auch die großen Bereiche, aus denen heraus sich die deutsche ottonische Kunst entfaltet».

Auch die ottonische Kunst ist nicht über Nacht gewachsen. Doch hat sie zu ihrer Reifung nur etwa das halbe Jahrhundert zwischen der Gründung des Mauritiusklosters in Magdeburg und dem Jahrfünft des dritten Kaisers Otto benötigt. Schon um die Jahrtausendwende war eine «Blüte von höchster leuchtender Färbung» erreicht. Gleichzeitig damit hatte sich der karge Kolonialboden zwischen Weser und Elbe, kulturell bis dahin nur wenig beackert, in eine Kunstlandschaft mit durchaus eigenem Bewuchs verwandelt. Das liudolfingische Machtzentrum um den Harz war ein baukünstlerisches Kraftfeld von europäischer Bedeutung geworden, in dem sich die neue Architektur so rein wie nirgendwo sonst ausprägte.

Die neue Architektur bediente sich der überlieferten Bauformen, vor allem der der römischen Basilika. Dieses einfache Grundmotiv wurde jedoch mit einer erstaunlichen Kraft der Phantasie und der Erfindung weiterentwickelt und variiert. Die beiden niedrigen und schmäleren Seitenschiffe erhielten wie das flachgedeckte Langhaus kleinere Chorapsiden, die später als Chorumgang den Hauptchor umschritten. Zwischen diesem und dem Langhaus wurde meist ein Querschiff verankert. Häufig wurden aber auch im Westbau ein Querschiff und ein Chor oder Chorumgang angelegt.

Als Flächeneinheit lag diesem Grundriß in der Regel das Quadrat der Vierung zugrunde, jenes Raumteiles also, «in dem Langschiff und

Querschiff sich schneiden». Unter den Hauptchor pflegten die ottonischen Meister eine Krypta zu bauen, die Märtyrerreliquien oder die Gebeine des Gründers aufnahm. Da sich dadurch der Fußboden des Chores erhöhte, ergab sich eine Chorbühne für die zelebrierende Geistlichkeit, ein Hochchor, der – nach Karl Scheffler – «für den Raumeindruck um so wichtiger» war, «als auf Chor und Altar die Bewegung des Langschiffes» ausgerichtet war. Die Damenstiftskirchen wurden überdies mit Emporen versehen, einer Äbtissinnen-Empore vor allem, die über der Eingangshalle lag und so zu einer Verschmelzung von Westchor und Westwerk führte.

Dazu kamen wichtige bautechnische Details, wichtig vor allem für die heutige Forschung, die in ihnen die besonderen Kennzeichen der ottonischen Baukunst sieht: vorweg der Stützenwechsel von Pfeilern und Säulen, der zwar byzantinischer Herkunft ist, aber in der «daktylischen» Folge von einem Pfeiler und zwei Säulen als «säehsischer Stützenwechsel» in die Architekturgeschichte einging; die «Anwendung von Überfangbögen an den Mittelschiffwänden und Schwibbögen von Wand zu Wand»; die Anfänge einer Schiffgliederung, bei der sich Schwibbögen von jeder zweiten Stütze quer über die Seitenschiffe spannen und so eine «Vorstufe für die Einwölbung» bilden; das Würfelkapitell und die Gliederung der Wände durch breite Fensternischen und schmale Wandnischen; und schließlich die Überbauung des Westchores mit einem mächtigen Turm, der vielfach die Front der ottonischen Kirchen bestimmt.

Aber alle diese Einzelformen ordnen sich einem größeren Zusammenhang ein. Während der Außenbau herb und einfach blieb, schufen die neuen Formelemente im Innern «eine bislang nicht vorhandene Körperhaftigkeit», den den fließenden basilikalen Raumablauf, wie es bei Thümmler heißt, «einer straffen geometrischen Ordnung» unterwarf. Mit der bewegten Vielfalt dieser Raumstrukturen war etwas völlig Neues in die Welt getreten.

Zwar hatte ein Baumeister wie der Abt Goderamus von St. Michael in Hildesheim – einer der wenigen, die wir mit Namen kennen – seinen Vitruv ständig in der Tasche, doch besaß er Geist und formschöpferische Phantasie genug, über den traditionsgeheiligten Kanon hinaus weiterzudenken und der Architektur neue Möglichkeiten zu erschließen: funktionelle, baukünstlerische und bautechnische Möglichkeiten.

Kirchen unter dem Kirchenboden   Leider gilt auch für ottonische Kirchen Karl Schefflers betrübte Feststellung, daß alte deutsche Kunst «oft abseits liegt» und daher «zu großen Teilen erwandert sein will». Aber auch das ist heute vielfach unmöglich geworden. In einer Zeit, da es leichter ist, nach Santiago oder

Sydney als nach Dresden zu reisen, muß der Kunstfreund von vornherein auf Halberstadt und Quedlinburg, Magdeburg und Memleben, Gernrode und Walbeck verzichten, das heißt: auf die Zentren der ottonischen Kunst jenseits der grünen Grenze.

Aber selbst wenn man von den aktuellen Erschwernissen absieht – das Idealbild einer ottonischen Kirche ist in der Wirklichkeit kaum noch anzutreffen. Die meisten ottonischen Bauten sind in der Folgezeit verändert, viele bis zur Unkenntlichkeit entstellt worden. Häufig waren sie bereits während der meist sehr langen Bauzeit einem tiefgreifenden Formenwandel unterworfen. Ursprünglich flachgedeckte Basiliken wurden später eingewölbt, was meist nur möglich war, wenn man zuvor die Stützen verstärkte. Fast überall wurden den Ursprungsbauten im Lauf der Jahrhunderte jüngere Teile angeflickt (das Essener Münster gibt gerade dafür ein instruktives Beispiel ab). Gotik, Renaissance und Barock haben vor dem übernommenen Bestand wenig Respekt gehabt und ihn nach Belieben umgebaut und umdekoriert. Auch die Restaurationsbemühungen des 19. Jahrhunderts sind vielfach von recht fragwürdiger Wirkung gewesen.

Dazu kamen – nachdem schon der Dreißigjährige Krieg und die Säkularisation viele Abgänge verursacht hatten – die schweren Zerstörungen im Zweiten Weltkrieg. Diese hatten freilich auch eine unfreiwillig-positive Wirkung: wie nie zuvor konnten während der Wiederaufbaujahre nach 1945 in den Trümmerwüsten unserer Städte auch die Kirchen archäologisch untersucht werden. So haben die Verheerungen des Luftkrieges die Kenntnisse über die Entwicklung der ottonischen Baukunst beträchtlich erweitert.

Die Kirchenarchäologie ist – wie die gesamte Archäologie des Mittelalters – eines der jüngsten Kinder der Grabungswissenschaft. Ihre Wiege stand in Essen. Als erster beschäftigte sich (im letzten Jahrzehnt des vorigen Jahrhunderts) Wilhelm Effmann mit der Aufgabe, «die unter den Boden geratenen Teile von Bauten wieder zu erschließen ... und völlig verlorene neu aufzuspüren», und zwar in und an der Abteikirche Essen-Werden. Effmanns Methoden und Erfolge fanden vor allem im Rheinland starke Beachtung:

1910 begann Erich Schmidt-Wöpke mit einer mehrjährigen Kampagne im Aachener Dom;

1924 lief die von Fritz Fremersdorf geleitete dreißigjährige Grabung von St. Severin in Köln an;

1928 führten Lehner und Bader Untersuchungen unter der Krypta des Bonner Münsters durch;

1933 drang Walter Bader bis zu dem spätrömischen Gründungsbau des Xantener Doms vor;

1937 legte Bader eine archäologische Baugeschichte der ehemaligen Abteikirche St. Nikolaus in Brauweiler vor.

Trotzdem: die bedeutendsten Ergebnisse lieferten die Forschungen, die die Archäologen nach dem Zweiten Weltkrieg in den Kirchenruinen der zerstörten rheinisch-westfälischen Städte veranstalteten. Köln und Essen, Mönchengladbach und Neuß, Zyfflich und Vilich, Düren und Wesel, Münster und Vreden, Herdecke und Paderborn, Minden und Hildesheim und ein gutes Dutzend weitere Städte haben in diesen Jahren der Kirchenarchäologie und damit der deutschen Architekturgeschichte Erkenntnisse und Erfahrungen vermittelt, die das Bild vom frühen Kirchenbau weitgehend korrigiert und ergänzt haben – so sehr, daß überall da, wo gegraben wurde, Dehios verdienstvolle Baugeschichten von einst überholt sind.

Von Magdeburg bis Aachen

Auch die mitteldeutschen Archäologen haben in den letzten Jahrzehnten eine Reihe wertvoller Beiträge zur Entwicklung der ottonischen Kunst geleistet. Die Baugeschichten von St. Servatius, St. Marien und St. Wiperti in Quedlinburg liegen nahezu komplett vor. Die Nachkriegsgrabungen in Halberstadt konnten die Verbindungslinien von der 859 geweihten karolingischen Kathedrale über den ottonischen Neubau vom Ende des 10. Jahrhunderts bis zum gotischen Dom des 14./15. Jahrhunderts herstellen. In Memleben wurde die Gründungsanlage der Benediktinerkirche in der Pfalz ergraben: eine um 980 entstandene, mehr als achtzig Meter lange Basilika mit drei Schiffen und zwei symmetrischen Querhäusern.

Von Grabungen im Jahre 1926 ausgehend, konnten die Bodenforscher und Kunsthistoriker auch den Grundriß des ottonischen Domes von Magdeburg ermitteln, der – kurz nach der Schlacht auf dem Lechfeld begonnen – schon in seinen Abmessungen etwas von dem Selbstbewußtsein spüren läßt, das den König nach seinem Sieg über die Ungarn erfüllte. Allein der Kernbau, eine dreischiffige Kirche mit Vierung und Querhaus, Apsis und Krypta, hatte eine Länge von etwa hundert Metern. Dazu kamen (wie später in Essen) Atrium und Taufkirche sowie, an die Südseite angelehnt, die Klausurgebäude mit dem Kreuzgang. Eine aufwendige, majestätische und imposante Anlage, auch in der Ausstattung: römische und ravennatische Säulen aus Porphyr, Marmor und Granit, in die überdies zahlreiche Reliquien eingemauert waren, trugen die schweren, wahrscheinlich bemalten Mittelschiffwände. In all seiner Pracht und Feierlichkeit hat der ottonische Dom – des Königs letzte Ruhestätte – die Formenwelt der karolingischen Hofarchitektur jedoch nicht gesprengt.

Anders die Stiftskirche St. Cyriakus in Gernrode am Nordostrand des Harzes: das vollkommenste Gebilde ottonischer Architektur, das es «drüben» gibt – ein vielbewundertes, vielgerühmtes Denkmal mittelalterlicher Baukunst überhaupt.

Bauherr von St. Cyriakus war jener Markgraf Gero, dem Otto den Schutz der Elbgrenze anvertraut hatte, ein ebenso gläubiger wie harter Kriegsmann, der 961 nach dem Tod seines Sohnes auf einer seiner Besitzungen für seine Schwiegertochter Hedwig ein Kanonissenstift gründete. Drei Jahre später, nach einer Pilgerfahrt in die Ewige Stadt, legte der grauhaarige Heerführer den Grundstein der dazugehörigen Kirche, deren Krypta er zu seinem letzten Ruheort bestimmte. Als Andachtstätte frommer Frauen war St. Cyriakus also auch die Grablege eines alten Soldaten, der sein Leben dem Kampf gegen die Slawen gewidmet hatte. Diese Doppelfunktion verleiht der Gernroder Stiftskirche die ihr eigene Dramatik, die sie auch über die wenig glücklichen Veränderungen des 19. Jahrhunderts bewahrt hat.

Das Äußere ist wortkarg, wuchtig und verschlossen: eine rechte Burg Gottes. Die Türme von St. Cyriakus könnten Wehrbauten entliehen sein. Die Bruchsteinmauern von Querschiff und Chor steigen ungegliedert auf, «ohne Sockel, nur durch wenige, scharf eingeschnittene Fensteröffnungen unterbrochen». Die heutige Westfront stammt aus dem 12. Jahrhundert, doch blickt ihr ursprüngliches Gesicht deutlich daraus hervor: ein quadratischer Mittelbau, den zwei kreisrunde Treppentürme flankierten, nach Jantzen «ein architektonisch wunderbar einfaches und großartiges Motiv für die Stirnseite des gesamten Baues».

Diese herben, fast unzugänglichen Mauern bergen einen feierlichen, weiten und melodischen Raum. Eine Empore zwischen den beiden Treppentürmen, eine Art Loge für die Äbtissin, Emporen auch über den Seitenschiffen, hier für die Damen des Stiftes. Im übrigen eine «vorbildlich klare» Basilika, in der zum erstenmal in Deutschland

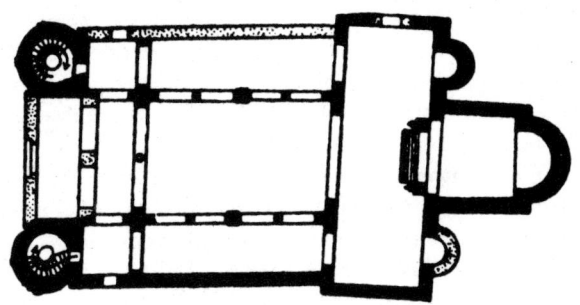

Abb. 18: Die Stiftskirche von Gernrode

der «byzantinische Stützenwechsel» (in der Grundform des Wechsels von Pfeiler und Säule) praktiziert wurde. Starke byzantinische Einflüsse auch in den festlichen Arkaden der Frauenemporen, die den beiden Mittelschiffwänden fast die Wirkung einer Palastfassade verleihen.

Die höfische Eleganz dieser leicht geöffneten Seitenwände bezeugt das lebhafte Interesse, das die Kaiserin Theophanu dem nach dem Tod Geros ins Stocken geratenen Bau der Gernroder Stiftskirche bewies.

St. Cyriakus von Gernrode hat eine beträchtliche Verwandtschaft: die Stiftskirche von Walbeck im Kreise Gardelegen, eine bereits um 950 entstandene Basilika mit Querschiff, die einen wichtigen Schritt auf dem Weg zur Kreuzform markiert; das Münster von Gandersheim, das in ottonischer Zeit (wie auch die Klosterkirchen von Möllenbeck an der Weser und Wunstorf bei Hannover) einen Westbau «in der Art eines reduzierten Westwerks» und später auch eine «Fräuleinempore» erhielt; oder die Damenstiftskirche von Oberkaufungen in Hessen, in deren Westturm eine Empore für die Kaiserin Kunigunde, die Gemahlin Heinrichs II., untergebracht war.

Hauptwerk des sächsischen Baustils in ottonischer Zeit war aber St. Michael in Hildesheim, ein Bau, der noch in der restaurierten Fassung von heute wie kein zweites Denkmal seiner Zeit «monumental sakrale Wirkung mit so geklärten Mitteln erreicht».

Bauherr von St. Michael war einer der kraftvollsten, klügsten und gebildetsten Männer des ottonischen Jahrhunderts: der bereits mehrfach genannte Bischof Bernward von Hildesheim. Eine überaus vielseitige und schöpferische Persönlichkeit: ein ritterlicher Kirchenfürst aus sächsischem Geblüt, dem der Mainzer Erzbischof Willigis nicht nur die geistlichen, sondern auch die politischen Weihen erteilt hatte; ein tapferer Kriegsmann, der als Erzieher und Vertrauter Ottos III. die Heilige Lanze trug, als der junge Kaiser während des römischen Aufstandes im Jahre 1002 mit seiner Leibwache zur Engelsburg durchbrach; ein tüchtiger Verwalter und Mehrer seiner Diözese, die unter seiner Führung eine nie wieder erreichte Blüte erlebte. Vor allem aber: ein genialer Künstler, der als Maler, Bronzegießer und Plastiker weit über sein Bistum hinaus die Entwicklung der zeitgenössischen Kunst beeinflußte. Nicht zuletzt auch als Baumeister.

Auch in der schwer zerstörten Michaelskirche ist der Spaten der Archäologen nach dem Zweiten Weltkrieg jahrelang nicht zur Ruhe gekommen, mit dem Erfolg, daß die letzten noch freien Seiten ihrer Baugeschichte ausgefüllt werden konnten. Der Grundriß des in seiner bernwardischen Urgestalt wiedererstandenen Baudenkmals zeigt ein dreischiffiges basilikales Langhaus zwischen zwei gleichgroßen Quer-

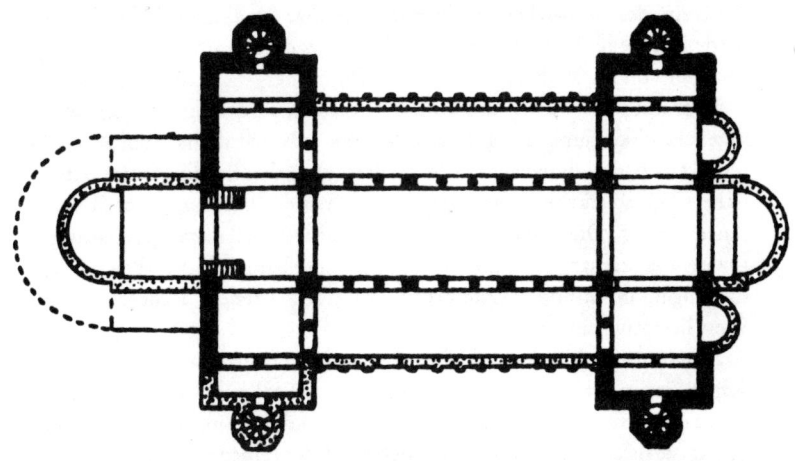

Abb. 19: Hildesheim: St. Michel

schiffen, deren Stirnseiten in eckigen Treppentürmen enden. Den östlichen Abschluß bilden drei Apsiden, deren mittlere durch ein kurzes Vorjoch hinausgeschoben wird. Im Westen wird die strenge Symmetrie der Anlage durch eine ebenerdige Umgangskrypta aufgehoben, in der Bernwards Sarkophag steht.

Aber dieser auf den ersten Blick so einfache Grundriß steckt voller geheimnisvoller und komplizierter Beziehungen. «Kongruenz und Spannung beherrschen das Bauwerk gleichermaßen. Seine wohltuende Harmonie wird in ausgewogenen Maß- und Zahlenverhältnissen begreifbar...»

«In der Mitte hier zum ersten Male die klassisch ausgeschiedene, das heißt durch vier gleiche Bögen eingefaßte und auf diese Weise mit Mittelschiff, Querhaus und Chorjoch fest verspannte Vierung. Daran anschließend die Querhausarme, deren über die Seitenschiff-Fluchten hinausragender Teil mit je zwei Emporengeschossen ausgefüllt ist. Zwischen den Querschiffen das Langhaus, seinerseits durch Stützenwechsel im daktylischen Rhythmus in drei Abschnitte aufgeteilt. Und schließlich in den Seitenschiffwänden je zwei symmetrisch auf die Fläche verteilte Portale und diese als Haupteingänge der Kirche in einer die Fenster- und Türfelder einheitlich einfassenden Blendarkatur gelegen.»

«Mit St. Michael in Hildesheim hat das Gebiet östlich der Weser dem westlichen gegenüber für zweihundert Jahre die künstlerische Vorrangstellung angetreten. Im 11. Jahrhundert entstehen hier im

Zentrum des sächsischen Herrschaftsbereiches in rascher Folge bedeutende Kirchenbauten, die alle mehr oder weniger auf den Errungenschaften von St. Michael aufbauen.» (Thümmler)

Aber auch im Westen hatte die Architektur in ottonischer Zeit sozusagen Hochkonjunktur; auch der Westen gab sich damals einem wahren Rausch des Bauens hin. Je mehr man sich allerdings dem Rhein nähert, um so stärker treten die Traditionen der karolingischen Renaissance hervor. Die Entwicklung verlief ruhiger, gelassener, bedächtiger – eine Feststellung, die die Grabungen und baugeschichtlichen Untersuchungen in Minden, Osnabrück, Münster, Vreden, Paderborn und Soest bestätigt haben.

Zentrum der Bautätigkeit im Westen war Köln, das seine erstaunliche Blüte in ottonischer Zeit vor allem dem Erzbischof Brun verdankt. Ottos des Großen hochgebildeter und kunstsinniger Bruder, der die kaiserliche Domschule begründete und die seiner Diözese erneuerte, hat die Geschäfte des Kölner Erzbistums zwar nur zwölf Jahre (von 953 bis 965) verwaltet, doch genügten sie, die alte Römerstadt wieder in ihre Funktionen als wirtschaftliche, politische und kulturelle Metropole des Rheinlandes hineinwachsen zu lassen. Auch als Bauherr erwarb er sich große, zum Teil heute noch sichtbare Verdienste. Erzbischof Brun

> erwarb für den Dom den Stab und die Ketten des heiligen Petrus und begann danach (wie neuere Untersuchungen wahrscheinlich machen) mit der Errichtung der großen vorgotischen Kathedrale, für die das Vorbild von Alt-St. Peter in Rom maßgebend war;

> erweiterte und verschönerte die (im 7. Jahrhundert) über einem römischen Tempel entstandene Kirche St. Maria im Kapitol – aus Bruns Zeit stammen, wie die Grabungen Otto Doppelfelds 1956/57 ergaben, Grundriß und Fundament des Westwerks «eines mächtigen turmartigen Vorbaues»;

> restaurierte und vergrößerte die im Bereich einer spätrömischen Thermenanlage erbaute spätkarolingische Damenstiftskirche St. Cäcilien (heute Heimstatt des Schnütgen-Museums und seiner Sammlung mittelalterlicher Kirchenkunstschätze) – nach Grabungen von Tholen (1930) und Doppelfeld (1949–1951) wurde die unter der westlichen Nonnenempore gelegene brunische Krypta wiederhergestellt;

> gründete 955 das Benediktinerkloster St. Pantaleon und hinterließ in seinem Testament eine Stiftung zur Erweiterung der älteren Kirche, die 966 einstürzte und durch eine dreizehn Meter breite Ein-

raumkirche mit «Corveyer Westwerk» ersetzt wurde – durch archäologische Untersuchungen (1956-1962) in der Grabkirche des Erzbischofs Brun und der Kaiserin Theophanu wurden die Fundamente dieses Westwerks sowie ein älterer oktogonaler Nischenbau und die Reste einer römischen Villenanlage festgestellt; die 1958 entdeckte östliche Stollenkrypta aus dem 980 geweihten Neubau ist heute wieder zugänglich;

legte den Grundstein für das Andreasstift und die (974 unter Gero fertiggestellte) Andreaskirche, von der Teile in der Krypta erhalten sind – 1953/54 Ausgrabungen und Wiederaufbau der Krypta mit der Gruft des heiligen Albertus Magnus; und

konstituierte um 960 das Martinsstift in der neuen Vorstadt am Rhein, dessen erste (bisher unbekannte) Kirche 1150 beim großen Stadtbrand in Flammen aufging – die staufische Dreikonchenanlage, die jahrhundertelang die Rheinfront beherrschte, befindet sich noch im Wiederaufbau.

Als Brun 965 starb und in der damals noch außerhalb der Stadt liegenden Apostelkirche aufgebahrt wurde, hatte er eine Entwicklung eingeleitet, die über seinen Tod hinaus weiterwirkte. Seine Baufreude ging auf seine Nachfolger über und wurde so etwas wie das verpflichtende Gesetz dieser Stadt – des «hilligen Köln», das schon zwei Jahrhunderte später das Rom des Nordens genannt wurde.

Was damals in Köln geschah, geschah auch anderswo. Im Windschatten der großen Politik und gefördert durch einen rasch zunehmenden Wohlstand, wuchsen überall im Rheinland neue Klöster und Kirchen aus dem alten römisch gedüngten Kulturboden. Überall wurde gebaut, erneuert und vergrößert.

In Brauweiler bei Köln weihte Erzbischof Warin 980 dem heiligen Medardus ein steinernes Gotteshaus, das allerdings schon in der zweiten Hälfte des 11. Jahrhunderts vollständig umgebaut wurde. In Deutz, auf der «anderen Seite» von Köln, entstand als Kirche eines Benediktinerklosters ein stützenloser Zentralbau, dessen (noch vorhandene) Krypta Erzbischof Heriberts Grab aufnahm. In Vilich, unweit Bonn, ließen Benediktinerinnen eine (archäologisch erschlossene) einschiffige Saalkirche mit rechteckigem Altarraum errichten, die erst im 12. Jahrhundert in eine dreischiffige Basilika umgewandelt wurde.

In Koblenz wurde am Ende des 10. Jahrhunderts der Neubau von St. Florin beendet, eine (im wesentlichen erhaltene) dreischiffige Basilika mit Querschiff und westlicher Zweiturmfront. Der römischen Traditionen entwachsenen Basilika-Familie gehörten auch die Neubauten der Klosterkirchen St. Maximin in Trier und St. Salvator in Kornelimünster bei Aachen an. In der alten Kaiserstadt selbst wurde 1005 die von Otto III. gestiftete Kirche des heiligen Adalbert fertiggestellt, ebenfalls eine dreischiffige Modellbasilika mit Westturm und Querschiff, die leider Ende des 19. Jahrhunderts bis zur Unkenntlichkeit restauriert wurde. Die Mönche der 830 von der Abtei Prüm gegründeten Benediktinerfiliale Münstereifel bauten in der zweiten Hälfte des 10. Jahrhunderts die heute noch stehende Klosterkirche mit dem an St. Pantaleon erinnernden Westbau und einem basilikalen Langhaus, das querschifflos in einem dreischiffigen Chor endet.

Die Nonnen von Mönchengladbach errichteten zwischen 974 und 999 ihr nach dem heiligen Vitus benanntes Gotteshaus, dessen archäologisch erforschte Fundamentreste eine dreischiffige Anlage mit schmalem Westbau anzeigen. In Xanten löste spätestens um 1000 «eine gewaltige dreischiffige Pfeilerbasilika» die ebenfalls durch Grabungen festgestellte, nach den Normannenstürmen wiederaufgebaute karolingische Stiftskirche ab. In Wesel entstand zur gleichen Zeit über einer frühen Holzkirche am Standort des heiligen Willibrordi-Domes eine erste einschiffige Steinkirche.

Karolingische und vorkarolingische Baumerkmale zeigten schließlich auch die 1950/51 ausgegrabenen Reste der um 1010 geweihten Gründungskirche von St. Martin in Zyfflich. Zum erstenmal in der ottonischen Architektur des Rheinlandes wurde hier aber auch, wie in Gernrode, der Stützenwechsel «mit übergreifenden Blendbogen» angewandt. Kurz nach der Jahrtausendwende erreichten also die im sächsischen Kernland neuentwickelten Formen den Westen des Reiches. Das Karolingische verband sich mit dem Ottonischen – ein Vorgang, der die rheinische Baukunst des 11. Jahrhunderts mit einer eigentümlichen Spannung erfüllte.

Auch in Essen, wo dieser Vorgang wie nirgendwo sonst bis ins Detail zu belegen ist.

Abbild des himmlischen Jerusalem
Der Gründungsbau von Bischof Altfrid aus Hildesheim stellt sich nach den von Zimmermann und Verbeek freigelegten Fundamentresten als eine dreischiffige Anlage mit einer kleinen quadratischen Vorhalle, einem gedrungenen Langhaus und einem halbrunden Chor dar: eine karolingische Musterkirche, die nur ein besonderes Kennzeichen hatte – die ungewöhnliche Vielfalt der östlichen Bauteile.

An die Seiten des Chores lehnten sich querrechteckige Räume an, die «sicher vom Querhaus aus zugänglich ... und wahrscheinlich gegen den Chor durch Arkaden geöffnet waren». Noch ungewöhnlicher wa-

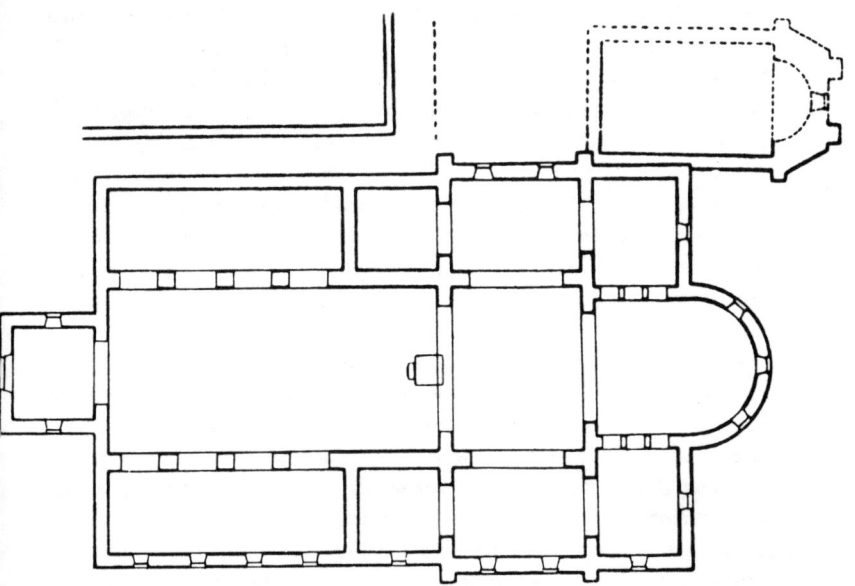

Abb. 20: Der Gründungsbau des Bischofs Altfrid. Rekonstruktion des Grundrisses (nach W. Zimmermann)

ren die nur vom Querhaus aus zu erreichenden Räume im östlichen Teil der Seitenschiffe, die vielleicht als Sakristeien, vielleicht als kleine Kapellen dienten. «Diese reiche Ostlösung machte die Bedeutung des Essener Gründungsbaues aus.» Hugo Borger wertet sie als «ein beredtes Beispiel dafür, wie in der karolingischen Zeit durch eine Fülle voneinander abweichender Formulierungen neue, von den antiken Schemata abweichende Lösungen gesucht und gefunden wurden. In solchen... Raumordnungen liegt im Keim die gegliederte Vielfalt der späteren romanischen Bauten schon beschlossen.»

Die Grabung beantwortete freilich nicht alle Fragen nach dem Aussehen des Essener Urmünsters. Offen blieb zum Beispiel, wo die Stiftsdamen während des Gottesdienstes Platz nahmen. Offen blieb auch, ob Pfeiler oder Säulen das Langhaus trugen und wie sich das Mittelschiff zu den Seitenschiffen öffnete. Mit Sicherheit aber ließ sich nachweisen, daß auf der Grenze zwischen Mittelschiff und Vierung ein kleines Grab in den Boden eingelassen war, das zusammen mit dem Gründungsbau entstand und wahrscheinlich Märtyrerreliquien enthielt. An der Nordseite der Kirche traf der Spaten auf die Grundmauern einer Kapelle, die offenbar mit dem Gründungsbau errichtet worden war, vielleicht dazu bestimmt, das Altfrid-Grab aufzunehmen.

In dieser Gestalt stand der um 870 fertiggestellte Urbau des Essener Münsters bis zu einem großen Brand im Jahre 946, der die Gebäude der Stiftsdamen zu einem erheblichen Teil niederlegte. Diese ersten sechsundsiebzig Jahre der Essener Stiftsgeschichte bleiben geschichtlich jedoch nahezu anonym. Die Historiker kennen lediglich die Namen der Äbtissinnen und vermuten, daß die um 900 amtierende Wicborg eine Nichte Altfrids, ihre Nachfolgerin Mechtildis eine Verwandte der Königin Mathilde war und beide aus Widukinds Geschlecht stammten, vielleicht auch die 942 gestorbene Lutgardis. Deren Nachfolgerin Hathawig war die erste, die den Wiederaufbau des Stiftes tatkräftig in die Hand nahm. Die Arbeiten dauerten fast zwanzig Jahre. Erst um 965 – als Otto der Große nach dreieinhalbjähriger Abwesenheit für ein Jahr in Deutschland weilte – dürften die von den Kanonissen engagierten Maurerkolonnen weitergezogen sein.

Altfrids Gründungskirche wurde, wie die Grabung eindeutig ergab, in dieser Zeit nicht nur völlig wiederhergestellt, sondern um wichtige Bauelemente im Osten und Westen ergänzt.

Auf der Ostseite entstand eine Krypta. Der Boden gab zwar nur einige unansehnliche Grundmauern frei, die geringen Reste wiesen aber nachdrücklich auf eine Verwandtschaft der Essener Krypta mit der Außenkrypta von St. Maximin in Trier hin, so daß eine Rekonstruktion möglich war. «Nach dem Baubefund war die Krypta um den Chor der karolingischen Kirche herumgebaut, jedoch nicht bis an die Ostwände der Nebenchöre herangeführt. Vielmehr blieb zwischen diesen und der Westwand der Krypta ein schmaler Gang.» Wahrscheinlich führte «von den Innenseiten der Nebenchöre aus eine Tür

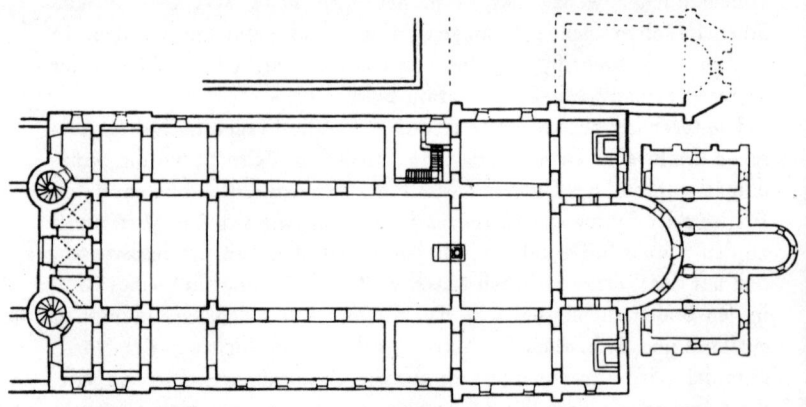

Abb. 21: Die frühottonische Stiftskirche, Rekonstruktion (nach W. Zimmermann)

nach außen..., durch die man ging, wenn die Außenkrypta betreten werden sollte». (Borger)

Wichtiger war jedoch der Westbau, der an Stelle der alten westlichen Vorhalle errichtet wurde. Seinen Grundriß bestimmte «ein quadratisches Mittelfeld mit rechteckigen Seitenräumen». Die Westecken dieses Feldes liefen in die Rundungen von Treppentürmen aus. Deutlich zeichneten sich bei der Grabung auch zwei T-förmige Freipfeiler ab, die wohl eine kleine Empore trugen. Zwei weitere Emporen flankierten den logenartigen Balkon. Der Hauptzugang der Kirche befand sich in der Mitte des Westbaues.

Zimmermann hat versucht, auch das Äußere der Westanlage zu rekonstruieren. In seinem Entwurf erscheint über dem quadratischen Mittelfeld ein mehrgeschossiger Querbau, den ein Zeltdach krönt. Zu seinen Seiten stehen die beiden Treppentürme, die ihre Kegeldächer über den quadratischen Mittelturm hinausheben. Die Seitenbauten, die sich um Mauerbreite aus der Flucht der Seitenschiffe herausschoben, waren wahrscheinlich zweigeschossig und trugen Satteldächer.

Die bauliche Funktion dieser ersten Essener Westanlage war mit archäologischen Mitteln nicht zu ergründen. Jedenfalls war mit ihr ein repräsentativer, monumental wirkender Zugang zur Damenstiftskirche geschaffen. Im Innern standen vielleicht Altäre des heiligen Michael und des heiligen Liutwin von Trier, denen dieser Westbau geweiht war. Möglich, daß die «Loge» dem Kaiser vorbehalten war und daß die Seitenemporen Sängerchören dienten. Für fünfzig Kanonissen reichten

Abb. 22: Die frühottonische Stiftskirche, Südostansicht (Umzeichnung nach dem Modell von W. Zimmermann-H. Merian)

die Emporen jedenfalls nicht aus. Die Damen werden, wie zuvor, ihren Platz im Querhaus gehabt haben.

Gleichzeitig mit dem ersten Westbau entstand das frühottonische Atrium, dessen Maße der heute noch stehende spätottonische Vorhof übernahm. Auch die erste Johanniskirche dürfte damals in der Mitte des 10. Jahrhunderts errichtet worden sein. Die nördlich an die Stiftskirche angelehnte Kapelle und die um den Kreuzgang gruppierten Wohngebäude der Kanonissen wurden wiederhergestellt und ergänzten das Bild der Stiftstadt – einer Siedlung, die schon in ihrer Anlage ihre geistliche Herkunft verriet.

«Auch wenn uns dafür die Nachrichten fehlen», heißt es in Hugo Borgers Münsterbuch, «diese Stiftstadt ist für diejenigen, die sie bauten, ein Abbild des himmlischen Jerusalem gewesen. So erklärt sich vielleicht auch am ehesten der hochaufragende Westbau als der eigentliche Eingang in diese himmlische Welt. Vor dem Zugang aber lagerte die Johanniskapelle mit dem Taufbrunnen, durch den jeder zu gehen hatte, der in den Hof eintrat ... Vor dem Zutritt in das Allerheiligste ... stand dann das Kreuz. Und hinterwärts des Chores mit dem Altar für das Opfer lag die Krypta, in der die Gebeine der Heiligen als ein sichtbares Unterpfand für den Glauben an die Auferstehung ruhten, zugleich gesammelt als die lebendigen Fundamente für den gesamten Bau.»

Das Stift der Königstöchter
In dieser Gestalt standen die Essener Stiftsbauten etwa neunzig Jahre. Erst in der Mitte des 11. Jahrhunderts – nach der landläufigen Einteilung: in der spätottonischen Zeit – erfolgte ein weiterer und diesmal sehr gründlicher Umbau. Bauherrin war, wie die Chronik überliefert, die Äbtissin Theophanu, eine Enkelin der deutschen Kaiserin aus Byzanz.

Schon 947 war Essen, wie berichtet, Reichsstift geworden, etwa gleichzeitig mit Quedlinburg, Gandersheim und Elten und einige Jahrzehnte später als Werden. Die Beförderung brachte nicht nur Nutzen. Die Damen mußten fortan dem königlichen Heer eine bewaffnete Einheit stellen – eine schon damals recht kostspielige Aufgabe – und waren außerdem verpflichtet, dem ambulanten Herrscher und seinem Hofstaat jederzeit Unterkunft zu gewähren. Die Vorteile überwogen die Nachteile jedoch bei weitem. Das Stift besaß nun eigene Gerichtsbarkeit und war berechtigt, von seinen Untertanen Abgaben einzuziehen. Wahrscheinlich erhielt es sehr bald auch das einträgliche Recht, in seinen Mauern Jahrmärkte zu veranstalten. Entscheidend aber war, daß es nun die besondere Gunst des Königs genoß – eine Tatsache, die nicht nur durch die ständige Mehrung des Besitzes, sondern auch durch den hohen Rang der Äbtissinnen bewiesen wird.

In Essen regierten fast ein Jahrhundert lang Töchter der Herrscherfamilien, und zwar von

973 bis 1011 Mathilde, eine Tochter Liudolfs, des ältesten (legitimen) Sohnes Ottos des Großen und der Herzogin Ida von Schwaben; Mathilde trat ihr hohes Amt mit zweiundzwanzig Jahren an und versah es mit Würde fast vierzig Jahre; der Chronist der Quedlinburger Annalen nennt sie einen «Edelstein im Diadem des Königshauses» und lobt außer ihrer Frömmigkeit vor allem ihren Kunstsinn und ihre hohe Bildung;

1011 bis 1039 Sophia, eine Tochter Kaiser Ottos II. und seiner griechischen Gemahlin Theophanu: eine Stiftsmutter von etwas zweifelhaftem Ruf, die ihre Stellung in Essen dem Wohlwollen Kaiser Heinrichs II. verdankte, der sich damit für Sophias Unterstützung bei seiner Königswahl erkenntlich zeigte;

1039 bis 1058 Theophanu, eine Tochter des Pfalzgrafen Ezzo und seiner Gemahlin Mathilde, einer Schwester Sophias – die bedeutendste Essener Äbtissin überhaupt.

Mit dem Pfalzgrafen Ezzo, der gleichzeitig Vogt der auswärtigen Besitzungen des Damenstiftes war, betritt der Sohn einer bedeutenden rheinischen Adelsfamilie die Essener Szene. Der erste bekannte Vertreter dieser Sippe war Ezzos Vater Hermann Pusillus, der zwischen 985 und 989 Pfalzgraf in Aachen wurde, Graf im Bonngau, Eifelgau, Auelgau und Zülpichgau war und riesige Güter bei Alzey und an der Mosel sowie rechtsrheinisch bei Gerresheim und Essen besaß. Ein reicher und einflußreicher Mann also, der allerdings nicht dem Großadel angehörte.

Die Ehe seines Sohnes Ezzo mit der in Essen aufgewachsenen Kaisertochter Mathilde wurde deshalb auch vielfach als eine Art Mesalliance angesehen. Es hieß, der junge Ezzo – der als Vogt der Essener Abtei deren Streubesitz verwaltete – habe die Kanonissin Mathilde mit Gewalt aus dem Stift geholt und regelrecht zur Ehe gezwungen. Nach einer anderen Version hatte er sie ihrem Bruder, König Otto III., im Brettspiel abgewonnen. Wahrscheinlich hat die Kaiserin Theophanu wohl selbst das entscheidende Wort gesprochen und sehr wohl gewußt, warum sie einem Mann ihres Vertrauens die Hand ihrer Tochter gab.

Der Ehe zwischen Mathilde und Ezzo (der seinen ererbten Besitz systematisch mehrte und schließlich der wohlhabendste und mächtigste Mann des fränkischen Rheinlandes war) entwuchsen zehn Kinder: drei

Söhne und sieben Töchter, von denen die älteste, Richeza genannt, Königin von Polen wurde. Die übrigen sechs wurden Äbtissinnen: Adelheid in Nivelles, Ida in Köln, Mathilde in Dietkirchen und Vilich bei Bonn, Helwyga in Neuß, Sophia in Gandersheim und Mainz und Theophanu in Essen – ein Beispiel extremer Familienpolitik. Ezzo sah seinen Töchterflor auf diese Weise standesgemäß versorgt, ohne das «für den Ausbau der Pfalzgrafschaft unentbehrliche Familienerbe übermäßig zu schmälern...»

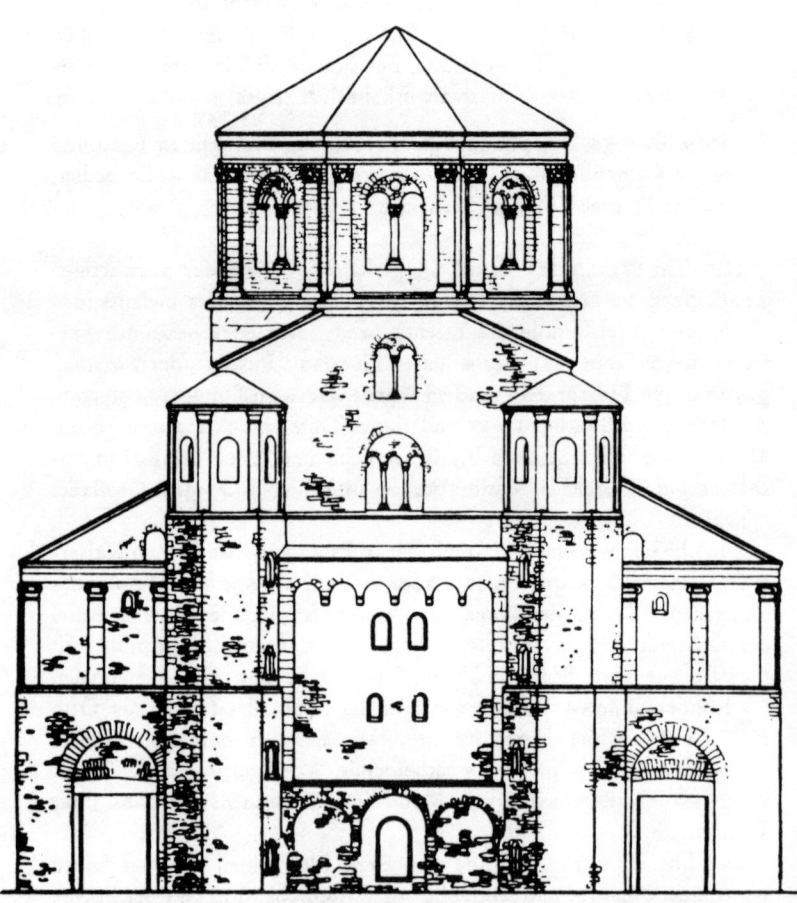

Abb. 23: Westansicht des ottonischen Westbaues (Rekonstruktion W. Zimmermann)

Theophanu, die 1039, im Alter von fast vierzig Jahren, Essener Äbtissin wurde, war eine Frau von männlicher Tatkraft, befehlsgewohnt und organisationsbegabt. Am stärksten hat die Zeitgenossen aber ihre Bauleidenschaft beeindruckt. So vermerkt der sonst so wortkarge Äbtissinnenkatalog ausdrücklich, «daß Theophanu das wegen Alters fast verfallene Kloster von Grund auf wiederherstellen» ließ; ähnlich die Gründungsgeschichte von Brauweiler, die überdies die «bewunderungswerte Erweiterung» des Münsters hervorhebt.

Theophanu und die Wunder der «Theophanie»

Es handelte sich jedoch um mehr als eine Erweiterung. Zwar übernahm die Theophanu-Kirche von ihrem Vorgängerbau außer den Maßen auch einen Teil der Grundmauern, in ihrer Endgestalt aber stellte sie ein Werk von durchaus eigener Prägung dar, wie noch das heutige Münster zur Genüge beweist; denn in ihm haben sich mehrere Bauteile der spätottonischen Kirche fast unverändert erhalten: so der Westbau und die Krypta, Mauern des Querhauses und der Nebenchöre, vom Langhaus außerdem die unteren Partien der Seitenschiffe. Die fehlenden Teile konnte Zimmermann nach Beendigung seiner Grabung bis auf einige Details ergänzen.

Zentrum des unter Theophanu errichteten Westbaues war, wie heute, der fast quadratische Mittelturm, den ein achtseitiges Glockengeschoß mit Zeltdach krönte. Anders als sein frühottonischer Vorgänger ließ der Baumeister der Theophanu die beiden Treppentürme aber bereits unterhalb des Glockengeschosses enden. Die beiden an die Mittelturmfront angelehnten Seitenbauten behielt er bei, doch gab er ihnen eine neue Funktion. In diese Seitenbauten verlegte er nämlich die Zugänge zum Kircheninnern – architektonisch eine höchst bedeutsame Maßnahme; denn damit fiel das Mittelportal fort, und es entstand jene wortkarge, nur durch wenige Fensteröffnungen und Arkaden aufgelockerte Westfront, die in dem engen Vorhof wie eine Felswand vor dem Betrachter aufsteigt.

Nach der Verlegung der Zugänge in die Seitenbauten konnte der unbekannte Architekt auch das Innere des Westwerks völlig umstrukturieren. Wahrscheinlich auf Wunsch der Äbtissin Theophanu baute er in das Essener Münster die halbierte Rotunde der Aachener Pfalzkapelle und schuf damit ein Raumgefüge, dem in der gesamten Kunstgeschichte «nichts Vergleichbares zur Seite gestellt werden kann». Eine einmalige Aufgabe: unglaublich verwickelt und kompliziert, aber souverän und genial gelöst, vor allem im Obergeschoß mit seinen vielfältig ineinander verschachtelten Emporen.

Theologen, Kunsthistoriker und Bodenforscher haben intensiv über den Zweck dieses vielgliedrigen Westbau-Innern nachgedacht. Sie sind übereinstimmend zu dem Ergebnis gekommen, daß er den verschiedensten Funktionen diente. Auf der Mittelempore nahm wahrscheinlich der Kaiser bei seinen Besuchen in Essen Platz. Hier im Westbau stand aber auch der Petrus-Altar, «der sicher ständig in den allgemeinen Gottesdienst mit einbezogen war». Aus der späteren Zeit ist bekannt, daß auf der Westempore während der Ostertage das Spiel von der Auferstehung des Herrn stattfand, der irdischen Sphäre enthoben und sozusagen auf eine höhere Ebene verlegt.

Bei diesen Osterspielen wurden auch die (heute noch sichtbaren) Laufgänge benutzt, die die Verbindung zwischen dem Westbau und dem Querschiff herstellten. Sie führten über die halbkreisförmigen Nischen hinweg, die in den Seitenschiffwänden des Münsters ebenfalls alle Veränderungen der späteren Zeit überdauert haben: ein architektonisches Detail, das der imperialen Baukunst entstammt und unter den Ottonen so etwas wie einen zweiten Frühling erlebte.

Das nicht mehr vorhandene Langhaus des Theophanu-Münsters war dreischiffig basilikal angelegt und bei einer lichten Länge von 18,35 Meter 19,20 Meter breit. Zimmermann nimmt für den Innenraum einen einfachen «Stützenwechsel mit übergreifendem Blendbogen» an. In seiner Restaurationszeichnung erscheinen drei zusammengefaßte Doppelöffnungen, die harmonisch auf die zwölf Nischen bezogen waren – ein weiterer Beweis dafür, daß diese spätottonische Stiftskirche bis in die letzte Einzelheit durchdacht war.

Der Architekt des Theophanu-Münsters übernahm auch die reichhaltigen östlichen Raumdispositionen, erweiterte sie aber noch um

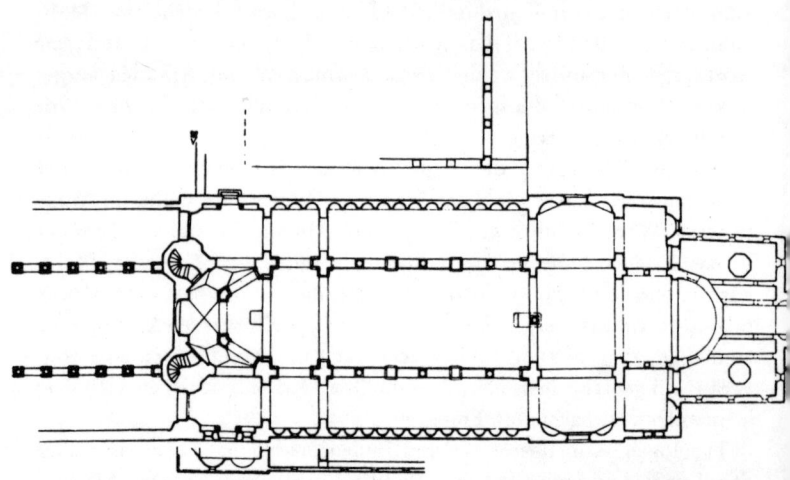

Abb. 24: *Grundriß des ottonischen Neubaus. Rekonstruktion (nach W. Zimmermann)*

einige wichtige Elemente. Er baute eine dreischiffige Hauptkrypta unter den Hauptchor, den er damit über Lang- und Querhaus emporhob. Den Chor schloß er innen mit einer halbrunden Apsis, außen mit den fünf Seiten eines halben Zehnecks ab. Diesem an sich schon recht diffizilen Gebilde fügte er noch eine doppelgeschossige, fünfschiffige Außenkrypta an, die die Hauptkrypta teilweise umschloß – als Ganzes eine Ostpartie, die wie der Westbau eine Fülle schwieriger Aufgaben gleichsam spielend bewältigte und dabei zu Lösungen gelangte, wie sie die rheinische Baukunst bis dahin nicht gekannt hatte.

Ungewöhnlich war auch die Ausmalung der Theophanu-Kirche. Von ihr haben sich vor allem im Westbau einige deutbare Reste erhalten. In der Halbkuppel zum Langhaus erblickten die frommen Frauen den heiligen Michael als Seelenwäger, in den Zwickeln Himmel und Hölle. Über der Michaels-Szene muß nach Meinung von Zimmermann ein Bild von Christus als Weltenrichter eingefügt werden. Demnach würde es sich hier um eine Darstellung des Jüngsten Gerichtes handeln. Die Malerei auf den Emporen gaben Christi Himmelfahrt und die pfingstliche Ausgießung des Heiligen Geistes bildlich wieder, die Zwickelräume unter den kleinen Kammern die Auferstehung Christi.

Zimmermann glaubt auch den Schlüssel zum Sinn dieser Wandmalereien gefunden zu haben. Da sich die meisten Szenen auf die Erscheinung des Herrn beziehen, sich also um das Motiv der «Theophanie» bemühen, hält er die Bildfolge an den Wänden für eine optische Paraphrasierung des Namens Theophanu: eine vornehme und diskrete «Huldigung an die Auftraggeberin». Ihr griechischer Name «bestimmte die Auswahl» der dargestellten Szenen und wurde damit zum geheimen Leitgedanken der großflächigen Ausmalung.

Die Darstellungen stehen – nach Zimmermann – aber auch mit dem Westbau im geistigen Konnex. Die Bilder in den Seitenräumen waren dem heiligen Michael gewidmet, dem Protektor des Westbaues, dessen Altar auf der Empore stand. Michael aber bildete zusammen mit den übrigen Erzengeln die «himmlische Leibwache» des thronenden Christus, wie die beiden Schutzheiligen der Kirche, die kilikischen Ärzte Cosmas und Damian, als die Gesundheitswächter der irdischen Machthaber galten. Da schließlich die Bildsequenzen in den mittleren Räumen auf den Kaiser als den Stellvertreter Christi auf Erden verweisen, wiederholt «die beziehungsreiche und kunstvoll gefügte Anordnung der Wandgemälde» demnach noch einmal den Gedanken, den der unbekannte Architekt schon mit dem «Aachener Einbau» so nachdrücklich formuliert hatte.

Ein Werk aus einem Guß also, diese Münsterkirche der Theophanu, voller Kraft und Subtilität, reich an Gedanken und Symbolen, bis in die letzte Einzelheit durchdacht. Neben St. Michael in Hildesheim war die Stiftskirche von Essen in der Tat der großartigste Bau der ottonischen Architektur, in der Vielfalt der Formen und in der meisterlichen Instrumentierung der Details ein Endprodukt dieses Zeitalters überhaupt: «das letzte Denkmal alter Ordnung auf rheinischem Boden als Äußerung der verfeinerten höfischen Bildung am ottonischen Kaiserhof.»

«Der Architekt gehört zu den bedeutendsten deutschen Baumeistern. Er geht auf Rhythmisierung der Raumfolgen aus und verbindet mit ihr eine Klarheit der geometrischen Ordnung, wie es nur den großen Meistern beschieden ist. Seine Lösungen sind von der Sauberkeit einer schwierigen Fuge oder mathematischen Formel. Dies bezeugen vor allem Westbau und Krypta, die in ihrem Reichtum der Raumerscheinung in der damaligen Baukunst nicht ihresgleichen haben.»

«Aber der Essener Meister ist nicht Wegbereiter, sondern er zieht die Summe. Darin ist er seiner Auftraggeberin der kongeniale Ausführer ihrer Wünsche... Die Äbtissin Theophanu lebte noch ganz im Glanze der Vergangenheit... So mußte auch ihre Münsterkirche ein Spätling werden, letzter Ausfluß ottonischer Gesinnung in einer Verfeinerung, die wir weder vorher noch nachher wiederfinden und die etwas von weiblicher Eleganz an sich hat.» (Zimmermann)

Die Grabkirche Liudgers in Werden

Ein Jahr nach dem Tod der Essener Äbtissin Theophanu, 1059, weihte Erzbischof Anno von Köln die neue Krypta der Abteikirche im benachbarten Werden. Damit wurde ein Bauwerk seiner Bestimmung übergeben, an dem die Mönche des Liudger-Klosters anderthalb Jahrhunderte fast ununterbrochen gearbeitet hatten. Welche Veränderungen die Werdener Salvatorkirche dabei durchmachte, ist durch die Grabungen Effmanns im letzten Jahrzehnt des vorigen Jahrhunderts und die baugeschichtlichen Untersuchungen Borgers und Zimmermanns ebenfalls sichtbar gemacht worden.

Von Liudgers 801 vollendetem Gründungsbau haben lediglich die «Trennmauern zwischen den Seitenschiffen und den Nebenräumen des Westwerks» die Jahrhunderte überdauert. Die unter dem heutigen Kirchenboden liegenden Reste zeigen aber ausreichend deutlich eine dreischiffige Basilika ohne Querhaus mit einem auffallend breiten Mittelschiff an. Den Ostteil beschließen die Fundamente einer halbrunden Apsis, im Westen weist die Stärke der Grundmauern auf einen querrechteckigen Mittelturm und zwei quadratische Seitentürme hin.

«Mit ein wenig Phantasie also hat man eine Vorstellung von diesem Bau: ein schlichtes, dreischiffiges Langhaus – überragt von einer Dreiturmgruppe im Westen. Im Innern über den Pfeilern stand dann die hohe und glatte Wand mit den Fenstern... Wahrscheinlich war außerdem der ganze Bau kostbar gemacht durch Malerei. Man betrat diese Kirche über einen Vorplatz, auf dem vereinzelt auch begraben wurde. Das geplante Atrium auf dem Vorplatz ist... über die Anfänge nie hinausgekommen.» (Borger)

Als Liudger, der Gründer des Werdener Benediktiner-Klosters, 809 starb, bestatteten ihn die Mönche östlich der Apsis, seinem Wunsch entsprechend an einer Stelle, auf die zu seinen Lebzeiten der Schatten eines Baumes fiel. Wenige Jahre später – nachdem die Mainzer Synode 813 das bis dahin bestehende Verbot aufgehoben hatte, Bischöfe und Äbte in Kirchen beizusetzen – bezogen sie die letzte Ruhestätte ihres ersten Abtes in die Salvatorkirche ein.

Sie legten zu diesem Zweck den bestehenden Chor nieder und überbauten die Grablege Liudgers mit einem kleinen, schmalen, rechteckigen Raum, der gerade groß genug war, den Sarg des Heiligen aufzunehmen. Der Raum endete in einer Apsis, in der ein Altar aufgestellt wurde. Der tonnengewölbte Umgang, der die (heute noch bestehende) Grabzelle umschloß, öffnete sich zu einem rechteckigen, schlichten Raum, in dem die Verwandten des Bischofs, die Liudgeriden, beerdigt wurden. Die Lücke zwischen dem Anbau und der Ostfront der Gründungskirche wurde durch zwei rechteckige Seitenbauten und einen

Abb. 25: Essen-Werden, Münster. Rekonstruktion des erweiterten karolingischen Gründungsbaues (nach W. Zimmermann)

ebenfalls rechteckigen Chor ausgefüllt, den die darunterliegende Liudger-Confessio über den Kirchenboden hinaushob.

Das Werdener Münster hatte sich mit diesem Unterbau in eine Grabkirche verwandelt: eine Grabkirche wie St. Peter in Rom oder der Bonifatius-Dom in Fulda. Und da das Mittelalter «die Leiber seiner Heiligen als ein sichtbares Unterpfand der Hoffnung auf Auferstehung» betrachtete, wurde auch Liudgers Grab bald die Herzkammer einer Wallfahrtsstätte, die Gläubigen Trost, Verzagten Mut und den Werdener Mönchen Zulauf und Wohlstand schenkte.

So waren sie bald reich genug, an der Südseite des Münsters eine zweite Kirche zu errichten. Effmann hat auch die Fundamente dieser dem heiligen Stephan geweihten Kirche ausgegraben und festgestellt, daß sie ebenfalls *more romano* gebaut war, und zwar nach Art der römischen Memorialkapellen. Sie bestand aus einem einschiffigen Langhaus, an das sich im Westen ein Dreikonchenchor anschloß, und war damit ein erster Vorläufer jenes Typs, der später in St. Maria im Kapitol, Groß-St. Martin und St. Aposteln in Köln seine Vollendung erfuhr. Welche Funktion sie im «Gesamtorganismus des Klosters» versah, ist nicht bekannt; wahrscheinlich hat sie weiteren wunderwirkenden Reliquien der Werdener Mönche als Schatzkammer gedient.

Die 843 erstmals genannte Stephanskirche wurde 1760 abgerissen. Das 943, nach achtundsechzigjähriger Bauzeit fertiggestellte und auf den Namen St. Peters getaufte Westwerk bestimmt bis heute den Baukörper des Werdener Münsters. Im Grundriß, der nach den Grabungen von 1955 noch einmal überholt wurde, zeichnet es sich als eine eigene, dem Salvatorbau vorgesetzte Kirche ab, die über dem niemals fertig gewordenen Paradies als ein monumentaler «Zentralbau ohne

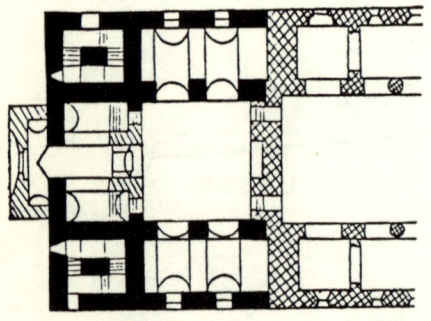 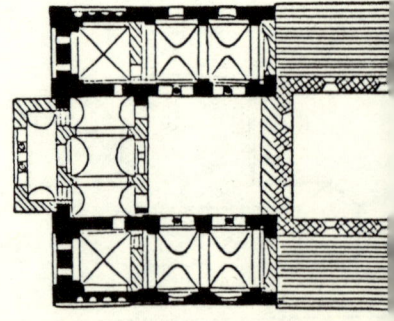

Abb. 26: Werden a. d. Ruhr, Grundrisse des Westbaues (Peterskirche) der Klosterkirche: links im Erdgeschoß, rechts im Emporengeschoß (schwarz die erhaltenen Teile).

Ostflügel» entstand. Borger hat nachweisen können, daß die beiden Treppentürme der karolingischen Kirche (deren Mauerwerk unter den Seitenschiffdächern noch sichtbar ist) in das neue Werdener Westwerk übernommen wurden. Mit seiner Dreiturmfront erinnerte es stark an den Corveyer Westbau, mit dem Unterschied allerdings, daß «die seitlichen Türme nicht im Osten, sondern im Westen angebracht waren».

Schließlich also der 1059 unter Dach und Fach gebrachte Neubau der Liudgeriden-Krypta, einer Außenkrypta, die sich «als ein niedriger, eigener und unüberbauter Bauteil östlich des Chores» ebenfalls bis heute erhalten hat. Ein schlichter Raum, der die Kunsthistoriker jedoch brennend interessiert; denn die antikisierenden Akanthusornamente der Säulenkapitelle erinnern an die nur wenig ältere Essener Krypta. Umgekehrt kann, wie Zimmermann detailliert dargelegt hat, «die künstlerische Gestaltung des Essener Münsters . . . ohne eine Kenntnis der Baukunst in Werden nicht verstanden werden. Die Beziehungen laufen hin und her, in vielfacher Verschlingung berührt sich Geben und Nehmen.» Nicht von ungefähr haben die Kunsthistoriker in ihre Betrachtungen den Begriff der Essen-Werdener Baukunst eingeführt.

Unübersehbar erscheint in diesem Zusammenhang auch die Werdener Luciuskirche am Horizont der ottonischen Architektur.

St. Lucius — säkularisiert, versteigert, restauriert

Als Wilhelm Effmann 1893 der Luciuskirche in Essen-Werden eine ausführliche Darstellung widmete, die für länger als ein halbes Jahrhundert das Bild bestimmte, war die Luciuskirche schon längst keine Kirche mehr, sondern ein Wohnhaus. Bilder aus dieser Zeit zeigen ein langgestrecktes, einstöckiges Gebäude, dem auf der Westseite ein verputzter, fast quadratischer Turmstumpf vorgelagert war. Auf der Ostseite schoben sich zwei ebenfalls unverputzte, offenbar unbenutzte Anbauten aus roh verfugtem Sandstein aus der Fluchtlinie. Rundherum Gartenzäune, Wäschepfähle, Wäscheleinen, Holzgestelle und entlaubte Bäume: eine halb ländliche, halb vorstädtische Szenerie. Und fraglos alles andere als ein erbaulicher Anblick.

Zur Geschichte dieses bis zur Unkenntlichkeit verwandelten und verschandelten Bauwerks konnte auch Effmann in seiner damaligen Monographie nur einige karge Daten beitragen. Nach einer durch den Werdener Abt Heinrich Duden überlieferten Nachricht wurde St. Lucius nach fast siebzigjähriger Bauzeit 1063 durch Erzbischof Anno II. von Köln geweiht. Die nächste Meldung geht auf die Kölner Synode des Jahres 1103 zurück und besagte, daß die Pfarrechte in Werden bei der Abteikirche bleiben sollten. 1467 ist in Werdener Pfarrakten von nicht näher definierten Baumaßnahmen die Rede. 1780 ließ

Pfarrer Anselmus Groten die altersschwachen Mauern der Seitenschiffe niederreißen und die Luciuskirche in ein einschiffiges Langhaus verwandeln.

Dreißig Jahre später geriet sie – heute unvorstellbar – unter den Hammer. Die Domänendirektion des Rheindepartements ließ sie 1811 «im Zuge der Säkularisation» versteigern und erzielte für das ehrwürdige, aber baufällige Gotteshaus die gewissenhaft verzeichnete Summe von 3714 Francs und 77 Cents. Der nun folgenden Metamorphose zum Wohnhaus fielen die Apsis und das Obergeschoß des Westturmes zum Opfer. Die dabei gewonnenen Baumaterialien wurden beim Einziehen der Zwischendecke und der Vermauerung einiger Fenster nutzbringend verwertet. Im Jahre 1862 erwarb der Werdener Bürgermeister, Freiherr von Bottlenberg gen. Schirp, die profanierte Kirche, nahm weitere bauliche Veränderungen vor und verlegte das Bürgermeisteramt in den Ostteil des Gebäudes. Als er 1891 starb, kaufte der Kaplan Hellings das Anwesen und schenkte es 1896 der katholischen Pfarrgemeinde von Werden, mit dem ausdrücklichen Wunsch, daß diese es eines Tages wieder als Gotteshaus einrichten möge.

Die ersten Maßnahmen zur Rettung des Bauwerks löste jedoch die Effmannsche Untersuchung aus. Die abgerissene Apsis wurde wiederaufgebaut, die Ostanlage ihrer kommunalen Funktion entzogen. Effmanns Veröffentlichung hat aber auch, so Zimmermann, «die kunstgeschichtliche Forschung nachhaltig beeinflußt». Seine Rekonstruktion ging in die Handbücher der Kunst ein, mit dem Ergebnis, daß die längst zweckentfremdete Luciuskirche ein halbes Jahrhundert «den Inkunabeln der ottonischen Baukunst» zugerechnet wurde. Zwar wurden gelegentlich Zweifel daran geäußert, daß die Luciuskirche, wie Effmann angenommen hatte, sozusagen in einem Arbeitsgang entstanden sei, zu einer Überprüfung des Problems kam es aber erst, als sich die katholische Kirchengemeinde Werden 1957 entschloß, «die seit anderthalb Jahrhunderten in Wohnungen aufgeteilte Kirche wieder dem gottesdienstlichen Gebrauch zuzuführen».

Die neuen, von Zimmermann und Borger wieder gemeinsam durchgeführten archäologischen und baugeschichtlichen Untersuchungen bestätigten die Zweifel.»Das Ergebnis führte», wie Zimmermann 1959 auf der Xantener Tagung der Koldewey-Gesellschaft berichtete, «zu völliger Abweichung von der bisherigen Meinung»,. zu der Erkenntnis nämlich, daß die Luciuskirche fast anderthalb Jahrhunderte zu ihrer Entstehung benötigte und ihre «ottonische» Endform erst erreichte, als die Ottonen längst abgetreten waren.

«Es ergaben sich folgende Bauabschnitte:

1. Rechteckiger Saal mit eingezogenem Chor aus Rechteck und Apsis im Osten und kleiner Vorhalle im Westen. Nur die Fundamente waren erhalten. Auf sie bezieht sich das Gründungsjahr 995.
2. Erweiterung durch angeschobene Querhausflügel zu kreuzförmiger Gestalt. Bauzeit um 1030 bis 1040.
3. Veränderung der Pfeiler der Durchgangsbögen zu den Querhausarmen durch Verstärkung und Bereicherung mit feinsten Blattwerkkapitellen. Die gleichzeitige Ausführung mit der Veränderung der Liudgeridenkrypta... erlaubt, die Weihenachricht vom 1. Oktober 1063 hierauf zu beziehen.
4. Basilikaler Neubau mit Fundamenten und völliger Umgestaltung: Stützenwechsel von Pfeiler und Säule mit rechteckiger Übergreifung, dreiteilige Chorlösung durch Rechtecke mit Apsis als Hauptchor und niedrigeren Nebenchören mit gemischten Wänden. Auflockerung der Mitte durch drei mit Wandmalereien gefüllte Nischen. Die Westlösung hatte eine Eingangshalle mit Nischenportal. Die erstarrte Form hebt die Kapitellbildungen des Neubaues klar ab von der vorhergehenden Stilstufe.
5. Anbau eines zweigeschossigen, kreuzgratgewölbten Westturmes um die Mitte des 12. Jahrhunderts. Erst jetzt war in etwa die Gestaltung erreicht, wie sie die bisher angenommene Rekonstruktion von Wilhelm Effmann zeigt.»

Diese Feststellungen zeigen, bis zu welchen Detailerkenntnissen die baugeschichtliche Forschung zusammen mit der Grabungswissenschaft heute vorzudringen vermag. Sie zeigen aber auch, daß die Luciuskirche gewisse original Essen-Werdener Züge hat, die Wirksamkeit einer lokalen Tradition also bestätigt. Im übrigen paßt sie sich in die Entwicklung der ottonischen Baukunst nahtlos ein. Ihre um 1100 erreichte Gestalt läßt allerdings auch erkennen, daß die ottonischen Bauformen in dieser Zeit zu gefrieren beginnen.

Bei der Wiederherstellung haben sich die Denkmalpfleger von der um 1150 – mehr als hundert Jahre nach dem Abtreten der Ottonen – erreichten ottonischen Endgestalt leiten lassen. Ausgehend von den noch vorhandenen alten Bauteilen – dem Mittelschiff, dem Querhaus, dem rechteckigen Turmstumpf mit der Eingangshalle und einigen Chorteilen – haben sie das Kunststück fertiggebracht, den Bankert von Sakralbau und halbländlicher Wohnkaserne wieder in eine Kirche zu verwandeln: eine Kirche in den reinen, unverfälschten Formen der ottonischen Architektur, deren gedrungenes, schlichtes Äußere eine reiche Innengliederung verbirgt.

Ohne museal zu wirken, vermittelt sie damit einen lebendigen und nachhaltigen Eindruck von dem, was die mönchischen Baumeister von damals erstrebten, beherrschten und verwirklichten.

Von der Basilika zur Hallenkirche

In der Mutterkirche von St. Lucius, der Werdener Abteikirche, verstecken sich die ottonischen Architekturteile heute in einem Bau des späten 13. Jahrhunderts, der nach einem Brand im Jahre 1256 entstand. Der Meister, der die Wiederherstellungsarbeiten leitete, ließ die karolingische und die ottonische Krypta unangetastet, gliederte aber das Westwerk – die Peterskirche – in den Neubau ein. Dieses steht heute, massig und gedrungen, vor dem Langhaus der Kirche, gekrönt von dem wuchtigen viereckigen Mittelturm, dessen Obergeschoß freilich erst im 19. Jahrhundert errichtet wurde.

Den Ostteil des Gotteshauses beherrscht der kräftige achteckige Vierungsturm, der trotz gotischer Fensteröffnungen seine romanische Herkunft nicht verleugnet. Überhaupt blieb der Meister der Abteikirche in seiner Grundhaltung dem romanischen Kirchenbau verhaftet. Er bediente sich zwar mancher gotischen Konstruktionselemente, doch gehorchten die Wände und Pfeiler seiner Emporenbasilika eindeutig «der späten Kunst des runden Bogens».

Sein Werk markiert jedoch nicht nur die Grenze zwischen Romanik und Gotik, in ihm wird auch die »Grenzlage Werdens zwischen Westfalen und dem Rheinland« sichtbar. Während es im Äußeren mit seinen «kargen, abweisenden Bruchsteinwänden» westfälischen Traditionen folgt, führt es im reich gegliederten, auf eine bewegte Raumbildung bedachten Innern die rheinische Spätromanik auf einen letzten Gipfel – zu einer Zeit, da man in Köln, beim Neubau des Domes, bereits in den Formen der hohen Gotik schwelgte.

Im Jahr der Weihe, 1275, brannte die Essener Stiftskirche nieder. Auch hier bezog man die erhaltenen ottonischen Teile und die noch aufrechtstehenden, noch «brauchbaren» Mauern in den Neubau ein. Die Architekten leiteten die Wiederherstellungsarbeiten jedoch mit so geschickter und empfindsamer Hand, daß sich die verschiedenen Bauteile, allen stilistischen Unterschieden trotzend, am Ende glücklich vereinten und ergänzten.

Das neue Essener Langhaus wurde gotisch gewölbt, und fraglos brachte der erste der beiden Baumeister, der Magister Martinus, für diese Aufgabe Kenntnisse aus Burgund und der Champagne mit; auch kölnische und trierische Detailformen waren ihm nicht fremd. Doch verwandelte er den ursprünglichen basilikalen Bau in eine Hallenkirche nach Marburger Vorbild. Er übertrug die Raumformen der Hallenkirche auch auf den Chor und «führte damit einen völlig neuen Baugedanken aus, der in der deutschen Baukunst bis dahin ohne Beispiel» war.

Schließlich finden sich in der um 1320 fertiggestellten Stiftskirche auch Verbindungen mit der westfälischen Architektur, die wahrscheinlich auf Meister Martins unbekannten Nachfolger zurückgehen. «Er führte das feingliedrig Begonnene in schlichterer Form zu Ende. Jedoch gelang es ihm, die einfacheren Formen seines Kreises mit den eleganteren seines Vorgängers zu einer Einheit zu verbinden.» (Borger) Das Münster hatte damit die Gestalt erreicht, die es, von kleineren Eingriffen abgesehen, bis heute bewahrt hat. Lediglich die Johanniskirche, deren Urbau wahrscheinlich in frühottonischer Zeit wurzelt, erfuhr noch einige Veränderungen. Der noch bestehende Rechteckchor ist ein Werk des frühen 14. Jahrhunderts, die dreischiffige gotische Halle entstand um 1471.

Die Wiederherstellungsarbeiten nach dem Zweiten Weltkrieg haben den überkommenen Bestand im wesentlichen respektiert und die einzelnen Bauteile, unbekümmert um ihre unterschiedlichen Stilformen, in ihrer alten Gestalt erneuert. Mehr noch als in Werden blieb aber «das Ottonische», blieb vor allem der Westbau ein integrierender Bestandteil des Münsters.

Dazu kommen zwei ottonische Ausstattungsstücke von unvergleichlichem Rang: der im Polygon des Westwerks stehende Siebenarmige Leuchter, den ein unbekannter Bronzeschmied um 1000 nach dem Muster des goldenen Leuchters im salomonischen Tempel von Jerusalem anfertigte; und die Goldene Madonna, eine mit Goldblech überzogene Lindenholzskulptur, die die Muttergottes mit einem Apfel in der Rechten darstellt, eine Eva, die den Menschen nicht die Sünde, sondern die Erlösung bringt – ein Werk von höchstem Rang, das ebenfalls um 1000 entstand und in der abendländischen Kunst fast ohne Beispiel ist.

Die kunstfreudige Abba Mathilde, die den Siebenarmigen Leuchter und die Goldene Madonna erwarb, hinterließ auch einige der schönsten Goldschmiedearbeiten ottonischer Zeit, so die vier berühmten Vortragekreuze, von denen eines, das Mathildenkreuz, die Stifterin selbst und ihren Bruder Otto von Bayern zeigt: ein mit Edelsteinen, Perlen und Gemmen besetztes Kleinod, das wahrscheinlich aus einer Kölner Werkstatt kam. Die schmuck- und prunkliebende Äbtissin Mathilde bereicherte das Damenstift auch um die goldene Scheide des Schwertes, mit dem der Überlieferung nach die beiden Protektoren des Münsters, die kilikischen Heiligen Cosmas und Damian, enthauptet wurden; (bei Prozessionen als Herrschaftszeichen mitgeführt, erscheint es bis heute im Wappen der Stadt Essen).

Die Äbtissin Theophanu steuerte einen kostbaren Evangelienband mit einem wertvollen Elfenbeinrelief bei – ein Werk mehr, das neben zahlreichen liturgischen Gerätschaften aus späterer Zeit dem Essener

Münsterschatz den Ruhm verschaffte, neben dem Aachener und Bamberger Domschatz der reichste der Welt zu sein.

Selbständig bis zur Säkularisation   Der Stiftsbezirk, von dem aus die Essener Äbtissinnen ihren kleinen Frauenstaat mit dem riesigen Streubesitz verwalteten, war zur Zeit der Theophanu fünf Hektar groß und durch eine Mauer von der profanen Umwelt getrennt. Das von einer Nord-Süd-Straße durchquerte, ziemlich regelmäßige Rechteck zeichnet sich im Essener Stadtplan bis heute klar erkennbar ab. Vor den Toren der Immunität gedieh eine kleine Kaufmanns- und Gewerbesiedlung, in der etwa fünfhundert Menschen wohnten: außer den Händlern und Handwerkern und ihren Knechten und Gesellen die Dienstmannen der Äbtissin und die Hörigen des Stiftes.

Essen war schon damals sozusagen Einkaufsstadt der nahen und weiten Umgebung. Zweimal im Jahr veranstaltete die Damenstadt ihre vom König genehmigten Märkte: die neun Tage dauernde Kirmes zum Weihetag des Münsters am 8. Juli sowie eine sechstägige Verkaufs- und Lustbarkeits-Messe zum Fest der beiden kilikischen Schutzpatrone Cosmas und Damian am 27. September. Außerdem gab es in dem Flecken vor der Mauer wöchentlich einen von den lokalen Krämern beschickten Kleinmarkt, auf dem auch die frommen Stiftsdamen dem schnöden Mammon opferten: sie ließen dort nämlich ihre in guten Jahren anfallenden landwirtschaftlichen Überschüsse verhökern. Dieser Markt fand zu Füßen der Gertrudiskirche statt, einer frühromanischen Basilika, die später gotisiert und nach ihrer Zerstörung im Zweiten Weltkrieg als «Marktkirche» verkleinert wiederaufgebaut wurde.

Die Bewohner des Handelsfleckens siedelten auf dem Grund und Boden des Stiftes und hatten dafür eine jährliche Abgabe zu entrichten. Die Äbtissin war also auch Herrin der Stadtsiedlung. Allerdings teilte sie ihre Hoheitsrechte, zu denen auch die Markt-, Zoll- und Münzprivilegien gehörten, mit dem Vogt, der als Mittelsmann zwischen Staat und kirchlicher Grundherrschaft für den Schutz der Stiftsbewohner verantwortlich war und im Namen des Königs die weltliche Gerichtsbarkeit ausübte.

Es lag in der Struktur seines Amtes, daß es sich im Lauf der Zeit zu einem gegen das Stift gerichteten Machtinstrument auswuchs, zumal es schon in der Mitte des 11. Jahrhunderts erblich wurde und sich damit der Kontrolle des Herrschers mehr oder minder entzog. Da auch die Bewohner des Marktfleckens mit wachsendem Wohlstand und Selbstbewußtsein immer aufsässiger wurden, war die Stellung der Äbtissinnen eigentlich ständig bedroht, und sie benötigten ein gehöriges

Quantum männlicher Energie und weiblicher List, um auf diesem Feld der Konflikte und Interessengegensätze ihr Recht zu behaupten. Dazu kam ein gefährlicher äußerer Gegner: die Erzfeinde der Essener Damen waren die Erzbischöfe von Köln, die die Güter der reichen Kanonissen als Pfahl im Fleische empfanden und daher darauf bedacht waren, das Stiftsterritorium unter Kontrolle zu bringen.

Auch darüber gab es manchen Streit mit wechselnden Konstellationen, in dem die Kölner Kirchenfürsten, die Essener Vögte und die keineswegs zartbesaiteten Äbtissinnen manche dunklen Manöver gegeneinander ausheckten. Die Auseinandersetzungen nahmen zeitweise recht rabiate Formen an. So ließ einer der Vögte, der Graf Friedrich von Berg-Altena-Isenberg, 1225 den Metropoliten Graf Engelbert von Berg (der in Köln heute als Heiliger verehrt wird) in einem Hohlweg bei Gevelsberg überfallen und totschlagen: eine Tat, die er selbst mit dem Tod durch Henkershand büßte.

Zwei Jahrzehnte später veranstaltete Erzbischof Konrad von Hochstaden einen regelrechten Feldzug gegen die Essen-Werdener Zwillingsabteien und setzte einen ihm ergebenen kölnischen Grafen als Vogt ein. Er traf noch eine weitere für die Geschichte Essens sehr wichtige Entscheidung: er erlaubte den Bewohnern des Marktfleckens (oder zwang er sie gar?), ihre Siedlung mit einer Mauer zu umgeben und das Kanonissenquartier in diesen Ring einzubeziehen. Von diesem Tag an gab es so etwas wie eine organisierte Bürgerschaft, die ihre Interessen immer hartnäckiger und aggressiver verfocht und damit endlose Streitereien zwischen Stadt und Stift heraufbeschwor.

Es spricht für die Tatkraft und Geschicklichkeit der reichsfürstlichen Äbtissinnen, daß es ihnen trotz aller Feinde gelang, ihr geistliches Territorium zu behaupten, über alle Anschläge und Prozesse, über die Reformation und den Dreißigjährigen Krieg hinweg – bis zur Säkularisation. Am 3. August 1802 marschierten je zwei preußische Kompanien in die geistlichen Territorien Essen und Werden ein. Achteinhalb Monate später, am 18. April 1803, erfolgte laut preußischer Kabinettsorder die Auflösung der beiden Abteien: «jedoch dergestalt, daß die jetzigen Mitglieder derselben zeitlebens in dem Genuß ihrer bisherigen Einkommen verbleiben würden».

Die beiden geistlichen Fürstentümer zählten damals 20 300 Einwohner. In Essen lebten 3519, in Werden 2454 Seelen. Beide Orte waren über die Größe von Land- und Ackerbürgerstädten nicht hinausgewachsen.

Die Stadtväter von heute haben bereits den 800 000. Einwohner im Blick, manche träumen ernsthaft vom Status einer Millionenstadt. Das Territorium des geistlichen Damenstaates hat sich in ein Industrie-

Das Münster in der City

fürstentum verwandelt, das ein Jahrhundert lang Deutschlands größte Waffenschmiede war. In etlichen Vororten gibt es noch Straßenzeilen mit winzigen, windschiefen Fachwerkhäusern, aber die Optik der modernen Siedlungsviertel beherrschen Reihenhäuser und Wohnwaben aus Stahlbeton.

Geblieben ist das Münster. Geblieben ist auch, mitten in Essen, eine kleine geistliche Stadt, auch wenn sie nun nicht mehr die Immunität heißt und mit einer Mauer umzogen ist. Denn das Münster ist die Kathedrale des 1958 begründeten Ruhrbistums geworden, und rundherum liegen nicht nur Domherrenwohnungen, sondern auch Verwaltungsbauten: Bürohäuser, auf die die Kirche heute ebensowenig verzichten kann wie eine Fabrik.

Und so ist der kontrastreichste Stadtkern entstanden, den es in Deutschland gibt. Hier die Geschäfts- und Ladenstraßen der Essener City. Dort der mittelalterliche Münsterkomplex. Hier der Burgplatz mit dem Kaiser-Wilhelm-Denkmal: ein mild lächelnder alter Herr mit Backenbart und Generalsuniform, auf einem Pferd, das womöglich noch stolzer in die Zukunft blickt als sein Reiter; dort, im staufischen Atrium, die gotische Holzplastik des Gekreuzigten. Hier eine Modenboutique im Pariser Stil; dort hinter dem Portal von Mataré die Schatzkammer des Münsters. Hier ein Tanzcafé, dort die Gräber der königlichen Äbtissinnen. Hier eine Baustelle mit Betonmischern und kirchturmhohen Kränen, dort die genial gelösten Raumstrukturen des halbierten Oktogons. Hier die Kakophonien der Straße, dort tiefe Stille.

Vom Kreuzgang an der Nordseite des Münsters blickt man in die lichtgetränkten Schaufenster eines Möbelgeschäftes. Auf dem Dach des Hauses, gleichsam in Sternennähe, läuft eine Leuchtschrift, sehr eilig, sehr stetig. Ein Kurztext nach dem andern. Zuerst eine Meldung über die Entlassung eines Fußballtrainers. Dann eine Nachricht über ein Verkehrsunglück, ein Stenogramm über eine Bundestagssitzung. Und dann ein Psalmenwort: «Weise mir, Herr, Deinen Weg, daß ich wandle in Deiner Wahrheit...» Dann wieder Aktualitäten. Unfälle. Friedenspläne. Fußballergebnisse.

Die Welt hat sich verändert. Von Altfrids adligem Damenstift, das geschaffen wurde, um die Töchter der sächsischen Nobiles zu bilden, besteht nur noch die Erinnerung. Aber immer noch gehen von der Stätte seiner Gründung Impulse aus. Der Wille, lebendig zu bleiben, ist lebendig geblieben; der Wille, zu wirken, wirkt weiter.

Auch die Äbtissinnen des Stiftes haben sich ja nicht damit begnügt, fromm zu sein und sich durch inständiges Beten der göttlichen Gnade zu versichern. Auch sie schritten handelnd durch die Welt, furchtlos, beharrlich und unverdrossen, auch sie sprachen die Sprache ihrer Zeit. So trugen sie auf ihre Weise dazu bei, ihr Land kulturell zu erschließen und für das Reich des Geistes zu gewinnen.

Wie sehr ihnen das gelungen ist, zeigt bis heute das Herzstück des Münsters: der Westbau der Theophanu, der Tochter eines rheinischen Grafen und einer sächsischen Prinzessin, der Enkelin einer deutschen Kaiserin aus Byzanz.

Sechstes Kapitel

REICHENAU – INSEL DER MÖNCHE, INSEL DER MUSEN

Das Panorama der ottonischen Kulturlandschaft

Von vierzig Kirchen blieben drei · «...an Weisheit voll wie eine Bücherkiste» · Die Dichterschule im Bodensee · Der stammelnde Mönch von St. Gallen · Askese als Kollektivgesetz · Mönch Widukind und Nonne Roswitha · Der zweite Notker von St. Gallen · Klöster, Mönche, Manager · «Professionals der Armut» · Die sieben freien Künste · Das Goldene Zeitalter der Reichenau · Hermann der Lahme – «Wunder der Welt» · Von der karolingischen zur deutschen Kunst · Das Evangelium auf zwei Bronzetüren · «Entwirklichung» der Malerei · Erste Kunstrevolution der nachrömischen Zeit · Zwischen Echternach und Regensburg · «Breitwandstil» des Mittelalters · Die säkularisierte Reichenau

Von vierzig Kirchen blieben drei   Die Insel Reichenau in der Westecke des Bodensees wurde schon vor elfhundert Jahren überschwenglich gepriesen. Ihr erster begeisterter Lobsinger war der Mönch Walahfrid Strabo, den die deutsche Geistesgeschichte als einen der bedeutendsten Adepten der karolingischen Kultur verzeichnet. Seine 827 entstandene *Visio Wettini* zum Beispiel beginnt mit dem vielzitierten Hymnus:

> Wo von den Alpen herab sich ergießend der herrliche Rheinstrom
> Westwärts wendet den Lauf, wird er zum stattlichen Meere.
> Mitten darin erhebt sich eine gewaltige Insel,
> Augia wird sie genannt: rundum ist Deutschland gelagert.
> Aus ihr gingen hervor viel Scharen trefflicher Mönche.

Als Walahfrid einige Zeit später, zur Ergänzung seiner Studien, zu Füßen des berühmten Hrabanus Maurus in Fulda saß, schrieb er sich das Heimweh nach der Reichenau mit dem Vers vom Herz: «Immer steht nach dir mein Sinnen, Tag und Nacht gedenk' ich dein, glückliche Insel.»

Um 842, als Abt der Reichenau, behauptete er in einem Brief an Papst Gregor nicht mehr und nicht weniger, als daß der «Ort seines Wirkens den ersten Rang in diesem Teil der Erde» einnehme. «Eine nicht geringe Schar von Ordensleuten ist darin vereinigt. Die Fülle ihrer Weisheit nährt die benachbarten Länder mit reichlicher Lehre.»

Abt Ermenrich von Ellwangen brachte dem Inselkloster einige Jahre später folgende Ovation dar:

Reichenau, blühendes Eiland, wie bist du vor andern gesegnet!
Reich an Schätzen des Wissens und heiligem Sinn der Bewohner,
Reich an des Obstbaums Frucht und schwellender Traube des Wein-
Immer blüht es auf dir und spiegelt im See sich die Lilie.   [bergs,
Weit erschallet dein Ruhm bis ins neblige Land der Britannier.

Ähnlich hochgestimmt um 1500 der Reichenauer Chronist Gallus Öheim: «Diese Insel ist wonnesam für das Auge, eines gesunden Lufts und Fruchts; besonders wird darin die Weinrebe gebaut, daraus dann die Menschen ihre Nahrung und Auskommen haben.»

Seitdem hat sich manches gewandelt. Die Insel hat eine Straße zum Festland erhalten, ist also, strenggenommen, keine Insel mehr. Kloster und «Burg» sind längst der Spitzhacke verfallen. Dafür gibt es etliche Hotels, von denen eines den traditionsschweren Namen «Kaiserpfalz» führt. Der Konstanzer Postbus setzt alle fünfzehn Minuten eine neue Fuhre von Besuchern ab, die Gemeindeväter denken über die Anlage von Parkplätzen nach, und das Fräulein vom Verkehrsamt parliert in mehreren Sprachen. Die Rebenkulturen haben zum überwiegenden Teil Gemüsefeldern, Kräutergärten und Gewächshäusern Platz gemacht, deren Erzeugnisse bis Stuttgart, München und Nürnberg verschickt werden, die Fischer fahren mit tuckernden Booten auf Fang aus, und an warmen Sommerabenden ziehen deutsche und schweizerische Tanzdampfer mit ihren hämmernden Bands am Inselufer vorüber.

Aber diese zeitgemäßen Metamorphosen haben das Eigentliche der Insel nicht zerstört. Ihr geheimer Zauber ist geblieben. Geblieben ist die milde, feuchte Seeluft, die den Reichenauer Gemüsebauern bis zu fünf Ernten im Jahre schenkt. Geblieben sind die merkwürdig gedeckten Farben der Insel, ihre Pastell- und schimmernden Perlmuttertöne, die nur bei Föhn hart und leuchtend werden. Geblieben ist das Schilf am Ufer und das Gekeife der Wasservögel, der Widerschein der Wolken im glitzernden Wasser des Sees, das leise Klatschen der Wellen und der Geruch von Teer und Fischen. Geblieben sind Fischerhütten und trocknende Netze, windschiefe Häuser und prangende Blumengärten, hohe Pappeln und knorrige Weiden – und dann natürlich die Kirchen, die den besonderen Ruhm der Insel ausmachen.

Früher standen auf dem vier Quadratkilometer großen Eiland mehr als vierzig Kirchen und Kapellen, heute sind es nur noch drei: das Marienmünster in Mittelzell, die Peter-und-Paul-Kirche in Niederzell und die Georgskirche in Oberzell.

Die Kenner der Reichenau empfehlen mit einigem Recht, sich dem Marienmünster vom Wasser her zu nähern, am besten von Allensbach. Wie nirgendwo sonst zeigt sich dann nämlich, daß es bis heute der architektonische Mittelpunkt der Insel ist. Dicht am See gelegen, baut es sich mächtig auf einem sanft ansteigenden Hügel auf. Ein basilikales Langhaus mit zwei Querschiffen, einem hohen Chor und einem kolossalen Westturm, dessen Schauseite nur einige Lisenen und Bogenfriese gliedern; zu beiden Seiten niedrige Vorhallen mit steilen roten Pultdächern.

Elfhundert Jahre haben an diesem Münster gearbeitet. Im östlichen Querhaus und in den Wänden des Vorchores verstecken sich noch karolingische Bauteile. Die sogenannte Witigowo-Säule, die die beiden Bogen im Südteil des westlichen Querschiffes trägt, ist um 990 entstanden. Auch der mächtige, fünfzig Jahre später errichtete Westbau mit Kaiserloge und Markus-Chor wird noch der ottonischen Architektur zugerechnet, obwohl «das klare Nebeneinander kubisch empfundener Raumgebilde» bereits auf die großen Kaiserdome von Speyer und Limburg verweist. Die Langhauspfeiler wurzeln in der späten Romanik. Der lichtdurchstrahlte, feingliedrige Chor ist das Werk eines gotischen Baumeisters. Barock sind die großen «Ochsenaugenfenster» in den Langhauswänden und die Stuckierungen im ottonischen Westschiff. Die Flachdecke schließlich wurde erst um 1900 eingezogen.

Als Ganzes aber, allen stilistischen Divergenzen zum Trotz, ein kraftvoller, wenn auch etwas derb und rustikal geratener Bau, dem die Kunsthistoriker ihren Respekt nicht versagen.

Auch die Peter-und-Paul-Kirche auf der flachen Nordwestspitze der Insel hat mancherlei Wandlungen durchgemacht. Schmucklos im Äußeren zeichnet sich die dreischiffige Basilika mit den beiden kantigen Osttürmen vor allem durch den Wohlklang ihrer Proportionen aus: ein Erbteil der schlichten Feldsteinkirche von 799, die in dem heutigen ro-

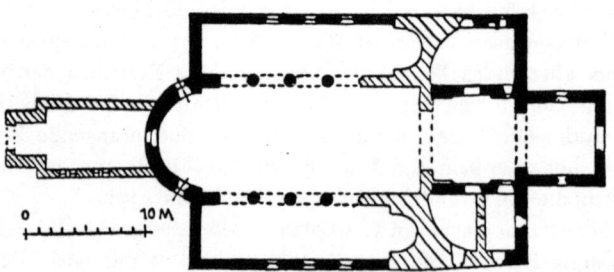

Abb. 27: Reichenau-Oberzell, St. Georg (die ursprünglichen Bauteile schwarz, die späteren Ein- und Anbauten schraffiert)

manischen Baukörper noch mancherlei Spuren hinterlassen hat. Deutlicher zeichnen sich die verschiedenen Epochen im Innern ab – mittelalterliche Fresken, gotische und barocke Fenster, stuckierte Decken und Deckengemälde und historisierende Bilder von 1900 schaffen einen farbigen und recht bewegten Raum, der allerdings nicht frei von Dissonanzen ist.

Reiner in ihren Formen hat sich die Georgskirche in Oberzell erhalten, die im Ostteil der Insel, ein wenig erhöht, an der Straße nach Konstanz liegt. Ein Bau von archaischer Einfachheit: ein basilikales Langhaus, ein niedriger quadratischer Turm, ein rechteckiger Ostchor und eine halbrunde Westapsis, die in eine rechteckige zweigeschossige Vorhalle mündet, stellen ein architektonisches Ensemble von bezwingender Schlichtheit dar. Den Kern bildet eine «ziemlich wohlerhaltene» spätkarolingische Kirche, die eine dreischiffige Krypta birgt: eine der wenigen, unverdorbenen Hallenkrypten, die es in Deutschland noch gibt.

Den eigentlichen Ruhm der Georgskirche – ja den höchsten Ruhm der Reichenau überhaupt – machen jedoch die ottonischen Fresken an den Langhauswänden aus: die einzigen Wandbilder in Deutschland, die einen Begriff von der Blüte der Malerei um die Jahrtausendwende vermitteln. Ein monumentaler Bildschmuck, der die strenge Architektur des Raumes mystifiziert und damit zu ungeahnter Wirkung steigert. Eine Sinfonie in Dunkelrot, Purpur, Ockergelb, mattem Blau und viel Grün und Braun, den Farben der Erde. Ein einzigartiger Schatz, eine Kostbarkeit, die den Atem verschlägt.

Die Fresken sind das Werk eines unbekannten Künstlers, der aber mit Sicherheit ein Reichenauer Mönch war; denn das Kloster Reichenau war um die Jahrtausendwende das Zentrum einer Malschule von europäischem Rang: eines der großen kontinentalen Kulturzentren überhaupt.

Nach der Darstellung des biederen Gallus Öheim wohnte im Jahre 724 nach Christi Geburt «bei Konstanz im Thurgau ein hochedler Mann» namens Sintlas, der nach einer Pilgerfahrt durchs Frankenreich «den heiligen Chorbischof Pirmin» ins Land holte, damit er hier, auf der Burg des Sintlas in Sandegg, ein «Haus des Gebetes» errichte und Sorge dafür trage, daß das alemannische Volk «nit widerumb in die heidnischen siten und irrsal» zurückfalle.

«... an Weisheit voll wie eine Bücherkiste»

Der heilige Pirmin aber hegte größere Pläne. Er sprach: «Mich dünkt, ich sehe in der Nähe eine Insel, zum Dienste Gottes wohl geeignet, die wir leicht zu Schiff erreichen mögen. Laßt uns dahin eilen, damit der Herr uns dort seine Gnade offenbare.» Darauf Sintlas: «Das möge nicht geschehen. Heiliger Vater, denn diese Insel ist der Schlangen, Kröten und grausamen Würmer Höhle, Heimat und Besitz.» Und wieder Pirmin: «Was redest du, Kleingläubiger! Hat nicht Jesus Christus seinen Auserwählten Gewalt gegeben, über den Basilisken zu wandeln und auf den Löwen zu treten?»

Der edle Sintlas zögerte nun nicht, dem heiligen Pirmin die gewünschten Schiffe zu geben. Und kaum hatte der Gottesbote das widrige Eiland betreten, begannen die Scharen der ekligen Tiere, «wie von übernatürlicher Kraft bezwungen», die Insel zu verlassen. «Drei Tage und Nächte schwammen sie über den See, der ganz von ihnen bedeckt war; keines von ihnen ward je wieder gesehen.»

Eine hübsche Geschichte, entstanden in der Werkstatt eines phantasiebegabten Legendenschreibers, der sich Heiden nur als Schlangen und kriechendes Gewürm vorstellen konnte.

In Wahrheit hat der heilige Pirmin die Insel Sintleozesau – der Name Reichenau = reiche Aue wurde erst später gebräuchlich – nicht von einem hochedlen, schwäbischen Herrn, sondern von dem Hausmeier Karl Martell empfangen. Die Schenkung schloß sechs umliegende Orte und 24 «Leute» ein: Westgoten, Romanen, Franken und Alemannen, denen es allem Anschein nach in kurzer Zeit gelang, das Eiland wohnlich herzurichten. Sie fingen ja nicht, wie viele Mönche der ersten Stunde, am Nullpunkt an, sie brauchten weder Wälder zu roden noch Sümpfe trockenzulegen, sie fanden, ganz im Gegenteil, eine wohlbestellte Landschaft vor, die nur darauf wartete, den «Samen des Glaubens und des Geistes» zu empfangen. Harte körperliche Arbeit wird die Kräfte der Reichenauer Mönche also nicht übermäßig belastet haben. Das Inselkloster konnte sich, dank der guten Starthilfe, die ihm Karl Martell gewährt hatte, unverzüglich seinen kirchlichen und zivilisatorischen Aufgaben zuwenden.

Obwohl es dann ein halbes Jahrhundert brauchte, um zu überregionaler Bedeutung heranzuwachsen, trat es schon in der Zeit Karls des Großen in sein Goldenes Zeitalter ein, gefördert durch zahlreiche königliche Privilegien, an deren Verleihung Karls alemannische Gemahlin, die schöne, frühverstorbene Hildegard, nicht unbeteiligt war. Obergärtner dieser ersten Blüte war der Abt Waldo, ein Mann aus dem fränkischen Hochadel, der nebenbei das Bistum Pavia verwaltete, als Sondergesandter seines Königs zahlreiche heikle diplomatische Missionen übernahm und schließlich Prior von St-Denis wurde, dem Pariser Traditionskloster der Krone. Auf der Reichenau legte er den Grundstein zum Münster. Auch der Urbau der Kirche von Niederzell (die sich der Bischof Egino von Verona als Grabstätte errichtete) reicht in Waldos Zeit zurück.

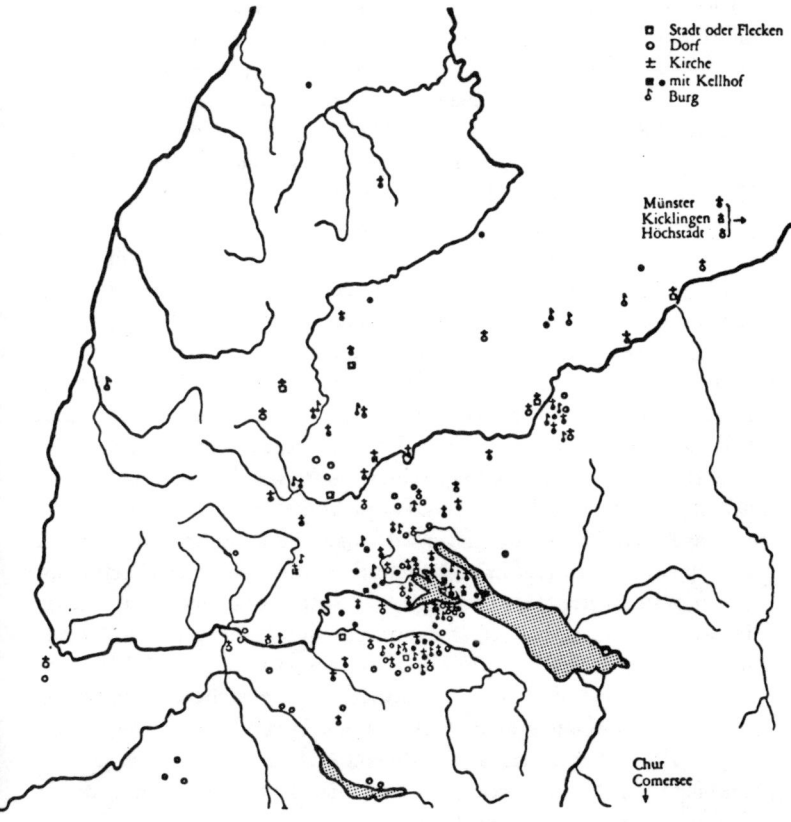

Abb. 28: *Die reichenauischen Kirchen, Burgen und Kellhöfe (nach Per Rössle)*

Dem ritterlichen Waldo folgte mit Abt Hatto I. ein tüchtiger Kirchenmann, der zugleich Bischof von Basel war und 811 eine Delegation nach Byzanz führte, die in umständlichen und langwierigen Disputationen die Anerkennung des karolingischen Kaisertums durch den oströmischen Imperator aushandelte.

Aber Hattos Herz lag das kleine geistliche Reich am Bodensee näher als der Glanz der großen Welt; lieber als in der Öffentlichkeit wirkte er in der Geborgenheit seines Klosters, das er konzessionslos im Sinne der benediktinischen Regeln reformierte. Er verfügte beispielsweise, daß die Vorschriften des Heiligen von Nursia regelmäßig verlesen und von mindestens 36 Mönchen auswendig gelernt würden; daß diese ihre Kutten und Schuhe selbst zu fertigen, überflüssigen Schmuck zu meiden und in der Küche und Bäckerei mit Hand anzulegen hätten; und daß sie nicht warm, sondern kalt baden, ihre abgetragenen Kleider Armen schenken und die Verwaltung auswärtiger Gutshöfe Laien überlassen sollten.

Trotz der Vielzahl solcher und anderer Gebote erfreute sich Hatto aber der Verehrung und uneingeschränkten Liebe seiner «Brüder in Christo»; denn er war, wie es bei Walahfrid Strabo heißt, «klug im Rat, fromm im Gemüt, heiter in der Rede, gläubig im Herzen und an Weisheit voll wie eine Bücherkiste».

Unter Hatto wurde auch das Münster fertiggestellt, die damals größte Kirche in Süddeutschland, die, wie aus Grabungen bekannt ist, in einem Chor mit zwei Apsiden endete: ein Unikum in der deutschen Kirchenbaukunst. Die Weihe des (bis zum zweiten Ostpfeiler des heutigen Bauwerks reichenden) Hatto-Münsters ist in den Klosterannalen als eine Haupt- und Staatsaktion verzeichnet, an der zahlreiche Repräsentanten des hohen fränkischen Episkopats teilnahmen. Einige Zeit später, 822, verzichtete Hatto auf alle irdischen Würden und Ränge und lebte noch vierzehn Jahre in einer einsamen Zelle auf der Ostspitze der Insel: dem Platz der späteren Georgskirche.

Den Äbten Waldo und Hatto verdankte die Reichenau eine für jene Zeit ungewöhnlich reichhaltige Bibliothek, die, von einigen Luxusausgaben mittelmeerischer Herkunft abgesehen, sozusagen im eigenen Hause entstanden war. Im Skriptorium der Mönche von Reichenau herrschte damals der gelehrte Reginbert, ein passionierter Bücherwurm, der selbst 42 Handschriften kopierte, die Schreibstube wie ein rechter Bildungscäsar kommandierte und tyrannisierte und mit unermüdlichem Eifer auf eine Vergrößerung der Bestände bedacht war. Schon 822 verzeichnete der Katalog der Reichenau 415 Bände: ein Schatz, der in Europa kaum seinesgleichen hatte.

Dank Reginberts Bücherleidenschaft gedieh das Reichenauer Skriptorium auch unter Hattos Nachfolger Erlebald, der mehr zu den eifernden Propheten als zu den Kündern einer weltoffenen Frömmigkeit gehörte. Jedenfalls verwaltete er das Kloster im Sinne harter und straffer Zucht. Glauben und Büßen waren diesem Exerziermeister religiöser Askese eins. Verstöße gegen die Klosterdisziplin bestrafte er mit Freiheitsentzug und Hungerkuren, selbst Fehler in der lateinischen Grammatik ließ er unnachsichtig ahnden. Schon der falsche Gebrauch eines Konjunktivs war Anlaß genug, den Sprachbarbaren durch kräftige Prügel über die Sündhaftigkeit seines Tuns zu belehren.

Trotzdem ging gerade in dieser Zeit ein Stern erster Ordnung über der Reichenau auf: der Dichter Walahfrid Strabo.

Die Dichterschule   Walahfrid wurde um 809 irgendwo am Bodensee geboren, wo er
im Bodensee   nach eigenem Geständnis seine Jugend «in Armut» verbrachte, obwohl

sein Vater wahrscheinlich einem vornehmen Geschlecht entstammte. Schon mit zehn oder zwölf Jahren kam er in die Schule der Reichenau, wo ihn der strenge Reginbert zu einem jener «Schönschreiber» ausbildete, deren Welt das Skriptorium war. Der junge Walahfrid hat zum Beispiel an der Einrichtung des damals gerade begonnenen *Verbrüderungsbuches* der Reichenau mitgewirkt.

Lieber als dem Kopieren von Handschriften widmete er sich jedoch dem Studium der antiken Dichter und damit einer Tätigkeit, die in dem Weltbild des asketischen Abts Erlebald keinen Platz hatte; ein Glück für den jungen Walahfrid, daß er in dem Mönch Wetti einen verständnisvollen Freund und Förderer fand, der ihn heimlich sogar zu eigenen poetischen Versuchen ermunterte.

Walahfrid war achtzehn Jahre alt, als Wetti einer wütenden Fieberkrankheit erlag und ihn mit schweren Depressionen unter der Fuchtel eines ungeliebten Abtes zurückließ. Es kennzeichnet den jungen Mönch, daß er diese Krise durch ein aus fast tausend Hexametern bestehendes Gedicht überwand, das er in einem einzigen Sturmlauf seiner Feder innerhalb weniger Wochen niederschrieb. In einer kraftvoll zufassenden Sprache von mitreißendem Bilderreichtum gab er darin die Angst- und Fieberphantasien seines sterbenden Lehrers wieder: eine geniale Phantasie über den Weg der Seelen durchs höllische Fegefeuer, die nicht zu Unrecht mit Dantes *Göttlicher Komödie* verglichen worden ist.

Kurze Zeit später verfaßte Walahfrid ein Poem über die Pflanzen des Klostergartens, kurz *Hortulus* genannt, ein mit leichter Hand geschriebenes Feuilleton in Versen über die 23 Blumen- und Heilkräuterarten, die auf dem fruchtbaren Boden der Reichenau gediehen.

Dann ging er nach Fulda, wo er unbehelligt aus dem Füllhorn der antiken Weisheit trinken konnte. Vom Heimweh nach der Reichenau und ihren sonnigen Gefilden geplagt, war er jedoch froh, als er 829, kaum zwanzigjährig, als Erzieher des Prinzen Karl – später Karl der Kahle genannt – an den kaiserlichen Hof gerufen wurde. Zehn Jahre blieb er dort. Er schrieb während dieser Zeit mancherlei gelehrte Abhandlungen, verfaßte Lobgedichte auf den frommen Kaiser Ludwig und seine ehrgeizige Gemahlin Judith und schilderte in einem 282 Hexameter umfassenden Gedicht über das Theoderich-Denkmal in der Pfalz das Leben in Aachen (wobei er sich politisch eindeutig zur Partei Ludwigs des Frommen bekannte).

Schließlich kehrte er auf die Insel seiner Wünsche zurück: 839 ernannte ihn Ludwig in Anerkennung seiner Verdienste um die kaiserliche Familie zum Abt der Reichenau. Obwohl es einige Zeit dauerte, bis Walahfrid Strabo die praktische Führung der Geschäfte übernehmen konnte, erlebte das Inselkloster unter seiner Leitung noch einmal eine große Zeit. Als er 849 auf einer Frankreichreise in der Loire ertrank, konnte es die Reichenau an Gelehrsamkeit und kultureller Strahlungskraft selbst mit Fulda oder St-Denis aufnehmen. Es gab damals kein zweites Kloster in Deutschland, das sich rühmen konnte, gleichzeitig ein Garten der Musen, ein Hort der Zivilisation und eine Insel des Wohlstandes zu sein.

Und nicht zuletzt: die Reichenau war unter Walahfrid – den die Literaturhistoriker vor allem als formgewandten Poeten schätzen, der die metrischen und rhetorischen Stilmittel der Antike mit traumhafter Sicherheit beherrschte – so etwas wie das literarische Zentrum des Reiches geworden: eine Dichterschule von Rang, in der vor allem die lateinischen Traditionen gepflegt wurden.

Der stammelnde Mönch von St. Gallen

Nach seinem jähen und frühen Tod wurde es allerdings still auf der Reichenau. Im weiteren Umkreis aber wirkte er fort. Der Bodenseeraum blieb ein Dorado der Literatur.

Walahfrids Schüler Ermenrich von Ellwangen tat sich als Autor von Heiligenviten in Prosa hervor. Der (um 911 gestorbene) Züricher Ratpert schrieb geistliche Lieder und setzte Walahfrids Gallusbiographie in Verse. Der Magister Tutilo aus St. Gallen – ein vielseitig begabter Mann, der seinem Kloster als Wirtschaftsverwalter, Bibliothekar, Dichter, Komponist, Maler, Baumeister und Kunsthandwerker diente und überdies mit athletischen Kräften ausgestattet war – schrieb das heute noch gesungene Weihnachtslied *Hodie cantandus* und verschaffte der liturgischen Form des Tropus so viele Variationsmöglichkeiten, daß er lange Zeit geradezu als ihr Schöpfer galt.

Überhaupt hatte fünfzig Jahre nach Walahfrids Tod St. Gallen die Reichenau als literarisches Zentrum abgelöst. Mittelpunkt jenes eminent schöpferischen Kreises musischer Mönche, der dort um 900 dichtete, malte und komponierte, war Notker der Stammler: ein kleiner, schmächtiger und furchtsamer Mensch von zerbrechlicher Gesundheit, der «in seinem Leben viele Kränkungen erfuhr», aber allen Widrigkeiten dieser Welt mit franziskanischer Milde und Güte und einem nie erschöpften Fundus an Liebe begegnete. Seinen Mund entstellte wahrscheinlich eine Hasenscharte, die es ihm unmöglich machte, sich anders als stammelnd, stotternd und lallend verständlich zu machen, sein Kopf aber barg so ziemlich alles Wissen seiner Zeit, und was er in seiner schlichten Zelle zu Papier brachte, war reinste und lauterste Poesie von einem melodischen Wohlklang, den man heute noch vernimmt, über tausend Jahre und die Barrieren einer fremden Sprache hinweg.

Notker hat viel geschrieben: ein Gallusleben in Versen, einen Kalender der kirchlichen Heiligen, eine Einführung in das Studium der Bibel und die theologische Literatur, ein musikalisches Brevier und die *Gesta Caroli Magni*, jene kostbare Anekdotensammlung, die das menschliche Bild des großen Kaisers Karl mit unvergleichlicher Farbigkeit überliefert hat. Der eigentliche Ruhm des dichtenden Stammlers aber gründet auf dem *liber ymnorum*, einer um 885 – während der Regierungszeit des auf der Reichenau begrabenen Kaisers Karl des Dicken – entstandenen Hymnensammlung, in der die Glaubensinnigkeit des kranken Mönches von St. Gallen zu makelloser lyrischer Form geronnen ist.

Die Literaturhistoriker werten Notkers *liber ymnorum* als den einsamen Gipfel der Sequenzendichtung, einer Versform ohne Reim und vorgeschriebene Silbenzahl, die wahrscheinlich in den romanisch-germanischen Mischgebieten um Jumièges und Limoges entstand, von dem stammelnden Mönch von St. Gallen aber mit so viel Kunstfertigkeit weiterentwickelt wurde, daß damit etwas völlig Neues in die Welt der Dichtung trat: eine Art von Doppelstrophe, die sich, von der Diktatur der antiken Metrik befreit, fern aller Schulpoetik in psalmodierenden Rhythmen herrlich entfaltete.

Notker hat zahlreiche Schüler gehabt, die seine Kunst demütig bewunderten:

den Bischof Salomo III. von Konstanz, der mit seinem Bruder Waldo eine Briefsammlung über bischöfliche Amtspflichten verfaßte und kulturgeschichtlich interessante Gedichte hinterließ;

den Mönch Hartmann, der mit seinem Lehrer in sapphischen und ambrosianischen Versformen wetteiferte;

den Mönch Ekkehard I., der wahrscheinlich das Waltharilied dichtete (und später, gemeinsam mit dem Mönch Ekkehard II., dem Lehrer Ottos II. und der Herzogin Hartmut von Schwaben, die Titelfigur für Scheffels gleichnamigen Roman abgab);

den Magister Gerald, der nach neueren Forschungen ebenfalls als Autor des Waltharliedes in Frage kommt;

den Abt Burchard, den Mönch Waldram und den Arzt Notker Pfefferkorn, die in der Literaturgeschichte dieser Zeit vor allem als geistliche Lyriker erscheinen.

Genug der Namen, zumal sie selbst den Kennern des mittelalterlichen Schrifttums noch manche Rätsel aufgeben. Unzweifelhaft aber bildete die von Walahfrid Strabo begründete Bodenseeschule in den ersten Jahrzehnten des 10. Jahrhunderts, unberührt von den politischen Ereignissen dieser Zeit, ein höchst lebendiges geistiges Zentrum. Sie

Askese als Kollektivgesetz

schlug damit die Brücke von der karolingischen zur ottonischen Literatur.
Und zwar die einzige, die wirklich trug; denn das übrige Deutschland war damals literarisches Notstandsgebiet. Die Impulse, die die karolingische Renaissance ausgesandt hatte, waren erschöpft. Selbst Fulda lebte um 900 mehr von seinem Ruhm als von seiner aktuellen Leistung.
Am deutlichsten zeigt das Auslaufen der Bemühungen um eine deutschsprachige Literatur diesen Niedergang an. Der altsächsische *Heliand* und Otfrids *Evangelienharmonie* waren Episode geblieben, ebenso die von Karl dem Großen veranstalteten Sammlungen altdeutscher Texte. Schon am Ende des 9. Jahrhunderts wurde – nach Langosch – «die deutsche Produktion so dürftig und das für über 150 Jahre, daß man von einer Lücke spricht, die erst um 1060 endete». Wer schrieb, bediente sich wieder ausschließlich des Lateinischen: der Traditions- und Standessprache der Geistlichkeit, die auch alle öffentlichen Kult- und Amtshandlungen beherrschte.
Es gab auch keine kaiserliche Hofdichtung mehr. Die berühmte Aachener Palastschule, an der nicht nur Mönche, wie Alkuin und Einhard, sondern auch kunstsinnige Weltkinder, wie Angilbert und Theodulf, gelehrt hatten, war sang- und klanglos verschieden. Selbst die rheinischen Bischofssitze hatten in der hohen Zeit der Normannenstürme ihre Bedeutung als kulturelle Zentren mehr oder minder eingebüßt. Literatur war, mehr noch als in der frühkarolingischen Zeit, eine Sache der Klöster geworden.
Das hatte sein Gutes. Die Wellen öffentlicher Erregung und politischen Haders brachen sich an den festen Mauern, hinter denen die Mönche ein der Welt und ihren Ärgernissen abgewandtes Leben führten. In der Abgeschiedenheit der Klöster konnten sich daher wie nirgendwo sonst Bildungs- und Interessengemeinschaften bilden, die unabhängig von materieller Mühsal, behütet und umsorgt, gänzlich ihren selbstgewählten Aufgaben und Passionen lebten. Eine so zarte und zerbrechliche Gestalt wie Notker hätte außerhalb eines Klosters damals kaum eine Lebenschance gehabt, von der Möglichkeit, seine beträchtliche Begabung zu entwickeln, ganz zu schweigen.
Die heute kaum noch vorstellbare Art der Zentrierung hatte aber auch schwerwiegende Nachteile. Es bestand immer die Gefahr, daß statt einer blutvollen Wirklichkeitsdichtung in den Klöstern bestenfalls eine künstliche Zellenpoesie gedieh, für die das «Draußen» kein Thema war. Selbst die Geschichtsschreibung wurde in dem Jahrhundert nach Karl dem Großen immer dünnblütiger und dürftiger. Die Annalisten «zogen sich auf die Lokalhistorie zurück» und nahmen an

den großen Entscheidungen der Zeit nur noch geringen Anteil. So konzentrierte sogar die einzige größere historiographische Leistung der Übergangsepoche, die 908 abgeschlossene *Weltchronik* des Mönches Regino von Prüm, ihr Interesse auf die Maingebiete, Westfranken und die Bretagne, die Landstriche also, in denen das Eifelkloster am stärksten begütert war.

Die Neigung zur Nabelschau bestimmte in dieser Zeit das gesamte Schrifttum der Mönche. Sieht man von ihren bescheidenen chronistischen Versuchen ab, so produzierten sie fast ausschließlich kirchliche Erbauungs- und Fachliteratur. Heiligenviten wurden sozusagen im Fließbandverfahren hervorgebracht, wunderselig und voll naiver Gläubigkeit, aber ohne Anspruch auf Originalität und historische Richtigkeit. Die Traktätchenschreiber und Kommentatoren begnügten sich damit, die Werke der Kirchenväter und sonstigen Spektabilitäten zu paraphrasieren und als gängigen Predigtstoff aufzubereiten; daß sie einmal, frei nach Boethius, über die Segnungen der Philosophie nachdachten, war schon eine Seltenheit. Eine weitere Sparte füllten die «komputistischen» Werke aus: geistliche Jahrbücher, die sich vor allem mit der Errechnung der kirchlichen Feiertage befaßten.

Auch die mönchische Lyrik diente ausschließlich religiösen Zwecken. Auch sie war, wenn man so will, klerikale Gebrauchsliteratur; in der Form durchweg gekonnt, das heißt: an antiken Mustern vortrefflich geschult, inhaltlich dagegen von einer gänzlich unantiken Weltfeindlichkeit. Die religiösen Gedichte jener Tage erhöhten die mönchische Bereitschaft zu «Armut, Keuschheit und Gehorsam» zu einem allgemeinen Vollkommenheitsideal, dem sich auch der außerhalb der klösterlichen Zucht lebende Christenmensch zu unterwerfen hatte. Askese also als Kollektivgesetz, Weltflucht als der gottgewollte Weg der Weltbezwingung.

Johannes Bühler, der diesen christlichen «Simplismus» als einen Wesenszug des Mittelalters überhaupt erkannte, hat aber auch auf die Gegenkräfte hingewiesen: auf die unbestreitbare Tatsache, daß «die Natur des Abendländers zu kulturellem Aktivismus» drängte und sich auch «durch Tod und Teufel nicht davon abschrecken» ließ – daher der im gesamten Mittelalter festzustellende ständige Widerstreit von Entsagung und Unmäßigkeit, Büßertum und barocker Lebenslust, Leidenssehnsucht und vitalen Entladungen.

Es ist verständlich, daß sich dieser «kulturelle Aktivismus» am stärksten in den Zeiten politischer Machtentfaltung zu Wort meldete, auch in den Klöstern. Die plötzlich wieder aufbrechende Blüte der mönchischen Kultur in der ottonischen Epoche gibt dafür ein eindrucksvolles Bild ab.

Mönch Widukind und Nonne Roswitha

Die neue Woge kultureller Regsamkeit begann – wie am Exempel der Baukunst bereits beschrieben – in Sachsen. Soweit sie literarisch sichtbar wird: in der Geschichtsschreibung. Bereits für die Zeit Ottos des Großen läßt sich ein verstärktes Interesse nicht nur für die Historie, sondern auch für die aktuelle Politik registrieren – und hinter diesem Interesse, erstmals in Deutschland, ein Gefühl, «das man vielleicht schon national nennen kann».

Im Jahre 940 trat der Sohn einer altsächsischen Adelsfamilie in das Kloster Corvey an der Weser ein: ein lernbegieriger Fünfzehnjähriger, der sich mit Leidenschaft in das Studium der großen römischen Historiker vertiefte und alsbald selbst zu schreiben begann. Er verfaßte zwei Heiligenviten, womit er, nach eigenem Geständnis, jedoch nur eine Pflichtaufgabe erfüllte, die er «seinem Stand schuldig» zu sein glaubte; denn mehr als die kaum noch faßbare Welt längst verstorbener Märtyrer und Glaubensboten zog ihn die Dramatik seiner eigenen Zeit an. Als Dreißigjähriger fand er das Thema seines Lebens: die *Geschichte der Sachsen* und ihrer Herrscher aus liudolfingischem Geschlecht.

Die 958 beendeten drei Bücher der *Res gestae Saxonicae* verraten eine intime Kenntnis römischer Geschichtswerke. Sallust und Vergil vor allem haben dem sächsischen Stammeschronisten die Feder geführt und ihm zahlreiche Wendungen und Wortprägungen diktiert. So nennt er König Heinrich *Vater des Vaterlandes,* begründet er den Herrschaftswechsel im Jahre 918 mit der sallustischen Formel *fortuna atque mores,* beschreibt er das Kriegs- und Heerwesen des jungen Reiches mit cäsarischen Vokabeln. Unter dem lateinischen Gewand aber schlug unüberhörbar das Herz eines gänzlich unlateinischen Menschen.

Der Mönch von Corvey trug den Namen des Herzogs Widukind, unter dessen Führung die sächsischen Bauern anderthalb Jahrhunderte vorher ihren aussichtslosen Kampf gegen die kriegserfahrenen fränkischen Heere aufgenommen hatten, und er war wie dieser stolz darauf, ein Sachse zu sein. Ja, dieser sächsische Stammesstolz befeuerte seine Darstellung und erfüllte sie mit einem Pathos, das eine naive Begeisterung über alle Bedenken hinwegtrug.

Die Herrscher aus sächsischem Hause erscheinen ihm «notwendig für die ganze Welt», den heißgeliebten König Heinrich verglich er, nicht eben originell, mit einer «strahlenden Sonne», und von allen deutschen Stämmen ließ er außer den Sachsen nur die Franken gelten, deren kriegerische Tüchtigkeit er zum Ruhm des eigenen Volkes anerkannte. Überhaupt mischte er viel Kriegsgetöse in sein breit, aber lebendig dahinströmendes Werk, und nichts ging ihm so leicht von der Hand wie ein Fortissimo über die Taten eines tapferen Recken.

Politische Zusammenhänge interessierten ihn weniger. Unbedenklich sparte er selbst wichtige Tatsachen aus, wenn sie in sein stolzes Schwarzweißfresko nicht hineinpaßten. Daß nach Widukinds Darstellung König Otto bereits auf dem Lechfeld bei Augsburg zum Caesar und Imperator ausgerufen wurde, kennzeichnet den patriotischen Standpunkt dieses sächsischen Skalden. Die Kaiserkrönung in Rom erwähnt er mit keinem Wort, obwohl er die *Sachsengeschichte* in den sechziger Jahren noch einmal überarbeitet und aktualisiert hat.

Allen Einwänden zum Trotz hat der Mönch von Corvey, um ein Wort von Karl Hampe zu zitieren, «den bedeutenden Stoff des ottonischen Emporsteigens» jedoch mit «erfrischender Originalität» bewältigt. Die *Gesta Oddonis* der berühmten Nonne Roswitha von Gandersheim – berühmt vor allem wegen ihrer scharfgewürzten Komödien – wirken demgegenüber wie eine höfische Auftragsdichtung nach antikem Vorbild.

Auch das sächsische Edelfräulein, das von der Welt sicher nicht viel gesehen hat, jedoch ein gerüttelt Maß an Phantasie besaß, verfaßte in der Stille ihrer Zelle zunächst eine Reihe von Heiligenlegenden, übrigens in einer feinen, glatten und ziselierten Sprache, die sich von den gleichartigen Versuchen des Corveyer Mönchs vorteilhaft abhebt. Roswitha übertraf ihren männlichen Konkurrenten aber nicht nur an metrischem Können und klassischer Bildung, sondern auch in der Fähigkeit, die herkömmlichen Vorlagen auszumalen. Sie erfand ergötzliche Zwischenhandlungen und neue Figuren und verstand sich auf die damals selten geübte Kunst, ihre Gestalten zu individualisieren. Den heiligen Gangolf zum Beispiel zeichnete sie als einen durchaus irdischen Menschen, dem es nur mit großer Mühe gelingt, die steinige Straße der Entsagung zu finden.

Noch kraftvoller äußert sich ihr unverbildeter Realismus in ihren Komödien: jenen sechs Terenz-Bearbeitungen, die ihr einen Ehrenplatz im Olymp der deutschen Literatur eingebracht haben.

Obwohl ihr bei der Bearbeitung der berüchtigten Hetärenstücke nach eigenem Geständnis «brennendes Rot die Wangen übergoß», griff sie doch kräftig in den Sündenpfuhl des lateinischen Dichters hinein und zitierte ohne Ziererei eine ganze Korona leichter Mädchen und heimtückischer Verführer auf die Bühne, um die Gefahren der Fleischeslust sozusagen am lebenden Modell zu demonstrieren. Sie wich dabei weder dem Deftig-Derben noch dem Verfänglichen aus, sondern durchschritt, ohne zu zögern, die Niederungen des Bösen, vielleicht in der zu allen Zeiten geltenden Erkenntnis, daß nur der vor den Leimruten des Teufels sicher ist, der sie zuvor kennengelernt hat.

Dabei beherrschte sie auch das Handwerk mühelos: mit einem flotten, gutgeölten Dialog, der bis heute keinen Rost angesetzt hat, und einer respektablen szenischen Begabung gewann sie für das christliche Europa die nahezu vergessene Kunst des Dramas zurück.

Aber auch Roswitha verspürte in der Stille ihres Klosters etwas vom großen Atem der Zeit. Obwohl Widukinds vulgärer Stammesstolz ihr fremd war, griff sie zum Ruhme des sächsischen Herrscherhauses doch ebenfalls kräftig in die Saiten. Von den 1551 Hexametern der *Res gestae Oddonis* (die wahrscheinlich auf Wunsch der Gandersheimer Äbtissin Gerberga, einer Nichte des großen Kaisers, entstanden) sind zwar 680 Verse verlorengegangen, die übriggebliebenen reichen aber aus, um der Nonne Roswitha auch als Historikerin die gebührende Reverenz zu erweisen. Unser Bild von der ottonischen Familie beruht im wesentlichen auf dem Torso ihres Epos, für das die Äbtissin Gerberga wohl ihre privaten Detailkenntnisse beigesteuert hat.

In der ebenso gebildeten wie gewitzten und fest zupackenden Nonne von Gandersheim, die mit der Geschichte ihres Klosters später noch einmal ihre Meisterschaft in der Kunst der Vershistorie bewies, erreichte die ottonische Literatur schon in der zweiten Hälfte des 10. Jahrhunderts ihren Gipfel. Die Überlieferung kennt aber noch eine ganze Reihe tüchtiger Kleriker, die sich, wie Widukind und Roswitha, vor allem als Geschichtsschreiber versucht und als engagierte Streiter für das liudolfingische Haus eingesetzt haben.

Adalbert von Trier, Schreiber und Diktator der königlichen Kanzlei, setzte um 960 Reginos *Weltchronik* fort und lieferte mit seiner in klassischer Ruhe dahinströmenden *continuatio* die «beste Reichsgeschichte dieser Zeit». Ruotger, *magister scholarum* an der Kölner Domschule, beendete um 968 die *Vita Brunonis*, eine liebenswerte Biographie über Ottos Bruder, die nicht nur dem verdienten Staatsmann und Kirchenfürsten, sondern auch dem Menschen Brun gerecht wird. Rather, Bischof von Verona und Lüttich, publizierte in seinem (bis 974 währenden) Leben über fünfzig theologische und zeitgeschichtlich interessante Schriften, deren polemischer Pfeffer auch heute noch einen gewissen Reiz auszuüben vermag.

Außer den Klöstern florierten nun auch die Domschulen wieder. In Bremen und Utrecht, in Lüttich und Köln, in Mainz und Trier, in Freising und Salzburg, in Eichstätt und Würzburg und selbstverständlich auch in den neuen sächsischen Bistumskapitalen stand Bildung plötzlich wieder hoch im Kurs; kein Bischof zögerte mehr, für einen guten Lateiner oder bibelfesten Theologen tief in die Tasche zu greifen. Wenn die meisten Gelehrten dieser Zeit auch nicht mehr als redliche Knechte im Weinberg des Herrn waren, so sorgten sie doch dafür, daß die Felder des Geistes wieder bestellt wurden, die Äcker des Wissens wieder Frucht trugen. Das Tief war überwunden, die Quellen flossen wieder.

Überall fühlte man nach langer Pause auch wieder das Bedürfnis, die wichtigsten Ereignisse des Jahres aufzuzeichnen. Am Anfang dieses neuerwachten annalistischen Interesses steht – um 950 – ein unbekannter Hersfelder Chronist, dessen Jahrbücher zwar nicht erhalten sind, aber nachweislich von vielen anderen Klöstern benutzt und ausgewertet wurden. Die bedeutendsten Annalen erschienen in dem vom Aufstieg des Reiches am stärksten entflammten Sachsen. Ein breit ausgemaltes Zeitbild geben zum Beispiel die 974 begonnenen Hildesheimer Annalen, die der Geist der großen Bischöfe Bernward und Godehard sichtbar erleuchtet hat. Die Zeit Ottos III. und Heinrichs II., die hier unter regionalen Aspekten widergespiegelt wird, fand dann auch in einem Quedlinburger Domherrn einen emsigen, wenn auch etwas schwülstig gestimmten Annalisten.

Neben diesen anonymen Hilfsarbeitern der Geschichtsaufzeichnung traten um die Jahrtausendwende noch einmal drei bedeutende Historiker und Biographen auf, alle drei aus Sachsen:

Thankmar, der Leiter der Hildesheimer Domschule, der um 1007 mit der Vita des Bischofs Bernward eine «gut fundierte» Lebensbeschreibung verfaßte, «die durch ihren klaren, selbständigen Stil, ihre Lebendigkeit und Wärme... aus ihrer damals nicht wenig gepflegten Gattung hervorstach»;
der (wiederholt zitierte) Bischof Thietmar von Merseburg, ein biederer, frommer und abergläubischer Kirchenfürst aus altem Adel, der die von 1012 bis 1018 entstandene Geschichte seines Bistums trotz verworrener Erzählweise zu einem farbigen Zeitkaleidoskop ausweitete;
und Thietmars Vetter Brun von Querfurt, der nach mehrjähriger Tätigkeit in der Kanzlei Ottos III. das Leben des heiligen Adalbert von Prag beschrieb: ein literarisch und politisch gewichtiges Werk, in dem er die Idee eines «romfreien» Kaisertums und einer verstärkten Ostkolonisation unter christlichen Vorzeichen vertrat. Unter dem gleichen Aspekt berichtete er in den *Briefen an Kaiser Heinrich II.* über seine Missionserfahrungen in Polen.

Auch die übrigen deutschen Landschaften hatten, wenn auch mit unterschiedlichem Erfolg, um die Jahrtausendwende die geistige Dürre der spätkarolingischen Zeit überwunden.

Im Westen war Lüttich unter Führung des aus St. Gallen stammenden Bischofs Notker zur hohen Schule Niederlothringens geworden. Seinem Magister Egbert verdankt das mittellateinische Schrifttum eines *Der zweite Notker von St. Gallen* der originellsten Bücher dieser Zeit, das unter dem Titel *fecunda ratis* (das heißt «das ergiebige Schiff») mit Fabeln, Sentenzen und kurzweiligen Betrachtungen recht unterhaltsam befrachtet war. Im Umkreis der Lütticher Domschule entstand damals auch der *Unibos*, die Schwanknovelle vom Bauern Einochs, die mit ihrer knappen, bildkräftigen Sprache, ihrer Skepsis und rationalen Wunderverachtung einen Schritt in literarisches Neuland tat.

Im heutigen Holland, das sich nach den Leiden der Normannenstürme noch im Zustand der Rekonvaleszenz befand, unternahm der Bischof Adalbold von Utrecht den (leider nicht zu Ende geführten) Versuch, eine Biographie Kaiser Heinrichs II. zu schreiben. In Köln gedieh Bruns Domschule prächtig weiter, wenn ihre Leistungen auch mehr in die Breite als in die Tiefe gingen. Der Wormser Bischof Burchard machte seine Stadt durch «zwei juristische Sachbücher» bekannt, eine Einführung in das Recht der kirchlichen Leibeigenen und eine Sammlung kanonischer Gesetze, die selbst in romanischen Ländern benutzt wurde.

In Speyer, das ebenso wie Lüttich und Mainz seinen Lehrernachschub zum guten Teil aus St. Gallen bezog, verfaßte der Subdiakon Walther als Zusatz einer Christophorus-Vita einen kulturgeschichtlich interessanten Bericht über seinen Studiengang an der dortigen Domschule. In St. Arnulf bei Metz beschrieb der Abt Johannes das Leben seines Freundes Johannes von Gorze, der 954, wie man sich erinnert, im Auftrag Ottos des Großen zum Kalifen von Córdoba reiste – «eine sehr lebendige und eindrucksvolle Arbeit, die treffliche Einblicke in das klösterliche Leben der Zeit gewährt».

Auch die Domschulen der bayerischen und schwäbischen Bistumssitze waren in der ottonischen Zeit wieder fleißig und bildungsbeflissen um das antike Erbe bemüht. Die Führung lag hier allerdings bei den Klöstern. In der Benediktinerabtei Tegernsee wirkte um 1000 der Mönch Froumund als emsiger Verseschmied und Lehrer der Poetik, fünfzig Jahre später schrieb dort ein unbekannter Autor den *Ruodlieb*, ein herzerfrischend fabuliertes Buch, das als der «früheste Ritterroman des Abendlandes» gilt. Zur gleichen Zeit machte sich der Mönch Otloh von St. Emmeram in Regensburg als Verfasser einer Bonifatius-Vita verdient, in die er 29 Briefe des angelsächsischen Missionars einfügte.

Alle diese schreibenden Äbte, Mönche und Magister übertraf der zweite Notker von St. Gallen, Notker Labeo (das heißt der Großlippige) genannt, der um 900 Leiter der Klosterschule wurde und ihr über vierzig Jahre lang mit Erfolg seinen Atem einhauchte.

Er schrieb zunächst Lehrbücher über Logik und Rhetorik sowie die üblichen Kompendien zur Kalenderberechnung, tat dann aber einen ungewöhnlichen, in dieser Zeit einmaligen Schritt und begann, lateinische und griechische Texte einzudeutschen. Er übersetzte Aristoteles, Vergil, Terenz, Boethius und Gregor den Großen, ebenso (fünfhundert Jahre vor Luther!) alttestamentarische Psalmen und Bibeltexte. Die Literaturhistoriker, die ihm den Beinamen *Teutonicus* gaben, werten ihn als den «größten Sprachmeister der althochdeutschen Periode». Obwohl er nur eine lehr- und brauchbare Schulsprache anstrebte, schrieb er nämlich eine unverbildet-naive, kraftvolle und volkstümliche Prosa, auf der bis heute der Tau der Frühe glitzert; daher auch Holtzmanns bewundernde Randbemerkung: «daß der älteste unter den deutschen Übersetzern zugleich zu den allervorzüglichsten gehört».

Überhaupt hatten die Klöster – die Zentren und Herzkammern der ottonischen Kultur – um die Jahrtausendwende einen Wirkungsgrad erreicht, den sie weder vorher noch nachher übertroffen haben. *Klöster, Mönche, Manager*

In einer Welt, die den Begriff der Organisation nicht kannte, waren sie noch immer die einzige Einrichtung, die bestimmten Regeln, Gesetzen und Vorschriften gehorchte. Schon aus diesem Grunde reichten ihre Funktionen weit über den kirchlichen Bereich hinaus. Das Kloster war ein Universum im kleinen: Gottesburg und Handwerkschule, Pilgerstation und landwirtschaftliches Mustergut, Universität und Kunstakademie, Krankenhaus und Karawanserei zugleich. Ein merkwürdiges, janusköpfiges Gebilde: zur Armut verpflichtet, aber zum Reichtum verurteilt. Denn nur wohlhabende Klöster konnten die Fülle der Aufgaben lösen, die ihnen als den einzigen Stätten der Ordnung, der Ökonomie und der Arbeitsteilung zuflossen.

Die rationale Grundstruktur der klösterlichen Organisationsform zeichnete sich, wie wir wissen, bereits in karolingischer Zeit deutlich ab. Inzwischen hatte sie zwar keine wesentlichen Veränderungen erfahren, aber an Kraft und Effektivität gewonnen. Ausbau und Weiterentwicklung waren schon äußerlich sichtbar. Das Kloster der Jahrtausendwende – die Reichenau gibt dafür ein instruktives Beispiel ab – stellte sich als ein wohlbedachtes Bauensemble dar, das auch den betriebswirtschaftlichen Problemen einer mönchischen Niederlassung Rechnung trug. Kirche, Kreuzgang, Dormitorium, Abtswohnung, Werkstätten, Weinkeller, Magazine, Herberge und was sonst zu einem Klosterkomplex gehörte –, alles hatte seinen gleichsam angestammten und «vernünftigen» Platz gefunden.

Der berühmte St. Gallener Klosterplan vom Jahre 820, dieser durch und durch «funktionalistische» Entwurf eines geistlich-weltlichen Wohn- und Arbeitskombinats, ist zwar nie grundrißtreu verwirklicht worden, seine Prinzipien aber waren verbindlich bis ins hohe Mittelalter.

Die Methoden der klösterlichen Wirtschaft unterschieden sich nicht von denen der grundherrlichen Wirtschaft, doch erreichten die Mönche zumindest in der Gartenbaukultur einen weit über dem Durchschnitt liegenden Standard. Vor allem aber: sie waren die besseren Verwalter. Sie brachten das Kunststück fertig, Hunderte von weitverstreuten Gütern und Besitzungen von einer Zentrale aus zu leiten: eine Aufgabe, die auch heute noch einen Managerposten wert wäre. Es ist daher verständlich, daß in der Spätzeit die Verwaltung der Güter Kraft und Interesse der klösterlichen Führungskräfte so weit absorbierte, daß für kulturelle Arbeit nur noch wenig Zeit blieb.

Ein voll funktionsfähiges Kloster war also auch ein Wirtschaftsbetrieb ersten Ranges, mit allem notwendigen menschlichen, tierischen und technischen Zubehör: Regimentern von Leibeigenen, Knechten und «dienstverpflichteten» Bauern, einem riesigen Viehbestand und einem umfangreichen Wagenpark, der den ständigen Karawanenverkehr zwischen der Zentrale und ihren nahen und fernen Gütern versah. Die Regel Benedikts verbot zwar Besitz und ungerechtfertigten Gewinn, doch war sie dehnbar genug, einen Verkauf der beträchtlichen Überschüsse zu Marktpreisen oder Geldverleih zu hohen Zinsen zu gestatten. Da die Klöster selbst – dank zahlreicher Privilegien, die sie mit der gleichen Leidenschaft wie ihre Reliquienbestände verteidigten – praktisch abgabenfrei waren, konzentrierte sich hinter ihren Mauern eine gewaltige wirtschaftliche Macht.

Die Privilegien, die sie der Gunst der Könige und Herzöge verdankten, waren allerdings nicht billig. Die Mönche mußten ihre Wohltäter nicht nur in ihr Gebet einbeziehen, sondern auch erdulden, das heißt: ernähren, tränken und unterbringen, wenn sie ihnen auf ihren Umritten durchs Land die Ehre des Besuches erwiesen. Sie hatten weiter ein militärisches Kontingent zu unterhalten, das den ständig in Kriege verwickelten Herrschern unentgeltlich zur Verfügung stand. Selbstverständlich mußten sich die Äbte auch selbst, genau wie die Bischöfe, gewissermaßen zur Disposition halten und ihrem König als Sondergesandte und Leiter diplomatischer Delegationen dienen – natürlich auf eigene Kosten.

«Professionals der Armut» Dazu kam die in der Regel Benedikts ausdrücklich festgelegte Verpflichtung, Gutes zu tun und die Armut in der Welt zu bekämpfen. Pilger, die an die Klosterpforte anklopften und sich als redliche Christenmenschen auswiesen, konnten demnach nicht nur mit gutem Zuspruch, sondern auch mit Suppe und Brot rechnen. Ebenso hatte jedes Kloster «seine» Armen und Bedürftigen, die es in Jesu Namen mit dem Notwendigsten versorgte, bei Krankheit vielleicht sogar verpflegte.

Als die einzigen Sozialinstitute des Mittelalters erfüllten die Klöster also viele der Aufgaben, die in der modernen Gesellschaft dem Staat zugefallen sind, und beeinflußten damit auch die «demographische Physiognomie» ihrer Umgebung. Ein erheblicher Teil des erwirtschafteten Wohlstandes floß natürlich in die eigenen Scheuern und Vorratskammern. Das Klosterpersonal war materiell zweifellos besser gestellt als die Schicht der Leibeigenen und Knechte «draußen in der Welt», und sicher wird man sich auch innerhalb der Abteimauern eines gewissen Wohlstandes erfreut und zumindest die Gottesgaben nicht verachtet haben, die die Brüder von Küche und Keller auf den Tisch brachten. Privateigentum aber war verpönt.

Da Habsucht und Besitzgier nach der Lehre der Kirchenväter als die Grundübel des menschlichen Lebens, ja geradezu als eine Ausgeburt der Hölle galten, lebten die Mönche, um ein Wort von Jean Decarreaux zu gebrauchen, als «Professionals der Armut». Das wird nicht immer leicht gewesen sein. Als Angehöriger einer wohlhabenden, mit irdischen Gütern reich gesegneten Abtei den Geist der Demut und Besitzlosigkeit zu wahren, widersprach nicht nur den Traditionen, sondern auch dem Naturell der Deutschen, zu deren ausgeprägtesten Eigenschaften ja die Freude am Besitz gehört. So wurde das strenge Gebot der Armut häufig durchbrochen. Allem Anschein nach kam es darüber zu zahlreichen Zwistigkeiten und häßlichem Gezänk. Auch Strafen wegen Verstoßes gegen das Armutsgelübde waren an der Tagesordnung.

Ricarda Huch hat im Klosterkapitel ihres Buches über das *Römische Reich Deutscher Nation* noch ein weiteres schwerwiegendes Problem aufgezeigt, mit dem besonders die deutschen Mönchsgemeinschaften zu tun hatten. Nicht immer ertrugen die Söhne des eingesessenen Adels gutwillig «die Vergewaltigung, die ihnen durch das Mönchtum angetan wurde». Viele von ihnen mußten «hart mit sich ringen, bis sie inneren Frieden fanden oder wenigstens sich fügen lernten. Zwischen den Klostermauern versiegte manche Träne des Zorns, verhallte mancher Fluch der Verzweiflung.»

Es widersprach der Vitalität dieser Sprößlinge kriegsfreudiger Geschlechter, sich ein Leben lang in die straffe Klosterzucht mit ihrem regelmäßigen Wechsel von Beten, Arbeiten und Schlafen einzufügen. Wer aber nicht in der Lage war, seinen Blick vom Irdischen abzuwenden und auf das Himmlische zu richten, mußte im Kloster notwendigerweise eine Art von Gefängnis sehen. Die Oberen, die die Regeln der Askese, der Demut und des Gehorsams allzu wörtlich und buchstabengetreu auslegten, hatten deshalb mit mancherlei Widerständen zu tun und wurden gelegentlich sogar, wie Abt Immo von der Reichenau, gezwungen, ihren Stuhl zu verlassen.

Die meisten Äbte waren allerdings schon aus persönlichem Interesse klug genug, die Gebote der Askese nicht zu extensiv anzuwenden; denn in dem ständigen imaginären Wettbewerb der Klöster untereinander brachte die kulturelle und zivilisatorische Leistung mehr Ruhm ein als ein Übermaß mönchischer Disziplin. Arbeit galt deshalb mehr als Entsagung, Fleiß und Schaffensfreude rangierten vor ständiger Bußbereitschaft, und ein tüchtiger Schreiber oder Miniaturenmaler stand in höherem Ansehen als die eifernden Sündenverdammer und Verkünder des göttlichen Zorns. Ja es kam vor, daß die Äbte die Lust an Sühneübungen dämpften oder Pilgerfahrten rundweg untersagten, um ihre Mönche zu nützlicher Tätigkeit anzuhalten.

So hatten die meisten deutschen Klöster um die Jahrtausendwende die Mitte zwischen Weltflucht und Weltfreude gefunden. Der Welt abgewandt, trugen sie doch entscheidend dazu bei, diese Welt zu formen und zu wandeln. Weder Fronhof noch Paradies, weder Erziehungsanstalt noch frommes Idyll, waren sie Inseln der Ordnung und Disziplin, deren Bewohner sich frei von materiellen Sorgen ihrer Arbeit und ihren Aufgaben widmen konnten. Gewissermaßen im Gleichgewicht lebend, brachten die deutschen Klöster damals die Ernte ihrer mehrhundertjährigen, trotz mancher Rückschläge stetigen Entwicklung ein.

Wenn die menschliche Unzulänglichkeit auch vor den Klostermauern nicht haltmachte, so waren diese Mönchsgemeinschaften doch die geistige und moralische Elite der ottonischen Welt: die Begründer eines neuen Zeitalters, das zwar noch immer den antiken Traditionen verpflichtet war, sich aber mehr und mehr auf seine eigene Kraft besann.

Die sieben freien Künste   Die Klosterbildung beruhte vor allem auf der Kenntnis lateinischer Autoren. Was lasen die Mönche, die sich mit antiker Literatur beschäftigten? Woher bekamen sie die Bücher, die sie studierten, kommentierten und abschrieben?

Walahfrid Strabo nennt drei lateinische Autoren, die ihm besonders ans Herz gewachsen waren: Vergil, Ovid und Lucan. Gerbert von Reims bezeichnete als seine geistigen Ziehväter: Cäsar, Cicero, Horaz, Juvenal, Plinius, Sallust, Seneca, Sueton und Symmachus. Thietmar von Merseburg bediente sich bei der Niederschrift seiner Chronik der Werke von Ausonius, Horaz, Juvenal, Lucan, Martial, Ovid, Terenz und Vergil. Eine ansehnliche und respektable Auswahl also, in der nur wenige große Namen der lateinischen Literatur fehlen.

Bei näherer Betrachtung ergeben sich auch gewisse Zuständigkeiten der römischen Dichter. Boethius und Martianus wurden gern im philosophisch-theologischen Unterricht gelesen. Cicero und Seneca galten als Lebenshelfer und Berater in schwierigen Daseinslagen. Terenz bereicherte das Sprichwörtergut der Mönche und verschaffte ihnen die Elementarkenntnisse in dramatischer Literatur. Vergil genoß Verehrung als Fürst des apollinischen Dichterhimmels und größter poetischer Genius überhaupt, obwohl ihm «die Kirche» nicht so recht gewogen war. Allzu engherzig scheint man sich an Verdikte dieser Art aber nicht gehalten zu haben. Jedenfalls nennt der Reichenauer Bibliothekskatalog aus dem 9. Jahrhundert sogar ein Gedicht von so unchristlicher Art wie Ovids *Ars amandi*.

Die Bibliotheken waren der Stolz, die Liebe und die ständige Sorge der Klöster und Domschulen, die in dieser Hinsicht fast so etwas wie ein Monopol ausübten. Zwar gab es auch außerhalb der kirchlichen Institutionen Büchereien: die Hofkapelle verfügte beispielsweise über eine Sammlung juristischer Handschriften; die Herzogin Hadwig von Schwaben besaß eine kleine Kollektion von Büchern, die sie ihrem Vertrauten Ekkehard besonders ans Herz legte; und der vierte Ekkehard berichtet, daß Kaiser Otto II. Handschriften aus St. Gallen entlieh und zum großen Kummer des Abtes nicht zurückgab. Die meisten Bücher aber fanden sich in den Klöstern.

Wenn für St. Emmeram in Regensburg im 10. Jahrhundert etwa 500 Bücher ausgewiesen sind, für die Reichenau 400 und für St. Gallen 350, so sind das zwar, an heutigen Verhältnissen gemessen, nur magere Zahlen, in der damaligen Zeit, da schon der Besitz von wenigen Handschriften ungewöhnlich war, stellten sie einen immensen Reichtum dar.

Die Leiter der Bibliotheken standen in ständigem Kontakt. Sie tauschten Kataloge aus, ließen sich Handschriften, die sie selbst nicht besaßen, zum Kopieren schicken und sandten sie zurück, wie aus einem Brief hervorgeht, den Abt Gozbert von Tegernsee an seinen Amtsbruder Ramwald von St. Emmeram schrieb: «Wir bitten nochmals, daß Ihr uns die *Collationes* Cassians leiht, um die wir schon vor langer Zeit baten ... So schnell wir können, werden wir das Buch abschreiben lassen und es entweder selbst oder durch einen Boten zur festgesetzten Zeit zurückstellen.» Also regelrechter Leihverkehr, mit festgesetzter Leihfrist.

Die Kloster- und Domschulen, denen diese Schätze zur Verfügung standen, lehrten vor allem die «sieben freien Künste»: das Trivium der Grammatik, Rhetorik und Dialektik, das Quadrivium der Arithmetik, Geometrie, Astronomie und Musik. Als Hauptfächer sozusagen galten Grammatik (die wir heute Philosophie nennen würden), Arithmetik und euklidische Geometrie, die meist in der Übersetzung und Bearbeitung des Boethius vermittelt wurde.

Den Schulbetrieb selbst charakterisiert in der ottonischen Zeit eine Unbefangenheit, die bereits einen Trend zur Erfahrungswissenschaft erkennen läßt. Die unabhängigen Geister dieser Zeit machten dabei auch vor den sorgsam abgesteckten Grenzen der christlichen Lehre nicht halt. Gerbert von Reims, der Berater Ottos III. und spätere Papst Silvester II., entwarf zum Beispiel ein wissenschaftliches System, in dem er der Theologie nur einen zweitrangigen Platz als Unterabteilung der theoretischen Philosophie zuwies.

Der frische Luftzug, der gerade in ottonischer Zeit durch die Klosterzellen blies, kam auch der Medizin zugute, die zwar nicht eigentlich auf dem Lehrprogramm stand, aber in vielen Klöstern mit Passion betrieben wurde. Die theoretische Grundlage – die Schriften von Galen und Hippokrates und die Arzneimittelkunde des Dioskurides – war zwar schmal, doch scheint es Mönche gegeben zu haben, die sich darüber hinaus ein beachtliches Erfahrungswissen aneigneten.

Einer der tüchtigsten und vielseitigsten Ärzte dieser Epoche war der Bruder Notker Pfefferkorn aus St. Gallen, von dem erstaunliche Dinge berichtet werden. Er wickelte zu früh geborene Kinder in die warme Speckhaut frisch geschlachteter Tiere und heilte seinen Abt durch Operation von einer schweren Schenkelverrenkung. Notker Pfefferkorn war auch ein bedeutender Diagnostiker, eine Tatsache, die er überzeugend bewies, als ihm Herzog Heinrich I. von Bayern den Harn einer Kammerzofe als sein eigenes herzogliches Wasser zur Prüfung übersandte. Notkers ungerührte Antwort lautete: der hohe Herr werde ein noch nie dagewesenes Wunder vollbringen und in Kürze einem Kind das Leben schenken...

Und wirklich genas die Dame innerhalb Monatsfrist eines gesunden Knäbleins.

Das Goldene Zeitalter der Reichenau — Am gewichtigsten war aber doch die kulturelle Leistung der Mönche: das baukünstlerische, literarische und malerische Werk der mittelalterlichen Klöster – das nirgendwo in Deutschland eine solche Intensität wie auf der Reichenau erreichte.

Von der Abtei auf der kleinen Bodenseeinsel, die im Durchschnitt nur etwa hundert Mönche beherbergte, gingen in der ottonischen Zeit kontinentale Wirkungen aus. Die Reichenau des Jahres 1000 war Universität und Kulturzentrum zugleich. Ihre Mönche betrieben Mathematik und Astronomie, Annalistik und Gesetzeskunde, Rhetorik und Grammatik, Literatur und Musik. Und ihre Malschule hatte in Europa nicht ihresgleichen.

Dieses (zweite) Goldene Zeitalter der Reichenau war das Werk von Äbten und Gelehrten, die mit ihrer Bildung, ihrem Temperament und ihren Neigungen dem Leben auf dem Klostereiland die gänzlich unverwechselbare Eigenart schenkten.

Schon unter dem baufreudigen Abt Ekkehard, der von 955 bis 972 den Mönchen auf der Reichenau vorstand, lag das kleine Inselimperium wieder in einer frischen Brise. Er errichtete für die Laiengemeinde der Abtei die (erst 1812 abgerissene) Johanneskirche und rundete damit jenen Komplex von Tauf- und Begräbniskapellen ab, der sich schon am Ende des 10. Jahrhunderts wie ein Rosenkranz um die zentralen Klostergebäude legte. Die Chronisten heben Ekkehards Großzügigkeit hervor, eine Eigenschaft, die ihm seine Schutzbefohlenen merkwürdigerweise verübelten. Kaiser Otto der Große, der wenige Monate vor seinem Tod die Reichenau besuchte, sah sich deshalb gezwungen, ihn kurzerhand abzusetzen.

Der besessenste Bauherr der Reichenau war jedoch der Abt Witigowo, ein prunk- und aufwandfreudiger Herr, der während seines zwölfjährigen Regimes (von 985 bis 997) die Klosteranlagen einer radikalen Erneuerung unterwarf und dabei das Geld sozusagen zum Fenster hinausscheffelte. In seine Zeit fällt der große Münsterumbau. Witigowo übernahm die Höhe der Hattokirche, verlängerte und verbreiterte sie jedoch, so daß das Langhaus damals bereits seine heutigen Abmessungen erreichte. Den Neubau ließ er ausmalen und mit prächtigen Altären und Reliquienschreinen verschwenderisch ausstatten.

Er krönte das Werk durch einen imposanten Westbau mit zwei hochgelegenen Kapellen für die Heiligen Michael und Othmar und ließ für die beiden runden Treppentürme zu Seiten des Mittelbaues kostbare Glocken gießen. Vor dem Westwerk legte er, dem Brauch der Zeit entsprechend, ein «Paradies» und einen vielbewunderten Garten an. Die Klostergebäude nahmen, wie mehrfache Grabungen zwischen 1924 und 1934 ergaben, die Nordseite des Münsters ein – wo heute ein eingezäunter Gemüsegarten liegt.

Nach zwölfjähriger Bautätigkeit und etlichen kostspieligen Italienfahrten an der Seite des dritten Otto hatte Witigowo die Klosterkassen derart ruiniert, daß ihn die Reichenauer Mönche «abwählten» und gleichsam in Pension schickten. Sein Biograph Burchard, später Abt in Regensburg, hat ihn dennoch in den höchsten Tönen gepriesen. Mit einigem Recht: denn er hinterließ nicht nur einen Berg von Schulden, sondern auch die trotz St. Gallen perfekteste und repräsentabelste Klosteranlage im Süden des Reiches.

Ihm folgte der Abt Werinhar, von dem aber kaum mehr bekannt ist, als daß er 1006 von Heinrich II. gegen den Willen der Reichenauer Mönche seines Amtes enthoben wurde, da es ihm offenbar nicht gelungen war, die Ebbe in der Klosterkasse zu beseitigen. In diesem Punkt aber war der heilige Heinrich, wie man weiß, überaus empfindlich. Da das finanzielle Desaster des Klosters seiner Auffassung von der Einheit kirchlicher und königlicher Interessen so gar nicht entsprach, setzte er einen mit «kommissarischen» Vollmachten ausgestatteten Mann seines Vertrauens als Vorsteher der Inselabtei ein, und zwar den Abt Immo, einen aus dem lothringischen Reformkloster Gorze (bei Metz) hervorgegangenen Asketen, der bereits das Kloster Prüm in der Eifel im königlichen Auftrag an Ökonomie und fiskalisches Denken gewöhnt hatte.

Immo scheint auch auf der Reichenau mit eisernem Besen gekehrt zu haben. Jedenfalls verließen zahlreiche meist adlige Mönche demonstrativ das Kloster, als er die ersten Fastenkuren und Prügelstrafen verordnet hatte. Das drakonische Zwischenspiel dauerte aber nur zwei Jahre. Dann hatte Immo, nicht zuletzt zugunsten des königlichen Säckels, die moralisch-fiskalische Ordnung wiederhergestellt, und er konnte einem neuen, milderen Mann Platz machen: dem Abt Berno von Prüm.

Berno hat die Reichenau vierzig Jahre lang ebenso souverän wie duldsam geleitet und sie auf die Gipfelhöhe ihrer kulturellen Wirksamkeit geführt. Er war ein hervorragender Organisator und Verwalter, dem mühelos gelang, seiner Hundertschaft mönchischer Gelehrter, Dichter, Musiker, Maler und Architekten das materielle Fundament zu sichern. Stärker noch war seine geistige Leistung. Berno verfaßte drei «komputistische» Schriften, vier Predigtwerke und eine

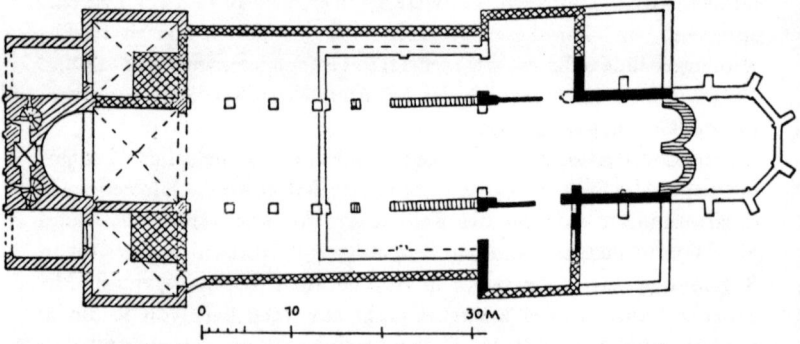

Schwarz: Vierung (Chor) und Sanktuarium des 816 geweihten Baues, der Umfang des Langhauses durch gestrichelte Linien gekennzeichnet.
Waagerecht: Ausgegrabene Doppelapsis des 816 geweihten Baues
Gekreuzt: Erweiterung des Baues unter Abt Witigowo um 990
Schräg: Westchor Abt Bernos 1030 – 48
Senkrecht: Umbau (Verlängerung des Chors ins Langhaus) um 1172

Abb. 29: Reichenau-Mittelzell, Klosterkirche

Abhandlung über die heilige Messe, er überarbeitete (für die Augsburger Domschule) zwei Ulrichs-Viten, er dichtete und komponierte geistliche Lieder und machte sich durch musiktheoretische Abhandlungen um die Entwicklung des Mensuralnotensystems verdient. Kaiser Heinrich II. schätzte auch seine politische Urteilskraft und ließ sich auf seinem Romzug 1021 von Abt Berno begleiten.

Berno gab dem Münster, nachdem eine Feuersbrunst 1030 die Bauten des Abtes Witigowo vernichtet hatte, die Endform für Jahrhunderte. Damals entstand die «wahrhaft monumentale Markusbasilika» im Westen des Langhauses, fachlich gesprochen: «ein Querschiff mit ausgeschiedener Vierung und mit Westapsis in einem mächtigen Turm zwischen zweigeschossigen seitlichen Vorhallen». Auch die über zwei Spindeltreppen zu erreichende Kaiserloge im Obergeschoß der Westapsis war ein Werk Bernos. Das Langhaus wurde zwar von Grund auf wiederhergestellt, doch blieben die Fundamente der Witigowokirche für den Riesenraum bestimmend.

Abt Bernos größtes Verdienst war jedoch, daß er 1020 einen gelähmten siebenjährigen Knaben in die Obhut seines Klosters nahm, einen blutjungen, kranken, aber genialen Adelssproß, den seine Schüler dreißig Jahre später ehrfürchtig «das Wunder der Welt» nannten. Hermann der Lahme gilt auch heute noch als eine der verehrungswürdigsten Gestalten des deutschen Mittelalters, ja viele Kulturhistoriker sehen in ihm den Inbegriff mittelalterlicher Geistigkeit überhaupt.

Der Junge, der mit sieben Jahren – da er für keinen anderen Beruf tauglich schien – der Kirche und den «Wissenschaften übergeben» wurde, blieb sein ganzes Leben an Bahre und Tragstuhl gefesselt. Seine Glieder waren so kraftlos und schwach, daß er zu keiner Bewegung fähig war. Er mußte wie ein krankes Kind gefüttert werden und konnte sich nicht einmal von einer Seite auf die andere legen.

Hermann der Lahme - «Wunder der Welt»

Auch die Zunge versagte ihm zunächst fast vollständig den Dienst. Doch überwand er seinen Sprachfehler durch ständige Übung so weit, daß er sich seiner Umgebung, wenn auch nur in stockend hervorgebrachten Satzfragmenten, verständlich zu machen verstand. Nie hörte ihn jemand klagen. Er trug seine körperlichen Gebrechen mit übermenschlicher Geduld und Demut, ja mit einer Art überirdischer Heiterkeit, die seinen Schülern geradezu als ein Zeichen göttlicher Gnade erschien.

In all seiner Hinfälligkeit und Hilflosigkeit vollbrachte Hermann der Lahme aber eine riesige Arbeitsleistung. Er wurde einer der vielseitigsten Gelehrten des 11. Jahrhunderts und hinterließ ein Werk, dessen Weite und Tiefe bis heute nicht ausgelotet ist.

Hermann der Lahme hat ein Lehrbuch der Geometrie geschrieben, eine (leider verschollene) Abhandlung über die Quadratur des Kreises, ein Werk über die Welt und ihre Elemente und zwei Schriften über die Technik der Uhr. Er entwarf ein neues Zahlensystem, entdeckte eine neue Methode der Kreisberechnung und erforschte die Zeiten, in denen der Mond von der Sonne beschienen wird. Gleichsam als Nebenprodukt seiner astronomisch-mathematischen Studien konstruierte er ein Astrolabium: ein Instrument zum Messen der Sonnen- und Sternenhöhe.

Als Musiker – und Hermannus Contractus war nach dem Urteil seines Schülers und Biographen Berthold »der erfahrenste Musiker seiner Zeit« – erdachte er eine neue Notenschrift, die einen wesentlichen Fortschritt gegenüber dem alten Neumensystem darstellte (auch wenn sich nicht die Reichenauer, sondern die etwa gleichzeitig erfundene Notenschrift des Guido von Arezzo durchgesetzt hat). Leider sind von Hermanns Kompositionen die meisten verlorengegangen, so die vertonten Heiligenviten, von denen Berthold spricht. Die Ostersequenz und die Marien-Antiphon des gelähmten Mönches aber werden heute noch gesungen, ebenso seine reifste Tonschöpfung, das *Salve Regina*.

Die Verse seiner religiösen Lieder dichtete er selbst, ebenso die Prosatexte seiner musikalisch illustrierten Heiligenlegenden. Den Tod der geliebten Mutter, die ihm als «mild, geduldig und feind allem Streit» im Gedächtnis blieb, betrauerte er in sechzehn Distichen, die zum Kernbestand der mittelalterlichen Lyrik gehören. Für das Frauenkloster Buchau am Federsee verfaßte er ein aus 1722 Versen bestehendes Lehrgedicht, in dem er den acht Haupttugenden die Verlockungen und Sünden der vergänglichen Welt gegenüberstellte, «ohne Prüderie, aber mit erstaunlicher Menschenkenntnis». Dem Klosterleben widmete er ein erbauliches Gedicht, dessen pastorale Frömmigkeit ein Schimmer transparenter Heiterkeit vergoldet.

Sein höchster Ruhm beruht auf seiner *Reichenauer Chronik*, einer Weltgeschichte in Annalenform, die mit Christi Geburt beginnt. Der gelähmte Mönch der Reichenau hat vor ihrer Niederschrift 54 Geschichtswerke (davon 37 aus der Klosterbibliothek) durchgearbeitet, den so gesammelten Stoff kritisch gesichtet und unter Vermeidung überflüssiger Zitate derart konzentriert, daß er mit dem Endergebnis auch vor einer wissenschaftlichen Kommission von heute bestehen könnte.

Er schuf zum Beispiel Ordnung in den so widersprüchlich überlieferten Jahreszahlen des 6. bis 8. Jahrhunderts und lieferte damit der deutschen Geschichtsschreibung das erste tragfeste chronologische Gerüst.

Die auf der kleinen Bodenseeinsel konzipierte Weltchronik offenbart darüber hinaus ein erstaunliches Fachwissen und einen bewundernswerten Scharfblick. Der invalide Mönch hatte nicht nur einen lebhaften Sinn für das komplizierte Macht- und Ränkespiel der Politik, er kannte sich auch in der militärischen Organisation und Taktik aus. Aus seiner stocknüchternen, auf die Kunst des Weglassens bedachten Chronik, in der nichts mehr an den Pomp- und Prunkstil der antiken Autoren erinnert, «spricht kein weltabgewandter Mönch, kein Asket, sondern das Mitglied einer Adelssippe, das trotz Krankheit und vom Kloster aus die Welt mit offenen, verständnisvollen und kritischen Augen betrachtet.» (Buchner)

Eine unvergleichliche Leistung, dieses Lebenswerk eines vom Schicksal geschundenen Krüppels. Eine Leistung, die um so mehr imponiert, als das Leben dem lahmen Hermann nur wenig Zeit gab, Himmel und Erde auf seine Weise zu erobern. Als er 1054 starb, war er gerade einundvierzig Jahre alt geworden.

Freilich – bei allem Respekt, den dieser geniale Mönch von der Reichenau genießt, bei aller Achtung, die auch die zahlreichen Kleinmeister des mittelalterlichen Schrifttums, die emsigen literarischen Arbeitsbienen der Klöster verdienen, ihre Werke sind Titel, ihre Probleme Studienobjekte eines kleinen Häufleins Sachverständiger. Diese mittelalterliche Literatur lebt außerhalb unserer Welt, in einer weiten, mystischen Ferne. Nicht so die bildende Kunst jener Zeit, die überraschend gegenwärtig ist, ja geradezu «modern» anmutet, seit sich die Kunst unserer Zeit von der Auflage gelöst hat, Abbilder der Wirklichkeit zu schaffen; denn auch die Meister des ottonischen Reiches erstrebten nicht die illusionsnahe Wiedergabe der Welt, sondern ihr vergeistigtes Inbild.

Von der karolingischen zur deutschen Kunst

Auch in der bildenden Kunst bezeichnet die Mitte des 10. Jahrhunderts – in der sich das ottonische Reich zu konsolidieren begann – den Neubeginn und den Aufbruch einer ungeheuren Vitalität. Und schon fünfzig Jahre später, unter dem jungen Kaiser Otto III., erreichte sie eine Strahlungskraft, die durchaus der politischen Vorrangstellung des Reiches entsprach. «Vor wenigen Jahrzehnten noch hat das ottonische Jahrhundert der Kunstgeschichte als die dunkle Zeit des Mittelalters gegolten... Heute wissen wir, daß die Kunst um das Jahr 1000 in Wahrheit einen absoluten Höhepunkt des Mittelalters darstellt, wenn auch die Forschung noch weit davon entfernt ist, das umgebende Dunkel überall zu lichten.» (Schnitzler)

Den Auftrag, der ihr sozusagen «von Staats wegen» gegeben war, hat Otto III. in einem Brief an seinen Bildungsvater Gerbert in die vielzitierten Worte gefaßt, er wünsche, daß «gegen die Roheit der sächsischen Natur schonungslos verfahren» werde; dagegen solle belebt und ausgebildet werden, «was uns von griechischer Freiheit beiwohnen» möchte.

Tatsächlich vollzog sich nun auch in der bildenden Kunst jener große Einschmelzungs- und Läuterungsprozeß, zu dem Griechen und Römer ihre Traditionen, die Deutschen ihre unverbrauchte Natur und die spezifische Art ihres Welterlebnisses beisteuerten. Zeitgenössisch-byzantinische Muster und die bereits durch die karolingische Renaissance wiederbelebten antiken Vorbilder wurden mit einer solchen Kraft weiterentwickelt und verändert, daß daraus etwas gänzlich Neues entstand. Der überlieferten, vielfach schon erstarrten Formen bemächtigte sich eine schwer zu definierende Unruhe, die in der Sicht von heute zunächst nur als etwas Ungebändigt-Emotionelles spürbar wird, sehr bald aber den gesamten Formenkodex verwandelt, und zwar im Sinne einer expressiven, abstrahierenden Vereinfachung, deren Strenge sich von dem «triebhaft Wachsenden und Wuchernden» auf den ersten Blick unterscheidet.

Mit andern Worten: trotz ihrer elementaren Gefühlskraft stellt sich die Kunst der Ottonen, «formal und inhaltlich gebändigt» als die «am meisten transzendente Phase in der Kunst des Mittelalters dar».

Diese Wandlung von der karolingischen zu einer eigenwüchsig deutschen Kunst hatte um die Jahrtausendwende, als der junge Kaiser Otto in seinem Brief an Gerbert über die Begegnung von «sächsischer Natur» und «griechischer Freiheit» philosophierte, bereits alle Sparten der bildenden Kunst ergriffen: die Kleinkunst, die Plastik und die Malerei. Allerdings mit unterschiedlicher Intensität. Die Hersteller liturgischer Gerätschaften (wie Tragekreuze, Hostienbüchsen, Reliquienkästen, Abendmahlsbecher, Leuchter oder prunkvoller Bucheinbände) verharrten zum Beispiel länger im Bann des überlieferten Formenkanons als die Bildhauer, diese mehr als die Maler.

Das Evangelium auf zwei Bronzetüren   Die Schwerpunkte der bildenden Kunst im ottonischen Deutschland lagen in denselben Landschaften, die wir schon als die kulturellen Kraftfelder des damaligen Reiches kennengelernt haben: an Mosel und Rhein, im sächsischen Kernland und am Bodensee.

Die Zentren im Westen waren die alten «römischen» Bischofsstädte, wo zumindest die kirchliche Kleinkunst mit ständig fließenden Aufträgen rechnen konnte: im südlichen Lothringen Metz, Toul und Verdun, in der Mitte Trier und Mainz, in Niederlothringen Köln und Lüttich: lauter vertraute Namen, schwer an Geschichte, Erfahrungen und Traditionen. In der Heimat der Liudolfinger leistete Hildesheim, die Metropole des baufreudigen Bischofs Bernward, auch in den bildenden

Künsten einen unvergänglichen Beitrag zur ottonischen Reichskultur. Am «schwäbischen Meer» unterhielt die Reichenau die bedeutendsten Ateliers.

Es ist freilich eine recht unübersichtliche Kunstlandschaft, in die der Betrachter hier eintritt, eine kaum erschlossene, fast weglose Landschaft, in der sich nur wenige Experten auskennen, und auch diese geben ehrlich zu, daß die Zahl der ungelösten Probleme die der gesicherten Erkenntnisse einstweilen bedeutend übertrifft.... Hier nur einige Andeutungen:

Metz, Toul und Verdun repräsentieren die «lothringische Gruppe» des ottonischen Kunstgewerbes, die mit betont konservativen Stilmitteln und Techniken zu Leistungen von höchster Perfektion gelangte. Die stärkste Wirkung ging von der Metzer Elfenbeinschule aus, deren Werkstatttradition drei der bedeutendsten Schnitzarbeiten des späten 10. Jahrhunderts zugerechnet werden: eine heute in München beheimatete *Kreuzigung* und die beiden Wiener Tafeln mit einer *Himmelfahrt* und einer Darstellung des *heiligen Gregor*. Die Frage, ob es sich hier um Metzer Originalstücke handelt, ist bisher allerdings, trotz mancher scharfsinnigen Untersuchung, nicht beantwortet. Vielfach werden sie auch der Reichenau zugeordnet.

Derartige Herkunftsprobleme vernebeln einstweilen auch das Bild der Trierer Produktion. Zwar läßt sich mit einiger Sicherheit sagen, daß in der alten römischen Residenz an der Mosel um die Jahrtausendwende ein bedeutender Bildschnitzer zu Hause war, der unter anderem das Kreuzigungsrelief auf dem Deckel des Echternacher *Codex Aureus* schuf, ob aber die beiden berühmtesten Elfenbeine der Berliner Staatlichen Sammlungen, eine *Majestas Domini* und eine Tafel mit Moses und dem ungläubigen Thomas, in Trier lokalisiert werden können, begegnet neuerdings einigem Zweifel. Auch in diesem Fall sind Ansprüche für die Reichenau angemeldet worden.

Klarer zeichnet sich das Panorama der Trierer Goldschmiedekunst ab, die am Ende des 10. Jahrhunderts, unter Erzbischof Egbert, einen Leistungsstandard von europäischem Rang erreichte. Die Meister der egbertischen Schmuckkunst – einer «wahrhaft großen Kunst im kleinen» – waren zwar karolingischen und byzantinischen Formelementen verpflichtet, gelangten aber zu einem Stil von unverwechselbarer Eigenart, deren Geheimnis, nach Elbern, «in den wohlabgewogenen Verhältnissen von schlichter Grundform und schmückenden Auflagen, farblichen und plastischen Faktoren» zu suchen ist. Die Hauptzeugen dieser phänomenalen Blüte sind der goldene Buchdeckel des Echternacher *Codex Aureus,* der zum Trierer Domschatz gehörende *Andreasschrein,* die zierliche *Kapsel mit dem Heiligen Nagel* und die kostbare

Hülle der unteren Hälfte des *Limburger Petrusstabes* – womit zugleich angedeutet ist, welche Aufgaben den Goldschmieden der ottonischen Zeit gestellt wurden.

Was Egbert für Trier war Willigis für Mainz: Kunstmäzen, Auftraggeber und Inspirator in einer Person. Willigis ließ 1009 für den Neubau «seines» Domes zwei mit Löwenköpfen geschmückte Bronzetüren herstellen, für deren Guß er allerdings einen Italiener namens Berengar heranzog. Auch die Schmuckschmiede und Elfenbeinschnitzer erlebten unter Willigis sozusagen goldene Zeiten. Als man 1880 in Mainz eine reiche Sammlung mittelalterlicher Bijouterien gefunden hatte (die dann als «Schmuck der Kaiserin Gisela» viel bewundert wurden), galten die Mainzer Goldschmiede jahrzehntelang als Hoflieferanten und Spezialisten für kaiserliche Insignien. Inzwischen ist man auch in dieser Hinsicht vorsichtiger geworden und begnügt sich mit allgemeiner gehaltenen Zuweisungen. (Am Rande: der Gisela-Schatz ist 1945 während der Kämpfe um Berlin bis auf eine Adlerfibel verlorengegangen – einer der schmerzlichsten Verluste der Berliner Staatlichen Sammlungen während der Tage des Zusammenbruchs.)

Die hohe Zeit der Kölner Kunst begann unter Brun, dem klugen, gebildeten Bruder Ottos des Großen, und setzte sich unter Erzbischof Gero fort, der 971/972 des Kaisers Brautdelegation nach Byzanz führte und von dort die Prinzessin Theophanu mit einem riesigen Troß heimbrachte; kein Wunder, daß gerade in Köln (wo die Kaiserin Theophanu in St. Pantaleon ihre letzte Ruhe fand) starke byzantinische Einflüsse festzustellen sind.

Kölns Goldschmiede lieferten das «meisterhaft ausgewogene» *Mathildenkreuz* (und andere Stücke des Essener Domschatzes), wahrscheinlich auch das Aachener *Lotharkreuz*, «das wie kein zweites Werk die Vorstellung von ottonischer Kaiserwürde weckt». Kölns bedeutendster Beitrag zur ottonischen Kunst war jedoch das bereits um 970 entstandene, 1,87 Meter hohe Gerokreuz, eine «Inkunabel der deutschen Plastik», in der sich «Festigkeit der Form» und »dynamische Bewegtheit» zu einem Werk «von antikischer Ausgewogenheit» verbinden. Die Eichenholzskulptur hat denn auch fast für ein Jahrhundert das Bild des Gekreuzigten bestimmt.

Einige Kunsthistoriker glauben neuerdings auch in dem Holzkruzifixus der Pfarrkirche von Düsseldorf-Gerresheim ein Werk des späten 10. Jahrhunderts zu erkennen, doch ist die Datierung noch umstritten. Mit Sicherheit aber war die *Goldene Madonna* von Essen, das «erste frühplastische Kultbild der Muttergottes» in Deutschland, ein Werk der Gero-Zeit; vermutlich ging es ebenfalls aus der kölnischen Kunstschule hervor, vielleicht aus derselben Werkstatt wie das *Mathildenkreuz*.

Wieweit Essener (oder Werdener) Ateliers zu dem immens reichen Domschatz der Stahlstadt beitrugen, bedarf noch der Klärung. Zweifellos waren aber nicht nur westdeutsche, sondern auch Hildesheimer Goldschmiede, Elfenbeinschnitzer und Bronzegießer an der Sammlung liturgischer Kostbarkeiten beteiligt, die sich die königlichen Äbtissinnen des Essener Damenstaates leisten konnten. So gilt beispielsweise der Siebenarmige Leuchter von Essen, »der früheste erhaltene Prunkleuchter des Abendlandes«, als Hildesheimer Erzeugnis.

Das sächsische Hildesheim war um die Jahrtausendwende die Hochburg der bildenden Kunst in Deutschland überhaupt. Die Leistungen der dortigen Werkstätten sind untrennbar mit dem Namen des Bischofs Bernward verbunden, jenes großen Reichs- und Kirchenfürsten, der zugleich einer der genialsten Künstler seiner Zeit war.

Bernward, 1193 heiliggesprochen und bis heute der Patron der christlichen Goldschmiede in aller Welt, ist viel unterwegs gewesen und hat von seinen Reisen mancherlei Anregungen heimgebracht. So verweisen die stilistischen Eigenarten der beiden berühmten *Bernwardsleuchter* – teilvergoldeter Silbergußarbeiten, die vom Fuß bis zum Lichtteller aus einer barock verschlungenen Komposition von Menschenleibern, Drachengestalten und Akanthusmotiven bestehen – eindeutig nach Lothringen. Lothringische Stilelemente finden sich auch in zwei weiteren bedeutenden Werken des Bischofs: der *Krümme des Abtes Erkanbald* und dem *Godehardstab*. Das Hildesheimer *Bernwardkreuz* kann seine innere Verwandtschaft mit dem Kölner *Gerokreuz* nicht verleugnen. Und die *Thronende Madonna* des Hildesheimer Domschatzes (neben der Essener «Goldenen» das einzige «wenigstens im Kern erhaltene ottonische Kultbild Mariä in Deutschland») erinnert an ein Mainzer Elfenbeinrelief.

Doch was besagt das schon, angesichts der Souveränität, mit der der kunstfreudige Bischof jegliche Anregungen zu verarbeiten verstand. Was aus seinen Werkstätten oder gar aus seiner eigenen Hand hervorging, zeigt auch seine eigene Handschrift und hat eigenes künstlerisches Profil. Das gilt nicht zuletzt für die beiden großartigsten Erbstücke der bernwardinischen Plastik: die *Christussäule* und die *Hildesheimer Domtüren*.

Die *Christussäule* verrät die Kenntnis der *Trajanssäule*, der Bernward während seines römischen Aufenthaltes im Jahre 1001 wahrscheinlich mehr als den schuldigen Respekt erwiesen hat. Sie ist unmittelbar von der römischen Antike inspiriert: ein Produkt aus der Gedankenwelt Ottos III., der gerade in jenen Tagen mit soviel Leidenschaft bemüht war, die Ideen und Formen des Imperiums wiederzubeleben. Wie auf der Trajanssäule steigt auch auf der vier Meter hohen

Christussäule ein Reliefband spiralförmig empor. Aber von dieser äußeren Ähnlichkeit abgesehen, haben die beiden Werke nicht viel Gemeinsames. Die Hildesheimer Darstellungen – achtundzwanzig Episoden aus dem Leben Jesu – sind ungleich härter und fester modelliert und zeigen jenen expressiven, abstrahierenden Stil, der eines der Wesenselemente der ottonischen Kunst ist.

Auch für Bernwards (ursprünglich für St. Michael bestimmte) Domtüren hat man antike Vorbilder entdeckt, so in Sta. Sabina in Rom und in S. Ambrogio in Mailand. Und bronzene Türen, wenngleich «unfigürlicher Art», gab es bereits in Aachen und Mainz. Doch gelang Bernward auch in diesem Fall ein durchaus unvergleichbares Werk (wobei offenbleibt, wieweit ihm selbst, wieweit seiner Werkstatt das Verdienst gebührt). Die sechzehn Felder der beiden in einem Stück gegossenen, 4,72 Meter hohen Türen füllen zwei Bildzyklen von programmatischer Schlagkraft: links die Geschichte des Sündenfalls, rechts die der Erlösung; links also: wie das Böse in die Welt kam, rechts: wie es durch den Opfertod Christi überwunden wurde.

Bedeutender jedoch als die theologische Aussage ist die Unmittelbarkeit der künstlerischen Darstellung. Noch heute fasziniert den Betrachter, wie die Elemente der Heilsgeschichte vergegenwärtigt, wie Ereignisse und Taten durch «magisch wirkende Gebärdenfiguren» veranschaulicht werden; wie ein spirituelles Problem mit den Mitteln der Plastik dramatisiert und sichtbar gemacht wird; und wie alles Rahmenwerk zugunsten der Sprache der Bilder zurücktritt – einer Bildsprache, die sich bei aller volkstümlich-drastischen Erzählweise «sozusagen stenografischer Abkürzungen» bedient, um die Grundtatsachen des Evangeliums auf zwei bronzenen Türen szenisch zu verdichten.

Der Schöpfer der Hildesheimer Domtüren wollte «keine Schönheit, keine Eurhythmie, kein gleitendes Fließen der Linie»; er fürchtete «keine anatomische Unrichtigkeit und keine Häßlichkeit». Ihm ging es um Konzentration, um Komprimierung, um die Kraft des Ausdrucks. Und so schuf er «das bedeutendste und bildreichste Werk ottonischer Bronzegießkunst».

Im Süden, wie gesagt, war die Reichenau der Hauptproduzent von kirchlicher und weltlicher Kleinkunst, neben Regensburg, das vornehmlich in der Goldschmiedekunst einen eigenen, wenn auch byzantinisch bestimmten Stil entwickelte, und St. Gallen, dessen Werkstätten vor allem die schöne Kunst der Elfenbeinschnitzerei pflegten.

Was die Reichenau damals für die bildende Kunst in Deutschland geleistet hat, ist freilich schwer zu konkretisieren. In älteren Kunstgeschichten wird das Inselkloster meist als Lieferant der Kaiserkrone von 962 und der etwa gleichzeitig entstandenen Elfenbeintafeln des

Magdeburger Domaltars genannt; nach neueren Forschungen kommen dafür aber auch Mainz und Mailand als Herkunftsstätten in Frage. Fragezeichen erscheinen in den Ausstellungs- und Museumskatalogen neuerdings auch, wenn so bedeutende Werke wie der von Kaiser Heinrich II. gestiftete *Goldene Altarvorsatz von Basel,* das *Reichskreuz* aus dem ersten Drittel des 11. Jahrhunderts oder einige splendide Elfenbeine dieser Epoche als Reichenauer Arbeiten deklariert werden.

Aber ob Fragezeichen oder nicht, ob Reichenauer, Trierer oder Fuldaer Herkunft, an der Tatsache, daß in den Werkstätten des Inselklosters im Bodensee in der ottonischen Zeit auch bedeutende Goldschmiede und Elfenbeinschnitzer am Werk waren, ist nicht zu zweifeln.

Ihre Leistungen wurden allerdings durch die Werke der Reichenauer Malerschule übertroffen.

Es gab damals, wie außer den Fresken von St. Georg auch literarische Hinweise bezeugen, eine hochentwickelte Wandmalerei. Die wichtigste Quelle der kunsthistorischen Erkenntnis sind jedoch die farbigen Miniaturen, mit denen die Skriptorien der Klöster und Domschulen ihre Buchproduktionen schmückten, wenn der Rang des Bestellers eine besonders prächtige Ausstattung erheischte. Es handelt sich bei diesen voluminösen Prachtausgaben ausschließlich um Bücher für den gottesdienstlichen Bedarf: um *Evangeliare,* die die kompletten Texte der vier Evangelien enthielten, oder *Perikopenbücher,* die die für die Liturgie des Kirchenjahres ausgewählten Evangelienstellen wiedergaben; auch *Lektionare* mit Apostelbriefen oder alttestamentarischen Texten sowie Gebets- und Psaltersammlungen wurden häufig illustriert.

*«Entwirklichung»
der Malerei*

Die mönchische Buchmalerei hatte, bevor sie in der ottonischen Epoche einen neuen Kulminationspunkt erreichte, bereits zwei Blüteperioden erlebt: zum erstenmal im 7./8. Jahrhundert in Irland, als in die Kunst der illuminierten Handschriften der keltische Schmuckstil mit seinen geflügelten Pferden und verschlungenen Tierleibern eindrang; zum zweitenmal in karolingischer Zeit, als der «ornamentale Flächenstil» der irischen Buchkünstler wieder einer antik orientierten illusionistischen Bildkunst wich, deren Zentren die Aachener Palastschule, die Trierer Ada-Gruppe, die Abtei Hautvillers und die Domschulen von Reims und Tours waren.

Nun also die ottonische Malerei, die – genau wie die bildende Kunst dieser Zeit – spätantike, karolingische und byzantinische Formen souverän verschmolz und zu einem absoluten, wenn auch längst nicht nach Gebühr geschätzten Höhepunkt deutscher Malerei führte.

«Diese Zeit hat in Deutschland eine Malerei geschaffen, die allem, was damals in Europa entstand, und auch dem, was wir aus Byzanz kennen, an selbständiger Kraft und Größe weit überlegen war», heißt es bei Fischer. Ähnlich bei Hauttmann: «Süden und Westen haben nichts Ebenbürtiges, und das zeitgenössische Byzanz hat nicht mehr. Der Schüler ist Eigner, und seine Kunst verwirklicht, was Otto III. erträumte: ein Weltreich der Christen über alle Länder der Zeit.» Und so Hügelhofers lapidare Feststellung: «Die europäische Kunst hat in diesen ottonischen Buchmalereien einen ersten autochthonen Höhepunkt erreicht.»

Dabei war ihr stofflicher Bereich eng umgrenzt. Die malenden Mönche widmeten sich ausschließlich sakralen Themen und den Wundertaten Christi, dem Kreuzigungstod und der Himmelfahrt, der Ausgießung des Heiligen Geistes und dem Jüngsten Gericht. Stellten sie einmal den Kaiser dar, dann in seiner religiösen Funktion, als Abbild eines Herrschers, «der zwar menschlich von Natur, aber göttlich aus Gnade» war. Mensch, Umwelt, Landschaft – die bevorzugten Sujets späterer Kunst – haben die Maler dieser Zeit nicht interessiert. Sie sahen an der materiell greifbaren Welt vorbei und richteten ihre Blicke sehnsüchtig und ergriffen auf die geistige Wirklichkeit, die «in der gottgläubigen Vorstellung von der heilsgeschichtlichen Ordnung der Welt» beschlossen war.

Diese Einstellung hatte eine radikale Abwendung von der antiken Kunst zur Folge. Die ottonischen Miniaturenmaler verzichteten in ihren Bildern auf alle zeitlichen und räumlichen Bezüge, auf jegliche Art von «Kolorit» und anekdotischem Detail und gelangten damit in die Nähe einer Formel- und Chiffrenkunst, deren Ausdrucksmittel sozusagen verbindlich wurden. Menschliche Figuren vereinfachten und stilisierten sie bis an die Grenzen des Möglichen. Die Welt des Räumlichen deuteten sie entweder nur an oder ließen sie in der Zweidimensionalität der Fläche verschwinden. Gesten und Gebärden verdeutlichten sie über jegliche Realität hinaus. Die Wahl der Farbe bestimmte nicht die Palette der Natur, sondern der Gefühlswert, wie der feierlichstrahlende, überwirkliche Goldgrund, der erstmalig am Ende des 10. Jahrhunderts in dem auf der Reichenau entstandenen *Aachener Evangeliar* des jungen Kaisers Otto III. erscheint.

Diese «Entwirklichung» der Malerei – ein Grundzug der ottonischen Kunst überhaupt – bereitete aber nicht, wie in Byzanz oder später in den Ikonenfabriken der Ostkirche, einer reinen Werkstattkunst ohne individuellen Gehalt den Weg. Das Temperament und die Unverbrauchtheit der deutschen Stämme ließen eine solche Nivellierung ebensowenig zu wie die Verschiedenartigkeit der Traditionen. Bei genauerer Betrachtung zeichnen sich sogar einige deutlich unterscheidbare Schulen ab, deren Aktionsradius von einer malerisch-bewegten zu einer linear-geometrischen Kunst reicht. Selbst innerhalb der Schulen sind Wandlungen erkennbar, Stilveränderungen, die sich sogar an bestimmte Namen knüpfen lassen – am deutlichsten auf der Reichenau.

Die Werke der Reichenauer Maler, die für die hohe Zeit der ottonischen Kunst zwischen 970 und 1020 die wichtigsten Richtpunkte setzten, haben sich erfreulicherweise in «erstaunlicher Fülle» erhalten, so daß die Entwicklung nahezu lückenlos zu verfolgen ist.

Erste Kunstrevolution der nachrömischen Zeit

Die Stilanalytiker sind sich darüber einig, daß die karolingische Ada-Gruppe mit ihrer geheimen expressiven Tendenz und ihrer Liebe zur eckig-gebrochenen Linie die Reichenauer Miniaturisten von Anfang an stark beeinflußt hat. Fraglos waren aber auch altchristliche Vorlagen und damit der «illusionistisch gelockerte Stil der spätantiken Illustration» bekannt, ebenso zeitgenössisch byzantinische Muster. Diese vielfach divergierenden Formelemente im Lauf eines halben Jahrhunderts eingeschmolzen, weiterentwickelt und als etwas völlig Neues weitergereicht zu haben, macht bis heute den Ruhm der Reichenau aus.

Wie sich «das Wunder der Entstehung einer eigenen Bildsprache» vollzog, demonstrieren vor allem sechs Handschriften:

der *Gero-Kodex*, ein Perikopenbuch, das kurz vor dem Amtsantritt des Kölner Erzbischofs Gero im Jahre 969 von dem Mönch Eburnant geschrieben und bebildert wurde, heute in der Hessischen Landes- und Hochschulbibliothek Darmstadt inventarisiert;

die *Egbert-Handschrift*, die um 980 auf Bestellung des kunstsinnigen trierischen Erzbischofs Egbert von den Brüdern Gerald und Heribert illustriert wurde, heute eine der größten Kostbarkeiten der Trierer Stadtbibliothek;

das *Aachener Evangeliar Ottos III.*, ein kurz vor der Jahrtausendwende entstandenes Werk des Mönches Liuthar, heute zum Domschatz gehörig;

das *Münchener Evangeliar Ottos III.*, nur wenige Jahre jünger, heute im Besitz der Bayerischen Staatsbibliothek;

das *Perikopenbuch Heinrichs II.*, das in die Jahre 1012/14 datiert wird, ebenfalls in der Bayerischen Staatsbibliothek inventarisiert;

die *Bamberger Apokalypse*, um 1020 geschrieben und illuminiert, die wertvollste «Zimelie» (ein Fachwort für Kleinod) der Bamberger Staatlichen Bibliothek.

Den *Gero-Kodex*, ein nach dem Vorbild des Lorscher *Codex Aureus* entworfenes Perikopenbuch, kennzeichnet noch ein «naives Schwanken zwischen Raumillusion und Flächenstil», wenn auch die linearen Elemente der späteren Reichenauer Miniaturenmaler bereits stärker als bei der karolingischen Vorlage hervortreten.

Auch die 51 Bilder des *Egbert-Kodex* können die Patenschaft der karolingischen Ada-Gruppe nicht ganz verleugnen. Noch tragen die Figuren antike Gewandungen, noch zeigen die Hintergrundbauten antike Formen, aber schon sind Licht und Schatten «streng in die Fläche gespannt», schon wird die dingliche Welt auf wenige Andeutungen beschränkt. Um so stärker treten die menschlichen Figuren hervor. Als «farbige Silhouetten» ins Bild gesetzt, prägen sie sich vor allem durch die zwingende Kraft der Gebärde ein. Mit den Worten Jantzens: der *Egbert-Kodex* zeigt zwar noch lateinische Formen, «aber es ist ein Latein des 10. und nicht des 5. Jahrhunderts».

Noch spürbarer wird das Ringen um eine neue Bildsprache in dem *Aachener Evangeliar* Ottos III., als dessen Schöpfer sich der Reichenauer Mönch Liuthar auf einer der Miniaturen selbst verewigt hat.

Zwar umgibt er die Konkordanzen der Evangelien noch mit antiken Tempelfassaden, zwar stellt er Otto III. noch mit Chlamys und Tunika und allerlei römischem Zubehör dar, aber den Bildgrund deckt erstmalig ein unwirkliches, die Zeitlosigkeit des Geschehens verdeutlichendes lichtes Gold, und die Gestalten schweben sozusagen frei im Raum. Im «planimetrischen Übereinander der Figuren» ist eine «neue Bildhierarchie» künstlerisches Ereignis geworden.

«Die Szenen, die im *Egbert-Kodex* noch in querrechteckigem Format zusammen mit dem Text auf einer Seite abgebildet waren, sind im *Aachener Kodex* zu Darstellungen im Hochformat auf eigenen Bildseiten geworden. Den Figuren und Szenen ist das Gehäuse geschaffen, in dem sich die Entwicklung von der spätantiken Körperlichkeit zur mittelalterlichen ‹Formel› vollziehen kann. Die zwischen den Figuren ausgesparten Flächen werden zu Kraftfeldern, zu eigenen, neuartigen, rein geistigen Bildelementen... Dazu wird die ornamentale Kraft, die der Fläche innewohnen kann, erkannt und voll aktiviert.» (Grimme)

Das *Otto-Evangeliar* der Münchener Staatsbibliothek, das «zum Kostbarsten rechnet, was die Reichenau geschaffen hat», setzt sich noch weiter von der Antike ab. Mit ihm gewinnt die Reichenau ihren eigenen, von jeglicher Bindung an den Raum befreiten Figurenstil. Die Hintergrundarchitektur hat fortan nur noch symbolischen Wert, die Komposition läßt deutlich das Eindringen geometrischer Figuren erkennen. Der unbekannte Schöpfer stellt nicht mehr eine bestimmte Begebenheit dar, sondern gleichsam einen «Vorgang an sich», den er von allen irdischen Bezügen gelöst hat. Ein tiefer philosophischer Ernst und ein glühendes Engagiertsein erfüllen seine bedeutungsschweren Miniaturen, deren Monumentalität im umgekehrten Verhältnis zur Größe der einzelnen Blätter steht.

Die äußersten Grenzen dieses strengen, priesterlich-feierlichen Sakralstils erreicht dann das *Bamberger Perikopenbuch* Heinrichs II., das schon von den behandelten Themen her – Abendmahl, Himmelfahrt, Pfingsten, Mariens Tod und Jüngstes Gericht – «ein bedeutendes Pathos» in sich birgt.

Alles Geschehen vollzieht sich nun «in einer gleichsam entrückten Sphäre des absoluten Raumes», der meist von wenigen, lapidar gezeichneten Gestalten beherrscht wird, am machtvollsten von der *majestas domini*. Die Schlagkraft dieser «hierarchisch ordnenden Kompositionen» wird noch durch die Beschränkung auf wenige Gesten und Gebärden verstärkt. «Nie wieder sind Bilder», heißt es bei Fischer, «so auf die bannende Kraft weniger ganz großer und suggestiver Ausdrucksbewegungen gebaut und gefügt worden», nie wieder hat die deutsche Malerei eine derart konzentrierte Dichte erreicht wie in diesen Reichenauer Miniaturen.

Expressiv verlängerte Hände und Finger, schreckhaft aufgerissene Augen, gleißend herabschießende Lichtbündel, willkürlich verkleinerte oder vergrößerte Figuren, solche und andere Darstellungsmittel einer visionären Malkunst wurden damals sozusagen legalisiert. «Kein Linienschwung und keine Farbtönung, keine Bewegung und keine Ordnung der Flächen ist mehr zufällig, sie dienen alle mit gespannter Kraft dem Ausdruck einer innersten Notwendigkeit.»

Auch die fünfzig Illustrationen der *Bamberger Apokalypse* sind «in einem nicht mehr erfahrbaren Raum» angesiedelt. Auch in ihrem Falle verschlingt «die Funktion der Gebärde... alle anderen Wirkungsfunktionen». Auch sie besitzen eine Ausdruckskraft, die durchaus «modern-expressionistisch» anmutet. Bei genauerem Hinsehen lassen sich allerdings Symptome eines Nachlassens der schöpferischen Spannkraft entdecken. Manche Formen wirken schon etwas formelhaft, im Fluß der Linien deuten sich Zeichen der Erstarrung an: Zeichen beginnender Erschöpfung, die nach fünfzigjähriger Dauerblüte sozusagen planmäßig eintrat.

Diese nach 1030 ziemlich plötzlich einsetzende Agonie der Reichenauer Malkunst hat dem künstlerischen Nachruhm des Inselklosters aber keinen Abbruch getan – bis heute gilt als sein unbestreitbares Verdienst, daß es die erste malerische Revolution der nachrömischen Zeit vollzog, eine Revolution, die auch die Produktion der übrigen Malschulen des Reiches stimulierte und beeinflußte.

Zwischen Echternach und Regensburg

Den fruchtbarsten Boden fand der Reichenauer «Expressionismus» in Echternach. Das schließt nicht aus, daß in den dort entstandenen Handschriften, dem berühmten *Codex Aureus* etwa oder einigen Pracht-Kodizes für den kaiserlichen Hof, das illustrative Interesse und die Lust an der Farbe stärker hervortreten als in den Miniaturen der Bodenseemönche.

Aber der Echternacher Kunsthorizont ist bisher nur unzugänglich erhellt. Gewisse Symptome lassen sogar die Möglichkeit zu, Trier als Herkunftsort der bedeutendsten Echternacher Werke anzusehen. Verschiedene Handschriften geben jedenfalls deutlich die Ausstrahlungen jenes rätselhaften trierischen »Gregormeisters» zu erkennen, dem eines der schönsten Bücher des frühen 11. Jahrhunderts, das Evangeliar der Ste-Chapelle in Paris, zugeschrieben wird und der wahrscheinlich auch am *Egbert-Kodex* mitgearbeitet hat. Vielleicht hat er auf der Reichenau gelebt, bevor er an der Mosel heimisch und die Zentralgestalt der trierischen Kunst in ottonischer Zeit wurde.

Der expressive Stil der Reichenauer Mönche inspirierte auch die Kölner Buchmalerei, die bis dahin im wesentlichen von karolingischen Traditionen und byzantinischen Impulsen gelebt hatte, zu einem «manchmal sehr ausdrucksvollen Linearismus», der allerdings der Gefahr der Erstarrung nicht immer entging. Stärker als auf der Reichenau dominierte in Köln aber die Farbe, mehr als den klaren Flächenstil der Bodenseemönche liebte man am Rhein die plastischen, in sich gerundeten Formen. Mit dem *Darmstädter Evangeliar* der Äbtissin Hitda von Meschede gelang aber auch den kölnischen Miniaturisten, trotz der «frappierenden Nähe» zur byzantinischen Ikonographie, ein sozusagen klassisches Werk der mittelalterlichen Buchmalerei, das vor allem durch die düstere Pracht seiner kühnen Farbkompositionen und eine fast barocke Ausdrucksfülle zum Betrachter spricht.

Mainz tritt in der Buchmalerei gegenüber Köln und Trier zurück, obwohl es als Dependance des lothringischen Kunstkreises vielleicht mehr Bedeutung hatte, als es bisher den Anschein hat. Auch Essen und vor allem Essen-Werden trugen zur ottonischen Malerei mit charakteristischen, stilistisch zwischen Köln und dem Maasland einzuordnenden Handschriften bei.

Unter den karolingischen Traditionsklöstern wahrte Fulda seine überregionale Bedeutung. Aus dem Bonifatiuskloster kamen im letzten Viertel des 10. Jahrhunderts die ersten illuminierten Heiligenviten der abendländischen Buchkunst. Als die beiden Hauptwerke der Fuldaer Maler gelten der kostbare *Codex Wittikindeus*, der über Enger – den Alterssitz des Sachsenherzogs Widukind – in die Berliner Staatlichen Sammlungen gelangte, und das *Göttinger Sakramentar*, die der

Enkelgeneration der karolingischen Ada-Gruppe angehören, aber auch von Werken der Corbie-Mönche beeinflußt sind.

Noch stärker wirkten sich diese westfälischen Einflüsse in der Corbie-Filiale an der Weser aus, dem Kloster Corvey bei Höxter, dessen Kodizes die Kunsthistoriker vor allem wegen ihres kräftigen «ausdrucksvoll-nervösen» Zeichenstils schätzen. Einige Corveyer Werke, wie das *Wolfenbütteler Evangeliar* oder das nach New York verschlagene Lektionar, werden den Höchstleistungen der Reichenauer Schule gleichgestellt, ebenso die vielbewunderte, am 14. April 972 ausgestellte Prunkheiratsurkunde der Kaiserin Theophanu.

Im Süden schließlich erwarben die Malerschulen von Salzburg und Regensburg – beide vor allem byzantinischen Vorbildern verpflichtet – großen Ruhm. Auch St. Gallen, Einsiedeln und Tegernsee (das mit besonderer Liebe die Glasmalerei pflegte) unterhielten Skriptorien, deren illustrierte Handschriften sich sehen lassen können und die Stilanalytiker noch eine Weile beschäftigen werden.

Insgesamt also eine reich bestellte, fruchtbare Landschaft – eine Landschaft, die noch farbiger und vielgestaltiger wird, wenn man die ottonische Wandmalerei in das Bild einbezieht.

Auch die Wandmalerei hatte um 1000 bereits Tradition in Deutschland. Aus literarischen Quellen ist bekannt, daß Karl der Große seine Pfalzen in Aachen und Ingelheim mit Gemäldezyklen ausstatten ließ, die außer Szenen aus dem Alten und Neuen Testament christliche und heidnische Helden sowie die sieben freien Künste darstellten. König Heinrichs I. Merseburger Pfalz schmückten Bilder von der Ungarnschlacht an der Unstrut. Unter Otto III. malte der italienische Maler Johannes – der später Bischof wurde – die Aachener Pfalzkapelle und wenig später die Altarschranken in Lüttich aus. Wandgemälde sind auch für die Klöster Echternach, Tegernsee und Petershausen bezeugt. Ebenso schmückten prächtige Fresken die Kirchen des Bischofs Bernward von Hildesheim.

«Breitwandstil» des Mittelalters

Doch dieser Satz gilt wahrscheinlich für alle Kirchen dieser Zeit. Die Apsiden und fast geschlossenen Langhauswände der ottonischen Sakralbauten boten den Freskenmalern ja ideale Bildflächen und forderten farbigen Schmuck geradezu heraus. Wandgemälde machten das «schwere Schweigen» der riesigen Räume beredt und milderten die archaische Wucht und Strenge der Architektur. Sie hatten aber auch noch einen anderen, gewissermaßen publizistischen Zweck. Für Menschen, die nicht lesen konnten, waren diese Bilder so etwas wie optische Offenbarungen, wie volkstümliche Bilderbibeln, die das Leben und die Wundertaten Christi jedem sichtbar im farbigen «Breitwandstil» vor Augen führten.

Leider ist von solchen Fresken nicht viel geblieben. So ist die karolingische Wandmalerei in Deutschland nur noch mit einigen Resten in Lorsch und auf der Fraueninsel im Chiemsee vertreten, spärlichen Resten, die nicht viel mehr als eine starke Bindung an antike Traditionen verraten. Gäbe es nicht den großen Bilderzyklus von St. Georg auf der Reichenau, der «eine Vielzahl untergegangener Bildfolgen» vertritt, so läge auch die Szene der ottonischen Monumentalmalerei im dunkeln, und wir hätten keine Vorstellung von der Freskenkunst im Deutschland der Jahrtausendwende.

Abt Grimald von St. Gallen forderte schon zu Walahfrids Zeiten kunstfertige Mönche von der Reichenau zur Ausmalung seines Klosters an. Die Inselbrüder müssen also schon in der ersten Hälfte des 9. Jahrhunderts einigen Ruhm in dieser Sparte genossen haben. Die Hochblüte der Reichenauer Wandmalerei setzte jedoch erst um 970 ein, und länger als fünfzig Jahre dürfte sie gleichfalls nicht gedauert haben. Ihrem volkstümlich illusionären Charakter entsprechend blieb sie ihren antiken Vorbildern allerdings stärker verhaftet als die Miniaturmalerei. So sind die Kapitelle und Arkaden der Georgskirche mit pflanzlichen Ornamenten geschmückt, und über den Abtbildern auf den Bogenzwickeln fassen querlaufende Mäanderstreifen und senkrechte Ornamentstreifen die großen Bildfelder ein; auch die Bildfolge selbst entspricht «dem antikischen Prinzip kontinuierlicher Erzählweise».

Die acht großen Bildfelder – je vier auf jeder Seite – stellen nicht die Leiden, sondern die Wundertaten Christi dar. Auf der Nordwand: die Heilung des Besessenen, die Heilung des Wassersüchtigen, die Besänftigung des Sturmes auf dem Meer und die Heilung des Blindgeborenen; auf der Südwand: die Heilung des Aussätzigen, die Auferweckung des Jünglings zu Nain, die Auferweckung der Tochter des Jairus und die Auferweckung des Lazarus. Acht Variationen also über das Thema «Christus, der Herr über Krankheit und Tod».

Es sind recht figurenreiche Szenen, mit denen der unbekannte Maler die Wände der Georgskirche bedeckt hat: herzhaft und anschaulich geschildert, mit einem lebhaften Sinn für das anekdotische Detail und die Optik der Wirklichkeit (wenn auch die architektonischen «Versatzstücke» im Hintergrund perspektivisch ziemlich unbeholfen ins Bild gestellt sind). Trotzdem hat dem Künstler nicht die Absicht, ein Stück Realität wiederzugeben, den Pinsel geführt. Seine Maßstäbe waren nicht von dieser Welt.

Ohne Bedenken hat er zum Beispiel die Bedeutung der Figuren durch ihre Größe gekennzeichnet. Die Person Christi überragt daher alle anderen. Als Übermittler göttlicher Gnade und Künder des ewigen Lebens ist der Himmelskönig kompositorischer und geistiger Mittelpunkt zugleich. Schon auf dem ersten Bild steht er mit machtvoller, zwingender Geste, ganz Majestät, vor angstvoll-kleinen und zitternden Menschen. In der Darstellung der Christusgestalt nähern sich die Fresken den reichenauischen Miniaturen dieser Zeit. Hier wie dort ist es vor allem der ottonische «Gebärdenstil», von dem die bannende Kraft dieser Darstellungen ausgeht.

Auch die malerischen Qualitäten der Georgs-Fresken erheischen Respekt. Jantzen spricht von der «groß georteten, freien Bewältigung der ausgedehnten Bildflächen» und dem «lichten Schimmer spätantiker Farbkunst», den diese Wandgemälde ausstrahlen. Wie die Figuren modelliert, wie bestimmte Farben bestimmten Personen zugeordnet, wie leuchtend gelbe Kapitelle und dunkelrot gefaßte Säulen voneinander abgesetzt sind, wie in der Bodenzone ein helles Braun mit flüchtigen Rottönen die Erde symbolisiert, wie die Luft- und Himmelszone aus einem breiten Grünstreifen in einen Blaustreifen übergeht, der seinerseits von weißgerandeten Wolken begrenzt wird, dieses und manches andere deutet auf die Hand eines Meisters hin, dem bei aller Naivität und Gläubigkeit doch ein außerordentlicher Kunstverstand und ein hochentwickeltes Formbewußtsein eigen waren.

Wann die Oberzeller Fresken entstanden, ist nicht genau zu sagen. Während Jantzen schon für das dritte Viertel des 10. Jahrhunderts plädiert, haben sich die meisten Kunsthistoriker für die Zeit um 980 entschieden. Auch die antike Vorlage ist bisher nicht erschlossen. Solche bisher nicht beantwortete Fragen ändern aber nichts an der Tatsache, daß der Zyklus in der kleinen, bescheidenen Georgskirche in Reichenau-Oberzell eines der großen Werke mittelalterlicher Kunst in Deutschland ist; nach Fischer eine «Komposition, deren antike Einfalt und Würde erst wieder bei Giotto begegnet», oder, wie es Jantzen formuliert hat, «das großartigste uns gebliebene Zeugnis für die monumentale ottonische Malerei».

Am ehesten kann man diesen Wandmalereien noch die Fresken in der Sylvesterkapelle von Goldbach bei Überlingen vergleichen. Sie sind allerdings einfacher und grober und weniger auf die Architektur bezogen als «das polychrome System» von St. Georg, obwohl sie wahrscheinlich ebenfalls von Reichenauer Mönchen gemalt wurden. Am besten erhalten und künstlerisch ergiebigsten ist die Reihe der Apostel im rechteckigen Chorraum, die «sechsmal zwei auf einer Bank» sitzen, die Gesichter einander zugewendet.

Im übrigen sind nur geringe Reste ottonischer Wandmalerei erhalten: einige Fragmente in Trier und Echternach, im Essener Westchor und in der Luciuskirche in Essen-Werden, schließlich die Fresken in der Krypta der um 1020 gebauten Andreaskirche bei Fulda – lauter Werke, die dem Bild der ottonischen Malerei zwar Einzelzüge hinzufügen, neben den Georgs-Fresken aber wie kleine musikalische Skizzen neben einer ausgeführten Sinfonie erscheinen. In ihrer Gesamtheit bestätigen sie, daß die ottonische Wandmalerei der Überlieferung stärker verbunden war als die ebenso minuziöse wie revolutionäre Miniaturmalerei dieser Zeit, daß aber auch die ottonische Freskenkunst sich mehr und mehr vom antiken Realismus abwandte. Am Ende trat auch bei ihr die frei erfundene Form an «die Stelle der realistisch erfahrenen Elemente», die Phantasie entfaltete ihre Schwingen und löste sich von der empirisch erfaßten Wirklichkeit.

Daß Stil und Thema noch lange Zeit bestimmend blieben, zeigen einige spätere Reichenauer Wandgemälde: ein Kreuzigungsfresko in der ehemaligen Kapelle über der Vorhalle von St. Georg, daneben die älteste mitteleuropäische Darstellung des Jüngsten Gerichts, beide stark byzantinisch beeinflußt und Ende des 11. Jahrhunderts entstanden; und, nur wenig jünger, die Wandmalereien in der Hauptapsis der Kirche von Niederzell, die in der Halbkugel einen thronenden Christus, darunter, in Rundbogenarkaden gestellt, die Apostel und Propheten zeigen, in Haltung und Gebärde strenger als die Oberzeller Figuren, in der Farbe matter, in der Zeichnung schwächer; als eines der wenigen Beispiele mittelalterlicher Freskenkunst dennoch von großer Eindruckskraft.

Die säkularisierte Reichenau Mit diesen Wandgemälden von Niederzell tritt die Reichenau dann allerdings von der Bühne der zeitgenössischen Kultur ab. Ein rätselhafter, unerklärlicher, bestürzender Vorgang: die Inselabtei, deren geistige Ausstrahlung selbst die Mittelmeerküsten erreichte, war schon hundert Jahre nach ihrer Blütezeit nur mehr ein Kloster von vielen, fast als hätte sie ihre produktive Kraft zwischen 950 und 1050 restlos verausgabt. Auch der riesige Besitz der Reichenau schmolz dann schnell zusammen, aufgezehrt von endlosen Streitigkeiten mit den Konstanzer Bischöfen und den adligen Lehensträgern des Klosters. Als um 1250 schwere Brände die Reichenau heimsuchten, dauerte es ein halbes Jahrhundert, bis die beschädigten Gebäude wiederhergestellt waren. Abt Werner von Roseneck, der um 1400 die Insel verwaltete, war bereits so arm, daß er froh war, wenn ihn der Leutpriester von Niederzell zu einer Mahlzeit einlud. Sein Nachfolger Friedrich Graf von Zollern konnte angeblich nicht einmal mehr lesen und schreiben.

Dieser Niedergang mag auch erklären, daß die Mönche der Reichenau es offenbar widerstandslos geschehen ließen, als während des Konstanzer Konzils von 1414 bis 1418 die Handschriftenjäger des Vatikans ihre Bibliothek um eine Reihe schöner Handschriften erleichterten. Abt

Friedrich von Wartenberg-Wildenstein, «ein liebhaber der bücherkunst und gelehrten», der 1453 mit dem Bau des hochgotischen Ostchors begann, ließ zwar das Kloster noch einmal instandsetzen und schuf den verbliebenen Bücherbeständen «ein schönes Behalt», doch verfielen die Gebäude bald wieder. So waren schon um 1600 «viele Bücher durch den Regen und Ungewitter verfault», da, wie es in einer alten Chronik ungeschminkt heißt, «die Idioten viel Jahre nit dazu kommen seind».

Immerhin entstanden in dieser Zeit – unter dem Abt Jakob Fugger, einem Sohn der Augsburger Kaufherrenfamilie – eine neue Bibliothek und der kraftvoll-schlichte Klosterneubau an der Südseite des Münsters, der zusammen mit dem ottonischen Gotteshaus bis heute den architektonischen Mittelpunkt der Insel bildet.

Danach hat es nur noch kleinere Umbauten gegeben, die meisten in den dreißiger Jahren des 18. Jahrhunderts, unter dem Regime des Johann Franz von Stauffenberg. Der alte Glanz aber war längst erloschen, das Kloster kümmerte dahin, nur noch ein Schatten dessen, was es einmal gewesen war. Das Auflösungsedikt durch Papst Benedikt XIV. im Jahre 1757 setzte lediglich den Schlußstrich unter eine Rechnung, die bereits abgeschlossen war. Den Rest besorgte die dem Regensburger Reichsdeputationshauptschluß von 1803 folgende Säkularisation, die die geistlichen Fürstentümer verschwinden ließ und den Besitz der Klöster und Domkapitel in weltliche Hand überführte.

Selbst kirchliche Autoren bestreiten nicht, daß die Zeit für eine Neuordnung damals reif war. Doch nahm die Übereignung geistlichen Gutes an den Staat vielfach die Form eines ungehemmten Vandalismus an. Schöne alte Klosterbauten wurden ungeachtet ihrer Vergangenheit zu Gefängnissen, Zuchthäusern oder Irrenanstalten degradiert. «Gemeine Diebstähle seitens der Kommissäre und ihrer untergeordneten Organe» waren an der Tagesordnung. Kostbare Gefäße, Paramente und Reliquiare wurden an Hausierer und Antiquitätenhändler verschachert, Kelche zerbrochen, Monstranzen ihrer Edelsteine beraubt, die sterblichen Reste von Heiligen ihrer Kleider entledigt und «unter der Dachtraufe verscharrt». Spötter maskierten sich mit bischöflichen Gewändern und trieben ihr frevelhaftes Spiel «mit den heiligen Dingen», und was sonst an Untaten verübt wurde.

Was nach dem Reichsdeputationshauptschluß auf der Reichenau geschah, paßt genau in dieses betrübliche Bild. Zwar weiß man von zehn Kisten wertvoller Handschriften, die ordnungsgemäß nach Karlsruhe verfrachtet wurden, ein Großteil der Bibliothek scheint aber regelrecht verschleudert worden zu sein. Kostbare alte Bücher lagen zerrissen auf der Straße und wanderten schließlich in den Abfall. Im Jahre 1812 wurde die romanische Johanniskirche abgebrochen und in

Baumaterial verwandelt, 1838 die gotische Pfalz auf Abbruch versteigert und ebenfalls ökonomischen Zwecken zugeführt. Zwischen diesen beiden Terminen verfielen fast zwanzig weitere Kirchen der Spitzhacke, deren Steine zum guten Teil als Straßenschotter nutzbar gemacht wurden.

Die Insel selbst zu zerstören, ist dem reformfreudigen Jahrhundert nicht gelungen. Lage, Natur und natürliche Eigenart widerstanden den Eingriffen der Säkularisierung. Der schimmernde See, die weiche Luft, die Alpengipfel, die kaum sichtbar im Dunst der Ferne verschwimmen, die Reben- und Gemüsegärten, die sich abends gern in dünne, feuchte Nebelschleier hüllen, die Pappelalleen und vielen uralten Weiden, die von weitem wie betende Mönche aussehen, die beschilften Ufer und die Wasservogelkolonien, das alles vermittelt noch immer den Eindruck einer Abseitigkeit, die voller Zauber ist und eine merkwürdige Kraft der Entrückung besitzt.

Und dann die drei Kirchen, eine Trias ottonisch-romanischer Sakralarchitektur, deren Mauern und Wandmalereien mehr als alle Worte etwas vom universellen Geist des Mittelalters verraten, dem Geist eines christlichen Imperiums, das die «augustinische» Einheit von Staat und Kirche, Macht und Glauben, Diesseitsfreude und Jenseitshoffnung wie nie zuvor und nie hernach verwirklichte. Erhalten ist auch das alte Rathaus, das zwar keine tausend Jahre auf dem Rücken trägt, aber mit seinen ältesten Teilen immerhin noch im Mittelalter wurzelt. Mittelalterlichen Ursprungs ist manches bemooste, unbeachtet am Wege liegende Mauerwerk, sind schließlich einige Kirchenfeiern, wie das Fest des Heiligen Blutes oder das St.-Markus-Fest, deren Höhepunkte Prozessionen zum Münster sind.

Ricarda Huch hat ihr Kapitel über die Klöster im *Heiligen Römischen Reich Deutscher Nation* mit einem Hymnus auf die Reichenau beschlossen, der feierlichsten und erhabensten aller Lobpreisungen, die die Gottesinsel im Bodensee bisher erfahren hat.

«Wenn man die Insel Reichenau betritt», so heißt es dort, «dann wird man in die Zeit der Erstlinge des Glaubens entrückt. Hier ist alles fest umgrenzt, alles schlicht geformt, alles Symbol und Geheimnis. Die Häuser sind klein, selbst die Kirchen niedrig, und dennoch mit ihren dicken Mauern, ihren flachen Decken und kurzen Säulen erscheinen sie gewaltig... Die Göttergestalt Christi, die wir von den halbzerstörten Wandgemälden ablesen, wie sie Kranke heilt und Tote erweckt, steigt aus bodenlosen Abgründen hervor, Führer durch Blut und Tränen in ein Reich jenseits der Sterne.»

«Erdrückend wäre die Heiligkeit dieser Räume, wenn sie nicht Natur hold umgäbe: um die Gemäuer singt die Welle, flüstert das

Schilf, blüht und rauscht die Linde. Der Gott, der hier angebetet wird, liebt die Natur, sie ist seine Tochter und atmet dicht an seinem Herzen. An den Spalieren reifen Äpfel und Birnen, Pfirsiche und Trauben, nicht nur durch die Güter, die Schiffe von weither zuführen, ist diese Aue reich, sondern durch das, was sie selbst hervorbringt.»
«Hier sind alle Menschen... Kinder der Erde, ein Volk von Bauern, genügsam in seinen Anforderungen an das Irdische, maßlos in seinen Ahnungen des Ewigen. Ihre Heimat ist eine Insel, umsaust von Stürmen, umbrandet von Wellen, aber hoch oben rollen die Sterne aus der Hand des Herrn als ein Band, das die Erde und ihre kleine Heimat mit dem Himmel verbindet. – Adoremus Gloriosissimum.»

Adoremus Gloriosissimum – hier schließt sich der Kreis. Hier nimmt Ricarda Huchs feierliche Liebeserklärung, trotz ihrem neuromantischen Sprachklang, die einfache, aber inbrünstige Melodie der frommen Mönche auf, die dieses Eiland in ihr kleines Paradies verwandelten. Wer sich dem Zauber dieser Insel offenen Herzens überläßt, kann nicht umhin, sie auch heute noch einen rechten Garten Gottes zu nennen.

Siebentes Kapitel

DIE KAISERGRUFT VON SPEYER

Des Heiligen Römischen Reiches Totenstadt

Der Rhein, das Hochhaus und die Kathedrale · «Der erhabenste Raum auf deutscher Erde» · Zwischen Strom und Speyerbach · In den Steigbügeln Karls des Großen · «Wenn Italien nach meinen Gesetzen dürstet . . .» · Kaiser Konrad und die Kirche · Der erste salische Dom · «Speyer II» – «die große epochale Wandlung» · Bürgerbrief in Erz gegossen · Zwischen Domnapf und Heidentürmchen · Diplomatenschule des mittelalterlichen Reiches · «Zu Speyer schnaufen die Prozesse . . .» · 1689: des «Sonnenkönigs» tödliche Sonne · 1806: der Anschlag der Jakobiner · Die Grabung in der Kaisergruft · «Ungeheures Lebewesen der Geschichte»

Der Rhein, das Hochhaus und die Kathedrale

Wo die Straße von Schwetzingen nach Speyer, zunächst von mageren Forsten begleitet, in die Ackerlandschaft der Rheinebene eintritt, zeichnet sich am Horizont plötzlich ein ungewöhnliches Bild ab: zwischen den Hochspannungsleitungen, die mastauf und mastab über die Felder ziehen, erscheint der Riesenbau des Speyerer Doms – fast als hinge die mächtige Gottesburg am Rhein zwischen den stromgeladenen Drähten, die das Land mit Energie versorgen.

Ein Symbol? Hat auch die alte Kaiserstadt Speyer ihr Gesicht verloren? Hat auch sie sich dem Machtanspruch der Technik unterworfen?

Doch dieser erste Eindruck trügt. Zwar schießt aus der türmereichen Silhouette der Stadt neuerdings die Betonnadel eines modernen Hochhauses in den Himmel, zwar ist auch die Rheinbrücke, die elegant und mühelos den Strom überspannt, unverkennbar ein Produkt heutiger Ingenieurkunst, im Kern aber hat sich Speyer, das im Zweiten Weltkrieg von Bomben verschont blieb, nicht verändert.

Freilich: was sich da gleich hinter der kühn geschwungenen Brücke, zu Füßen der imposanten Kathedrale, ausbreitet, ist keine mittelalterliche Stadt, ist kein Landshut, kein Rothenburg, kein Dinkelsbühl, obwohl es auch in Speyer einige respektable Zeugen mittelalterlichen Lebens gibt, so das unterirdische Judenbad, einen romanischen Gewölbebau aus dem 11. Jahrhundert;

das Altpörtel, das schon 1176 als *vetus porta* erwähnte Stadttor, das als eines der schönsten deutschen Festungstore gilt;

das Heidentürmchen und einige kleinere Reste der Stadtmauer des 13. Jahrhunderts;

die Retschel-Ruine, die Fragmente eines um 1300 entstandenen Patrizierhauses, und

die 1520 fertiggestellte Gotische Kapelle auf dem Alten Friedhof, die als einziger Sakralbau das «Franzosenfeuer» von 1689 unversehrt überstand.

Mittelalterlich ist auch die Topographie der Altstadt, vor allem der Straßenzug vom Dom zum Altpörtel: die «via triumphalis der Kaiser, Könige, Fürsten und Bischöfe». Mittelalterlichen Ursprungs sind einige herzhafte Straßennamen, wie der «Eselsdamm» und der «Hasenpfuhl», der «Fischmarkt» und die «Große Himmelsgasse». Das äußere Bild des heutigen Stadtkerns aber bestimmen außer Bürgerhäusern des 19. Jahrhunderts Barockbauten, wie die protestantische Dreifaltigkeitskirche, das vornehme Stadthaus oder das Alte Kaufhaus.

Die neueren Stadtteile sind architektonisch neutral. Weder altväterisch noch modern, entsprechen sie dem Bild einer Stadt, die, arm an Industrie, lange Zeit gezwungen war, von ihren Traditionen zu leben. Auf diese Traditionen gehen die zahlreichen Schulen und Seminare, die Pfälzische Landesbibliothek und das Historische Museum der Pfalz zurück. Seit 1947 bietet Speyer – von 1527 bis 1689 Sitz des Reichskammergerichtes – auch wieder einer juristischen Institution Quartier: der Hochschule für Verwaltungswissenschaft, in der sich St. Bürokratius sozusagen auf Bundesebene etabliert hat.

Verweist man noch auf das vierzehnstöckige Hochhaus der Landesversicherungsanstalt, das vor einigen Jahren die Himmelslinie der Stadt um einen neuen, unübersehbaren Akzent bereichert hat, auf die Bundeswehrkasernen im Norden von Speyer, die Unterkünfte der verbündeten französischen Truppen im Süden und die daran anschließenden Wohnquartiere, die auf der Karte als *Cité de France* firmieren, so ist Speyers heutige Struktur hinlänglich beschrieben: die Struktur einer derzeit etwa vierzigtausend Einwohner zählenden Bistums- und Behördenstadt, die nach dem 2. Weltkrieg einige kleinere Fabriken und landwirtschaftliche Verarbeitungsbetriebe angesiedelt, sich aber wenig verändert hat.

Das heißt: der eigentliche Mittelpunkt liegt noch immer am Rande der Stadt. Speyer lebt, wie eh und je, im Schatten seiner Kathedrale. Der Dom, der unvergleichliche Kaiserdom, ist das Herz der Stadt geblieben, Sinnbild und Wahrzeichen zugleich – magisches Zentrum von Vergangenheit und Gegenwart.

«Der erhabenste Raum auf deutscher Erde» Majestätisch steht der Dom – um 1100 die größte Kirche der abendländischen Christenheit – auf einer vom Strom umspülten Landzunge, die auf der Nordseite überdies durch einen Bachlauf begrenzt wird.

Sein aus der Kreuzform erwachsener Grundriß ist ebenso einfach wie eindrucksvoll. Dem dreitürmigen Westbau, der die Hauptstraßen der Stadt magnetisch anzieht, folgen ein dreischiffiges basilikales Langhaus und ein einschiffiger Querbau. Über ihrem Schnittpunkt erhebt sich ein achteckiger Vierungsturm. Chor und halbrunde Apsis bilden, von zwei schlanken, rechteckigen Türmen überragt, das großartige Finale. Als Ganzes ein Bau von klassischem Ebenmaß und absoluter Harmonie.

Der Ostteil vor allem, dieses wunderbare Ensemble von Apsis und Chor, Querhaus und drei Türmen, gehört zum Vollendetsten, was romanische Baumeister und Steinmetzen in Deutschland geschaffen haben. Wie sich die einzelnen Baukörper voneinander absetzen und doch einander zuordnen, wie sie kraftvoll emporstreben und sich himmelwärts auftürmen und dennoch der Erde verbunden, im Boden verwurzelt bleiben, wie sie bei aller Kompaktheit nobel gegliedert sind, wie aller Reichtum der individuellen Erfindung in der auf Maß und Zucht bedachten Kollektivleistung aufgeht und wie das ganze Abc romanischer Schmuck- und Bauformen – Arkaden und Blendbögen, Rundsäulen und gebündelte Stützen, Halbsäulen und Lisenen, Zwerggalerien und ornamentierte Gesimse – mit nachtwandlerischer Sicherheit durchexerziert wird, das alles macht den Ruhm dieses Ostabschlusses aus und begründet die zahlreichen Lobeshymnen, die diesem Teil des Speyerer Doms gesungen worden sind.

Theodor Heuss nannte den «Königschor, das Querschiff und das Turmpaar ... das großartigste Monument der deutschen Romanik». Wilhelm Pinder fand in der Ostseite «einen Ausdruck von Hoheit, der ohnegleichen ist, wie der Bug eines gewaltigen Schiffes aus kaiserlicher Vergangenheit». Auch Reinhold Schneider fühlte sich angesichts des Speyerer Doms an ein riesenhaftes Schiff erinnert, «das in grauer Zeit einmal hierhergetrieben wurde», auch er bewunderte vor allem die nie wieder erreichte Schönheit der Ostpartie: «Hier wo der Dom dem Strom zugekehrt ist, ruht er ganz in der Stille, und die alte Reinheit der Form blieb ungetrübt. Schmale Säulen tragen die Bogen, die

Galerie umkreist das Rund... Der Stein leuchtet rot durch das Laub, und die Türme verlieren sich unter den Zweigen.»

Beim Anblick des Westbaues dagegen spürt auch der Laie, daß hier «irgend etwas nicht stimmt». Kein Wunder – der Westbau ist ein Werk des 19. Jahrhunderts, das die 1689 zerstörte Schauseite zwar nach alten Plänen, dreigeteilt in der Senkrechten und Waagerechten, wiedererrichten ließ, in seiner «romantischen» Schmuckfreudigkeit aber zuviel des Guten tat. Die romanische Wucht und Simplizität der Vorderfront ist dabei verlorengegangen.

Um so reiner, stärker und unverdorbener stellt sich das Innere der Kathedrale dar. Nachdem man die sechs Meter dicken Langhausmauern durch ein vielfach gestuftes Eingangsportal passiert hat, öffnet sich ein Raum, der trotz seiner Größe – er ist 70 Meter lang, 33 Meter hoch und 13,80 Meter breit – wie entmaterialisiert wirkt, wie von aller Schwere entbunden. An zwölf stämmigen Pfeilern vorbei, von denen jeder zweite ein weitgespanntes Kreuzgewölbe trägt, wird der Blick in die erhöhte, halbrunde Apsis gezogen. Hohe Arkadenbögen öffnen sich zu den Seitenschiffen, die, «doppelt so hoch wie breit», bei aller rhythmischen Bewegtheit im Detail ebenfalls einen Raum von großer Geschlossenheit und Ruhe bilden. Schlicht und unverbaut präsentiert sich auch das monumentale Querhaus, dessen quadratisches Mittelstück die steil aufsteigende Vierungskuppel überwölbt.

Die Kunsthistoriker wissen auch über die architektonischen Einzelformen manches Rühmliche zu sagen. Sie verweisen auf den rötlichen Quaderstein, dessen «polychrome» Verschiedenartigkeit die Wände und Pfeiler gleichsam durchblutet erscheinen läßt, auf die wirkungsvolle Abhebung des Quaderwerks von den verputzten Flächen, auf die torartig gestuften Fenster, besonders in den Stirnwänden des Querhauses, auf die in das gewaltige Mauerwerk eingelassenen Kapellen und Apsiden, die antikisierenden Kapitelle, die Blendarkaden und Doppeljoche. Aber: stilanalytische Probleme interessieren im Dom von Speyer – sosehr sie den Experten beschäftigen – sozusagen nur im Vorübergehen.

Der Kaiserdom gehört zu den Werken, deren historischer Gehalt die baugeschichtliche Bedeutung noch übertrifft. Mehr als durch seine monumentale Architektur spricht er durch die in seinen Mauern gespeicherte Geschichte zum Betrachter. Spätestens beim Betreten der Krypta gibt auch der beredteste Cicerone das Wort an den Historiker ab. Denn nirgendwo in Deutschland ist man der deutschen Vergangenheit so nahe wie in der Kaisergruft von Speyer, in der von achtzehn Kaisern und Königen, die zwischen 1024 und 1308 das Römerreich der Deutschen beherrschten, acht ihre letzte Ruhe fanden.

Treppen an den Ostenden der Seitenschiffe führen in die Unterkirche des Kaiserdomes hinab: einen technisch ungemein komplizierten Bau, dessen 78 Säulen und Pfeiler außer den sechseinhalb Meter hohen Gewölben «die ungeheure Last des ganzen Ostdomes» tragen. Dann die rechteckige Vorkrypta. Noch einmal, links und rechts, zwei Treppen, und schließlich die Kaisergruft. Der Raum, den Reinhold Schneider «den erhabensten Raum auf deutscher Erde» nannte. Steinerne Wände, eine niedrige Decke, ein schmaler Umgang. Licht, das diese Kasematte des Todes mit einem geheimnisvollen Halbdunkel erfüllt.

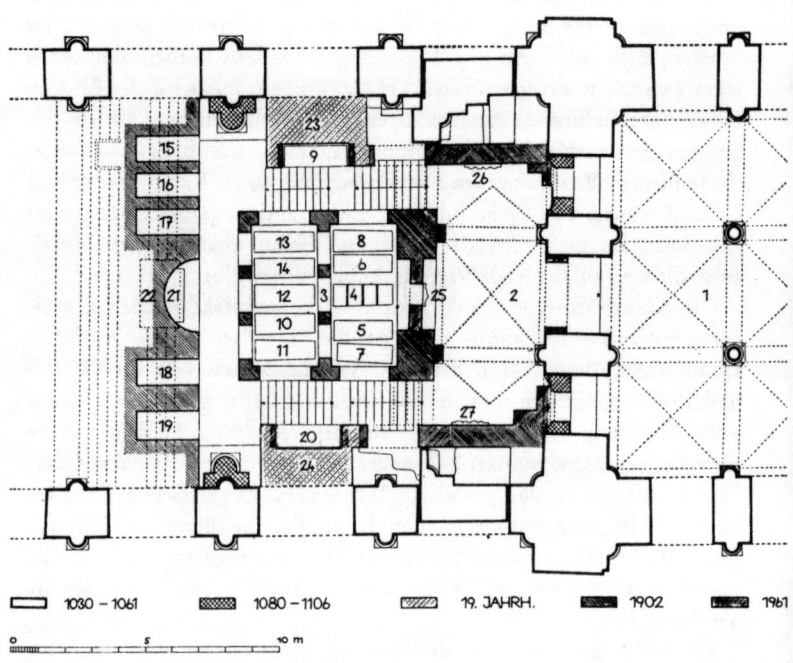

1 Vierungskrypta — 2 Vorkrypta — 3 Gruft — 4 Konrad II † 1039 — 5 Gisela † 1043 — 6 Heinrich III † 1056 — 7 Berta † 1087 — 8 Heinrich IV † 1106 — 9 Heinrich V † 1125 — 10 Beatrix und Agnes † 1184 — 11 Philipp von Schwaben † 1208 — 12 Rudolf von Habsburg † 1291 — 13 Adolf von Nassau † 1298 — 14 Albrecht von Österreich † 1308 — 15-19 Bischöfe — 20 Sammelsarg — 21 Gruftaltar — 22 Pfarraltar — 23 Alter Monumentunterbau (Adolf von Nassau) — 24 Alter Monumentunterbau (Rudolf von Habsburg) — 25 Grabplatte Rudolf von Habsburg — 26-27 Reliefs der Kaiser und Könige.

Abb. 30: Speyer, Grundriß der Kaisergruft

Und schließlich die beiden Reihen steingedeckter Gräber. In der ersten Reihe Adolf von Nassau, Albrecht von Österreich, Rudolf von Habsburg, Philipp von Schwaben und die Königinnen Agnes und Beatrice. Dahinter, in der Kaiserreihe, die großen salischen Herrscher: in der Mitte Konrad II., der Stifter und Gründer des Doms, rechts die Kaiserinnen Gisela und Berta, links der dritte und der vierte Heinrich. In einer Nische an der Nordwand der Gruft die sterblichen Reste Heinrichs V., des letzten salischen Kaisers.

Die vier Salier im Tode vereint. Eine Hauptstadt hatte das Land auch unter ihrer Führung nicht. Speyer aber war von Konrad II. an «die Totenstadt des Heiligen Römischen Reiches».

Das Historische Museum der Pfalz, in unmittelbarer Nachbarschaft des Kaiserdomes gelegen, bewahrt eine Reihe kostbarer Fundstücke, die beweisen, daß der Raum von Speyer schon vor Jahrtausenden besiedelt, verkehrstechnisch erschlossen und der Kultur gewonnen war.

Zwischen Strom und Speyerbach

Der *Goldene Hut von Schifferstadt* gilt als eine der schönsten Goldtreibarbeiten der europäischen Bronzezeit. Aus der Zeit um 1200 v. Chr. stammt ein Saugfläschchen, das vor einigen Jahren beim Neubau einer Sparkasse im Stadtkern von Speyer aus dem Urnengrab eines Kindes geborgen wurde. Zweihundert Jahre jünger sind die *Bronzeräder von Haßloch*, die wahrscheinlich zu einem Sonnenkultwagen gehörten. Die Jüngere Eisenzeit ist in den Sammlungen vor allem mit Goldschmuck aus keltischen Fürstengräbern vertreten, auch mit Importen aus Griechenland und Italien: einem attischen Kantharos etwa oder einem etruskischen Dreifuß.

Im letzten vorchristlichen Jahrhundert bestand im Stadtgebiet von Speyer ein keltisches *Oppidum*, dessen Namen *Noviomagus* (= Neustadt oder Neufeld) der um 150 n. Chr. lebende alexandrinische Geograph Claudius Ptolemäus überliefert hat. Um diese Zeit hieß der Ort allerdings schon *Civitas Nemetum*, nach den keltogermanischen Nemetern, die sich um 70 v. Chr. als Mitläufer des suebischen Heerkönigs Ariovist in der Rheinebene festgesetzt hatten. Außerdem stand er längst unter römischem Kommando.

Die Legionäre des Imperiums bauten bereits um 10 v. Chr. ihr obligates Erdkastell in Speyer, und zwar südlich der Kleinen Pfaffengasse, in der Gegend des mittelalterlichen Judenbades. Dieses Drusus-Lager wurde fünfzig Jahre später, in claudischer Zeit, wahrscheinlich wegen Hochwassergefahr, um einige hundert Meter auf den heutigen Königsplatz verlegt, wo es weitere fünfundzwanzig Jahre die römische Militärmacht unübersehbar repräsentierte. Um 74, nach dem Bau des rechtsrheinischen Hockenheim-Kastells, wurde der Militärstützpunkt

Nemetum aufgelassen. Der Vorort der Nemeter verwandelte sich in eine Verwaltungs- und Etappenstadt, in der dank guter Verkehrslage auch Handel und Gewerbe gediehen.

Das römische Speyer zeichnet sich bisher freilich nur in vagen Andeutungen ab. Seine Schlagadern waren jedenfalls die beiden Hauptstraßen, die sich unweit des Altpörtels rechtwinklig schnitten. Am Standort des Historischen Museums wird ein Amphitheater vermutet, dessen Sitzreihen vielleicht in das steil zum Rhein abfallende Hochufer eingetieft waren.

Der Domhügel war auch in römischer Zeit Tempelbezirk: Archäologen fanden dort bei Erdarbeiten und kleineren Grabungen die Reste zahlreicher Götterdenkmäler, unter anderem einen 44 Zentimeter hohen Bronze-Apoll, einen Mithras-Stein und aus der Spätzeit, als die

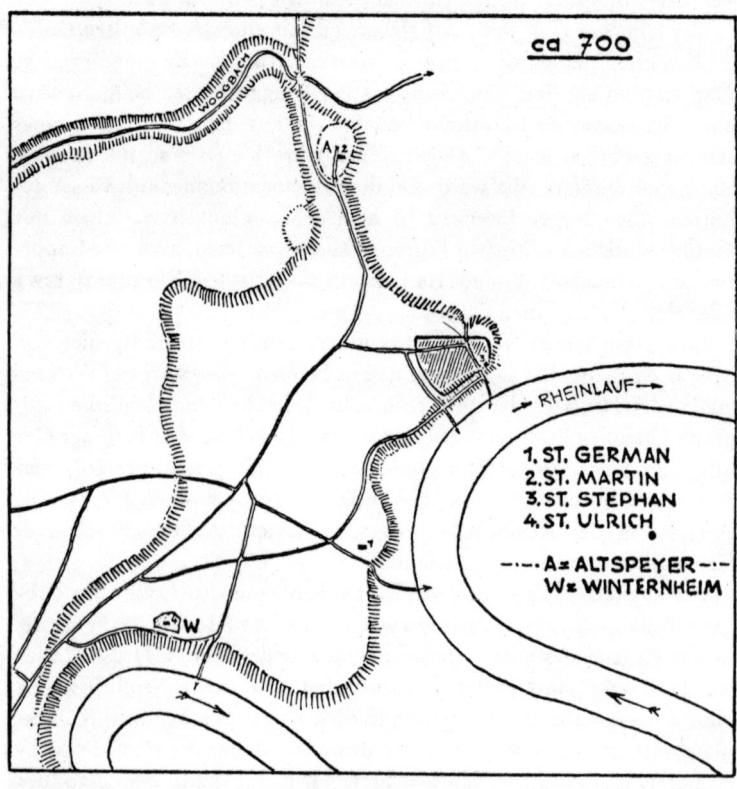

Abb. 31: Speyer im Frühmittelalter

Civitas Nemetum vielleicht schon Bischofssitz war, eine Säulentrommel mit dem Christusmonogramm. Auf dem Königsplatz stand der Tempel (oder das Klubhaus) einer Dionysos-Sekte. Das Forum lag höchstwahrscheinlich in der Nähe des Wittelsbacher Hofes. Reste einer Ummauerung sind bisher nirgends zutage getreten.

Den Rosensteinerhang – wo in den letzten Jahren ein adrettes Villenviertel aus dem Boden wuchs – nahm ein «lateinischer» Gutshof ein, dem die Bodenforschung in Deutschland einen einmaligen Fund verdankt: eine weingefüllte Glasflasche aus römischer Zeit – heute das meistbewunderte Schaustück des Speyerer Weinmuseums und, zusammen mit mancherlei anderen Funden, das sichtbarste Zeichen dafür, daß in der Pfalz schon damals Reben kultiviert und gekeltert wurden.

Eine weitere Siedlung mit Wohngebäuden, Brunnen und Gräbern lag auf dem Germansberg im südlichen Weichbild der Stadt. Sie gruppierte sich um ein Merkurheiligtum, das Ende des 4. oder Anfang des 5. Jahrhunderts abgerissen wurde. Aus dem dabei gewonnenen Material entstand eine frühchristliche Kirche: einschiffig, mit rechteckigem Chor und kleinen seitlichen Anbauten, wie Grabungen nach dem Zweiten Weltkrieg ergaben.

Aus den Grabungsbefunden ließ sich auch folgern, daß die Siedlung auf dem Germansberg den Zusammenbruch des Imperiums überlebte, im Gegensatz zur *Civitas*, die nach dem Abzug der Legionen nahezu vollständig verödete. Spaten und Kelle legitimierten auch die Sage vom «guten König Dagobert», der nach der kirchlichen Überlieferung um 620 auf dem Germansberg eine Kirche und ein Kloster gestiftet haben soll. Der 639 gestorbene Dagobert hat wahrscheinlich auch die erste Kathedrale in Speyer gebaut, das von 614 an wieder als Bischofssitz bezeugt ist.

Die Lokalhistoriker haben nachgewiesen, daß sich die geistliche Civitas in der alten Römerstadt niederließ, genauer gesagt: auf der von Rhein und Speyerbach begrenzten Landzunge, und hier zunächst im südlichen Teil. So lag die in schriftlichen Quellen erwähnte Stephanskirche, die die neuere Forschung mit der Bischofskirche der Merowingerzeit gleichsetzt, unmittelbar an dem zum Strom steil abfallenden Hang des Geländevorsprungs.

Zu Beginn des 7. Jahrhunderts taucht auch, von der später Altspeyer genannten Siedlung im Norden der Stadt entliehen, der Name *Spira* = Speyer auf, den poetisch gestimmte Naturen aus dem lateinischen *spirare*, das heißt atmen, abgeleitet haben – eine Erklärung, die wohl zu schön ist, um wahr zu sein.

Struktur und Ausdehnung dieser frühmittelalterlichen *Civitas* zeichnen sich bisher ebenfalls nur in Umrissen ab. Die große Grabung im

Domgelände, die wesentlich zur Klärung der topographischen Probleme beitragen könnte, steht noch aus, und die wenigen Texte besagen wenig oder gar nichts. Bei einem kleineren archäologischen Unternehmen auf der Südseite des Domes wurden zwar Mauerreste und Pfeilersockel aus vorsalischer Zeit freigelegt, die Sprater als Reste einer merowingischen Pfalz deutete, doch hat diese Annahme wenig Gegenliebe gefunden. Die heutige Forschergeneration ist eher der Meinung, daß die von Sprater entdeckten Baureste auf Speyers zweite, in karolingischer Zeit gebaute Bischofskirche verweisen.

Erst eine Urkunde aus dem Jahre 946 hellt die dichte Wolkendecke über dem frühen Speyer ein wenig auf. Sie ist von Herzog Konrad dem Roten unterzeichnet, jenem Stammvater des salischen Geschlechtes, der 955 die Schlacht auf dem Lechfeld entschied. Konrad übertrug durch dieses Dokument dem Bischof von Speyer das Münzrecht, schenkte ihm den halben Zoll und vermachte ihm den Salz-, Pech- und Weinpfennig, der von auswärtigen Kaufleuten erhoben wurde. Mit andern Worten: er unterstellte die Speyerer Kaufmannssiedlung, die er bis dahin selbst verwaltet hatte, der geistlichen *Civitas*.

Aus dieser Urkunde läßt sich mancherlei folgern. Da das Münzprivileg an Königspfalzen gebunden war, muß der rote Konrad Herr einer Pfalz in Speyer gewesen sein. Als ihren Standort hat Doll mit guten Gründen das Gelände des spätmittelalterlichen Rathauses im Norden der Landzunge in Anspruch genommen. Die Übertragung der Konsumsteuereinnahmen auf den Bischof setzt aber die Existenz einer Kaufmannssiedlung voraus, die ebenfalls im Nordteil des Geländevorsprunges, wo die Speyerbachmündung einen natürlichen Hafen bildete, vermutet wird. Der dazugehörige Markt lag im Ostteil der heutigen Hauptstraße und hatte jene Dreiecksform, die auch von Köln, Straßburg oder Konstanz her bekannt ist.

Markt und Kaufmannssiedlung waren 947 offenbar so weit herangewachsen, daß es sich empfahl, sie in die bischöfliche Stadt «hereinzunehmen». Das scheint bald danach geschehen zu sein. Die erstmals 969 erwähnte ottonische Stadtmauer umschloß außer der geistlichen *Civitas* auch Markt, Kaufmannssiedlung und Königspfalz. Der Anzug war allerdings ein wenig eng geraten. Schon bald nach dem Mauerbau entstand auf der Westseite der Umwallung, halbkreisförmig vom Speyerbach bis zur Zufahrt der Rheinfähre im Süden, eine weitere, allem Anschein nach recht lebendige Kaufmannssiedlung.

So weit waren die Dinge gediehen, als Konrad II. die *Civitas Spira*, alten salischen Hausbesitz also, sozusagen wiederentdeckte und den Grundstein zu einer Entwicklung legte, die Speyer in weniger als einem Jahrhundert zu einer der glänzendsten Städte des Reiches machte.

Am 4. September 1024, acht Wochen nach dem Tod Heinrichs II., *In den Steigbügeln Karls des Großen* versammelten sich in Kamba, einem abgegangenen Ort gegenüber Oppenheim am Rhein, die deutschen Fürsten, um einen neuen König und mit ihm – da die liudolfingische Sippe erloschen war – ein neues Herrschergeschlecht zu wählen.

Freilich standen nur zwei Kandidaten ernsthaft zur Diskussion. Noch lebte nämlich in zwei Urenkeln des roten Konrad, Ottos des Großen Schwiegersohn, das Blut der sächsischen und sogar der karolingischen Dynastie weiter: eine bessere Empfehlung war schlechterdings undenkbar. So lag also von vornherein fest, daß einer der beiden Salier die Nachfolge Heinrichs II. antreten würde – die Frage war nur, wer.

In Abwesenheit der Sachsen und gegen die Lothringer entschieden sich die Franken, Bayern und Schwaben für den älteren der beiden Konrade – und taten damit einen guten Griff; denn dieser Konrad II. ist als eine der kraftvollsten und geschlossensten Herrscherpersönlichkeiten in die deutsche Geschichte eingegangen.

Als Sohn eines wenig begüterten Landedelmannes unter Leitung des Bischofs Burchard von Worms aufgewachsen, lebte er bis zum Tage von Kamba ein ziemlich glanzloses Dasein, an dessen Anonymität nicht einmal die Ehe mit der Herzoginwitwe Gisela von Schwaben viel geändert hatte. Um so mehr überrascht, mit welcher Energie und Instinktsicherheit er sein hohes Amt vom ersten Tag an verwaltete.

Er war vierunddreißig Jahre alt, als er dank dem Geschick des Mainzer Erzbischofs Aribo, der die Wahl von Kamba «machte», auf den Schild des Herrschers gehoben wurde: ein hochgewachsener, kräftig gebauter Mann, der fest auf dem Boden der Tatsachen stand und, wie sich bald erwies, seine Ziele unbeirrbar verfolgte; nüchtern, kühlen Herzens, hart gegen sich und andere, «ganz Kriegsmann, ganz Laie», ganz Willensmensch, wie alle Salier.

Ideologien und Programme hatten in der Welt des zweiten Konrad keinen Platz. Unbeeindruckt «von den hochfliegenden Idealen des weltlichen und des kirchlichen Universalismus», kannte er nur eine Aufgabe: seine königliche Macht zu stärken und zu mehren. Diesem Zweck unterwarf er auch die Kirche. Er beutete die Güter der Klöster und Bistümer rücksichtslos aus, betrieb offen das Laster der Simonie, indem er für die Investitur der Äbte und Bischöfe hohe Taxen erhob, und degradierte selbst die Metropoliten zu Befehlsempfängern, die er zudem «mit unerbittlicher Strenge» behandelte.

Diese Strenge war mit einem gefährlich-explosiven und leidenschaftlichen Temperament gepaart, das dauernd unter Hochdruck stand. Konrads Rücksichtslosigkeit war ebenso gefürchtet wie der Jähzorn, der bisweilen ungehemmt aus ihm herausbrach und seinen geheimen

Despotismus offenbarte. Als Verstandes- und Tatsachenmensch, der gewohnt war, sich seinen Zielen auf den Wegen des geringsten Widerstandes zu nähern, verstand er sich aber auch auf die Kunst der Mäßigung. Er konnte warten, lavieren und nachgeben, und er ließ sich unbekümmert um Prestigefragen auf Konzessionen ein, wenn ihm der Erfolg den Aufwand nicht lohnte. So war er in all seiner bäuerlichen Derbheit ein hervorragender Diplomat, verschlagen, berechnend und ausdauernd, ein Praktiker der Politik, der die Positionen des Reiches konsequent und umsichtig ausbaute.

Seine Bildungsbasis war schmal. Des «Gedankens Blässe» hat ihn weder geplagt noch gehemmt. Doch besaß er einen vehementen Witz und einen grimmigen, von souveräner Menschenverachtung geprägten Sarkasmus. Die Berichte der zeitgenössischen Chronisten bezeugen auch seine Fähigkeit, komplizierte Situationen auf einfache Sachverhalte zurückzuführen und seine Umwelt mit schlagkräftigen Formulierungen zu versorgen.

Den Tod seines Stiefsohnes Ernst, der sich wiederholt gegen ihn empört hatte, quittierte er lakonisch mit den Worten: «Bissige Hunde bekommen selten Junge.» Den römischen Apostelfürsten nannte er geringschätzig «Johannes, beziehungsweise Papst». Und als er den aufständischen Grafen von Fermo, genannt Thasselgard, zur Strecke gebracht hatte, erklärte er trocken: «Das also ist der Löwe, der die Tiere Italiens gerissen hat; beim Heiligen Kreuz – dieser Löwe soll mein Brot nicht länger essen». Worauf er ihn henken ließ.

Zeigte er sich mild, großmütig und freigebig, ließ er sein Verhalten so plakatieren, daß es dem Bild der königlichen Majestät dienlich war. Auf dem Weg zur Krönungszeremonie in Mainz nahm er sich Zeit, mehrere Bittsteller – die Berichte sprechen von einem Bauern, einem Waisenkind, einer Witwe und einem Verbannten – anzuhören und ihnen leutselig die Erfüllung ihrer Wünsche zu versprechen. Auf einem seiner italienischen Feldzüge besuchte er einen Ritter, der im Kampf sein Bein verloren hatte, und stellte ihm beim Abschied seine eigenen Lederstiefel, mit Münzen bis zum Rand gefüllt, auf die Bettstatt. So berichtet jedenfalls sein burgundischer Biograph Wipo, der ihm in mancherlei Hinsicht kritisch gegenüberstand und ihm zumindest den mißbräuchlichen Umgang mit dem Kirchengut sehr verübelt hat.

Das Volk begegnete ihm mit mehr Furcht als Liebe. Niemand bezweifelte aber, daß er wie kein zweiter des Thrones würdig war und den Aufgaben eines Herrschers gerecht wurde. Schon bald ging das Sprichwort um, daß an Konrads Sattel Karls des Großen Steigbügel hingen – ein Satz, den der auf einprägsame Formulierungen bedachte König selbst erfunden haben könnte.

Auch Konrad II. war während der fünfzehn Jahre seiner Herrschaft zweimal gezwungen, das ewig brodelnde, heißblütige Italien mit militärischen Mitteln zu beruhigen. Zum erstenmal 1026, als ihm eine bischöfliche Delegation unter Führung des Metropoliten Aribert von Mailand hinterbracht hatte, daß langobardische Adelige versucht hätten, König Robert von Frankreich und Herzog Wilhelm von Aquitanien für die Krone ihres Landes zu interessieren.

«Wenn Italien nach meinen Gesetzen dürstet...»

Vor Pavia aufmarschiert, fand er eine leidenschaftlich erregte, nervös-vibrierende Stadt vor, deren Bürger die Nachricht von Heinrichs II. Tod mit der Zerstörung seiner Pfalz festlich begangen hatten und nun ein hartes königliches Strafgericht erwarteten: durchaus zu Recht, wie sich sehr bald erwies; denn Konrad unterwarf die gesamte nähere und weitere Umgebung von Pavia dem Gesetz der verbrannten Erde, und zwar so lange, bis die Paveser «alle seine Forderungen ohne weiteren Verzug erfüllten».

Er marschierte dann weiter nach Ravenna, wo sich seine Krieger – nach Wipos treffendem Bild – ebenfalls «mit fressendem Schwert» durch die Stadt hieben, und beendete diese Demonstration seines königlichen Zorns erst am Tage der Auferstehung des Herrn. Am 26. März 1027, am ersten Ostertag, ließ er sich in Rom durch Papst Johannes XIX. zum *Caesar Augustus* krönen. An der Zeremonie nahmen erstmals zwei außerdeutsche Könige teil: Rudolf von Burgund und Knud der Große von Dänemark, die beide «nach der heiligen Meßfeier» den Kaiser «ehrenvoll in sein Gemach geleiteten».

Ein schwerer Zusammenstoß zwischen den kaiserlichen Leibgardisten und bewaffneten Römern, bei dem auf deutscher Seite der junge Berengar, «ein hochedler, sehr kriegsgewandter Herr» aus Schwaben, erschlagen wurde, beschloß das österliche Krönungsfest.

Nachdem ihm auch die unteritalienischen Fürsten gehuldigt hatten, schaltete und waltete Konrad II. in Italien, als handele es sich um seinen Privatbesitz. Unterstützt von Papst Johannes XIX., der ein willenloses Werkzeug in seinen Händen war, aber gegen den Willen des Mailänder Metropoliten, zwang er einigen norditalienischen Diözesen deutsche Bischöfe auf.

Gleichzeitig war er bemüht, sich auch den Adel des Landes gefügig zu machen. Daß er zu diesem Zweck zahlreiche Ehebündnisse zwischen den führenden Familien der Lombardei und des bayerisch-schwäbischen Raumes stiftete, widersprach ebenfalls den Wünschen der italienischen Geistlichkeit, die sich im Kampf mit dem heimischen Adel bis dahin vor allem dadurch behauptet hatte, daß sie die deutschen Karten spielte. Vollends fühlte sie sich verraten, als Konrad den bischöflichen

Vasallen, den sogenannten «Valvassoren», das Erbrecht an ihren kirchlichen Lehen zugestand.

Die Folge war zunächst ein Bürgerkrieg, in dem sich der auf das städtische Bürgertum gestützte Episkopat und die Ritterschaft als Hauptkontrahenten gegenüberstanden, schließlich ein Kampf aller gegen alle, den beizulegen auch Konrad nicht gelang. Zwar gab er, als ihn die Kombattanten 1036 zum Eingreifen aufforderten, mit den Worten: «Wenn Italien nach meinen Gesetzen dürstet, so will ich es tränken», einen seiner vielbewunderten Aussprüche zu Protokoll; sein Versuch, die Streitigkeiten beizulegen, scheiterte jedoch an der intransigenten Haltung des Metropoliten Aribert.

Nachdem Konrad Mailand vergebens belagert hatte, zog er sich nach Ravenna zurück, um auf den Zuzug frischer Truppen zu warten. Hier brach in seinem Heer jedoch eine Seuche aus, die den Kaiser — der vor «niemandem als Gott und der Sommerhitze wich» — nötigte, das gesamte Unternehmen abzubrechen. Ein Jahr später — 1039 — starb er, ohne seinen hartnäckigen Widersacher Aribert bezwungen zu haben.

Glücklicher operierte er an den Nord- und Ostgrenzen des Reiches. Für die Anerkennung der Eidergrenze handelte er die Freundschaft Knuds des Großen ein, der als König von Dänemark, Norwegen und England damals die zweite europäische Großmacht repräsentierte. Auch dem Gründer des ungarischen Reiches, Stephan dem Heiligen, kam er entgegen, indem er sich bei Grenzstreitigkeiten an der Leitha «großmütig» erwies. Den polnischen König Missika, den schwachen Sohn des starken Boleslav Chrobry, warf er 1031 durch eine gemeinsame deutschrussische Aktion nieder, mit dem Erfolg, daß die Lausitz «heimkehrte», Missika den Königstitel ablegte und Großpolen wieder in seine Bestandteile zerfiel (wobei auch Ungarn und Rußland ihre Bilanzen in Ordnung brachten).

Die Ruhe, die Kaiser Konrad an den nördlichen und östlichen Grenzen des Reiches teils erkaufte, teils erzwang, kam ihm im Westen bei dem bedeutsamsten Unternehmen seiner Regierungszeit zugute: dem (von Heinrich II. vorgeplanten) Erwerb Burgunds. Konrad leistete damit sein staatsmännisches Meisterstück.

Indem er schon vor dem Tod von König Rudolf von Burgund ein Bündnis mit dem französischen König Heinrich I. einging, neutralisierte er beizeiten seinen gefährlichsten Konkurrenten, den Grafen Otto von der Champagne, der als Neffe Rudolfs der eigentliche Thronprätendent war. Was bei Beginn der Erbauseinandersetzung noch zu tun blieb, besorgte er 1034 durch den Einmarsch zweier Armeen, die von Deutschland und Italien her das schöne Königreich an der Rhône in die Zange nahmen. Doch bewies er nach dem glatten militärischen Sieg wiederum einen erstaunlichen Grad von Einsicht – er tastete die innere Struktur des Landes nicht an, vermied also von vornherein, sich die burgundischen Herren zu Feinden zu machen.

Er begnügte sich mit den geographischen, politischen und wirtschaftlichen Vorteilen, die der Anschluß Burgunds dem Reiche brachte: die Westalpenpässe – Sankt Bernhard, Mont Cenis und Simplon – befanden sich nun in deutscher Hand; die Bildung eines vereinigten Burgund-Champagne-Staates, der auf das ewig unzufriedene Lothringen wahrscheinlich eine starke Anziehungskraft ausgeübt hätte, war vereitelt worden; die «klassische» Handelsstraße an der Rhône band die Städte an Rhein und Mosel wieder stärker an Marseille und das Mittelmeer.

Mit gutem Gewissen konnte Konrads Biograph und Hauskaplan Wipo seinen Bericht über das Jahr 1039, des Herrschers Sterbejahr, also mit der Feststellung beginnen, daß dieser erste Salier «das Königtum und das Kaisertum wohlgeborgen» wußte und sah, «wie fast alles im Reiche sich nach seinem Wunsche fügte».

Auch im Innern fügte sich alles seinen Wünschen – seiner Kraft, Diesseitigkeit und robusten Intelligenz.

Kaiser Konrad und die Kirche

Den Anfang freilich markieren die traurigen Wegzeichen fast jeden Herrschaftswechsels in Deutschland. Auch Konrad mußte zunächst mit den üblichen Verwandtenaufständen fertig werden, auch er mußte erleben, daß «im Schatten des Thrones die Sohnesliebe nicht so recht gedieh».

Der in Kamba überstimmte jüngere Konrad trat nicht kampflos ab. Zwei stürmische Jahre vergingen, bis sich die beiden Lothringer Herzöge entschlossen, den neuen König anzuerkennen. Im selben Jahr, 1025, rebellierte Konrads Stiefsohn Ernst, der durch seine Mutter Gisela mit dem burgundischen Königshaus verwandt war und vielleicht davon träumte, sein schwäbisches Herzogtum mit dem Königreich an der Rhône zu vereinigen. Zweimal mußte Konrad gegen ihn zu Felde ziehen, zweimal verzieh er dem «trotzigen, übelberatenen Hitzkopf». Endgültig erlosch der Aufstand aber erst, als der junge, vielgeliebte Herzog Ernst wie ein Wegelagerer in der Wildnis des Schwarzwaldes erschlagen worden war – ein unrühmlicher, elender Tod, um den Volkssage und Dichtung später einen «verklärenden Schleier» gewoben haben.

Schon während dieser Aufstände erntete der König die Früchte eines Gesetzes, durch das er kurz nach seinem Regierungsantritt dem niederen Adel die Erblichkeit seiner Lehen zugestanden hatte: jener Schicht also, der er selbst entstammte, trotz seiner ruhmreichen, hocharistokratischen Ahnenschaft.

Das Bündnis mit den Grafen und Landjunkern, das einer Entrechtung der «großen Herren» gleichkam, zahlte sich doppelt und dreifach aus. Im Dauerkampf mit den Territorialfürsten – von denen keiner, um einen Satz von Michael Freund zu zitieren, «auch nur den dritten Hahnenschrei abwartete, um den Kaiser zu verraten» – bewährte sich fortan außer der Kirche auch die niedere Nobilität als königstreues stabilisierendes Element. Außerdem wuchs aus ihren Reihen eine neue Kaste in Gestalt des Dienstadels und der Ministerialen heran, aus der sich schon wenige Generationen später das Gros der weltlichen Verwaltungsschicht des Reiches rekrutierte.

Auf eine offene Auseinandersetzung mit den Herzögen ließ es Konrad jedoch nicht ankommen. Er respektierte ihre angestammten Rechte und die Macht, die sie noch immer repräsentierten. Trotzdem gelang es ihm, die Mehrzahl der deutschen Herzogtümer in salischen Hausbesitz zu überführen. Als er starb, behaupteten nur noch Sachsen und (das wieder vereinigte) Lothringen ihre Selbständigkeit.

Daß er auch die Kirche seinem Herrschaftsanspruch voll und ganz unterwarf, wurde bereits vermerkt; zwar setzte er optisch nur die Politik seiner Vorgänger fort, in seiner «realistischen, jeder religiösen Inbrunst fremden Sinnesart» vertrat er die Staatsmacht jedoch mit extremer Härte und Konsequenz.

Ohne Rücksicht auf kirchliche Bedürfnisse ernannte er Äbte und Bischöfe, die noch nicht einmal die priesterliche Weihe empfangen hatten. Die Folgen waren um so betrüblicher, als er auch auf die Weihen des Wissens nur wenig Wert legte. Wie der Nimbus des Priestertums unter Konrad II. dahinschwand, so sank auch das Bildungsniveau. Wirtschaftlich allerdings florierten die großen Klöster und Reichsabteien wie nie zuvor.

Daß ausgerechnet unter der Fuchtel dieses unbedingten Vertreters absoluter Staatsgewalt die cluniazensische Bewegung in Deutschland Eingang fand, stellt eines jener Paradoxa dar, die die Geschichte bisweilen liebt. Sicher waren auch dabei wirtschaftliche Überlegungen im Spiel. Je straffer und uneigennütziger ein Kloster verwaltet wurde, desto höher war natürlich sein Ertrag, desto höher auch der Anteil des ewig hungrigen Hofes. Außerdem mag dem König daran gelegen haben, sich durch die Förderung der «Reform» das Wohlwollen der burgundischen und lothringischen Äbte bei der Annexion des Rhône-Staates zu sichern.

Sein Interesse an der von Cluny ausgehenden kirchlichen Erneuerung ist danach auch schnell wieder erloschen, und sobald sich Konflikte ergaben, setzte er, ohne zu zaudern, die Ansprüche des Staates mit gewohnter Schroffheit durch und fegte die Bedenken gegen die Investitur geistlicher Würdenträger durch den König gleichmütig vom Tisch.

Trotzdem stellt die durch Abt Poppo durchgeführte Reform von zwölf lothringischen Klöstern und vier Reichsabteien so etwas wie eine historische Wendemarke dar. Immerhin lassen sich schon in Konrads Zeit die ersten Anzeichen jener «Romanisierung» der Kirche feststellen, die für die späten Salier so verhängnisvoll wurde. Die Reformer bekämpften ja nicht nur die Simonie, sondern die Investitur der geistlichen Führungskräfte durch die weltliche Herrschaft überhaupt.

Einen so selbstsicheren und mächtigen Herrscher wie Konrad II. fochten diese kritischen Regungen wenig an. Kühlen Herzens ging er über die Bestrebungen der Cluniazenser zur Tagesordnung über. Es war nicht seine Art, sich Gedanken über ihre möglichen Folgen zu machen. Solange die Kirche gehorchte, gönnte er ihr gern die Freiheit, ihr Gewissen zu erforschen. Und noch gehorchte sie.

Daß für Stiftungen und Geschenke zum Wohl der Kirche in Konrads Denken nur wenig Raum war, versteht sich von selbst. Nur zwei größere Projekte kommen auf sein persönliches Konto – und beide dienten dem salischen Hausinteresse. Auf dem Gelände der salischen Stammburg bei Bad Dürkheim legte er bald nach seiner Königswahl den Grundstein für das Kloster Limburg, dessen Kirche die Totenkirche seines Geschlechtes werden sollte. Kaum waren dort die Fundamente gelegt, besann er sich jedoch anders und begann mit dem Dombau von Speyer.

Der Entschluß, in dem verhältnismäßig kleinen mittelrheinischen Bistumssitz eine neue Kathedrale zu errichten, wurde wahrscheinlich unmittelbar nach der Kaiserkrönung im Jahre 1027 gefaßt. Und fraglos lautete der Auftrag an den (unbekannten) Architekten des neuen Doms: eine Kirche zu bauen, die die Macht des salischen Geschlechtes und des von ihm vertretenen abendländischen Kaisertums schon durch seine Abmessungen darstellen sollte.

So entstand die damals größte Kirche der Christenheit.

Dreißig Jahre wurde an der riesigen, 132 Meter langen Gottesburg gearbeitet, deren Grundmauern fünf Meter breit und fünf Meter tief «in römischen Schutt und in den gewachsenen, goldhaltigen Sand» eingebettet wurden. Drei Jahrzehnte zog die «Großbaustelle Dom» Maurer und Steinmetzen aus allen Teilen des Reiches nach Speyer. Unaufhörlich rollten die Fuhren, die von den Haardthöhen Holz und Steine herankarrten. Ungezählte Schiffe legten in dem kleinen Hafen zu Füßen der wachsenden Kathedrale an und brachten Bau- *Der erste salische Dom* material vom Neckar, vom Odenwald, vom Bienwald und vom Schwarzwald.

Dieser erste salische Dom, in der Sprache der Kunsthistoriker kurz *Speyer I* genannt, lebt in dem heutigen Bau in vielfacher Gestalt weiter: in den mächtigen Fundamenten, in der unveränderten Krypta, in den Vierungsbögen, in den Osttürmen, im Ostteil der Mittelschiffwände, in den Seitenschiffwänden und dem nach innen gerichteten Westportal. Es ist also verhältnismäßig leicht, ein Bild des um 1030 begonnenen, 1061 geweihten Kaiserdoms zu entwerfen.

«Der Grundriß glich» – so Klimm in seinem Dombuch – «einem großen lateinischen Kreuz. Ein dreiteiliger Westbau legte sich vor die drei langgezogenen Schiffe. Elf freistehende Stützenpaare» stemmten «die Hochwände des Mittelschiffs... Dann schnitt ein weitausholendes Querschiff den Längsfluß, so daß dort eine Vierung und drei Chöre entstanden. Der Ostchor schloß innen halbrund mit der Apsis. Über den Vierungen... erhoben sich Vierungstürme und dabei in den Winkeln je zwei wuchtige, eckige Türme. Im Osten aber» trug «ein

Abb. 32: Dom zu Speyer, Rekonstruktion des ursprünglichen Zustandes im 11. Jahrhundert, Blick nach Westen

unterirdischer Dom... den oberirdischen auf seinen stämmigen Schultern.»

Speyer I war aber nicht nur die größte, sondern auch die großartigste Kirche ihrer Epoche: die kühnste, fortschrittlichste und ideenreichste. Wilhelm Pinder hat darauf hingewiesen, daß hier erstmals seit römischer Zeit wieder zwei Geschosse durch einen einzigen Bogen übergriffen wurden. Hans Jantzen bewundert vor allem den «Hochdrang des Raumes» und die reliefartige Aufschichtung der Hochschiffwände. Hans Erich Kubach, der während der letzten Restaurierung des Kaiserdoms von 1957 bis 1961 die einzelnen Teile noch einmal auf ihren baugeschichtlichen Zusammenhang überprüfte, spricht von der «Vorwegnahme gotischer Bauideen» und sieht diese nicht nur in gewissen technischen Details verwirklicht, sondern auch in den «komplizierten Raum-Körper-Gebilden», die sich hinter dem zyklopischen Mauerwerk der (flachgedeckten) Pfeilerbasilika verbargen.

Mit anderen Worten: auch die mühevolle Erforschung von *Speyer I* hat bestätigt, daß es bereits in ottonisch-frühsalischer Zeit eine hochentwickelte, der Lösung diffiziler Aufgaben fähige Baukunst in Deutschland gab, ja, daß die Führung eindeutig in Deutschland lag.

Konrad und seine Gemahlin Gisela haben den Dombau nach Kräften gefördert, mit dem Erfolg, daß bereits nach zehnjähriger Bauzeit die Krypta nahezu vollendet war und die Langhauswände eine respektable Höhe erreicht hatten. So konnte Konrad, seinem Wunsch gemäß, als erster deutscher Kaiser im Dom von Speyer beigesetzt werden.

Er starb, kaum fünfzigjährig, am 4. Juni 1039 in Nimwegen im heutigen Holland. Seine Eingeweide wurden, wie Wipo berichtet, in Utrecht eingesargt.

«Den übrigen, denkbar prächtig umhüllten und eingesargten Leichnam geleiteten die Kaiserin und ihr königlicher Sohn nach Köln und führten ihn durch alle Stifte dieser Stadt, ebenso in Mainz, Worms und den dazwischenliegenden Orten, wobei sich alles Volk unter Gebeten anschloß... Dreißig Tage nach seinem Tod bestattete man den Kaiser unter hohen Ehren in der Stadt Speyer, die er selbst, wie später auch sein Sohn, sehr ausgezeichnet hat. Bischof Heinrich von Lausanne und andere Burgunder, die ihm vom Sterbeort bis zur Gruft das Geleit gaben, haben mir berichtet, des Kaisers Sohn, König Heinrich, habe selbst an allen Kirchenportalen und zuletzt auch bei der Beisetzung in demutvoller Ehrerbietung des Vaters Leib auf seine Schultern gehoben.»

Das Grab, das die sterblichen Reste Konrads aufnahm, lag am Ende des Mittelschiffes, zwischen den beiden Kryptatreppen. Da die Bauleute ihre Arbeit bald wieder aufnahmen, umschmiedete man den Deckel des kaiserlichen Steinsarges mit eisernen Bändern.

«Speyer II» — «die große epochale Wandlung»

Der Dom von Speyer wurde 1061, ein Jahr nach dem Theophanu-Münster in Essen, geweiht und seiner Bestimmung übergeben. Aber schon zwei Jahrzehnte später begann ein Umbau, der die kaum vollendete Kathedrale wieder in eine riesige Baustelle verwandelte.

Die Kunsthistoriker sind sich über die Gründe dieses Umbaues bis heute nicht ganz einig geworden. Hatte sich das jährliche Hochwasser des Rheins allzunahe an den mächtigen Bau herangearbeitet? Waren Mängel in dem riesigen Gemäuer aufgetreten? Oder wollte Kaiser Heinrich IV., der in seinem Dreifrontenkrieg gegen die rebellierenden Sachsen, die aufsässigen Herzöge und die «gregorianische» Kirche mehrfach in eine verzweifelte Lage geriet, sich mit der durchgreifenden Erneuerung des Doms der Gunst und Gnade des Himmels versichern? Sollte Speyer also, wie Jantzen vermutet – das «Symbol sakralpolitischer Machtentfaltung und monumentalstes Zeugnis» des salischen Herrscherhauses werden?

Genug: von 1080 an wurde wieder gebaut; und es dauerte noch einmal zweieinhalb Jahrzehnte, bis «der majestätischste und schönste aller romanischen Dome» Europas endgültig vollendet war.

Zum Leiter der Umbauarbeiten bestellte Heinrich IV. den Bischof Benno von Osnabrück, der ihm als Verwalter, Diplomat und Architekt bereits nützliche und wertvolle Dienste geleistet hatte. Benno entwarf ein «geniales, unerhört neues Programm», das eine Reihe kühner Eingriffe in den überkommenen Bestand vorsah, und zwar:

die Einwölbung des Mittel- und Querschiffes, die wiederum eine Verstärkung der Pfeiler voraussetzte;

die Gliederung der Innenwände durch Wandkapellen, Blendfelder und reichgestufte Fenstergewände;

die Neugestaltung der Querschiff-Fassaden;

die Anbringung von Zwerggalerien oberhalb der Fensterzonen.

Benno begann mit dem Umbau der Ostpartie, und gleich hier bewies er nicht nur sein souveränes technisches Können, sondern auch seine hohe baukünstlerische Begabung. «Auf der einen Seite enge Anlehnung an den Gründungsbau und Fortsetzung der dort angeschlagenen Note... Auf der anderen Seite neue Formen, die sich mit den alten zu einer unerhört vielteiligen Komposition verbinden. Ein Kranz tiefer Muldennischen in der Apsis, ein mächtiges dreiteiliges Gesims, an das antike Gebälk anklingend, darüber und ein zweites Mal unter der Halbkugel. Aushöhlung der Mauer durch kreuzgewölbte Kapellen, die, in der Mauerstärke liegend, eine Zweischalenstruktur anbahnen und dann, nach außen gewendet, in der Zwerggalerie unter dem Dachgesims sich gleichsam wiederholen.» (Kubach)

Als Benno von Osnabrück 1088 starb, gerieten die Arbeiten am Dom für einige Zeit ins Stocken. Es blieb dem Kaiser höchstpersönlich vorbehalten, sie erneut und energisch in Gang zu setzen: 1096 von einem längeren Italienaufenthalt nach Deutschland zurückgekehrt, ernannte er seinen Hofkaplan Otto, den späteren Bischof von Bamberg, zum

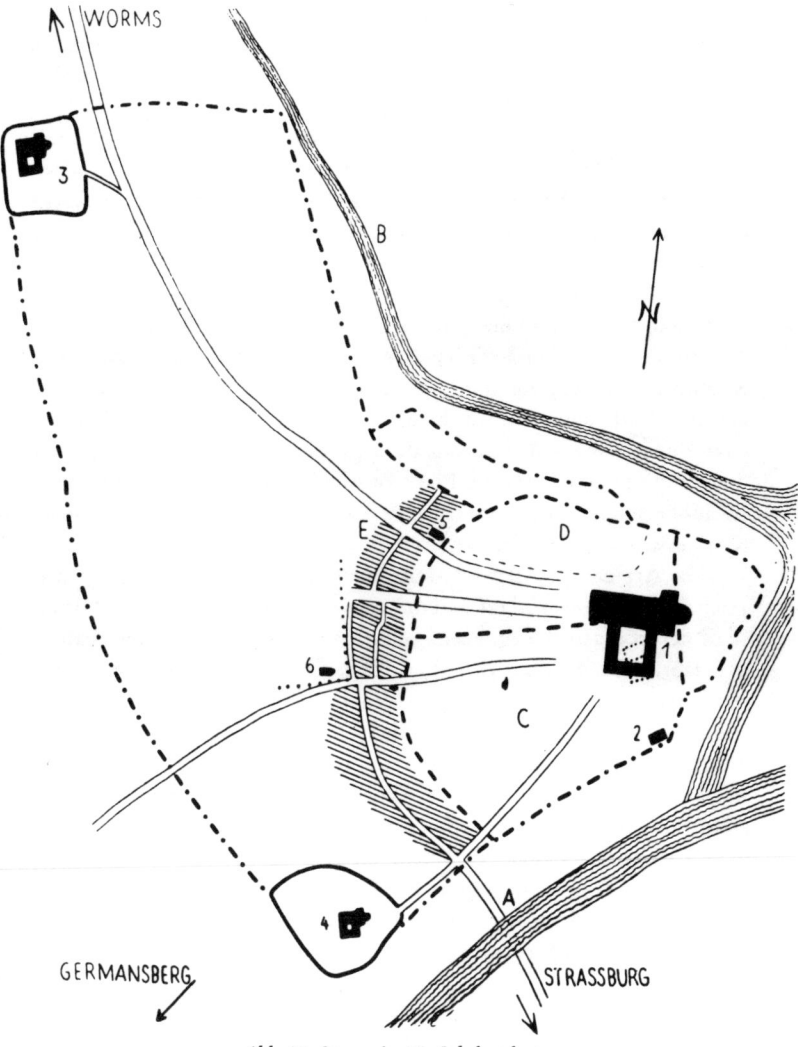

Abb. 33: Speyer im 11. Jahrhundert
1 Dom; 2 Stephanskapelle; 3 St. Guidostift = Weidenstift; 4 Allerheiligenstift; 5 St. Georg; 6 St. Moritz; 7 Retscher.
A Rheinfähre; B Speyerbach; C Immunität; D Königspfalz; E ottonisches Marktgebiet

«Generalbevollmächtigten» der Speyerer Bauhütte und stellte ihm außer einem Trupp lombardischer Steinmetzen, den er offenbar selbst engagiert hatte, alle nur denkbaren materiellen Hilfen zur Verfügung. Otto von Bamberg scheint – anders als Benno von Osnabrück – vorwiegend administrativ tätig gewesen zu sein. Der «letzthin verantwortliche Planer» der zweiten Umbauphase ist nicht bekannt. Es muß jedoch ein Mann von großer Erfahrung gewesen sein, dem es auch an Ideen und dem Mut zu revolutionären Neuerungen nicht fehlte. Unter seiner und Ottos verständnisvollen Führung entstanden, über verstärkten Fundament- und Kryptamauern, die kraftvollen Querhausfronten. Die Zwerggalerien wurden zu einem höchst bedeutsamen Formelement des Außenbaues. Kleine und große Fenster rhythmisierten die Wände und verschafften dem Innern eine bis dahin ungekannte Helligkeit.

Entscheidend aber: wie das Mittelschiff durch die Einwölbung seine Gestalt änderte. Zusammen mit seinem unbekannten Helfer löste Otto das Problem souverän. «Er verstärkte» (um noch einmal Hans Erich Kubach zu zitieren, der während der letzten Restauration den Riesenbau gründlich baugeschichtlich untersucht hat) «jedes zweite Pfeilerpaar durch Vorlagen, spannte darüber die Gurtbögen, und um für diese und die Gewölbegrate Platz zu schaffen, brach er Teile der alten Blendbögen ab (nur gerade soviel wie nötig) und führte sie mit einem Knick etwas enger wieder auf.»

Diese Art der Pfeilerverstärkung wurde nicht nur den neuen statischen Bedingungen vollauf gerecht, sie verschaffte dem riesigen Mittelschiff derart plastisch gegliederte und rhythmisch bewegte Wandflächen, daß trotz Beibehaltung der alten Maße ein völlig neuer Raum entstand: ein Raum mit lebendigen, gleichsam atmenden Mauern.

Schon die Zeitgenossen haben den Dom von Speyer als steinernes Mirakel betrachtet. So sprach der anonyme Verfasser der *Vita Heinrici IV.*, der auch des Kaisers «Vorliebe und leidenschaftliche Neigung für den Dom zu Speyer» hervorhob, von einem «ans Wunderbare grenzenden Bau», der «mehr als alle Werke der alten Könige lobwürdig und bestaunenswert» sei. Sein spontanes Urteil hat auch der kritischen Einstellung der Nachwelt standgehalten. Bis heute sind sich die Bauhistoriker über den Ausnahmerang von *Speyer II* einig. Als sich um die Wende vom 11. zum 12. Jahrhundert die Gewölbe über dem Mittelschiff schlossen, führte der Speyerer Dom (nach dem Urteil von Dehio) «die Spitze der abendländischen Baukunst» an. Ja, er war seiner Zeit um rund hundert Jahre voraus.

Historisch gesehen, stellt der Dom von Speyer die große Zäsur in der mittelalterlichen Architekturgeschichte dar: «erst mit jenem großen baugeschichtlichen Ereignis ... das das Mittelschiff des Kaiserdomes von Speyer in einen Gewölbebau verwandelte und damit für die Stilbildung und Formensprache monumentalen Sakralbaues ein neues Raumideal aufstellte», setzte – so Jantzen – «die große epochale Wandlung» in der deutschen Baukunst ein, deren Ergebnis der «romanische Stil» war.

Mit dem Dom wuchs auch die Stadt, wuchs die bischöfliche *Civitas* Speyer, die eigentlich noch gar keine Stadt war, sondern ein geistlicher Bezirk mit einer vorgelagerten Kaufmannssiedlung. *Bürgerbrief in Erz gegossen*

Auch die Weiterentwicklung bestimmten zum guten Teil kirchliche Einrichtungen. Gleichzeitig mit dem Dom legte Konrad II. um 1030 den Grundstein zu einem dem Evangelisten Johannes geweihten Stift. Es lag (an der Stelle des heutigen Missionskonviktes) kurz vor dem Dorf Altspeyer an der Ausfallstraße nach Worms, wuchs schnell heran und erfreute sich, als väterliche Gründung, der besonderen Gunst des dritten Heinrich. Als dieser zweite Salier 1047 von seiner Kaiserkrönung in Rom heimkehrte, brachte er für den Dom das Haupt des Papstes Stephan mit, der im 3. Jahrhundert den Märtyrertod gestorben war, und für das Johanneskloster die sterblichen Reste des Abtes Guido von Pomposa, eines Saliers, der ein Jahr zuvor in Parma das Zeitliche gesegnet hatte und später ebenfalls heiliggesprochen wurde. Das Johannesstift führte seitdem den Namen Guido- oder Weidenstift. Seine Kirche ist erst im vorigen Jahrhundert abgerissen worden.

Bald danach gründete Bischof Sigisbodo südwestlich der *Civitas*, in der Nähe des Rheins, ein der Heiligen Dreifaltigkeit geweihtes Stift, in dem er auch seine letzte Ruhestätte fand.

Als sich in der zweiten Hälfte des 11. Jahrhunderts die Notwendigkeit ergab, die längst über die ottonische Umwallung hinausgewachsene Stadt mit einer neuen Mauer zu umgürten, wurden die Stifte als westliche Eckpfeiler in die neue Befestigungsanlage einbezogen. Zusammen mit dem Dom bildeten die beiden Klöster fortan die Fixpunkte der nun entstehenden topographischen Struktur von Speyer.

Ein Blick auf die Stadtkarte des ausklingenden 11. Jahrhunderts lehrt, daß auch das Straßensystem auf diese drei kirchlichen Baukomplexe ausgerichtet war. Die Verbindungslinien zwischen der Kathedrale und den zwei Klöstern schließen die übrigen vom Dom radial ausstrahlenden Straßen ein, darunter auch die heute noch das Stadtzentrum bildende Hauptstraße zum Altpörtel. Während der nördliche der beiden Winkelschenkel so etwas wie die Achse der mittelalterlichen Stadt wurde, siedelte sich hier, unmittelbar zu Füßen des Kaiserdoms, der Markt an. Die breite, leicht geschwungene Marktstraße übernahm

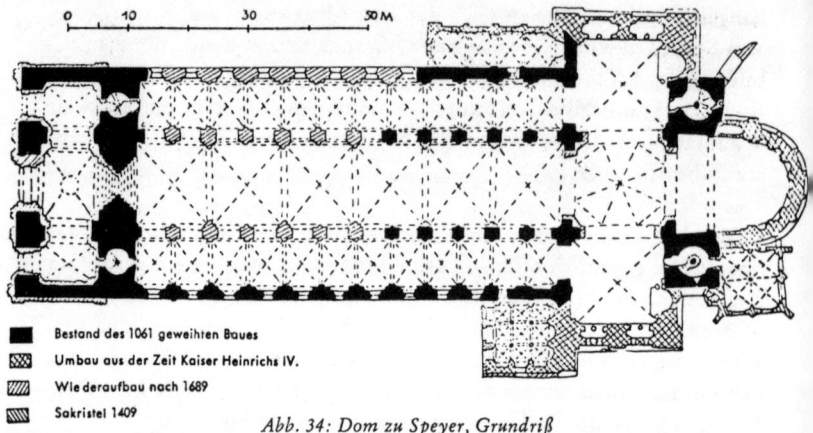

■ Bestand des 1061 geweihten Baues
▨ Umbau aus der Zeit Kaiser Heinrichs IV.
▧ Wiederaufbau nach 1689
▨ Sakristei 1409

Abb. 34: Dom zu Speyer, Grundriß

zugleich die Funktionen einer großen Prozessions- und Repräsentationsstraße: einer *via triumphalis* von mehr als fünfzig Meter Breite und fast siebenhundert Meter Länge.

Die salische Stadterweiterung, die Herzog «zu den großartigsten Leistungen mittelalterlicher Stadtbaukunst in Deutschland» rechnet, zog die Kaufleutesiedlung vor den Toren der ottonischen Mauer in die Stadt, später, im 12. Jahrhundert, auch den Handels- und Stapelplatz am Speyerbach. Trotzdem bildeten sich schon bald neue Vorstädte, insgesamt vier: eine Judensiedlung bei Altspeyer, das *suburbium* an der Ägidienkirche, der «Hasenpfuhl» und das Fischerviertel am Rhein – höchst lebendige Zeugen der zügigen wirtschaftlichen Entwicklung, die Speyer schon unter den Saliern erlebte.

Die Handelsinteressen waren vor allem rheinabwärts orientiert. Koblenzer Zollakten nennen die Kaufleute von Speyer in einem Atemzug mit ihren Geschäftsfreunden von Bonn und Bingen, Mainz und Worms und berichten, daß sie Kontore in Utrecht unterhielten und die Champagnemessen regelmäßig beschickten. Aus Funden von speyrischen Münzen – die seit 1056 an Stelle des Kaisers den Bischof zeigen und die alte Bezeichnung *Nemetensis Civitas* durch *Spira Civitas* ersetzen – geht hervor, daß die Produkte der speyrischen Handelshäuser aber auch Pommern, Südschweden und die in der Nordsee gelegenen einsamen Färöer-Inseln erreichten – für die damalige Welt ein Aktionsradius, der auf ein kraftvolles und sicher recht einträgliches Wirtschaftsleben schließen läßt.

Zweifellos hat ein gewisser Zustrom «von draußen» dabei als starkes Wachstumselement gewirkt, nicht immer zum Vergnügen der bischöflichen Verwaltung; denn diese Zuwanderer brachten viel Unruhe in die Stadt, ihr schnell erworbener Reichtum, ihre Agilität und ihr Mangel an christlicher Demut hatten etwas Beängstigendes. So wird auch die außerordentlich farbige Schimpfrede verständlich, mit der ein gewisser Amarcius, seines Zeichens Lehrer an der hochberühmten Domschule von Speyer, seinem empörten Herzen Luft verschaffte: «Sollte es mich etwa nicht ärgern, wenn ich diesen und jenen mit einem Leoparden- oder Löwenfell bekleidet sehe, den früher ein einfaches Bocksfell zierte? Was uns jetzt aber das verdammte *Sigambria* herschickt, einen Ausreißer aus Thiel» – einer Siedlung friesischer Kaufleute am Niederrhein –, «einen Melker und Tränenverkäufer, einen Quacksalber für Blasenstein, Husten und Krätze: wenn so einer zu uns kommt, dann wächst er wie ein Schlamm- und Schlinggewächs, erhält sogar noch Landgüter und Ehrenzeichen und hohe Ämter und verlacht uns Einheimische obendrein.»

Das Aufblühen des Speyerer Wirtschaftslebens bezeugen auch die beiden Judensiedlungen, die während des 11. Jahrhunderts in der kaiserlich-bischöflichen Stadt entstanden: die ältere in der *Civitas* selbst, wo sie sich bis heute durch das unterirdische Judenbad und die Ostmauer der ebenfalls schon im 11. Jahrhundert errichteten Synagoge in Erinnerung bringt, und die Judengemeinde von Altspeyer, die nach einem amtlichen Protokoll 1084 gegründet wurde.

Bischof Rüdiger Huzmann (unter dessen energischem Regime auch der Bau der Stadtumwallung beendet wurde) stellte den aus Mainz zugezogenen Juden das Dorf Altspeyer als Wohnsitz zur Verfügung, das er zu diesem Zweck sogar ummauern ließ. Den Wachdienst hatten die Zuwanderer selbst zu versehen, doch war ihnen ausdrücklich erlaubt, christliche Ammen und Knechte zu halten – und diese Knechte, wenn nötig, zur Verteidigung der befestigten Niederlassung heranzuziehen.

Das kulturgeschichtlich so interessante Dokument nennt auch die wirtschaftlichen Kompetenzen der Juden. Sie durften nicht nur in ihrer Siedlung, sondern auch in der *Civitas*, im Hafengebiet am Speyerbach und im Gelände zwischen Hafen und Altspeyer ungestört «mit jeglicher Ware» Handel treiben und Gold und Silber wechseln. Sechs Jahre später erweiterte Kaiser Heinrich IV. diese Befugnisse auf das ganze Reich; als wichtigste Handelsobjekte werden in der darüber ausgestellten Urkunde Wein, Farbstoffe und Arzneimittel genannt.

Beide Dokumente bestätigen die bis dahin ungebrochene Souveränität des Bischofs und seine Rolle als Herr und Protektor der Juden. Er hat seine Schutzaufgabe offenbar auch nach Kräften wahrgenommen. Als 1096, zu Beginn der Kreuzzugszeit, die ersten Judenpogrome im Rheinland zahlreiche Opfer forderten, flüchteten die Speyerer Juden in den Bischofspalast und brachten sich dort in Sicherheit, so daß ihr Blutzoll geringer war als in Worms oder Mainz, in Trier oder Köln. Der Bischof ließ die Schuldigen, die sich dennoch an Leib und Leben «seiner» Juden vergriffen hatten, sogar zur Rechenschaft ziehen und, wie ein kaiserliches Edikt von 1090 befahl, durch Abhauen der Hände bestrafen.

In der Stadt selbst wies sein Regime bereits Risse auf. Die Bewohner hatten seiner Macht schon gewisse Grenzen gezogen. Eine von Heinrich IV. 1101 unterzeichnete Urkunde läßt beispielsweise erkennen, daß es schon damals so etwas wie ein Bürgerrecht für die *forenses*, das heißt: Marktleute genannten Kaufleute und Handwerker gab.

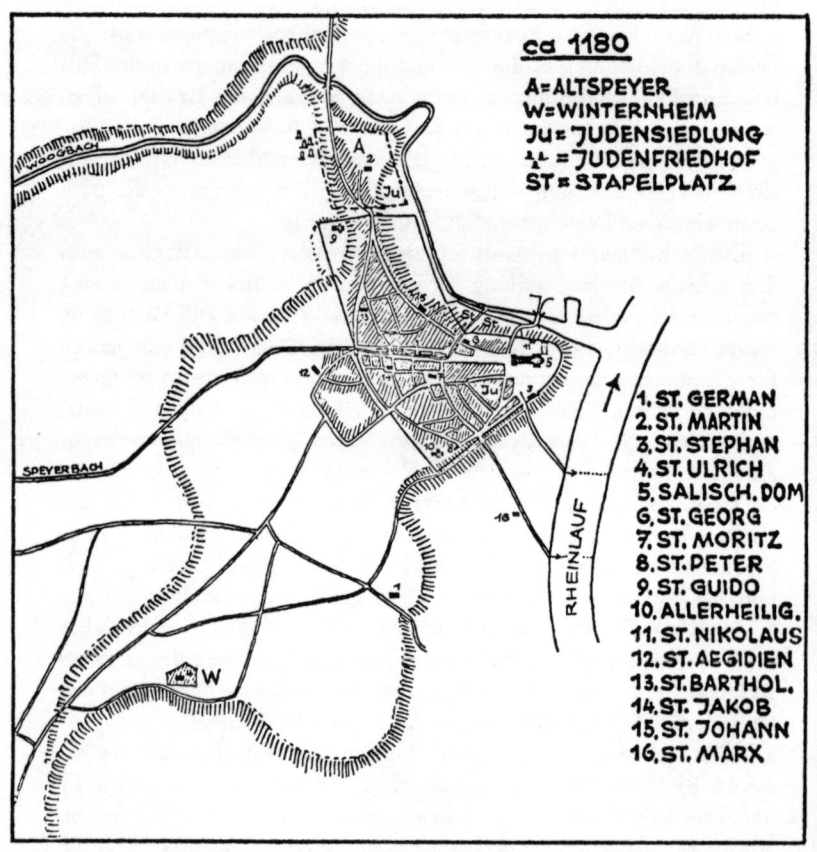

Abb. 35: Speyer um 1180

«Besonders bedeutsam war dabei, daß auch Hörige von Domherren, die... nicht im Immunitätsgebiet, sondern im Stadtbereich wohnten, ebenfalls diesem Bürgerrecht unterstanden. Nicht mehr die persönliche Abhängigkeit des einzelnen von einem Herrn war damit für die rechtliche und ständische Stellung eines Einwohners der Stadt maßgebend, sondern lediglich der Umstand, daß er in dem befreiten, dem Bürgerrecht unterstehenden Bereich der Stadt wohnte. Damit hatte sich die entscheidende Entwicklung zur bürgerlichen Freiheit unbemerkt angebahnt.» (Doll)

Speyer leistete auch in der Folgezeit wichtige Schrittmacherdienste im Kampf der deutschen Städte um ihr Selbstbestimmungsrecht. Nur wenige Jahre später, 1111, unterzeichnete Heinrich V. in Speyer ein höchst bedeutsames Dokument, das Karl Hampe «epochemachend in der Entwicklung der deutschen Städtefreiheit» genannt hat. Der König verlieh darin den Bewohnern der Stadt, die er nach eigenem Geständnis mehr als jede andere geliebt hat, Rechte und Privilegien, wie sie bis dahin noch keiner deutschen Bürgerschaft zuteil geworden waren.

Er befreite sie von einer Reihe drückender Abgaben, so etwa von der «verderblichen und schändlichen» Erbschaftssteuer, die der kleine Mann seinem Herrn zu entrichten hatte und diesem erlaubte, den Nachlaß eines Verstorbenen bis zur Hälfte einzuziehen. Außerdem strich er eine Reihe von Handelssteuern, darunter Gewürzabgaben und Schiffszölle. Die bischöfliche Verwaltung mußte nicht nur auf den Bann- und Schoßpfennig verzichten, sondern auch auf das Recht, bei den Handwerkern der Stadt Geräte und Werkzeuge zu beschlagnahmen. Und noch einmal bestätigte der Kaiser, daß das Wohnen im Stadtgebiet ausreichend für diese Privilegien qualifizierte.

Dazu kam ein weiteres, sehr wichtiges Recht: ein tiefer Einbruch in die bischöfliche Finanzhoheit. Münzveränderungen konnten fortan nur noch mit Einverständnis der Bürgergemeinde vorgenommen werden. Jede «Währungsreform» bedurfte also der handeltreibenden Bewohner: eine Verordnung, die mehr als alle Worte die in so kurzer Zeit konsolidierte Macht der Kaufherren dokumentiert.

Es war ein revolutionäres Gesetz, obwohl die Verwaltung der Stadt noch fast zweihundert Jahre in den Händen der bischöflichen Dienstmannen und damit der Kirche verblieb. Offenbar hat der Kaiser selbst etwas von der Zukunftsträchtigkeit dieses ersten bürgerlichen Freiheitsbriefes in Deutschland empfunden und ihm deshalb zu einer besonderen Art von Dauer verholfen.

«Damit aber dieser unser Gnadenbeweis», so lauten die Schlußworte des Dokumentes, «zu allen Zeiten fest und unerschüttert bleibe, und daß weder Kaiser noch König, weder Bischof noch Graf noch eine sonstige Gewalt, hoch oder niedrig, sie zu brechen wage, verfügen wir, daß zum Andenken dieses besonderen Freiheitsbriefes derselbe in Erz gegossen, mit goldenen Buchstaben gefaßt, inmitten unseres Bildes, durch die Sorgfalt unserer Bürger an der Stirnseite des Münsters angebracht werde, damit daraus unsere besondere Liebe zu ihnen ersichtlich werde.»

So geschah es. Bis zur Zerstörung der Stadt im Jahre 1689 hat der Text der kaiserlichen Urkunde das Portal des Kaiserdoms geschmückt.

Zwischen Domnapf und Heidentürmchen   Ketten vor der Kathedrale schlossen den Immunitätsbezirk von der Bürgerstadt ab. Die Grenze zwischen dem kirchlichen und profanen Bezirk bildete der Domnapf, der noch heute einen bedeutenden Lokalwert in Speyer darstellt – obwohl er seinen Standort inzwischen gewechselt hat und in seiner jetzigen Gestalt erst aus dem 15. Jahrhundert stammt.

Als symbolträchtige Grenzscheide zwischen Hüben und Drüben spielte der Napf im öffentlichen Leben der Stadt eine vielschichtige Rolle. Übeltäter konnten sich durch einen Sprung in den Napf vor den Stadtwächtern in Sicherheit bringen. Andererseits begann bei gewissen Delikten der Strafvollzug beim Domnapf. So mußten schlechte Frauenzimmer als Strafe für übermäßige Fleischeslust einen schweren Stein von hier bis zum Altpörtel schleppen. Würfelspieler wurden vom Napf aus mit Ruten aus der Stadt hinausgeprügelt.

Höchst bedeutsame Funktionen versah die «Schwabenschüssel» beim feierlichen Einzug des Bischofs. «Die gantze Clerisey» empfing «Ihre fürstliche Gnad bey dem Napff» und hieß ihn mit frommen Gesängen willkommen. Anschließend stieg der Oberhirte vom Pferd und schenkte es demjenigen seiner Pferdeknechte, der es als erster bestieg.

Zum Zeremoniell des festlichen Einzugs gehörte auch der löbliche Brauch, die 1520 Liter fassende Schale zur allgemeinen Bedienung mit purem Wein zu füllen, was gelegentlich zur Folge hatte, «daß manche durch das Gedränge hineinfielen und fast trunken davongetragen werden mußten». Im vorigen Jahrhundert hat man die schöne Sitte wiederbelebt: beim Domfest 1853, beim Friedensfest 1871 und bei den Domjubiläen dieses Jahrhunderts verwandelte sich die steinerne Schüssel auf achteckigem Podest wieder in einen «frohsinnspendenden Weinbrunnen».

Wer den Napf und die Ketten passierte, stand vor dem Westbau der riesigen Bischofskirche, die nicht wie heute von einem Park umgeben war, sondern von einem Kollektiv von Gebäuden. Zur Linken, am Platz des jetzigen Jesuitenkollegs, stand die mit der Nordseite an die Stadtmauer angelehnte Dompropstei. Ihr gegenüber lag die bischöf-

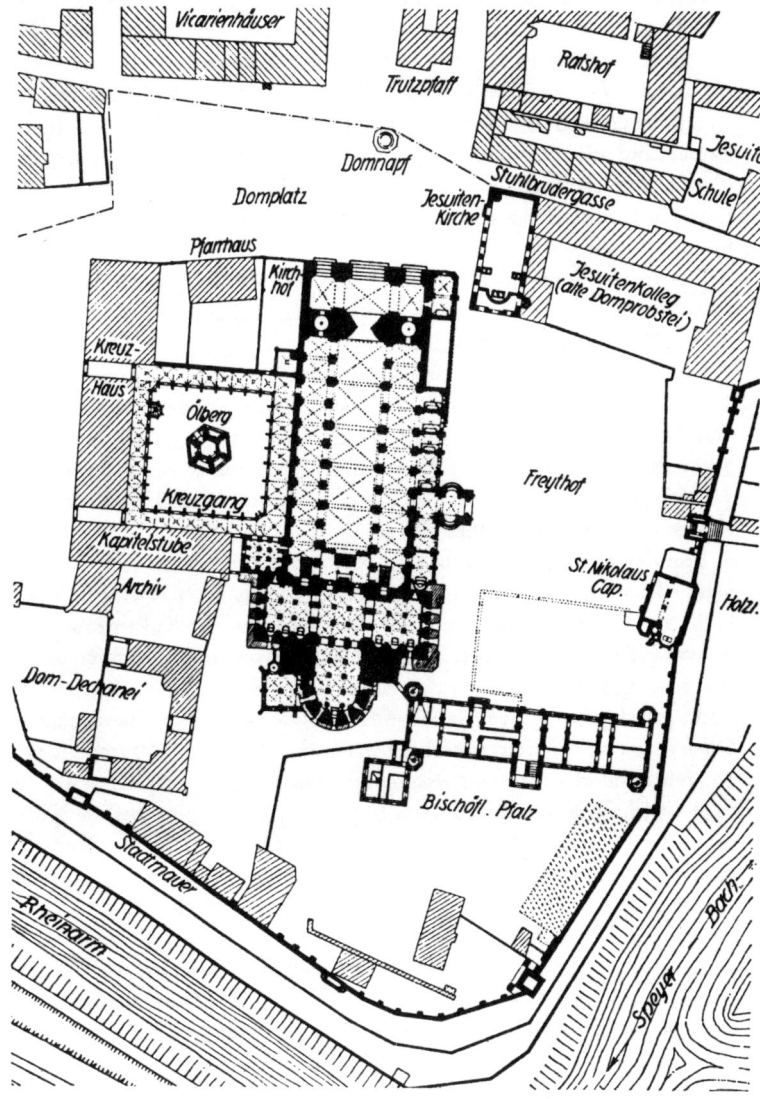

Abb. 36: Grundriß des Domes und der Bauten der Dom-Freiheit von Speyer

liche Pfalz, dazwischen ein großer, nahezu rechteckiger Platz: der Freythof. Ein Torturm in der östlichen Mauerflucht stellte die Verbindung mit der Hafensiedlung am Speyerbach her. Daneben erhob sich die dem heiligen Nikolaus geweihte bischöfliche Hauskapelle.

Das Gelände auf der Rückseite der Pfalz nahmen Wirtschaftsgebäude und Freiflächen ein, begrenzt durch den Nordostzug der Stadtmauer. An dieser Stelle hat sich ein Teilstück der Befestigung erhalten: das sogenannte *Heidentürmchen*, das allerdings erst ein Werk des späten 13. Jahrhunderts ist. Den Südostteil beanspruchten die Kanonikerhäuser und die Domdechanei. Archiv, Stiftsgebäude und Kreuzgang hielten unmittelbaren Konnex mit der Südseite der Kathedrale. Am heutigen Domplatz hatten überdies noch ein Pfarrhaus und ein kleiner Friedhof ihren Platz gefunden.

Das Ganze ergab so etwas wie einen eigenen Stadtteil: eine Folge von Wohn-, Wirtschafts- und Verwaltungsgebäuden, die die sechstürmige Gottesburg gewaltig überragte.

Der Dom selbst hat sich nach der Weihe im Jahre 1106 ein halbes Jahrtausend lang kaum mehr verändert. Zwar wurde er wiederholt von Bränden heimgesucht, doch reichten die Mittel jeweils aus, die Schäden wieder zu beheben. Als sie einmal, nach einer Feuersbrunst im Jahre 1450, knapp waren, beteiligte sich ganz Deutschland an den Kosten des Wiederaufbaues.

Von den romanischen Anbauten verdient die schon um 1075 begonnene Afrakapelle Erwähnung, die zusammen mit der vierteiligen Vorhalle des «kleinen Paradieses» auf der Nordseite der Kathedrale eine reizvolle Baugruppe bildete. Die Gotik steuerte 1409 die dreigeschossige Sakristei, 1437 einen neuen Kreuzgang bei. Im Kreuzgarten entstand zu Beginn des 16. Jahrhunderts die seinerzeit vielbewunderte *Ölberggruppe*, ein Meisterwerk figurenreicher Plastik, das durch die im 19. Jahrhundert aufgestellte Kopie nur unzulänglich vertreten wird.

Die wichtigste Veränderung im Innern des Domes ging auf die Notwendigkeit zurück, Platz für weitere Kaiser- und Königsgräber zu schaffen. Noch während des Baues fanden die Kaiserin Gisela und Kaiser Heinrich III. zu Seiten Konrads II. ihre letzte Ruhestätte. Ihre Gräber im Mittelschiff waren nur wenig eingetieft, so daß die Sarkophagdeckel aus dem Fußboden herausragten. Der noch «im Bann stehende» Heinrich IV. wurde nach seinem Tod zunächst in der noch nicht geweihten Afrakapelle beigesetzt, 1111 aber umgebettet und an der Seite seines Vaters bestattet.

Spätestens bei dieser Gelegenheit wurden die Kryptatreppen in die Seitenschiffe verlegt. Als dann Platz für weitere Beisetzungen benötigt wurde, erhöhte man das Niveau über den bereits vorhandenen Gräbern. So entstand der majestätische Königschor und damit Raum für eine zweite, über der ersten liegenden Reihe von Toten – ein Umstand, der sich bei der späteren Zerstörung und Entweihung des Domes als sehr wichtig erwies.

Die bedeutendste Gestalt dieser zweiten Reihe königlicher Toten war Rudolf von Habsburg, der nach dem Ende der Staufer die Wirren des Interregnums in Deutschland kraftvoll und zielstrebig beendete. Eine «merkwürdig rührende und zugleich nüchtern-fromme Anekdote» berichtet, daß Rudolf gerade in Straßburg weilte, als er spürte, daß das Ende seiner Tage gekommen sei. Sich in das Unabänderliche fügend, gab er Befehl, nordwärts gen Speyer zu ziehen. In Germersheim stieg er noch einmal selbst aufs Pferd und ritt dann, den riesigen Kaiserdom vor Augen, auf sein Grab zu. Einen Tag nach seiner Ankunft, am 15. Juli 1291, ist er dort gestorben.

Noch am Ende des 13. Jahrhunderts war Speyer also die Totenstadt der deutschen Herrscher und damit, wenn es überhaupt je so etwas gegeben hat, das mythische Zentrum des Reiches – das noch immer ein Reich ohne Hauptstadt, ohne Schwerpunkt war.

Einen bedeutenden Anteil an der Entwicklung Speyers in salischer und staufischer Zeit hatte die bischöfliche Domschule, die wie keine zweite Institution in deutschen Landen den Verwaltungs- und Diplomatennachwuchs lieferte.

Diplomatenschule des mittelalterlichen Reiches

Wir wissen nicht, wann sie entstanden ist, wohl aber, daß die speyerischen Bischöfe des 9./10. Jahrhunderts enge Beziehungen zum Kloster St. Peter in Weißenburg unterhielten und von dort mit Lehrern und Büchern versorgt wurden, daß die Domschule Speyer also als eine Art Ableger des Otfried-Klosters im Elsaß in die Welt trat. Den ersten und sogleich sehr ehrenvollen und ausführlichen Vermerk verdankt sie dem Subdiakon Walther, der 983 im Anhang zu seiner Christopherus-Vita sein Schülerdasein in Speyer beschrieb – ein vielzitiertes, vielgelobtes Dokument; denn Walthers Schilderung ist der einzige Report über das Leben in einer mittelalterlichen Domschule überhaupt und daher nicht nur für die Lokalchronisten interessant.

Der Autor kam mit zehn Jahren in die Obhut der Domschule, die ihre Zöglinge zwar ausgiebig mit lateinischer Grammatik und den dazugehörigen Prügeln traktierte, aber nur karg mit dem täglichen Brot versah.

Walther und seine Mitschüler mußten viel auswendig lernen, schon weil es an Lehrbüchern fehlte. Grundlage des Unterrichtes bildeten, wie überall, lateinische Autoren, von denen der Schreiber Cicero, Vergil, Horaz, Terenz, Juvenal, Lucan, Phädrus und Boethius mit Namen nennt. Dazu kamen Predigtsammlungen, Bußbücher, Papstdekrete, Anweisungen für Kalenderberechnungen und natürlich die Bibel und Bibelkommentare. Denn das Ziel des Unterrichtes war die vollständige Kenntnis der Heiligen Schrift und die Kunst, sie «im historischen, moralischen und mystischen Sinne auszulegen».

Die strapaziöse Lektüre der lateinischen Autoren diente weniger der Vermittlung antiken Bildungsgutes als dem Verständnis der Sprache. In der Praxis haben die stofflichen Reize die Schüler aber doch wohl mehr gelockt als die Abenteuer der Syntax und Grammatik. Dem jungen Walther zum Beispiel hat die Mythologie der Alten offenbar viel Freude bereitet.

Nach zehnjährigem Lernen, im Alter von zwanzig Jahren also, erhielt er, gleichsam als Examensarbeit, die Aufgabe, das Leben des heiligen Christophorus zu beschreiben. Es spricht für den guten Geist der Schule, daß sich der damalige Bischof Balderich (ein Mann aus der St. Gallener Kulturschmiede) selbst der Mühe unterwarf, die leoninischen Hexameter seines Zöglings zu korrigieren und mit Anmerkungen zu versehen.

Walther ist dann später selbst Leiter der Domschule und wahrscheinlich Bischof von Speyer geworden. Symptomatisch für seinen weiteren Werdegang ist aber auch, daß er den jungen Otto III. im Jahre 1001 als *Capellanus* nach Rom begleitete und, wieder im Lande, dem Bischof Burchard von Worms bei seiner Sammlung kirchlicher Gesetze half. Denn hier deutet sich zum erstenmal an, daß die Domschule Speyer auch Rechtswissenschaft und Urkundenlehre betrieb: Disziplinen, in denen sie dann eine monopolartige Stellung erwarb.

Diese besondere Fachrichtung ist zwar nirgendwo ausdrücklich belegt, doch lassen die zeitgenössischen Urkunden zur Genüge erkennen, daß die salischen und nach ihnen auch die staufischen Herrscher ihre Notare und Rechtsbeistände vor allem aus Speyer holten: die Speyerer Domherren und Domschullehrer waren sozusagen die privilegierten Justitiare des Hofes. Sie standen treu und kampfesfreudig zum Kaiser, als unter den beiden letzten Saliern der ebenso dramatische wie verhängnisvolle Streit zwischen Staat und Kirche entbrannte. Als Heinrich IV. 1076 Papst Gregor VII. sein berühmt-berüchtigtes Ultimatum schickte, ließ er es durch den Speyerer Bischof Rüdiger Huzmann überbringen, der dafür mit Klosterhaft büßte und «im Banne» starb.

Gleich ihm sind auch andere Speyerer Domkleriker in diplomatischen Missionen für den Kaiser unterwegs gewesen; um 1200 führte der Domscholaster Andreas zum Beispiel eine Gesandtschaft nach Byzanz. Noch größer ist die Reihe der speyerischen Kleriker, die den salischen und staufischen Herrschern als Kanzler und Kapellane dienten. Aus Speyer kamen

    Gotebald, unter Heinrich III. Kanzler für Italien und von 1048 bis 1063 Patriarch von Aquileja;

    Burchardus, Bischof von Belluno, Unterkanzler von Italien von 1090 bis 1095;

Hermann, Reichskanzler von 1085 bis 1089, von 1090 bis 1095 Erzbischof von Köln und Kanzler von Italien;
Otto, der Dombaumeister, der als Bischof von Bamberg 1102 das Amt des Reichskanzlers übernahm;
Bruno, Dompropst von Straßburg, Reichskanzler von 1112 bis 1122;
Friedrich, Erzbischof von Köln, Kanzler Italiens von 1112 bis 1115;
Philipp, Erzbischof von Ravenna, 1118 Kanzler von Italien, 1122 bis 1125 Kanzler von Deutschland und Italien;
Ceisolf, Dompropst zu Speyer, 1154 Reichskanzler unter Friedrich Barbarossa;
Ulrich von Dürrmenz, Bischof in Speyer, Reichskanzler von 1161 bis 1163;
Johannes, Propst von St. German, Reichskanzler von 1186 bis 1189, dann Erzbischof von Trier;
Gottfried von Viterbo, Domherr von Speyer und staufischer Geschichtsschreiber, Kapellan des Kaisers von 1153 bis 1191;
Konrad von Scharffenberg, kaiserlicher Notar von 1178 bis 1198, Bischof von Speyer um 1200, Reichskanzler unter Philipp von Schwaben, Otto von Wittelsbach und Friedrich II. bis 1124, später Bischof von Metz;
Heinrich, Bischof von Speyer, Reichskanzler unter den drei Königen des nachstaufischen Interregnums;
Otto von Bruchsal, Propst von St. Guido, Reichskanzler unter Rudolf von Habsburg;
Hermann von Lichtenberg, Domscholaster von Speyer, Reichskanzler unter Ludwig dem Bayern.

Eine stattliche Reihe, diese Galerie hoher Reichsbeamter aus Speyer, die ausreichend begründet, warum man die Domschule Speyer die «Diplomatenschule des Reiches» im Mittelalter genannt hat; die auch erklärt, warum der englische Mönch Ordericus Vitalis Speyer schon zu Beginn des 12. Jahrhunderts als *metropolis Germaniae* bezeichnet hat.

Funktion und Würde der geheimen Hauptstadt des Reiches spiegeln sich in den zahlreichen historischen Ereignissen wider, die die Lokalgeschichte von Speyer gewissermaßen illuminieren.
Kaiser Heinrich III., Konrads II. mächtiger und frommer Sohn, brach 1046 von Speyer aus zu jenem Marsch nach Rom auf, der mit der Absetzung von drei Päpsten und dem Einzug des Bischofs Suitger von Bamberg in den Lateran endete. Dreißig Jahre später trat Heinrich IV. von Speyer seinen Gang nach Canossa an. Heinrich V. ließ 1111 die in der ungeweihten Afrakapelle beigesetzten sterblichen Reste

«Zu Speyer schnaufen die Prozesse...»

seines Vaters in feierlichem Zug in den Dom überführen. Am Weihnachtstag des Jahres 1146 sprach Bernhard von Clairvaux in der Kaiserkathedrale und bestimmte König Konrad III. durch eine leidenschaftliche Predigt, am zweiten Kreuzzug teilzunehmen. In Speyer wurde 1193 der englische König Richard Löwenherz von Kaiser Heinrich VI. abgeurteilt. Im Jahre 1198 wandten sich König Philipp von Schwaben und die Reichsfürsten von Speyer aus in einer geharnischten Erklärung gegen den Versuch Papst Innozenz' III., sich in die deutschen Thronstreitigkeiten einzumischen.

Farbenkräftig wie der späte Herbst verabschiedete sich das hohe Mittelalter im 13. und 14. Jahrhundert mit einer Reihe großer Haupt- und Staatsaktionen, die zumindest optisch die glanzvollen Höhepunkte der Stadtgeschichte markieren. Friedrich II., der «Kaiser von Palermo», der sich nicht weniger als siebzehnmal in Speyer aufhielt, ließ seinen in Wien gewählten Sohn Konrad 1237 hier als deutschen König bestätigen. Adolf von Nassau führte 1298 sein Heer von Speyer aus gegen Albrecht von Österreich. Heinrich VII. ließ 1309 die beiden Widersacher, im Tod vereint, gemeinsam im Dom bestatten und feierte dort ein Jahr später die Hochzeit seines Sohnes Johann mit der Tochter des Böhmenkönigs Wenzel.

Weit über das Mittelalter hinaus behauptete Speyer seinen Ausnahmerang in den politischen Auseinandersetzungen im Reich. Mehr als fünfzig Reichstage fanden im Schatten des Kaiserdomes statt, fünf allein in der Reformationszeit, darunter der berühmte «Protestations-Reichstag» des Jahres 1529, der den Anhängern der neuen Lehre den Namen schenkte. Die Bedeutung Speyers im 16. Jahrhundert unterstreicht die 1526 erfolgte Verlegung des Reichsregiments nach Speyer. Ein Jahr später etablierte sich das Reichskammergericht in einem an den Ratshof anschließenden Gebäude in der Nähe des Domes und sprach dort 162 Jahre Recht: langsam, gründlich und überaus umständlich, so daß das Sprichwort umging: «Zu Speyer schnaufen die Prozesse, ohne den letzten Schnaufer zu tun.»

Für die innere Entwicklung Speyers zwischen Mittelalter und Neuzeit war zunächst das Jahr 1190 bedeutsam, in dem Heinrich VI. der Stadt als erster Kommune nördlich der Alpen das Selbstverwaltungsrecht gewährte, sodann das Jahr 1294, in dem die Bürgerschaft den Bischof zwang, ihre Unabhängigkeit formell und praktisch anzuerkennen. Speyer gehörte von diesem Termin an zu den wenigen «Freistädten» in Deutschland, die ihrer Geltung und ihren Rechten nach noch vor den Reichsstädten rangierten.

Die Bedeutung Speyers war bereits im Stadtbild sichtbar. Im Schatten des sechstürmigen Domes hatten sich bis zum Ausgang des Mittelalters drei Stiftskirchen, acht Pfarrkirchen, dreizehn Kapellen und zwölf Ordensklöster niedergelassen: ein ganzes Regiment geistlicher Trabanten. Zählt man die siebzig Türme der Stadtbefestigung dazu, darunter die zwanzig mehr als fünfzig Meter hohen Tortürme vom Altpörtel-Typ, so kann man sich ein Bild von der vielgepriesenen Silhouette der Stadt machen. Eine bewegtere, kraftvollere und spannungsreichere Stadtlandschaft dürfte Deutschland kaum je gesehen haben.

Daß es «darin viel schöne und breite Straßen» gab, «schimmernde Straßen, in denen kein Schmutz sich zeigte», daß Speyer schon in der Mitte des 14. Jahrhunderts rund 30 000 Einwohner hatte (eine Zahl, die es erst vor drei Jahrzehnten wieder erreichte), daß Handel und Wandel blühten, daß die Märkte überquollen von den Produkten des Landes, daß die Stadt als Umschlagplatz von Pfälzer Weinen und Tuchen Beziehungen zu vielen Ländern Europas pflog, daß Speyer schon 1471 die Kunst Gutenbergs übte und damit zu den frühesten Druckorten des Kontinents gehörte, daß innerhalb der Ummauerung um die Mitte des 16. Jahrhunderts 812 Häuser standen, darunter 210 sogenannte Herrenhäuser – das alles spricht für den Rang, den die Stadt der Salier noch während der Reformationszeit einnahm und trotz schwerer Zerstörungen im Dreißigjährigen Krieg bis zum Ende des 17. Jahrhunderts behaupten konnte.

Noch 1699 sprach der Pfarrer Karl Desiderius Royer aus Zweibrücken in einem Epigramm von einer Stadt, die «sich einst an Ruhm sogar mit Paris messen konnte». Damals lag Speyer allerdings schon ein Jahrzehnt in Schutt und Asche – total zerstört und unbewohnt, eine bizarre, rauchgeschwärzte Ruinenlandschaft, in der jegliches Leben erstorben war. Keine Spur mehr von Paris.

Aber gerade von dort war das Verhängnis gekommen.

Am 28. September 1688 besetzten französische Truppen die alte Reichsstadt Speyer und zwangen den Rat, «die Protection oder Beschützung des Aller-Christlichsten Königs anzunehmen» – eine recht abstrakte Formel, die, wie sich bald erwies, mancherlei Fußangeln enthielt.

1689: des «Sonnenkönigs» tödliche Sonne

Der «Aller-Christlichste König», dem sich die Bürgerschaft von Speyer damit überantwortete, war jener Ludwig XIV., dem die Geschichte den Titel eines «Sonnenkönigs» verliehen hat und den gerade damals die Idee erleuchtet hatte, die Pfalz als Mitgift seiner Schwägerin Liselotte (der berühmten Liselotte von der Pfalz) einzufordern.

Offenbar war er von der Rechtlichkeit seiner Forderungen selbst aber so wenig überzeugt, daß er schon bald nach dem Einmarsch dazu überging, die beanspruchten Gebiete zu verwüsten, und das heitere, wohlbestellte Land dem Gesetz der verbrannten Erde zu unterwerfen – eine Aufgabe, die die französischen Kontingente, wie man weiß, zu seiner vollsten Zufriedenheit durchgeführt haben.

Auch die Stadt Speyer wurde schnell darüber belehrt, daß die Sonne des vierzehnten Ludwig eine «tödliche Sonne» war. «Die süss gemachte Königliche Gnade / ward durch die Besatzung von zweyen Französischen Regimentern... also bald verbittert», heißt es in dem 1691 erschienenen *Geschichts-Spiegel*, der bis heute etwas von der ohnmächtigen Wut spüren läßt, mit der die Bürgerschaft die durch den General Monclar erzwungene «Protection», erduldete. «Die nach und nach in dieser Stadt einlogirten Völcker bedrängten die Wirthe und Bürger aufs allerärgste... Man presste diesen guten Leuten das Marck aus den Beinen.»

Das alles war jedoch nur ein Vorspiel des Schreckensdramas, das im Frühsommer des nächsten Jahres über die Bühne ging. Am 23. Mai 1689 teilte der französische Intendant de la Fond «in Gegenwart des Monclas» dem Rat mit, daß die Bürger von Speyer «innerhalb sechs Tagen mit Weib und Kind / Sack und Pack die Stadt räumen» und sich ins Elsaß, nach Burgund oder Lothringen zu begeben hätten, «widrigen

Abb. 37: Dom zu Speyer vor der Zerstörung 1689

Falls die Personen als Kriegsgefangene gehalten / und die Güter eingezogen werden sollten».

Der Rat versuchte das Schlimmste abzuwenden und wenigstens einige Milderungen durchzusetzen. Weiber mit ihren unmündigen Kindern warfen sich den französischen Militärpersonen zu Füßen und baten um Gnade. Umsonst. Der Intendant bezeugte zwar «großes Miteleiden», «dem Monclas» aber entlockten die «wehmütigsten Fußfälle» und Bitten um Barmherzigkeit nur «sein Hohn-Gelächter».

Schließlich, am 27 Mai, ließ er die Katze aus dem Sack und informierte den bischöflichen Statthalter, daß Speyer auf des Königs Befehl niedergebrannt werden müsse, nicht weil er «an hiesiger Stadt und Bürgerschaft Mißvergnügen hätte», sondern weil «solches der Sachen Beschaffenheit» erfordere.

Am 31. Mai 1689, am Pfingstdienstag gegen sechs Uhr nachmittags, begannen – nach einem weiteren von Roland veröffentlichten zeitgenössischen Bericht – die «vierundzwanzig Brandspezialisten mit dem Anzünden» des großen Feuers, das in den Fachwerkhäusern der Vorstädte reichliche Nahrung fand und sich planmäßig bis zur bischöflichen Immunität durchfraß. Nach zwei Tagen erreichte es den Dom.

Um das mächtige steinerne Gemäuer zu zerstören, hatte sich «der Monclas» einen besonderen Trick einfallen lassen. Er hatte nämlich verlautbart, daß die Bürger «ihr Schreinerwerck und andren Hausrath sollten in den Dohm verschaffen / dann dise Kirch würde mit dem Brand verschonet bleiben... Auf diese dem Schein nach wohlgemeinte Verkündigung / haben die arme bestürzte Bürger / dessgleichen die Geistliche und Closter-Leuthe denselben Abend / die Nacht hindurch / und folgenden Dienstag / eine große Menge Schreinerwercke / Bücher und andern Haussrath / auch geweihete Sachen / in den Dohm mit möglichster Mühe geschleppt; allein der Ertz-Betrüger Monclas hatte nur zu dem Ende dise List gebrauchet / damit genugsamer Zunder beyhanden seyn möchte / dieses steinerne Gebäu in Brand zu setzen».

Bevor das Feuer den Dom erreichte, hatten sich dort Szenen abgespielt, über die man besser den Mantel des Schweigens decken würde, wenn sie nicht zu Beginn dieses Jahrhunderts eine der seltsamsten Grabungen ausgelöst hätten, die es je in Deutschland gab.

Die enthemmten, beutehungrigen Soldaten, vom Feuer und Wein gleichermaßen erhitzt, hatten die Herrschergräber am Ende des Mittelschiffs mit Hilfe von Brecheisen geöffnet und ausgeraubt. Sie «durchwühlten die Särge, zerrten die Grabtücher weg, entrissen den entschlafenen Majestäten... ihre goldenen Szepter; ihre juwelengeschmückten Kronen; ihre Ringe, die unter Krieg und Frieden das Siegel drückten;

ihre Lehensfahnen; ihre Standarten... Sie klaubten sorgfältig das Gold, die Diamanten, die Perlen zusammen, und als in den Gräbern nichts mehr zu finden war, als nur der Staub noch übrigblieb, warfen sie die Gebeine... bunt durcheinander in ein Loch. Betrunkene Korporale rollten die Schädel von neun Herrschern in eine gewöhnliche Grube.» So Victor Hugo, der Dichter des *Glöckner von Notre Dame*, in seinem Buch über den Rhein.

Den Rest besorgte das Feuer, das am Freitag, dem 3. Juni 1689, den Kaiserdom erreichte und das Mittelschiff niederlegte, während die Ostpartie einigermaßen heil aus der Flammenorgie hervorging. Das mit generalstäblerischer Akkuratesse geplante und vorbereitete Zerstörungswerk war gelungen.

Speyer, «dise so hochberühmte uralte Reichs-Stadt Speyer», war in wenigen Tagen «gäntzlich zerstört», verheert und «in die Asche gelegt worden»: sämtliche 788 Bürgerhäuser waren ein Opfer des künstlich entfachten Flammensturms geworden; dazu, außer dem Dom, drei Stiftskirchen, fünf Pfarrkirchen, fünf Klöster, das Deutschordenshaus und fünfundzwanzig Kapellen, der Rathof, das Kaufhaus, vierzehn Zunfthäuser und die Domherrenhäuser samt der Pfalz.

Geblieben waren, außer der Ostpartie des Domes, die gotische Friedhofskapelle, das mit französischen Truppen belegte St.-Klara-Kloster und das Karmeliterkloster, in dem der General Monclars Quartier gemacht hatte – und mit dem Karmeliterkloster das «Altpörtel», das «der Monclas» geschont hatte, weil die Zerstörung des Turms seine eigene Unterkunft gefährdet hätte.

1806: der Anschlag der Jakobiner

Neun Jahre währte das «babylonische Exil» der Bürger von Speyer; erst 1689, nach dem Frieden von Rijswijk, kehrten sie zurück, teils aus den umliegenden Dörfern, teils aus Frankfurt, wo sich nach der Vertreibung ein Interimsrat gebildet hatte.

Die Heimkehrer kamen mit leeren Händen, in ihrem Gepäck nichts als den festen Vorsatz, sich dort wieder anzusiedeln, wo sie einst gelebt hatten. Der Staat leistete keine Hilfestellung, es gab weder Lastenausgleich noch Flüchtlingshilfe. So brauchte der Wiederaufbau – obwohl schon um 1720 das schöne neue Rathaus und die protestantische Dreifaltigkeitskirche standen – mehr als ein halbes Jahrhundert. Ganz hat sich Speyer nie von der Katastrophe des Jahres 1689 erholt.

Der Dom wurde zunächst nur behelfsmäßig wiederhergestellt. Man trennte das zerstörte Langhaus durch eine Mauer vom erhaltenen Ostteil ab und richtete das Querhaus für den Gottesdienst ein. Den ebenfalls noch stehenden Westbau zu restaurieren, fehlte es an Mitteln. Er verfiel zusehends, so daß man sich in der Mitte des Jahrhunderts gezwungen sah, die gefährdeten Westtürme bis zum ersten Stockwerk abzutragen.

Inzwischen aber hatte sich, dank ausdauernder Sparsamkeit, die Finanzkraft des Bistums so weit gehoben, daß die Restaurierung der Kathedrale erwogen werden konnte. Die Wiederaufbaupläne, die die bischöfliche Verwaltung von zahlreichen bekannten Architekten einholte, liefen fast alle auf eine Barockisierung des Domes hinaus. Um so respektabler, daß sie sich am Ende für eine getreue Rekonstruktion des romanischen Bauwerks und damit für «eine denkmalpflegerische Großtat» entschied, die im späten 18. Jahrhundert ohne Vorgang und Beispiel war.

Der Urheber des Entwurfs, Franz Ignaz Michael Neumann, ein Sohn des großen Balthasar Neumann, benötigte sechs Jahre (von 1772 bis 1778), um das Langhaus in seinen alten Formen und Maßen wiedererstehen zu lassen. Weil danach wieder Ebbe in der bischöflichen Kasse war, mußte sich der Westbau mit einer Notlösung begnügen. Franz Ignaz Michael Neumann «deckte das erste Stockwerk mit einem flachen Dach ab, verstärkte die Ecken mit Pyramiden, schloß die Orgelempore mit einer Halbkuppel und gab ihr zwei kleine Rundtürme zuseiten». So entstand eine zwar kraftvoll-lebendige, aber auch etwas fremdartige Fassade, die in ihrer Mischung von antiken, barocken und klassizistischen Elementen weit aus dem Bereich der Romanik hinausführte.

Kaum wieder unter Dach und Fach gebracht, drohte dem Kaiserdom erneut tödliche Gefahr. Als Speyer 1797 als Vorort des gleichnamigen Arrondissements im Département Mont Tonnère (Donnersberg) französisch geworden war, tauchte allen Ernstes der Gedanke auf, die ehrwürdige Kathedrale abzureißen. Die Geschichte dieses Anschlags verdient festgehalten zu werden, weil sie ein grelles Schlaglicht auf eine Zeit wirft, die einer mißverstandenen Ideologie zuliebe nicht nur Hunderttausende von Köpfen, sondern auch zahlreiche bedeutende Kulturdenkmäler guillotinierte.

Nachdem der Dom der deutschen Kaiser zunächst als Lazarett, sodann als Pulver-, Proviant- und Waffenmagazin, schließlich als Speicher für Holz, Stroh und Salz profaniert worden war, eröffnete der zuständige Präfekt, Jean Bon St. André, den Bürgern von Speyer, daß ihre Kathedrale abgebrochen werden müsse, da eine Wiederherstellung die Finanzkraft des Départements überfordere.

Es waren allerdings nicht nur fiskalische Gründe, die den Präfekten zu seinem Plan inspiriert hatten. Jean Bon St. André fand den Dom von Speyer – wie auch die Mainzer Bischofskirche – «trop gothique», was in seiner Schreibweise soviel wie «zu barbarisch» bedeutete, und nannte es eine «vollendete Torheit... das verfallene Gotteshaus... allein deshalb wiederherzustellen, damit es den Leichnamen vergessener Herrscher zum Obdach diene». An die aufrecht-republikanisch klingende Feststellung knüpfte er die sarkastische Frage, «ob die Gebeine der alten Kaiser sich wohl weniger geehrt fühlen würden, wenn sie auf dem allgemeinen Leichenacker unter ehrlichen Leuten zur Ruhe gebracht würden». Daher also sein Vorschlag, den Dom «mit Brecheisen niederzureißen» oder notfalls «mit Schießpulver auseinanderzusprengen».

Sein jakobinischer Haß auf die toten Kaiser hinderte ihn jedoch nicht, im gleichen Atemzug einen Kotau vor dem Konsul Bonaparte zu vollziehen, der zwei Monate später die Kaisertradition erneuerte. «Das Portal des Münsters», so hieß es in dem am 6. Oktober 1806 unterzeichneten Dokument des Präfekten, solle «stehenbleiben, um den Haupteingang zum neuen Waffenplatz, den man an der Stelle des Domes anlegen wird, und zugleich und hauptsächlich einen Triumphbogen zu bilden, der den Ruhm des französischen Volkes bezeuge.»

Weiter empfahl sein Gutachten: das Standbild des heiligen Stephan, «über dem Portale zu Füßen des Seitenturmes», zu einer Minerva, das des heiligen Bernhard zu einer Göttin des Überflusses umzuarbeiten. Die Muttergottes aber, die «mit dem Jesuskind auf dem Arm in einer Blende der halbrunden Kuppel» thronte, wollte der phantasiereiche Präfekt in einen Napoleon verwandeln, der «in der einen Hand einen Ölzweig, in der anderen einen Säbelgriff» halten sollte, «sein Haupt mit einer Krone von Eichenlaub, Lorbeer- und Olivenblättern geschmückt».

Der Tag der Versteigerung – Richtpreis 8000 Franken – war bereits festgesetzt, als es dem Bischof Colmar von Mainz in letzter Minute gelang, den ungeheuerlichen Plan in Paris zu Fall zu bringen. Allerdings mußte er zu diesem Zweck die Kapuziner-, Jesuiten- und Minoritenkirche opfern. Die drei Klosterkirchen wurden abgerissen und lieferten – angeblich wenigstens – die Mittel für die erneute Wiederherstellung des arg ramponierten und mißhandelten Kaiserdomes. Die republikanischen Bilderstürmer, die somit wenigstens das Gesicht gewahrt hatten, zogen sich von der Szene zurück.

Die Grabung in der Kaisergruft

Die endgültige Restaurierung erfolgte allerdings erst später, in den Jahren nach den napoleonischen Kriegen, als Speyer wieder Bischofssitz war und als Regierungshauptstadt der bayerischen Pfalz sogar zu beinahe-residenzlichen Ehren gelangte.

Die Lokalhistoriker verzeichnen übereinstimmend, daß die Stadt in dieser Zeit ihrer völligen «Verbeamtung» den Anschluß an die stürmische wirtschaftliche Entwicklung des 19. Jahrhunderts verpaßte und zu einem kleinbürgerlichen Duodezidyll absank. Dem Dom hat diese Entwicklung, materiell wenigstens, nicht geschadet. Er fand nach der gründlichen Wiederherstellung um 1820 in König Ludwig I. von Bayern, der alljährlich einige Wochen in seiner Villa in Edenkoben verbrachte und die Zeit zu häufigen Ausfahrten nach Speyer nutzte, einen Mäzen, der sich die Erhaltung und Pflege der Kathedrale einiges kosten ließ.

Auf den romantisch gestimmten Bayernkönig ging auch die Ausmalung des Domes zurück, die das Innere des mächtigen Bauwerks in der Mitte des vorigen Jahrhunderts acht Jahre lang in ein riesiges Maleratelier verwandelte. König Ludwig gewann dafür den Maler Johann Schraudolph, einen redlichen, herzensreinen Mann, der an jedem Morgen, den Gott werden ließ, «den Segen... zu seinem beginnenden Tagwerk fromm erflehte». Da die Andächtigkeit, mit der er zu Werke ging, sein und seiner Schüler malerisches Können offenbar übertraf, hat die Nachwelt den Schraudolphschen Fresken ihre Anerkennung allerdings versagt. Wilhelm Pinder warf dem Johann Schraudolph beispielsweise «demutsvolle Anmaßung» vor und nannte seine Wandgemälde «bunt und saftlos» – und viel glimpflicher sind auch andere Kritiker nicht mit ihm umgegangen.

Seine Bilder hatten jedoch ein unbestreitbares Verdienst: als sich das Dominnere im frischen Glanz der Schraudolphschen Farben gleichsam verjüngt dem Auge darbot, «ertrug man auch den Anblick des westlichen Notbaues nicht mehr». Die Protektoren des Domes beschlossen daher, die alte Front nach alten Plänen wiederherzustellen. Mit der Durchführung der Bauarbeiten beauftragten sie den Karlsruher Baudirektor Hübsch, der sich seiner Aufgabe ebenfalls mit großem Ernst unterwarf. Leider geriet auch ihm die Arbeit etwas zu «hübsch». Sein allzu glatter Westbau wirkt reichlich blutleer und verspielt, so daß schon Georg Dehio diesem Restaurationsversuch eine monumentale «Fünf» verpaßte. «Unter den vielen Unglücksfällen, die den Dom betrafen», so lautete sein schroffes Urteil, sei die Wiederherstellung des Westbaues von 1852 bis 1854 «nicht der kleinste» gewesen.

Das nächste große Ereignis in der bewegten Geschichte des Kaiserdomes von Speyer war die Öffnung der Herrschergräber am 16. August 1900, ein «archäologisches» Unternehmen besonderer Art, das mit einer großen Überraschung endete.

Man stellte nämlich fest, daß nur die obere Reihe der Toten von den Marodeuren des Jahres 1689 entdeckt und gestört worden war. Die darunterliegenden salischen Kaiser waren unberührt, sie trugen sogar noch ihre Grabkronen aus Kupferblech. Dagegen fanden die Ausgräber die Königsreihe in der erwarteten Unordnung vor. So makaber und profan es klingt: die medizinischen Experten benötigten mehrere Tage, um die Skelette wieder richtig zusammenzufügen. Geschichtlich überlieferte «besondere Kennzeichen» wie Albrecht von Nassaus Schädelverletzung oder König Rudolfs gichtverkrümmte Glieder gaben dabei wertvolle Hinweise.

Zweieinhalb Wochen später, am 3. September, wurden die sterblichen Reste der vier Kaiser, drei Kaiserinnen und vier Könige der Erde zurückgegeben und ihre Särge neu geweiht. Speyer beging diesen Tag mit einem feierlichen Zeremoniell. «Alle Glocken der Stadt läuteten», erinnerte sich Theodor Heuss später. «Der Bischof zelebrierte unter Assistenz des ganzen Domkapitels ein Pontifikalamt, der weite Raum war von Tausenden angefüllt.»

Im Jahre 1906 entstand über den Herrschergräbern die heutige «Kaisergruft». Danach sind ihre Gräber nicht mehr angetastet worden. Auch bei der letzten durchgreifenden Restaurierung von 1957 bis 1961 hat man die toten Kaiser und Könige nicht behelligt.

«Ungeheures Lebewesen der Geschichte» Diese letzte und bisher gründlichste Erneuerung hat dem Dom von Speyer die salischen Formen und damit sein mittelalterliches Gepräge in einem kaum vorstellbaren Maße zurückgewonnen.

Das Programm der zur Neunhundertjahrfeier 1961 beendeten Generalüberholung sah von Anfang an vor, die «historische Bausubstanz» wieder freizulegen. Das war aber nur möglich, wenn die Dekorationsattrappe des 19. Jahrhunderts mitsamt der damals aufgetragenen toten Putzschicht wieder entfernt wurde. Der Leiter der fünfjährigen Erneuerungskampagne, Prof. Rudolf Esterer, der zuvor mit der Wiederherstellung der Trierer Basilika ein Meisterstück moderner Denkmalpflege geliefert hatte, ließ zunächst im nördlichen Seitenschiff versuchsweise die drei westlichen Joche von ihrer Zementhaut befreien, um die Art und Weise der ursprünglichen Steinbearbeitung zu erkunden. Schon dabei «trat der raumkünstlerische Erfolg der Freilegung ... überraschend zutage». Die Entfernung des fad und langweilig bemalten Putzes schenkte dem darunterliegenden vielfarbig getönten Stein «seine natürliche Ausdruckskraft» zurück.

Nach der Reinigung der beiden Seitenschiffe wurde dann auch das mächtige Mittelschiff von seiner öden, anämisch wirkenden Putzschicht gesäubert und wieder in einen «steinsichtigen Kirchenraum» verwandelt. Das Ergebnis frappierte auch hier. Die Wände wurden gleichsam von innen heraus wieder lebendig. Als wenn sie sich plötzlich mit Blut gefüllt hätten, gewannen sie Farbe, Frische und Kraft zurück – ein Eindruck, der durch die Öffnung vermauerter Fenster und die dadurch bewirkte Aufhellung des Riesenraumes noch gesteigert wurde.

Die Schraudolphschen Fresken, insgesamt immerhin 123 Gemälde mit 470 Figuren, wurden dabei bis auf die 24 Darstellungen des Marienzyklus in der Höhe der Mittelschiffwände geopfert. Es gelang der Kunst der Denkmalpfleger jedoch, sie nach vorheriger Restauration unversehrt «abzunehmen» und als Anschauungsmaterial für die Malerei der Nazarener zu erhalten.

In gleicher Weise und mit gleichem Erfolg merzten die Denkmalpfleger alle störenden Zutaten und Entstellungen im Querschiff aus. Der Plan, die im 18. Jahrhundert angebrachten Verstärkungen an den Pfeilern der Vierungsbögen wieder zu beseitigen, stieß allerdings auf den Widerspruch der Statiker und konnte nicht verwirklicht werden. Damit entfiel leider auch die Möglichkeit, den barocken Vierungsturm, wie vorgesehen, zu «re-romanisieren».

Eine Fülle von Detailarbeiten ergänzte das der Wiederherstellung des salischen Raumes dienende Programm. Wie die vermauerten Fenster wurden auch die Wandkapellen im Chor und in den Umfassungsmauern des Querschiffs wieder geöffnet. Ebenso wurde die an die beiden Ostjoche des südlichen Seitenschiffes angelehnte Emmeramskapelle von 1055, die «kleine Krypta» des Doms, erneuert und wieder mit der darunterliegenden Katharinenkapelle verbunden. In der Krypta entstand die neue würdige Eingangshalle zur Kaisergruft. Die mächtigen Vierungspfeiler erhielten Zementfüllungen, auch schadhafte Wände wurden mit Hilfe von Zementinjektionen einer Art Frischzellenkur unterworfen, so daß der Dom heute auch technisch wieder den geltenden baupolizeilichen Vorschriften entspricht.

Doch davon sieht der Besucher nichts. Das neue Bild des Domes aber prägt sich ihm ein, auch wenn er das frühere nicht gekannt hat. Wenn er das riesige Mittelschiff durch das fünffach gestufte Westportal betritt, spürt selbst der eilige Tourist und «sight-seeing»-Reisende, daß er soeben eine unsichtbare Grenzlinie zwischen zwei Welten passiert hat. Da ist Größe und Selbstbewußtsein, Einfachheit und Helligkeit, wohin das Auge blickt. Aber die äußere Schlichtheit des riesigen, fast atemberaubenden Kirchenraumes ist doch voller Vielfalt. Die einzelnen Raumpartien entwickeln sich in einer ebenso rationalen wie organischen Folge und schaffen ständig wechselnde Durchblicke und Eindrücke, denen der wiedergewonnene gelbrote Steinmantel Bewegung und Fülle verleiht.

Auch das äußere Erscheinungsbild hat durch die Restaurierung und die Entfernung von mancherlei störenden Zutaten wesentlich gewonnen. Recht vorteilhaft für den neunhundertjährigen Bau war auch, daß durch die Tieferlegung der Seitenschiffdächer die alten Proportionen wiederhergestellt wurden. So wirkt der Dom von heute trotz seiner ängstlich-historisierenden Vorderseite wieder wie ein «Riesenwerk der Plastik»: einfach und übersichtlich, kraftvoll und konzentriert; gesammelt-ernst in seiner mächtigen Gedrungenheit, triumphierend im heroischen Überschwang seiner Turmbauten, heiter und gelöst im sparsam verteilten schmückenden Detail.

Aber noch einmal: man wird seinem Wesen nicht gerecht, wenn man ihn nur als ein Wunder der Architektur betrachtet, als den ersten, größten und monumentalsten aller romanischen Dome in Deutschland. Stärker noch spürt man seinen Herzschlag, wenn man ihn als ein «ungeheures Lebewesen der Geschichte» begreift.

Wie kein zweites Bauwerk des christlichen Mittelalters symbolisiert der Dom von Speyer die Einheit von Staat und Kirche; gibt er das schwellende Machtgefühl der deutschen Kaiser wieder, die sich als die legitimen Nachfahren der römischen Cäsaren fühlten und ihnen an Mut, Verschlagenheit und Willenskraft nicht nachstanden; läßt er die schöpferische Unruhe und das Sendungsbewußtsein einer Zeit ahnen, die, von ihren eigenen Impulsen mitgerissen, fest an die aufziehende göttliche Ordnung auf Erden glaubte.

«In diesem Meisterwerk», so heißt es bei Karl Scheffler, «ist das Romanische ganz reif; am Ufer des Rheins mutet der Dom gleichnishaft an, wie ein Denkmal der größten Zeit Deutschlands – obwohl er in einer Stadt steht, die still provinziell anmutet... Der Überschwang des Plans wirkt wie höchste Vernunft. Eben darum steht moderne Ideologie davor wie vor einer ihr verschlossenen Welt, die eigene Unzulänglichkeit tragisch empfindend.»

Achtes Kapitel

GOSLAR «HERRLICHSTE HAUSUNG DES REICHES»

Der Harz, der Rammelsberg und die Pfalz Heinrichs III.

Einziger Profanbau des 11. Jahrhunderts · «Goldrausch» am Silberberg Goslar trat Werlas Erbe an · Der Saalbau und drei Kirchen · «Zeichen des Sünders Heinrich» · Im Bann der Kirchenreform · Die Zeit der deutschen Päpste · Des Königs Herz blieb in Goslar · Das Blutbad im Dom · Neue Herren – neue Bauten · Der gekrönte Adler · Die Pfalzkapelle als Gefängnis · Odyssee eines Kaiserherzens · Vom Produktenmagazin zum vaterländischen Denkmal · Schatzkammer der Baukunst

Es gibt Leute, die behaupten, daß das Goslarer Kaiserhaus kein historisches Denkmal, sondern ein öffentliches Ärgernis sei: eine Sünde wider den Geist mittelalterlichen Kaisertums, ein Frevel wider den Geist mittelalterlicher Baukunst. *Einziger Profanbau des 11. Jahrhunderts*

Sie sagen: Was in aller Welt soll diese Gartenterrasse aus dem 19. Jahrhundert vor der Front des romanischen Saalbaues, was sollen die beiden nachgemachten braunschweigischen Löwen auf einer modernen Treppenanlage, was sollen die beiden Reiterstandbilder des Staufers Friedrich Barbarossa und des Hohenzollern Wilhelm I., die trotz dem Grünspan, der sie gnädig bedeckt, ihre Herkunft aus dem Jahre 1900 nicht verleugnen?

Sie sagen: Wozu dieser romanische Verbindungsgang zwischen Saalbau und Ulrichskapelle, den es nie gegeben hat und dessen Arkaden die Vaterschaft der wilhelminischen Romanik ebenfalls allzu bereitwillig verraten?

Sie sagen: Wie konnte es geschehen, daß der ehrenwerte alte Kaisersaal nach seiner Renovierung vor hundert Jahren mit historischem Monumentalkitsch ausgemalt wurde, jenen überdimensionierten Dekorationen im frühbayreuther Wagnerstil, die nicht nur Szenen aus der Geschichte des Hauses und der mittelalterlichen Kaiser darstellen, sondern auch Luther auf dem Reichstag in Worms und die Kaiser des Zweiten Reiches im Kreise ihrer uniformierten Würdenträger?

Sie sagen noch manches andere und haben nicht einmal Unrecht damit. Das Goslarer Kaiserhaus ist und bleibt ein Produkt der Restaurationsfreudigkeit des auslaufenden 19. Jahrhunderts und damit dem überschwenglichen Patriotismus dieser Zeit allzusehr verpflichtet. An kritischen Stimmen hat es deshalb nie gefehlt. Ricarda Huch war «geneigt, die Rettung des Palastes zu beklagen», der nach ihrer Meinung besser Ruine geblieben wäre. Der «allzu neue Bau von heute» verstellte ihr sozusagen die Imaginationskraft, er hemmte den Flug der Phantasie; und die beiden Bronzekaiser auf der abfallenden Rasenfläche vor dem Kaiserhaus störten sie empfindlich. Auch Uvo Hölscher, der beste Kenner der Goslarer Pfalz, räumt ein, daß «das Kaiserhaus in seiner heutigen restaurierten Gestalt es dem Beschauer schwermacht», sich das Panorama der mittelalterlichen Anlage vorzustellen.

Alle Bedenken ändern aber nichts an der Tatsache, daß der Saalbau der Goslarer Kaiserpfalz der einzige Profanbau des 11. Jahrhunderts ist, der sich wenigstens in seiner Grundsubstanz erhalten hat – und daß diese auf einem Ausläufer des Rammelsberges gelegene Goslarer Pfalz die größte nachkarolingische «Residenz» in Deutschland war, die zumindest unter den Saliern, trotz Speyer, einer der Mittelpunkte des Reiches war.

Die Goslarer Pfalz, und mit ihr das Kaiserhaus, ist zudem wie keine zweite Pfalz in Deutschland erforscht und erkundet worden. Selbst ihre Baugeschichte liegt nach den umfangreichen Grabungen, die Uvo Hölscher in den Jahren vor und nach dem Ersten Weltkrieg veranstaltete, nahezu lückenlos vor: eine Geschichte, die fast tausend Jahre umfaßt und Aufstieg und Niedergang des Reiches, seine kurze Blüte und sein langes Welken widerspiegelt. Kaum ein Bauwerk in Deutschland ist mit Schicksal so schwer befrachtet wie das Kaiserhaus in Goslar.

Mag der Anblick, den es heute bietet, nicht frei von mancherlei Ungereimtheiten und Stilbrüchen sein, noch immer stellt dieses Pfalzpanorama so etwas wie eine Bühne dar, würdig der großen geschichtlichen Szenen, die sich hier abgespielt haben, auf dem Kaiserhügel zu Füßen des Goslarer Silberberges.

«Goldrausch» am Silberberg Der Silberberg hat Goslars Entwicklung im Mittelalter entscheidend bestimmt. Die Urzelle der Stadt aber war eine Kaufmannssiedlung, die (nach dem Sächsischen Annalisten) 922 von König Heinrich I. gegründet wurde. In Wahrheit dürfte sie noch gut hundert Jahre älter gewesen sein. Wo sie lag, ist bis heute freilich nicht ergründet worden. Immerhin sind drei ältere Siedlungskerne bekannt:
> die im Ostteil von Goslar gelegene Sudburg am Fuße des Sudmerberges, der längst von den Wohnvierteln der Neustadt eroberte Georgenberg und das Gelände am Fuß des Rammelsberges, in der Nähe der heutigen Bergdorfruine.

An allen drei Plätzen hat der Spaten frühmittelalterliches Mauerwerk freigelegt.

Bei der 1933 veranstalteten Kampagne auf der Sudburg stießen die Ausgräber auf Hausspuren und die Reste einer einschiffigen Kirche mit einem quadratischen Chor und einem quadratischen Turm, die eindeutig in das beginnende 10. Jahrhundert datiert werden konnten. Die Mauern der Sudburg wurden bisher nicht untersucht, doch markieren sie zweifellos den befestigten Wohnsitz jenes fränkischen *forestarius*, der aus schriftlichen Quellen bekannt ist: eines königlich-fränkischen Hofförsters also, der die wildreichen Waldgebiete zwischen Ecker und Innerste zu verwalten hatte.

Auf dem Georgenberg veranstalteten Heimatfreunde bereits in der zweiten Hälfte des vorigen Jahrhunderts eine Zehnjahresgrabung, angeregt durch die Fundamente der 1527 zerstörten Augustiner-Chorherrenkirche: eines geräumigen achtseitigen Zentralbaues, der in Niedersachsen ohne Beispiel war. Obwohl damals der Georgenberg restlos zerwühlt und die Grundmauern des Oktogons in höchst unwissenschaftlicher Weise wieder zusammengestückelt wurden, führte eine Nachgrabung in den Jahren 1964/66 zu erstaunlichen Ergebnissen.

Der Leiter der Untersuchung, Günther Borchers, stellte fünf übereinanderliegende Bauschichten fest, deren unterste aus genau den gleichen lehmgebundenen Mauern bestand, die der Boden der Werla-Pfalz birgt: möglich also, daß auf dem Georgenberg schon in karolingischer Zeit ein zur Werla gehöriger befestigter Königshof lag. Über dieser ältesten Schicht zeichneten sich die Spuren einer kleinen Kapelle ab, die zweifellos zu Beginn des 10. Jahrhunderts errichtet worden war, das heißt: in der Zeit Heinrichs I., der ja, nach dem Sächsischen Annalisten, einen *vicus* in Goslar gegründet haben soll.

Auch die Grabung am Fuße des Rammelsberges, im Bereich der mittelalterlichen Stadtmauer, erschloß die Reste einer frühmittelalterlichen Kirche, die dem heiligen Martin gewidmet war und daher – so Bruchmann – «die Annahme berechtigt erscheinen läßt, daß sie noch aus fränkischer Zeit stammt», daß also bereits unter den Karolingern, «wenn auch nur vorübergehend», Bergbau an der Gose betrieben wurde.

Gleichgültig, welche dieser drei Siedlungszellen die älteste war – die stärksten Antriebe gingen jedenfalls von dem Bergherrendorf aus, dem Dorado der Metallschürfer. Von dem Tag an, da (irgendwann um 970) die Silberadern des Rammelsberges entdeckt (oder wiederentdeckt) wurden, war dieser Berg der Schicksalsberg von Goslar. Zum erstenmal in ottonischer Zeit begegnet man hier, an den waldreichen Flanken des

Harzes, dem Phänomen Wirtschaft: einer Stadtgründung, die sozusagen «rohstoffbedingt» war.

Den Abbau der Schatzlager – außer Silber wurden auch Kupfer und Blei gewonnen – übernahm die königliche Kammer, die zu diesem Zweck fränkische Fachleute ins Land holte, vermutlich aus dem Siegerland, wo man sich in der Kunst des Stollenbaues schon seit langem auskannte. Während das Silber wohl zum größten Teil zugunsten der königlichen Kasse «vermünzt» wurde (schon kurz nach 970 erschienen die ersten Sachsenpfennige auf dem Markt, noch vor der Jahrtausendwende die berühmten Otto-Adelheid-Pfennige), lösten Kupfer und Blei bald einen schwunghaften Handel und damit eine Art von «Goldrausch» aus, der allerlei Glücksritter und mancherlei lichtscheue Existenzen zum Rammelsberg zog.

Die vom Sächsischen Annalisten überlieferte Gründungssage deutet das unmißverständlich an. Danach kehrte der im Harz jagende König eines Tages bei einem Franken namens Gundelkarl ein und wurde von diesem derart reichlich und aufopfernd bewirtet, daß er ihm zum Lohn die Schürfrechte am Rammelsberg überließ. Mit Hilfe fränkischer Landsleute, die sich auf die Kunst der Metallgewinnung verstanden, machte Gundelkarl von diesen Rechten derart erfolgreich Gebrauch, daß er und sein Anhang «maßlos reich wurden und viele Menschen den Ort zu bevölkern begannen». Der so leicht und schnell erworbene Wohlstand hatte zur Folge, daß die Fremden übermütig wurden, über die Stränge schlugen und bald in ständigem Zwist mit den Einheimischen lebten – so daß am Ende die sächsischen Fürsten Gewalt gegen die fränkische Landplage anwenden mußten.

Goslar trat Werlas Erbe an Der Sächsische Annalist bezieht seine Geschichte auf König Heinrich II. und leistet sich damit einen chronologischen Fehltritt; denn der Rammelsberger Erzbergbau war bei Heinrichs Regierungsantritt gut und gern schon drei Jahrzehnte alt. Trotzdem enthält seine Darstellung mehr als ein Körnchen Wahrheit. Sie spiegelt nicht nur die Folgen des Rammelsberger «Silbersegens» richtig wider, sie vermittelt auch einen Eindruck von den engen Beziehungen des «Bamberger Heinrichs» zu der Erzstadt Goslar. Heinrich II. hat sich um die Entwicklung Goslars tatsächlich große Verdienste erworben. Ja, man kann sagen, daß ihm außer seiner Regnitz-Gründung kein Platz in Deutschland so am Herzen gelegen hat wie die aufblühende Erzstadt am Harz.

Sicher waren der Sparsinn und die Geschäftstüchtigkeit dieses Königs nicht wenig an dem Entschluß beteiligt, in unmittelbarer Nähe des Schatzberges eine Pfalz zu errichten: eine so ergiebige Quelle des

Reichtums unter Kontrolle zu halten war schon einen festen Platz wert. Doch spielten auch politische Überlegungen in dieses Projekt hinein. Der sächsische Adel hatte sich, wie berichtet, bei der Königswahl zum großen Teil gegen ihn gestellt, und das Zentrum dieser Fronde war fraglos das Werla-Gebiet. Was lag also näher, als die liudolfingische Traditionspfalz dadurch zu degradieren, daß man ihr eine neue und schönere Pfalz als königliche Zwingburg gleichsam vor die Tore baute.

So kam es, daß die Werla-Pfalzrechte praktisch auf Goslar übertragen wurden: ein Vorgang, der zwar nirgendwo aktenkundig geworden ist, sich aber als entschlossene und in kurzer Zeit durchgeführte Schwerpunktverlagerung in der politischen Landschaft dieser Zeit deutlich abzeichnet. Noch 1013 weilte Heinrich II., «der Sitte gemäß», auf der Werla-Pfalz, danach nicht mehr. Wohl aber hielt er, nachdem er sich bereits 1009 in Goslar mit den deutschen Fürsten und Bischöfen getroffen hatte, in der neuen Pfalz am Rammelsberg in den Jahren 1015, 1017, 1019, und 1023 Tagungen ab – und jedesmal, soweit wir wissen, mit wichtigen Programmpunkten. Auf der Reichssynode 1019 wurde zum Beispiel ausführlich über die Priesterehe debattiert.

Die Bedeutung, die Goslar unter dem heiligen Heinrich gewann, dokumentiert auch die beträchtliche Zunahme der Bautätigkeit. Für das Jahr 1017 notierte Thietmar von Merseburg, daß der Kaiser seinen Hof in Goslar beträchtlich verschönert habe, und die Synode von 1019 fand «in der zum königlichen Palast gehörenden Kirche» statt, vermutlich demselben «vielbesuchten» Gotteshaus, dem Otto III. anno 1001 Reliquien aus Rom gesandt hatte. Trotz den schmückenden Beiworten, die die Chronisten hier verwenden, waren des Königs Pfalzbauten in Goslar nicht gerade königlich. Wir wissen seit Hölschers Grabungen vor dem Ersten Weltkrieg, daß Heinrichs *palatium* an der Stelle der heutigen Terrasse vor dem Kaiserhaus lag und wesentlich kleiner als dieses war: ein schlichtes Gebäude, das auf einem steinernen Erdgeschoß ein Obergeschoß aus Fachwerk trug. Der Standort der ältesten Pfalzkapelle ist bisher nicht festgestellt worden. Vielleicht lag sie an der Stelle des «Ulrich».

Heinrichs Nachfolger, Konrad II., wurde mit den sächsischen Herren besser fertig. Aber auch der erste Salier ließ auf seinen Fahrten durchs Land die Werla links liegen. Mindestens sechsmal in seiner fünfzehnjährigen Regierungszeit hielt er in Goslar Hof, mitsamt seiner Familie, die er in der schön gelegenen Pfalz am Harz offenbar heimisch zu machen versuchte.

Schon 1025, bei seinem ersten Besuch in Goslar, gründete er das Georgenstift. Gleichzeitig begann er mit dem Bau jenes großartigen

Oktogons auf dem Georgenberg, für das die Pfalzkapelle Karls des Großen in Aachen sichtbar das Modell abgab – vielleicht weil hier die Erinnerung an eine karolingische *curtis* noch lebendig war. Seine Gemahlin Gisela legte wahrscheinlich den Grundstein zur Liebfrauenkirche, die später den Nordostteil der großartigen Pfalzanlage bildete, deren baulicher und geistiger Mittelpunkt das heute noch stehende Kaiserhaus war. Das läßt darauf schließen, daß diese imposanteste Pfalzanlage des deutschen Mittelalters schon unter Konrad II., dem Bauherrn von Speyer I, konzipiert wurde.

Verwirklicht wurde sie allerdings erst unter Heinrich III., dem Sohn des ersten Saliers.

Der Saalbau und drei Kirchen

Wer diese neue, zu ihrer Zeit beispiellose Pfalzanlage entworfen hat, ist nicht überliefert. Wohl aber kennen wir den Mann, der sie verwirklicht oder, vorsichtiger ausgedrückt, an ihrer Verwirklichung entscheidenden Anteil gehabt hat: der nachmalige Bischof Benno II. von Osnabrück (dessen Name bereits in der Domgeschichte von Speyer auftauchte).

Benno wurde 1048 von Heinrich III. als «örtlicher Bauleiter» nach Goslar berufen. Er war damals etwa achtundzwanzig Jahre alt und hatte in der Klosterschule der Reichenau und in den Domschulen von Straßburg und Speyer den Ruf eines gelehrten Mannes erworben. Seine administrativen Fähigkeiten bewies er später als Dompropst und Vizedominus des Bischofs von Hildesheim, sein organisatorisches Geschick als Nachschubchef in Heinrichs Ungarnkrieg. Ein sehr vielseitiger Herr also: erfahren, gebildet und befehlsgewohnt.

Benno hat auch in Goslar mit großer Energie – gelegentlich auch, wie gewissen Andeutungen zu entnehmen ist, mit unnötiger Härte – gewirkt, so daß die Pfalz bei Heinrichs frühem Tod im Jahre 1056 im wesentlichen fertiggestellt war.

Er hat zunächst die schon vor der Kaiserin Gisela begonnene Liebfrauenkirche zu Ende gebaut. Sie lag rechtwinklig zum Saalbau auf dem Nordosthang des Pfalzhügels, der ihre Fundamente bis heute birgt. Hölscher hat sie 1914 ausgegraben und auf diese Weise den kompletten Grundriß dieser Palastkirche festgestellt. Es handelte sich um einen quadratischen Zentralbau von 9,70 Meter Seitenlänge mit drei Ostapsiden und einem Westwerk, das zwei seitliche Rundtürme überragten. Das Innere enthielt zwei Geschosse: eine mit roten Sandsteinen ausgelegte untere Kapelle, die dem Gefolge und den dienstbaren Leuten diente und daher einen eigenen Eingang auf der dem Pfalzgelände abgewandten Südseite hatte; und eine obere Kapelle für den König, deren kostbare Innenausstattung marmorne Fußbodenfliesen bezeugten,

Abb. 38: Die Pfalzgebäude in der Zeit Heinrichs III. Die Rekonstruktionszeichnung von Hölscher entspricht nicht mehr ganz dem Stand der Forschung. Borchers und Schürer nehmen an Stelle des kleinen Treppenaufgangs einen Verbindungsbau vom Pallas zur Pfalzkapelle an.

die wahrscheinlich einer römischen Ruine an Rhein oder Donau entnommen waren.

Vor dem Westbau erstreckte sich «auf etwas erhöhtem Niveau« ein ummauerter, mit Kalkestrich belegter Hof von 10 mal 21 Meter Größe, der die Verbindung zu einem zweigeschossigen Wohngebäude herstellte. Hölscher vermutet, daß zwischen diesem älteren Wohngebäude und der Liebfrauenkirche eine Galerie verlief, die – wie in Aachen – einen direkten Zugang zur Kapelle des Königs schuf.

Das ältere Wohngebäude, das mit der Liebfrauenkirche zusammen eine eindrucksvolle Baugruppe bildete, bestand wahrscheinlich aus zwei Stockwerken, von denen das obere der königlichen Familie gehörte. Seine Vorderfront lag in der Flucht des Saalbaues, der rückwärtige, schmalere Flügel griff ein Stück darüber hinaus. Den Winkel zwischen den beiden Flügeln füllte ein kleiner Hof aus, der vermutlich durch ein großes Tor zu erreichen war.

Von den Wohngemächern des Königs führte eine große Tür unmittelbar ins *palatium*, in die Herzkammer der Pfalz: einen Saalbau, den Hölscher den «unbestritten großartigsten Profanbau des 11. Jahrhunderts» nennt. Der ebenfalls zweistöckige Goslarer *Pallas* hatte zwei gleichgroße Säle übereinander, einen unteren für die Hofleute minderen Ranges, einen oberen für den König und sein Gefolge. Beide Räume hatten Balkendecken, die in der Mitte von einer längslaufenden Stützenreihe getragen wurden – wie es im germanischen Hallenbau seit undenklichen Zeiten Brauch und Sitte war.

Der Thron des Königs stand in der Mitte des oberen Saales, gegenüber dem offenen Altan, der einen Blick über das weitläufige Pfalzgelände erlaubte. Links und rechts davon öffneten sich, genau wie heute, je drei Rundbogenfenster, die allerdings nicht verglast waren.

Die großen Empfänge im Saalbau fanden also sozusagen im Freien statt. Allerdings lag die Fensterreihe auf der Wind und Regen abgewandten Seite: an der Ostfront des *Pallas*.

Der über einem großen Torbogen errichtete Balkon gliederte auch die Außenseite des Saalbaues. Die hohen, eleganten Fensterarkaden hatten «nicht ihresgleichen in der frühromanischen Baukunst». Auch in der Innenausstattung scheint das Goslarer *palatium* alle vergleichbaren Bauten übertroffen zu haben. Fraglos hat die «steingewordene *majestas*» dieser Anlage der Mitwelt etwas von dem Selbstgefühl der salischen Herrscher mitgeteilt. Schon Heinrichs III. Zeitgenosse Lampert von Hersfeld nannte die Pfalz zu Füßen des Rammelsberges «den berühmtesten Wohnsitz des Reiches».

Wann die Ulrichskapelle errichtet wurde, ist bislang nicht geklärt. Hölscher datiert sie in die Zeit des Supplinburgers, also in die erste Hälfte des 12. Jahrhunderts. Bruchmann vermutet, daß sie unter Heinrich V., zu Beginn des 12. Jahrhunderts, gleichzeitig mit dem jüngeren Wohnbau entstand (dessen Grundmauern auf der Rückseite des «Kaiserhauses» konserviert wurden). Carl Borchers plädiert für die Zeit Heinrichs III. und meint, daß die Kapelle während des Ungarnkrieges gebaut und daher dem heiligen Ulrich geweiht wurde, der sich hundert Jahre vorher, bei der Verteidigung von Augsburg gegen die Madjaren, so tapfer schlug. Zu dieser Ansicht hat sich neuerdings auch Prof. Dr. Reuther (Berlin) bekannt.

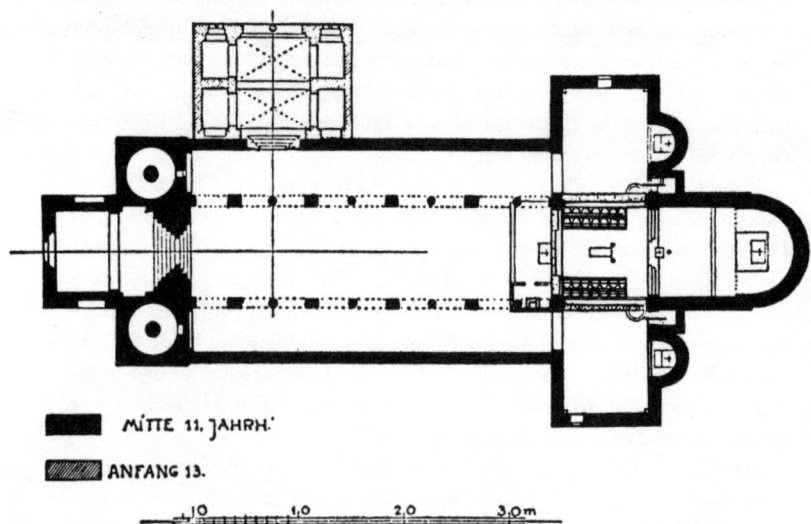

Abb. 39: *Grundriß des ehemaligen Domes von Goslar*

Reichenau: St.-Georgs-Kirche von Oberzell. Sie ist eine der wenigen noch erhaltenen Hallenkrypten in Deutschland. Die Kirche stammt aus spätkarolingischer Zeit. Berühmt sind die ottonischen Wandmalereien im Innern der Kirche. (Archiv des Autors)

Kaiserpfalz von Goslar. (Bildarchiv Preußischer Kulturbesitz, Berlin)

Kaiser Otto III. auf dem Thron (um 1000). Als Imperator Romanorum verkörpert er im klassischen Sinne die römische Reichsidee. Diese zeitgenössische Miniatur,

gemalt von einem Künstler der berühmten Reichenauer Schule, zeigt den Kaiser in seinem Prunkgewand und geschmückt mit den kaiserlichen Zeichen; je zwei geistliche und weltliche Herren stehen ihm zur Seite. (Staatsbibliothek, Bamberg)

Der Dom zu Speyer (Ostseite) – ein Meisterwerk der romanischen Baukunst. Um 1100 war er die größte Kirche der Christenheit. Im Volksmund nennt man ihn auch Kaiserdom, denn große salische und staufische Herrscher, Kaiser und Könige sowie deren Gattinnen, liegen hier begraben. (Bavaria-Verlag, Gauting)

Doch ob 11. oder 12. Jahrhundert – die fast vollständig erhaltene Ulrichskapelle stellte eine der interessantesten Kirchenschöpfungen des deutschen Mittelalters dar, bemerkenswert vor allem dadurch, daß ein als griechisches Kreuz angelegtes Untergeschoß ein «königliches» Oktogon trägt: auch hier also, wie auf dem Georgenberg, die Beziehung zu Aachen und dem Reich des großen Karolingers.

Mit Sicherheit aber war der im vorigen Jahrhundert abgerissene Goslarer Dom, dessen Standort die übriggebliebene nördliche Eingangshalle markiert, ein Werk des dritten Heinrich: eine dreischiffige, kreuzförmige Basilika mit sächsischem Stützenwechsel, die im Osten mit drei Rundapsiden, im Westen mit einem zweitürmigen Westwerk ausgestattet war. Als Ganzes ein Spätprodukt der ottonischen Architektur, mehr von der Tradition als vom Fortschritt bestimmt, ausgereift und ausgewogen wie der Dom von Hildesheim, die Stiftskirche von Gandersheim, die Abdinghofkirche in Paderborn oder die von Erzbischof Anno 1059 gestiftete Georgskirche in Köln.

Stellt man sich vor, daß an den Dom die Gebäude des Domstiftes angeschlossen waren, daß zu beiden Seiten des Platzes vor dem Saalbau die Häuser der Ministerialen und des ritterlichen Gefolges und hinter dem *Pallas* Ställe und Vorratsscheunen standen und daß die Pfalz mit einer festen Mauer umgeben war, so ergibt sich das Bild einer imponierenden Anlage, mit der um 1050 allenfalls der Bamberger Domberg konkurrieren konnte.

Diese Goslarer Pfalz war mehr als eine der vielen ländlichen Karawansereien der deutschen Wandermonarchen. Sie hatte alle Chancen, so etwas wie ein Regierungszentrum zu werden. In der Tat ist «das deutsche Königtum» (wie es bei Klewitz heißt) «dem festen Mittelpunkt einer Residenz niemals wieder so nahe gekommen wie im salischen Goslar» – und in der Zeit der Salier unter Kaiser Heinrich III., der diesen Platz an den Vorbergen des Harzes und in unmittelbarer Nähe der Silberkammer des Reiches wie keinen zweiten Platz geliebt hat.

Ein majestätischer Herrscher – dieser Heinrich III., fromm und gebildet, stark und verantwortungsbewußt zugleich. Trotzdem steht er, wie außer ihm nur der dritte Otto, bis heute im Kreuzfeuer gegensätzlicher Meinungen. Während er für die einen der Inbegriff mittelalterlichen Kaisertums ist, nennen ihn die anderen einen Reichsverderber und Kirchenknecht. Sie werfen ihm vor, daß er, allzusehr in religiösen Vorstellungen befangen, den Thron Petris der Reformpartei ausgeliefert und damit eine Entwicklung in Gang gesetzt habe, die von Goslar geradewegs nach Canossa führte.

Zeichen des Sünders Heinrich

Eine solche Betrachtungsweise verstößt genau wie die nachträgliche Aburteilung der mittelalterlichen Italienpolitik gegen eines der elementaren Gesetze der Geschichtsschreibung: die Aufgabe, die Menschen und ihre Handlungen aus ihrer Welt und ihrer Zeit zu verstehen.

Heinrich III. war kein schwacher König, er hat, wie alle Salier, mit starker und häufig genug auch mit harter Hand regiert. In seiner tiefen Frömmigkeit aber, seinem priesterlichen Sendungsbewußtsein, seiner düsteren, schwerblütigen Gläubigkeit war er ein Kind des christlichen Mittelalters und damit ein treuer Sohn der Kirche. In gleichem Maße aber erfüllte ihn die Überzeugung, als König und Kaiser nicht nur der höchste Diener, sondern auch der von Gott beauftragte Herr der Kirche zu sein. Für die Vorstellung, daß dieser Grundanspruch des abendländischen Kaisertums je in Frage gestellt werden könnte, war in seiner von einem ungebrochenen Machtbewußtsein erfüllten Natur kein Platz.

So bleibt ihm der Ruhm, daß das «mittelalterliche Ideal einer... gemeinsamen Herrschaft von Kaiser und Papst als der höchsten Repräsentanten von *regnum* und *sacerdotium* ... zu keinem Zeitpunkt der Verwirklichung so nahe gekommen ist» wie in den Regierungsjahren Heinrichs III.; daß, um ein Wort von Schieffer zu zitieren, «die Verchristlichung des Herrschertums ... mit seiner Gestalt ihre volle geschichtsmächtige Stoßkraft» erreichte; daß er das Werk der Ottonen vollendete, indem er nicht nur in Deutschland, sondern auch in Burgund und Italien – ohne die inneren Einrichtungen dieser Länder anzutasten – die Macht des Herrscherhauses stabilisierte.

Der dritte Heinrich – wegen seiner dunklen Haare der «schwarze Heinrich» genannt – ähnelte in vielem seinem Vater. Auch er war von hohem, hünenhaftem Wuchs, auch in ihm glühte ein vulkanisches Temperament, dessen Ausbrüche gefürchtet waren, auch er war ein Herr und ein Herrscher von Geblüt, der die Rechte und Ansprüche der Krone unerbittlich verfocht, ein Tatmensch und «Mann des kurzen Prozesses», dem schnelle Entschlüsse und hartes Zufassen selbstverständlich waren. Trotzdem: welche Unterschiede, welche Gegensätze, welche Differenzierungen.

Konrads nüchterne, schroffe, unbekümmert-brutale Art hatte sich in Heinrich zu Strenge und Härte gegen sich selbst geläutert. Nicht Schwungkraft und Lebensfülle, sondern Welternst und Seelennot, Pflichtbewußtsein und Rechtschaffenheit kennzeichnen sein Wesen und seine Regierung – dazu eine absolute Integrität. Er wurde deshalb auch weniger geliebt als geachtet, wie alle Herrscher, die sich selbst das Äußerste abverlangen und damit auch ihre Umgebung ständig extremen Ansprüchen unterwerfen.

Von Bischöfen erzogen und frühzeitig auf sein hohes Amt vorbereitet, war Heinrich auch wesentlich gebildeter als sein robuster, naivunwissender Vater. Er las Bücher und liebte kostbare Handschriften, er hatte Verständnis für Dichtung und Musik, und Speyer wie Goslar verraten, daß ihm ein Herz für Architektur und ein lebhafter Kunstsinn eigen waren. Aber er neigte auch zu Trübsinn und Selbstquälerei und war kein Freund heiterer Stunden, ja, Fröhlichkeit dünkte ihm mit der schweren Bürde seiner Aufgaben nicht vereinbar. So ließ er, wie der zeitgenössische Chronist etwas mißbilligend bemerkt, bei seiner Hochzeit in Ingelheim im Einverständnis mit seiner zweiten Gemahlin, der burgundischen Prinzessin Agnes von Poitou, die zum Fest herbeigeströmten «Fahrenden und Possenreißer in Verachtung ihrer eitlen Künste fortjagen».

Denn bei aller Schlauheit und Tatkraft – Eigenschaften, die er mit seinem Vater teilte – wirkte in ihm eine der Welt abgewandte, offenbar leidend erlebte Frömmigkeit, der das Bewußtsein der Sündhaftigkeit der menschlichen Natur eng verschwistert war. Selbst die königlichen Prunkurkunden auf purpurnem Pergament pflegte er bisweilen mit dem «Zeichen des Sünders Heinrich» zu unterzeichnen. Er liebte es auch, sich öffentlich als Sünder zu bekennen und seinen Gegnern zu verzeihen. So 1043 in Konstanz, als er selbst vor den Altar trat, seinen Feinden vergab und alle Anwesenden aufforderte, es ihm gleichzutun. So 1044, nach seinem erfolgreichen Ungarnfeldzug, auf dem Schlachtfeld von Menfö, wo er sich barfuß und im Büßerhemd vor einem Splitter vom Kreuze Christi niederließ und sich derart mit allen seinen Widersachern versöhnte.

Hinter dieser Demut verbarg sich jedoch ein Anspruch, der weit über die irdischen Aufgaben seines Herrscheramtes hinausreichte. Für Heinrich III. waren die hohenpriesterlichen Aufgaben und die «Sakralität» seines Königtums nicht eine theologische These, sondern tief erlebte, unbezweifelte Wirklichkeit. So betonte er in allen seinen Handlungen die religiöse Sendung seines Daseins. Er ließ sich auf den Widmungsbildern der Handschriften wie Christus in einer Mandorla darstellen, er wusch am Gründonnerstag zwölf Armen die Füße, er trat als Prediger vors Volk (und er war ein hinreißender Redner, «wie nur je ein Bußprediger»), er vollzog kirchliche Zeremonien als herrscherliche Akte – und er machte sich zum Künder jenes Friedensgedankens, der ebenso wie die Ideen der Kirchenreform in Lothringen und Burgund beheimatet war und in seiner Gattin Agnes von Poitou eine einflußreiche Mittlerin gefunden hatte.

Im Bann der Kirchenreform

Das heißt nicht, daß die Zeit seiner Herrschaft eine Zeit des Friedens war. Auch unter Heinrich III. gehörten Krieg und Waffenlärm zum ständig wiederkehrenden Ablauf des Jahres. Obwohl er seinen Thron nicht erst mit dem Schwert erobern mußte, obwohl es 1039 zum erstenmal seit sechsundsechzig Jahren einen reibungslosen Herrschaftswechsel gab, hatte auch er seine liebe Not mit den territorialen Gewalten, besonders mit den ingrimmig auf ihre Unabhängigkeit bedachten Herzögen.

So hat ihn die Auseinandersetzung mit dem lothringischen Herzog Gottfried dem Bärtigen, die zeitweilig die Ausmaße eines Kampfes von kontinentalem Format annahm, bis kurz vor seinem frühen Tod beschäftigt. Aber auch die Landesherren von Bayern, Kärnten und Sachsen veranstalteten ihre traditionellen Rebellionen gegen die Reichsgewalt. Heinrich ist darüber nie ernsthaft in Gefahr geraten, doch hat er dem «Antagonismus von Zentral- und Partikulargewalt» wie die Mehrzahl seiner Vorgänger einen reichlichen Tribut entrichten müssen. Selbst ein Mann wie der Erzbischof Adalbert von Bremen-Hamburg, dessen Bistumsorganisation bis Finnland, Island und Grönland reichte, wahrte dem König gegenüber ein hohes Maß an Selbständigkeit und waltete in seinem geistlichen Reich wie ein souveräner Monarch – was ihn derart ausfüllte, daß er 1046 sogar die Berufung auf den päpstlichen Stuhl ablehnte.

Auch nach außen mußte Heinrich das Reich – nach Schieffer «ein System lehnsrechtlicher Bindungen, das die Grenzen überspringen, verwischen und verschieben konnte» – in seinem Bestand verteidigen. Er mußte gegen Bretislaw von Böhmen zu Felde ziehen, um diesen zu einer erneuten Anerkennung der deutschen Hoheit zu zwingen, ebenso gegen Herzog Kasimir von Polen, einen Enkel der rheinischen Ezzonen-Tochter Richeza. Auch König Peter von Ungarn, Sohn Stephans des Heiligen, huldigte 1045 in Stuhlweißenburg dem dritten Heinrich als Lehnsherrn, so daß damals sich die drei östlichen Randländer der lateinischen Christenheit als Vasallen an das Reich gebunden hatten und dieses als «abendländische Vormacht» respektierten: Ungarn allerdings nur für wenige Jahre.

Im Westen brauchte Heinrich nicht aktiv zu werden. Da sich die französischen Könige ohnehin auf dem Tiefpunkt ihrer Macht befanden, genügte die Ehe mit Agnes von Poitou, der frommen Tochter des Herzogs Wilhelm von Aquitanien, dem deutschen König auch dort einen verstärkten Einfluß zu verschaffen. Umgekehrt machte sich die Strahlungskraft «des Westens» mehr als zuvor am Hof Heinrichs bemerkbar; denn mit der Königin kamen einige Wortführer der lothringischen und burgundischen Kirchenreformer nach Deutschland und nutzten die Gelegenheit, das Interesse Heinrichs für ihre Gedanken und Pläne zu wecken. Mit bemerkenswertem Erfolg – der König, dem ja nichts so sehr am Herzen lag wie die religiöse Integration seiner Herrschaft, stellte sich selbst an die Spitze der Reform. Das setzte Opfer voraus. Allein der Verzicht auf die von den Neuerern wortkräftig verdammte Simonie – die Vergabe geistlicher Positionen gegen materielles Entgelt – bedeutete ja einen erheblichen Einnahmeverlust im königlichen Budget. Andererseits beharrte er fest auf den angestammten Positionen, ja, man kann sagen, daß er eine fast totale Herrschaft über die Kirche ausübte. Er bestimmte die Programme und Beschlüsse der Synoden, behielt sich die letzte Entscheidung über die Auswahl der Bischöfe und Reichsäbte vor, denen er bei der Investitur neben dem Hirtenstab nun auch einen Ring «als Symbol der Vermählung mit der Kirche» übergab, und griff willkürlich in den kirchlichen Alltag ein: lauter Maßnahmen, die die Reformer hinnahmen, obwohl sie gegen das Grundprinzip der Bewegung gerichtet waren – die Freiheit der Kirche durch die Herrschaft der Kirche über die Kirche zu sichern.

Andererseits ist nachweisbar, daß «die Reformer» sich schon zu seiner Zeit stark genug fühlten, die Macht des Königs in Frage zu stellen, wenn auch nur verhalten, in nebulosen, fast abstrakten Wendungen. Schon unter Heinrich III. meldeten sich einzelne Stimmen zu Wort, die die Forderung erhoben, auch das Verhältnis von Staat und Kirche den kanonischen Regeln zu unterstellen, die die Absolutheit der priesterlichen Weihe verkündeten und den bischöflichen Treueid für den König als unvereinbar mit den Mönchsgelübden deklarierten.

Hat Heinrich diese Stimmen nicht gehört? Hat er ihre Tragweite nicht erkannt? Oder hat er geglaubt, sie überhören zu können, weil ihm die Macht seines Königtums für alle Zeiten gesichert schien? Die Quellen geben darauf keine Antwort.

So bleibt am Ende nur die etwas melancholische Feststellung, daß Höhepunkt und Wendepunkt auch in der Geschichte des deutschen Mittelalters dicht beieinander lagen; und daß sich die Konturen des bald darauf über die europäische Bühne gehenden Dramas in der Zeit und Gestalt Heinrichs III. bereits abzeichnen – obwohl die Souveränität dieses Herrschers keinen Augenblick gefährdet war.

Die Reformideen bestimmten zum guten Teil auch Heinrichs III. Italienpolitik. Sie begann damit, daß er unmittelbar nach seinem Regierungsantritt den von seinem Vater abgesetzten Erzbischof Aribert von Mailand rehabilitierte: ein Akt der Wiedergutmachung und politischen Klugheit zugleich; denn er konnte danach das Land einige Jahre

Die Zeit der deutschen Päpste

ungestört sich selbst oder besser: der Verwaltung der meist reichstreuen Bischöfe überlassen. Erst 1046 sah er sich gezwungen, den traditionellen Romzug der deutschen Herrscher anzutreten.

Die Situation war mehr als verworren. Rom hatte seit 1044 drei Päpste: den Tusculaner Benedikt IX., den Crescentiner Silvester III. und den «Reformer» Gregor VI., den Sohn eines 1010 getauften Juden, der trotz seiner Zugehörigkeit zur Partei der Neuerer Benedikt IX. durch Zahlung einer größeren Summe zum Rücktritt bestimmt hatte – ohne daß dieser aber offiziell vollzogen worden wäre. Heinrich durchhieb den gordischen Knoten und setzte auf der Synode von Sutri zunächst Silvester und Gregor (den er nach Köln ins Exil schickte), drei Tage später in Rom auch Benedikt ab. An ihrer Stelle inthronisierte er den Bischof Suitger von Bamberg als Clemens II. zum Heiligen Vater. Dieser krönte ihn, gleichsam im Gegenzug, am Weihnachtstage 1046 zum Kaiser.

Diese Krönung stellte einen weiteren sehr bedeutsamen Schritt auf dem Weg zur Romanisierung der Reichsidee dar. Gleichzeitig mit dem Kaisertitel nahm Heinrich nämlich den Titel eines *Rex Romanorum* an: fortan war also der König der Deutschen unabhängig von der Kaiserkrönung auch König der Römer. Noch wichtiger war, daß er sich auch den (schon von Karl dem Großen geführten) Rang eines römischen *Patricius* antragen ließ; denn dieser sicherte ihm die entscheidende Stimme bei der Besetzung des Stuhles Petri.

Heinrich III. hat von dem Recht der Papstwahl noch dreimal Gebrauch gemacht und sich jedesmal für einen deutschen Kleriker entschieden: ein sichtbares Zeichen dafür, daß er Rom selbst und nicht durch Vermittlung des stadtrömischen Adels regieren wollte. Nach dem Tod von Clemens II. – im Oktober 1047 – ließ er den Bischof Poppo von Brixen als Damasus II. das höchste Amt der katholischen Christenheit übernehmen. Als dieser schon drei Wochen nach seinem Einzug in die Ewige Stadt dem römischen Fieber erlag, entschied sich der Kaiser für den Bischof Brun von Toul, einen Verwandten aus dem Hause der Grafen von Egisheim im Elsaß.

Leos (1049 beginnendes) sechsjähriges Pontifikat bezeichnet eine der großen Wendemarken in der Chronik des abendländischen Mittelalters. Der Graf von Egisheim verpflanzte die cluniazensische Idee – «geistliche Reinheit nur in Unabhängigkeit von weltlicher Macht» – in den von imperialen Herrschaftsgedanken durchbluteten Boden der Ewigen Stadt, überführte die Reform damit aus dem Stadium der Pläne und Programme in das Reich der Wirklichkeit und gewann dem Papsttum, zunächst noch unausgesprochen, seinen universalen Charakter zurück.

Vom heutigen Standpunkt aus gesehen ein fast paradoxer Vorgang: daß ausgerechnet ein deutscher Papst die Grundlagen einer Bewegung schuf, die schon wenige Jahrzehnte später stark genug war, die Führung der Kirche durch den deutschen Kaiser in Frage zu stellen. Papst Leo IX. – nach Haller «damals fünfundvierzig Jahre alt, ein schöner Mann von gebietender und zugleich gewinnender Erscheinung, hochgebildet, Schriftsteller und Musiker» – bildete jenes einmalige Kardinalskollegium, in dem sich bereits die Männer zusammenfanden, die in den folgenden Jahrzehnten die römische Kirche von Grund auf erneuerten: der «Mönch» Hildebrand, der mit Gregor VI. die Verbannung in Köln geteilt hatte, der Prior Petrus Damiani, ein kluger und formgewandter Prediger, der eifernd und bekehrend halb Europa durchzog, und der Kardinalbischof Humbert von Moyenmoutier, der die päpstlichen Beschlüsse gegen Priesterehe und Simonie kirchengeschichtlich begründete, mit unerbitterter Strenge die Säuberung der Geistlichkeit betrieb und – als der Wortführer jener leisen, katzenfüßigen Fronde, von der bereits die Rede war – in seiner französischen Heimat bereits die Grundsätze einer von weltlichen Einflüssen freien Wahl der Bischöfe und Äbte verfocht.

Machtpolitisch trachtete Leo den Einflußbereich des päpstlichen Stuhles nach Süditalien auszudehnen, ja, er versuchte sogar, «die Trümmer der alten afrikanischen Kirche ... unter dem Primate Petri» zu restaurieren. Dabei kam er mit den normannischen Fürstentümern in Konflikt, die sich zu Beginn des 11. Jahrhunderts hauptsächlich in Apulien gebildet hatten. Als er 1053 auch militärisch aktiv wurde, schlugen die kriegsgewohnten normannischen Ritter sein bunt zusammengewürfeltes Heer schwer zusammen. Leo selbst wurde gefangengenommen und ein halbes Jahr festgesetzt. Kurz nach seiner Freilassung im März 1054 erlag er den Folgen der Strapazen, die ihm sein unzulänglich vorbereitetes Unternehmen auferlegt hatte.

Es hat den Anschein, daß Kaiser Heinrich III. die Gefahr, die ihm und dem Reich von einem ausschließlich der Kirche verpflichteten Papsttum drohte, noch rechtzeitig begriffen hat. Jedenfalls beorderte er nach dem Tod Leos mit dem Bischof Gebhard von Eichstätt – seinem Kanzler, der ebenfalls mit ihm vervettert war – einen Mann auf den Heiligen Stuhl, der als betont reichsbewußter Kleriker die Reformer in die Grenzen des Staatsinteresses zurückverwies und sein Amt ganz und gar als Heinrichs getreuer «Reichsbischof» versah. Den Plan seines Vorgängers, die Fürstentümer Süditaliens der vereinigten Macht von Papst und Kaiser zu unterwerfen, nahm er jedoch wieder auf; er ließ sich zu diesem Zweck sogar die Reichsverweserschaft im Süden der Halbinsel übertragen. Die Aussichten einer neuen Aktion waren günstig. Heinrich hatte sich mit Gottfried dem Bärtigen verständigt, die Herzöge von Bayern und Kärnten, seine alten Widersacher, hatten das Zeitliche gesegnet, das Reich war befriedet, seine Anrainer verhielten sich ruhig – der Kaiser hatte die Hände frei, nun endlich seine Herrschaft auch auf Süditalien auszudehnen.

So reiste Gebhard von Eichstätt, als Papst Victor II. genannt, 1056 über die Alpen nach Deutschland zurück, um mit dem Kaiser die Ausführung des großen Plans zu besprechen.

Heinrich empfing ihn in Goslar, das damals, im Herbst 1056, die festlichsten Tage seiner Geschichte erlebte.

Des Königs Herz blieb in Goslar Es war nicht das erste Mal, daß die Silberstadt am Harz die repräsentative Szene einer kaiserlichen Haupt- und Staatsaktion abgab. Der imposante Komplex von Pallas und Kapelle, Wohnhäusern und Wirtschaftsgebäuden, Dom und Domstift, Höfen und Mauern war unter dem «schwarzen Heinrich» die Pfalz schlechthin. Die Aufenthaltsstatistik spiegelt das deutlich wider. Der zweite Salier hat

     Goslar 21mal,
     Regensburg 16mal,
     Speyer 12mal,
     Mainz 9mal,
     Aachen 9mal,
     Köln 8mal,

Straßburg, Worms, Ulm und Merseburg je 7mal, Bamberg und Zürich je 6mal besucht. Im Gesamtbild ein recht ausgewogenes Itinerar, das alle deutschen Stämme einigermaßen gleichmäßig berücksichtigte – wobei die Bischofssitze, wie schon unter Heinrich II. und Konrad II., den Vorrang hatten.

Um so auffallender die Rolle Goslars; der Kaiser hat diese Pfalz nicht nur häufiger als die anderen mit seiner Gegenwart beehrt, er hat hier auch die meisten kirchlichen Hochfeiern begangen – entgegen der sonst deutlich wahrnehmbaren Tendenz, gerade diese Feste in die großen, prunkvollen Bischofskirchen zu verlegen, «während sich in den Pfalzen vor allem der Alltag des Herrschers abspielte». In Goslar aber, der jüngsten aller Pfalzen, hat er viermal Weihnachten, einmal Ostern und zweimal Pfingsten verbracht.

Fraglos hatte Heinrichs Vorliebe für Goslar viele persönliche Gründe: er liebte diesen Ort und fühlte sich nirgendwo so heimisch wie hier; außerdem war er am Fuße des Rammelsberges dem Quell des königlichen Reichtums am nächsten. Doch drückt sich in der Wahl Goslars zum Hauptpfalzort sicherlich auch das Grundprinzip seiner Herrschaft aus. Nirgendwo sonst wurde die in der Gestalt des Kaisers personifizierte Einheit von Staat und Kirche, Königtum und Priestertum so deutlich wie in diesem weltlich-kirchlichen Kombinat von Kaiserhaus und Dom, Saalbau und Hofkapelle – Grund genug, hier auch an den hohen Feiertagen des christlichen Kirchenjahres die gottgewollte Macht des Kaisers darzustellen. Mehr noch: unter Heinrich III. waren diese liturgischen Feste nicht nur Repräsentation der Herrschaft, sondern eine Form der Herrschaft. Wie keine andere Pfalz formulierte die Goslarer Residenz die «in germanische Urgründe reichende Sakralität des alten Königtums».

Die gouvernementalen Funktionen einer Pfalz umfaßten allerdings auch ein gerüttelt Maß profaner Aufgaben, die aber, wie wir wissen, ebenfalls zum großen Teil von Klerikern geleistet wurden. «So geistlich» nämlich – um einen Satz von Hermann Heimpel zu zitieren – «dieses Königtum gewesen ist, so weltlich waren seine Geistlichen», nicht zuletzt die Angehörigen der Hofkapelle, die als Urkundsbeamte, Notare und Justitiare ihres Amtes walteten. Auch die in Goslar ausgestellten Dokumente kennzeichnen zur Genüge die Sonderstellung dieses Platzes. Die Historiker kennen immerhin dreißig Diplome, die von den Kapellanen der Pfalz formuliert und geschrieben und von Kaiser Heinrich gezeichnet wurden: Urkunden, die nicht nur Klöster wie Gandersheim, Corvey und Hersfeld oder Bistümer wie Meißen, Naumburg und Eichstätt betreffen, sondern auch italienische Abteien wie Farfa, S. Petrus bei Brescia und Sa. Maria auf Tramiti im Adriatischen Meer.

Hier in der Capella Heinrichs III. in Goslar wirkte wahrscheinlich auch jener Tegernseer Mönch, dem das mittelalterliche Schrifttum den *Ruodlieb* verdankt, den ersten deutschen Ritterroman – ein Werk, das eine intime Kenntnis des Hoflebens verrät und vom Kaiser vielleicht selbst angeregt wurde. Und genau wie die Domschule Speyer wurde das Goslarer Domstift, wenigstens unter Heinrich III., so etwas wie eine «Pflanzschule des Reichsepiskopates», aus der eine Reihe prominenter Kirchenfürsten hervorging. Hezilo von Hildesheim, Anno von Köln, Gunther von Bamberg, Burchard von Halberstadt, Benno II. von Osnabrück – sie alle waren Goslarer «Gewächs» und hatten in Heinrichs Hofkapelle Akten gewälzt, bevor sie als Bischöfe aus der Anonymität ihres Kanzleidaseins heraustraten.

Am sichtbarsten gibt eine Reihe bedeutender politischer Ereignisse Goslars Sonderrolle in der Reichspolitik wieder:

> 1041/41 traf sich Heinrich III. in der Goslarer Pfalz zweimal mit dem Markgrafen Ekkehard von Meißen zu Beratungen über den Feldzug gegen Bretislaw von Böhmen;
>
> 1042, am Weihnachtstag, erschienen mehrere ausländische Fürsten

305

und Delegationen, unter ihnen der inzwischen besiegte und gemaßregelte Bretislaw, der nach erneutem Treueid gnädig empfangen wurde, und eine russische Gesandtschaft, die dem 1038 verwitweten König eine Tochter ihres Herrschers als Frau anbot, jedoch abschlägig beschieden wurde und deshalb «traurig von dannen zog»;

1043, wieder am Weihnachtstag, erhob Heinrich seinen Freund Gebhard, den späteren Papst Victor II., zum Bischof von Eichstätt;

1045 gab der inzwischen mit Agnes von Poitou verehelichte König seiner Schwiegermutter Agnes von Burgund einen festlichen Empfang;

1050, am 2. Juli, weihte Erzbischof Hermann von Köln das Domstift; im Spätherbst weilte Herzog Kasimir von Polen in Goslar, um sich wegen eines Anschlags auf Schlesien zu verantworten; am 11. November wurde dem (1046 zum Kaiser gekrönten) Herrscher nach siebenjähriger Ehe der sehnlichst erwartete Thronerbe geboren, dem die in der Harzpfalz versammelten Reichsfürsten schon am Weihnachtstag unverbrüchliche Treue schworen.

Alle diese Ereignisse verblassen aber neben dem Besuch, den Papst Victor II. im Spätsommer 1056 dem Kaiser in Goslar abstattete – einer Begegnung, die schon die Zeitgenossen als einen Kulminationspunkt der Reichspolitik empfunden haben.

Der Kaiser zog dem von ihm ernannten Haupt der Christenheit mit großem Gefolge entgegen. Die Glocken der Kirchen läuteten, geistliche Jubelchöre erklangen. Großes Gepränge auf beiden Seiten. So hatte der Kaiser, wie es bei Lampert von Hersfeld heißt, «fast alle Schätze und alle Fürsten» zur Begrüßung des illustren Gastes aufgeboten.

Fast vier Wochen dauerten die Beratungen, die Kaiser und Papst in tiefstem Einverständnis miteinander pflogen: der priesterliche Herrscher, der als Schutzherr der Kirche und «Gesalbter des Herrn» zugleich höchste geistliche Funktionen versah, und der Apostelfürst, der als Reichsverweser für Süditalien zugleich eine höchst weltliche Aufgabe erfüllte. Kein Mißton trübte ihre täglichen Gespräche. Die Harmonie beider Gewalten war vollkommen. In diesen Septembertagen des Jahres 1056 erreichte die Idee des abendländischen, deutschen Kaisertums «ihre reichste Entfaltung und Sublimierung». Strahlender, kraftvoller, schlackenloser hat sich das Römerreich der Deutschen nie wieder präsentiert.

Den Abschluß des Goslarer Reichstages 1056 bildete ein Ausflug nach Bodfeld: ein Ausflug zu gemeinsamer Pirsch, bildeten Tage der Entspannung und der männlichen Lust, denen sich auch der jagdfreudige Papst Victor II. nicht verschloß. Und dort in der geliebten Jagdpfalz Bodfeld, inmitten der dunklen, fast weglosen Harzwälder, erkrankte der Kaiser, nach dem Genuß einer Hirschleber, wie der Chronist berichtet.

Sieben Tage wehrte er sich männlich gegen das schleichende Gift in seinem Körper, dann ließen seine Kräfte nach. Am achten Tag streckte er die Waffen, im Alter von 39 Jahren.

Er starb in den Armen seines Freundes Gebhard von Eichstätt, seines früheren Kanzlers, den er zum römischen Pontifex erhoben hatte. «Anwesend waren auch, wie absichtlich ... herbeigerufen, der Patriarch von Aquileja, der Bischof von Regensburg, des Kaisers Onkel, ferner unzählige weitere Würdenträger weltlichen wie geistlichen Standes. Und es wurde vermerkt, daß bisher niemals seit Menschengedenken so viele illustre Personen ohne öffentliches Aufgebot an einem Ort zusammengeströmt waren.» So Lampert von Hersfeld in seinen Annalen.

Der Leib des Kaisers wurde, an der Seite seines Vaters, in Speyer bestattet. Sein Herz blieb in Goslar. Dem letzten Wunsch des sterbenden Herrschers entsprechend wurde es in dem von ihm gebauten und seinen Geburtstagsheiligen Simon und Juda geweihten Dom beigesetzt.

Die Pfalz Goslar wahrte auch unter dem vierten Heinrich ihren Rang als Hauptresidenz des Reiches – jedenfalls bis zum Jahre 1081, in dem sie für einige Zeit in den Besitz der sächsischen Gegenpartei des Königs überging. *Das Blutbad im Dom*

Heinrich IV. pflegte sich bis zum Ausbruch des Sachsenaufstandes mindestens einmal im Jahr in Goslar aufzuhalten. Insgesamt sind mehr als dreißig Besuche nachweisbar: Besuche, die anders als unter seinem schwerblütigen Vater meist einen recht festlichen Charakter hatten und als ein Reigen froher Tage dahinzogen. Der junge König war nicht knauserig und ließ während seiner Aufenthalte nicht nur seine engere Umgebung, sondern auch das Gefolge und die Trosse an dem Segen teilhaben, den der Goslarer Silberberg immer noch spendete.

Freilich war er – obwohl frühgereift und hart und zufassend wie alle Salier – allzu jung, als er das schwere Erbe seines Vaters antrat. Nur so ist zu erklären, daß es 1063, sieben Jahre nach dem Tod Heinrichs III., zu jenem vielzitierten Blutbad im Goslarer Dom kam, das ein grelles Schlaglicht auf die Zeit des heranwachsenden Königs wirft, eine Zeit, die auf das Fehlen einer starken Autorität mit emotionalen Entladungen und Zügellosigkeiten reagierte. Lampert von Hersfeld hat den ebenso törichten wie folgenschweren Streit um eine geringfügige Protokollfrage ausführlich beschrieben.

«Der König feierte Weihnachten in Goslar. Als dort an diesem Tage die Stühle der Bischöfe zur Vesper zurechtgestellt wurden, entstand zwischen den Kämmerern des Bischofs Hezilo von Hildesheim und des Abtes Widerad von Fulda ein heftiger Streit... Der Anlaß aber war folgender: es war seit vielen Generationen Brauch im Reich, daß bei einer Versammlung von Bischöfen stets der Abt von Fulda unmittelbar neben dem Erzbischof von Mainz saß. Der Bischof aber machte geltend, daß ihm innerhalb seiner Diözese niemand nach dem Erzbischof vorgezogen werden dürfe; dazu ermutigte ihn außer dem Ruhm seines Reichtums... die Gunst der Zeitumstände, da jetzt, da der König noch im Knabenalter stand, jeder ungestraft tun konnte, was ihm in den Sinn kam.»

Der weihnachtliche Streit bildete aber nur die Ouvertüre der Auseinandersetzungen zwischen Hildesheim und Goslar. Das eigentliche Drama vollzog sich fünf Monate später, zu Pfingsten, dem Tag der Ausgießung des Heiligen Geistes. «Als sich der König und die Bischöfe zum Abendgottesdienst versammelten, kam es wegen der Aufstellung der Stühle erneut zu einem Tumult, aber nicht wie beim vorigen Mal durch einen zufälligen Zusammenstoß, sondern durch einen seit langem vorbereiteten Anschlag. Denn der Bischof von Hildesheim... hatte den Grafen Ekbert mit kampfbereiten Kriegern hinter dem Altar verborgen. Als diese nun den Lärm der streitenden Männer hörten, stürzten sie rasch hervor, schlagen auf die Fuldaer teils mit Fäusten, teils mit Knütteln ein, werfen sie zu Boden und verjagen die über den unvermuteten Angriff wie vom Donner Gerührten mühelos aus der Kapelle der Kirche.»

«Sofort rufen diese zu den Waffen; die Fuldaer... scharen sich zu einem Haufen zusammen, brechen in die Kirche ein, und inmitten des Chors und der psalmodierenden Mönche kommt es zum Handgemenge: man kämpft jetzt nicht mehr nur mit Knütteln, sondern mit Schwertern..., und durch die Kirche hallt statt der Hymnen und geistlichen Gesänge Anfeuerungsgeschrei und Wehklagen Sterbender. Durch den Dom rinnen allenthalben Ströme von Blut, vergossen nicht wie ehedem durch vorgeschriebenen Religionsbrauch, sondern durch feindliche Grausamkeit.»

Ein Frevel sondergleichen, ein Rückfall in Urvätersitten, der um so mehr bestürzt, als der Bischof von Hildesheim selbst aktiv in den Kampf eingriff. Er hatte «einen erhöhten Standort gewonnen und feuerte seine Leute wie durch ein militärisches Trompetensignal zu tapferem Kampfe an, und damit sie sich nicht durch die Heiligkeit des Ortes vom Waffengebrauch abschrecken ließen, hielt er ihnen das Aushängeschild seiner Machtbefugnis... vor. Auf beiden Seiten wurden viele verwundet, viele getötet.»

Der zwölfjährige König erhob zwar, wie Lampert weiter berichtet, laut seine Stimme und beschwor die Kämpfenden «unter Berufung auf seine königliche Majestät», in ihrem Wüten einzuhalten, «aber er schien tauben Ohren zu predigen». Schließlich hatte er sogar Mühe, sein eigenes Leben zu retten und sich, von seinem Gefolge geschützt, in die Pfalz zurückzuziehen. Dem Kampf der beiden streitenden Parteien – der in Fulda noch eine regelrechte Mönchsrevolution auslöste – machte erst die Nacht ein gnädiges Ende.

Zwei Jahre später, 1065, wurde die Goslarer Pfalz von einer Feuersbrunst betroffen, die vornehmlich im königlichen Wohnflügel schwere Verheerungen hinterließ. Das minderte aber weder die Bedeutung noch

Neue Herren – neue Bauten

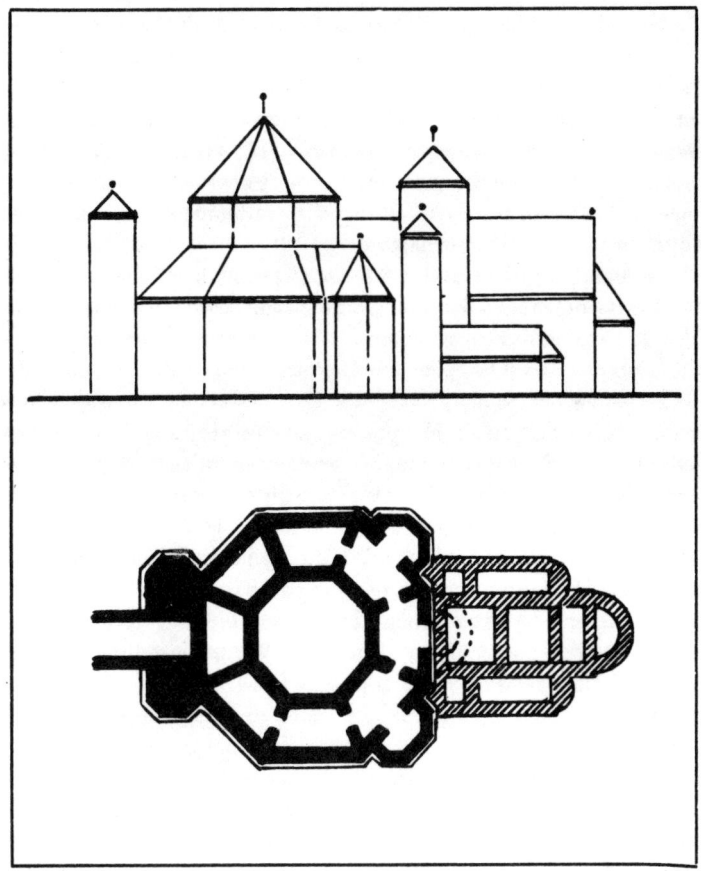

Abb. 40: Rekonstruktion und Grundriß der Stiftskirche St. Georg in Goslar

die Anziehungskraft Goslars. Der Gegenkönig Heinrichs IV. während des (zweiten) Sachsenkrieges, der Lützelburger Graf Hermann von Salm, ließ sich 1081 in Goslar krönen und salben. Zwar hat er als Herrscher kaum mehr als ein Schattendasein geführt, zumal er schon zwei Jahre später starb, Goslar aber haben die Sachsen noch jahrelang behauptet, so daß sie erst nach der Wende vom 11. zum 12. Jahrhundert wieder ins Licht der Geschichte tritt.

Heinrich V., der Sohn Heinrichs IV., hat zu Beginn des 12. Jahrhunderts die Pfalz noch einmal gründlich überholen lassen. In dieser Zeit entstand das jüngere Wohngemach, dessen Fundamente auf der Rückseite des Saalbaues bei den Kaiserhaus-Führungen meist den Schlußpunkt des Programms bilden. Die Grundmauern verweisen auf zwei rechtwinklig zueinandergestellte Flügel, die einen kleinen Hof einschlossen: die ältere Kemenate hat also sichtbar Pate gestanden.

Nach Hölscher ist auch die doppelgeschossige Ulrichskapelle ein Werk des frühen 12. Jahrhunderts. Wie bereits berichtet, wird diese Datierung neuerdings nicht mehr uneingeschränkt anerkannt. Aber ob sie nun von einem Baumeister Heinrichs III., Heinrichs V. oder gar Lothars von Supplinburg errichtet wurde, jedenfalls war sie mit dem jüngeren Wohngemach durch einen Gang verbunden – wie der ältere Wohnbau mit der Liebfrauenkirche.

Erwähnung verdient auch, daß unter Heinrich V. die Stiftskirche auf dem Georgenberg ihre Endgestalt fand. Schon sein Vater Heinrich IV. hatte das Oktogon Konrads II. wesentlich erweitert. Er ließ «die Ostapsis des Oktogons niederlegen» und errichtete über den Fundamenten des Saalbaues aus der Zeit des ersten Heinrich «einen dreischiffigen Chorbau mit Hauptapsis und zwei zurückgesetzten Nebenapsiden», im Westen eine Empore und einen Mittelturm, den zwei quadratische Treppentürme flankierten: als Ganzes also eine «Herrschaftskapelle mit westlicher Herrscherloge». Heinrich V., der den Georgenberg 1108 dem Hochstift Hildesheim übereignete, ließ nach einer Urkunde von 1120 den Kreuzgang ausbauen. Den weiteren Ausbau besorgten die Augustiner-Chorherren, die das Stift zwischen 1124 und 1128 übernahmen, ebenso die Wiederherstellungsarbeiten, die nach einem Brand im Jahre 1145 notwendig waren.

Um die Mitte des 12. Jahrhunderts, unter dem kunstliebenden Propst Gerhard, wurde auch das Stift Riechenberg fertiggestellt, dessen Anfänge ebenfalls in der Zeit Heinrichs V. liegen. Nach den von Günther Borchers Anfang der fünfziger Jahre vorgenommenen baugeschichtlich-archäologischen Untersuchungen entstand zunächst eine dreischiffige, kreuzförmige, flachgedeckte Basilika mit Hirsauer Chören und niedersächsischem Stützenwechsel. Den Schlußpunkt bildete um 1150 die (bis heute erhaltene) Krypta, die dank ihren reich ornamentierten Säulen lombardischer Herkunft als die schönste Gruftkirche Niedersachsens gilt: zusammen mit den Ruinen des Gründungsbaues ein Bild, das von Caspar David Friedrich entworfen sein könnte.

Am Ende jenes Jahrhunderts, unter den Staufern, erfuhr auch die Pfalz noch einmal einen größeren Umbau, nach einer Katastrophe unbekannter Art, die ihren baulichen Bestand offenbar stark in Mitleidenschaft gezogen hatte.

Hölscher verzeichnet eine «Änderung von grundsätzlicher Bedeutung». In den Saalbau wurde, durchgehend unten und oben, ein Quertrakt eingeschoben. Vor der Mitteltür im Erdgeschoß errichtete der Bauleiter, der Procurator und Kanonikus Philippus, eine gewölbte Vorhalle, die einen Balkon trug. Aus ihren starken Seitenmauern sind später Strebepfeiler geworden. Die großen Rundbogenfenster im Erdgeschoß verwandelten sich in kleinere rechteckige Fenster, die verschließbar waren.

Außerdem wurde der Saalbau heizbar gemacht; zwei Heizkanäle führten fortan außen vorgewärmte Luft durch Fußbodenöffnungen in die *aula regis*: ein Heizungssystem, das sichtbar auf römische Vorbilder zurückging.

Das Obergeschoß bekam damals die drei großen Fenstergruppen zu beiden Seiten des Quertraktes, Rundbögen von mehr als fünf Meter Spannweite, die bis heute eines der besonderen Kennzeichen des Goslarer Kaiserhauses geblieben sind. Die Unterteilungen – jeweils zwei Säulen und drei Bögen – sind allerdings ein Produkt des 19. Jahrhunderts. Für die Stauferzeit wird man sich kleinere Säulen und engere Bögen vorzustellen haben. Die Fenster des Obergeschosses waren auch nach dem Umbau nicht zu schließen.

Das Kaiserhaus war nun schöner und festlicher denn je: der rechte Rahmen für jede Art monarchischer Repräsentation. Das Obergeschoß vor allem strahlte Kraft und königliches Selbstbewußtsein aus.

Die Arkaden des Quertraktes ruhten auf hohen Säulen.»Darüber erhoben sich Obermauern und eine flache Holzdecke, so daß der Mittelteil des Saales, höher geführt als die Seitenflügel, dem Mittelschiff einer Basilika glich. Von den jetzt verschwundenen Arkaden zeugen noch ein *in situ* erhaltenes Kämpfergesims und die wiederaufgefundenen, reichverzierten Säulenkapitäle, welche zur Zeit teils im Untergeschoß aufbewahrt werden, teils im sogenannten Wohnflügel eingemauert worden sind. Mitten vor der Rückwand war zweifellos der Hochsitz des Kaisers. Gegenüber öffnete sich ein riesiger, bis auf den Fußboden reichender Bogen, so daß der Herrscher auf den vorgelagerten Balkon hinaustreten und sich zeigen konnte. Der jetzige doppelgeschossige Säuleneinbau in diesem Bogen ist also eine moderne Erfindung...»

«Die außerordentlich großzügige Architektur des Neubaues hatte unter den Profanbauten deutscher Lande nicht ihresgleichen. Man wird wohl nicht zu Unrecht an gewisse oberitalienische Bauwerke denken... Aus den Urkunden ist zu ersehen, daß der Wiederaufbau der Pfalz 1200 abgeschlossen war, denn bei einem Fürstentage dieses Jahres wird eine Urkunde unterschrieben: ‹actum in Goslarie in aula regia›.» (Hölscher)

Diese letzte große Veränderung — es folgte zwanzig Jahre später nur noch der Treppenvorbau am Südende des Kaiserhauses — bezeichnet aber auch schon den Beginn des Niederganges.

Noch unter Barbarossa war die Goslarer Pfalz Stätte glanzvoller Reichsversammlungen. Mehrfach traf er sich hier mit Herzog Heinrich dem Löwen, dessen Widerstand gegen die traditionelle Italienpolitik der deutschen Kaiser zu explosiven Auseinandersetzungen führte. Es ging dabei auch um den Besitz von Goslar, insbesondere den einträglichen Silberberg und die daran anschließenden wertvollen Harzwälder. Die Geschichte dieser Zeit spiegelt die Hartnäckigkeit wider, mit der die beiden Kontrahenten gerade um die Reichsvogtei Goslar rangen:

1152 übereignete Friedrich I. die Goslarer Gerechtsame dem Welfen Heinrich,

1168 verlangte er sie zurück;

1176 machte «der Löwe» seine Teilnahme an dem geplanten lombardischen Feldzug von der neuerlichen Belehnung mit Goslar abhängig — ein Ansinnen, das der Kaiser entrüstet ablehnte;

1180 wurde Herzog Heinrich, nachdem er zum drittenmal einer Vorladung nach Goslar nicht gefolgt war, «seiner beiden Herzogtümer und sämtlicher Reichslehen verlustig erklärt» und verbannt;

1188 — vor Beginn des Kreuzzuges, von dem er nicht zurückkehrte — hielt Barbarossa in Goslar noch einmal eine Reichsversammlung ab, auf der er den Welfenherzog erneut für drei Jahre in die Verbannung schickte.

Nun, zu Beginn des 13. Jahrhunderts, wurde Goslar Objekt einer militärischen Auseinandersetzung zwischen Staufern und Welfen. Während der Thronstreitigkeiten zwischen Philipp von Schwaben und Otto IV. wurden Stadt und Pfalz von einem welfischen Heer eingeschlossen, erobert und dem Brauch entsprechend gebrandschatzt, verwüstet und geplündert. Acht Tage fuhren, wie die Chronisten berichten, die Wagen zwischen Goslar und Wolfenbüttel hin und her, um die geraubten Schätze wegzuschaffen.

Dem Finale folgte ein kurzer Epilog: 1219 hielt Friedrich II., der «Kaiser von Palermo», in Goslar noch einmal eine Reichsversammlung ab; 1253 nahm Wilhelm von Holland als letzter deutscher König Quartier in der schon recht verfallenen und verödeten Pfalz; 1289 wütete wieder ein riesiger Brand im Pfalzgelände, der viele Gebäude «bis in den Grunt» zerstörte. Ein Jahr später übernahm die Bürgerschaft den verwüsteten Pfalzbezirk und richtete das Kaiserhaus als Stadtvogtei ein.

Die Stadt Goslar war inzwischen zu einer Kommune von beträchtlicher Größe und Bedeutung herangewachsen, wirtschaftlich durch den florierenden Rammelsberger Erzbergbau sicher fundiert, sozial durch die kaiserlich-königlichen Ministerialen und Kleriker aus der Reihe vergleichbarer Städte herausgehoben. *Der gekrönte Adler*

Neben Magdeburg war Goslar schon zu Beginn des 12. Jahrhunderts die wichtigste Handelsstadt im Weser-Elbe-Raum, wichtig als Hauptprägeort der «sächsischen Silberlinge», vor allem der berühmten *Otto-Adelheid-Pfennige*, wichtig als Umschlagplatz von Luxuswaren wie Gewürzen, Wein oder flandrischen Tuchen, wichtig aber auch als Sitz hochqualifizierter Goldschmiede und Bronzegießer sowie einer unternehmenden Kaufmannschaft, die Beziehungen mit Bardowick und Magdeburg, Lüttich und Dinant, Huy und Köln unterhielt. Dabei spielten außer Erzen und Erzerzeugnissen auch Bier und Holzprodukte eine umsatzfördernde Rolle. Schon um 1100 gehörten der Stadt riesige Waldareale im Harz, deren Holzreichtum nicht zuletzt dem Rammelsberger Bergbau zugute kam; in den Urkunden ist aber auch von umfangreicher Rodungstätigkeit die Rede.

Äußeres Zeichen des Goslarer Wohlstandes waren die großen Kirchen, die nach Festlegung der Pfarrgrenzen in schneller Folge entstanden und bis heute die turmreiche Silhouette der Stadt bestimmen.

Um 1070 stiftete der Hildesheimer Bischof Hezilo die Pfarrkirche St. Jakobi, «eine der ältesten, wenn nicht die älteste, allerdings nur teilweise erhaltene dreischiffige und kreuzförmige» Basilika Niedersachsens, die zu Beginn des 16. Jahrhunderts in eine Hallenkirche umgewandelt wurde;

1140 bis 1150 wurde auf dem Frankenberg die Pfarrkirche Peter und Paul errichtet, deren Westwerk nach einem Umbau im 13. Jahrhundert 1493 in die Stadtmauer einbezogen wurde;

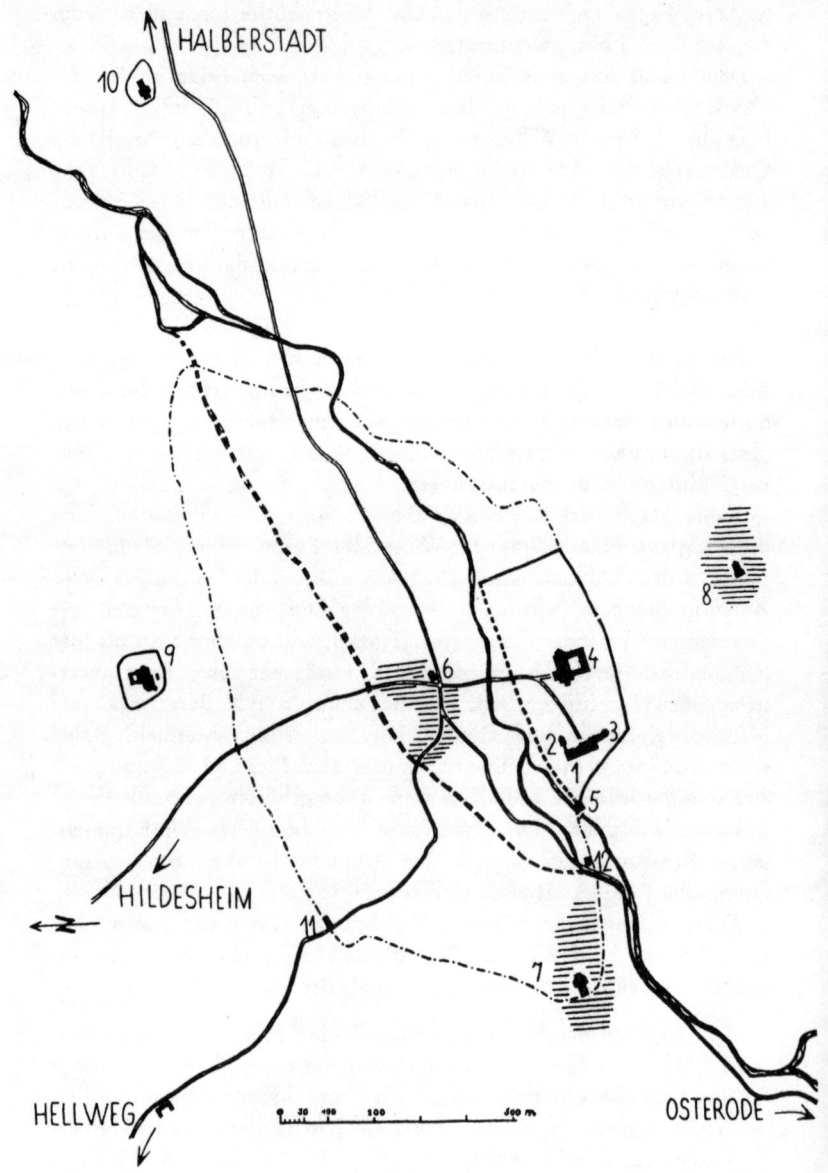

Abb. 41: Goslar in salischer Zeit
1 Kaiserpfalz; 2 Marienkapelle; 3 Ulrichskapelle; 4 Stift St. Simon und Juda; 5 Martinskapelle; 6 Marktkirche St. Cosmae und Damiani mit Marktsiedlung; 7 Frankenberg; 8 Bergdorf; 9 Stift St. Georg; 10 Stift St. Peter; 11 Vitikapelle, 12 Klauskapelle.

um 1170 wurde die den Heiligen Cosmas und Damian geweihte Marktkirche vollendet, eine dreischiffige Basilika, die trotz mancher Veränderungen und Ergänzungen ihren baulichen Bestand bis heute gewahrt hat;

1186 wurden die Ostteile der vom kaiserlichen Vogt von Wildenstein gegründeten Kirche St. Maria im Garten vollendet, die heute in der ehemaligen Klosterkirche Neuwerk begegnet;

irgendwann im 12./13. Jahrhundert entstand auch die ursprünglich kreuzförmige romanische Stephanikirche, die nach dem Brand des Stephani-Viertels im 18. Jahrhundert ebenfalls in eine Hallenkirche verwandelt wurde.

Als «die Stadt» 1290 den Pfalzbezirk übernahm, gab es auch bereits «das grote Gasthus», das Hospital zum heiligen Johannes, das als Heilig-Kreuz-Stift seit 1667 als Altersheim dient. Es gab eine mit zahlreichen Türmen versehene Mauer, die noch jahrhundertelang ihre Aufgabe erfüllte. Und schon gab es den aus zwei bronzenen Doppelschalen bestehenden Marktbrunnen, auf dem der berühmt gewordene, gekrönte Adler seine mächtigen Schwingen ausbreitet – seit 1340 Wappentier und Symbolfigur Goslars.

Schon stand das erste Goslarer Rathaus, das in dem aus dem 15. Jahrhundert stammenden Rathaus von heute noch mit einigen Teilen weiterlebt. Schon hieß die Niederlassung eine *civitas*, schon hatte sie sich die ersten kommunalen Selbstverwaltungsrechte erobert, schon war sie – seit 1280 – Mitglied der Hanse. Nun, gleichzeitig mit dem Erwerb der Pfalz und der Ablösung des kaiserlichen Vogtes durch einen Stadtvogt, gewann Goslar die Territorialhoheit, der fünfzig Jahre später das Heerschildrecht und damit die Reichsfreiheit folgte. Als es den Bürgern dann noch gelang, sich 1350 die Schürfrechte im Rammelsberg zu sichern, begann eine zweihundert Jahre anhaltende wirtschaftliche Blüte, während der Goslar zu den wohlhabendsten Städten in Deutschland zählte.

Die Pfalzbauten verfielen dennoch – langsam, aber stetig.

Schon die Wiederherstellung nach dem Brand von 1289, dessen Spuren noch in der südlichen Giebelwand zu erkennen sind, erfolgte «in ziemlich roher Weise».

Die Pfalzkapelle als Gefängnis

Das Untergeschoß wurde mit sieben spitzbogigen Tonnengewölben versehen, der früher einheitliche Saal, in dem des Königs Gefolge gezecht, geschmaust und gestritten hatte, in sieben Räume zerlegt, die nur durch schmale Türen verbunden waren. Da die Zimmer heizbar gemacht wurden, ist anzunehmen, daß sie zunächst als Wohnungen dienten. Im Obergeschoß wurden die schwer beschädigten Mittelschiffarkaden abgebrochen und durch eine gotische Holzkonstruktion ersetzt, die ein hölzernes Tonnengewölbe trug. Die Aufgabe der zerstörten Fensterarkaden übernahmen, nach Hölscher, «die im Nordflügel noch vorhandenen größeren Säulen mit ihren frühgotischen Basen und Kapitälen und den romanisch anmutenden Rundbögen darüber».

Der Kaiserpalast, nun meist «Pellentze» genannt, wurde Sitz des von der Stadt bestellten Vogtes, der den großen Saal, die *aula regis*, als Gerichtsstätte zur Aburteilung armer Sünder benutzte. Von 1385 an tagte, laut Verfügung des Kaisers Wenzel, auch das sächsische Landgericht «auf des Reiches Pallast», allerdings nur drei Jahrzehnte lang; 1415 ging das Kaiserhaus wieder in den «Alleingebrauch des Goslarer Rathes» über, der aber nichts Rechtes mit dem repräsentablen, kostspieligen Bau anzufangen wußte. Immerhin blieb der große Saal bis zum Ende dieses Jahrhunderts als Vogteigebäude und Stätte für Versammlungen und Festivitäten der Goslarer Gilden «in Ehren»: 1477 wurde das Holzwerk des Saales sogar noch einmal erneuert. Das Untergeschoß mit seinen sieben Gewölben diente in dieser Zeit längst als Arsenal für Erze, Vitriol und Salz.

Um 1500 konnte die Stadt Goslar, weiter im Geld des Silberberges schwimmend, ihren Mauerring noch einmal überholen und mit 182 Türmen bewehren. Doch als sie 1552 die Bergwerke und den größten Teil ihres riesigen Waldbesitzes an Herzog Heinrich den Jüngeren von Braunschweig verlor, begann ein rapider Abstieg, der die Bürgerschaft spätestens nach dem Dreißigjährigen Krieg zu äußerster Armut und Bedeutungslosigkeit verurteilte. Mehr noch als die Stadt selbst spiegeln die Schicksale der Pfalzbauten den damit einsetzenden Verfall wider.

In der Mitte des 16. Jahrhunderts wurde auch der Kaisersaal aufgeteilt und, wie das Untergeschoß, zunächst als Wohnung, dann als Speicher benutzt. Der ältere Wohnpalast verwandelte sich in dieser Zeit in ein Getreidemagazin der Oberharzer Bergleute, die von Osterode (wo noch der riesige barocke Speicher steht) mit ihrem Deputat Korn versorgt wurden. Als 1557 und 1574 etliche Wände auf der Rückseite des Pfalzgebäudes einstürzten, reichten die Mittel nicht einmal mehr für eine notdürftige Reparatur. «Was hinsank, blieb liegen», wenn es nicht gar als Baumaterial fortgekarrt wurde. Offenbar war mit den zusammenbrechenden Mauern auch die Erinnerung an die einstige kaiserliche Pfalz in dieser Zeit längst in Schutt und Asche gesunken.

Ein kurzes Zwischenspiel bremste das Tempo des Verfalls noch einmal kurz ab: 1629 überschrieb Kaiser Ferdinand II. die Pfalzgebäude einschließlich Dom und Kapellen dem Jesuitenorden. Die *Societas Jesu* beabsichtigte damals nicht mehr und nicht weniger, als das Kaiserhaus und seine Annexbauten zum Sitz einer katholischen Universität zu machen, und begann unverzüglich mit den notwendigen Erneuerungsarbeiten. Bevor diese aber so recht in Gang gekommen waren, erschienen die Schweden in Goslar, und die protestantisch gesonnenen Bürger waren froh, daß sie auf diese Weise «dero blutdürstigen, unglückbewandten Jesuiten ohne Nachtheil einmahl dieses Ortes wieder loß wurden». Immerhin hatten diese den einstigen kaiserlichen Prachtsaal soweit wiederhergestellt, daß man ihn 1641, «bei Anwesenheit einer kaiserlichen Reichs-Friedenskommission», als Bühne festlicher Schulkomödien benutzen konnte.

Es scheint allerdings das letzte Mal gewesen zu sein, daß man die alte, ehrenwerte *aula regis* einer ihrer geschichtlichen Würde entsprechenden Aufgabe dienlich machte – später wird sie nur noch als Magazin genannt.

Die übrigen Pfalzbauten teilten das bedrückende Schicksal des Kaiserhauses. Die jahrhundertelang dem natürlichen Verfall überlassene Liebfrauenkirche diente während des jesuitischen Interims zwar wieder als Schloßkapelle, die Ordensbrüder begannen sogar damit, den alten Verbindungsgang zum Kaiserhaus zu erneuern, nach ihrem Abzug aber hielt niemand mehr die Zerstörung auf: 1661 brachen die Mauern des geplanten Verbindungsganges zusammen, 1672 stürzten die Türme der Liebfrauenkirche ein, 1714 und 1722 die noch verbliebenen Reste der Ruine. Was übrigblieb, wurde als Baumaterial abgefahren.

Die Mauern des jüngeren Wohngemaches wurden allem Anschein nach schon nach dem Brand von 1289 bis auf die Fundamente ausgeschlachtet. Eine Wiederherstellung lohnte nicht. Wer hätte das kaiserliche Wohnhaus auch beziehen sollen!

Ein merkwürdiges Schicksal bewahrte die Ulrichskapelle vor dem Untergang. Die doppelgeschossige Palastkapelle wird schon in einer Urkunde aus dem Jahre 1354 als *cellarium captivorum* bezeichnet: offenbar diente sie damals als Vogteigefängnis. Später scheint man sich ihrer eigentlichen Bestimmung wieder erinnert zu haben. Jedenfalls weisen die hochmittelalterlichen Sockelmalereien im Erdgeschoß der Ulrichskapelle darauf hin, daß sie im 15. Jahrhundert wieder als Sakralbau verwendet wurde. Doch machte sie 1575 erneut eine Wandlung zur Haftanstalt durch. Die so schön bearbeiteten weiß-roten Sandsteinmauern umschlossen fortan wieder die Zellen eines Gefängnisses: ein zweckentfremdetes Dasein, das fast vierhundert Jahre vorhielt. Totschläger, Streuner und Diebe, die der Arm des Gesetzes erwischte, büßten ihre Untaten fortan «beim heiligen Ulrich» ab: eine reichlich obskure Ehrung für den frommen Bischof von Augsburg, der seine Stadt in den Tagen der Lechfeldschlacht so tapfer verteidigte.

Odyssee eines Kaiserherzens
Und der Dom? Auch am Münster des von Heinrich III. gegründeten Chorherrenstiftes Simon und Juda nagte jahrhundertelang der Verfall. In den Chroniken ist bereits 1331 von einstürzenden Wänden die Rede; 1380 erhielt die kaiserliche Basilika ein neues Dach; 1462 scheint man bereits an Abriß gedacht und einen völligen Umbau erwogen zu haben. Um 1500 entschlossen sich die Stadtväter, wenigstens die gröbsten Schäden beseitigen zu lassen: insgesamt sechs Jahre lang hat man damals an dem Kaiserdom von Goslar herumgeflickt.

Der Widerstand der Domherren gegen die Reformation hatte einen lang währenden Konflikt mit dem Rat und neue Schäden zur Folge: 1530 stürzte ein Turm ein, und als das Stift nach heftigen Auseinandersetzungen 1566 protestantisch wurde, schmolz auch die bis dahin sorgsam gehütete Innenausstattung zusammen. Reliquien, liturgische Geräte und andere Kostbarkeiten wurden zerschlagen oder gestohlen. Fünfzig Jahre später wurde der Verschleiß wertvollen Inventars zu einer legitimen Einnahmequelle. Der Rat der Stadt beschloß nämlich, die noch vorhandenen «Ornamente und sonstigen Kunstwerke» zum Zweck der Erhaltung des Domes «zu versilbern». Was übrigblieb, fand zunächst in den Jesuiten, sodann in den Schweden während ihres Goslarer Aufenthaltes requisitionsfreudige Interessenten.

Hundert Jahre später, um 1720 «stürzte das Paradies ein»; 1773 verkaufte die Stiftsverwaltung zwei silberne Särge, um Geld für Reparaturen zu beschaffen. Als der Dom 1802, nach dem Frieden von Lunéville, in den Besitz der preußischen Krone überging, bestand das Münster Kaiser Heinrichs III. eigentlich nur noch aus nacktem Gemäuer und rissigen Wänden, die außer sieben Glocken und anderen schwer beweglichen Ausstattungsstücken kaum mehr irgendwelche «Mobilien» enthielt. Auch diese standen laut Ratsbeschluß bereits zum Verkauf – und schon sprach man wieder vom Abriß des Domes.

Zur Ehre der preußischen Regierung muß gesagt werden, daß sie sich bemühte, die geplanten Anschläge auf den Dom zu verhindern. Sie verweigerte ihre Zustimmung zu der bereits angesetzten Inventarversteigerung und dementierte jegliche Abbruchsabsichten. «Die in Nro. 47 des Kaiserlich Privilegierten Reichsanzeigers enthaltene Bemerkung eines Durchreisenden, daß die alte denkwürdige Domkirche in Goslar zur Ersparung der Reparaturkosten niedergerießen werden solle», so hieß es 1804 in einer offiziellen Verlautbarung, «ist durchaus unbegründet und verdient insofern eine Rüge, als ob des Einsenders

Absicht gewesen zu sein scheint, dadurch den jetzigen Administrationsbehörden einen Vorwurf zu machen.»
Gleichzeitig bewilligte der König in höchsteigener Person 2000 Taler zur sofortigen Instandsetzung des Kaiserdomes. Die Arbeiten wurden ausgeschrieben, die Verträge mit den Handwerkern geschlossen. Doch dann rückten, am 10. April 1806, die Franzosen in Goslar ein, die, wie in Speyer, an der Erhaltung des «vaterländischen Denkmals» naturgemäß wenig Interesse hatten. Als der Rat der Stadt erneut vorschlug, die noch vorhandenen Ausstattungsstücke zu veräußern, um wenigstens die Stiftsschulden aus der Welt zu schaffen, erhielt er umgehend das Plazet des Präfekten.

Abb. 42: Der Dom, das Münster des Chorherrenstiftes St. Simon und St. Juda um 1800. Rechts die heute noch erhaltene sog. Domkapelle, die ehemalige Vorhalle und Marien-Magdalenen-Kapelle des Domes

Zu Beginn des Jahres 1809 gab der Notar des Distriktes Goslar, Friedrich Philipp Siemens, bekannt, daß die «in dasiger Münsterkirche des aufgehobenen Stiftes Sanctorum Simonis et Judae befindlichen Kirchengeräthschaften unter den von dem dasigen Munizipalrath in Vorschlag gebrachten Bedingungen öffentlich an dem Meistbietenden» verkauft würden. Die in Frage kommenden Interessenten forderte er auf, ihre Kaufabsichten am 14. April zu Protokoll zu geben. Als «vorerwähnte Kirchengeräthschaften» verzeichnete er außer den sieben Glocken (von denen die größte immerhin achtzig Zentner wog) einen «metallenen Kronleuchter, anderthalb Zentner schwer, einige hölzerne Bilder und Sachen, Meßgewänder, Fußdecken, Psalmenbücher und andere Effekten». Mit der Versteigerung, die immerhin 5841 Taler erbrachte, begann die Odyssee zweier Objekte, die bis heute einen unmittelbaren Kontakt mit Goslars Kaiserzeit herstellen.

Die Klempnerwitwe Mävers erstand für 27 Taler die bronzenen Lehnen eines Kastensitzes, der, wie wir heute wissen, in der zweiten Hälfte des 12. Jahrhunderts (wahrscheinlich noch vor dem Sachsenaufstand 1073) in Goslar selbst entstand und wahrscheinlich schon Heinrich IV. als Thronsessel in der Kirche gedient hat: neben dem Aachener Thron Karls des Großen der einzige erhaltene deutsche Kaiserthron überhaupt. Die Klempnerwitwe Mävers freilich war nur an dem Material des Gestühls interessiert und hatte nichts anderes im Sinn, als die mit durchbrochenen Rankenornamenten gezierten Rück- und Seitenlehnen einschmelzen zu lassen.

Es war der berühmte Chemiker und Uranentdecker Klaproth, ein Sohn der Harzstadt Wernigerode, der das drohende Unheil verhinderte und dafür sorgte, daß die tüchtige Geschäftsfrau den Bronzethron für das Zehnfache des verauslagten Betrages an den Prinzen Karl von Preußen weiterveräußerte. Dieser vermachte ihn testamentarisch wieder der Stadt Goslar.

Bevor der Stuhl 1883 endgültig in die Nähe seines früheren Standortes zurückkehrte, übernahm er freilich noch einmal eine repräsentative, ja hochpolitische Funktion: bei der Eröffnung des ersten deutschen Reichstages am 21. März 1871 diente er dem alten Kaiser Wilhelm wieder als Thronsessel – eine Begebenheit, die bei Führungen durch Goslar dem Publikum meist mit großem Respekt zur Kenntnis gegeben wird.

Noch seltsamer waren die Schicksale, die dem in einem kostbaren Silberbüchschen aufbewahrten Herzen Kaiser Heinrichs III. widerfuhren. Die Kapsel verschwand kurz vor der Versteigerung, und da bis heute niemand weiß, wie das möglich war, heißt es, daß die mit der Inventarisierung der «Domeffekten» beschäftigten Arbeiter sie entwendet hätten.

«Die Reste vom Herzen Heinrichs III. trieben sich dann» – wie es in einem Bericht heißt, den der Studienrat Dr. Müller aus Hannover am 6. August 1874 an die Königliche Landdrostei in Hildesheim sandte – jahrzehntelang «in Goslar umher»; allerdings ist aus dem Schreiben nicht ersichtlich, was darunter zu verstehen ist. Dem Oberforstmeister von Hammerstein gelang es schließlich, das auf so geheimnisvolle Art abhanden gekommene Döschen wiederzuentdecken. Die achteckige Kapsel – achteckig wie die Kaiserkrone der Aachener Pfalzkapelle – wurde dann, nach Müllers Protokoll, in einer «Reliquienkammer» deponiert und später durch «einen anständigen Behälter» ersetzt.

«Das Herz, um das noch zu bemerken», so endet der Bericht, bestand damals noch aus «wenigen vertrockneten Fragmenten organischer Substanz.»

Kurze Zeit nach der Versteigerung der «Domeffekten» schrieb der Kaufmann Ernst Claudi «an den Herrn Maire des Stadtkantons Goslar» folgenden (im Stadtarchiv) aufbewahrten Brief, der klar erkennen läßt, daß man nun auch mit dem leerstehenden Kaiserdom nichts mehr anzufangen wußte: «Nachdem die hiesige Domkirche seit geraumer Zeit außer Gebrauch gestellt worden, nunmehr auch die darin befindlichen Glocken und übrigen Geräthschaften von einigem Werthe meistbietend verkauft worden sind, hat sie ihren Endzweck ganz verloren. Da hiernach die Unterhaltung ganz ohne Nutzen wäre..., so wäre es möglich, wenn sie einem Privatmanne überlassen würde, der einen beliebigen Gebrauch davon machen könnte... Diese Ansicht der Sache hat den Appellanten auf den Gedanken gebracht, die Domkirche mit allen darin befindlichen Sachen... käuflich an sich zu bringen, jedoch so, daß er ganz nach Belieben darüber disponieren kann... Im Fall Euer Wohlgeboren sich zu diesem Verkaufe geneigt finden, wird Appellant einen der Sache angemessenen Kaufpreis bieten...»

Das Gesuch des Kaufmanns Ernst Claudi wurde zwar abschlägig beschieden, das Thema «Verkauf und Abbruch des Münsters» verschwand jedoch nicht mehr von der Bildfläche. Die Ratsakten dieser Zeit enthalten zahlreiche Briefe, Antwortschreiben, Liquidationen, Bilanzen und Taxationen, die sich mit dem leerstehenden Dom beschäftigten. Wohl setzten sich «die Preußen» nach ihrer Rückkehr 1813 noch einmal für seine Erhaltung ein; als Goslar ein Jahr später aber zu Hannover geschlagen wurde, waren die Würfel gefallen. Angesichts leerer Kassen sowohl in der alten Kaiser- wie in der neuen Königsresidenz wurde das Münster Heinrichs III. am 19. Juli 1819 «auf Abbruch» verkauft. Eines der wertvollsten und traditionsreichsten Bauwerke des 11. Jahrhunderts geriet regelrecht unter den Hammer. Der Erlös betrug 1509 Taler. Vierzehn Jahre benötigten die Demontagekolonnen, bis die letzten Mauerreste gefallen waren.

Übrig blieb nur die nördliche Vorhalle, ein Anbau aus der Mitte des 12. Jahrhunderts, der, später zu einem kleinen Museum umgewandelt, bis heute einen Eindruck von der reifen, bodenständigen Architektur des gefallenen Kaiserdoms vermittelt.

Vom «Produktenmagazin» zum vaterländischen Denkmal

Im Jahr 1810 besichtigten der spätere Geheime Regierungsrat Blumenbach aus Hannover und der Universitäts-Baumeister Müller aus Göttingen den als Holz- und Kohlen-Scheune dienenden Saalbau der ehemaligen Goslarer Pfalz. Müller fertigte bei dieser Gelegenheit eine kleine Zeichnung an, die – auch wenn sie die Zeichen des Verfalls geflissentlich außer acht läßt – das damalige Bild ziemlich genau wiedergibt. Danach war die Fassade mit dem großen Mittelbau und den sechs säulengetragenen Mittelfenstern in dieser Zeit noch ziemlich gut erhalten, ebenso der nördliche Vorbau. Mit dem Pallas nicht mehr verbunden, stand abseits davon der «Ulrich», der weiterhin seine höchst profane Aufgabe als Stadtgefängnis versah und vom Fiskus daher besser erhalten wurde als das alte Kaiserhaus.

Abb. 43: Die Kaiserpfalz um 1810. (Rekonstruktion nach Müller)

Fünfzig Jahre später hatte der fortschreitende Verfall eine Situation geschaffen, in der jederzeit mit dem Einsturz des Palastes gerechnet werden konnte. Schon waren weitere Wände, ja ganze Bauteile zusammengebrochen und nur notdürftig wieder zusammengeflickt worden, wobei man sich unter dem Druck der Verhältnisse des billigeren Fachwerks bedient hatte. Doch zeigten sich immer neue Risse im Mauerwerk, der Verputz fiel von den Wänden, das Dach leistete keinen Schutz vor Wind und Regen mehr – und in den Kassen der Stadt Goslar herrschte Ebbe.

Nun aber gab es einen ersten Hoffnungsstrahl. Nach dem Bau eines »modernen Zellengefängnisses« in Goslar übernahm die Hannoversche Staatsregierung 1860 den als Karzer nicht mehr benötigten «Ulrich» und verfügte, daß er nach gehöriger Ausbesserung als Altertumsmuseum eingerichtet werde – eine Anordnung, die die Goslarer Bürgerschaft «mit freudiger Überraschung» zur Kenntnis nahm.

Als 1865 auf der Rückseite des Kaiserhauses wieder beträchtliche Mauermassen zu Boden gingen, setzte der Rat der Stadt das Thema Abbruch demonstrativ auf die Tagesordnung. In der Tat erschien kurz darauf eine staatliche Kommission unter Leitung des Hildesheimer Landdrosten Wermuth in Goslar, begutachtete das morsche Gebäude und legte ihre Eindrücke in einer von Oberlandbaumeister Wittelbach verfaßten Denkschrift nieder. Diese empfahl eine Wiederherstellung des Pallas auf Staatskosten, und zwar in der Art, «daß man womöglich das vom alten Bau noch vorhandene erhalten, im übrigen das Vorhandene nur in soweit restaurieren und ergänzen möge, als hierzu in dem noch bestehenden selbst die leitenden Motive gegeben sind ...

Rücksichten auf gegenwärtige Bedürfnisse und eine praktische Verwendung des Gebäudes dürften dabei zurücktreten müssen.» Die Kosten der architektonischen Verjüngungskur schätzte Wittelbach – übrigens ein Sohn der Stadt Goslar – auf 16 000 Taler: ein überaus bescheidener, «nach unten» orientierter Voranschlag, der sicherlich darauf bedacht war, die Aufwendigkeit des vorgeschlagenen Unternehmens zu verschleiern.

Die Denkschrift hatte Erfolg: am 24. April 1866 erwarb das Königreich Hannover die Kaiserhaus-Ruine in Goslar für 1000 Taler. Der von dem Geheimen Finanzdirektor Seebach und dem Magistratsdirektor Sandvoss unterzeichnete Vertrag verpflichtete das Land Hannover, den alten Kaiserpalast zu erhalten und zu restaurieren und mit den dazu notwendigen Arbeiten spätestens 1870 zu beginnen. Die Abmachungen behielten über die Liquidation des Königreiches Hannover im Herbst 1866 hinaus Gültigkeit. Das Land Preußen trat in den Vertrag ein und legte unverzüglich 6000 Taler für die notwendigen Vorarbeiten auf den Tisch. Bereits ein Jahr später genehmigte der Konservator der Preußischen Kunstdenkmäler, von der Quast, den vom Landbaukonduktor Adalbert Hotzen verfertigten Entwurf für den Wiederaufbau des Goslarer Kaiserhauses.

Als die Bauarbeiten am 14. August 1868 anliefen, sprach man in der Goslarer Bürgerschaft mit Recht von einem «historischen Ereignis». Zwar geriet die Restauration 1870 «aus kriegsbedingten Gründen» ins Stocken; zwar gab es zahlreiche Kontroversen über das Programm der Wiederherstellung, die unter anderem zur Folge hatten, daß der Erstverantwortliche Adalbert Hotzen 1872 dem Goslarer Bauinspektor Schulze Platz machen mußte; zwar reiste bald diese, bald jene Kommission an (und wieder ab), um die lokalen Bauinstanzen unter Kontrolle zu halten – allen Schwierigkeiten zum Trotz wuchs das neue, alte Kaiserhaus aber sozusagen planmäßig heran.

Schon 1873 erhielt ein neuer Kostenvoranschlag über nunmehr 72 800 Taler den Genehmigungsstempel der vorgesetzten Behörden in Berlin, und als am 15. August 1875 der alte Kaiser die Baustelle besuchte, ihr seinen monarchischen Segen spendete und eine weitere ansehnliche Summe aus seinem persönlichen Dispositionsfonds bewilligte, wurde der Wiederaufbau des Goslarer Pfalzgebäudes so etwas wie ein nationales Unternehmen. Als die Restauration 1879 abgeschlossen wurde, war es bereits Brauch geworden, die Goslarer Kaiserpfalz als einen Ort der Besinnung und der inneren Erhebung zu besingen. Zehn Jahre hatten genügt, aus dem jahrhundertelang vernachlässigten und mißbrauchten Saalbau wieder eine historische Stätte zu machen, aus einem Produktenmagazin ein vaterländisches Denkmal.

Man muß diesen Rausch der Begeisterung in Rechnung stellen, wenn man das Ergebnis betrachtet. Mitgerissen vom Überschwang der patriotischen Gefühle, die nach dem «siebziger Krieg» und der vielgepriesenen Wiedergeburt des Reiches überall in deutschen Landen ins Kraut schossen, entschloß man sich zu einer Reihe eigener Zutaten, um die Wirkung der Pfalzgebäude «ins Monumentale zu steigern». Man verband die Ulrichskapelle, um noch einmal Uvo Hölscher zu zitieren, «mit dem Kaiserhause durch einen Arkadengang in romanischen Formen, führte die Giebelmauern über Dach und legte vor der Front Freitreppen mit einer Kanzel und zwei Braunschweiger Löwen an». Auch die beiden Kaiserstandbilder, Barbarossa und Wilhelm I. hoch zu Roß, sind ein Produkt dieser denkmalfreudigen Zeit, von den vielen kleineren Bausünden ganz zu schweigen.

Die heftigste Kritik richtet sich allerdings gegen die Ausmalung des großen Saales, die, wie es heißt, auf einen speziellen Wunsch des Kronprinzen, des späteren Hundert-Tage-Kaisers Friedrich, zurückging. Sie ist ein Werk des Düsseldorfer «akademischen» Malers Hermann Wislicenus: respektabel als Arbeitsleistung, fragwürdig als künstlerische Leistung.

Die von Wislicenus und seinen Gehilfen geschaffenen Wandbilder stellen Szenen aus der deutschen Geschichte dar, von der Zerstörung der sächsischen Irminsul durch Karl den Großen bis zur Neugründung des Reiches im Jahre 1871: ein Ereignis, das auf der großen Mittelwand über der Thronempore mit den Mitteln der Historienmalerei des ausklingenden 19. Jahrhunderts als große Geschichtsapotheose verklärt und im Stil eines optischen Schlachtengemäldes sozusagen mit schmetternden Fanfaren gefeiert wird.

Die meisten Darstellungen sind allerdings dem Mittelalter gewidmet, wobei die großen Goslarer Begebenheiten den Vorrang genießen. Heinrich II. erscheint als Gründer der Pfalz, Heinrich III. als ihr Vollender, Heinrich IV. als Kind in der Wiege, umgeben von den Fürsten des Reiches, die dem jungen Prinzen den vom Vater verlangten, aber nie gehaltenen Treueid schwören, Friedrich I. an der Spitze seiner siegreichen Kreuzfahrer in der Schlacht von Ikonium, Friedrich II. als majestätische Mittelpunktfigur am Hofe von Palermo. Selbst Luthers Auftritt vor dem Reichstag in Worms hat in diesem historischen Bilderbogen einen spektakulären Platz gefunden. Daß auch die Barbarossasage den akademischen Maler Wislicenus inspiriert hat und daß er keinen Fleck ungenützt ließ, um seine Breitwandbilder durch zahllose kleinformatige Allegorien über die Macht und Größe des Reiches zu ergänzen, all das kennzeichnet diese Ausmalung als ein Produkt jenes ungehemmten Geschichtsenthusiasmus, der damals im Schwange war.

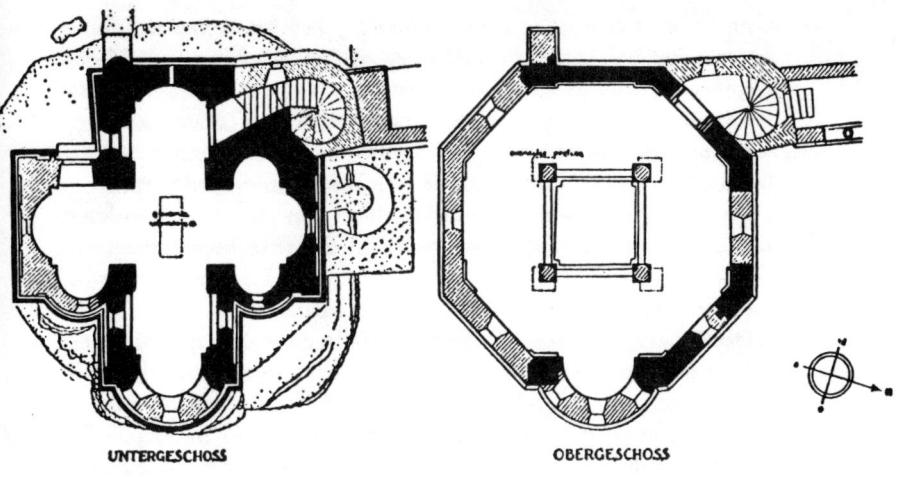

Abb. 44: Grundrisse der Ulrichskapelle

Dem Professor Wislicenus wird man seine romantischen Bildhistorien nicht verargen können. Er war ein Kind seiner Zeit, und er hat achtzehn Jahre lang unermüdlich an seinen Wandgemälden gearbeitet, die an die fünfhundert Figuren enthalten sollen: Kaiser, Könige, Feldherrn, Bürgersleute und mutige Krieger – Repräsentanten und Figurationen jenes bayreuthisch gefärbten gloriosen Mittelalters, das in der Phantasie geschichtstrunkener Romantiker entstand.

Schlichter und unverdorbener – ihrer ursprünglichen Gestalt ungleich näher als der Saalbau – präsentiert sich die wesentlich zurückhaltender restaurierte Ulrichskapelle.

«Die wie ein Bollwerk ins Vieleck gesetzte zweigeschossige» Pfalzkirche zeigt bis zu den Obergeschoßmauern noch die sauber bearbeiteten rot-weißen Sandsteinquadern des 11. (oder beginnenden 12.) Jahrhunderts. Neuere Ergänzungen sind lediglich einige Säulen und steinerne Brüstungen in der oberen Kapelle, das Zeltdach und die hölzerne Miniaturkuppel. Von diesen wenigen «unglücklichen modernen Erfindungen» abgesehen, hat die Ulrichskapelle Adel und Würde ihrer Herkunft jedoch gewahrt – selbst der entlarvendste Blick wird die Spuren der schwedischen Gardinen nicht entdecken, die ihre Fenster jahrhundertelang vergitterten.

Am stärksten teilt sich die schwerbefrachtete Geschichtlichkeit der Goslarer Pfalzkapelle beim Anblick ihres einzigen Ausstattungsstückes mit: des Grabmales für Heinrich III., das ursprünglich im Dom stand, 1884 aber im «Ulrich» aufgestellt wurde. Ein unauffälliger Unterbau, darauf ein Meisterwerk aus der spätstaufischen Blütezeit der deutschen Plastik: eine lebensgroße, liegende Figur mit streng stilisierten Zügen, die den frommen Herrscher als kaiserliches Idealbild mit Szepter und dem Modell einer Kirche zeigt. Der steinerne Sockel birgt die Kapsel (heute ein achteckiges vergoldetes Reliquiar) mit dem Herzen Heinrichs III., das nach einer unruhvollen Wanderung im vorigen Jahrhundert an den Platz seiner letzten Ruhe zurückgekehrt ist.

Unverändert hat schließlich die nördliche Vorhalle des Kaiserdomes die Zeit überstanden: das kostbare Relikt der 1819 versteigerten kaiserlichen Basilika, das die Kunsthistoriker als ein Hochprodukt des dekorativen Stils der deutschen Spätromanik schätzen.

Den Eingang bilden zwei rundbogige Öffnungen, getragen von einer auf einem liegenden Löwen ruhenden, reich ornamentierten Säule, deren Schöpfer eine lateinische Inschrift nennt: *Hartmannus statuam fecit basisque figuram* – Hartmann schuf Säule und Basisfigur. Die Giebelwand über dem Eingang nehmen überlebensgroße Stuckfiguren ein. In der unteren Reihe zwei Kaiser, von denen einer Heinrich III., der andere wahrscheinlich (oder vielleicht) Konrad II. darstellt, in der Mitte die drei Apostel Simon, Juda und Matthias. Darüber die Muttergottes mit dem Kind, flankiert von zwei gemalten Engeln. Ausdrucksstarke, kraftvoll modellierte Plastiken, deren «verwitterte Lebendigkeit» unmittelbar zum Betrachter spricht.

Im Innern der von hohen Bäumen beschatteten Vorhalle hat der einst von der Klempnerwitwe Mävers erworbene Kaiserstuhl, umgeben von einer vierseitigen Sandsteinschranke mit den Hochreliefs romanischer Fabelwesen, einen bevorzugten Platz gefunden, neben Architekturteilen und Reststücken des einstigen Dominventars.

Andere Ausstellungsstücke bewahrt und hütet das Städtische Museum: außer schönen Glasfenstern vor allem den berühmten Krodo-Altar, der während seines Pariser Zwangsaufenthaltes in der napoleonischen Zeit zwar seines Gold- und Edelsteinschmucks beraubt wurde, aber noch immer zu den bedeutendsten Werken der romanischen liturgischen Kunst rechnet – einen Rang, den er vor allem der expressiven Kraft der vier knienden Trägerfiguren verdankt.

Schatzkammer der Baukunst Goslar birgt noch viele solcher Kostbarkeiten. Die Stadt, die von den Bombengewittern des Zweiten Weltkrieges nicht betroffen wurde, zählt auch architektonisch zu den Schatzkammern der deutschen Kunst, obwohl die heutige bauliche Physiognomie in der Hauptsache auf die mageren Jahre und Jahrhunderte nach dem Verlust der Silbergruben zurückgeht. Schon bei einem flüchtigen Stadtbummel prägt sich eine Reihe charakteristischer Bauten ein:

außer den bereits genannten Kirchen

das Rathaus, das in seiner heutigen Gestalt auf die Mitte des 15. Jahrhunderts zurückgeht; ältester Bauteil ist der aus dem 12. Jahrhundert stammende romanische Rundbogen unter der Freitreppe an der Südost-Ecke des Gebäudes;

das Kaiserworth genannte Gildehaus der Gewandschneider, das, 1494 entstanden und heute als Hotel dienend, seine figurenreiche Fassade ebenfalls dem Markt mit dem Adlerbrunnen zukehrt;

das Bäckergildehaus, das mit mehreren Unterbrechungen zwischen 1501 und 1557 heranwuchs, auf einer Inschrift an der Schwelle des Obergeschosses alle Wucherer verflucht und heute die Industrie- und Handelskammer beherbergt;

die großen Stifte, die Armen- und Altersheime des späten Mittelalters: das 1254 begründete Stift zum Großen Heiligen Kreuz, das im 14. Jahrhundert entstandene Stift zum Kleinen Heiligen Kreuz und das 1488 eingerichtete St.-Annen-Stift – in ihrer heutigen Gestalt Bauten aus dem 17. und 18. Jahrhundert;

zahlreiche schöne Bürgerhäuser, das «Brusttuch» und das Mönchehaus, das Magnus-Karsten- und das Siemens-Haus sowie ganze Straßenzeilen, in denen sich der niedersächsische Fachwerkstil über Jahrhunderte hinweg unverdorben immer wieder restauriert hat, und schließlich

die imposanten Reste der früheren Stadtbefestigung, u. a. der Zwinger und das Breite Tor, der Achtermann und das Wasserloch.

Dazu die konservierten Grundmauern der Johanniskirche im ehemaligen Bergdorf, die Reste des kaiserlichen Oktogons auf dem Georgenberg und der Stiftskirche auf dem Petersberg; und vor den Toren der Stadt die Ruine der Klosterkirche Riechenberg mit ihrer schönen «lombardischen» Krypta – es lohnt sich, das Stundenglas zu Haus zu lassen.

Magischer Mittelpunkt der Stadt aber ist immer noch das Pfalzgelände mit dem Saalbau, dem «Ulrich» und der Domvorhalle: Mittelpunkt des historischen wie touristischen Interesses. Die Zahl der Besucher, die sich den Führungen durch das Kaiserhaus anvertrauen (wo sie am meisten die riesigen Wandgemälde bewundern), überschreitet an den großen Tagen der «Saison» leicht die Zweitausender-Grenze, manchmal sogar die Dreitausender-Marke. Dem entspricht – es kann nicht verschwiegen werden – der Verkaufs- und Erfrischungsrummel im Einzugsbereich der Pfalz. Wie überall, wo König Fremdenverkehr seine einnahmeträchtige Herrschaft fest etabliert hat, gehören Fähnchen, Plaketten- und Strohhutläden zur bewegten Szenerie, auch Eisdielen und *Snackbars,* Kaffee- und Limonadenstationen, Andenkenmagazine und Bockwurststände – und wo sonst die ständig strömenden Pilgerscharen ihren Zehnten zu entrichten haben.

Die Stadt Goslar, schrieb Konrad Weiß schon vor Jahrzehnten, hat «den kaiserlichen Ornat der Frühe» abgelegt. Das Bild des Kaiserhauses aber – dahinter der Rammelsberg und die dunklen Bärte der Harzwälder – hat seine Würde gewahrt. Es läßt verstehen, daß hier einmal große Geschichte gemacht wurde. Es läßt ahnen, daß hier einmal «die herrlichste Hausung des Reiches» lag.

Neuntes Kapitel

WORMS ODER RUHM UND REICHTUM DES BÜRGERS

An der Wende des Mittelalters – Canossa und das «Konkordat»

«Eyne stat lyt an dem Rine...» · Von der Civitas zum Pfalzort · Bischof Burchard – der «wunderbare heilige Mann» · Salierburg wurde Paulusstift · Worms im Jahre 1000: fünfzig Hektar und 120 Straßen · Der Anschlag von Kaiserswerth · ... und die «Ausplünderung des Reiches» · Hauptquartier und Schutzwehr der Krone · Der König, der 62 Schlachten schlug · Der heilige Satan · Triumph und Tränen in Canossa · Gregors Ende · Vom Gottesstaat zum nationalen Imperium · Heinrichs letzter Sieg · 23. September 1122 – das Wormser Konkordat · Von nun an blühe dein Ruhm...» · Ausverkauf zu Schleuderpreisen · Im Sog der Geschichte

Der Name der Stadt Worms löst mancherlei Erinnerungen und Assoziationen aus, vom «Wormser Stil» der Bandkeramiker bis zur «Liebfrauenmilch», jenem lieblichen Rebensaft, der seine wohlklingende Bezeichnung einer gesegneten Lage zu Füßen der Liebfrauenkirche am Rande der Stadt verdankt. Am stärksten lebt Worms im öffentlichen Bewußtsein freilich als ein Hauptort der deutschen Geschichte fort: beglänzt vom Frühlicht der Sage, bestrahlt von der Sonne der deutschen Kaiserherrlichkeit, verklärt vom Abendrot des Mittelalters – zu allen Zeiten hoch gefeiert und viel besungen.

«Ze Wormze bi dem Rine» hat der unbekannte Dichter des *Nibelungenliedes* den ersten Teil seiner schwerterklirrenden Verserzählung lokalisiert. Nach Worms, dem Königssitz der Burgunder, zieht der «hürnene Siegfried», um die schöne Kriemhild zu erringen. Hier besiegt er im Schutz der Tarnkappe, stellvertretend für König Gunther, die ungebärdige Brunhild. Hier in Worms, am Domportal, tragen die beiden feindlichen Schwägerinnen ihr verhängnisvolles Rededuell aus, eine der dramatischsten Szenen der Weltliteratur, deren elementare Kraft bereits das blutige Finale des Liedes ankündigt. Hier im Königspalast von Worms legt der finstere Hagen den Leichnam des im nahen Odenwald hinterrücks getöteten Siegfried nieder. Von Worms reiten die Burgunder zwei Jahrzehnte später ins ferne Ungarland, in ihren Untergang an König Etzels Hof.

«Eyne stat lyt an dem Rine...»

Auch die späteren Sagendichter sind gern in Worms eingekehrt. Noch im *Rosengartenlied* vom Ende des 13. Jahrhunderts heißt es:
Eyne stat lyt an dem Rine,
die is so wunnesam,
und ist geheizzen Wormesze.

Aber auch aus der dürren geschichtlichen Überlieferung geht hervor, daß Worms – 1122 als Stadt des Konkordates in die kontinentale Geschichte eingegangen – im Mittelalter einer der prächtigsten Plätze des Reiches war, herrlich gelegen in einer heiteren Rebenlandschaft, am Ufer des mächtig dahinströmenden Rheins, von sechzig Mauertürmen und fünfzig Kirchen überragt, eine Stadt, in der die deutschen Kaiser und Könige Hunderte von Reichsversammlungen und Fürstentagen veranstalteten (215 sind urkundlich nachgewiesen) und die noch an der Schwelle der Neuzeit so glanzvolle politische Heerschauen wie den Reform-Reichstag von 1495 oder den Luther-Reichstag von 1521 erlebte.

Um so ernüchternder, nach soviel literarischer und historischer Reminiszenz, ist die erste Begegnung mit dem heutigen Worms. Ein Bahnhof im wilhelminisch-romanischen Stil macht ebensowenig eine mittelalterliche Stadt wie eine Rheinbrücke, die zwar den Namen der Nibelungen trägt, sich aber auf den ersten Blick als ein Werk moderner Spannbeton-Technik erweist. Wer eine Begegnung mit der Vergangenheit erhofft, ein Eintauchen in die Welt von gestern und vorgestern, muß seine Erwartungen eigentlich auf Schritt und Tritt korrigieren.

Nein, Worms ist, mit Verlaub und mit Respekt gesagt, eine Stadt von heute: fleißig, betriebsam und geschäftstüchtig, alles andere als spitzwegisch versponnen oder romantisch verträumt. Eine typische deutsche Mittelstadt mit kommunalem Mustersteckbrief: knapp 70 000 Einwohner, Einkaufsplatz der ländlichen Umgebung, als Tagungsort geschätzt und ambitioniert, eine überlastete City, eine Ansammlung von Behörden auf Kreis- und Bezirksebene und an der Peripherie eine nicht unbedeutende, steuerträchtige Industrie, dank deren Leistung die im letzten Krieg noch einmal schwer beschädigte Stadt in wenigen Jahren leidlich wiederaufgebaut werden konnte.

Ein Bild ohne sonderlich hervortretende Züge, wohlproportioniert und mit Zurückhaltung modern – wenn der Dom nicht wäre, und außer dem Dom (an dessen Nordportal die beiden Königinnen des Nibelungenliedes ihren liebe- und haßerfüllten Streit austrugen) ein Kranz von Kirchen, deren Fundamente durchweg im frühen 11. Jahrhundert wurzeln.

Der Dom ist wie eh und je das magische Zeichen der Stadt, ein riesenhafter Bau aus stark nachgedunkeltem roten Sandstein; architektonisch gesehen: eine doppelchörige Basilika mit vier kräftigen Rundtürmen und je einem Achteckturm über der Ostvierung und dem Westbau; ein imperialer Bau, der eine Brücke von der frühen zur späten Romanik schlägt, von den Sachsen zu den Saliern und Staufern und auf dem Giebel seiner majestätischen Ostpartie bis heute den Reichsadler trägt.

Und dann die Kirchen und frühen Stifte:
die Magnuskirche, als karolingische Einraumkirche gegründet, nach mehrfachen Veränderungen und Zerstörungen in den fünfziger Jahren dieses Jahrhunderts in den schlichten Formen der karolingischen Renaissance wiederaufgebaut;
das Anfang des 11. Jahrhunderts in die Wormser *Civitas* verlegte Andreasstift, dessen Gebäude, einschließlich der Kirche mit ihren mächtigen quadratischen Turmklötzen, als Museum und städtische Schatzkammer dient;
die angeblich schon von Otto III. gestiftete Martinskirche, in ihrer heutigen Gestalt eine dem Dom verwandte Basilika, deren sparsam gegliederte Fassaden zwei schöne romanische Portale schmücken;
die 1016 begründete Paulskirche, die außer einem schönen polygonalen Chor und einem alten gotischen Kreuzgang ihre «orientalischen» Rundtürme mit den dachlosen Kuppeln bewahrt hat; und die Bergkirche in Worms-Hochheim, die eine schlichte Krypta aus dem 11. Jahrhundert birgt und von einem hochromanischen Turm überragt wird.

Wer die Stadt aufmerksam durchwandert, wird auch sonst noch manches «Mittelalterliche» entdecken: einige respektable Reste der staufischen Mauer mit Wehrgang und zweien der sechzig mächtigen Türme, die in die Umwallung eingelassen waren; eine Reihe windschiefer Gäßchen, die wenigstens topographisch noch im Mittelalter gründen, und schließlich die 1034 «konzessionierte» Synagoge, die nach dem Zweiten Weltkrieg in den Formen ihres Neubaues aus dem Jahre 1175 wiedererstand, daneben das unterirdische Frauenbad und im Südwesten der Stadt der älteste Judenfriedhof Europas mit mehr als zweitausend Bestattungen.

Zentrum des «historischen Worms» aber ist, wie eh und je, die Domgegend: die Pfalz der deutschen Kaiser, der Hof der Fürstbischöfe von Worms, der Ort der großen Reichsversammlungen – eine der denkwürdigsten Stätten des Abendlandes, wie es auf einer Bronzetafel im *Dombezirk* heißt.

Der Dom steht auf dem Forum der *Civitas Vangionum*: auf den Resten eines römischen Tempels und einer Markt- und Gerichtsbasilika.

Von der Civitas zum Pfalzort

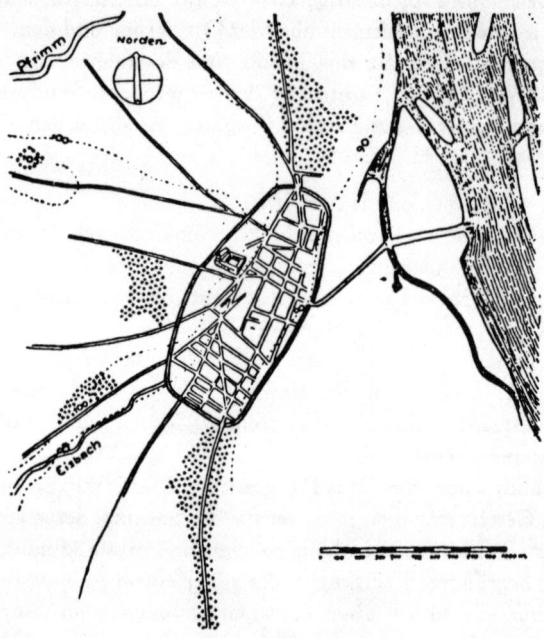

Abb. 45: Das römische Worms

Die Niederlassung selbst ist, wie bekannt, wesentlich älter. Bodenfunde bezeugen, daß schon die Menschen der Stein- und Bronzezeit und auch die keltischen Mediomatriker und die germanischen Vangionen die Gunst des Klimas und der guten Verkehrslage zu schätzen wußten.

Eine städtische Siedlung wurde der Mittelpunkt des Vangionengaues allerdings erst in römischer Zeit. Schon unter Augustus ein bedeutender Grenzort, wuchs das imperiale Worms zu einer ansehnlichen Handels-, Verwaltungs- und Militärstadt heran, die in ihrer Blütezeit fünf- bis zehntausend Einwohner gezählt haben mag.

Die römische Stadt übernahm den unregelmäßigen, sozusagen «ungeplanten» Grundriß der keltogermanischen Siedlung. Die (zum Teil noch vorhandene) Mauer umfaßte ein 65 Hektar großes Oval von 1300 Meter Länge und 600 Meter Breite. Zentrum war der heutige Domhügel: das Forum mit seinen Tempeln und Behördenbauten, deren Fundamente bei Grabungen und Erdarbeiten wiederholt angeschnitten wurden. Hier am Forum kreuzten sich auch die beiden Hauptverkehrsadern der Stadt: die große Rheinuferstraße und der aus der Pfalz auf Worms zustrebende Handelsweg, der dann am Neckar entlang auf die Donau zuhielt.

Das Ende der römischen Zeit markiert jenes düstere Zwischenspiel, das später – verklärt, entrückt und heroisiert – den farbenprächtigen und blutigen Hintergrund des Nibelungenliedes bildete. Von 413 bis 436 war die römische *Civitas* so etwas wie die Hauptstadt des sagenhaften Burgunderreiches, das als Protektorat des sterbenden Imperiums entstand, aber bald so viel Unabhängigkeitsgelüste entwickelte, daß es von dem römischen Heermeister Aetius bekriegt und niedergeworfen wurde. Den Rest besorgten offenbar die Hunnen, die 436 das unter ihrem König Gundikar (oder Gunthachar) antretende letzte Aufgebot der Burgunder niedermetzelten – eine Tragödie, die das Nibelungenfinale vorwegnahm.

Die beginnende Völkerwanderungszeit hat, wie auch anderswo, in der Chronik der Stadt Worms nur wenig beschriebene Seiten hinterlassen. Mit einiger Sicherheit kann man lediglich sagen, daß die Stadt nicht «dem Erdboden gleichgemacht» war, als sie nach einem kurzen alemannischen Intermezzo um 500 fränkisch wurde. Die Bodenfunde verweisen auf den Fortbestand handwerklicher Fertigkeiten. Auch wenn die mittelalterlichen Hauptstraßen sich genau an die Führung der römischen Straßen halten oder fränkische Gräber über römischen Gräbern liegen, kann man daraus auf die Kontinuität der Besiedlung schließen. Es spricht dafür, daß eine allerdings stark dezimierte Bevölkerung weiterlebte, wenn auch unter recht kümmerlichen, mehr ländlichen als städtischen Bedingungen: genau wie in Köln, Mainz oder Trier.

Erst um 600, gut anderthalb Jahrhunderte nach dem Untergang des Burgunderreiches, tritt Worms aus dem Dunkel der Anonymität wenigstens wieder ins Dämmerlicht der Geschichte. Die Königin Brunhilde (deren Name dann ebenfalls im Nibelungenlied wiederkehrt), jene westgotische Fürstentochter, die ein ganzes Leben lang mit ihrer merowingischen Verwandtschaft Krieg führte, residierte nach der lokalen Überlieferung mit Vorliebe in Worms, wahrscheinlich jedoch außerhalb der Stadt, auf dem Königshof Neuhausen, dessen Grundriß sich im Kern des heutigen Vorortes noch deutlich abzeichnet. Wahrscheinlich hat aber schon ihr Nachfolger, der gute König Dagobert, die Pfalz hinter die Mauer der alten *Civitas* verlegt und dort domiziliert. Jedenfalls errichtete er an der Stelle des heutigen Doms, über und sicher aus den römischen Forumsbauten, die erste Wormser Kathedrale, eine Kirche, die – nach ihren ergrabenen Resten – der «größte merowingische Kathedralbau» überhaupt war.

Nach Dagobert erlosch das Interesse der Merowinger an der Pfalz in Worms. Mindestens anderthalb Jahrhunderte lang waren die Bischöfe, die spätestens um 500 in die alte römische *Civitas* zurückkehrten, die

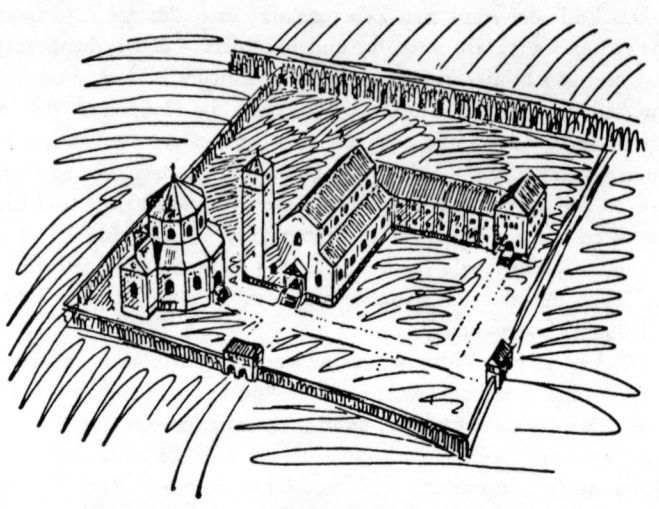

Abb. 46: Fränkisches Forum

alleinigen Herren von Worms. Man hat den Eindruck, daß ihr Regiment – die Chroniken nennen unter anderen den heiligen Rupert, den Neugründer des Erzstiftes Salzburg, als Oberhirten – der Stadt recht gut bekommen ist. Jedenfalls war Worms um 700 wieder eine der blühendsten Niederlassungen am Rhein, Hauptort einer fruchtbaren und wohlbestellten Landschaft, Mainz und Köln mindestens gleichrangig.

Daran änderte sich auch nichts, als Mainz 780 in den Rang einer Erzbistumsstadt erhoben wurde. Was Worms damit an kirchlicher Bedeutung einbüßte, gewann es nämlich auf dem Felde der Politik und öffentlichen Repräsentation zurück. Mit Pippin dem Jüngeren, der 764 seine erste Reichsversammlung auf dem Märzfeld von Wormatia abhielt, beginnt die lange Reihe der fränkischen und deutschen Herrscher, die es immer wieder in die leicht zu erreichende und schön gelegene Stadt im «Wonnegau» zog.

Sein Sohn Karl stieg fast alljährlich in der *civitas publica* genannten Pfalzsiedlung ab. Zweimal feierte er hier Hochzeit: 778 mit der langobardischen Königstochter Desiderata, 783 mit der Ostfränkin Fastrada. In Worms bereitete er 781 dem Bayernherzog Tassilo seine erste demütigende Niederlage, von Worms zog er 791, nachdem er sich den ganzen Winter hier aufgehalten hatte, in den Krieg gegen die Awaren. Erst als im selben Jahr die Pfalzgebäude niederbrannten, wurde Aachen so etwas wie die ständige Residenz des großen Karolingers.

Der Wiederaufbau hat offenbar drei Jahrzehnte beansprucht. Jedenfalls taucht der Name Worms in den königlichen Itinerarien erst 822 wieder auf, dann allerdings in schneller Folge. Ludwig der Fromme hat mindestens sechsmal in Worms Quartier gemacht, Ludwig der Deutsche (der sich 843 im Vertrag von Verdun die linksrheinischen Gaue Speyer, Worms und Mainz sicherte) mehr als ein dutzendmal. Auch Karl der Dicke, Arnulf von Kärnten, Karl der Einfältige und Odo von Paris sind in dem imaginären Gästebuch der Stadt Worms mehrfach vertreten, später auch die Herrscher aus sächsischem Hause. Auf dem Wormser Reichstag von 926 erwarb Heinrich I. von Rudolf von Burgund die Heilige Lanze. Otto I. verlieh 944 in Worms dem «roten Konrad», mit dem das salische Geschlecht in die Geschichte eintrat, das Herzogtum Lothringen.

Die Salier waren damals die Gaugrafen von Worms: eine energiegeladene, höchst aktive Sippe, die mit den Bischöfen einen Dauerstreit um die Führung in der Stadt austrug. Die Auseinandersetzungen, die von beiden Seiten nicht gerade mit Samthandschuhen ausgetragen wurden, überdauerten auch den Tod des Lechfeldsiegers (der, wie man weiß, im Dom beigesetzt wurde) und führten schließlich zu einem recht unerquicklichen Nebeneinander der beiden Gewalten, das erst durch Heinrich II. aus der Welt geschafft wurde. Er handelte nämlich den salischen Besitz in Worms im Tauschverfahren ein, verlieh seine Neuerwerbungen als Reichslehen dem Bischof und stattete diesen überdies mit allen weltlichen Rechten in der Stadt aus.

Das geschah im Jahre 1002, als der noch um seinen Thron ringende Heinrich von Bayern Stimme und Wohlwollen des Wormser Kirchenfürsten benötigte: des Bischofs Burchard, der die weitere Entwicklung der Stadt wie kein anderer bestimmt hat.

Burchard, um 965 als Sohn eines sächsischen Grafen in der Nähe von Frankenberg an der Eder geboren, erwarb an den Klosterschulen von Koblenz, Lüttich und Lobbes einen vielbestaunten Bildungsfundus. Ebenso erfüllte ihn, wie sein anonymer Biograph schreibt, die «heilbringende Weisheit» des Mainzer Erzbischofs Willigis, als dessen Stadtkämmerer und Bürgerschaftsvorsteher Burchard sich die Verwaltungskenntnisse aneignete, die ihn später zu einer so ertragreichen Führung seiner Diözese befähigten. Hier in Mainz, bei der Weihe der Kirche zum heiligen Victor, begegnete er 995 dem jungen Otto III., der ihn fünf Jahre später zum Bischof von Worms erhob.

Bischof Burchard – der «wunderbare heilige Mann»

1001 zog er mit dem schwärmerischen Kaiser nach Italien. Auch den heiligen Heinrich hat er auf seiner ersten Italienfahrt an der Spitze eines zahlreichen Aufgebotes begleitet. Doch der Krieg war Burchards Sache nicht; auch der großen Politik gegenüber hat er eine auffällige

Distanz gewahrt. War noch sein Vorgänger Hildebald Kanzler des Reiches gewesen, so widmete Burchard alle Kraft dem Ausbau seines zwischen den Bistümern Mainz, Metz, Speyer und Würzburg eingezwängten Sprengels. Mit großem Erfolg übrigens – als er 1025 starb, hinterließ er nach dem Urteil seines Magisters Hermann «die Wormser Kirche in mittäglichem Sonnenglanz, schimmernd in lauter Vorzügen».

Burchard war bei aller Frömmigkeit ein dem Leben zugewandter Mann, der ersprießliche Arbeit höher schätzte als unergiebiges Eremitentum. Er verschmähte asketische Bußübungen; Schlichtheit und Bescheidenheit aber waren ihm Gesetz. Nach seinem unbekannten Biographen bestand seine tägliche Nahrung nur aus Brot, Rüben und Früchten. Obwohl ihm die Reben gleichsam zum Fenster hereinwuchsen, trank er mehr Wasser als Wein. Nachts ging er oft mit einem Gefährten «still durch die Straßen der Stadt und schaute in alle Ecken und Winkel, und wo er Arme und Kranke fand, spendete er mit freigebiger Hand den Trost des Almosen...»

Mit Respekt verzeichnet der Chronist auch, daß sich in Burchards Nachlaß keine Schätze, wohl aber Kästen voll zerlesener Bücher fanden. Ebenso rühmt er seine pädagogischen Fähigkeiten. Der Bischof kümmerte sich höchstpersönlich um jeden seiner Schüler, ließ sich ihre schriftlichen Arbeiten vorlegen und zensierte und korrigierte sie. Wenn er selbst Unterricht gab, verstand er seine Rede mit Bildern und Beispielen aus dem Alltag zu würzen. Der Erfolg: die um 950 von Bischof Anno gegründete Kanzleischule, die in der kurzen Zeit ihres Bestehens bereits so kluge und bedeutsame Männer wie den Bischof Hildebald, Reichskanzler unter Otto II. und Otto III., den ersten deutschen Papst Gregor V., alias Brun von Kärnten und den Kölner Erzbischof Heribert «herausgebracht» hatte, galt unter Burchard als eines der angesehensten Bildungsinstitute des Reiches.

Burchard versuchte auch das geistige Niveau der ihm anvertrauten Geistlichen zu heben und entwarf zu diesem Zweck ein komplettes Bildungs- und Ausbildungsprogramm, das zwar im wesentlichen aus Bibel- und Kirchenväterexerzitien bestand, aber über die damals üblichen Anforderungen doch bedeutend hinausging. Als tüchtiger Administrator verlangte Burchard von seinen Klerikern auch die Kenntnis der kirchlichen Gesetze. Um ihnen so etwas wie einen juristischen Leitfaden an die Hand zu geben, stellte er – in einem kleinen Kloster außerhalb von Worms, in das er sich gern zu schöpferischer Arbeit zurückzog – jene (bereits genannte) Sammlung kirchlicher Gesetze zusammen, die schnell ihren Weg fand und schließlich unter dem Kurztitel *Burchardus* auf dem ganzen Kontinent verbreitet war. Ihr folgte später ein zweiter Codex, in dem er unter dem Titel *Gesetze und Statuten der Familie des Heiligen Petrus* die Rechte der kirchlichen Hörigen und Hintersassen niederlegte: das erste Rechtsbuch dieser Art überhaupt. Doch das alles waren gewissermaßen Nebenprodukte im Werk des «wunderbaren heiligen Mannes». Seine größten Leistungen entwuchsen seiner Bauleidenschaft, die er mit den meisten Kirchenfürsten jener Zeit teilte. Burchard schuf das königliche Worms – eine der schönsten und imposantesten Städte des deutschen Mittelalters.

Der unbekannte Klosterbruder, der voller Demut und Einfalt das Leben Burchards zum Ruhm der Kirche beschrieben hat, löst sich bei der Schilderung der Stadt Worms im Jahre 1000 vom Schema der üblichen Heiligenviten und zeichnet mit kräftigen Strichen ein Stück handfester Wirklichkeit. *Salierburg wurde Paulusstift*

Eine überraschende Feststellung: Burchard fand die *Civitas Wormatia* «fast verödet» und «im schlimmen Zustand» vor. «Die Einebnung des Walles nämlich und der schlechte Zustand der Mauer ermöglichte Räubern und Raubtieren einen leichten Zugang. Man berichtet, häufig hätten Wölfe vor aller Augen das Vieh verschlungen und die Leute, die sie daran hindern wollten, durch unerschrockene Angriffe frecher Weise in Schrecken gejagt ... Die Landstreicher und Diebe aber rühmten diesen Ort als besonders geeignet für die Ausübung ihrer nichtswürdigen Absichten, da weder die Befestigung durch einen Wall noch das Hindernis der Stadtmauer ... den Zugang erschwerte. Wenn aber einer der Bürger das Geringste gegen ihr Tun und Treiben sagte, den überfielen sie nachts, raubten alles, was er hatte, und ließen ihn tot oder halbtot liegen.»

Schließlich, so behauptet der betrübte Chronist, hätten viele Bürger die Stadt verlassen, außerhalb der Mauern Häuser gebaut und sich hinter Zäunen, Planken und Palisaden gegen die räuberischen Kreaturen verschanzt.

Es mag sein, daß Burchards Biograph die Szene hier allzusehr verdunkelt hat, um die Leistung seines Helden um so strahlender hervortreten zu lassen. Zweifellos befand sich die Stadt aber in einem Zustand ständiger Beunruhigung, hervorgerufen durch die Tatsache, daß das bischöfliche und gräflich-herzogliche Regime heftigst konkurrierten, wobei es auf beiden Seiten, wie selbst der geistliche Anonymus bekennt, «zu Mord und Totschlag» kam. Burchards erster Entschluß war also: sich einzuigeln. In der Sprache seines Biographen: da er der «Macht des Mächtigen» nicht anders widerstehen konnte, «umgab er seinen Hof mit einer Mauer, genau wie eine Burg, ließ eilig Türme und Wohnbauten, die sich zur Verteidigung eigneten, aufführen und schaffte so im Innern der Stadt einen hinreichend festen Schutz».

Offener Kampf innerhalb der *Civitas* also. Hier die Grafenburg, dort die Bischofsburg, beide schwer befestigt, während die Stadtmauern verfielen. Krieg zwischen dem beiderseitigen Anhang: Überfälle, Anschläge, Straßenschlachten. Flucht der Bürger «nach draußen». Man muß sich diese Situation vergegenwärtigen, um zu ermessen, was es für das frühe Worms bedeutete, als Heinrich II. die Salier, geführt vom Sohn des roten Konrad, Otto von Kärnten, aus der Stadt hinauskomplimentierte und damit die Voraussetzung für einen gesunden Neubeginn schuf.

Bischof Burchard hat die Chancen, die sich ihm damit boten, nach Kräften genutzt. «An demselben Tage, an dem der Herzog die Stadt verließ, betrat der Bischof mit einer großen Schar seiner Leute die Burg... und ließ diese bis auf die Grundmauern eiligst niederlegen. Darauf erbaute er mit demselben Bauholz und denselben Steinen eine Kirche und ein Stift zu Ehren des heiligen Paulus, die er mit folgender Inschrift schmückte: *Zum Dank für die Befreiung der Stadt*. Auf diese Weise hatte der Gottesmann das Haus des Krieges in eine Kirche Christi umgewandelt.»

Grabungen in den Jahren 1928 bis 1930 haben diesen Bericht bestätigt und ergänzt. Sie ergaben, daß die Salierburg in Worms eine Wasserburg war, deren drei Meter tiefer Graben von einem Bach gespeist wurde. Die Kirche, die Burchard errichten ließ, war 41 Meter lang und hatte drei Schiffe sowie einen rechteckigen Ostchor, der nach «Wormser Art» in das Innere des Bauwerks verlegt war. Die Westfront bildeten die beiden (heute durch ein Querhaus größtenteils verdeckten) Rundtürme, die das über die Seitenschiffe hinaus verlagerte Mittelschiff flankierten – eine einfache, aber sehr wirkungsvolle Lösung.

Gestützt auf die Einnahmen, die nach der Befriedung der Stadt wieder reichlich flossen, unterwarf Burchard aber nicht nur die Salierburg, sondern die gesamte *Civitas* einer gründlichen Überholung und Verwandlung; in der Sprache seines treuherzigen Chronisten: er «ließ nicht nach in frommen Werken».

Damals verschwand auch die Kathedrale aus der Dagobert-Zeit und machte einem aufwendigen Neubau Platz: einer «Kirche von wunderbarer Größe», die mit solcher Schnelligkeit heranwuchs, »daß es schien, als sei sie nicht errichtet worden, sondern wie auf Wunsch plötzlich dort gestanden». So konnte der neue Dom – zwar noch nicht vollendet, aber bereits «herrlich anzusehen» – schon 1018 bei einem Worms-Besuch von Kaiser Heinrich II. geweiht werden.

Allerdings hatte Burchard seine Leute doch wohl zu sehr zur Eile getrieben. Zwei Jahre später brach der Westteil in einer stürmischen Nacht zusammen: ein Unfall, der zwar «großen Jammer verursachte», aber das Tempo des Dombaues kaum minderte. Nach weiteren zwei Jahren war die neue Bischofskirche wieder zur alten Höhe emporgeführt, und Burchard konnte damit beginnen, die Kapitelle der Säulen zu vergolden und seinen Dom «mit mannigfacher Zier zu schmücken». Wie der Burchard-Dom aussah, verrät die bischöfliche Biographie nicht. Da sich beträchtliche Teile erhalten haben, so die Untergeschosse der beiden Westtürme und das gesamte Fundament, kann man jedoch zumindest den Grundriß mit ausreichender Genauigkeit wiedergeben. Es handelte sich ebenfalls um eine (wahrscheinlich flachgedeckte) dreischiffige Pfeilerbasilika mit Ostquerschiff und sehr geräumigem Langhaus, das im Westen in einer (durch Grabung erschlossenen und später kenntlich gemachten) halbrunden Apsis endete – ein herkömmlicher Bau also, mit allen stilistischen Merkmalen der ottonischen Architektur.

Dom und Paulusstift allein vermochten die überschäumende Baulust des Bischofs aber nicht zu stillen. Die wahrscheinlich schon unter Otto III. (der Überlieferung nach über einem Kerker des Heiligen von Tours) entstandene Martinskirche erhielt unter Burchard ihre bis heute fortlebende Grundgestalt. Im Jahre 1020 siedelte er das außerhalb der Mauer gelegene Andreasstift in die Stadt um und schuf damit die bauliche Dominante der Wormser Südstadt. In der südlichen Vorstadt errichtete er das Kloster Mariamünster, in Worms-Hochheim die berühmte Bergkirche mit ihrer schönen, erst in den dreißiger Jahren dieses Jahrhunderts wieder freigelegten Krypta. Die in der karolingischen Zeit wurzelnde Magnuskirche ließ er durchgreifend erneuern, ebenso die Johanneskirche auf der Südseite des Domes, einen älteren Zentralbau, der als Baptisterium diente.

Hier am Dom lag auch die königliche Pfalz, die zumindest seit dem Auszug der Salier aus Worms mit dem Bischofshof identisch war. Für die Zeit vor Burchard läßt sich diese Identität nicht mit gleicher Eindeutigkeit beweisen. Die mit diesem Problem befaßten Untersuchungen nennen weitere fünf Plätze, die als Standort der Pfalzgebäude in Frage kommen:

Worms im Jahre 1000: fünfzig Hektar und 120 Straßen

    den Königshof Neuhausen,
    die Grafenburg der Salier,
    den Standort der 1689 vernichteten Neuen Münze am Markt,
    die «Örtlichkeit» der Alten Münze im Nordteil der Stadt, wo bis 1899 der sogenannte Pfalzgrafenhof stand, und
    das Gelände vor der mittelalterlichen Leonhardspforte im Süden der Stadt, wo Ludwig der Deutsche eine Pfalz errichtet haben soll.
Den höchsten Wahrscheinlichkeitsgrad beansprucht allerdings immer

noch die Annahme, daß die Herrscher schon im frühen Mittelalter – und nicht erst seit Heinrich II. – während ihrer Aufenthalte in Worms «beim Bischof» abstiegen. Die gängigen Rekonstruktionsversuche zeigen die königlich-bischöfliche Pfalz daher in unmittelbarer Symbiose mit dem Dom, als einfachen zweistöckigen Annexbau, der sich senkrecht an den Westteil der Kathedrale anlehnt. Das Wohngebäude schließt ein Querhaus ab: der für die großen Empfänge und Audienzen notwendige Saalbau, zu dem von dem weiträumigen Platz vor der Pfalz aus eine Treppe emporführte.

Ob Burchards Bauleidenschaft sich auch auf die Pfalz erstreckt hat,

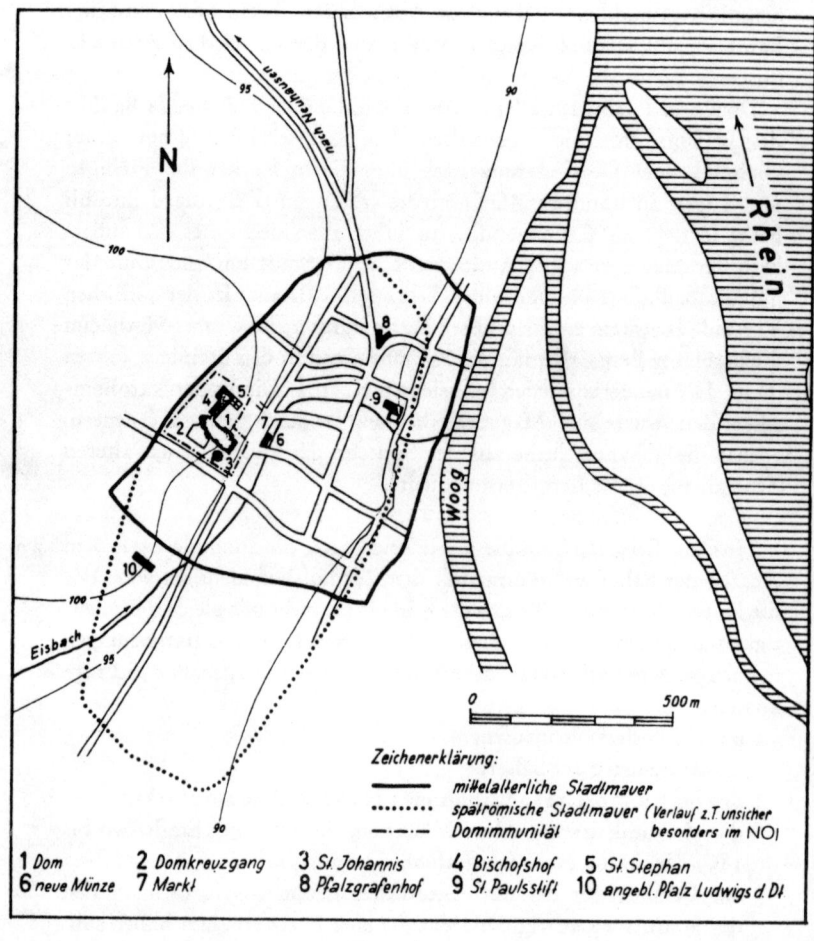

Abb. 47: Worms zur Zeit Burchards

geht aus den zeitgenössischen Quellen nicht hervor. Dom und Kirchenkranz genügen jedoch, ihn als einen der großen Bauherren der ottonischen Epoche auszuweisen, der gleichrangig neben Bernward von Hildesheim, Willigis von Mainz oder Werinher von Straßburg steht. Burchards Bauten bestimmten nicht nur die topographischen Grundzüge der hochgelobten, vielbesungenen hochmittelalterlichen Stadt, sie sind, trotz allen späteren Zerstörungen und Veränderungen, bis heute die architektonischen Fixpunkte von Worms geblieben. Tausend Jahre lang haben sich seine Bürger immer wieder an den Grundlinien und Großbauten der Burchard-Stadt orientiert.

Worms bedeckte in der Zeit Burchards ein unregelmäßiges Geviert von 860 Meter Länge und 600 Meter Breite: eine Fläche von knapp 50 Hektar. Zwei Straßen, die annähernd parallel und im Abstand von etwa 200 Meter – wie in der römischen *Civitas* – das städtische Areal von Norden nach Süden durchzogen, bildeten die Schlagadern des Verkehrs. Dazwischen ein Gewirr von Gassen und Gäßchen, deren Lauf Zufall und Willkür bestimmt hatten. Für die Gesamtniederlassung hat man zehn größere Plätze sowie 120 Straßen und Gassen errechnet. Der mit sieben burgähnlichen Toren bewehrte, von Burchard erneuerte innere Mauerring war gut drei, der später entstandene äußere Mauerring fast sechs Kilometer lang. Die Zahl der Bewohner wird auf sechs- bis zehntausend geschätzt: für eine Stadt zu Beginn des 11. Jahrhunderts eine recht beträchtliche Zahl.

Eine Tausendschaft mag der Geistlichkeit und ihrem Anhang angehört haben. Die übrigen waren Handwerker, Händler, Kaufleute. Geschäftstüchtig und standesbewußt, schlossen sie sich schon früh zu Berufsorganisationen zusammen, die Fischerzunft wird beispielsweise bereits um 1006 genannt. Zehn Jahre später taucht in den Urkunden die erste Handwerkergasse auf: die Münzergasse. Auch verschiedene Zollakten bestätigen die in der Burchard-Zeit einsetzende wirtschaftliche Blüte, an deren Entfaltung das Friesenviertel am Rhein offenbar großen Anteil hatte.

Wichtigstes Handelsprodukt war der Wein, waren die edlen Kreszenzen des Wonnegaues, die sich schon damals großer Beliebtheit erfreuten. Im Spital von Brügge schätzte man besonders den Wormser «Roten», auch die Bischöfe von Lüttich bevorzugten, wie aus einer Urkunde des 10. Jahrhunderts hervorgeht, Wormser Gewächse, ebenso die Xantener Nonnen, die dafür meist mit römischem Baumaterial zahlten: mit Ziegeln und behauenen Steinen, die sie zu diesem Zweck aus den Ruinen der *Colonia Trajana* brechen ließen.

Andere Eigenprodukte, die gewinnbringend vor allem im Händlerviertel am Rhein umgeschlagen wurden: Früchte und Fische, Getreide und Wolle, Leder und Tonwaren – Erzeugnisse, deren Verkauf rheinabwärts über Köln hinaus bis in die maasländischen Städte, in südlicher Richtung bis Venedig zu verfolgen ist.

Es versteht sich, daß diese wirtschaftliche Wohlfahrt von der Baulust Burchards (und seines Nachfolgers Azecho, der zumindest in dieser Hinsicht seinem Vorgänger kaum nachstand) entschieden profitierte. Auch Burchards Verfügung, «daß an den höchsten Festen des Jahres die Gläubigen vom Lande samt ihren Geistlichen zum bischöflichen Gottesdienste in die Stadt kommen sollten», hat die ökonomische Entwicklung sehr gefördert. Der wichtigste Wachstumsimpuls aber ging doch wohl davon aus, daß Worms vom Beginn des 11. Jahrhunderts an wieder einer der meistbesuchten Pfalzorte des Reiches war.

Die Heimatstadt der Salier war schon unter Konrad II., dem Begründer der Dynastie – der übrigens ein Schüler Burchards war – Ziel häufiger Herrscherbesuche. Auch Heinrich III. hat, trotz seiner großen Liebe zu Goslar, mehrfach in Worms Hof gehalten und dort wichtige Entscheidungen getroffen: 1041 ernannte er den Bischof Adalbert von Worms zum Kanzler des Reiches, 1048 erhob er in Worms seinen Vetter Bruno von Toul als Leo IX. zum Papst, 1052 feierte er mit ihm das Weihnachtsfest in Worms, 1053 ließ er hier seinen dreijährigen Sohn zum Nachfolger wählen, und noch in seinem Sterbejahr 1056 berief er einen Reichstag nach Worms.

Der vierte Heinrich blieb dieser Tradition treu und hielt sich, nachdem er 1065 in Worms die Schwertleite empfangen hatte und damit Herr seiner Entschlüsse geworden war, fast Jahr um Jahr in der Stadt seiner Ahnen auf, dessen Bürger den jungen König offenbar als einen der ihren schätzten und liebten.

Jedenfalls waren sie die einzigen, die 1073 treu zu ihm standen, in einer Situation, da für Heinrich IV. alles verloren schien – zum ersten, nicht zum letzten Mal.

Der Anschlag von Kaiserswerth   Der vierte Heinrich war, wie berichtet, knapp sechs Jahre alt, als sein Vater auf der Jagdpfalz Bodfeld im Harz starb – ein «schöner, schlanker Knabe», kräftig, aufgeweckt, temperamentvoll, vielversprechend, aber eben: ein Kind.

Der Brauch wollte es, daß die Mutter für den bereits zum König designierten Sohn die Regentschaft übernahm. Aber diese Agnes von Poitou war keine Adelheid, keine Theophanu. Ängstlich und unentschlossen, frömmelnd und zur Selbstkasteiung neigend, überließ sie die Führung der Regierungsgeschäfte dem Bischof Heinrich von Augsburg, einem unbedeutenden Manne, der aber ihr Vertrauen in einem solchen

Maß erwarb, daß sie, wie Lampert von Hersfeld notiert, «dem Verdacht unzüchtiger Liebe nicht entging».

Ob es stimmt oder nicht – die weltlichen und geistlichen Fürsten sahen die Stunde gekommen, sich von der Bevormundung durch die Krone frei zu machen. So war die bigotte, schwache Königinmutter vom ersten Tag an von Feinden umgeben. Schon bald zeigte sich, daß Gottfried der Bärtige sein früheres Herzogtum Lothringen auch von der Toscana her nach Belieben dirigierte. Unter den reichsverdrossenen Sachsen verfolgten die Billunger eine unabhängige, auf regionale Interessen gerichtete Politik. Als 1057 das Herzogtum Schwaben verwaiste, bildeten sich auch hier oppositionelle Strömungen.

Die mehr mit ihren Gewissensnöten als mit den Aufgaben des Regierungsalltags befaßte Agnes hat das Aufkommen dieser selbstsüchtigen Fronden offenbar nicht bemerkt. Ihre Personalpolitik läßt jedenfalls ahnen, daß sie sich in der brutalen Welt der Macht mit der Arglosigkeit eines Kindes bewegte. So besetzte sie in ihrer Einfalt die frei werdenden Herzogtümer durchweg mit Feinden der Krone. Der neue Schwabenherzog Rudolf von Rheinfelden hat sich schon bald nach seiner Ernennung auf die Seite der Opposition geschlagen, ebenso der Bayernherzog Otto von Northeim, ebenso der «Kärntner» Berthold von Zähringen.

Sie alle erfüllten, wie der Hersfelder Mönch schreibt, «ihre Pflichten gegen das Reich nur lässig, reizten die Volksstimmung gegen die Kaiserin auf und trachteten mit allen Mitteln danach, den Sohn dem Einfluß der Mutter zu entziehen und die Verwaltung des Reiches in ihre Hände zu bekommen».

Haupt der Opposition war der Erzbischof Anno von Köln, ein harter, ehrgeiziger und asketischer Mann, der 1062 den jungen König regelrecht entführen ließ: ein Anschlag, halb Staats-, halb Gaunerstreich, dem man eine gewisse Originalität nicht absprechen kann. In der Pfalz Kaiserswerth, nach einem festlichen Mahl, lud Anno den heiter gestimmten König zu einer Besichtigung seiner prächtig geschmückten Jacht ein. Kaum hatte der Zwölfjährige das Schiff betreten, da umringten ihn «die vom Erzbischof angestellten Helfershelfer», die Ruderer «warfen sich mit aller Kraft in die Riemen und trieben das Schiff blitzschnell in die Mitte des Stromes». Der König – schon damals hellwach, mißtrauisch und entschlossen – versuchte sich durch einen Sprung in den Rhein in Sicherheit zu bringen, wurde aber wieder aufgegriffen und blieb danach ein volles Jahrzehnt unter der Fuchtel des hartherzigen, selbstsüchtigen und unbeherrschten Anno.

Die Kaiserin, so berichtet Lampert weiter, konnte sich nicht entschließen, «für das ihr zugefügte Unrecht Rechenschaft zu fordern»;

sie zog sich auf ihre Privatgüter zurück und entschied sich bald danach, der Welt zu entsagen – «der zeitlichen Trübsale überdrüssig und durch ihr Mißgeschick belehrt, wie rasend schnell das Gras irdischen Ruhms verdorrt».

Heinrich hat das Kaiserswerther Ereignis nie vergessen: Anno ist für ihn Zeit seines Lebens der Böse schlechthin geblieben. Aber diese Entführung war nicht die einzige bedrückende Begebenheit in seinem jungen Leben. Auch der Streit im Goslarer Dom – als die Ritter des Bischofs von Hildesheim mit den bewaffneten Begleitern des Abts von Fulda einen blutigen Privatkrieg austrugen, ohne seine Gegenwart zur Kenntnis zu nehmen – hat einen tiefen Groll in ihm hinterlassen. Ebenso die vielzitierte Lütticher Episode: 1071 schleppten die Mönche von Stablo, um ihr von Anno konfisziertes Kloster Malmedy zurückzufordern, die Gebeine des heiligen Remaclus nach Lüttich und stellten sie, «durch eine göttliche Offenbarung ermächtigt», auf die Tafel, an der König Heinrich und Erzbischof Anno sich gerade zum mittäglichen Mahl niedergelassen hatten.

... und die «Ausplünderung des Reiches»

Die wenigen positiven Eindrücke in Heinrichs bewegter Jugend gehen auf den Erzbischof Adalbert von Bremen zurück, der zeitweise neben Anno, in einer Art von Duumvirat, Erzieher, Mentor und Vormund des heranwachsenden Herrschers war – im Gegensatz zu dem Kölner Metropoliten eine großzügige, schwungvolle Persönlichkeit.

Adalbert beherrschte damals ein kirchliches Imperium, das außer seinen deutschen Diözesen ganz Dänemark, Norwegen, Schweden, Island und Grönland umfaßte. Es scheint, daß er von einem «Papsttum des Nordens» träumte, einem deutsch-skandinavischen Patriarchat, als dessen künftige höchste und letzte Instanz sich der sächsische Grafensohn nur seinen jungen König vorstellen konnte. Schon früh hat er deshalb Heinrichs Gedanken auf den Erwerb der Kaiserkrone gerichtet. Von einem siegreichen Ungarnfeldzug heimgekehrt, versuchte er für das Jahr 1065 eine Romfahrt vorzubereiten, die seinem fünfzehnjährigen Zögling die Würde eines Imperators sichern sollte.

Adalberts Plan wurde jedoch von den «Kaiserswerthern» hintertrieben.

Ein Jahr später, auf dem Reichstag von Tribur, erzwangen sie sogar seine Verbannung vom Hof, mit fadenscheinigen Anschuldigungen, die nur notdürftig den Kern der Sache verbargen: daß der liebenswerte «Grandseigneur voller Charme, Betriebsamkeit und praktischer Klugheit» mehr als der engherzige Anno das Ohr des Königs hatte.

So verschiedenartig die beiden Erzieher Heinrichs waren – in einem

Punkt waren sie sich gleich: in der Aneignung königlichen Gutes (mit dem Unterschied allerdings, daß Adalbert unbekümmert verschwendete, wo Anno eisern sparte). Gemeinsam dezimierten sie den königlichen Besitz mit einer Vehemenz, die auf eine «förmliche Ausplünderung des Reiches» hinauslief. Elf stattliche Reichsabteien gingen damals in den Besitz der Kirche über, dazu eine Reihe großer Königshöfe. Der Kölner Erzbischof, ohnehin Hauptnutznießer der dem König abgezwungenen «Schenkungen», ließ sich seine entsagungsvolle Tätigkeit im Dienst der Krone außerdem mit dem neunten Teil aller königlichen Bareinnahmen entgelten.

Es ist verständlich, daß der junge Heinrich weder den Herzögen noch den Kirchenfürsten sonderlich gut gesonnen war, als er nach der 1065 in Worms vollzogenen Schwertleite mehr und mehr selbst das Amt des Herrschers übernahm; daß er bemüht war, die königliche Souveränität wiederherzustellen und die verlorengegangenen Reichsgüter wiedereinzubringen. Die Mittel, die er dabei anwandte, entsprachen den Erfahrungen, die ihm seine Erzieher vermittelt hatten. Das heißt: sie waren ebenso zynisch wie unbedacht und skrupellos.

Seine Wiederherstellungspolitik konzentrierte sich auf das störrische Sachsen und die gefährdeten Krondomänen am Harz und in Thüringen. Um seine Entschlossenheit darzutun, keinen Deut der königlichen Rechte herzugeben, ließ er ein System von Zwingburgen errichten, dessen Mittelpunkt die prächtig ausgestattete Harzburg war. Noch mehr als der Bau dieser festen Plätze empörte die Sachsen aber das Auftreten der darin stationierten schwäbisch-fränkischen Besatzungen und Verwaltungsbeamten, die im Eintreiben der verordneten Steuern und Abgaben keine Nachsicht übten.

Die Opposition gegen diesen ungehemmten Fiskalismus scharte sich um den am Harz reich begüterten Bayernherzog Otto von Northeim zusammen, den Heinrich wegen seiner Teilnahme an der Kaiserswerther Entführung sowieso mit einem wilden Haß verfolgte. Um ihn zur Strecke zu bringen, ließ er ihn wegen geplanten Königsmordes unter Anklage stellen (wobei er sich wahrscheinlich bezahlter Zeugen bediente) und nahm ihm das Herzogtum Bayern – mit dem Erfolg, daß nun ganz Sachsen, geführt von dem Northeimer, gegen den König rebellierte. Auf der Harzburg eingeschlossen, konnte sich Heinrich nur durch eine Nacht- und Nebelflucht vor der Wut der sächsischen Ritter und Bauern retten.

Kurz vor dem Weihnachtsfest des Jahres 1073 erreichte er, schwer erkrankt, in der Nähe von Ladenburg den Rhein, wo er die bestürzende Nachricht empfing, daß die Erzbischöfe von Mainz und Köln bereits über seine Ablösung berieten.

Hauptquartier und Schutzwehr der Krone

Das war die Stunde von Worms. Was jetzt geschah, hatte es in der Geschichte des Reiches noch nicht gegeben. Zum erstenmal wurden die Bürger einer deutschen Stadt politisch aktiv – zum erstenmal griffen sie in die Auseinandersetzungen der Großen ein.

Lampert von Hersfeld hat uns auch darüber genau informiert: Heinrich wurde «von den Bürgern mit großem Gepränge in die Stadt eingeholt; diese hatten, um ihre Parteinahme für ihn noch deutlicher zu beweisen, kurz vorher die Kriegsmannen des Bischofs, die seinen Einzug verhindern wollten, aus der Stadt gejagt, und sie hätten den Bischof selber gefangengenommen und in Ketten ausgeliefert, hätte er nicht in eiliger Flucht die Stadt verlassen».

«Beim Herannahen des Königs also zogen sie ihm bewaffnet und gerüstet entgegen, nicht um Gewalt zu brauchen, sondern damit er beim Anblick ihrer Menge, ihrer Rüstung, der großen Zahl kampfbereiter junger Männer in seiner Not erkenne, wie große Hoffnung er auf sie setzen könne. Bereitwillig gelobten sie ihm Beistand, schworen ihm Treue, erboten sich, jeder nach besten Kräften aus seinem Vermögen zu den Kosten der Kriegsführung beizutragen, und versicherten ihm, Zeit ihres Lebens treu ergeben für seine Ehre kämpfen zu wollen.»

«So hatte nun der König eine sehr stark befestigte Stadt in Händen, und sie war seitdem sein Hauptquartier, sie war die Schutzwehr seines Thrones, sie war für ihn, wie auch die Entscheidung fallen würde, ein sicherer Zufluchtsort, denn sie war volkreich, sie war wegen der Stärke ihrer Mauern uneinnehmbar, sie war infolge der Fruchtbarkeit der Umgebung außerordentlich reich und aufs beste mit allen für einen Krieg notwendigen Vorräten versehen.»

Das klingt sehr schön und recht erbaulich – als wenn die Wormser Bürger ihrem König nur aus purer Liebe und Begeisterung Hilfe, Schutz und Unterkunft gewährt hätten. Aber gar so selbstlos waren sie nicht. Als tüchtige Handelsleute ließen sie sich ihre Parteinahme bezahlen. Am 18. Januar 1074 unterschrieb Heinrich IV. eine Urkunde über Zollprivilegien, die im Wormser Stadtarchiv bis heute wie ein Kronjuwel gehütet wird. Die feierliche Präambel, die den Sonderrang der Stadt Worms im Mittelalter begründete, hat geradezu den Charakter einer Ordensurkunde.

«Der königlichen Macht und Gnade», so heißt es da, «geziemt es, treuen Dienst mit Wohltaten zu belohnen, auf daß die Diensteifrigen zu ihrer Freude sehen, daß sie auch in der Belohnung ihrer Dienste ausgezeichnet werden. Unter diesen habe ich aber die Bewohner der Stadt Worms der größten, ganz besonderen Ehre für würdig gehalten, ja, würdiger als die Bewohner aller anderen Städte. Denn ich habe gesehen, daß sie in der größten Gefahr des Reiches mit der größten, herrlichsten Treue bei mir ausgeharrt haben ... während alle Fürsten mir die Treue gebrochen hatten und gegen mich im Aufstand waren ... Als andere Städte bei meiner Annäherung sogar ihre Tore schlossen ... hat Worms allein mit der Zustimmung aller seiner Bürger und unter Einsatz aller seiner Waffen mich aufgenommen. Mögen daher die Wormser, die in ihrer Dienstleistung die allerersten waren, auch im Empfang ihrer Belohnung die ersten sein.»

Die Belohnung, die sie empfingen, war tatsächlich eines Königs würdig. Abgabenfreiheit an den kaiserlichen Zollstätten Frankfurt, Boppard, Hammerstein, Dortmund, Goslar und Engers bedeutete für die Wormser Kaufleute einen unbezahlbaren Vorsprung gegenüber der Konkurrenz, bedeutete: billigeren Einkauf, höhere Umsätze, mehr Geld.

Auch für Heinrich zahlte sich der Handel aus. Der Aufenthalt in Worms verschaffte ihm die Atempause, die er dringend benötigte. Fürsten und Bischöfe waren verwirrt. Die «bürgerliche Karte», die Heinrich urplötzlich gezogen hatte, bewies ihnen, daß unbemerkt eine neue Macht herangewachsen war – und daß der König mit Hilfe dieser Macht auch ohne ihre Unterstützung weiteragieren konnte. Nachdem sie kurz zuvor noch entschlossen gewesen waren, Heinrich abzuwählen, zögerten sie nun und ergingen sich in nutzlosen Diskussionen.

Heinrich aber handelte. Mit einem kleinen Heer, das wesentlich schwächer war als das der Sachsen, zog er dem Gegner entgegen, verlegte sich aufs Verhandeln, versprach das Blaue vom Himmel, gewährte den Rebellen Straflosigkeit und schloß schließlich einen Vergleich, in dem er sich mit der Schleifung seiner Zwingburgen einverstanden erklärte.

Es war ein mehr als fauler Frieden – aber schon kurze Zeit später hatte sich die Situation gewandelt. Beim Niederreißen der Harzburg brachen die sächsischen Demontagetrupps die Gräber von Heinrichs Verwandten auf, steckten die Kirche an und schändeten die Reliquien – ein unerhörter Frevel, der dem König die Chance gab, überall im Reich die Empörung gegen die räuberischen Sachsen zu schüren.

Ein Jahr später brachte er, von der Welle dieser Empörung emporgetragen, ein stattliches Heer zusammen, mit dem er die Sachsen bei Homburg an der Unstrut vernichtend schlug. Kurz darauf unterwarfen sie sich.

Schon der Verlauf des ersten der vielen Kriege, die Heinrich IV. zu bestehen hatte, zeigt diesen König – die komplizierteste, problematischste und daher auch umstrittenste Herrscherfigur des deutschen Mittelalters – in seiner ganzen Widersprüchlichkeit, seiner ganzen schil-

Der König, der 62 Schlachten schlug

lernden Verve. Bereits die Zeitgenossen hat die Erscheinung des dritten Saliers mit fassungslosem Staunen erfüllt. Der bannenden Wirkung, die von ihm ausgegangen sein muß, entspricht die Heftigkeit der Ablehnung, mit der man ihm begegnete, und die Leidenschaft der Verehrung, die man ihm entgegenbrachte.

Lampert von Hersfeld und der sächsische Mönch Bruno haben ihn erbarmungslos verdammt und als eine Ausgeburt der Hölle beschrieben. Bei Lampert – dessen Wahrheitsliebe mit der Glätte und Anschaulichkeit seines Stils allerdings nur selten korrespondiert – erscheint er zum Beispiel als ein an alle Laster dieser Welt verlorener Tyrann, als ein launischer Bösewicht voller Willkür und Grausamkeit. Der in barocken Bildern schwelgende Bruno vergleicht ihn «einem zügellosen Pferd auf der abschüssigen Bahn des Frevels», schildert über Seiten hinweg die Amouren des jungen Königs, um damit darzutun, daß er sich im «Dornengestrüpp der Lüste» am wohlsten fühlte, behauptet, daß er ständig zwei oder drei Kebsweiber gehabt und trotzdem jeder hübschen Larve nachgestellt habe, und berichtet mit Behagen, daß der junge Tunichtgut einmal von seiner eigenen Gemahlin höchst verdiente Prügel empfangen habe.

Eines Tages, so erzählt er, gebot Heinrich einem seiner Kumpane, sich um die Gunst der vernachlässigten Königin zu bewerben, in der Absicht, sie bei einem eheschänderischen Rendezvous zu ertappen und dann zu verstoßen. Die mädchenhafte Königin – Berta von Savoyen, der Heinrich bereits im Alter von fünf Jahren verlobt worden war – durchschaute den schnöden Plan, ging aber zum Schein auf ihn ein und ließ dem falschen Galan bestellen, daß sie bereit sei, ihn in ihrer Kemenate zu empfangen.

«Jener meldete es freudig dem König und gab ihm die Stunde an, die zur Ausführung bestimmt war. Hocherfreut ging der König mit dem Ehebrecher zum Schlafgemach der Königin, um Zeuge des Ehebruchs zu sein... Als der Ehebrecher an die Tür der Königin klopfte und diese rasch öffnete, fürchtete der König, ausgeschlossen zu werden ... und drängte sich durch die Tür. Die Königin erkannte ihn, schloß schnell die Tür, so daß der Ehebrecher draußen blieb, rief ihre Frauen zusammen und zerschlug ihn mit den Waffen, die sie zu diesem Zweck bereitgelegt hatte, nämlich mit Schemeln und Stöcken dermaßen, daß er halbtot liegen blieb... Schließlich warf sie ihn, fast bis auf den Tod zerschlagen, aus ihrem Gemach, verschloß die Tür und ging zu Bett...»

«Er aber wagte niemandem zu verraten, was ihm widerfahren war, vielmehr schützte er eine andere Krankheit vor und hütete fast einen ganzen Monat das Bett. Als er sich aber erholt hatte, ließ er trotz dieser scharfen Züchtigung nicht von seinem Sündenleben ab.»

Die Geschichte ist zu schön, um wahr zu sein. Immerhin dürfte feststehen, daß der junge Herrscher ein Freund der Frauen war, ein königlicher Playboy, wie man heute sagen würde, und daß er in dieser Hinsicht in seinem Freund und Mentor Adalbert von Bremen einen großzügigen und milden Erzieher hatte. Nach Brunos Darstellung pflegte der Erzbischof zu sagen, es sei töricht, die Begierden der Jugend nicht zu befriedigen.

Aber nicht nur seine Gegner, auch Heinrichs Freunde und Parteigänger hatten manches an ihrem König auszusetzen. Sie fürchteten seinen verletzenden Zynismus und sein schäumendes Temperament, das ihn oft über das Ziel hinausschießen ließ. Sie beklagten sein Ungestüm und seine Zügellosigkeit, am meisten aber seine Unfähigkeit, die Grenzen seiner Macht zu begreifen und die Reaktionen seine Feinde vorauszuberechnen – was ihm auch im Sachsenkrieg sehr geschadet hat.

Andererseits ließ schon dieser erste Waffengang einige respektable Eigenschaften Heinrichs deutlich hervortreten: seinen persönlichen Mut, seine Verschlagenheit, sein Gespür für kommende Entwicklungen (wenn er etwa die «Bürger und Pfeffersäcke» als aktives Element der Politik entdeckte) – und jene Art von Zähigkeit und Beharrlichkeit, die ihn während seines lebenslänglichen Zweifrontenkampfes gegen die Macht der Fürsten und der Kirche nicht verlassen hat.

Heinrich IV., der seiner Natur und Bildung nach alles andere als ein Soldat war, hat fast sein ganzes Leben im Kriege verbracht und (nach der Feststellung eines englischen Chronisten) 62 Schlachten geschlagen, Schlachten, die er keineswegs alle gewann. Ging er auch nicht aus jeder Niederlage gestärkt hervor, so gelang es ihm doch fast immer, den festgefahrenen Karren wieder flottzumachen. Es ist bekannt, daß er dabei auch persönliche Demütigungen auf sich nahm; nie aber hat er ein einziges seiner königlichen Rechte preisgegeben.

Der unbekannte Verfasser seiner *Vita* – der des Königs Leben in Gestalt einer ergreifenden Totenklage vorüberziehen läßt: ein einmaliges literarisches Unternehmen im Mittelalter – weiß auch sonst mancherlei Lobenswertes über ihn zu berichten. Er spricht von seiner hohen Geisteskraft und Einsicht, dem Talent, verschlungene Knoten rasch zu lösen, und der Gabe, ohne Umwege zum Kern einer Sache vorzudringen: lauter Eigenschaften, die er im Lauf seines unruhigen Lebens genugsam bewiesen hat. So wird man dem unbekannten (wahrscheinlich in Regensburg beheimateten) Verfasser auch glauben dürfen, daß der König «gleichsam wie mit Luchsaugen sah, ob einer im Herzen Haß oder Liebe zu ihm trug», und daß er im Kreise der Fürsten alle überragte.

Heinrich verdankte diese Überlegenheit nicht zuletzt seiner guten Bildung. Er sprach fließend Latein, las, lernte und disputierte gern und verstand sich auf die Kunst der effektvollen Rede; und überhaupt: auf die Kunst, Anhänger durch Meinungsmache zu gewinnen. Kein deutscher Kaiser des Mittelalters hat beispielsweise mehr Briefe geschrieben, um seinen jeweiligen Standpunkt zu begründen und zu erläutern. Doch interessierten ihn auch wissenschaftliche und theologische Probleme, ebenso Dichtung und Musik. Und daß er ein Herz für die Königin aller damaligen Künste hatte, die Baukunst, beweist bis heute der «ans Wunderbare grenzende Dom» von Speyer, der, wie bekannt, unter seiner Ägide entstand.

Aber noch einmal: welch problematische Natur! Welch widersprüchliches Wesen! Welch merkwürdig-phosphoreszierendes, fraglos auch zum Bösen tendierendes Temperament! Welch ungehemmte Neigung zu Zorn- und Trotzaktionen!

Man braucht kein Tiefenpsychologe zu sein, um in solchen Reaktionen die Spätfolgen seiner vergewaltigten Kindheit wiederzuerkennen. Die bösen Erfahrungen seiner Jugend haben ein Leben lang in ihm nachgewirkt. Seit dem Tag von Kaiserswerth trug er einen Panzer wachsamen Mißtrauens. Zynismus und Bitterkeit wurden ihm zur zweiten Natur, und die Kunst des Verstellens übte er mit der gleichen moralischen Unbekümmertheit wie brutale Hinterlist oder faustdicke Lügen. Auch in der Technik des Fintierens und Hakenschlagens, des geschmeidigen Verhandelns und überraschenden Zuschlagens, war er allen Zeitgenossen überlegen – nur daß er alle diese Taktiken mit einer Unbedenklichkeit handhabte, daß ihm schließlich niemand mehr über den Weg traute; daß er seine Reputation vollständig verspielte; und daß er es «mit Gott und der Welt» verdarb.

Man wird also das Maß seiner persönlichen Schuld nicht zu gering bemessen dürfen, wenn er sich in einen lebenslangen Zweifrontenkrieg verstrickte; wenn er immer wieder am Abgrund stand, wenn er am Ende seines Lebens sogar von seinem eigenen Sohn verfemt und eingesperrt wurde.

Eines aber haben ihm selbst seine gehässigsten Gegner nie abgesprochen: seine Majestät und die nicht zu leugnende Tatsache, daß er – ein deutscher Richard II., der «nur seinen Shakespeare nie gefunden hat» – seine wahre Größe erst im Unglück bewies. Selbst Lampert von Hersfeld hat ihm seine Würde bestätigt. «Jener Mann, als Herrscher geboren und auferzogen, trug, wie es so hoher Abkunft . . . geziemte, bei allen Mißgeschicken stets einen königlichen Sinn. Er wollte lieber sterben als unterliegen.»

Und Canossa? Stand er nicht frierend und bettelnd, barfuß und im

Büßerhemd vor den Toren der oberitalienischen Felsenburg, um die Befreiung vom päpstlichen Bann zu erwirken?

Der kleine, schmächtige, bleiche Mann, vor dem Heinrich IV., — *Der heilige Satan* wie alle Salier groß und kräftig gewachsen — am 27. Januar 1077 demütig niederkniete, war 1073, nach dem Tod Alexanders II. «wie durch göttliche Eingebung», das heißt: durch öffentliche Akklamation, zum Papst erhoben worden. Er nannte sich Gregor VII. und gilt bis heute als der größte aller Apostelfürsten.

In Soana, nördlich von Rom, als Sohn eines Schmiedes oder Ziegenhirten geboren, ist er uns als jener Mönch Hildebrand zum erstenmal begegnet, der 1047, nach der Synode von Sutri, Papst Gregor VI. in die Verbannung nach Köln folgte. Von dort ging er ein Jahr später zu den Reformern nach Cluny, deren Gedankengut er tief in sich aufnahm, kehrte aber bereits 1049 nach Rom zurück, wo er in der Kurienhierarchie schnell zum Archidiakon aufstieg und, unheimlich klug, gewandt und aktiv, aus der Kulisse heraus die päpstliche Politik dirigierte. Nachdem er 1054 die endgültige Trennung von der byzantinischen Kirche durchgesetzt hatte, begann er nach dem Tod Heinrichs III. mit eiserner Konsequenz, die römische Kirche als letztinstanzliche Macht dieser Welt zu etablieren:

1056 begründete er in Mailand die gegen den kaisertreuen Episkopat gerichtete Reformbewegung der Patarener — nach dem Lumpensammlerviertel Pataria genannt;
1057 ließ er den Kardinal Friedrich als Stephan IX. zum Papst ernennen, ohne die regierende Kaiserinwitwe Agnes zu verständigen;
1058 setzte er Papst Nikolaus II. eine zweifache Tiara auf, als Zeichen der Herrschaft über Himmel und Erde;
1059 erließ er ein neues Papstwahldekret, in dem er die traditionellen Rechte der deutschen Herrscher mit keinem Wort erwähnte;
1061 erhob er mit normannischer Waffenhilfe Alexander II. zum Apostelfürsten und setzte erstmalig in der Geschichte des Papsttums den kaiserlichen Gegenkandidaten matt — wobei Erzbischof Anno von Köln ihm schließlich sogar assistierte.
Schon damals war er der eigentliche Gebieter des Lateran, wie ein ironischer Zweizeiler des Petrus Damiani beweist:
Willst du leben in Rom, so bekenne mit schallender Stimme:
Mehr noch als den Herrn Papst, ehr' ich den Herrn überm Papst.
Von Petrus Damiani stammt auch die Kurzformel, die keine Gregor-Biographie unterschlägt: das Wort vom heiligen Satan. Und fraglos

waren eine tiefe, asketische Frömmigkeit und ein ungehemmter, durchaus diabolischer Machttrieb die Elementarkräfte seines Wesens. Gregor glaubte fest an seine Sündhaftigkeit und menschliche Unzulänglichkeit, fühlte sich aber als Beauftragter Gottes und leitete daraus einen aller irdischen Gewalt übergeordneten Souveränitätsanspruch ab – womit er weit über die Thesen der burgundisch-lothringischen Reformer hinausgriff.

Ein geborener Herrscher «von mystischen Antrieben, kühner Folgerichtigkeit und dämonisch-stürmischem Temperament», war er fest davon überzeugt, daß die ihm anvertraute Kirche eine Gottesschöpfung, der Staat aber – gleich welcher Art – Teufelswerk sei, und so verfolgte er das Ziel einer totalen Weltherrschaft der Kirche mit der Leidenschaft, Verbissenheit und kalten Glut eines Robespierre – einer jener Weltverbesserer, die selbst zum Scheitern verurteilt sind, mit der Kraft ihres Geistes aber Leitbilder schaffen, die weit über ihre Zeit hinauswirken.

Massivster und kompaktester Ausdruck dieses kirchlichen Führungsanspruchs sind die 27 Leitsätze des *Dictatus papae*, die er 1075, zunächst nur für den Hausgebrauch, seinem heute noch vorhandenen Briefbuch anvertraute – 27 Leitsätze von extremer Vermessenheit und höchster geistiger Brisanz, die jeglichen Widerspruch gleichsam unter das Gesetz des Fallbeils stellten. Die wichtigsten lauteten:

1. Die römische Kirche ist von Gott gegründet.
2. Nur der römische Oberpriester heißt mit Recht ökumenisch.
3. Nur er allein kann Bischöfe absetzen oder begnadigen.
4. Sein Botschafter geht allen Bischöfen auf dem Konzil voran, auch wenn er einen niedereren Weihegrad hat als sie.
5. Der Papst kann Abwesende absetzen.
9. Des Papstes Füße sollen alle Fürsten küssen.
11. Papst ist ein einzigartiger Name in der Welt.
12. Er darf Kaiser absetzen.
18. Seine Urteile darf niemand aufheben; er allein darf die aller anfechten.
19. Niemand darf ihn richten.
22. Die römische Kirche hat nie geirrt und wird nach dem Zeugnis der Bibel nie irren.
25. Der Papst braucht keine Synode, um Bischöfe zu richten.
26. Katholisch ist nicht, wer nicht einig geht mit der römischen Kirche.
27. Von Gehorsam gegen den Ungerechten kann der Papst die Untertanen lossprechen.

Die Aufgabe, die überkommenen Rechte des Reiches gegen diese Forderungen zu verteidigen, fiel Heinrich IV. zu: einem jungen Herrn von fünfundzwanzig Jahren, unreif, unerfahren, unbedacht, in mancherlei Zwiste verstrickt, von Feinden und Neidern umstellt.

Es war also von vornherein eine recht ungleiche Partei, dieser Kampf zwischen Papst und König, der unmittelbar nach dem Sachsenkrieg begann.

Triumph und Tränen in Canossa

Eigentlich hatte er längst begonnen. Beide Parteien standen sich bereits voller Zorn gegenüber und suchten sich zu schaden, wo sie konnten. Allerdings hatte Heinrich auf Gregors ständige Mahnungen 1073 mit einem sehr devoten Unterwerfungsschreiben geantwortet, doch da hatte ihm die Ungewißheit über den Ausgang des sächsischen Feldzugs die Feder geführt.

Nun, da er der Meinung war, seine Macht im Innern gefestigt zu haben, empfing er (in Goslar) erneut einen Brief Gregors mit bitteren Vorwürfen über seinen Lebenswandel, mit Klagen über mangelnden Gehorsam, mit der Forderung, sich von seinen falschen (schon gebannten) Ratgebern zu trennen und ernsthafte Buße zu tun, und was dergleichen Wünsche und Beschwörungen mehr waren. Das Finale des päpstlichen Sendschreibens bildete ein regelrechtes Ultimatum: daß er, der König, sich innerhalb von drei Monaten «für oder gegen Christus» zu entscheiden habe.

Heinrich berief daraufhin eine Reichsversammlung nach Worms, das sich noch immer in seiner Hand befand – eine Versammlung, die «nach altem Brauch Reichstag und Konzil in einem» war. Es hätte ihn zwar bedenklich stimmen müssen, daß die süddeutschen Herzöge fehlten und auch die übrigen weltlichen Fürsten sich geflissentlich im Hintergrund hielten, doch scheint ihn das im Vollgefühl des eben errungenen Sieges wenig bekümmert zu haben. Immerhin waren die 26 anwesenden Bischöfe mit ihm der Meinung, daß man nun lange genug die übellaunigen Ermahnungen Gregors erduldet habe und daß es angebracht sei, ihn abzusetzen.

Ergebnis der gemeinsamen Beratungen waren zwei Briefe an den gemeinsamen Feind, der eine vom König, der andere von den 26 Bischöfen unterzeichnet; beide offenbar im Zustand höchster Erregung abgefaßt und daher alles andere als diplomatisch, beide mit Invektiven und Verbalinjurien gespickt, beide nicht an den Heiligen Vater, sondern an den Mönch Hildebrand gerichtet, dem Heinrich befahl, von seinem Stuhl herabzusteigen, während die Bischöfe sich damit begnügten, ihm den Gehorsam aufzukündigen und gewissermaßen amtlich mitzuteilen, daß er nicht mehr als Papst betrachtet werde.

Die von zwei Bischöfen, Huzmann von Speyer und Burkhard von Basel, überbrachten Noten riefen eine Gegendeklaration von höchstem politisch-publizistischen Raffinement hervor. In einem Gebet an die Apostelfürsten Petrus und Paulus, einer Kundgebung von unerhörter Sprachkraft, untersagte Gregor dem König «die Lenkung des Reiches der Deutschen und Italiens» und löste «alle Christen von dem Eide, den sie ihm geleistet» hatten. Außerdem schlug er den König «in die Fesseln des Anathemas» – des Kirchenbanns.

Papst Gregors Fluch blieb zunächst ohne sichtbare Wirkung. Der Propagandakrieg ging weiter. Heinrich erklärte den Heiligen Vater für exkommuniziert und verbreitete eine erweiterte Fassung seines Absetzungsbriefes. Aber schon als er zu Pfingsten 1076 – wieder in Worms – eine zweite Reichsversammlung abhielt, begann die Front des Königs zu bröckeln. Die Beschickung war noch dürftiger als im Januar, ebenso das Ergebnis, das lediglich aus einigen volltönenden, aber nichtssagenden Entschließungen bestand.

Dann aber zeigten sich die ersten Fernwirkungen. Aus der glimmenden Asche des Sachsenaufstandes züngelten wieder Flammen. Die Geiseln konnten entfliehen. Otto von Northeim vergaß seine Schwüre und schürte die Empörung kräftig an. Zwischen den Herzögen von Schwaben, Bayern und Kärnten ritten Kuriere hin und her. Und Gregor schickte Sondergesandte, die in beredten Worten die Vorteile einer gemeinsamen Handlungsbasis gegen den unchristlichen König schilderten... Kurzum: die Schlinge schloß sich, langsam aber sicher.

Mitte Oktober erreichte das Drama seinen ersten Höhepunkt. Die Herzöge beriefen eine Versammlung nach Tribur, zu der auch zwei päpstliche Legaten erschienen. Heinrich zog ihnen mit seinem Anhang entgegen, biwakierte auf dem linken Rheinufer bei Oppenheim und verlegte sich aufs Feilschen. Doch merkte er sehr bald, daß die stärkeren Bataillone auf der Gegenseite standen. Als auch seine «Wormser» Bischöfe, wahrscheinlich nach vorheriger Seelenmassage durch die päpstlichen Gesandten, überliefen oder zur Mäßigung rieten, mußte der König einsehen, daß er das Spiel zunächst verloren hatte.

«Von Schmerz fast entseelt», unterzeichnete er ein Dokument, das ihm eine Gnadenfrist von vier Monaten zur Lösung vom Bann gewährte – andernfalls sollte sein Anspruch auf die Krone verwirkt sein.

Das war fast eine Kapitulationsurkunde, denn da die Herzöge im selben Atemzug den Papst einluden, am 2. Februar 1077, zur Feier von Mariä Lichtmeß, über den ungeratenen König in Augsburg zu Gericht zu sitzen, und gleichzeitig die Pässe sperrten, um jegliche Fühlungnahme zwischen Gregor und Heinrich zu verhindern, war das Urteil so gut wie gesprochen.

Der König setzte sich nach Speyer ab, wo er, verlassen und verfemt, einige Wochen wie ein Büßer lebte. Kurz vor Weihnachten brach er plötzlich auf, mit Frau und Kind und geringem Gefolge, traf einigermaßen kläglich in Genf ein, wo ihn die burgundischen Verwandten seiner Gemahlin «mit würdigem Geleit und seinem Rang entsprechenden Mitteln» ausstatteten, und überquerte mitten im Winter die Alpen.

Ein unglaubliches Bravourstück – kletternd und kriechend bezwang der gebannte König mit seiner Begleitung den tief verschneiten Mont Cenis, wobei man die Königin und ihre Frauen «auf Rindshäuten sitzend» über die Schneefelder zog. In Italien mit Jubel empfangen, sammelte er ein kleines Heer und erschien am 25. Januar vor der Burg Canossa, in der sich Gregor, schon auf dem Weg nach Augsburg, vor dem näher rückenden König verschanzt hatte.

Heinrich zog den sicheren Sühnegang jedoch einer ungewissen militärischen Entscheidung vor. So erschien er an drei aufeinanderfolgenden Tagen am Tor der inneren Burgmauer von Canossa, barfuß und nüchtern, mit einem härenen Wollmantel bekleidet, ohne alle Abzeichen der königlichen Würde, und bat um Vergebung seiner Sünden – wie es das geltende Bußprotokoll befahl.

Gleichzeitig ließ er verhandeln. Es dauerte tagelang, bis die Bevollmächtigten von Papst und König eine für beide akzeptable Formel gefunden hatten. Heinrich gelobte Besserung und versprach, was man von ihm verlangte. In einem Punkt aber blieb er hart: das Grundprinzip seiner Herrschaft – die These, daß die Macht des Königs, ebenso wie die des Papstes, unmittelbar von Gott stamme – ging unangetastet (oder jedenfalls: beinahe unangetastet) aus dem Ringen um den Wortlaut des Versöhnungsschwurs hervor.

«In dem Eid, den er dem Papst zu leisten hatte, ließ Heinrich kein Wort über seine Absetzung zu, weder über die vom Papste her ausgesprochene noch über die von den Fürsten her drohende.» Allenfalls kann man sagen, daß sie (wie es bei Wolfram von den Steinen heißt) durch die Vielzahl vieldeutiger Worte «hindurchschimmerte».

Nach der Eidesleistung erfolgte die offizielle Versöhnung: ein feierlich-zeremoniöser Akt, den schon die zeitgenössischen Chronisten als ein unerhörtes Spectaculum empfunden haben. Weinend warf sich Heinrich dem Heiligen Vater zu Füßen, der selbst Tränen der Ergriffenheit (oder des Triumphes) vergoß. Beichte, Abendmahl und Friedenskuß – Heinrich war wieder König. Wenn auch nur «auf Bewährung». Denn die endgültige Entscheidung hatte sich Gregor für den

Augsburger Reichstag vorbehalten, wo er als Schiedsrichter aufzutreten gedachte, um damit die Herrschaft der Kirche über jegliche irdische Macht vor aller Welt sichtbar zu demonstrieren. Doch dazu ist es nie gekommen. Im Gegenteil – acht Jahre später war Gregor VII., dieser unbedingteste und konsequenteste Vertreter der päpstlichen Souveränität, ein geschlagener Mann, besiegt und verjagt von demselben König, der in Canossa zu seinen Füßen gelegen hatte.

Gregors Ende   Heinrich, von Bann und Fluch des Papstes befreit, fand bei seiner Rückkehr nach Deutschland seine Gegner zwar in großer Verwirrung vor, doch hatten sie sechs Wochen nach Canossa – im März 1077 in Forchheim – ein Gesetz gegen das monarchische Erbrecht erlassen und sich gleichzeitig auf einen Gegenkönig geeinigt: den frommen, der Kurie ergebenen Rudolf von Rheinfelden.

Heinrich nahm den Kampf unverzüglich auf, unterstützt von der Mehrzahl der deutschen Bischöfe und den Bürgern der Städte, deren geistliche Hirten auf der anderen Seite standen, und gewann und verlor viele Schlachten, während der unsicher gewordene Apostelfürst noch immer auf das große Schiedsgericht hoffte und deshalb davon absah, «seinem» Gegenkönig Rudolf von Schwaben den päpstlichen Segen zu spenden. Gregor lavierte vielmehr zwischen den streitenden Parteien und verdarb es auf diese Weise mit beiden Lagern.

So vermerkt der Mönch Bruno für das Jahr 1079 nur, daß es verging, «ohne daß etwas Bemerkenswertes geschah, außer daß apostolische Legaten ... bald uns, bald unseren Feinden die Gunst des Papstes versprachen und nach römischer Sitte von beiden Seiten soviel Geld mit sich fortnahmen, wie sie zusammenbringen konnten» – eine lakonische, aber vielsagende Marginalie.

Erst als der sonst recht unglücklich operierende Rudolf von Schwaben im Januar 1080 bei Flarchheim im Kreise Langensalza eine große Schlacht gewann, glaubte der Papst den Termin für ein augenfälliges Votum gekommen. Am 7. März richtete er, wie schon einmal, ein flehentliches Gebet an die Apostel Petrus und Paulus, schloß König Heinrich erneut «wegen Hochmut, Ungehorsam und Falschheit» aus der Kirche aus und «schenkte und gewährte» dessen Gegenspieler Rudolf die Herrschaft über Deutschland und Italien.

Doch die Waffen seines Zorns waren schartig und stumpf geworden. Die Heiligen leisteten keine Hilfe, Gregors Bannstrahl zündete nicht mehr. Unbehelligt und ohne Hast konnte Heinrich seine Gegenmaßnahmen treffen. Im Mai ließ er durch neunzehn deutsche Bischöfe in Mainz das Haupt der römischen Kirche verfluchen. Einen Monat später, in Brixen, traten die Oberhirten Italiens der Deklaration bei.

Gleichzeitig ernannte er, unter Hinweis auf seine verbrieften Rechte als Patricius der Ewigen Stadt, den Erzbischof Wibert von Ravenna zum Gegenpapst.

Dann kam ihm das Schicksal zu Hilfe. Heinrich verlor zwar auch die nächste Schlacht gegen seinen Widersacher, am 15. Oktober 1080 bei Merseburg, doch büßte Rudolf von Rheinfelden im Gefecht seine rechte Hand, die Schwurhand, ein und starb drei Tage später an dieser Verwundung – für das symbolgläubige Mittelalter ein klares Gottesurteil. Damit war die innere Fronde führungslos geworden. Heinrichs Hände waren frei für die Auseinandersetzung mit dem päpstlichen Stuhl. Er konnte den Bürgerkrieg seinen Anhängern überlassen und den längst fällig gewordenen Marsch nach Rom antreten.

Im März 1081, ein Jahr nach der zweiten Apostelbeschwörung, schloß er Gregor in der Ewigen Stadt ein – zunächst vergeblich. Denn er mußte nach einiger Zeit vor den aus Süditalien heranrückenden Normannen in die Lombardei zurückweichen. Dreimal in drei Jahren wiederholte sich dieser Vorgang. Der König zernierte die von Gregor hartnäckig verteidigte Stadt, verheerte die Umgebung und zog wieder ab, eine Wüstenei zurücklassend.

Erst im Frühjahr 1084 fand er das geeignete Mittel, Rom zur Übergabe zu bewegen. Subsidien des byzantinischen Kaisers Alexios erlaubten ihm, die Öffnung der Tore und einen festlichen Empfang zu erkaufen. Am Ostersonntag, dem Tag der Auferstehung des Herrn, ließ er sich durch Wibert von Ravenna (als Papst Clemens III. genannt) zum Kaiser krönen – unter den Augen seines Erzfeindes Gregor, der sich in der Engelsburg verschanzt hatte und die Krönungsprozession von den Zinnen des mächtigen Hadrian-Grabmals verfolgen konnte.

Heinrichs Glück währte zwar nur kurze Zeit, da die Normannen die Stadt erneut entsetzten. Doch auch die Scharen Robert Guiscards zogen sich bald zurück, nachdem sie schlimmer als die Vandalen gehaust, zahlreiche Kirchen und antike Bauten zerstört und Tausende von Römern als Sklaven entführt hatten. Gregor mußte seinen Befreiern folgen, um wenigstens das nackte Leben zu retten.

Ein Jahr später starb der Sieger von Canossa im Exil von Salerno; verfemt und verlassen, auf den Trümmern seines Lebenswerkes. Seine letzten resignierten, tief verzweifelten Worte vergißt kein Geschichtsbuch zu erwähnen: «Ich habe die Gerechtigkeit geliebt und die Unbill gehaßt, darum sterbe ich in der Verbannung.»

Der fast totale Sieg nach der fast totalen Niederlage verleiht der Auseinandersetzung zwischen Heinrich und Gregor eine außerordentliche Dramatik. Das Canossa-Schauspiel gehört deshalb zu den ge-

Vom Gottesstaat zum weltlichen Imperium

schichtlichen Ereignissen, an denen die Historiker – und auch die Dichter – regimenterweise ihre Federn gewetzt haben. Trotzdem ist die Zentralfrage, wer nun eigentlich der Sieger, wer der Unterlegene war, bis heute nicht beantwortet.

Als Bismarck zu Beginn des Kulturkampfes ankündigte, daß er «nicht nach Canossa gehen» werde, führte er das Wort Canossa als Synonym für den Machtanspruch der Kirche und im weiteren Sinne als Umschreibung einer schmerzlichen Demütigung in den Sprachgebrauch ein. Die Aktualisierung des Begriffs war sicherlich ein Grund mehr dafür, daß gerade in den Jahrzehnten nach Bismarck immer wieder versucht worden ist, Heinrichs Bußgang als Mittel diplomatischer Strategie darzustellen, seinen Kniefall also in einen politischen Erfolg umzumünzen: ein Unternehmen, das des Beifalls liberaler, antiklerikaler und nationalistischer Streiter immer sicher war.

Der polemisch stark gewürzte Versuch einer Korrektur des Canossa-Bildes ist letztlich ohne Wirkung geblieben, hat aber die Vielschichtigkeit des Problems aufgedeckt und gelehrt, daß die untergründig wirkenden Kräfte dieses Kampfes wichtiger waren als seine spannungsreiche Chronik.

Auch die Szene selbst hat an Schärfe und Tiefe gewonnen. Man weiß nun, daß die unselige Wormser Deklaration «an Hildebrand, den falschen Mönch», nicht nur dem hitzigen und unerfahrenen König anzulasten ist, sondern auch den Einflüsterungen papstfeindlicher Emigranten; daß Heinrich bis dahin allen Grund hatte, mit der Treue der Bischöfe und der Uneinigkeit der Reichsfürsten zu rechnen, daß der Gang der Ereignisse also nicht exakt vorauszuberechnen war; und weiter: daß der König bei den Verhandlungen von Tribur und Oppenheim durchaus eine aktive Rolle gespielt hat.

In einem Punkt sind sich die Historiker sogar verhältnismäßig einig geworden: der vierte Heinrich hat, als er die Aussichtslosigkeit seiner Lage begriff, durchaus konsequent und zielbewußt gehandelt. Während er völlige Unterwerfung heuchelte, bereitete er seinen Gegenzug bereits vor: den einzigen, der ihm noch blieb, der ihm nach Lage der Dinge allerdings auch hohe Erfolgschancen versprach. Denn wenn er sich dem Papst als reuiger Sünder näherte, so mußte ihm dieser die kirchliche Absolution erteilen. Da Gregor Priester war, konnte er nicht «Nein» sagen.

Das Ergebnis bestätigte, wie wir sahen, Heinrichs Erwartungen. Selbst Johannes Haller, der sonst nur wenige gute Worte für den König erübrigt, kommt zu dem Schluß, daß dieser «den Priester Gregor zu einem Schritt» nötigte, «den der Politiker Gregor hätte verweigern müssen»; daß also «in dem Spiel der Staatskunst, das in

Canossa gespielt wurde... Heinrich der Gewinner» war. Auch ausländische Historiker haben anerkannt, daß der junge König mit seinem Kniefall die verlorene Handlungsfreiheit zurückgewann und – so der Italiener Giorgio Falco – «mit einem Schlage den mühsam errichteten Bau der päpstlichen Politik» vernichtete.

Aber diese Aufrechnung von Erfolg und Mißerfolg wird der tieferen Bedeutung des (nach Delbrück) «völlig beispiellosen» Canossa-Dramas nicht gerecht. Es mag sein, daß der König selbst, als reiner Pragmatiker der Politik, seine persönliche Demütigung keineswegs als «Entwürdigung der *regio potestas*» aufgefaßt hat. Aber schon die Reaktion der Zeitgenossen verrät, daß sie die Bußübung von Canossa zutiefst erregt und bestürzt hat, weil sie damit die bestehende Weltordnung in Frage gestellt sahen.

Die deutschen Fürsten, «Heinrichs erbittertste und tückischste Feinde», beteuerten 1078 in einem Brief an Gregor, daß sie nur «mit Gefahr ihrer Seele» den König gezwungen hätten, des Papstes Füße zu küssen. Sechzig Jahre später spürte man die immer noch nachwirkende Betroffenheit, wenn Otto von Freising in seiner pessimistischen Chronik von den zwei Reichen bekennt, daß er immer und immer wieder in der Geschichte der römischen Könige und Kaiser lese, aber keinen einzigen finde, der wie Heinrich vom Papst exkommuniziert oder abgesetzt worden sei.

Daß mit dem Kniefall von Canossa – der taktisch als ein kluger Schachzug betrachtet werden kann – eine Umwertung aller Werte begann, ist auch die Meinung der meisten neueren Historiker. «Im tiefsten Kern war *Canossa als Symbol* nicht ein bloßes Faktum des Investiturstreites, sondern die Markierung einer *Schicksalswende des Mittelalters und des Abendlandes;* aus der Pragmatik des chronologisch begrenzten Kampfes herausgenommen, erhebt sich Canossa wie eine Kammscheide, von der aus die Geschicke der christlich-abendländischen Welt unaufhaltsam nach einer neuen Richtung fluten.» (Mayer-Pfannholz)

Mit andern Worten: in Canossa zerbrach die für heutige Menschen unbegreifliche, im Mittelalter aber als durchaus natürlich empfundene Ordnung, in der auch den Herrscher die Aura einer religiösen Sendung, der Strahlenglanz einer priesterlichen Aufgabe umgab, sein Reich also ein Gottesreich war – oder jedenfalls die Vorstufe einer künftigen *civitas dei* – und somit sakralen Charakter hatte. In Canossa wurde dieses Reich seiner metaphysischen Würde und damit seiner Sonderstellung unter den Staaten Europas entkleidet. Die *regia potestas* wurde in den Raum der praktischen Machtausübung zurückgedrängt – ein Vorgang, dessen Tragweite der damals 27 Jahre alte Heinrich wahrscheinlich nicht begriffen hat.

Aber auch Gregor hat in diesem Streit – der mit dem Wort Investiturstreit recht unzulänglich gekennzeichnet wird – wie ein Verblendeter gehandelt, berauscht von der Macht, die ihm durch eine einmalige Konstellation zugefallen war.

Er begnügte sich nicht damit, den König in seine Schranken zu verweisen und die Rolle der Kirche als alleinige Repräsentanz Gottes auf Erden sichtbar zu machen; es ging ihm nicht allein darum, die Positionen des Glaubens neu abzustecken – er wollte die irdische Macht dazu. Er löste die Kirche von der Zweischwertertheorie, «um allein das Schwert zu führen». Er versuchte allen Ernstes, gestützt auf seinen «göttlichen» Auftrag, die Gewalten dieser Welt der Herrschaft des Heiligen Stuhles zu unterwerfen. Er vermaß sich, die Kaiser und Könige des Kontinentes zu Vasallen des Papstes zu degradieren.

Er unternahm es, den «theokratischen Dualismus» durch eine «hierokratische Monarchie» zu ersetzen: eine Herrschaftsform, die a priori zum Scheitern verurteilt war; denn sie entwuchs einer Revolution, die sich sozusagen im luftleeren Raum vollzog, in einem Bezirk außerhalb der profanen Wirklichkeit, außerhalb der Welt der Waffen und gemeinen Interessen – ein Manko, das der Fanatismus und das glühende Pathos der gregorianischen Ideen nicht einmal zehn Jahre zu verdecken vermochte.

Ohne die Rückendeckung, die das Reich den Päpsten gewährt hatte, ohne das innige Zusammenwirken von *regnum* und *sacerdotium*, ohne die riesige materielle Kraft der deutsch-burgundisch-italienischen Länder war auch das Papsttum nur eine Macht unter vielen, jeder Störung im europäischen Mächtegleichgewicht preisgegeben. Es mußte lavieren, es mußte Bundesgenossen suchen und wieder fallen lassen, sich wechselnden Konstellationen anbequemen und geriet damit zwischen die Mahlsteine der Tagespolitik. Es dauerte nur wenig mehr als zweihundert Jahre, und die Päpste traten, zur Ohnmacht und Bedeutungslosigkeit verurteilt, ihr Exil in Avignon an.

Und das Reich? Seiner priesterlichen Hoheit und Majestät entkleidet, beschritt es den Weg von der *civitas dei* zum nationalen Imperium, einen weiten Weg, voll retardierender Momente, Zeiten erneuten kräftigen Ausgreifens und verzweifelten Bemühens, die verlorene mystische Einheit wiederherzustellen. Einen weiten und dennoch unausweichlichen Weg.

Es war, um noch einmal Anton Mayer-Pfannholz zu zitieren, «eine Abfolge von unbedingter Richtigkeit. *Regnum* und *sacerdotium* hatten zusammen die *ecclesia* ausgemacht, die als *imperium* in politischer Konkretheit erschien. Das *sacerdotium* erkennt seit Canossa die Teilhaberschaft des *regnum* nicht mehr an, identifiziert sich .. allein mit der *ecclesia* und immer mehr auch mit dem *imperium*, das *regnum* bleibt auf sich allein angewiesen, auf seine Nation, auf sein Territorium, auf seine eigene Ideologie.»

«Aus der Idee des zerfallenen Imperiums hebt sich Volk gegen Volk, *Staat gegen Staat*. Reinald Dassel, der *spiritus rector* der staufischen Politik, prägt zwar den Namen des *sacrum imperium* als romantische Reminiszenz oder als Formulierung eines Anspruchs. Aber auch ihm und Barbarossa ergibt sich das ‹Heilige› nicht aus der durch das *sacramentum* ermittelten sakralen Realität, sondern ... aus der Berufung auf die Heiligkeit und Unverletzlichkeit des römischen Rechtes, auf die Legitimität des Zusammenhangs zwischen den alten Caesaren und dem neuen *Imperium Romanum*.»

«Jedoch führte dieser Weg nicht mehr ins Innerste des universalen, des katholischen, des sakralen Reichsgedankens. Er blieb staufisch, deutsch, weltlich ... Ihn verknüpfen mit der Idee eines göttlich bestellten Kosmokrators höchstens noch geschichtliche Erinnerungen.»

Um zur Ausgangsfrage zurückzukehren: in Canossa ging es um mehr als Sieg und Niederlage. In Canossa trennten sich die Wege des Reiches und der römischen Kirche. In Canossa begann die Auflösung der mittelalterlichen Weltordnung. Canossa war die Wende, die Peripetie eines Zeitalters.

Längst bevor das deutsche Mittelalter im Reich der Staufer seinen äußeren Höhepunkt erlebte, hatte es die unsichtbare Grenzscheide zwischen Blüte und Verfall überschritten.

Das Ende des imperialen Gedankens kündigte sich an, die aufziehende nationalstaatliche Epoche rötete bereits den Horizont.

Das Jahr 1085, in dem Gregor geschlagen und entmachtet in Salerno starb, war Heinrichs IV. glücklichstes Jahr. Während der Weihnachtstage in Worms mochte er sich wohl als Sieger fühlen. Der eifernde Mund seines fanatischsten Widersachers war verstummt. Die reichs- und kaisertreuen Bischöfe Deutschlands hatten ihre «gregorianischen» Brüder exkommuniziert. Der von Heinrich verkündete Gottesfrieden war besonders vom «niederen Volk» mit einem tiefen Aufatmen begrüßt worden. Die großen rheinischen Städte Köln und Mainz, Worms und Speyer standen fest zum König (der ihnen ihre Treue mit mancherlei Privilegien vergalt).

Heinrichs letzter Sieg

Aber das Schicksal war diesem dritten Salier nicht wohlgesonnen. Auch diesmal gewährte es ihm nur eine kurze Atempause. Noch in

Worms mußte er ein neues Heer gegen die renitenten Sachsen aufstellen. Zwei weitere Jahre benötigte er, um seinen zweiten Gegenkönig Hermann von Salm auszumanövrieren. Inzwischen war in Italien ein neuer «gregorianischer» Gegenpapst aufgestellt worden: Urban II., ein nordfranzösischer Kardinal, der Gregors Ideen zwar weniger spektakulär, aber mit gleicher Konsequenz und ungleich größerer Geschmeidigkeit verfocht. Obwohl er Clemens III. nicht aus Rom verdrängen konnte, brachte er doch nahezu geräuschlos eine normannisch-lombardisch-bayerische Koalition und damit so etwas wie eine «kaiserfeindliche Achse» zustande.

So mußte Heinrich 1090 erneut nach Italien ziehen, um die Interessen der Krone zu verteidigen. Sieben Jahre blieb er dort: sieben Jahre eines militärisch-diplomatischen Untergrundkrieges, der sogar diesem zähesten und verschlagensten aller deutschen Kaiser, der die Gesetze des politischen Dschungels schon in frühester Jugend kennengelernt hatte, den Nerv raubte. Mailand, Cremona, Piacenza und Lodi schlossen sich im reichsfeindlichen lombardischen Städtebund zusammen. Die alte, frömmelnde Markgräfin Mathilde, die den Ideen Gregors mit pathologischer Inbrunst anhing, ging mit dem siebzehnjährigen Sohn des Herzogs Welf von Bayern eine «antikaiserliche» Ehe ein. Heinrichs ältester Sohn Konrad, in Deutschland bereits zum Nachfolger gewählt, ließ sich zwanzigjährig zum Gegenkönig von Italien ausrufen und zog gegen den Vater zu Feld. Auch des Kaisers zweite Gemahlin Praxedis, eine Tochter des Großfürsten von Kiew, ging ins Lager der Gegner über und ließ sich zu Enthüllungen über ihre Ehe herbei, die an Schamlosigkeit alles übertrafen, was bis dahin über das Privatleben gekrönter Häupter publiziert worden war: Schlafzimmertratsch der übelsten Provenienz, nach heutiger Auffassung Wunschtraumphantasien einer Psychopathin.

Wie gesagt: offenbar ist selbst der zähe, hartgesottene Heinrich IV. mit dieser Lawine von Unrat und Widrigkeiten aller Art zeitweise nicht mehr fertig geworden. Jedenfalls verschwindet er für Jahre aus dem Blickfeld des Historikers. Untätig und entnervt scheint er sich um 1095 für geraume Zeit in einen versteckten Winkel im Ostteil Oberitaliens zurückgezogen zu haben.

Im selben Jahr nahm Urban II. – noch immer außerhalb Roms lebend – einen alten Plan Gregors wieder auf und verkündete den ersten Kreuzzug. Seine Initiative hatte, wie man weiß, einen ungeheuren Erfolg: in fast allen Ländern Europas bildeten sich bewaffnete Pilgerscharen, die singend, sengend und mordend auszogen, das Heilige Land von den Ungläubigen zu befreien. Was Gregor nie geschafft hatte, war dem geschmeidigen, einfallsreichen Franzosen mit einem

Schlage gelungen: «Wortführer der Christenheit» zu werden, «Stifter und Lenker des größten Unternehmens, das es seit der Antike gegeben hatte» - für Heinrich IV. eine weitere schmerzliche Niederlage; denn Clemens III., «sein» Papst, fungierte fortan (bis zu seinem Tod im Jahr 1100) nur noch als Schattengestalt auf der Bühne der zeitgenössischen Politik.

Aber noch hatte der vierte Heinrich den Kampf nicht aufgesteckt. Nach der Aussöhnung mit den Welfen kehrte er 1097 nach Deutschland zurück und hielt ein Jahr später - wieder in Worms - einen Fürstentag ab, auf dem er seinen zweiten Sohn Heinrich, an Stelle des abtrünnigen Konrad, nach feierlichen Treueschwüren zum König wählen ließ.

Noch einmal mochten seine Anhänger - außer den reichstreuen Bischöfen die neue Ministerialenschicht, die Bürger der Städte und überhaupt: die «kleinen Leute» - den Eindruck gewinnen, als sei dem alten Kaiser, alt und verbraucht mit fünfzig Jahren, ein ruhiger Lebensabend beschieden. Nach dem von ihm verkündeten Mainzer Reichsfrieden herrschte zum erstenmal seit Jahrzehnten Ruhe im Land. Die königlichen Güter warfen hohe Überschüsse ab, die im Übermaß strapazierte Wirtschaft erholte sich, in Speyer und Worms wuchsen riesige Kathedralen ihrer Vollendung entgegen: es war wie ein großes Atemholen.

Nach dem Tod von Clemens III. glaubte der (immer noch im Bann lebende) Kaiser auch den Augenblick gekommen, sich mit der päpstlichen Kurie zu versöhnen. Aber auch für Urbans Nachfolger Paschalis II. galt er, um ein Wort von Wolfram von den Steinen zu zitieren, «als derjenige, der den ungenähten Rock Christi zerrissen» hatte. Auch Paschalis blieb unansprechbar und erneuerte den Bannfluch seiner Vorgänger.

Der kaum gekrönte und vereidigte König Heinrich V. benutzte die Gelegenheit, unter dem Vorwand, daß endlich Frieden sein müsse zwischen Reich und Kirche, eine neue Empörung gegen seinen Vater zu entfachen. Nach mancherlei militärischen und politischen Manövern, die nur notdürftig tarnten, daß sich der Aufstand in Wahrheit gegen die «Reichsfriedensgesetze» von Mainz richtete, gelang es dem kaltrechnenden und von keinerlei moralischen Skrupeln geplagten Jüngling im Jahre 1105, den Kaiser gefangenzunehmen, zur Herausgabe der Kroninsignien zu zwingen und auf Schloß Böckelheim an der Nahe zu inhaftieren.

Aber auch diesmal gab sich der vierte Heinrich noch nicht geschlagen. Er entfloh, schlug sich bis zum Niederrhein durch und erschien bald darauf vor den Mauern der Stadt Köln, die ihn nicht «wie einen Verbannten, sondern wie einen König mit königlichem Prunk» empfing. Von dort ging er nach Lüttich, wo er in wenigen Wochen eine respektable Heeresmacht zusammentrommelte, die den nachrückenden Truppen des Sohnes im März 1106, einen Tag nach Frühlingsanfang, an der Maas eine empfindliche Niederlage beibrachte.

Es war Heinrichs letzter Sieg. Wenige Monate später, am 7. August, nahm er, sechsundfünfzig Jahre alt, in Lüttich «höchst königlich» Abschied von dieser Welt, nach einem ruhelosen, freudlosen Leben, das ihm viele Niederlagen bereitet, ihn aber nicht bezwungen hatte.

Er verschied, wie es heißt, «als ein treuer Diener seines göttlichen Herrn», nachdem er seinem Sohn verziehen und Schwert und Ring zugeschickt hatte. Der Bischof von Lüttich ließ ihn feierlich bestatten, ein päpstlicher Legat wieder ausgraben und in ungeweihter Erde verscharren.

Erst Jahre später hat dieser dritte Salier, wie wir wissen, im Kaiserdom von Speyer an der Seite seiner Vorgänger die letzte Ruhe gefunden.

23. Sept. 1122 – das Wormser Konkordat

Der Sohn, dem es vorbehalten war, den ruinösen Streit zwischen Reich und Kirche wenigstens formell zu beenden, genießt bei den Geschichtsschreibern nur mäßige Reputation. Er galt schon den Zeitgenossen als kalt, roh und brutal, hinterlistig und herrschsüchtig. Niemand aber hat ihm je bestritten, daß er ein Meister im Verhandeln, ein Cäsar in der Kunst der Erpressung und diplomatischen Ranküne war.

Diese Eigenschaften genügten, dem nun schon Jahrzehnte währenden Investiturstreit noch einmal eine unverhoffte Wendung zu geben. Im Jahre 1111 marschierte Heinrich V. – um «die weitausgedehnten Lande Italiens in brüderlichem Frieden und nach allen Rechten und Satzungen in die Gemeinschaft des deutschen Königreiches aufzunehmen» – mit zwei starken Armeen über Brenner und St. Bernhard nach Italien und legte in Sutri, wo ihn der amtierende Papst Paschalis II. empfing, einen frappierenden Vorschlag auf den Tisch. Er erbot sich, auf das Recht der Investitur zu verzichten, wenn die Kirche ihrerseits sich bereit erklärte, alle ihr vom Reich vermachten Güter zurückzugeben. Ob der Heilige Vater die Falle, die ihm hier gestellt wurde, nicht bemerkt oder wirklich eine von allem irdischen Besitz gelöste «weltfreie» Kirche erstrebt hat, ist eine unbeantwortete Frage. Jedenfalls ging er auf Heinrichs hinterhältiges Angebot ein. Die beiden Parteien schlossen einen förmlichen Vertrag, den sie allerdings zunächst geheimhielten.

Drei Tage später erfolgte der traditionelle Einzug in Rom, dann der Empfang in St. Peter, wo der Text der Übereinkunft erstmals öffentlich verlesen wurde. Der von Heinrich V. erhoffte Effekt stellte sich prompt ein. Die Vereinbarung löste bei den um ihren Besitz besorgten Kirchenfürsten einen Tumult aus, wie ihn selbst das heißblütige, zu Fieberreaktionen neigende Rom noch nicht erlebt hatte. Heinrich erklärte sich kühlen Herzens für getäuscht, ließ kurzerhand den protestierenden päpstlichen Hofstaat verhaften, räumte die Straßen Roms mit Waffengewalt, zog sich mit seinen Gefangenen in die Umgebung zurück und zwang Papst Paschalis schließlich dazu, ihm das Recht der Investitur ohne irgendwelche Gegenleistungen auf Lebenszeit zu gewähren. Am 13. April kapitulierte der Apostelfürst, schwor feierlich, seinen Kontrahenten niemals zu exkommunizieren, und krönte ihn zum Kaiser.

Noch einmal also ein voller Erfolg. Heinrich V. hatte jedoch – wie sein Vater, dessen Politik er geradlinig fortsetzte – die weiterwirkende Kraft der gregorianischen Ideen unterschätzt. Schon ein Jahr später verdammten zwei Synoden, die eine in Rom, die andere in Vienne, das dem Kaiser gewährte päpstliche Privileg als «Pravileg»: als einen für die Kirche unannehmbaren «Schandbrief», und 1116 sandte Paschalis – angstvoll zwar, mehr gezwungen als aus eigenem Antrieb – diesen Beschlüssen den fälligen Bannstrahl nach. Automatisch flackerten danach in Deutschland wieder die traditionellen Aufstände auf.

Den Anfang machten diesmal die Bürger von Worms. Der Kaiser war kaum aus Italien zurückgekehrt, als er im Kloster Neuhausen, vor den Toren der Stadt, schwer erkrankte. Die Wormser benutzten die Gelegenheit, die Abtei zu stürmen und sich der Reichsinsignien zu bemächtigen. Sie mußten jedoch erfahren, daß auch dieser fünfte Heinrich aus hartem salischem Holz geschnitzt war. Er ließ sich aus dem Bett aufs Pferd setzen, verfolgte schweißtriefend und fiebernd die Empörer bis in die Stadt hinein und holte sich die Zeichen seiner Würde zurück: eine der seltsamsten Episoden in der Geschichte der deutschen Kaiserzeit.

Übrigens versöhnte er sich schnell mit der Bürgerschaft. Während er den Erzbischof Adalbert von Mainz als den mutmaßlichen Anstifter des Anschlags drei Jahre einsperren ließ, gewährte er den Wormsern 1112 neue Privilegien, wobei er ihnen ausdrücklich quittierte, daß sie «würdiger als die Bürger jeder anderen Stadt» seien. Unter anderem erließ er ihnen in diesem Jahr den Wachzins und übernahm selbst die Verteidigung – ein Beweis dafür, daß er sich in Worms häuslich einzurichten gedachte.

Wirklich war die bischöflich-kaiserliche *Civitas* von nun an wieder unangefochten meistbesuchter Pfalzort. Von 1112 bis 1115 verbrachte der Kaiser alljährlich mehrere Monate in Worms. Im November 1114 verlieh er der Stadt weitere wichtige Privilegien. Wie wenige Jahre vorher in Speyer schaffte er jetzt auch in Worms den *buvteil* ab, die Erbabgabe von der beweglichen Habe. Die Neuregelung förderte nicht nur den Wohlstand der Stadt, sondern auch ihr politisches Selbstbewußtsein: die Wormser ließen den neuen Freibrief (den das Stadtarchiv ebenfalls bis heute sorgfältig hütet) in Erz gießen und – wie in Speyer – über dem Hauptportal des Domes anbringen.

Es paßt in dieses Bild, daß die kaisertreue und so sichtbar ausgezeichnete Stadt 1116 von einer Armee der aufständischen Fürsten belagert wurde – allerdings vergeblich. Der Kaiser selbst weilte in diesem Jahr in Italien, um Papst Paschalis mit militärischen Mitteln zur Anerkennung des Investiturvertrages zu bewegen – ebenfalls vergeblich. Der Heilige Vater setzte sich nach Süditalien in die Obhut der Normannen ab. Auch sein 1118/19 kurzfristig amtierender Nachfolger Gelasius zog ein unrühmliches Exil der noch unrühmlicheren Durchführung des Übereinkommens vor.

So waren die Fronten im Stellungskrieg erstarrt, als 1119 Erzbischof Guido von Vienne als Calixtus II. die Geschäfte des Papstes übernahm: kein asketischer Feuerkopf wie Gregor, kein Mann der heiligen Einfalt wie Paschalis, sondern ein Herr aus hohem burgundischem Adel, der mit fast allen Herrscherhäusern Europas, auch mit den Saliern, verwandt war. Calixtus zeigte sich vom ersten Tag an entschlossen, die eingefrorene Partie zu beenden. Drei Jahre dauerte das diplomatische Pokerspiel, bei dem auf beiden Seiten noch einmal mit allen erlaubten und unerlaubten Mitteln gereizt und geblufft wurde. Von 1121 an fanden die von je zwölf Delegierten geführten Verhandlungen in Würzburg statt, 1122 waren sie soweit gediehen, daß die päpstlichen Unterhändler – Kardinalbischof Lambert von Ostia und die Kardinäle Saxo und Gregor – zur Unterzeichnung der Urkunden nach Worms kamen.

Am 23. September wurde das Abkommen feierlich besiegelt, ein Abkommen, das offenbar schon damals als säkulares Ereignis empfunden wurde. Jedenfalls reichte das Forum vor dem Dom nicht aus, die Menschenmenge zu fassen, die beim Austausch der Dokumente dabei sein wollte. So verkündete der päpstliche Nuntius auf der großen Laubwiese am Rhein den Abschluß des Vertrages, der eines der unübersehbaren Wegzeichen der mittelalterlichen Geschichte geworden ist.

Der Inhalt des *Wormser Konkordates* ist bekannt: der König verzichtete auf die Investitur mit Ring und Stab, blieb aber der weltliche Herr der Kirchenfürsten und durfte daher «die mit Mannschaft und Treueid verbundene Regalieninvestitur durch das Symbol des Szepters weiter erteilen». In Italien und Burgund wurde auch dieses Recht beseitigt.

Ein Kompromiß? Der Form nach: ja. Dem Inhalt nach eine Aufgabe des königlichen *sacerdotiums*, der Tod der Zweischwertertheorie und die juristische Dokumentation eines Vorgangs, der bereits dreieinhalb Jahrzehnte zurücklag. Der Schlußpunkt unter das Drama von Canossa. Das Ende des Traumes vom kommenden Gottesstaat.

Die Menschen auf den festlich geschmückten Laubwiesen bejubelten den Tag, an dem sich die Wege von Staat und Kirche trennten. Die Kontrahenten begingen ihn mit einem feierlichen Abendmahl.

Für den Ort der Handlung, die Stadt Worms, bedeutete der Abschluß des Konkordates so etwas wie die Ausstellung eines Adelsbriefes. Während der Vertrag «das ottonische Regierungssystem in wesentlichen Punkten erschütterte», verstärkte es die Entwicklung der bischöflichen *Civitas* zu einer «Stadt des Kaisers».

«Von nun an blühe dein Ruhm...»

Diese Entwicklung war nicht frei von Kämpfen und Störungen. Die Herrscher erfreuten sich nicht nur der Neigung und des Beifalls der Bürger, sie sahen sich oft genug auch ihren Wünschen und Forderungen konfrontiert. Schon zwei Jahre nach Unterzeichnung des Konkordates zogen die Wormser erneut nach Neuhausen und zerstörten des Kaisers Burg, aus Gründen, die nicht so recht ersichtlich sind; es spricht jedoch einiges dafür, daß sie damit gegen den Hochmut und das Fiskaldenken der kaiserlichen Beamten demonstrierten. Immerhin beeindruckte der Überfall den König so sehr, daß er einen französischen Feldzug abbrach, eilends an den Rhein zurückkehrte und Worms belagerte. Doch ließ er sich durch ein gehöriges Bußgeld wieder besänftigen.

Ein Jahr später starb er, der letzte des salischen Geschlechtes, erst vierundvierzig Jahre alt, und überließ das Feld seinem sächsischen Gegenspieler Lothar von Supplinburg.

Während der folgenden Jahrzehnte lag Worms in Windschatten der großen Politik. Lothar hat die Stadt nur zweimal beehrt, sein Nachfolger Konrad III. nur einmal. Den Bilanzen der Kaufleute scheint das nicht geschadet zu haben. Wie in Speyer reichten ihre Verbindungen weit über das Rheinland und die Grenzen des Reiches hinaus, nicht zuletzt dank der Aktivität der Juden, die als «Kammerknechte des Kaisers» nun ungehindert überall im Land umherziehen und kaufen und verkaufen konnten. Allerdings mußten sie ihre Privilegien gelegentlich mit hohen Blutzöllen bezahlen. So verlor die Wormser Judengemeinde bei den Kreuzzugs-Pogromen des Jahres 1096 (nach einem Bericht des in Lothringen geborenen Dichters Elieser ben Nathan) nicht weniger als achthundert Tote. Von einem «Judenbischof» und zwölf Vorstehern geführt, hat sich die Judengemeinde aber bald neu konstituiert; schon 1112 wird sie wieder erwähnt.

Die städtischen Chronisten schwelgen, wenn sie vom Wachsen des mittelalterlichen Worms berichten, in der Beschreibung des lebhaften Schiffsverkehrs auf dem Rhein, dem «Hüh und Hott» der Tragtier- und Wagenkolonnen auf den alten Römerstraßen, dem lautstarken Gefeilsche auf den Märkten, den Auseinandersetzungen zwischen Bürgern und Bischöfen und der langsamen, aber stetigen Ausweitung der Rechte der Stadtbewohner. Das heißt: auch Worms wurde mit jedem Jahresring, genau wie Köln oder Mainz, reicher, unternehmender und selbstbewußter.

Friedrich Barbarossa hat dieser Entwicklung 1184 mit der berühmten Freiheitsurkunde Rechnung getragen, deren Wortlaut die Stadtväter, jedermann sichtbar, über dem Kaiserportal des Domes verewigen ließen. Im Prunklatein der Stauferzeit war dort jahrhundertelang zu lesen:

Von nun an blühe dein Ruhm und deine Ehre, o Worms.
Weil du klug, tapfer und treu dich bewährt hast,
habe ich dir die Souveränität gegeben;
würdig dieser Freiheit sollst du ihre Früchte nun ernten.
Hohen Ruhmes wert sollst du frohlocken, o Worms.
Dich hat das Kreuz mir geweiht,
in deines Reichtums Fülle hat es dich mir geschenkt,
sei nun sicher im Schutz deines guten Patrons Petrus, o Worms.

Gleichsam als Antwort brachten die Bürger am gegenüberliegenden Rathaus später eine Tafel mit der folgenden feierlichen Erklärung an:

Die Sterne haben nichts Größeres als Gott,
die Erde hat nichts Größeres als den Kaiser.
So regiert Gott die Sterne und der Kaiser die Erde.
Wie unsere Vorfahren schon mit Julius Cäsar im Bunde waren,
so ist Worms mit dir, Kaiser, im ewigen Bund.
Fluch und Schande dem Geschlecht, das dieses Erbe nicht bewahren wird.

In diese Zeit, das Ende des 12. Jahrhunderts, fällt auch die große Stadterweiterung, die das Wohn- und Siedlungsareal mit einem Schlag vervierfachte. Damals entstand jenes «königliche Worms», das die farbenreiche, majestätische Kulisse des Nibelungenliedes bildet. Ein sechs Kilometer langer Mauerring umschloß die Stadt, ein Mauerring mit sechzig Türmen und zwölf siebenstöckigen Stadttoren. Die große Nordsüdstraße war nun zweieinhalb Kilometer lang. Zehn Burgen und dreißig Adelspaläste, sechs Stifte und zwölf Klöster, fünfzig Kirchen und zweihundert große Patrizierhöfe hatten innerhalb der Umwallung

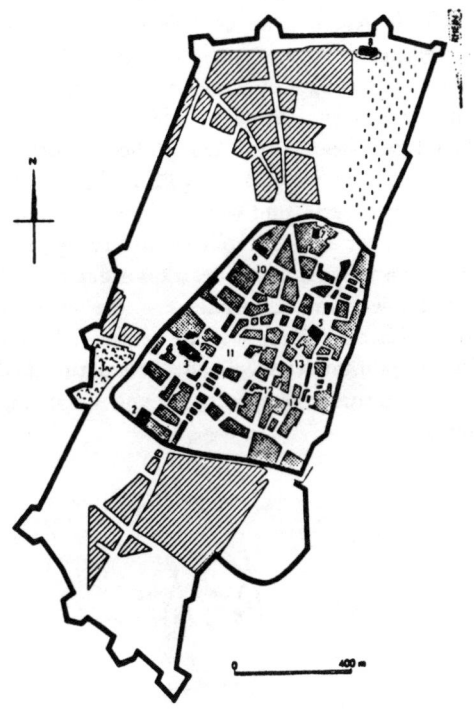

Abb. 48: **Worms vom 10. bis 14. Jh.**

1 Judenfriedhof
2 St. Andreas
3 Dom
4 Pfalz
5 St. Paulus
6 St. Martin
7 Synagoge
8 Liebfrauenkirche
9 Valckenbergstraße
10 Kämmererstraße
11 Markt
12 Römerstraße
13 Torturmplatz
14 Hagenstraße
15 Kloster Maria Münster
16 Allerheiligenkapelle
17 St. Stephan
18 Wilhelmitenkloster
19 St. Amandus
20 Kapuzinerkloster
21 Karmeliterkloster
22 St. Michael
23 St Margaretha
24 St. Pankratius

innerer Mauerring 10./11. Jh.
äußerer Mauerring 12./13. Jh.

Platz, dazu mehr als sechshundert Bürgerhäuser. Worms war damit nicht nur der strahlende Mittelpunkt auf der «Schaubühne der Rhein-Main-Neckar-Landschaft» geworden, sondern auch eine Stadt von kontinentaler Bedeutung, die während der Stauferzeit 15 000, später im 14. Jahrhundert über 20 000 Einwohner zählte: für damalige Verhältnisse geradezu eine «Millionenstadt».

Zentrum war, wie eh und je, das Domviertel – ebenfalls prächtiger und repräsentabler denn je.

Schriftliche Quellen und Grabungsbefunde deuten übereinstimmend darauf hin, daß die Arbeiten an der Wormser Kathedrale zwischen 1000 und 1200 eigentlich nie eingestellt worden sind. Der ersten Domweihe im Jahre 1018 folgte eine zweite im Jahre 1110, die aber wahrscheinlich nur einigen erneuerten oder wiederhergestellten Bauteilen galt. Um 1170 begann dann der große staufische Neubau, der den alten Burchard-Dom zwar nicht vollständig verschwinden ließ, aber wesentlich vergrößerte und verwandelte. Im Jahr der dritten Domweihe, 1181, wurde der kraftvolle Ostbau fertiggestellt: Sanktuarium und Ostchor also, Symbol und Bezirk der *Ecclesia*. Das Langhaus und die imperiale westliche Choranlage – die «noch einmal allen Glanz spätromanischer Baukunst in sich versammelt» – wurden erst zu Beginn des 13. Jahrhunderts vollendet: etwa zur gleichen Zeit, da in Frankreich die gotischen Kathedralen von Chartres, Reims und Amiens entstanden.

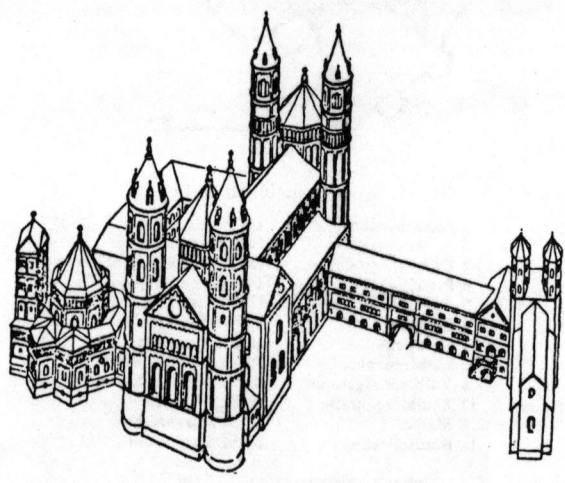

Abb. 49: *Hohenstaufischer Dombezirk*

Den staufischen Dom mit seinen Annexbauten hatte der Dichter des Nibelungenliedes vor Augen, wenn er die ritterlichen Spiele auf dem Schloßplatz beschrieb, die Saalstiege, die Siegfried in jugendlicher Kraft emporeilt, die Treppe zum Nordportal, auf der sich der Haß der beiden Königinnen entlädt, oder den Verbindungsgang zur Kapelle neben dem Laurentiuschor, in dem Hagen den toten Siegfried niederlegen läßt.

Dieser Dombezirk muß in der Tat eine unvergleichliche Anlage gewesen sein. Neben der Ostpartie, auf der Südseite der Kathedrale, das Johannesbaptisterium, einer der vielen Abkömmlinge der Aachener Palastkapelle. An die Westtürme angelehnt «die kaiserliche Pfalz, die der Bischof zum Lehen als Wohnung und Amtssitz hatte». Zunächst, in unmittelbarer Verbindung mit dem Dom, die *aula minor*, der Frauenbau. «An diesen Bau schloß sich die Torhalle an, das *hovedor*, dann der Kaiserbau und schließlich der große Saal mit der auf den Forumsplatz vorspringenden Saalstiege», und rechtwinklig zum Saalbau die Palastkirche St. Stephan, «die parallel zum Dom die monumentale Umrahmung des Platzes fortsetzte.» (Illert)

Dieser Platz, der mehr als 50 000 Menschen faßte, bildete die «ungeheure Szenerie» der großen Reichsversammlungen und Königsbesuche, die bis ins hohe und höchste Mittelalter der Stadt Worms einen Ausnahmerang verschafften. Um nur einige der wichtigsten zu nennen:

1172/73 brach Friedrich Barbarossa von Worms zu seinen Heerzügen gegen die Lombardei auf;

1179 ließ er in Worms Krieg gegen Heinrich den Löwen beschließen;

1195 legte Heinrich VI. in Worms den (gescheiterten) Plan einer Reform der Reichsverfassung vor;

1235 feierte Friedrich II., der «Staufer von Sizilien», in Worms seine Hochzeit mit Isabella von England;

1273 zog Rudolf von Habsburg, festlich geleitet, in Worms ein und beurkundete die Reichsunmittelbarkeit der Stadt, die damit eine der sieben freien Städte des Reiches wurde.

Insgesamt sind allein bis 1300, die Zeit Albrechts I., 215 Königsaufenthalte für Worms überliefert. Aber noch um 1500 kehrten die deutschen Kaiser und Könige, obwohl inzwischen seßhaft geworden, gern in der großen, glanzvollen Stadt am Rhein ein. Zwei Ereignisse dieser Zeit sind in jedem Geschichtsbuch vermerkt: 1495 verkündete Kaiser Maximilian in Worms den Ewigen Landfrieden, die Einsetzung des Reichskammergerichts und die Neugliederung des Reiches; und 1521 stand Luther in Worms vor Kaiser Karl V. und sprach sein berühmtes «Hier stehe ich, ich kann nicht anders...».

Ausverkauf zu Schleuderpreisen

Noch einige große Reichstage – dann begann die Wormser Szene zu veröden. Die Stadt fiel in eine zweitrangige Rolle zurück, zerrieben im Mörser partikularer und innerer Zwistigkeiten. Schon um 1600 war ihr Stolz größer als ihr Reichtum, die Erinnerung stärker als die Wirklichkeit.

Dann zehrte der Dreißigjährige Krieg an ihrem Mark. Im Jahre des Unheils 1630 ließ sich das schwedische Hauptquartier in Worms nieder; als es nach drei Jahren weiterzog, war der äußere Mauerring niedergerissen, und die Vorstädte lagen in Schutt und Asche. 1635 grassierte eine derartige Hungersnot, daß die Bewohner wie wildernde Wölfe das Fleisch gestürzter Pferde roh verschlangen und der Magistrat die Friedhöfe bewachen ließ, weil sich die ausgemergelte Bevölkerung an den Leibern der Toten vergriffen hatte. Am Ende dieses Krieges zählte die Stadt nur noch zweitausend Einwohner: den zehnten Teil ihres ursprünglichen Bestandes. Als der Engländer John Ray 1665 Worms passierte, vermerkte er in seinem Tagebuch lakonisch: «Eine große alte Stadt im Zustand des Verfalls.»

Im Frühsommer 1689 verwandelte Ludwigs XIV. Zerstörungsbefehl «die große alte Stadt» in ein Trümmerfeld. Worms teilte das Schicksal Speyers (und vieler anderer rheinischen Städte) und ging in Flammen auf. 964 Gebäude verbrannten, verglühten und veraschten:

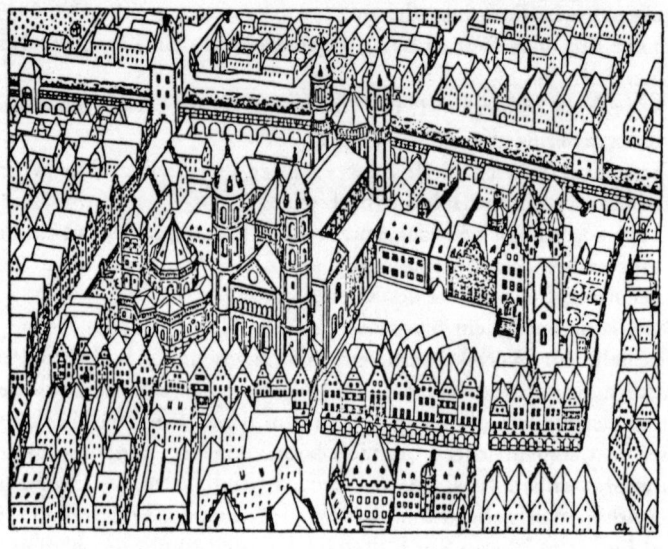

Abb. 50: Worms vor der Zerstörung 1689

Kirchen und Klöster, Adelspaläste und städtische Prunkbauten, Patrizier- und Bürgerhäuser.

Und genau wie in Speyer versuchten die französischen Pionierkommandos auch in Worms, mit Hilfe aufgestapelten Mobiliars den Dom in Brand zu setzen. Ganz gelang ihnen der höllische Anschlag nicht. Die zyklopischen Außenmauern trotzten dem vandalischen Zerstörungswerk. Aber die Bleidächer schmolzen, die Gewölbe stürzten ein, das lodernde Feuer fraß das eichene Gestühl, die kostbaren Altäre und viele wertvolle Schnitzwerke. Und auch in der Wormser Kathedrale wurden die Grabdenkmäler demoliert, die Gräber erbrochen und beraubt, die Toten geschändet.

Zerstört, zermalmt und zertrümmert auch der Bischofshof und die Stephanskirche, der Kreuzgang und die Bibliothek, die Kapellen und sonstigen Annexbauten — «vielleicht die herrlichste und in ihrer Geschlossenheit erhabenste Baukomposition» des deutschen Mittelalters.

Wie die total verarmte Bürgerschaft nach ihrer Rückkehr die total vernichtete Stadt wiederaufbaute, gehört zu den Wundern dieser Zeit. Sie hatte allerdings das Glück, gerade damals in dem (von 1696 bis 1732 regierenden) Fürstbischof Franz Ludwig von Pfalz-Neuburg einen Bauherrn und Mäzen mit weitreichenden Verbindungen zu finden. Der Neuburger verstand sich wie kein Zweiter auf die splendide Kunst der Geldbeschaffung und konnte schon nach wenigen Jahren die an Stelle des alten Bischofshofes errichtete neue Residenz beziehen. Der Dom verdankt ihm nicht nur die völlige Wiederherstellung, sondern auch den ausladenden Hochaltar von Balthasar Neumann — ein Prunkwerk barocker Schnitzkunst, der sich in den spätromanischen Ostchor gleichsam fugenlos einpaßt.

Kaum aber waren die Wunden von 1689 vernarbt, brachen sie erneut auf. 1797 wurde Worms, inzwischen wieder auf fünftausend Einwohner herangewachsen, für zwei Jahrzehnte französisch: ein kleiner Flecken im Arrondissement Speyer des Départements Mont Tonnèrre. Die Stadt, die noch 1659 entrüstet abgelehnt hatte, Residenz der Kurfürsten von der Pfalz zu werden, weil sie «kaiserlich», frei und unabhängig bleiben wollte, mußte auf ihren Rang als freier Stadtstaat verzichten. 1805 wurde auch das Bistum nach anderthalbtausendjährigem Bestehen aufgelöst, die große kaiserliche Kathedrale in Kantonspfarrkirche umbenannt.

Kurzum: «Worms verlor so ziemlich alles, was überhaupt verlierbar war.» Übrig blieb ein armseliges Landstädtchen, das sich notdürftig mit Wein- und Tabakanbau, Kleinhandel und der Erzeugung von Öl, Essig und Branntwein über Wasser hielt. «Und auch diese Fabricaturen» waren nach einem Bericht des Wormser Bürgermeisters an den Unterpräfekten in Speyer damals «im Abnehmen».

Der 1795 beginnende Ausverkauf bestimmte bis in die Mitte des 19. Jahrhunderts das Leben der ausgezehrten, mühsam um Atem ringenden Stadt am Rhein. Schon im ersten Jahr der französischen Herrschaft wurde das fürstbischöfliche Barockschloß das Opfer einer mutwilligen militärischen Brandstiftung. 1806/07 ließen die Behörden die auf der Südseite des Domes gelegenen Bauten — den Kreuzgang, das Kapitelhaus und das Johannesbaptisterium — versteigern und abreißen. Und dabei blieb es: eine Kirche nach der anderen, ein Kloster nach dem andern wurde der Spitzhacke ausgeliefert. «Worms verkaufte seinen überflüssigen Hausrat, um von dem Erlös leben zu können.» Und es verkaufte — wie immer, wenn Not am Mann ist — zu Schleuderpreisen.

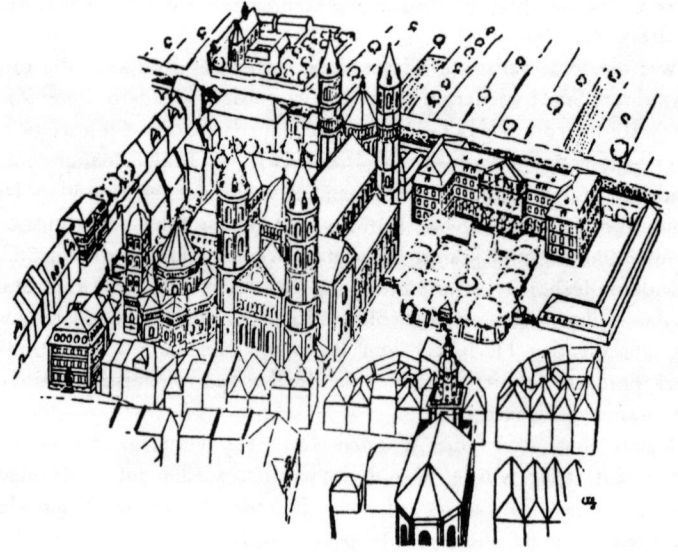

Abb. 51: Stadtmitte 18. Jahrhundert

Das Johannesbaptisterium, der «erhabene Zentralbau..., mächtig wie das Grabmal des Theoderich in Ravenna», wurde dem Erwerber für weniger als fünftausend Francs zugeschlagen. Das Bergkloster mit Kirche und Garten, Scheune und Stall erzielte 10 150 Francs, das Kapuzinerkloster an der Liebfrauenkirche wechselte für 12 000 Francs den Besitzer, und die Meinhardskirche beim Kloster Mariamünster brachte, sage und schreibe, 269 Francs – ein Betrag, der kaum für den Bau eines Kuhstalls gereicht hätte.

Was nicht – wie in Speyer, wie in Goslar, wie auf der Reichenau – unter den Hammer des Auktionators geriet, wurde profaniert. Das Boxheimersche Palais, ein altes Stiftsherrenhaus im Zentrum der Stadt, diente lange Zeit als Schafhürde. Das Andreasstift mit allen dazugehörigen Bauten wurde 1810 zur Kaserne degradiert und 1824, da sich kein Käufer fand, für 45 Gulden Jahresmiete als Fruchtspeicher und Rohfellmagazin verpachtet. Mariamünster, das älteste und größte Wormser Kloster, verwandelte sich zunächst in ein Militärlazarett, dann ebenfalls in eine Truppenunterkunft und schließlich in ein Armenhaus; die restlichen Gebäude gingen 1853 in das Eigentum einer Lederfabrik über. Bischof Burchards Paulskirche wurde Werkstatt eines Küfers, die herrliche Krypta von Worms-Hochheim «bei Renovierungsarbeiten» mit Bauschutt gefüllt und zugemauert.

Um 1850 hatte sich Worms «auf den innersten merowingischen Kern» zurückgebildet. «Ein Jahrtausend glanzvoller und tragischer Geschichte war ausgelöscht. Die Äcker und Weinberge drangen bis in das Innere der Stadt vor. Schafherden weideten im Schatten des Domes.» (Illert)

Auch der Wormser Dom stand zu Beginn des 19. Jahrhunderts auf dem Aussterbeetat, auch er diente zeitweilig als Feldscheune und Magazin – bis er der kleinen, kaum noch tausend Seelen zählenden Gemeinde als Pfarrkirche zurückgegeben wurde.

Im Sog der Geschichte

Den Stadtvätern von Worms sind diese Abrißpläne nicht anzulasten. Sie wußten nicht mehr ein und aus. In einer Zeit, da das kommunale Steueraufkommen fast gleich Null war, reichten die materiellen Mittel einfach nicht aus, den Stadtsäckel mit der Erhaltung des riesigen Bauwerks zu belasten. Man muß auch anerkennen, daß der Ertrag von mehr als zwanzig Kirchenauktionen innerhalb von zwanzig Jahren nicht zuletzt dem Dom zugute kam. So war es möglich, wenigstens die gröbsten Schäden zu beseitigen und wenigstens die notwendigsten Neuanschaffungen – 1831: vier Glocken, 1838: ein Fußbodenbelag, 1844: «vier kunstvolle gemalte Glasfenster» – finanziell zu bewältigen.

Erst als es der Stadt um 1850 gelungen war, durch die Ansiedlung von Lederfabriken und anderen gewerblichen Betrieben wieder Boden unter den Füßen zu gewinnen, reichte ihre wirtschaftliche Kraft für größere Operationen aus. Nach der Gründung des Dombauvereins im Jahre 1856 wurde der Riesenbau einer ersten planmäßigen Verjüngungs- und Verschönerungskur unterworfen, an einigen Stellen mit fragwürdigem, im übrigen mit beachtlichem Erfolg.

Die große Restaurierung, der die endgültige Rettung des Doms zu verdanken war, begann jedoch erst in den neunziger Jahren. Sie nahm fast vier Jahrzehnte in Anspruch und erstreckte sich auf sämtliche Teile des Doms, einschließlich der noch bestehenden Anbauten. Die Lokalhistoriker berichten bis heute mit großem Respekt von der umfassenden Wiederherstellung des am meisten gefährdeten kaiserlichen Westchores. Dieser wurde 1902 bis auf die Fundamente abgetragen, wobei Stein um Stein registriert und numeriert wurde, und in den folgenden vier Jahren wiederaufgebaut: ein einmaliger Vorgang in der Geschichte der Denkmalspflege.

In diese Zeit fallen die Grabungen unter und in der Umgebung des Doms, die das Bild von der römischen *civitas* und das Wissen um das Wachsen der Kathedrale so wesentlich bereichert haben. Damals stieß man auch, in der Grenzzone von Mittelschiff, Querschiff und südlichem Seitenschiff, auf die vielgenannten Saliergräber, darunter den Steinsarg des roten Konrad, der nach seinem Tod in der Lechfeldschlacht, in einen Ledersack vernäht, in seine Heimatstadt überführt wurde. Der Fundort wurde überwölbt und in eine kleine, niedrige Gruft verwandelt, die außer sechs weiteren Mitgliedern der Familie auch die sterblichen Reste des mit den Saliern versippten Bischofs Azecho aufnahm. Seitdem kann man auch im Wormser Dom, wie in Speyer, gleichsam in die deutsche Vergangenheit hinabsteigen und ihrer stummen Sprache lauschen.

Doch das gilt nicht nur für den Dom, der nach dem Zweiten Weltkrieg noch einmal in jahrelanger Arbeit restauriert wurde – es gilt für Worms überhaupt. Allen Eingriffen, Feuerstürmen und sonstigen Verheerungen zum Trotz, gehört Worms noch immer zu den Städten, in denen man den Sog der Geschichte auf Schritt und Tritt verspürt.

Zugegeben, daß man ihr manchmal in seltsamer Verkleidung begegnet. Die Reste der römischen Mauern präsentieren sich im Schmuck barocker Spielereien. Wo einst die Stiege vom kaiserlichen Forum zum Saalbau führte, schwingt sich heute eine elegante Freitreppe zu einem kleinen Lustgarten empor. Den Platz des mittelalterlichen Rathauses, das als das schönste der Welt galt, nimmt die im 18. Jahrhundert entstandene, nach dem Zweiten Weltkrieg mutig modernisierte Dreifaltigkeitskirche ein. Und nur die Fachleute vermögen noch zu sagen, welche Teile der berühmten Wormser Kirchen salisch oder staufisch, welche «19. Jahrhundert», welche in der Zauberwerkstatt der modernen Denkmalspflege entstanden sind.

Aber noch in ihrer hundertfach veränderten und verwandelten, restaurierten und erneuerten Form ist diese Stadt eine einzige Schatzkammer der Geschichte, baut sie, wie nur wenige, Brücken in die fernsten und entlegensten Epochen unserer Vergangenheit.

Ein Gang um den Dom allein ist wie ein Gang durch zwei Jahrtausende deutschen Schicksals. Keltogermanisch der ethnische Untergrund, römisch die ersten Tempel, die hier standen, merowingisch die erste Kathedrale, fränkisch die Pfalz der Karolinger, deutsch die Kaisergeschlechter, die den Dom und das Imperium bauten, dessen Größe, Glaubenskraft und Vermessenheit die einstige Kathedrale bis heute symbolisiert. Luthers zornerfülltes, aus tiefster Gewissensnot aufbrechendes Bekenntnis, die Schrecken des Dreißigjährigen Glaubenskrieges, der sinnlose, qualvolle Bruderkampf mit dem westlichen Nachbarn, die Not der napoleonischen Jahre, die Bombennächte, die Feuerregen und Dynamitgewitter des Zweiten Weltkrieges, der Kampf um die Rettung des wenigen, was uns danach noch verblieb – hier wird alles lebendig, was der deutschen Geschichte Inhalt und Form gegeben hat: alle Kraft, alle Fehlleistungen; alle schöpferische Unruhe, alle Träume, alle Irrtümer; alle Hybris, alle Tragik.

Die ungeheuren Impulse, die von der Begegnung mit den Caesaren ausgingen, der Jahrhunderte währende Versuch, ein römisch-deutsches christliches Imperium zu errichten, alle Anläufe und Zusammenbrüche, das ganze erregende und beklemmende Spectaculum der deutschen Geschichte – es konzentriert und verdichtet sich, wie nirgendwo sonst, im Umkreis des Wormser Domes.

«Die Wahrheit ist», hat Rudolf Krämer-Badoni einmal geschrieben, «daß wir Deutschen alle ‹Wormser› sind ... Tua res agitur, ruft Worms jedem Deutschen zu. Wenn mich einer nach dem Symbol für die ganze deutsche Geschichte fragt, so sage ich: Worms.»

TOURISTISCHE HINWEISE

Die Motten Die meisten Motten finden sich im Viereck Mönchengladbach, Hückelhoven, Roermond und Venlo. Zur Tüschenbroicher Mühle Abfahrt Jülich der BAB Köln–Aachen über Erkelenz nach Tüschenbroich (Nähe Grenzlandring). Oder Düsseldorf–Neuß–Rheydt–Wickrath. Mottenfunde und Modelle im Rheinischen Landesmuseum Bonn. Bodendenkmalkarte mit Mottenmarkierungen in Vorbereitung.

Pfalz Werla Abfahrt Mahlum der BAB Hannover–Göttingen. Über Bodenstein–Lutter–Liebenburg nach Schladen. Am Nordausgang des Ortes befahrbarer Wiesenweg an der Oker entlang. Nach etwa einem Kilometer 18 Meter hoher Geländevorsprung, gekrönt von drei Linden. Unter den Linden Gedenkstein mit der Aufschrift: «Kaiserpfalz Werla». Grabungen alljährlich im Spätsommer. Werla-Funde und -Karten im Niedersächsischen Landesmuseum Hannover. Weitere Pfalzgrabungen: in Grone bei Göttingen und Pöhlde (Kreis Osterode).

Lechfeld Schotterebene südlich von Augsburg zwischen Bundesstraße 17 (Romantische Straße) und Bundesstraße 2. Gelände Gunzenlee nordwestlich vom Bahnhof Kissing. Nähe Gasthaus Gunzenlee. Außer schwach sichtbarem Grenzhügel Gunzenpühel keine Bodendenkmäler. Funde und Karten im Römischen Museum in der ehemaligen Dominikanerkirche in Augsburg. Gedenkstein in Augsburg an Lechbrücke.

Bamberg Abfahrt Bamberg der BAB Würzburg–Nürnberg. Domberg mit Dom, Alter Hofhaltung, Neuer Residenz und Domherrenhäusern. Schönste Stadtsicht vom Rosengarten der Neuen Residenz. Im Dom Standbild Kaiser Heinrichs II. (früher Adamspforte). Grabdenkmal des «heiligen Kaiserpaares» von Riemenschneider. Domschatz mit wertvollen Gewändern des Kaiserpaares (»Sternenmantel»), Elfenbein-Kruzifix, Tragaltar und Leuchter (12.

Jahrhundert). Grabungsfunde, Bilder und Modelle im Fränkischen Heimatmuseum in der Alten Hofhaltung.

Essen Münster. Zugang vom Burgplatz (Parkplätze: Holleplatz neben Haus der Technik, Bachstraße u. a.). Johanniskirche mit Resten einer romanischen Taufkapelle im Chor. Stau-' fisches Atrium. Ottonisches Westwerk, im Innern mit «Aachener» Kaiserempore. Ottonische Krypta mit der Tumba des heiligen Altfrid. Älteste Ausstattungsstücke: Kreuzsäule, Goldene Madonna und Siebenarmiger Leuchter. Wertvoller Domschatz. In Essen-Werden: Abteikirche und Pfarrkirche St. Lucius (Urbau von 995–1063). Weitere ottonische Kirchen vor allem in Köln und Hildesheim.

Insel Reichenau Von Konstanz aus Fahrstraße zur Ostspitze der Insel. In Oberzell Georgskirche, Säulenbasilika (890–896) mit karolingischer Krypta. Ottonische Wandmalereien, um 980. An der Wand der Westapsis älteste Darstellung des Weltgerichtes (Ende 11. Jahrhundert) Münster St. Maria und St. Markus in Mittelzell. Heutiger Bau unter Abt Berno (1030–1048) entstanden. Wuchtiges Westwerk. Romanisches Langhaus. Gotischer Chor. Klosterbauten früher auf der Nordseite. – Stiftskirche Peter und Paul in Niederzell. Turmpaar und Langhaus Ende 11. Jahrhundert. Malerei in der Apsis um 1100.

Speyer Abfahrt Heidelberg–Schwetzingen oder Walldorf–Wiesloch an der BAB Mannheim–Karlsruhe. Dom St. Maria und St. Stephan auf dem Hochufer des Rheins. Bedeutendste Ostpartie der deutschen Romanik. Kaisergruft in der 1041 geweihten Krypta. Modelle und Bilder des mittelalterlichen Dombezirks im Historischen Museum der Pfalz. Bedeutende mittelalterliche Bauten: Judenbad aus dem 12. Jahrhundert, Altpörtel um 1200, Heidentürmchen und Reste der Stadtmauer.

Goslar Abfahrt Seesen der BAB Hannover–Göttingen. Über Seesen–Langelsheim nach Goslar. Kaiserpfalz – älteste Teile aus der Mitte des 11. Jahrhunderts. Einziger erhaltener Profanbau aus dieser Zeit. Wiederherstellung im 19. Jahrhundert. Ulrichskapelle, Oktogon über griechischem Kreuz, Mitte 11. oder Anfang 12. Jahrhundert.

Grabmal mit dem Herzen Heinrichs III. Frühere Domvorhalle mit Kaiserstuhl aus der Zeit Heinrichs IV. Im Museum der Stadt Goslar Glasmalereien aus dem Dom und Crodoaltar. Grabungsstellen auf dem Georgenberg, dem Petersberg, im alten Bergdorf. Bedeutende mittelalterliche Bauten: Markt-, Neuwerk-, Jakobi- und Frankenbergerkirche; Rathaus, älteste Teile 11. Jahrhundert, Marktbrunnen, St.-Annen-Haus, Teile der mittelalterlichen Befestigung. Außerhalb Goslar: Ruine Riechenberg mit schönster Krypta Niedersachsens.

Worms Autobahnabfahrt Worms an der BAB Frankfurt–Mannheim. Domhügel. Staufischer Dom auf den Fundamenten des Burcharddomes. Szene des Nibelungenliedes. Museum im Andreasstift. Magnuskirche, wahrscheinlich karolingischer Herkunft, in karolingischen Formen restauriert. Paulskirche, neben dem Dom bedeutendstes Bauwerk der Burchard-Zeit (um 1020). Martinskirche, um 1000 entstanden, im 13. Jahrhundert erneuert. Gotische Liebfrauenkirche und Bergkirche in Worms-Hochheim mit Krypta aus dem 11. Jahrhundert. Synagoge in Formen des 12. Jahrhundert wiederaufgebaut. Jüdisches Frauenbad und Judenfriedhof mit über 2000 Bestattungen. Reste der mittelalterlichen Stadtbefestigung.

ZEITTAFEL

911–918	König Konrad I.
913	Sieg Arnulfs von Bayern über die Ungarn bei Passau
914	Reichskrieg gegen Schwaben
916	Aufstand Arnulfs von Bayern
917	Die Ungarn im Elsaß und in Lothringen
919–936	König Heinrich I. – Erster Herrscher aus sächsischem Geschlecht
920	Erste Erwähnung des Namens *Regnum Teutonicorum* als Bezeichnung für das Reich der fünf deutschen Stämme
um 920	Damenstift St. Ursula in Köln erneuert
921	Herzog Arnulf von Bayern huldigt dem neuen König – Friede von Bonn zwischen Heinrich I. und dem französischen König Karl dem Einfältigen
922	angeblich Gründung Goslars durch Heinrich I.
923–973	Bischof Ulrich der Heilige von Augsburg
924	Die Ungarn vor der Werla-Pfalz – Neunjähriger Waffenstillstand – Beginn des staatlichen Burgenbaues – Heinrich stellt stehendes Heer und Reitertruppe auf
925	Eroberung Lothringens – Trier und Köln wieder deutsch
926	übergibt Rudolf von Burgund König Heinrich I. in Worms die Heilige Lanze
928	Feldzug gegen die Heveller und Eroberung Brennabors
929	Heinrichs Zug nach Prag. Huldigung Herzog Wenzels – Unterwerfung der Lausitz. Sieg über ein Slawenheer an der Elbe – Hochzeit des Thronfolgers Otto mit der angelsächsischen Königstochter Editha. Magdeburg als Morgengabe
932	Neuer Wendenfeldzug
933	Sieg über die Ungarn an der Unstrut
934	Feldzug gegen die Dänen – Mark Schleswig wird deutsch
936	Wiperti-Krypta in Quedlinburg – Teil der Grabkirche Heinrichs (erhalten)

936–973	Otto der Große
937	Bayerischer Aufstand
um 935–um 1000	Die Nonne Roswitha von Gandersheim
936/37	Errichtung von Marken gegen die Slawen unter Hermann Billung und Gero
939–941	Aufstände der Stammesherzöge
942	Zusammenkunft Ottos mit König Ludwig von Frankreich an der Maas – Ludwig verzichtet auf Lothringen
943	Westbau der Abteikirche in Essen-Werden geweiht
946	Brand des Altfrid-Münsters in Essen, anschließend Wiederherstellung und Erweiterung um einen Westbau
	Tod Edithas, Ottos erster Gemahlin
947	Bayerisches Stammesherzogtum an die Sachsen
948	Synode von Ingelheim – Gründung der Bistümer Schleswig, Ribe und Aarhus, die der Kirchenprovinz Hamburg/Bremen unterstellt werden – Errichtung der Bistümer Brandenburg und Havelberg – Deutsch-französische Gespräche
950–962	König Berengar von Langobardien
950	Herzog Boleslaw von Böhmen unterwirft sich Otto
um 950	Walthari-Lied des Mönches Ekkehard I. in St. Gallen
951	Erster Italienfeldzug Ottos – Der König heiratet Adelheid, die Witwe König Lothars von Italien
953	wird Ottos Bruder Brun Erzbischof von Köln – Aufstand Liudolfs von Schwaben und Konrads von Lothringen
955	Schlacht auf dem Lechfeld (10. Aug.) – Sieg über die Slawen an der Regnitz (16. Okt.) – Dombau-Beginn in Magdeburg (Teile der Ostkrypta erhalten)
956	Erzbischof Brun von Köln überführt Reliquien des Bischofs Eberigisil in die spätkarolingische Cäcilienkirche – Restaurierung und Ausbau der Kirche
958–962	Die *Antapodosis* des Bischofs Liutprand von Cremona – Geschichtswerk über langobardische, byzantinische und deutsche Politik von 888–949
um 960	gründet Erzbischof Bruno das Stift Groß-St. Martin in der neuen Rheinvorstadt
961–975	Stiftskirche in Gernrode (Veränderungen im 12., Restauration im 19. Jahrhundert; erhalten)

962	Otto König des langobardischen Italiens – Kaiserkrönung in Rom durch Papst Johannes XII. – Das *Ottonianum* Widukind von Corvey beginnt mit der Niederschrift der Res Gestae Saxonicae
964	Das Buch über die Taten Ottos des Großen, verfaßt von Liutprand von Cremona
um 964	setzt Adalbert von St. Maximin in Trier (später Erzbischof von Magdeburg) die *Weltgeschichte* des Regino von Prüm fort
965	Aufbahrung des toten Erzbischofs Brun von Köln in der Apostelkirche außerhalb der Stadt
965–967	*Das Gedicht über die Taten Kaiser Ottos,* verfaßt von der Nonne Roswitha von Gandersheim
968	Gründung des Erzbistums Magdeburg, des Bistums Posen und der Bistümer Meißen, Merseburg und Zeitz – Bericht Liutprands über seine Brautwerbung in Byzanz
um 970	Entstehung des Gero-Codex auf der Reichenau – Begründung der Reichenauer Malschule durch den Mönch Eburnant – Beginn des Kupfer- und Silberbergbaues im Rammelsberg bei Goslar – Kölner Gero-Kreuz, älteste in Deutschland erhaltene Monumentalskulptur des Gekreuzigten
971–1011	Die Äbtissin Mathilde von Essen
972	Vermählung Ottos II. mit der byzantinischen Prinzessin Theophanu – Capua und Benevent unter deutscher Herrschaft
973	Letzter Reichstag Ottos in Quedlinburg – Gründung des Bistums Prag – Tod Ottos des Großen in Memleben – Beisetzung im Magdeburger Dom
973–983	Kaiser Otto II.
zw. 973 und 982	Das Vortragekreuz der Äbtissin Mathilde in Essen (Münsterschatz)
974	Otto II. besiegt den aufständischen Herzog von Bayern – Weihe von St. Andreas in Köln (Krypta teilweise erhalten)
975–1009	Willigis-Dom in Mainz
976	Kärnten selbständiges Herzogtum
977–993	Neubau von St. Mathias in Trier (Krypta-Reste erhalten) – Andreas-Reliquiar, Goldschmiedearbeit (Trierer Domschatz)

979	Deutsches Heer belagert Paris. Otto verhindert Rückeroberung Lothringens durch Frankreich
980–983	Otto II. in Italien – Kaiserkrönung – Niederlage gegen den Emir von Palermo bei Cotrone (982)
980	Weihe des Neubaues von St. Aposteln in Köln (im Kern erhaltene flachgedeckte Saalkirche)
um 980	Wandfresken in der Georgskirche von Reichenau-Oberzell (erhalten) – Egbert-Codex, mit Reichenauer Miniaturen (Trier, Stadtbibliothek) – Otto-Evangeliar (Aachener Domschatz)
983	Großer Slawenaufstand. Verlust der Nordmark und der Billung-Mark. – Tod Ottos II. Beisetzung in Rom
zw. 983 und 991	Deckel des *Codex Aureus* von Echternach mit Elfenbeinrelief (Nürnberg, Nat. Mus.)
983–1002	Kaiser Otto III.
um 990	Umbau des Marienmünsters auf der Reichenau – Tod Ekkehards II. von St. Gallen, Lehrer der Herz. Hadwig von Schwaben – Essener «Goldene» Madonna – Aachener Lotharkreuz
991	Nach der Kaiserin Theophanu übernimmt Kaiserin Adelheid die Vormundschaft über Otto III.
993–1022	Bischof Bernward von Hildesheim
um 995	Bernwards-Leuchter in Hildesheim
995	Baubeginn von St. Luzius in Essen-Werden (bis 1063)
996	Krönung Ottos III. in Rom durch seinen Vetter Papst Gregor V. – Rom als Reichsresidenz – Zug nach Polen
999	Tod der Kaiserin Adelheid – Erzbischof Gerbert von Reims Papst Sylvester bis 1003
um 1000	Mainzer Elfenbeinmadonna – Zweites und drittes Mathildenkreuz von Essen – Evangeliar Ottos III. (Aachener Domschatz)
1000	Wallfahrt Ottos III. nach Gnesen. Errichtung eines nationalen Erzbistums für Polen. – Öffnung des Grabes Karls des Großen durch Otto III.
1000–1025	Bischof Burchard von Worms
1001	Aufstand in Rom – Ungarn wird christlich
1002	Tod Ottos III. nördlich von Rom. Überführung nach Aachen. Beisetzung im Dom

1002–1029	Kaiser Heinrich II., der Heilige
1003/4	Dombaubeginn in Bamberg
1004	Erster Italienzug Heinrichs II.
1007	Gründung des Bistums Bamberg
1007–1033	Bau von St. Michael in Hildesheim
1008–1048	Hochblüte der Reichenau unter Abt Berno
1009	Erste Reichsversammlung in Goslar
1009–1018	Chronik des Bischofs Thietmar von Merseburg
um 1012	Kunigundenmantel (Bamberger Domschatz) – Krone der heiligen Kunigunde (München, Schatzkammer der Residenz) – Perikopenbuch Heinrichs II. (München, Staatsbibl.) und Bamberger Apokalypse (Staatsbibl. Bamberg)
1013–1054	Hermann der Lahme, Mönch auf der Reichenau
1014	Zweiter Italienzug Heinrichs II., Kaiserkrönung
um 1015	Bronzetüren des Bischofs Bernward im Hildesheimer Dom – Weihe des Meinwerk-Domes in Paderborn
1018	Ende des Krieges zwischen Heinrich II. und König Boleslaw Chrobry von Polen – Friede von Bautzen – Domweihe in Worms
1020	Normannenstaat in Unteritalien
um 1020	Wandmalereien in der Krypta von St. Andreas in Neuenberg bei Fulda – Hitda-Codex, Miniaturen der Kölner Malschule (Darmstadt) – Codex Aureus von Echternach (Nürnberg)
1022	Dritter Italienzug Heinrichs II. – Sieg über die Griechen bei Salerno
1024	Tod Heinrichs II. – Beisetzung im Bamberger Dom
1024–1039	Kaiser Konrad II.
1024	Konrads Umritt über Aachen, Nimwegen, Dortmund, Hildesheim, Goslar, Magdeburg, Augsburg, Konstanz, Basel, Straßburg, Worms
1025–1045	Stiftskirche in Limburg a. d. Haardt (als Ruine erhalten)
1026	Konrad setzt grundsätzliche Anerkennung als König von Italien durch – Mark Schleswig wieder dänisch – Aufstand seines Stiefsohnes Ernst von Schwaben
1026/27	Italienzug und Kaiserkrönung in Rom

1028	Bistum Zeitz nach Naumburg verlegt
1030–1061	Erster Dom von Speyer (Krypta unverändert erhalten)
1033	Deutsch-russischer Feldzug gegen Polen. Lausitz wieder deutsch
1034	Kaiser Konrad erwirbt Burgund – Fertigstellung der ersten Synagoge in Worms
1036	Vergebliche Belagerung Ariberts von Mailand – Konrad unterstützt Aufstand ritterlicher Vasallen in Oberitalien – Busdorfkirche (Nachbildung der Jerusalemer Grabeskirche) in Paderborn – Baubeginn von St. Aposteln in Köln
1037	Kaiser Konrad II. erläßt Gesetz über die Erblichkeit kleiner Lehen
1039–1056	Kaiser Heinrich III.
1039–1058	Äbtissin Theophanu in Essen – Münster-Westwerk mit «Aachener» Einbau
um 1040–1050	Neubau von St. Marien im Kapitol unter der Äbtissin Ida, Schwester der Äbtissin Theophanu von Essen
1042	Böhmen lehnspflichtig, 1044 auch Ungarn
1043	Heinrich III. predigt Gottesfrieden in Konstanz – Normannen entreißen Unteritalien den Arabern
1046–1115	Markgräfin Mathilde von Toscana
1046	Synode von Sutri – Heinrich setzt drei Päpste ab und ernennt Bischof Suidger von Bamberg als Clemens II. zum Heiligen Vater
1047	Heinrich III. belehnt die Normannen in Unteritalien mit Apulien und Aversa – Grundsteinlegung des Domes von Goslar
1048	Reichstag in Worms – Ernennung des Grafen Bruno von Egisheim als Leo IX. zum Papst – «Reformer» übernehmen die Macht im Lateran
1049	Unterwerfung Gottfrieds von Lothringen und Balduins von Flandern
um 1050	Kaiserlicher Saalbau in Goslar
1053	Papst Leo IX. verliert Feldzug gegen die Normannen
1054	endet die *Weltchronik* des Reichenauer Mönches Hermannus Contractus
1056	Reichstag in Goslar in Gegenwart von Papst Victor II. und Tod Heinrichs III.

1056–1106	Kaiser Heinrich IV.
1056–1075	Anno Erzbischof von Köln
1059	Papstwahldekret der Reformer. Beseitigung des königlichen Einflusses auf die Papstwahl. Verbot der Laieninvestitur – Weihe einer neuen Außenkrypta in Essen-Werden
1061	Normannen erobern das von Arabern besetzte Sizilien
1062	Die Entführung von Kaiserswerth – Ausverkauf des kgl. Besitzes beginnt
1063	Adalbert von Bremen neben Anno von Köln Reichsregent und Vormund Heinrichs IV.
1065	*Gesang von den Wundern Christi* des Bamberger Mönches Ezzo – Weihe von St. Maria im Kapitol in Köln – Zerstörung der Goslarer Pfalz durch Brand
um 1065	Weihe des Langhausneubaues im Dom von Augsburg. Augsburger Bronzetüren. Wandmalereien am Obergaden
1067	Weihe von St. Georg in Köln. Erweiterung von St. Gereon ersetzt Apsis durch Langchor über der Krypta
1070	Die Welfen werden Herzöge von Bayern
1073	Die Bürger von Worms holen Heinrich IV. feierlich in die Stadt ein
1074	Aufständische Sachsen zerstören Harzburg
1075	Heinrich IV. schlägt Sachsenaufstand nieder – Gregors VII. 27 Lehrsätze über die Rechte des Papstes
1076	Wormser Synode erklärt Papst Gregor für abgesetzt, Gregor antwortet mit Kirchenbann. Abfall und Aufstand der deutschen Reichsfürsten
1077	Der Bußgang von Canossa. Fürsten ernennen Gegenkönig Rudolf von Schwaben
1080	Papst Gregor erneuert seinen Bannfluch. Heinrich erklärt Papst für abgesetzt. Feldzug nach Italien
1083	beginnt der Umbau des Domes von Speyer («Speyer II»).
1084	Heinrich belagert Papst Gregor in der Engelsburg. Läßt sich durch Gegenpapst Clemens III. zum Kaiser krönen. Normannenherzog Robert Guiscard befreit Gregor
1085	Tod Gregors VII. in Salerno – Heinrich IV. verkündet Gottesfrieden

von 1090 an	Neue Kämpfe in Italien – Bündnis der lombardischen Städte gegen den Kaiser
1096	Papst Urban II. verkündet ersten Kreuzzug
1097	Der Kaiser wieder in Deutschland
1104	Aufstand Heinrichs V. gegen seinen Vater, der ein Jahr später zur Abdankung gezwungen und festgesetzt wird
1106	Heinrich IV. stirbt nach gelungener Flucht in Lüttich
1106–1125	Kaiser Heinrich V.
1111	Papst Paschalis in der Peterskirche gefangengenommen. Heinrich erzwingt Investiturrecht und Kaiserkrönung. – Beisetzung Heinrichs IV. in der Kaisergruft von Speyer. Privilegien für die Stadt Speyer
1112	widerruft Papst Paschalis seine Zugeständnisse. Sachsenaufstand unter Lothar von Supplinburg
1122	Wormser Konkordat
1125	Tod Kaiser Heinrichs V., des letzten Saliers

BIBLIOGRAPHIE

Allgemeine Literatur

Bauerreiß, Romuald: *Kirchengeschichte Bayerns*, St. Ottilien 1949
Baum, Julius: *Die Malerei und Plastik des Mittelalters in Deutschland, Frankreich und Britannien*, Potsdam 1930
Boos, Heinrich: *Geschichte der rheinischen Städtekultur (mit bes. Berücksichtigung der Stadt Worms)*, Bd. 1–4, Berlin 1897–1901
Bosl, Karl: *Geschichte Bayerns, Vorzeit und Mittelalter*, München 1952
–: *Frühformen der Gesellschaft im mittelalterlichen Europa*, München–Wien 1964
Bühler, Johannes: *Die Kultur des Mittelalters*, Stuttgart 1954
Cohn, Norman: *Das Ringen um das Tausendjährige Reich*, München–Bern 1961
Dehio/Gall: *Handbuch der deutschen Kunstdenkmäler*, Berlin seit 1914
Durant, Will: *Das Zeitalter des Glaubens*, Bd. IV der *Kulturgeschichte der Menschheit*, Bern 1956
Engel, Hans-Ulrich: *Die Straße nach Europa*, Hamburg 1961
Ennen, Edith: *Das Städtewesen Nordwestdeutschlands von der fränkischen bis zur salischen Zeit*, in: *Das erste Jahrtausend*, Düsseldorf 1964
–: *Frühgeschichte der europäischen Stadt*, Bonn 1953
Falco, Giorgio: *Geist des Mittelalters*, Frankfurt 1958
Fischer, Otto: *Geschichte der deutschen Malerei*, München 1943
Freund, Michael: *Deutsche Geschichte*, Gütersloh 1961
Freyer, Hans: *Weltgeschichte Europas*, Wiesbaden 1948
Grimme, Ernst-Günther: *Europäische Malerei im Mittelalter*, Frankfurt–Berlin 1963
Haller, Johannes: *Das altdeutsche Kaisertum*, Stuttgart 1934
–: *Das Papsttum*, Bd. II, Hamburg 1965
Hampe, Karl: *Herrschergestalten des deutschen Mittelalters*, Leipzig 1933
–: *Deutsche Kaisergeschichte in der Zeit der Salier und Staufer*, Darmstadt 1963
–: *Das Hochmittelalter*, Köln–Graz 1963
Hashagen, J.: *Europa im Mittelalter*, München 1951
Hauttmann, Max: *Die Kunst des frühen Mittelalters*, in: Propyläen-Kunstgeschichte, Berlin 1929

Heer, Friedrich: *Mittelalter*, München 1961
Heimpel, Hermann: *Deutsches Mittelalter*, Leipzig 1941
Henze, Anton: *Rheinische Kunstgeschichte, Westfälische Kunstgeschichte*, Düsseldorf 1960/62
Herzog, Erich: *Die ottonische Stadt*, Verlag Gebrüder Mann, Berlin
Heuss, Theodor: *Profile, Nachzeichnungen aus der Geschichte*, Tübingen 1964
Holtzmann, Robert: *Geschichte der Sächsischen Kaiserzeit*, München 1961
Hubensteiner, Benno: *Bayerische Geschichte*, München 1963
Huch, Ricarda: *Römisches Reich Deutscher Nation*, Frankfurt 1959
–: *Im alten Reich*, Bremen 1960
Jantzen, Hans: *Ottonische Kunst*, München 1946
Kletler, Paul: *Nordwesteuropas Verkehr, Handel und Gewerbe im frühen Mittelalter*, Wien 1924
Kaepf, Hans: *Schwäbische Kunstgeschichte*, Konstanz 1963
Kunze, Johannes: *Zur Kunde des deutschen Privatlebens in der Zeit der salischen Kaiser*, Berlin 1902
LeGoff, Jacques: *Das Hochmittelalter*, Frankfurt 1965
Lützeler, Heinrich: *Weltgeschichte der Kunst*, Gütersloh 1959
Möbius, Friedrich und Helga: *Sakrale Baukunst*, Mittelalterliche Kirchen zwischen Werra und Oder, Würzburg–Wien 1964
Petri, Franz: *Zeit der Ottonen – Geschichtliches*, in: Werdendes Abendland an Rhein und Ruhr, Essen 1956
Petrikovits, Harald v. (Hrsg.): *Kirche und Burg in der Archäologie des Rheinlands*, Düsseldorf 1962
Pinder, Wilhelm: *Die Kunst der deutschen Kaiserzeit*, Leipzig 1940
Pirenne, Henri: *Geschichte Europas*, Frankfurt 1961
Planitz, Hans: *Die deutsche Stadt im Mittelalter*, Graz–Köln 1954
Rausch, Wilhelm (Hrsg.): *Die Städte Europas im 12./13. Jahrhundert*, Linz
Rieckenberg, Hans Jürgen: *Königsstraßen und Königsgut in liudolfingischer und frühsalischer Zeit*, Darmstadt 1965
Romstoeck, Walter: *Bischofsstädte des deutschen Südens*, München 1962
Scheffler, Karl: *Deutsche Baukunst*, München 1956
Schneider, Fedor: *Das Mittelalter bis zur Mitte des 13. Jahrhunderts*, Darmstadt 1963
Schramm, Percy Ernst: *Herrschaftszeichen und Staatssymbolik*, Stuttgart 1955
–: *Kaiser, Rom und Renovatio*, Darmstadt 1962
Schramm/Mütherich: *Denkmale der deutschen Könige und Kaiser*, München 1962

Smidt, Wilhelm: *Deutsches Königtum und deutscher Staat während und unter dem Einfluß der italienischen Heerfahrten*, Wiesbaden 1964

Steinen, Wolfram von den: *Der Kosmos des Mittelalters*, Bern–München 1959

Suhle, A: *Deutsche Münz- und Geldgeschichte von den Anfängen bis zum 15. Jahrhundert*, Berlin 1964

Thümmler, Hans: *Zeit der Ottonen-Baukunst*, in: Werdendes Abendland an Rhein und Ruhr, Essen 1956

–: *Karolingische und ottonische Baukunst in Sachsen*, in: Das erste Jahrtausend, Düsseldorf 1964

Valentin, Veit: *Deutsche Geschichte*, München–Zürich 1960

Waas, Adolf: *Der Mensch im deutschen Mittelalter*, Graz–Köln 1964

Wahl, Rudolph: *Die Deutschen*, München 1953

Geschichte in Gestalten, Bd. I–IV, Frankfurt 1963–65

Kröners Handbuch der Historischen Stätten in Deutschland, Bd. I bis VII, Stuttgart 1959–1965

Reallexikon zur deutschen Kunstgeschichte, I, II und III, Stuttgart 1937, 1948 und 1954

Reclams Kunstführer, Bd. I–IV, Stuttgart 1957–1960

Spezialliteratur

Zu Kapitel 1

Ebhardt, B.: *Der Wehrbau Europas im Mittelalter*, Berlin–Leipzig 1939

Herrnbrodt, Adolf: *Der Husterknupp*, Köln–Graz 1958

–: *Die Motte Kippekausen in Bensberg–Refrath*, in: Bonner Jahrb. 1960

–: *Motte Burg Meer*, in: Büdericher Heimatblätter, 1963, H. 5

–: *Rheinische Mottenforschung heute*, in: Burgen und Schlösser, 1963, H. 1

–: *Stand der frühmittelalterlichen Mottenforschung im Rheinland*, Caên 1964

–: *Die Ausgrabung der Motte Burg Meer in Büderich bei Düsseldorf*, Verlag 1965

Hinz, Hermann: *Über frühe Burgen und Siedlungen am Niederrhein*, in: Niederrheinisches Jahrbuch 1959

Hollstein, Ernst: *Jahrringchronologien aus romanischer Zeit*, in: Rheinische Heimatpflege, 1965/IV

Jansen, Josef: *Herrensitze und Wasserburgen im Schwalmtal*, in: Burg und Stadt am Niederrhein, 1938

Piepers, Wilhelm: *Ausgrabungen auf Burg Holtrop bei Bergheim/Erft*, in: Bonner Jahrb. 1960
—: *Burg Holtrop*, Bergheim 1960
Schuchhardt, Carl: *Die Burg im Wandel der Weltgeschichte*, Berlin 1931
Steeger, Albert: *Ausgrabungen an niederrheinischen Burghügeln*, in: Burg und Stadt am Niederrhein, 1938
—: *Zur Baugeschichte früher niederrheinischer Wasserburgen*, in: Zeitschrift des Rheinischen Vereins für Denkmalpflege
Tholen, P., A.: *Über Bollberge und andere Aufsätze*, erschienen in: Die Heimat, Heinsberger Zeitung, von 1909 an.
Tuulse, Armin: *Burgen des Abendlandes*, Wien 1958
Uslar, Rafael von: *Studien in frühgeschichtlichen Befestigungen zwischen Nordsee und Alpen*, Beiheft Bonner Jahrb.
Wildemann, Theodor: *Rheinische Wasserburgen und wasserumwehrte Schloßbauten*, 1954
Zippelius, Adelhart: *Die Rekonstruktion und baugeschichtliche Stellung der Holzbauten auf dem Husterknupp*, in: Der Husterknupp, Köln–Graz 1958

Zu Kapitel 2

Behn, Friedrich: *Werla, die Königspfalz Heinrichs I.*, in: Aus europäischer Vorzeit, Stuttgart 1957
Borchers, Carl: *Werla-Regesten*, in: Zeitschrift des Harzvereins für Geschichte und Altertumskunde 1935
Brandi, Carl: *Altsächsische Landtage in Werla*, in: Zeitschrift des Harzvereins für Geschichte und Altertumskunde, 1935
Grimm, Paul: *Stand und Aufgabe der archäologischen Pfalzenforschung in den Bezirken Halle und Magdeburg*, Berlin 1961
—: *Zum Übergang vom Holz-Erde- zum Steinbau bei frühgeschichtlichen Burgen*, in: Burgen und Schlösser, 1963, I
Heusinger, B.: *Servitium regis in der deutschen Kaiserzeit*, in: Archiv für Urkundenforschung, 1923, H. 8
Mrusek, Hans-Joachim: *Thüringische und sächsische Burgen*, Leipzig 1965
Seebach, Carl Heinrich: *Neue Ausgrabungen auf der Königspfalz Werla bei Schladen in den Jahren 1957 bis 1960*, in: Neue Ausgrabungen und Forschungen in Niedersachsen, Hildesheim 1963
—: *Die Ausgrabungen der sächsischen Pfalz Werla*, in: Berichte über die Tagungen der Koldewey-Gesellschaft in Xanten (1959) und Hildesheim (1965)
Schroller, Hermann: *Bericht über die Untersuchung der Königspfalz

Werla im Jahre 1937, in: Nachrichten der Gesellschaft der Wissenschaften zu Göttingen
–: *Die Untersuchung der sächsischen Königspfalz Werla bei Goslar,* in: Die Kunde, 1938, H. 3–4
–: *Die Ausgrabung der sächsischen Königspfalz Werla bei Goslar,* in: Das Werk des Künstlers, Stuttgart 1939, H. 3
Wäscher, H.: *Der Burgberg in Quedlinburg nach den Ergebnissen der Grabungen 1938–1942,* Berlin 1959

Zu Kapitel 3

Beumann, Helmut: *Das Kaisertum Ottos des Großen,* in: Historische Zeitschrift, 1962
Eberl, Barthel: *Die Ungarnschlacht auf dem Lechfeld 955,* Augsburg 1955
–: *Festschrift der Jahrtausendfeier der Kaiserkrönung Ottos I.,* Köln–Graz 1962
Fischer, F. M.: *Politiker um Otto den Großen,* 1938
Heer, Friedrich: *Deutsche und europäische Perspektiven der Lechfeldschlacht,* in: Tausend Jahre Abendland, Augsburg 1955
Holtzmann, Robert: *Otto der Große und Magdeburg,* in: Magdeburg in der Politik der deutschen Kaiser, Heidelberg 1936
Lintzel, Martin: *Die Kaiserpolitik Otto des Großen,* 1943
Löwe, Heinz: *Kaisertum und Abendland in ottonisch-frühsalischer Zeit,* in: Historische Zeitschrift 1963
Schramm, Percy Ernst: *Die deutschen Kaiser und Könige in Bildern ihrer Zeit bis zur Mitte des 12. Jahrhunderts,* Berlin 1928
Schröers, H.: *Erzbischof Bruno,* in: Annalen des Hist. Vereins für den Niederrhein, 1917
Tellenbach, Gerd: *Die Entstehung des deutschen Reiches,* München 1940
–: *Kaisertum, Papsttum und Europa im hohen Mittelalter,* in: Historia Mundi, Bern 1958
Zorn, Wolfgang: *Augsburg – Geschichte einer deutschen Stadt,* München 1955

Zu Kapitel 4

Beck, Georg: *St. Heinrich und St. Kunigunde,* Bamberg 1961
Födisch, H.: *Bamberg und sein Umland in vor- und frühgeschichtlicher Zeit,* in: Beiträge zur Heimatkunde Bambergs, 1953
Grünbeck, Friedrich: *Die weltlichen Kurfürsten als Träger der obersten Erbämter des Hochstiftes Bamberg,* in: Berichte des Histor. Vereins zu Bamberg, 1922/24

Guttenberg, Erich Frh. v.: *Die Territorienbildung am Obermain*, Bamberg 1927
—: *Die Regesten der Bischöfe und des Domkapitels von Bamberg*, in: Veröffentlichungen der Gesellschaft für Fränk. Geschichte, 1932
Keller/Hege: *Bamberg*, München 1962
Mayer, Heinrich: *Neue Forschungen auf dem Domberg zu Bamberg*, in: Deutsche Kunst und Denkmalpflege, Jahrg. 36
—: *Bamberg als Kunststadt*, Bamberg–Wiesbaden 1955
Neukam, Wilhelm: *Immunität und Civitas in Bamberg*, in: Berichte des Historischen Vereins zu Bamberg 1925
Schimmelpfennig, B.: *Bamberg im Mittelalter*, Lübeck 1964
Zimmermann, Gerd: *Bamberg als königlicher Pfalzort*, in: Jahrb. f. fränkische Landesforschung, 1959

Zu Kapitel 5

Bader, Walter: *Die Benediktiner-Abtei Brauweiler bei Köln*, Berlin 1937
Bandmann, Günther: *Die Werdener Abteikirche*, Bonn 1953
Baumgart, Fritz: *Geschichte der abendländischen Baukunst*, Köln 1960
Beseler/Roggenkamp: *Die Michaelskirche in Hildesheim*, Berlin 1954
Bloch, Peter: *Der Stil des Essener Leuchters*, in: Das erste Jahrtausend Textbd. I, Düsseldorf 1962
Börsting, Heinrich: *Das Leben des Heiligen Liudger*, in: St. Liudger, Essen-Werden 1959
Borger, Hugo: *Die ehemalige Abteikirche Werden*, in: St. Liudger, Essen-Werden 1959
—: *Zur Baugeschichte des Werdener Westwerks*, in: Die Kirchen zu Essen-Werden, Essen 1959
—: *Die Ausgrabungen in der Dom-Immunität zu Xanten*, Vorberichte in den Bonner Jahrbüchern 1960 ff.
—: *Das Münster in Essen* (und andere Beiträge), in: Kirche und Burg in der Archäologie des Rheinlandes, Düsseldorf 1962
—: *Die Architektur und ihre Geschichte*, in: Das Essener Münster, Essen 1963
Effmann, Wilhelm: *Die karolingisch-ottonischen Bauten zu Werden*, Essen 1922
Elbern, Victor H.: *Erinnerungen an St. Liudger aus dem Kunstbesitz der ehem. Abteikirche zu Essen-Werden*, in: St. Liudger Essen-Werden 1959
—: *St. Liudger und die Abtei Werden*, Essen 1962

Gelderblom, Hans: *Die Grabungen und Funde im Mindener Dom,* Minden 1964
Heyer, Karl Johannes: *Die modernen Kunstwerke im Essener Münster,* in: Das Essener Münster, Essen 1962
Humann, Georg: *Der Westbau des Münsters zu Essen,* Essen 1890
Kästner, Kurt W.: *Das Münster zu Essen,* Essen 1929
Köhn, H.: *Der Essener Münsterschatz,* Essen 1950
Küppers, Leonhard: *Kunst der Vergangenheit im heiligen Raum,* in: Das Essener Münster, Essen 1963
Meyer-Barkhausen, W.: *Das große Jahrhundert Kölner Kirchenbaukunst,* Köln 1952
Pothmann, Alfred: *Altfrid – ein Charakterbild seiner Persönlichkeit,* in: Das erste Jahrtausend, Textbd. II, Düsseldorf 1964
Rahtgens, Hugo: *Die kirchlichen Denkmäler der Stadt Köln,* Düsseldorf 1911
Schaefer, Leo: *Der Gründungsbau der Stiftskirche St. Martin in Zyfflich,* Essen 1963
Schneider, Wolf: *Essen – Geschichte einer Stadt,* Düsseldorf 1960
Schulze, Hans K.: *Das Stift Gernrode,* Köln–Graz 1965
Steinbach, Franz: *Die Ezzonen,* in: Das erste Jahrtausend, Textbd. II, Düsseldorf 1964
Tholen, P. A.: *Neue baugeschichtliche Ergebnisse in den frühen Kirchen Kölns,* Wallraf-Richartz-Jahrbuch 1943
Thümmler, Hans: *Karolingische und ottonische Baukunst in Sachsen,* in: Das erste Jahrtausend, Textbd. I, Düsseldorf 1962
Verbeek, Albert: *Zentralbauten in der Nachfolge der Aachener Pfalzkapelle,* in: Das erste Jahrtausend, Düsseldorf 1962
Weigel, Helmut: *Aufbau und Wandlungen der Grundherrschaft des Frauenstiftes Essen,* in: Das erste Jahrtausend, Textbd. I., Düsseldorf 1962
Zimmermann, Walther: *Das Münster zu Essen,* Essen 1956
–: *Zur Rekonstruktion der Abteikirche zu Werden,* in: Die Kirchen zu Essen-Werden, Essen 1959
–: *Die Luziuskirche zu Werden,* in: Die Kirchen zu Essen-Werden, Essen 1959

Zu Kapitel 6

Beyerle, K. (Hrsg.): *Die Kultur der Abtei Reichenau,* München 1925
Boeckler, A.: *Abendländische Miniaturen bis zum Ausgang der romanischen Zeit,* Berlin–Leipzig 1930
–: *Die Reichenauer Buchmalerei,* in: Kultur der Reichenau, München 1925

Buholzer, Joseph: *Die Säkularisationen katholischen Kirchengutes während des 18. und 19. Jahrhunderts*, Luzern 1921
Ehl, H.: *Die Kölner ottonische Buchmalerei*, Bonn–Leipzig 1922
Elbern, Victor H.: *Die bildende Kunst des Ottonenreiches zwischen Maas und Elbe*, in: Das erste Jahrtausend, Textbd. II, 1964
Euw, Anton von: *Zu den Quellen der ottonischen Kölner Buchmalerei*, in: Das erste Jahrtausend, Textbd. II, 1962
Falke, O. v.: *Der Mainzer Goldschmuck der Kaiserin Gisela*, 1913
Feger, Otto: *Geschichte des Bodenseeraumes – Anfänge und frühe Größe*, Lindau–Konstanz 1956
Gernsheim, W.: *Die Buchmalerei der Reichenau*, München 1934
Goldschmidt, A.: *Die deutsche Buchmalerei*, München–Florenz 1928
Gröbe, Konrad: *Reichenauer Kunst*, Karlsruhe 1924
Gruber, Otto: *Wiederherstellung des Marienmünsters auf der Reichenau*, in: Deutsche Kunst und Denkmalpflege, 1935
Langosch, Karl: *Die deutsche Literatur des lateinischen Mittelalters*, Berlin 1964
–: *Profile des lateinischen Mittelalters*, Darmstadt 1965
Rademacher, Franz: *Der Trierer Egbertschrein*, in: Trier. Zeitschrift 1936, H. 11
Scheglmann, A. M.: *Geschichte der Säkularisation im rechtsrheinischen Bayern*, Regensburg 1903
Schnitzler, H.: *Zeit der Ottonen – Bildende Kunst*, in: Werdendes Abendland an Rhein und Ruhr
–: *Rheinische Schatzkammer*, Düsseldorf 1957–1959
Schroth/Keller: *Reichenau*, Lindau–Konstanz 1956
Schürenberg, L.: *Die Reichenau*, München 1959
Volbach, W. F.: *Die Elfenbeinarbeiten der Spätantike und des frühen Mittelalters*, Mainz 1952
Wesenberg, Rudolf: *Bernwardinische Plastik*, Berlin 1955

Zu Kapitel 7

Bohlender, Rolf: *Dom und Bistum Speyer – eine Bibliographie*, Speyer 1963
Bornheimgen, Schilling, Werner: *Die Wandbehandlung im Speyerer Dom*, in: 900 Jahre Speyerer Dom, 1961
Bühler, Johannes: *Speyer und das Reich*, München–Berlin 1940
Doll, Anton: *Das alte Speyer*, Speyer 1950
–: *Zur Frühgeschichte der Stadt Speyer*, in: Mitteilungen des Historischen Vereins der Pfalz, Speyer 1954

—: *Historisch-archäologische Fragen der Speyerer Stadtentwicklung im Mittelalter*, in: Pfälzer Heimat, 1960, Heft 2
—: *Entstehung und Entwicklung der Pfarreien der Stadt Speyer*, in: 900 Jahre Speyerer Dom, Speyer 1961
—: *Handel und Wandel in einer alten Stadt*, Speyer 1964
Edschmid, Kasimir: *Die Kaiserdome*, in: Merian – Worms, Speyer und die Weinstraße, Hamburg 1964
Esterer, Rudolf: *Denkmalpflegerische Probleme der Restauration des Kaiserdomes in Speyer*, in: 900 Jahre Speyerer Dom, Speyer 1961
Hofen, Karl: *Die Restauration des Speyerer Kaiserdomes 1957–1961*, in: 900 Jahre Speyerer Dom, Speyer 1961
Klimm, Franz: *Der Kaiserdom von Speyer*, Speyer 1952 und 1965
Kubach, Hans Erich: *Der Dom zu Speyer*, in: Pfälzer Heimat 1960, H. 2
—: *Zur Baugeschichte des Domes*, in: 900 Jahre Speyerer Dom, Speyer 1961
Lenhart, Ludwig: *Bischof Joseph Ludwig Colmar und seine Rolle in der tragischen Schicksalsgemeinschaft des Mainzer und des Speyerer Domes zur Zeit Napoleons*, in: 900 Jahre Speyerer Dom, Speyer 1961
Roland, Berthold: *Speyer*, Honnef 1961
Roettger, Bernhard Hermann: *Stadt und Bezirksamt Speyer*, in: Die Kunstdenkmäler der Pfalz, München 1934
Schmitt, Max: *Die Sicherungen des Speyerer Doms im 18. und 20. Jahrhundert und die Fundamentgrabungen 1929/31*, Speyer 1932
Sprater, Friedrich: *Die Pfalz unter den Römern*, Speyer 1929
Stamer, Ludwig (Hrsg.): *900 Jahre Speyerer Dom*, Speyer 1961
Verbeek, Albert: *Zur spätnazarenischen Ausmalung des Speyerer Domes 1846–1854*, in: 900 Jahre Speyerer Dom, Speyer 1961
Weber, Friedrich Josef: *Die Domschule von Speyer im Mittelalter*, Freiburg 1954 (Dissertation)

Zu Kapitel 8

Bitter, Friedrich: *Der Handel Goslars im Mittelalter*, Goslar 1940
Borchers, Carl: *Bamberg – Vorbild für die Kaiserpfalz Goslar?*, in: Harzer Heimatland, 1961, H. 3
Borchers, Carl: *Wie alt ist die Pfalzkapelle?*, in: Unsere Diözese in Vergangenheit und Gegenwart, 1961, H. II
—: *Die Ulrichskapelle der Kaiserpfalz Goslar*, Goslarsche Zeitung, 3. 1. 1962

Borchers, Günther: *Die Kirche des ehemaligen Augustiner-Chorherren-Stiftes Riechenberg bei Goslar,* Goslar 1955
–: *Die Grabungen und Untersuchungen in der Stiftskirche St. Georg zu Goslar 1963/64,* in: Bonner Jahrbücher 1966
Bruchmann/Schmidt-Glassner: *Goslar,* München 1952
Bruchmann, Karl G.: *Heinrich III. und Goslar,* Vortrag zur 900. Wiederkehr des Todestages Kaiser Heinrichs III., am 5. Oktober 1965
Burkart, Karl: *Bemerkenswerte Ergebnisse der Spatenforschung im Harzgebiet,* in: Unser Harz, 1965, H. 3
Günther, Friedrich: *Aus dem Sagenschatz der Harzlande,* Hannover–Leipzig 1893
Heimpel, Hermann: *Goslar und Canossa,* Vortrag in der Kaiserpfalz Goslar am 12. Nov. 1959
Hölscher, Uvo: *Die Kaiserpfalz Goslar,* Berlin 1927
Jordan, Karl: *Goslar und das Reich im 12. Jahrhundert,* in: Niedersächsisches Jahrbuch 1963
Meyer, Erich: *Der Kaiserstuhl in Goslar,* in: Zeitschrift des deutschen Vereins für Kunstwissenschaft, 1943
Rothe, Eva: *Goslar als Residenz der Salier*
Schieffer, Theodor: *Kaiser Heinrich III.,* in: Die großen Deutschen, Berlin
Wolff, Carl: *Die Kunstdenkmäler der Provinz Hannover – Reg. Bez. Hildesheim, Stadt Goslar,* Hannover 1901
–: *Goslar am Harz,* in: Ein Führer durch Goslar und Umgebung, Goslar 1962

Zu Kapitel 9

Bauer, Walter: *Baugeschichte der Pauluskirche und Magnuskirche zu Worms,* Worms 1936
Böcher, Otto: *Jüdisches Worms,* in: Sonderheft Worms der Zeitschrift «Lebendiges Rheinland-Pfalz», Mainz 1966
Brackmann, Albert: *Heinrich IV. als Politiker bei Ausbruch des Investiturstreites,* in: Canossa als Wende, Darmstadt 1963
Büttner, Heinrich: *Zur Stadtentwicklung von Worms im Früh- und Hochmittelalter,* in: Festschrift Steinbach
Classen, Peter: *Bemerkungen zur Pfalzenforschung am Mittelrhein,* in: Deutsche Königspfalzen, Göttingen 1963
Dambmann, Albert: *Die Stadtgeographie von Worms,* Worms 1936
Haller, Johannes: *Der Weg nach Canossa,* in: Canossa als Wende, Darmstadt 1963

Heiss, Adolf: *Versuch einer Rekonstruktion der Wormser Königspfalz*, in: Der Wormsgau, 1938, H. 3

Illert, Friedrich M.: *Forum Romanum – Zur Geschichte der Wormser Königspfalz*, in: Der Wormsgau 1938, Heft 3

–: *Kaiserpfalz und Bischofshof in Worms*, in: Der Wormsgau, 1953, Heft 3

–: *Worms im wechselnden Spiel der Jahrhunderte*, Worms 1958

–: *Worms am Rhein*, Führer durch die Geschichte und Sehenswürdigkeiten, Worms 1961

Illert, Georg: *Skizze der Entwicklung der Stadt Worms von der vorgeschichtlichen Zeit bis zum Hochmittelalter*, in: Der Wormsgau, 1954/55, Heft 4

–: *Das Bild der Stadt Worms*, in: Sonderheft Worms der Zeitschrift «Lebendiges Rheinland-Pfalz», 1966

Kautzsch, Rudolf: *Der Mainzer Dom und seine Denkmäler*, Frankfurt 1925

–: *Der Dom zu Worms*, Berlin 1938

Krämer-Badoni, Rudolf: *Ruhmwürdiges Worms*, in: Merian – Worms, Speyer und die Weinstraße, Hamburg 1964

Kranzbühler, Eugen: *Worms und die Heldensage*, Worms 1930

Mayer-Pfannholz, Anton: *Die Wende von Canossa*, in: Canossa als Wende, Darmstadt 1963

Schoeps, Hans Joachim: *Die Juden von Worms*, in: Merian – Worms, Speyer und die Weinstraße, Hamburg 1964

Steinen, Wolfram von den: *Canossa*, München 1957

Tellenbach, Gerd: *Zwischen Worms und Canossa*, in: Canossa als Wende, Darmstadt 1963

Weirich, Diether: *Die Bergkirche zu Worms-Hochheim und ihre Krypta*, Worms 1953

–: *Wormatia Sacra*, Beiträge zur Geschichte des ehemaligen Bistums, Worms 1925

–: *Katalog der Ausstellung* Worms im 19. Jahrhundert, Kaiser- und Königsurkunden aus dem Stadtarchiv, Bilddokumente zur Geschichte von Dom und Dombezirk, Worms 1966

REGISTER

Aachen 30, 67 f., 70, 85 f., 88, 97, 106, 110, 112, 128, 135, 139 f., 150, 169, 171, 232, 239, 295, 297, 304, 320, 334
—, Domschatz 196, 235
—, Lotharkreuz 230
—, Palastschule 210, 233
—, Pfalzkapelle 85, 115 f., 162, 185, 239, 371
—, Kirche des hl. Adalbert 178
Aachener Evangeliar 234 ff.
Abbach 127
Abraham, Bischof 126
Adalbert, hl. 141
Adalbert, Graf von Babenberg 125
Adalbert, Erzbischof von Bremen-Hamburg 149, 300, 344 f., 349
Adalbert, Erzbischof von Magdeburg 82 f., 101
Adalbert, Erzbischof von Mainz 365
Adalbert von Prag 114, 215
Adalbert von Trier 214
Adalbert, Bischof von Worms 342
Adalbold, Bischof von Utrecht 216
Adaldag, Erzbischof von Hamburg-Bremen 89
Adelheid, zweite Gemahlin Ottos d. Gr. 90 f., 342
Adelheid, Äbtissin in Nivelles 184
Adelheid, Äbtissin in Quedlinburg (Schwester Ottos III.) 57, 128
Adendorf 42
Adolf von Nassau 251, 278
Adso, Abt 109
Aetius, römischer Heermeister 333
Afra, hl. 50
Agnes, Königin 251
Agnes von Burgund, Schwiegermutter Heinrichs III. 306
Agnes von Poitou, Gemahlin Heinrichs III. 299 f., 306, 343 f., 351
Ahr 166
Albertus Magnus, hl. 177
Albrecht I. (von Österreich), König 251, 278, 371
Albrecht von Nassau 286
Alemannen 204, 333
Alexander II., Papst 351
Alexios, byzantinischer Kaiser 357
Alkuin 210
Allensbach 202
Aller 46
Allerstedt, Burg 73
Allstedt 68, 72
Altenburg 41 f.
Altfrid, Bischof von Hildesheim 163 ff., 167, 178 ff., 198
Altspeyer 253, 267 ff.
—, Judengemeinde 269
Alzey 183
Amarcius, Lehrer an der Domschule von Speyer 269
Ambrosius, hl. 140 f.
Amiens 370
Andernach 68, 87
Andreas, Domscholaster in Speyer 276
Angilbert 210
Anglachgau 36
Angoulême 36
Anna, byzantinische Kaisertochter 98
Annalist, Sächsischer 290 ff.
Anno, Erzbischof von Köln 188, 191, 297, 305, 343 ff., 351
Anno, Bischof von Worms 336
Anno, Abt in Magdeburg 89
Antwerpen 30
Apennin 97
Apulien 110, 303
Aquileja, Patriarch von 140, 144, 307
Arduin, Markgraf von Ivrea 131

Aribert, Erzbischof von Mailand 257 f., 301
Aribo, Erzbischof von Mainz 255
Ariovist, suebischer Heerkönig 251
Aristoteles 217
Arnstadt 91
Arnulf von Kärnten, Kaiser 118 f., 335
Arnulf, Herzog von Bayern 48, 50 f., 85 f.
Asnidi, Gut Alfrids 163, 167
Augia, s. Reichenau
Augsburg 50, 53, 80 f., 90, 92 ff., 119, 127, 147, 149, 151, 213, 296, 355
—, Domschule 224
—, Godehardkapelle 118
—, St.-Afra-Kirche 92
—, Ulrichskapelle 118
Augustinus, hl. 10 f.
Augustus, Kaiser 332
Ausonius 220
Avenarius, Ferdinand 123
Avignon 360
Awaren 334
Azecho, Bischof von Worms 342, 376

Baba, slawische Göttin 124
Babenberg, castrum (s. a. Bamberg) 124 ff., 138, 142
Bad Dürkheim 261
Bader, Walter 171 f.
Badorf-Stil 24
Balderich, Bischof von Speyer 276
Balgstädt 73
Bamberg 98, 121–159, 304
—, Alte Hofhaltung 123, 139 f., 153, 155 ff., 159
—, Altes Priesterseminar 157
—, Altes Rathaus 124, 156
—, Andreaskapelle 139
—, Bischofshof 139
—, Bistum 124, 136 ff.
—, Böttingersche Gartenvilla 156
—, Dom 152 ff., 157

403

—, erster Dom 140 ff., 153
—, Domberg 155, 297
—, Domherrenkurien 140, 147, 155
—, Domplatz 148
—, Domschatz 158 f., 196
—, Hauskapelle St. Thomas 139
—, Heiliggrabkirche 155
—, Jacobskirche 155
—, Kirchenkranz 150
—, Kloster Michelsberg 124, 142, 156
—, Marktsiedlung 143
—, Neue Residenz 156
—, Pfarrkirche am Kaulberg 155
—, Staatliche Bibliothek 235
—, Stadionscher Domherrenhof 157
—, St. Stephan 142, 155
—, Wohnung der hl. Kunigunde 159
Bamberger Apokalypse 235, 237
Bardowick 313
Bari 98
Basel 24, 134 f., 205
—, Goldener Altarvorsatz 233
Baukunst, ottonische 168 ff., 339
Bautzen, Friede von 133
Bayern 36, 47 ff., 54, 68, 70, 91 f., 94, 108, 128, 135 f., 138, 300, 304, 354
Beatrice, Königin 251
Becker, Regierungsrat 58
Benedikt V., Papst 98
Benedikt VIII., Papst 133 f., 143 f.
Benedikt IX., Papst 302
Benedikt XIV., Papst 243
Benedikt von Aniane, hl. 43
Benedikt von Nursia, hl. 205, 218 ff.
Benevent 90
Benkert, Peter 158
Benno, Bischof von Osnabrück 264 ff., 294, 305
Bensberg 41
Berchthold, Herzog von Bayern 86, 88
Berchtold 48
Berchtold, Graf 93 f.
Berengar, Markgraf von Ivrea (König von Langobardien) 90 ff., 96 ff., 125

Berengar, Gießer der Mainzer Domtüren 230
Berengar, Kaplan 137
Berengar, Begleiter Konrads II. 257
Berg-Altena-Isenberg, Graf Friedrich von, Voigt in Essen 197
Bergfriedhäuser 16
Bergheim 42
Bernburg 73
Bernhard von Clairvaux, hl. 278
Bernhard, hl. 284
Berno, Abt d. Reichenau 224 ff.
Bernward, Bischof von Hildesheim 110, 115, 126, 145, 148, 168, 174 f., 215, 228, 231 ff., 239, 341
Bernwardkreuz 231
Bernwardsleuchter 231
Berta von Savoyen, erste Gemahlin Heinrichs IV. 251, 348
Berthold, Biograph Hermanns d. Lahmen 226
Berthold v. Zähringen 343
Beumann, Helmut 107
Bienwald 262
Billunger 343
Bingen 268
Birgdorf, Grafen von 77 f.
Birgeler Wald 37
Bismarck, Otto von 358
Blasius, hl. 141
Blois 36
Blumenbach, Geheimer Regierungsrat, Hannover 321
Bocholt 165
Böckelheim, Schloß an der Nahe 363
Bodensee 156, 206, 208, 228, 238
Bodfeld, Jagdpfalz 306, 342
Boethius 211, 217, 220 f., 275
Böhmen 94, 101, 132, 136
Boleslaw Chrobry, Herzog von Polen 114, 131 ff., 136, 258
Bon St. André, Jean, französischer Präfekt 283
Bonifatius, hl. 43
Bonn 51, 177, 268
Bonn, Münster 171
Boppart 347

Borchers, Carl 58, 66, 296
Borchers, Günther 291, 310
Borger, Hugo 179, 181 f., 188 ff., 191, 195
Born, Burg 16 ff.
Bosl, Karl 36, 43
Bottlenberg gen. Schirp, Freiherr, Werdener Bürgermeister 192
Brandenburg 101
Braunschweig 45, 78
Brauweiler 177, 185
—, Abteikirche St. Nikolaus 172
Bremen 147, 149 f., 214
Brenner 97, 364
Bretagne 36, 211
Bretislaw, Herzog v. Böhmen 300, 305
Briefe an Kaiser Heinrich II. 215
Britische Inseln 28, 30
Brixen 356
Bronzeräder von Haßloch 251
Bruchmann, Karl G. 291, 296
Bruchsal 128
Brügge 341
Brüggen 16 f.
Brühl b. Kempen 38
Brun, Bruder Heinrichs II. 132
Brun v. Kärnten, Vetter Ottos III. 111, 336
Brun, Erzbischof von Köln, Bruder Ottos d. Gr. 68, 83, 92, 97, 102, 106, 176 f., 214, 216, 230
Brun von Querfurt, Vetter Thietmars von Merseburg 215
Brun, Bischof von Toul (s. a. Papst Leo IX.) 302
Brunhilde, Königin (Gestalt der Nibelungensage) 329, 333
Bruno, sächsischer Mönch, Autor des Sachsenspiegels 348, 356
Bruno, Dompropst von Straßburg 277
Bruno von Toul 342
Buchau, Frauenkloster am Federsee 226
Buchmalerei, Kölner 238 ff.
Buchmalerei, ottonische 234 ff.

404

Buchner 227
Büderich 39 ff.
Bühler, Johannes 211
Bulcsu, Horka 93 f., 120
Bulgaren 101
Burchard, Abt von St. Gallen 209
Burchard, Bischof von Halberstadt 305
Burchard, Abt in Regensburg 223
Burchard, Bischof von Worms 130, 216, 255, 276, 335 ff., 375
Burchardus 336
Burchardus, Bischof von Belluno 276
Burg Meer 39
Burgdorf 78
Burgund, Burgunder, 50 f., 55, 101, 108, 131, 134 f., 194, 258 f., 280, 298 f., 329
Burgunderreich um Worms 333
Burkhard, Bischof von Basel 354
Byzanz 96, 98, 106, 108 f., 134, 141, 199, 205, 230, 234, 276

Calixtus, Papst 366 ff.
Capua 90
Cäsar 220
Cassian 221
Caumont 15
Ceisolf, Dompropst zu Speyer 277
Champagne 194
Chartres 370
Christophorus, hl. 276
Chrodegang, Bischof v. Metz 167
Cicero 111, 220 f., 275
Canossa 277, 297, 350, 354 ff., 367
Civitas Vangionum 331
Claudi, Ernst, Kaufmann 321
Clemens II., Papst 302
Clemens III., Papst 357, 362 f.
Cluny, Kloster 260 ff., 351
Codex Argenteus 165
Codex Aureus von Echternach 229, 238
Codex Aureus v. Lorsch 235
Codex Udalrici 152

Codex Wittikindeus 238
Colmar, Bischof von Mainz 284
Colonia Trajana 341
Corbie, Kloster 239
Cotrone, Schlacht bei 110
Córdoba 96, 216
Cosmas, hl. 164, 187, 195 f., 315
Cremona 362
Crescentier 133

Dagobert, König 253, 333 f., 338
Dahlheim-Rödgen 42
Daleminzier 54 f.
Damasus II., Papst 302
Damian, hl. 164, 187, 195 f., 315
Dänemark, Dänen 28, 101 f., 344
Dante, *Göttliche Komödie* 207
Darmstadt, Hessische Landes- und Hochschulbibliothek 235
Darmstädter Evangeliar 238
Dassel, Reinald 361
Decarreaux, Jean 219
Dehio, Georg 172, 266, 285
Delbrück, Hans 359
Dendrochronologie (Jahrringchronologie) 25 ff.
Derenburg 73
Desiderata, Gemahlin Karls d. Gr. 334
Detroit 160
Deventer 70
Dictatus papae 352
Dientzenhofer, Georg 156
Dientzenhofer, Johann 156
Dientzenhofer, Johann Leonhard 156
Dietern 38
Dinant 313
Dingolfing 54
Dinkelsbühl 246
Dionysius, hl. 141
Dioskurides 222
Doll, Anton 254, 271
Dominikaner 155
Domschulen 215 ff.
Donau 138, 332
Doppelfeld, Otto 176
Dortmund 67 f., 91, 347
Douglass, amerikanischer Astronom 25

Dreißigjähriger Krieg 171, 197, 279, 316, 372, 377
Dresden 171
Dubrawa, Prinzessin von Böhmen 99
Duden, Heinrich, Abt in Werden 191
Duderstadt 53
Duisburg 14, 68, 165
Düren 42, 172
Dürrmenz, Ulrich von (s. Ulrich von Dürrmenz)
Düsseldorf 13 f., 39

Eberhard, Sohn Arnulfs von Bayern 86
Eberhard, Bischof von Bamberg 130, 138, 143
Eberhard, Herzog von Franken 85 ff.
Eberl, Barthel 95 f., 119
Ebner-Eschenbach, Marie von 33
Ebo, Erzbischof von Reims 164
Ebrach, Kloster 155
Eburnant, Mönch der Reichenau 235
Echternach, Kloster 165, 238 f., 241
Ecker 291
Edenkoben 285
Editha, erste Gemahlin Ottos d. Gr. 88 f., 102
Effmann, Wilhelm 171, 188, 190 ff.
Egbert, Erzbischof von Trier 168, 229 ff., 235
Egbert, Magister in Lüttich 215
Egbert-Handschrift 235 f., 238
Egino, Bischof von Verona 204
Eichstätt 124, 147, 149, 214, 306
Eifel 211
Einhard 210
Einsiedeln 239
Eiserne Krone 133, 140
Ekbert von Andechs-Meran, Bischof von Bamberg 153
Ekbert, Graf 308
Ekkehard I., Mönch von St. Gallen 209
Ekkehard II., Mönch von St. Gallen 209

Ekkehard IV., Mönch von St. Gallen 221
Ekkehard, Markgraf von Meißen 57, 64, 128, 305
Ekkehard, Abt der Reichenau 223
Elbe 88 f., 99, 132, 169
Elbern, Victor A. 229
Elfenbeinschnitzer 229 ff.
Elieser ben Nathan, jüdischer Dichter 368
Elsaß 280
Elsloo 68
Elten 167, 182
Emden 30
Emmeram, hl. 141
Emscher 160
Engelbert von Borg, Graf, Erzbischof von Köln 197
Enger 238
Engers 347
Erchanger 48
Eresburg 86
Erft 19, 21 f., 165 f.
Erfurt 54
Erhard, hl. 141
Erkelenz 42
Erlebald, Abt d. Reichenau 206 f.
Ermenrich, Abt von Ellwangen 201, 208
Ernst, Graf von Babenburg 132
Ernst, Herzog von Schwaben 256, 259
Essen 53, 160–199, 231, 238, 241
–, Damenstift 163, 166 f.
–, Domschatz 195, 230
–, Gertrudiskirche 196
–, Goldene Madonna 195, 230 ff.
–, Johanniskirche 161 ff, 182, 195
–, Mathildenkreuz 195, 230
–, Münster 161, 163, 171, 179 ff., 185 ff., 194 ff., 263
–, Münsterbezirk 160 ff.
–, Siebenarmiger Leuchter 195, 231
–, Stadtwappen 195
Essen-Werdener Baukunst 191, 193
Esterer, Rudolf 286
Etsch 91
Etzel, König, Gestalt der Nibelungensage 329

Evangeliar der Ste-Chapelle in Paris 238
Evangelienharmonie 210
Eyb, Albrecht von 123
Ezzo, Pfalzgraf 183
Ezzo, Scholasticus in Bamberg 152
Ezzolied 152

Falco, Giorgio 359
Farfa, Kloster 305
Färöer-Inseln 268
Fastrada, Gemahlin Karls d. Gr. 334
fecunda ratis 216
Ferdinand II., Kaiser 317
Fichtelgebirge 136
Fichtenau, Heinrich 32 ff.
Finnland 300
Fischer, Otto 234, 237, 241
Flandern 68, 151
Flarchheim (Kr. Langensalza) 356
Forchheim a. d. Regnitz 9, 47, 356
de la Fond, franz. Intendant 280
Franken 47, 50, 54, 67, 70, 94, 107 f., 125, 128, 135, 138, 204, 211 f., 333
Frankenberg a. d. Eder 335
Frankfurt (Main) 67 ff., 70, 87, 137, 282, 347
Frankreich, Franzosen 30, 36, 38, 55, 110, 208, 279 ff., 319
Fraueninsel im Chiemsee 240
Freising 126, 214
Fremersdorf, Fritz 171
Freund, Michael 260
Friaul 91, 96
Friedberg, Afrakirche 119
Friedrich II., Kaiser 278, 313, 324, 371
Friedrich III., Kaiser 324
Friedrich, Kardinal (s. a. Papst Stephan IX.) 351
Friedrich Barbarossa, Kaiser 58, 77, 153, 277, 289, 312, 324, 361, 368, 371
Friedrich, Erzbischof von Köln 277
Friedrich, Erzbischof von Mainz 86 f., 89, 91
Friedrich von Wartenberg-Wildenstein, Abt der Reichenau 243

Friedrich Graf von Zollern, Abt der Reichenau 242
Friedrich, Caspar David 310
Friesland 68
Fritzlar 125
Frimmersdorf, Grube 19
Fritzlar 48
Frohse b. Aschersleben 57
Froumund, Mönch von Tegernsee 216
Frutolf, Abt vom Michelsberg 152
Fugger, Jakob, Abt der Reichenau 243
Fulda, Dom 190
–, Kloster 30, 105, 107, 131, 150, 164 f., 207 f., 210, 233, 238, 344
–, Andreaskirche 242
–, Ratgarbasilika 140

Galen 222
Gallien 112
Gallus, hl. 208
Gandersheim, Kloster 53, 56, 68, 105, 127, 164, 167, 182, 305
–, Münster 174, 297
Gangolf, hl. 213
Gardasee 97
Garmisch 160
Garsdorf 37
Gebhard, Bischof von Eichstätt (s. a. Papst Victor II.) 303, 306 f.
Gelasius, Papst 366
Gelnhausen 121
Genf 355
Georg, hl. 141
Gerald, Mönch der Reichenau 235
Gerald, Magister in St. Gallen 209
Gerberga, Schwester Ottos d. Gr. 51, 89, 101, 109
Gerberga, Äbtissin in Gandersheim 214
Gerbert, Erzbischof von Reims 111 f., 114, 220, 222, 227 f.
Gerhard, Dompropst in Augsburg 92 f.
Gerhard, Propst von Goslar 310
Gerhard, Abt. v. Seeon 140
Germanien 112
Germersheim 275
Gernrode 171, 178

—, Stiftskirche St. Cyriakus 173 ff.
Gero, Erzbischof von Köln 99, 177, 230, 235
Gero, Markgraf 99, 173 f.
Gero-Kodex 235 f.
Gerokreuz 230 f.
Gerontius, hl. 100
Gerresheim 183, 230
Gerswid, Schwester Altfrids von Hildesheim, Äbtissin von Essen 167
Geseke 163
Gesetze und Statuten der Familie des Heiligen Petrus 336 f.
Gesta Caroli Magni 209
Giotto 241
Gisela, Mutter Heinrichs II. 126
Gisela, Kaiserin, Gemahlin Konrads II. 251, 255, 259, 263, 274, 294
Gisela, Kaiserin, Schmuck der 230
Giselbert, Herzog von Lothringen 51, 85 ff.
Gnesen 114 f.
Godehard, Bischof von Hildesheim 130, 149, 215
Godehardstab 231
Goderamus, Abt von St. Michael in Hildesheim 170
Godesberg 166
Goethe, Christiane 123
Goethe, Johann Wolfgang von 123
Goldbach, Sylvesterkapelle 241
Goldener Hut von Schifferstadt 251
Goldschmiedekunst 229 ff.
Gorze, Kloster 107, 109, 224
Gose 291
Goslar 46, 53, 57 f., 68, 78, 150, 289–328, 342, 347, 375
—, Älteres Wohngebäude 295
—, Augustiner-Chorherrenkirche 291
—, Bäckergildehaus 327
—, Blutbad im Dom 307 ff., 344
—, Bürgerhäuser 327
—, Dom 297, 318 ff.
—, Domstift 305
—, Georgenberg 290 f., 294, 297, 310, 327
—, Heilig-Kreuz-Stift 315
—, Johanniskirche 327
—, Jüngerer Wohnbau 296, 310, 316
—, Kaiserhaus 289 ff., 294, 311 ff., 317, 322 ff., 327 f.
—, Kaiserworth, Gildehaus der Gewandschneider 327
—, Klosterkirche Neuwerk 315
—, Klosterkirche Riechenberg 327
—, Krodo-Altar 326
—, Liebfrauenkirche 294 f., 317
—, Marktbrunnen 315, 327
—, Marktkirche 315
—, Pfalz 290, 292 ff., 304 ff., 309, 311 ff., 315 ff., 327
—, Pfarrkirche Peter und Paul 313
—, Rammelsberg 57, 289 ff., 296, 304, 313, 315, 328
—, Rathaus 315, 327
—, Reichstag 1056 306
—, Saalbau 295 f., 311, 315 f., 321, 323
—, St.-Annen-Stift 327
—, St. Jakobi 313
—, Stadtbefestigung 327
—, Städtisches Museum 326
—, Stephanikirche 315
—, Stift zum Großen Heiligen Kreuz 327
—, Stift zum Kleinen Heiligen Kreuz 327
—, Stiftskirche auf dem Petersberg 327
—, Sudburg 290 f.
—, Thronsessel 320, 326
—, Ulrichskapelle 289, 296, 310, 316, 322 ff.
—, Vorhalle des Doms 326 f.
Gotebald, Kanzler für Italien 276
Gotik 194
Gottfried von Viterbo, Domherr von Speyer und staufischer Geschichtsschreiber 277
Gottfried der Bärtige, Herzog von Lothringen 300, 304, 343
Göttingen 48, 66, 68, 72, 77, 144
Göttinger Sakramentar 238
Gozbert, Abt von Tegernsee 221
Gran 137
Gregor, Kardinal 366
Gregor IV., Papst 200
Gregor V., Papst 336
Gregor VI., Papst 302 f., 351
Gregor VII., Papst 276, 353 ff., 359 ff., 366
Gregormeister 238
Grenzlandring 14
Griechen 101
Grimald, Abt von St. Gallen 240
Grimm, Paul 73 f., 76
Grimme, Ernst Günther 236
Grone, Pfalz 48, 53, 66 ff., 72 ff., 77 ff., 144
Grönland 300, 344
Gropen, Historiker 78
Groten, Anselmus, Pfarrer in Werden 192
Grünbeck, Friedrich 144
Guido von Arezzo 226
Guido, Erzbischof von Vienne 366
Guido, Abt von Pomposa 267
Gundelkarl, Sagengestalt 292
Gundikar (Gunthachar), burgundischer König 333
Gunhild von Dänemark 153
Gunther, Bischof von Bamberg 305
Gunther, Gestalt der Nibelungensage 329
Gunzenlee, Grabhügelgruppe bei Augsburg 92 ff., 118 f.
Gunzenpühel 119
Gutenberg, Johannes 279

Hadwig, Herzogin von Schwaben 221
Hagen, Gestalt der Nibelungensage 329, 371
Haina 72
Haithabu, Wikingersiedlung 29 f., 52, 55
Halberstadt 57, 72, 99, 147 f., 150, 171 f.
Haller, Johannes 84, 91, 110, 130 f., 303, 358
Hamburg 56

407

Hammerstein 347
Hammerstein, von, Oberforstmeister 320
Hampe, Karl 49, 103, 131, 213, 271
Hannover, Königreich 323
Harald Blauzahn, König von Dänemark 99
Hartmann, Mönch von St. Gallen 209
Hartmut, Herzogin von Schwaben 209
Harz 45 ff., 66 ff., 79, 169, 289, 292, 306, 312 f., 320, 328, 345
Harzburg 345 ff.
Hathawig, Äbtissin in Essen 180
Hatheburg, Gemahlin Heinrichs I. 86
Hatto I., Abt der Reichenau 205 ff.
Hatto, Abt von Fulda 97
Hauttmann, Max 234
Hautvillers 233
Havelberg 101, 132
Hedwig, Schwester Ottos d. Gr. 101
Hedwig, Schwiegertochter des Markgrafen Gero 173
Heer, Friedrich 93
Heidelberg 121
Heilige Lanze 56, 89, 95, 114 f., 127, 141, 174, 335
Heimpel, Hermann 67, 305
Heinrich, Bischof vor Augsburg 342
Heinrich, Herzog von Bayern, Bruder Ottos d. Gr. 83, 86 f., 91 f.
Heinrich, Bischof von Lausanne 263
Heinrich, Markgraf von Schweinfurt 132, 136
Heinrich, Bischof von Speyer 277
Heinrich, Bischof von Würzburg 137
Heinrich I., König 46, 48 ff., 74, 81 f., 84 f., 88 f., 106 f., 129, 141, 167, 212, 239, 290 f., 335
Heinrich I., Herzog von Bayern 222
Heinrich I., König von Frankreich 258
Heinrich II., Kaiser 57, 67, 70, 121–159, 174, 183, 215 f., 223 ff., 233, 255, 257 f., 292 ff., 304, 324, 335 f., 338 f., 340
Heinrich III., Kaiser 153, 251, 263, 267, 274, 276 f., 289, 294, 296 ff., 301 ff., 305 ff., 310, 318, 320 f., 324 ff., 342, 351
Heinrich IV., Kaiser 152, 251, 264 f., 269 f., 274, 276 ff., 307, 310, 320, 324, 342 ff., 351, 353 ff., 358 f., 361 ff.
Heinrich IV., Herzog von Bayern, später Kaiser Heinrich II., siehe diesen
Heinrich V., Kaiser 251, 271, 277, 296, 310, 363 ff.
Heinrich VI., Kaiser 278, 371
Heinrich VII., König 278
Heinrich Groß von Trockau, Bischof von Bamberg 156
Heinrich d. Jüngere, Herzog von Braunschweig 316
Heinrich der Löwe, Herzog von Bayern und Sachsen 58, 77, 118, 312 ff., 371
Heinrich der Stolze, Herzog von Bayern und Sachsen 118
Heinrich der Zänker, Herzog von Bayern 57, 110, 125 f.
Heinricianum 144
Heinsberg 38
Helena, Kaiserin 140
Heliand-Epos 165, 210
Hellings, Kaplan in Werden 192
Hellweg 68, 163 f.
Helmstedt, Kloster 165
Helwyga, Äbtissin in Neuß 184
Herdecke 172
Heribert, Erzbischof von Köln 116, 127, 177, 336
Heribert, Mönch der Reichenau 235
Heriger, Erzbischof von Mainz 50
Hermann, Erzbischof von Köln und Reichskanzler 277, 306
Hermann Billung, Sachsenherzog 82
Hermann von Lichtenberg, Domscholaster von Speyer 277
Hermann von Salm, Gegenkönig Heinrichs IV. 310, 362
Hermann, Herzog von Schwaben 85, 88, 127 f.
Hermann, Magister in Worms 336
Hermann d. Lahme, Mönch der Reichenau 225 ff.
Hermann Pusillus, Pfalzgraf in Aachen 183
Herne 38
Herrnbrodt, Adolf 20 ff., 24, 26 ff., 40 f.
Hersfeld, Kloster 53, 147, 305
Hersfelder Annalen 215
Herzog, Erich 142 f., 150, 268
Heuss, Theodor 81, 248, 286
Heveller 54
Hezilo, Bischof von Hildesheim 149, 305, 308, 313
Hieronymus 108
Hilarius, hl. 141
Hildebald, Bischof von Worms 336
Hildebert, Erzbischof von Mainz 85
Hildebrand, Mönch, s. a. Papst Gregor VII. 303, 351, 358
Hildegard, Gemahlin Karls d. Gr. 204
Hildesheim 58, 77, 126, 135, 147 f., 163, 167, 172, 228, 231 ff., 294, 308, 320, 344
–, *Christussäule* 231 ff.
–, Domschatz 231
–, *Domtüren* 231 ff.
–, Fliegerbildschule 59
–, St. Michael 164, 174 ff., 187, 232, 297
–, *Thronende Madonna* 231
Hildesheimer Annalen 215
Hinkmar, Erzbischof von Reims 164
Hippokrates 222
Hippolithus 108
Hitda, Äbtissin von Meschede 238
Hochstaden, Grafen von 19, 24
Hochstaden, Konrad, Graf von 19 (s. a. Konrad von Hochstaden)

Hockenheim-Kastell 251
Hodie cantandus 208
Hoffmann, E. T. A. 157
Hohenstaufen 153
Hohnstedt 68
Holland 216
Hollstein, Ernst 25 f.
Hölscher, Uvo 58, 290 ff., 310 ff., 316, 324
Holtrop 37, 39
Holtzmann, Robert 50, 53, 55, 84, 97, 108, 115, 130, 132, 217
Homburg an der Unstrut 347
Horka Bulcsu s. Bulcsu, Horka
Horaz 220, 275
Hortulus 207
Hotzen, Adalbert, Landbaukondukteur 323
Hoverberg, Burg 37, 38, 42
Höxter 239
Hrabanus Maurus, Abt in Fulda 200
Huber, Münchner Botaniker 25
Hübsch, Baudirektor 285
Huch, Ricarda 82, 84, 219, 244 f., 290
Hugo, König von Italien 90
Hugo, Victor 282
Humbert, Kardinalbischof von Moyenmoutier 303
Hunnen 333
Husterknupp 13–44
Husterknupp, Rekonstruktion 21 ff.
Huy 313
Huzmann, Rüdiger s. Rüdiger Huzmann

Ibrahim Ibn Jacub, arabischer Reisender 73
Ida, Äbtissin in Köln 184
Ida, Herzogin von Schwaben 183
Ikonium, Schlacht von 324
Illert, Friedrich M. 371, 375
Imbshausen 68
Immermann, Karl 123
Immo, Abt der Reichenau 219, 224 ff.
Imperium, römisches 108 ff.
Ingelheim 30, 53, 67 ff., 87, 239, 299
Inn 48

Innerste 291
Innozenz III., Papst 278
Investitur 261, 301, 365 f.
Investiturstreit 359 f., 364
Irene, griechische Kaisertochter 118
Irland 28, 233
Isabella von England, Gemahlin Friedrichs II. 371
Island 300, 344
Italien 36, 84, 96, 102, 104, 110, 112, 129, 151, 258, 298, 335, 355, 362, 364
Italienpolitik, deutsche 81, 102 ff., 301
Ivois an der Chiers (= Carignon) 55

Jacob-Friesen, Prof. 58
Jahrringchronologie s. Dendrochronologie
Jansen, Josef 17
Jantzen, Hans 162 f., 169, 173, 236, 241 ff., 263 f., 267
Jaroslaw, Großfürst von Kiew 132 f.
Jerusalem 116, 182
Johann von Luxemburg, Sohn Heinrichs VII. 278
Johann Franz von Stauffenberg, Abt der Reichenau 243
Johann Tzimiskes, byzantinischer Kaiser 98
Johannes, Abt von St. Arnulf b. Metz 216
Johannes, Abt von Gorze 216
Johannes, Erzbischof von Trier 277
Johannes, italienischer Maler 239
Johannes XII., Papst 96, 98, 100, 109, 144
Johannes XVIII., Papst 137
Johannes XIX., Papst 257
Johannes Philagatos, Gegenpapst 111
Judith, Gemahlin Ludwigs des Frommen 207
Judith, Herzogin von Bayern 88
Jülich 42
Jumièges 209
Jütland 84
Juvenal 220, 275

Kaiserslautern 121
Kaiserswerth b. Düsseldorf 70, 342, 345, 350
Kalifornien 25
Kamba 255, 259
Kamerich 53
Karl, Prinz v. Preußen 320
Karl V., Kaiser 371
Karl der Dicke, Kaiser 209, 335
Karl der Einfältige, König 47, 51, 335
Karl der Große 7, 27, 31 f., 35 f., 44, 47, 50, 65 ff., 82 ff., 97, 106, 109, 113, 115 f., 140, 163, 204, 210, 239, 256, 294, 302, 320, 324, 334
Karl der Kahle, König 164, 207
Karl Martell, Hausmeier 49, 204
Karlsgrab, Öffnung des Aachener 115
Karmeliter 155
Kärnten 128, 300, 304, 354
Karolinger 66, 291, 377
Karlsruhe 243
Kasimir, Herzog von Polen 300, 306
Katalaunische Gefilde, Schlacht auf den 81
Kaufmann, Franz, Lehrer 58
Kaufungen, Kloster 157
Kempen 15
Kempten, Kloster 56
Kiew 362
Kilian, hl. 141
Kippekausen, Burg 37, 41
Kirchenarchäologie 171 ff.
Kirchenreform 299 ff., 302, 352
Kirchenpolitik, ottonische 105 ff.
Kirchenstaat 90
Kissing 119
Kitzingen 121
Klaproth, Chemiker 320
Klewitz 297
Klimm, Franz 262
Klosterleben 34, 127 ff.
Kneitlingen 45
Knud d. Große, König von Dänemark 257 f.
Koblenz 268, 335
—, St. Florin 177
Koenen, Konstantin 15

409

Koldewey-Gesellschaft 192
Köln 68, 116, 135, 149 ff.,
 172, 177, 197, 214, 228,
 230, 254, 263, 270,
 302 ff., 313, 333 f., 342,
 345, 361, 363, 368
—, Andreaskirche 177
—, Damenstift St. Cäcilien 176
—, Dom 176, 194
—, Domschule 216
—, Georgskirche 297
—, Groß-St.-Martin 177, 190
—, Schnütgen-Museum 176
—, St. Aposteln 177, 190
—, St. Maria im Kapitol 176, 190
—, St. Pantaleon 176, 178, 230
—, St. Severin 171
König Heinrichs Vogelherd 72 f.
Königswinter 166
Konrad, König von Burgund 126
Konrad, ältester Sohn Heinrichs IV. 362 f.
Konrad I., König 47 ff., 125
Konrad II., Kaiser 134, 152, 251, 254 ff., 259 ff., 267, 274, 277, 293 f., 298, 304, 310, 326, 342
Konrad III., König 153, 278, 367
Konrad IV., König 118, 278
Konrad von Hochstaden Erzbischof von Köln 197 s. a. Hochstaden, Konrad
Konrad der Jüngere, Gegenkandidat Konrads II. in Kamba 259
Konrad Kurzbold 87
Konrad der Rote, Herzog von Lothringen 88, 91, 94 f., 111, 254 f., 335, 376
Konradin, König von Neapel 103
Konradiner 125
Konstantin d. Große, Kaiser 89, 109, 114, 140
Konstantinopel 94, 140
Konstanz 149, 201, 203, 254, 299
Konstanzer Konzil 242

Kornelimünster b. Aachen, St. Salvator 178
Krämer-Badoni, Rudolf 377
Kranenbach 16
Krefeld 18
Kreuzzug, erster 362
Kriemhild, Gestalt der Nibelungensage 329
Krümme des Abtes Erkanbald 231
Krupp, Alfred 161
Kubach, Hans Erich 263 f., 266
Kultur, ottonische 200
Kunigunde (die Heilige), Gemahlin Kaiser Heinrichs II. 121, 126, 128, 153, 157 f., 174
Kunst der Ottonen 228
Künste, die sieben freien 221

Ladenburg 345
Lahn 165
Lambert, hl. 141
Lambert von Ostia, Kardinalbischof 366
Lampert von Hersfeld 296, 306 ff., 342 f., 346, 348 ff.
Lampspringe 164
Landfrieden, ewiger 371
Landshut 246
Landwehr, Bauer 16
Langobardien, Langobarden 91, 101, 104, 108, 131, 133, 140
Langosch, Karl 210
Laôn 155
Lateran 97, 106, 114, 152, 277
Laube, Heinrich 45
Laurentius, hl. 83, 95, 141
Lausitz 131 f., 258
Lech 80, 92 f., 95, 119
Lechfeld, Schlacht auf dem 80 ff., 90 ff., 99, 107, 141, 172, 213, 254, 318, 376
Le Goff, Jacques 28
Lehner, Hans 171
Leine 72
Leo, byzantinischer Gesandter 111 f.
Leo, Bischof von Vercelli 114, 131
Leo VIII., Papst 98
Leo IX., Papst 153, 302 ff., 342

liber ymnorum (Hymnensammlung) 209
Lichtwark, Alfred 123
Liegnitz, Mongolenschlacht bei 81
Limburg 202
—, Kloster 261
Limburger Petrusstab 230
Limoges 209
Lingen 70
Linn, Burg und Schloß bei Krefeld 15, 18 ff., 38 f., 42
Lintzel, Martin 103
Lippe 160, 165
Liselotte von der Pfalz 279
Liudger, Bischof von Münster, Gründer des Klosters Werden 165, 188 ff.
Liudolf, Sohn Ottos d. Gr. 88, 91, 96, 102, 183
Liudolfinger 48, 66 ff., 81, 101, 127, 163, 228
Liuthar, Mönch der Reichenau 235 f.
Liutizen 132
Liutprand, Bischof von Cremona 90, 98, 108, 112
Liutwin, hl. 181
Lobbes 335
Lodi 362
Loire 15, 208
Lombardei 90, 104 f., 106, 257, 357, 371
Lorsch, Kloster 30, 165, 240
Lothar II., König v. Lothringen 165
Lothar III., Kaiser 118
Lothar, König von Italien 90
Lothar von Supplinburg, Kaiser 296, 310, 367
Lothringen, Lothringer 47, 49, 51, 68, 70, 87, 94, 104, 107 f., 110, 135, 138, 228, 231, 259 f., 280, 299
Lucan, 220, 275
Ludolf, Erzbischof von Trier 147
Ludwig I., König von Bayern 285
Ludwig III., König 165
Ludwig XIV., König von Frankreich 279 f., 372
Ludwig der Bayer, König 277
Ludwig der Deutsche, König 164 f., 335, 339

Ludwig der Fromme, Kaiser 47, 130, 207, 335
Ludwig das Kind, König 47
Luidgard, Tochter Ottos d. Großen 88
Lunéville, Friede von 318
Lürken 39, 42
Lutgardis, Äbtissin in Essen 180
Luther, Martin 217, 289, 324, 330, 371, 377
Lüttich 68, 141, 149, 214, 216, 228, 239, 313, 335, 341, 344, 364
Lüttich, Domschule 215
Lützenkirchen, Hauptlehrer 19
Lyon 137

Maas 364
Maastricht 68
Magdeburg 57, 67 f., 70, 73, 83, 88, 99 f., 147 ff., 169, 313
–, Dom 90, 172
–, Domaltar 233
–, Moritzkloster (Mauritiuskloster) 89 ff., 99 ff., 169, 172
Magdeburg-Rottersdorf 89
Mailand 232 f., 351, 362
–, St. Ambrogio 232
Main 156, 211
Mainfranken 128
Mainz 68 f., 92, 101, 128, 135, 157, 189, 214, 216, 228, 232 f., 238, 256, 263, 268 ff., 284, 304, 334 ff., 345, 356, 361, 368
Mainzer Reichsfrieden 363
Malerei, ottonische 233 ff.
Malmedy, Kloster 344
Marburg 194
Marseille 259
Martial 220
Martianus 220
Martin von Tours, hl. 291, 339
Martinus, Baumeister in Essen 194
Mathilde, Gemahlin Heinrichs I., 50, 83
Mathilde, Äbtissin in Dietkirchen u. Vilich 184
Mathilde, Äbtissin in Essen 183, 195
Mathilde, Markgräfin von Toscana 362

Mauritius, hl. 89
Mävers, Klempnerwitwe in Goslar 320, 326
Max-Planck-Institut für Geschichte 71 f.
Maximilian, Kaiser 371
Mayer, Heinrich 142, 145
Mayer-Pfannholz, Anton 359 f.
Mechtildis, Äbtissin in Essen 180
Mechtshausen 45
Mecklenburg 96
Mediomatriker 332
Meersen, Vertrag von 164
Megingaud, Bischof von Eichstätt 130, 138
Meinwerk, Bischof von Paderborn 130, 135, 149, 168
Meißen 53, 131, 305
Memleben 102, 171 f.
Menfö, Schlacht von 299
Meringer Hart 119
Merowinger 29, 333
Merseburg 53 f., 72, 81, 83, 86 f., 95, 102, 105, 126, 128, 132 f., 135, 145, 239, . 304, 357
Meschede 163
Metz 36, 141, 228 f., 336
Michael, hl. 141, 181, 187, 223
Mieszko I., König von Polen 99, 131
Minden 135, 147, 149 f., 172, 176
Missi dominici 35
Missika, König von Polen 258
Moers 38 f.
Möllenbeck, Klosterkirche 174
Mönchengladbach 13, 172
–, Vitus-Kirche 178
Monclar, franz. General 280 ff.
Mont Cenis, Alpenpaß 259, 355
Mont Tonnère (Donnersberg), Département 283, 373
Morken 19
Mosel 156, 166, 183, 228, 259
Motten 15
Mottenforschung 13–44
Müden 46

Mühlhausen 73
Müller, Goslarer Studienrat 320
Müller, Universitätsbaumeister v. Göttingen 321
München 201
–, Staatsbibliothek 235 f.
Münchener Evangeliar 235 f.
Münster 147, 149, 172, 176
Münstereifel, Klosterkirche 178
Münsterland 160, 166

Napoleon I., Kaiser von Frankreich 284
Naumburg 147 f., 305
Neckar 262
Nemeter 252
Nemetum, Civitas 252 f.
Nette 14
Neuburg a. d. Donau 127
Neumann, Balthasar 156, 283, 373
–, Franz Ignaz Michael 283
Neuß 15, 68, 172
Nibelungenlied 329, 333, 369, 371
Niederbreisig 165
Niedersachsen 291, 311
Nienburg 73
Niers 14
Nikephoros Phokas, byzantinischer Kaiser 98
Nikolaus II., Papst 351
Nikolaus, hl. 141, 273
Nimwegen 68, 135, 263
Nordhausen 53, 72
Normandie 28
Normannen 26 ff., 36, 43, 178, 210, 303, 357, 366
Nörvenich, Burg 37 f.
Norwegen 344
Notger, Bischof von Lüttich 168, 215
Notker Labeo, Leiter der Klosterschule von St. Gallen 216 ff.
Notker Pfefferkorn, Mönch v. St. Gallen 209, 222 ff.
Notker d. Stammler, Mönch von St. Gallen 208 ff.
Novalesa, Kloster 115
Noviomagus (Neustadt, Neufeld) 251
Nürnberg 123, 201

Oberkaufungen, Damenstift 174

411

Obertheres b. Haßfurt 125
Odenwald 262, 329
Oder 84, 132
Odilo, Abt von Cluny 130
Odo von Paris 335
Oheim, Gallus, Reichenauer Chronist 201, 203
Oelde 165
Oelmann, Friedrich 15
Ohrum 66
Oker 45 f., 58 f., 61, 65 f., 73 f., 77 f.
Oligschläger, Pfarrer 17
Oppenheim 255, 354, 358
Ordericus Vitalis, englischer Mönch 277
Orléans 36
Osnabrück 149, 176
Österreich 28
Osterwick, Harz 164
Oströmisches Reich 98, 106, 111
Otakare, Adelsfamilie 35
Otfrid von Weissenburg 210, 275
Othmar, hl. 223
Otloh, Mönch von St. Emmeram 216
Otto I. (d. Große), Kaiser 49, 56 f., 67 f., 80–109, 117, 125 f., 129, 144, 167, 173, 176, 180, 212 f., 216, 223, 230, 255, 335
Otto II., Kaiser 57, 109 ff., 125 f., 183, 209, 221, 336
Otto III., Kaiser 57, 109, 110–118, 126 ff., 130 f., 169, 174, 215, 222, 227 f., 231, 234 f., 239, 276, 293, 297, 331, 335 f., 339
Otto IV., König 312
Otto, Bischof von Bamberg (d. Heilige) 152, 265 f., 277
Otto von Bayern 195
Otto von Bruchsal, Propst von St. Guido in Speyer 277
Otto, Graf von der Champagne 258
Otto von Freising 359
Otto von Kärnten, Sohn Konrads d. Roten 338
Otto von Northeim, Herzog von Bayern 343, 345, 354
Otto von Wittelsbach, Pfalzgraf 153, 277

Otto-Adelheid-Pfennige 292, 313
Ottonianum 97 ff.
Ovid 220 f.

Paar 119
Paderborn 30, 68, 128, 147, 156, 172, 176
–, Abdinghofkirche 297
Palermo 324
Paris 279, 326
Parma 267
Paschalis II. 363 ff.
Passau 149, 160
Patarener, Reformbewegung der 351
Paulus, Apostel 114, 356
Pavia 97, 105 f., 111, 133, 204, 257
Perikopenbuch Heinrichs II. 235, 237
Peter, König v. Ungarn 300
Petershausen 239
Petri, Franz 70
Petrini, bambergischer Hofbaumeister 157
Petrus, Apostel 114, 137, 141, 176, 356
Petrus Damiani, Prior 303, 351
Pfalz-Neuburg, Franz Ludwig von, Fürstbischof von Worms 373
Pfalzenforschung 45–79
Phädrus 275
Philipp von Henneberg, Bischof von Bamberg 156
Philipp, Erzbischof von Ravenna 277
Philipp von Schwaben, König 118, 153, 251, 278, 312
Philippus, Procurator und Kanonikus 311
Piacenza 362
Piemont 90
Piepers, Wilhelm 39
Pilgrim, Erzbischof von Köln 130, 134
Pinder, Wilhelm 248, 263, 285
Pingsdorf 24, 26, 37
Pippin, König der Franken 97, 334
Pirenne, Henri 32, 36
Pirmin, hl., Gründer des Klosters Reichenau 203 f.
Plato 111

Plinius 220
Pöhlde, Pfalz 67 f., 72 f., 77, 79, 128
Polen 28, 101, 131 f.
Polling an der Ammer 127
Pommern 131, 268
Poppo, Bischof von Brixen 302
Poppo, Erzbischof von Trier 130, 168
Poppo von Andechs-Meran, Bischof von Bamberg 155
Posen 101
–, Friede von 132
Prag 131
Praxedis, zweite Gemahlin Heinrichs IV. 362
Precarium 32
Preußen 131, 318 ff., 323
Prittriching 119
Protestations-Reichstag 278
Prüm, Kloster 178, 224

Quast, von der, Konservator der Preußischen Kunstdenkmäler 323
Quedlinburg 53, 64, 66, 68, 70, 72, 101 f., 105, 135, 147, 150, 167, 171 f., 182
Quedlinburger Annalen 128, 183, 215

Raabe, Wilhelm 45
Ramwald, Abt von St. Emmeram 221
Rather, Bischof von Verona und Lüttich 214
Ratpert, Magister in Zürich 208
Ravenna 144, 257 f.
–, Grabmal des Theoderich 374
–, Synode von 101
Ray, John 372
Reform von Cluny 260 ff.
Reformation 197, 318
Refrath b. Bensberg 37
Regensburg 30, 48, 51, 53, 67, 124, 126, 131 f., 136, 151, 232, 239, 304, 307, 349
–, St. Emmeram 126
Reginbert, Bibliothekar der Reichenau 206 ff.
Regino von Prüm, Autor der *Weltchronik* 211, 214
Regnitz 125, 136, 140, 142 f., 153, 155 f., 292

Regnitzgau 136
Reichenau, Inselkloster 126, 159, 165, 200–245, 294, 375
—, Fest des Heiligen Blutes 244
—, Georgskirche 201 ff., 206, 233, 240 ff.
—, Johanneskirche 223, 243
—, Marienmünster 223, 225
—, Peter- und Pauls-Kirche 201 f.
—, Rathaus 244
—, St.-Markus-Fest 244
Reichenauer Chronik 226
Reichenhall 138
Reichsdeputationshauptschluß 243
Reichskreuz 233
Reims 155, 233, 370
Reinshagen, Oberstleutnant 59
Remaclus, hl. 344
Remagen 70
Renard, Edmund 15
Rennweg 125
Renovatio imperii Francorum 129
Renovatio imperii Romanorum 113 ff., 168
Reot 67
Res Gestae Oddonis 213 f.
Res Gestae Saxonicae 212
Reuther, Prof. Dr. 296
Rhein 70, 138, 164 ff., 228, 246, 259, 345
Rheinisches Landesmuseum, Bonn 19
Rheinland 69, 194
Rheydt 13
Rhône 84, 258 f.
Riade (Kalbsrieht a. d. Helme) 55
Richard II., engl. König 350
Richard Löwenherz, engl. König 278
Richeza, Königin von Polen 184, 300
Riechenberg, Stift b. Goslar 310
Rieckenberg, Hans Jürgen 135
Riemenschneider, Tilman 158
Rijswijk, Frieden von 282
Rikdag, Grafen 163
Robert, König von Frankreich 257

Robert Guiscard, normannischer Herzog 357
Roland, Berthold 281
Rom, Römer 56, 90, 97, 101, 105 f., 108 ff., 116, 129, 133, 169, 173, 213, 293, 344, 357, 362, 365
—, Aventin 112
—, Engelsburg 115, 127, 174, 357
—, Peterskirche 97, 99, 103, 107, 110, 140, 176, 190, 365
—, Sta. Sabina 232
Romanen 83. 204
Romanik 194, 202 f., 263, 288, 331
Romuald, hl. 116
Rosengartenlied 330
Roswitha von Gandersheim 87, 213 f.
Rothenburg 246
Royer, Karl Desiderius, Pfarrer 279
Rüdiger Huzmann, Bischof von Speyer 269, 276, 354
Rudolf, König von Burgund 257 f.
Rudolf I. von Habsburg, König 251, 275, 286, 371
Rudolf II., König von Burgund 89, 141
Rudolf III., König von Burgund 134
Rudolf von Rheinfelden, Herzog, Gegenkönig Heinrichs IV. 343, 356 ff.
Ruhr 160
Ruhrbistum 198
Ruodlieb, frühester Ritterroman des Abendlandes 216, 305
Ruotger, Magister an der Kölner Domschule 214
Rupert, hl. 334
Rupprecht von der Pfalz, König 119
Rußland, Russen 101, 258
Sachsen 47 f., 50, 53 f., 66 f., 70, 94, 107 f., 116, 135, 212 f., 260, 300, 331, 343, 345 ff., 354, 362
Sachsenpfennige 292
Sachsenspiegel 79
Säkularisation 171, 192, 197, 243
Salerno 357, 361

Salier 251, 254 f., 259, 261, 267 f., 279, 290, 293 f., 297 f., 304, 307, 331, 335, 338 f., 342, 348, 361, 364 ff.
Sallust 212, 220
Salomo III., Bischof von Konstanz 209
Salzburg 214, 239, 334
Sandvoss, Magistratsdirektor 323
Sarazenen 101 f., 110
Saxo, Kardinal 366
Scharffenberg, Konrad von, Bischof von Speyer 277
Scheffel, Victor von 209
Scheffler, Karl 157, 170 f.
Schelling, Karoline 123
Schieffer, Theodor 298, 300
Schladen 46, 58, 78
Schlesien 131, 306
Schleswig 29
Schmidt-Wöpke, Erich 171
Schneider, Reinhold 248, 250
Schnitzler, Hermann 227
Schönborn, Grafen von 156
Schöppenstedt 45
Schramm, Percy Ernst 85, 108 f., 111 ff., 117
Schraudolph, Johann, Maler 285, 287
Schroller, Hermann 58 f.
Schulze, Goslarer Bauinspektor 323
Schwaben 47 f., 50 f., 53 f., 68, 70, 92, 94, 108, 135, 138, 343, 354
Schwalm 14, 16, 44
Schwarzwald 262
Schweden 317 f., 344
Schwetzingen 246
Seebach, Oberbaurat 60, 64
Seebach, Geheimer Finanzdirektor 322
Seesen 45
Seine 15
Seneca 220
Sequenzendichtung 209
Sergius II., Papst 164
servitium regis 67
Shakespeare, William 350
Siegfried, Gestalt der Nibelungensage 329, 371
Siemens, Friedrich Philipp, Notar in Goslar 319
Sigisbodo, Bischof von Speyer 267

413

Silvester, hl. 141
Silvester II., Papst, s. a. Gerbert von Reims 114, 222
Silvester III., Papst 301 f.
Simonie 255, 261, 301, 303
Simplon, Alpenpaß 259
Sintlas 203
Sintleozesau s. Reichenau
Sinzig 70
Skandinavien 30
Skythen s. Slawen
Slawen 49, 83, 101 f., 112, 125, 128, 132, 136, 173
Societas Jesu 317
Soest 176
Sophia, Äbtissin in Essen 183
Sophia, Äbtissin in Gandersheim u. Mainz (Schwester Ottos III.) 57, 128, 184
Speyer 156, 202, 216, 246–288, 290, 294, 299, 304, 307, 319, 335 f., 355, 361 f., 366 f., 373 f., 376
–, Afrakapelle 274, 277
–, Altpörtel 247, 267, 272, 279, 282
–, Bischofspalast 270
–, Dom 246 ff., 254, 261 ff., 266 f., 272, 274 f., 281, 283 ff., 350, 364
–, Domfreiheit 272
–, Domnapf 272
–, Domschule 275 ff., 305
–, Dreifaltigkeitskirche 247, 282
–, Drususlager 251
–, Emmeramskapelle 287
–, Freiheitsbrief 271
–, Germansberg 253 ff.
–, Gotische Kapelle 247
–, Guido- oder Weidenstift 267
–, Heidentürmchen 247, 274
–, Historisches Museum d. Pfalz 247, 251
–, Hochschule für Verwaltungswissenschaft 247
–, Johanneskloster 267
–, Judenbad 247, 251, 269
–, Kaisergruft 250 ff.
–, Karmeliterkloster 282
–, Katharinenkapelle 287
–, Neues Rathaus 282
–, Ölberggruppe 274
–, Pfälzische Landesbibliothek 247
–, Reichskammergericht 247, 278
–, Retscher-Ruine 247
–, salische Stadterweiterung 268
–, St.-Klara-Kloster 282
–, Stephanskirche 253
–, Weinmuseum 253
–, Zerstörung 1689 279 ff.
Spiering, Franz von 42 f.
Spira s. Speyer
Spoleto 36
Sprater, Friedrich 254
St. Arnulf b. Metz 216
St. Bernhard, Alpenpaß 259, 364
St-Denis 107, 140 f., 204, 208
St. Emmeram, Kloster in Regensburg 159, 221
St. Gallen, Kloster 165 208, 215 ff., 221, 223, 232, 239, 276
–, Annalen von 92, 95
St. Hubert-Vösch 15 f.
St. Kunigundens Seidenfaden 144
S. Petrus, Kloster, bei Brescia 305
Saint-Vaast, Arras 28
Stabbau 30 ff., 40
Stablo, Kloster 344
Stadt, ottonische 145
Städtebund, lombardischer 362
Staufer 275 ff., 311 f., 331, 368
Steckeweh, Dipl.-Ing. 58
Steeger, Albert 15 ff.
Stegan 67
Steigerwald 143, 155
Steigerwaldpfad 125
Stein, Hauptmann 59
Steinen, Wolfram von den 355, 363
Stephan d. Heilige, König von Ungarn 96, 258, 300
Stephan, hl. 141, 190, 284
Stephan, Papst und Märtyrer 267
Stephan IX., Papst 351
Stellerburg b. Weddingstedt 30, 62
Stettin 132
Straßburg 134 f., 149 f., 254, 275, 294, 304
Stuhlweißenburg 300
Stuttgart 201
Stützenwechsel, sächsischer 170
Südschweden 268
Sueton 220
Suitger, Bischof von Bamberg (Papst Clemens II.) 152, 277, 302
Sutri 364
–, Synode von 302, 351
Sybel, Heinrich von 103
Sybel-Fickersche Kontroverse 103
Symmachus 220

Tagino, Erzbischof von Magdeburg 130, 138
Tarentaise 137
Tassilo, Herzog von Bayern 334
Tegernsee, Kloster 216, 239, 305
Tellenbach, Gerd 84
Terenz 213, 217, 220 f., 275
Thankmar, Halbbruder Ottos d. Gr. 86
Thankmar, Biograph Bernwards v. Hildesheim 115, 126, 215
Thasselgard, Graf von Fermo 256
Theodulf 210
Theophanu, Gemahlin Ottos II. 99, 110, 174, 177, 183, 230, 239, 342
Theophanu, Äbtissin in Essen, Enkelin der Kaiserin Theophanu 182 ff., 195 f., 199, 264
Theres, Burg 125
Thiel 269
Thietmar von Merseburg 49 f., 57, 64, 70, 73, 83, 90 f., 102, 124, 130, 136, 140, 145, 215, 220, 293
Tholen 15, 176
Thümmler, Hans 170, 176
Thüringen 55, 125, 345
Tiber 96
Till Eulenspiegel 45
Tilleda, Pfalz 67 f., 72 ff., 77
Toscana 90, 116, 343
Toul 228 f.
Tours 233
Tours u. Poitiers, Araberschlacht bei 81

Trajanssäule 231
Trele 67
Tribur 67, 344, 354, 358
Trier 89, 140, 145, 147, 149 f., 181, 214, 228 f., 233, 238, 241, 270, 333
–, Ada-Gruppe 233, 235 f., 239
–, Basilika 286
–, Domschatz 229
–, *Kapsel mit dem Heiligen Nagel* 229
–, Kloster St. Maximin 89, 101, 107, 180
–, Stadtbibliothek 235
Tropus 208
Tschechen 54
Tüschenbroicher Mühle 14, 41 f.
Tüschenbroicher Motte 44
Tusculaner 133
Tutilo, Magister in St. Gallen 208

Udo von Schwaben 87
Ulm 92, 304
Ulrich, hl. 296, 318
Ulrich, Bischof 50, 92 ff., 168
Ulrich von Dürrmenz, Bischof von Speyer 277
Ungarn 36, 47 ff., 52 ff., 56, 81, 92 ff., 101 f., 118 f., 124 f., 172, 258, 294, 296, 299 f., 344
Unibos (Schwanknovellen) 216
Unstrut 55, 73, 239
Unterbergen 119
Unwan, Erzbischof von Hamburg 130
Urban II., Papst 362 f.
Uslar, Rafael von 20
Utrecht 68, 149, 214, 263, 268

Valentin, Veit 84
Valvassoren 258
Vangionen 331 f.
Vatikan 97
Venedig 91, 342
Verbeek, Albert 178
Verdun 228 f., 335
Vergil 212, 217, 220 f., 275
Verona 91, 96
Vetera bei Xanten 87

Victor II., Papst 306 ff.
Vienne 365
Viersen 13
Vilich 172, 177
Visio Wettini 200
Vita Brunonis 214
Vitalis von Grodo 57
Vitruv 170
Vitus, hl. (Veit) 107, 141
Volkfeld 136
Vreden 172, 176

Wahl, Rudolf 84
Waitz, Gustav 67
Walahfrid Strabo, Mönch der Reichenau 200, 206 ff. 220, 240
Walbeck 72, 171
Walbeck, Stiftskirche 174
Waldo, Abt der Reichenau 204, 206
Waldo, Bruder Salomos von Konstanz 209
Waldram, Mönch von St. Gallen 209
Wallhausen 68, 73
Waltharilied 209
Walther, Subdiakon und Bischof in Speyer 216, 275
Wandmalerei, ottonische 239 ff.
Warin, Erzbischof von Köln 177
Warthe 132
Weber, Karl Julius 123
Weigel, Helmut 167
Weimar 128
Weiß, Konrad 79, 88, 328
Weißenburg, Kloster St. Peter 275
Welf VI., Herzog von Bayern 118, 362
Welfen 312
Welsch, Maximilian von, Baumeister und General 157
Wenden 54
Wenzel, Kaiser 316
Wenzel, König von Böhmen 54
Wenzel II., König von Böhmen 278
Wenzel, hl. 141
Werden, Kloster 165, 167, 171, 182, 188 f., 191, 194 f., 197, 238

–, Abteikirche 188 ff., 194 ff.
–, Luciuskirche 191 ff., 241
–, Peterskirche 190
–, St. Stephan 190
Werinhar, Abt der Reichenau 223
Werinher, Bischof von Straßburg 341
Werla, Pfalz 45–79, 128, 291, 293 ff.
Wermuth, Hildesheimer Landdroste 322
Werner, Bischof von Straßburg 168
Werner von Roseneck, Abt der Reichenau 242
Wernigerode 320
Werra 55
Wertach 80, 92
Wesel 172
–, Willibrordi-Kirche 178
Weser 70, 169, 174, 212
Westfalen 69, 194
Westgoten 204
Wetti, Mönch der Reichenau 207
Wibert, Erzbischof von Ravenna 357 ff.
Wicborg, Nichte Bischof Altfrids, Äbtissin in Essen 180
Widerad, Abt von Fulda 308
Widonen-Sippe 36
Widukind von Corvey 47, 53 f., 56, 82, 85 ff., 92, 94 ff., 102, 107, 109, 167, 212, 214
Widukind, Sachsenherzog 19, 50, 180, 238
Wiedemann, Luise 123
Wiedenbrück 70
Wien 103
–, Belagerung durch die Türken 81
Wikinger 49, 55, 101
Wildemann, Theodor 15
Wildenstein, Kaiserlicher Vogt 315
Wildeshausen 70
Wilhelm I., Kaiser 289, 320, 324
Wilhelm, Erzbischof von Mainz 83, 92, 99, 102
Wilhelm, Herzog von Aquitanien 257, 300

415

Wilhelm von Holland, deutscher König 313
Willa, Gemahlin Berengars von Ivrea 125
Willigis, Erzbischof von Mainz 110, 130, 137 f., 168, 174, 230 ff., 335, 341
Wilzen 54
Wilzener Land 132
Winterthur 51
Wipo, Biograph Konrads II. 256 f., 259, 263
Wislicenus, Hermann, Maler 324 ff.
Witigowo, Abt der Reichenau 223, 225
Witigowo-Säule 202
Wittelbach, Oberlandbaumeister 322
Wlodowej, Herzog von Böhmen 131 f.
Wolfenbüttel 313
Wolfenbütteler Evangeliar 239
Wolfgang, Bischof 126
Wonnegau 334, 341
Worms 69, 97, 135, 263, 267 f., 270, 289, 304, 324, 329–377
–, Andreasstift 331, 339, 375
–, Bergkirche in Worms-Hochheim 331, 339, 375
–, Bischofsburg 338, 373
–, Boxheimersches Palais 375
–, Dom 330, 335, 339 f., 366, 370 ff.
–, Dombauverein 375
–, Dombezirk 331 f., 370
–, Dreifaltigkeitskirche 376
–, Frauenbad 331
–, Freiheitsurkunde 368
–, Friesenviertel 341
–, Johannesbaptisterium 371, 374
–, Johanneskirche 339
–, Judengemeinde 368
–, Kloster Mariamünster 339, 374 f.
–, Kloster Neuhausen 365, 367
–, Königshof Neuhausen 333, 339, 367
–, Leonhardspforte 339
–, Liebfrauenkirche 329, 374
–, Magnuskirche 331, 339
–, Martinskirche 331, 339
–, Mauerring 341, 369
–, merowingischer Dom 333 ff.
–, Neue Residenz 373
–, Paulskirche 331, 338, 375
–, Pfalz 333 f., 339 f., 371, 377
–, Pfalzgrafenhof 339
–, römisches 332 ff.
–, Salierburg 338 ff.
–, Saliergräber 376
–, Stephanskirche 371, 373
–, Synagoge 331
–, Zollprivilegien 346
Wormser Konkordat 152, 330, 364 ff.
Wulfila, Evangelienübersetzung 165
Wunstorf, Klosterkirche 174
Würzburg 123, 125 f., 136, 138, 141, 149 f., 156, 214, 336, 366

Xanten 192, 342
–, Dom 171, 178

Yssel 70

Zeitz 72
Zimmermann, Gerd 141
Zimmermann, Walter 178 ff., 184 ff., 192 f.
Zippelius, Adelhart 23, 29 f.
Zisterzienser 155
Zürich 304
Zweibrücken 279
Zweiter Weltkrieg 121
Zyfflich 172
–, St. Martin 178

BILDQUELLENVERZEICHNIS

Bildtafeln

1 u. 2: Rheinisches Landesmuseum Bonn; 3: Fliegerbildschule Hildesheim; 4: Luftbild Bayerischer Flugdienst Hans Bertram, München Flughafen Riem, Freig. BStfWuV G 4/12990; 5: Deutscher Kunstverlag – Bavaria, Gauting vor München; 6: Schwann Verlag, aus *Das erste Jahrtausend*, Tafelband; 7: Rheinisches Bildarchiv, Köln; 8: Landeskonservator Rheinland; 9-11: Foto Helga Schmidt-Glassner, Stuttgart; 12: Foto W. Fix; 13 u. 14: Foto Straicher, Goslar; 15 u. 16: Foto Städtische Kulturinstitute Worms

Zeichnungen im Text

1–5: Rhein. Landesmuseum, Bonn; 6: Akademie der Wissenschaften, Göttingen; 7: *Göttinger Schriften zur Vor- und Frühgeschichte*, Carl-Heinrich Seebach, *Die Königspfalz Werla*, Karl Wachholtz Verlag, Neumünster; 8 und 9 oben: aus Grimm, Paul, *Stand und Aufgaben der archäologischen Pfalzenforschung in den Bezirken Halle und Magdeburg* in: Vorträge und Schriften der DAdW zu Berlin, H 71, Berlin 1961; 9 unten: aus *Tilleda, eine Königspfalz am Kyffhäuser*, Teil 1, Die Hauptburg, Akademie-Verlag, Berlin, erscheint 1968; 10: aus *Deutsche Geschichte* von Prof. Dr. Michael Freund aus der Reihe der Bertelsmann Lexikon-Bibliothek; 11: *Katalog Werdendes Abendland*, Tellus-Verlag, Essen; 12: aus Keller, *Bamberg*, Deutscher Kunstverlag, München; 13: aus Heinrich Mayer, *Bamberg als Kunststadt*, Bayerische Verlagsanstalt, Bamberg; 14 u. 15: aus Erich Herzog, *Die ottonische Stadt*, Verlag Gebr. Mann GmbH, Berlin 1964; 16: aus Heinrich Mayer, *Bamberg als Kunststadt*, Bayerische Verlagsanstalt, Bamberg; 17: aus Georg Beck, *St. Heinrich und St. Kunigunde*, St. Otto Verlag GmbH, Bamberg; 18 u. 19: aus Jantzen *Ottonische Kunst*, rde 89, Rowohlt Taschenbuch Verlag GmbH, Hamburg 1959; 20–24: aus Borger, *Das Essener Münster*, Verlag Fredebeul & Koenen KG, Essen; 25: Rhein. Landesmuseum, Bonn; 26 u. 27: aus Gall, *Dome und Klosterkirchen am Rhein*, Hirmer Verlag, München; 28: aus Otto Feger, *Geschichte des Bodenseeraumes*, Bd. 1, Jan Thorbecker Verlag, Konstanz; 29: aus Gall, *Dome und Klosterkirchen am Rhein*, Hirmer Verlag, München; 30: aus Klimm, *Der Kaiserdom zu Speyer*, mittlere Ausgabe, Jaegerdruck GmbH, Speyer; 31: Mit Genehmigung des Bischöflichen Ordinariates Speyer aus der Festschrift *900 Jahre Speyerer Dom* entnommen. Zeichnung von P. H. Stürmer; 32 u. 34: aus Gall, *Dome und Klosterkirchen am Rhein*, Hirmer Verlag, München; 33: aus Herzog, *Die ottonische Stadt*, Verlag Gebr. Mann GmbH, Berlin 1964; 35: Mit Genehmigung des Bischöflichen Ordinariates Speyer aus der Festschrift *900 Jahre Speyerer Dom* entnommen; Zeichnung von P. H. Stürmer; 36: aus Klimm, *Der Kaiserdom zu Speyer*, mittlere Ausgabe, Jaegerdruck GmbH, Speyer; 37: aus Gall, *Dome und Klosterkirchen am Rhein*, Hirmer Verlag, München; 38 u. 39: aus Bruckmann, *Goslar*,

Deutscher Kunstverlag, München, nach Zeichnungen von Uvo Hölscher, Hannover; 40: Zeichnung Dr. Günther Borchers; 41: aus Herzog, *Die ottonische Stadt*, Verlag Gebr. Mann GmbH, Berlin 1964; 42: aus *Die Kunstdenkmäler der Provinz Hannover*, II. Regierungsbezirk Hildesheim, 1. u. 2. Stadt Goslar, Fig. 46, Hannover, 1901; 43 u. 44: aus Bruckmann, *Goslar*, Deutscher Kunstverlag, München, nach Zeichnungen von Uvo Hölscher, Hannover; 45 u. 46: Foto Kulturinstitute Worms; 47: aus Peter Classen, *Deutsche Königspfalzen*, Bemerkungen zur Pfalzenforschung am Mittelrhein, 216 S., 1963, Vandenhoeck & Ruprecht, Göttingen; 48: aus *Handbuch der historischen Stätten Deutschlands*, Rheinland-Pfalz/Saarland, Alfred Kröner Verlag, Stuttgart; 49–51: Foto Kulturinstitute Worms.

INHALTSVERZEICHNIS

Vorwort   9

1. Der Husterknupp und andere Motten   13
Landadelssitze im Mittelalter
Alte Schlösser – alte Mühlen · Die Mottenforschung kriecht aus dem Kokon · Eine dramatische Notgrabung · Von der Flachsiedlung zur Hochmotte · Gefällt im Jahre 892! · Festungen gegen die Normannennot · Stabbauten – Repräsentation in Holz · Die zufriedenen Knechte · Hörige als Eigenpriester · Herren über Land und Leute · Die Motten und der Karneval · «Lokalismus, Regionalismus, Partikularismus»

2. Die Werla – König Heinrichs Musterpfalz   45
Die Residenzen des Reiches ohne Hauptstadt
Eine Festung in der Okerschlinge · König ohne Glück und Glanz · Der Staat, der nur einen Schreiber brauchte · Sieg über die reitenden Teufel · Das Mahl der Äbtissinnen · Zum erstenmal Luftbildarchäologie · Die königliche Modellburg · Die älteste Pfalzkapelle des Reiches · Zwingburg unter Karl dem Großen · Der wandernde Hofstaat · Unter der Krone und hinter dem Schwert · Häuser ohne Herd – Paläste ohne Wohnkomfort · Ein Gedenkstein und drei Linden

3. Die Schicksalsschlacht auf dem Lechfeld   80
Die drei Ottonen und der Mythos vom Heiligen Römischen Reich
«Erste gesamtdeutsche Leistung» · Ein Genie der Beharrlichkeit · Auf dem Thron des Großen Karl · Das Reich gehörte dem liudolfingischen Familienclan · Magdeburg 937: Pfalz, Kloster und Händlerbabylon · Erster Italienzug und neue Empörung · Der Sieg vor dem Sieg · Der Kaiserpakt – in Purpur und in Blut geschrieben · In der Gletscherwelt des Erfolges · Für und wider die ottonische Italienpolitik · Zwischen weltlichen und geistlichen Gewalten · Daniels Traum von den vier Kaiserreichen · Ein neuer Alexander fand seinen Aristoteles · «Unser, unser ist das Römische Reich» · Otto III. – Not und Größe eines Zeitalters · Der Gunzenlee: Aufmarschplatz der deutschen Italienheere

4. Bamberg galt als der Nabel des Reiches   121
Das Panorama der ottonischen Stadt
Das Lächeln der heiligen Kunigunde · Ein Stützpunkt an der Slawengrenze · Herzog Heinrich – «Heil des Bayernvolkes» · Der Kaiser mit dem Heiligenschein · 1017: erste deutsch-russische Allianz gegen Polen · Unter kirchlichem Dach · Eines Königs Kniefälle · Rom an der Regnitz · «St. Kunigundens

Seidenfaden» · Kombinat von Herrenburg und Kaufmannssiedlung · Die ottonischen Kirchenkränze · Kleriker und Kaufleute · Von der Romanik zum Barock · Kaiser Heinrich II. – Bambergs Ehrenbürger Nummer 1

5. Das Münster des Essener Damenstaates   160
Wege und Zentren der ottonischen Baukunst
Die Stahlstadt und die Kathedrale · Eine Gründung des Bischofs Altfrid · 3000 Bauernstellen, 100 Herrenhöfe und 27 Damen · Eine Vision nahm Gestalt an · Kirchen unter dem Kirchenboden · Von Magdeburg bis Aachen · Abbild des himmlischen Jerusalem · Das Stift der Königstöchter · Theophanu und die Wunder der «Theophanie» · Die Grabkirche Liudgers in Werden · St. Lucius – säkularisiert, versteigert, restauriert · Von der Basilika zur Hallenkirche · Selbständig bis zur Säkularisation · Das Münster in der City

6. Reichenau – Insel der Mönche, Insel der Musen   200
Das Panorama der ottonischen Kulturlandschaft
Von vierzig Kirchen blieben drei · «... an Weisheit voll wie eine Bücherkiste» · Die Dichterschule im Bodensee · Der stammelnde Mönch von St. Gallen · Askese als Kollektivgesetz · Mönch Widukind und Nonne Roswitha · Der zweite Notker von St. Gallen · Klöster, Mönche, Manager · «Professionals der Armut» · Die sieben freien Künste · Das Goldene Zeitalter der Reichenau · Hermann der Lahme – «Wunder der Welt» · Von der karolingischen zur deutschen Kunst · Das Evangelium auf zwei Bronzetüren · «Entwirklichung» der Malerei · Erste Kunstrevolution der nachrömischen Zeit · Zwischen Echternach und Regensburg · «Breitwandstil» des Mittelalters · Die säkularisierte Reichenau

7. Die Kaisergruft von Speyer   246
Des Heiligen Römischen Reiches Totenstadt
Der Rhein, das Hochhaus und die Kathedrale · «Der erhabenste Raum auf deutscher Erde» · Zwischen Strom und Speyerbach · In den Steigbügeln Karls des Großen · «Wenn Italien nach meinen Gesetzen dürstet...» · Kaiser Konrad und die Kirche · Der erste salische Dom · «Speyer II» – «die große epochale Wandlung» · Bürgerbrief in Erz gegossen · Zwischen Domnapf und Heidentürmchen · Diplomatenschule des mittelalterlichen Reiches · «Zu Speyer schnaufen die Prozesse...» · 1689: des «Sonnenkönigs» tödliche Sonne · 1806: der Anschlag der Jakobiner · Die Grabung in der Kaisergruft · «Ungeheures Lebewesen der Geschichte»

8. Goslar «herrlichste Hausung des Reiches»   289
Der Harz, der Rammelsberg und die Pfalz Heinrichs III.
Einziger Profanbau des 11. Jahrhunderts · «Goldrausch» am Silberberg · Goslar trat Werlas Erbe an · Der Saalbau und drei Kirchen · «Zeichen des Sünders Heinrich» · Im Bann der Kirchenreform · Die Zeit der deutschen Päpste · Des Königs Herz blieb in Goslar · Das Blutbad im Dom · Neue

Herren – neue Bauten · Der gekrönte Adler · Die Pfalzkapelle als Gefängnis · Odyssee eines Kaiserherzens · Vom Produktenmagazin zum vaterländischen Denkmal · Schatzkammer der Baukunst

9. Worms oder Ruhm und Reichtum des Bürgers 329
An der Wende des Mittelalters – Canossa und das Konkordat»
«Eyne stat lyt an dem Rine...» · Von der Civitas zum Pfalzort · Bischof Burchard – der «wunderbare heilige Mann» · Salierburg wurde Paulusstift · Worms im Jahre 1000: fünfzig Hektar und 120 Straßen · Der Anschlag von Kaiserswerth – ... und die «Ausplünderung des Reiches» · Hauptquartier und Schutzwehr der Krone · Der König, der 62 Schlachten schlug · Der heilige Satan · Triumph und Tränen in Canossa · Gregors Ende · Vom Gottesstaat zum nationalen Imperium · Heinrichs letzter Sieg · 23. Sept. 1122 – das Wormser Konkordat · «Von nun an blühe dein Ruhm...» · Ausverkauf zu Schleuderpreisen · Im Sog der Geschichte

Touristische Hinweise 379

Zeittafel 383

Bibliographie 391

Register 403

Bildquellenverzeichnis 417

Inhaltsverzeichnis 419

BEVOR DIE RÖMER KAMEN

*Städte und Stätten
deutscher Urgeschichte*

480 Seiten, 45 Abbildungen, davon 11 farbig,
17 Zeichnungen und Karten, gebunden.

Aus dem Inhalt:
Der Weltbürger aus dem Neandertal / Wallfahrt zum «ersten Düsseldorfer» / Die Mammutjäger von Salzgitter / Elefanten-Safari in der Norddeutschen Tiefebene / Die Bildschnitzerschule der Vogelherdhöhle / Kunst und Kulte der Eiszeit / Steinzeitbauern am Federsee / Töpfe und Teller vom Michelsberg / Düsenaufklärer über der Keltenstadt / Die Feddersen-Wierde und die Seegergamen u. v. a. m.

«Diese hervorragende, glänzend geschriebene Urgeschichte sollte zu einem echten deutschen Hausbuche werden. Ein fesselndes, großartiges Panorama der kulturellen, technischen, historischen und politischen Entwicklung auf dem deutschen und europäischem Boden von der Zeit des ‹homo heidelbergensis› bis zu den Germanen.»

Stuttgarter Nachrichten

Econ Verlag · Postfach 9229 · 4000 Düsseldorf

MIT DEM FAHRSTUHL IN DIE RÖMERZEIT

Städte und Stätten deutscher Frühgeschichte

480 Seiten, 108 Abbildungen, davon 21 farbig, 27 Zeichnungen und Karten, gebunden.

Aus dem Inhalt:
Unter der Lupe der Frühgeschichte / Fünf Römerwerke in Haltern / Die Neußer «HDV-Festung» / Mit dem Fahrstuhl in die Römerzeit / Frühe Stätten der Kölner Christen / Das amtliche Bonn ruht auf römischen Fundamenten / Ein Blick vom Mainzer Drususturm / Römisches zwischen Augsburg und Kempen / Trier – Kaiserresidenz des Westens u. v. a. m.

«Das große Verdienst des Verfassers besteht darin, die Neugierde für die Zeugen der Vergangenheit vor den eigenen Toren zu wecken. Seine Bücher tragen in glücklicher Weise zur Vergegenwärtigung einer Vergangenheit bei, die wir immer wieder befragen, wenn wir uns über das Rätsel ‹Mensch› den Kopf zerbrechen.»

Süddeutsche Zeitung

Econ Verlag · Postfach 9229 · 4000 Düsseldorf

DIE ERBEN ROMS

Städte und Stätten des Deutschen Früh-Mittelalters

480 Seiten, 45 Abbildungen, davon 11 farbig, 20 Zeichnungen und Karten, gebunden.

Aus dem Inhalt:
Das 5. Jahrhundert fand nur in Krefeld statt / Prinz und Dame unterm Kölner Dom / Der Fürst von Morken / Als Stuttgart noch Bauernland war / Freising – Herz und Hirn Altbayerns / Würzburg oder die Inthronisation eines Heiligen / Die Bonifatius-Gruft in Fulda / In Aachen baute Karl der Große sein Versailles / Das Tassilo-Kloster auf Frauenchiemsee / Das karolingische Reichskloster Lorsch / Regensburg war Deutschlands erste Hauptstadt.

«Seinen beiden erfolgreichen Büchern über die Vorzeit und die römische Zeit im westlichen Europa hat Pörtner dieses dritte über die Völkerwanderungsepoche bis hin zum Karolingischen Imperium hinzugefügt. Er überdeckt die Gebiete von wenigstens drei Fachdisziplinen; er setzt um, was die Wissenschaft weder tut noch will noch vermag: Wissen in Anschauung.»
Frankfurter Allgemeine Zeitung

Econ Verlag · Postfach 9229 · 4000 Düsseldorf

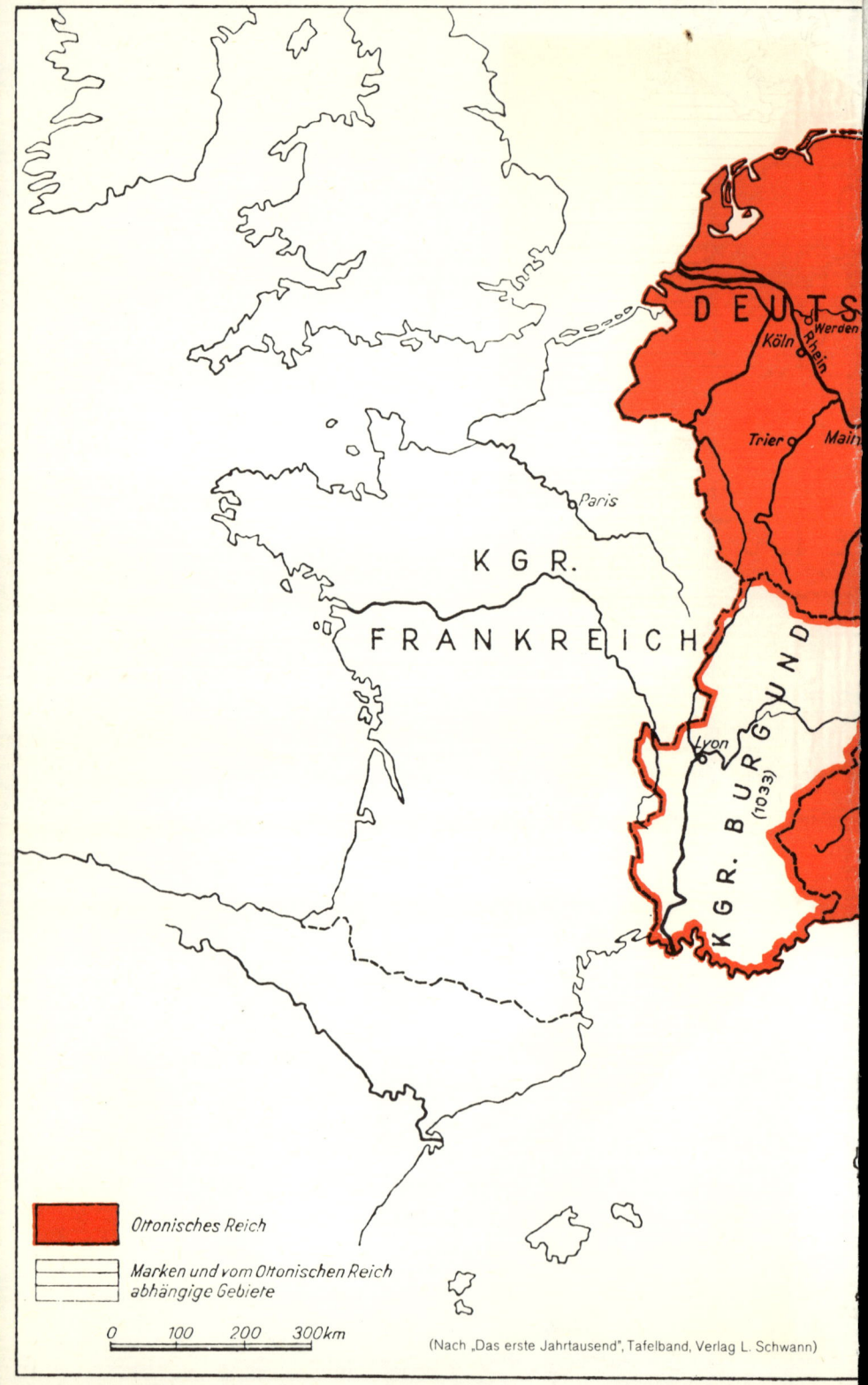